中国年鉴精品工程
High Quality Project of China's Yearbook

# 铁力年鉴 2023

TIELI YEARBOOK

中共铁力市委史志研究室 编

方志出版社
Publishing House of Local Records

图书在版编目（CIP）数据

铁力年鉴．2023 / 中共铁力市委史志研究室编．
北京 ：方志出版社，2023.12
ISBN 978-7-5144-6147-3

Ⅰ．①铁… Ⅱ．①中… Ⅲ．①铁力－2023－年鉴
Ⅳ．① Z523.53

中国国家版本馆 CIP 数据核字（2023）第 253184 号

责任编辑：范锐超
责任校对：张玉霞
责任印制：梅中英
出 版 者：方志出版社
地　　址：北京市朝阳区潘家园东里 9 号（国家方志馆 4 层）
邮　　编：100021
网　　址：http://www.zgfzcb.cn
发　　行：方志出版社图书营销中心（010-67110500）
印　　刷：黑龙江省纸慧印印务有限公司
开　　本：889 毫米 ×1194 毫米　1/16
印　　张：26.25　插页：3.25 印张　地图：1 幅
字　　数：946 千字
版　　次：2023 年 12 月第 1 版
印　　次：2023 年 12 月第 1 次印刷
定　　价：360.00 元

## 《铁力年鉴（2023）》编纂委员会



## 《铁力年鉴（2023）》编辑部

# 序

国务院办公厅2015年8月印发的《全国地方志事业发展规划纲要（2015—2020年）》（以下简称《规划纲要》）要求，到2020年要做到地方综合年鉴一年一鉴，公开出版，实现省、市、县三级综合年鉴全覆盖。《规划纲要》还要求，坚持存真求实，正确处理质量与进度的关系，将精品意识贯穿于年鉴编纂出版工作全过程。2015年12月，中国地方志指导小组办公室启动中国年鉴精品工程，将其与先期实施的中国志书精品工程视为姊妹工程，一道作为加强地方志质量建设的重要抓手。

**实施中国年鉴精品工程有助于推动中华优秀传统文化传承发展。**近年来，在党中央、国务院的高度重视和关心支持下，全国地方志事业发展迎来最好的发展时期。年鉴编纂发端于欧洲，鸦片战争后被引入我国，在我国走过了100多年的发展历史。在长期的编纂中，年鉴在内容和形式上不断发展，逐渐演变成为适合反映中国国情、具有鲜明中国特色的一种文化载体，并在改革开放后出现了快速发展的局面。2006年5月，国务院《地方志工作条例》颁布施行，明确将地方综合年鉴纳入地方志工作范畴，年鉴工作走上了有法可依的轨道。《规划纲要》出台，为从依法编鉴转变到依法治鉴指明了方向。2016年12月，中国地方志指导小组印发《全国年鉴事业发展规划（2016—2020年）》，更进一步明确了到2020年全国年鉴事业的任务书、时间表、路线图。经过多年的发展，年鉴工作已经成为地方志工作的重要组成部分，成为中华民族优秀文化传统的有机组成部分，其存史、育人、资政作用日益彰显。实施中国年鉴精品工程，是年鉴工作者紧扣时代脉搏、坚持创新发展的一项重要举措，对于坚定文化自信，传承弘扬好中华优秀传统文化意义重大。

**实施中国年鉴精品工程有助于为全面建成小康社会提供更多智力支持和历史借鉴。**党的十八大作出全面建成小康社会的战略部署。党的十八届五中全会提出到2020年如期实现全面建成小康社会的目标要求。完成《规划纲要》确定的目标任务是年鉴工作者的神圣使命，更是年鉴工作者以自身力量为全面建成小康社会献上的厚礼。一方面，可以更好地利用年鉴这种年度资料性文献，及时记录各地区在全面建成小康社会伟大征程中每年取得的新成绩和新经验、出现的新情况和新问题、涌现的优秀人物和典型事迹等；另一方面，可以更好地积累地情、国情资料，为推动经济社会发展和深化改革提供智力支持，为推进国家治理体系和治理能力现代化提供历史借鉴。

实施中国年鉴精品工程有助于全面推进地方志事业转型升级。地方志不是单纯修志编鉴工作，而是全体方志人“修志问道，以启未来”的一项事业，这项事业包含着巨大的时代担当与使命追求。地方志工作要在“五大建设”总体布局和“四个全面”战略布局中发挥与其自身价值、功能相匹配的作用，就要因时而谋、乘势而上、顺势而为，全面推进地方志事业转型升级。转型升级，当下最重要的目标就是完成“两全”目标，包括“年鉴全覆盖”目标；长远的目标就是基本形成地方志编修体系、理论研究和学科建设体系、质量保障体系、资源开发利用体系、工作保障体系“五位一体”的地方志事业发展综合体系，包括“五位一体”的年鉴事业发展综合体系。中国年鉴精品工程是一项探索工程，也是一项创新工程，是推进地方志事业转型升级的重要内容。通过实施中国年鉴精品工程，不仅有助于确保年鉴质量，不断编纂出版具有鲜明时代特征、年度特点和地域特色的精品年鉴，也有助于推动年鉴工作适应经济社会发展形势和时代需要，不断改革创新，与时俱进。

多年来，在中国地方志指导小组办公室的指导和全国各级地方志工作机构的共同努力下，年鉴种类数量快速增长，年鉴成果粲然可观，为实施中国年鉴精品工程奠定了坚实的基础。实施中国年鉴精品工程，就是要在全国地方志系统起到示范作用，进一步培育精品意识，打造精品年鉴，以点带面，在提高年鉴质量方面探索出一条切实可行之路，使这项探索工程和创新工程能够积累经验，发挥引领作用。

“万山磅礴，必有主峰；龙衮九章，但挈一领。”实施中国年鉴精品工程，是筑牢地方志事业特别是年鉴事业发展根基之举，其意义与价值不言而喻。但编修出年鉴精品佳作，绝非朝夕之功，需要付出长期艰辛的努力。希望通过实施中国年鉴精品工程，能够进一步推进年鉴质量建设，使年鉴真正成为传承中华民族优秀传统文化的重要载体，成为展示中国国情、地情的重要窗口，成为“为当代提供资政辅治之参考、为后世留下堪存堪鉴之记述”的资源宝库，在全面建成小康社会过程中作出更大贡献。

是为序。

中国社会科学院原副院长
原中国地方志指导小组常务副组长 李培林

# 编 辑 说 明

一、《铁力年鉴》是由中共铁力市委、铁力市人民政府主办，中共铁力市委史志研究室编纂，系统记述铁力市政治、经济、文化、社会、生态等方面情况的年度资料性文献。1987 年出版首卷，2014 年后逐年连续出版，《铁力年鉴（2023）》为第 14 卷。

二、《铁力年鉴（2023）》以马克思列宁主义、毛泽东思想、邓小平理论、“三个代表”重要思想、科学发展观、习近平新时代中国特色社会主义思想为指导，坚持辩证唯物主义和历史唯物主义的立场、观点和方法，按照《地方综合年鉴编纂出版规定》，全面、系统、准确地反映铁力市 2022 年在深化改革、经济建设和社会发展中取得的新成就、新发展、新理念。

三、本卷年鉴记述时限为 2022 年 1 月 1 日至 12 月 31 日。相关特色类目或条目的记述时间有适当上溯。

四、本卷年鉴采用分类编辑法，设类目、分目、条目三个层次，条目为记述的基本层次，条目标题加【】标示。全书共有类目 39 个、分目 224 个、条目 1344 个，图片 335 幅，表格 52 个。类目分别为：特载、专文、大事记、市情概览、中国共产党铁力市委员会、铁力市人民代表大会、铁力市人民政府、中国人民政治协商会议铁力市委员会、中国共产党铁力市纪律检查委员会　铁力市监察委员会、民主党派·工商联、群众团体、法治、军事、经济管理、农业农村、林下经济、“寒地龙药”产业、水务、工业、商贸服务业、金融业、旅游业、铁力经济开发区、交通·邮政·通信、城市建设、乡村振兴、骊城乡贤工作、生态环境保护、黑土地保护、教育、科学技术、文化、卫生健康、体育、社会生活、应急管理、乡镇、人物·荣誉、附录。

五、《铁力年鉴（2023）》较以往年鉴新增林下经济、“寒地龙药”产业、骊城乡贤工作、黑土地保护类目；相关类目中新增“冰雪旅游”“冰雪体育”“高铁建设”等分目，进一步突出地方特色。为呈现国家发展新重点，新增乡村振兴、应急管理类目。另新增专文、科学技术、人物·荣誉类目。“市情总述”类目更名为“市情概览”；“纪检·监察”类目更名为“中国共产党铁力市纪律检查委员会　铁力市监察委员会”；“农业”类目更名为“农业农村”；整合类目设置“交通·邮政·通信”；“生态环境”类目更名为“生态环境保护”；“卫生”类目更名为“卫生健康”。

六、《铁力年鉴（2023）》资料由铁力市市直各部门、各乡镇、中省直各有关单位供稿，供稿单位编纂人员姓名标注在所供资料后。为避免记述烦琐，组织机构名称第一次使用全称外，一般使用简称。

七、《铁力年鉴（2023）》数字用法、标点符号用法分别采用国家标准《出版物上数字用法》（GB/T 15835—2011）、《标点符号用法》（GB/T 15834–2011），计量单位采用国家技术监督局 1993 年 12 月发布的《量和单位》系列国家标准。统计数据采用法定计量单位，个别遵从习惯用法。内容所涉数据来源于供稿单位或统计部门，凡市统计局有统计的，均以其公布的数据为准；市统计局不做统计的，以各专业部门提供为准。

八、《铁力年鉴（2023）》采用双重检索系统。卷首刊有目录，编排至条目；卷末配备索引，索引款目按主题词汉语拼音字母顺序排列，方便读者查阅。

# 城市名片

CHENGSHI MINGPIAN

- 中国天然氧吧
- 中国优秀旅游城市
- 中国最佳生态旅游城市
- 中国最佳投资环境城市
- 中国最佳生态宜居城市
- 全国未成年人保护示范县
- 全国第一批农技协科普教育基地
- 国家卫生城市
- 国家现代农业产业园
- 国家知识产权强县建设试点示范县
- 2022 年全国水稻绿色高质高效行动示范县
- 2022 年国家乡村振兴示范县
- 第二批全国科普示范县
- 第三批国家农业绿色发展先行区

◆桃山镇小东山　（连金梅 / 摄）

◆铁力市鸟瞰图

（刘青山／摄）

数读 2022 SHUDU 2022

## 地区生产总值（亿元）

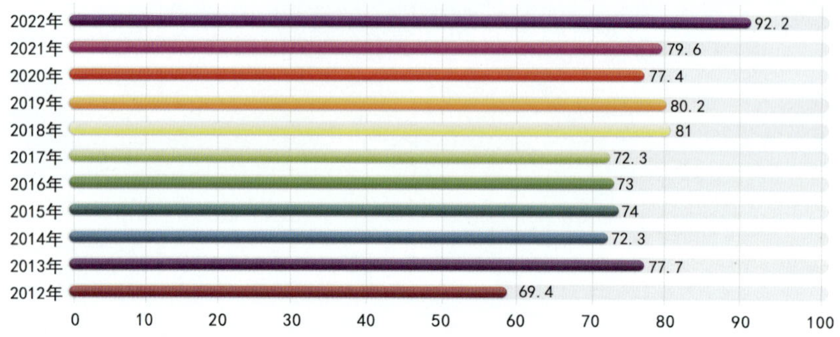


## 地区生产总值构成（%）

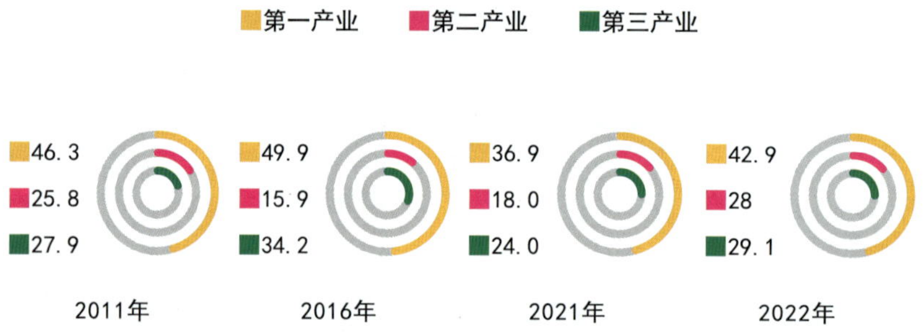


## 人均地区生产总值（元）

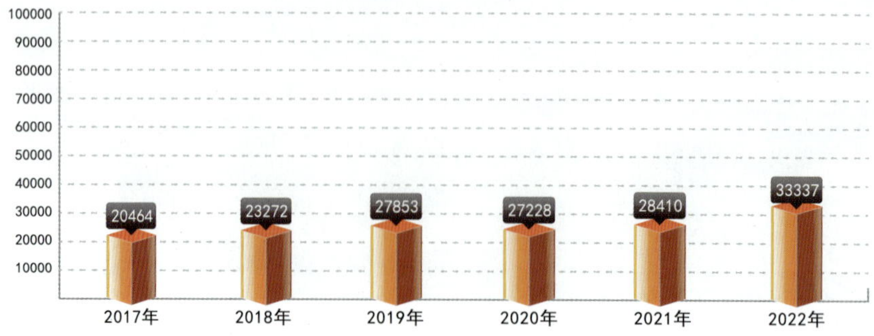

## 人口总数（万人）

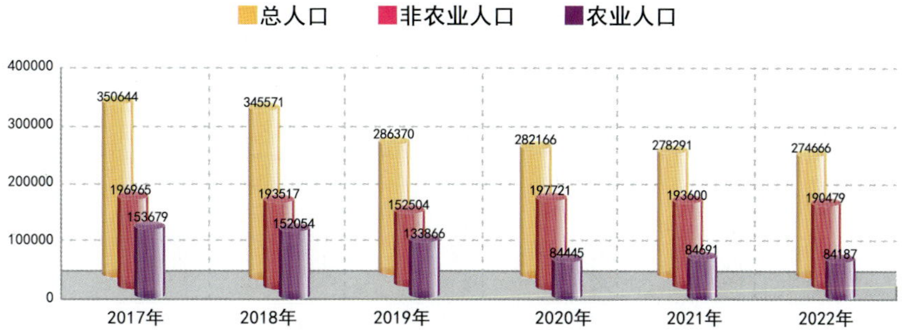


## 城镇常住居民人均可支配收入（元）

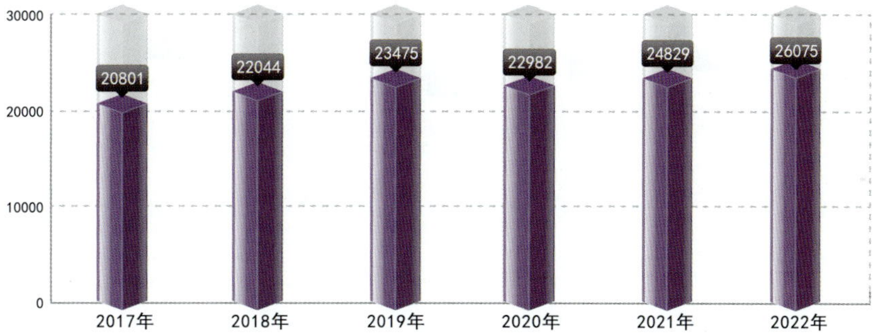


## 农村常住居民人均可支配收入（元）

（铁力市统计局提供）

## 粮食产量（万吨）

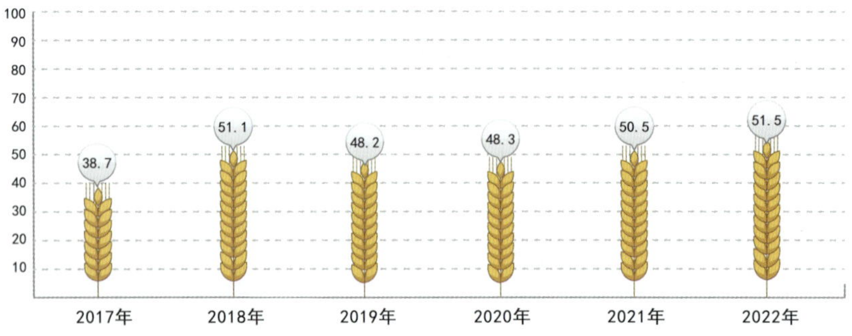


## 社会消费品零售总额增速（%）

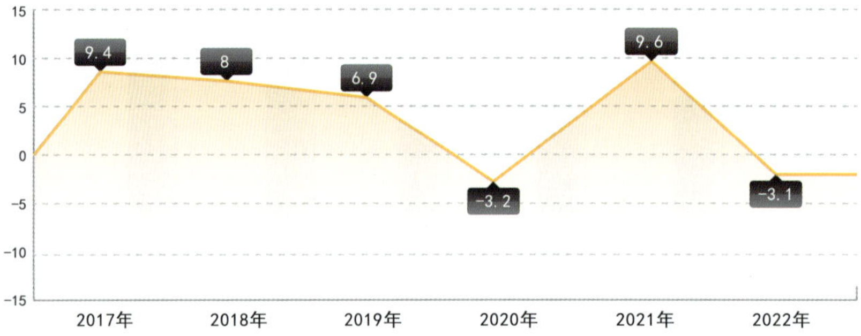


## 规上工业增加值同比增长（%）

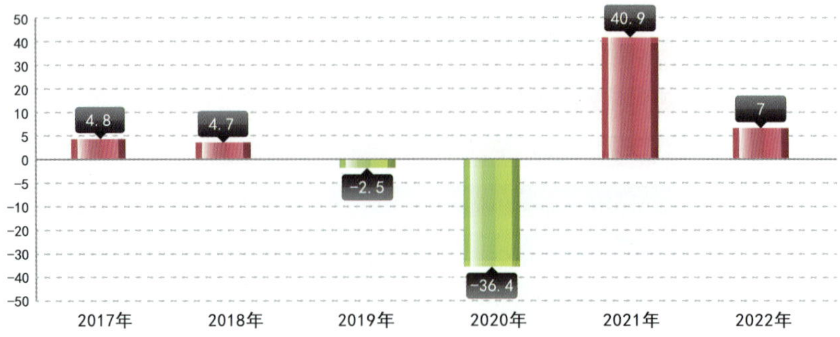

## 地方财政收支（亿元）

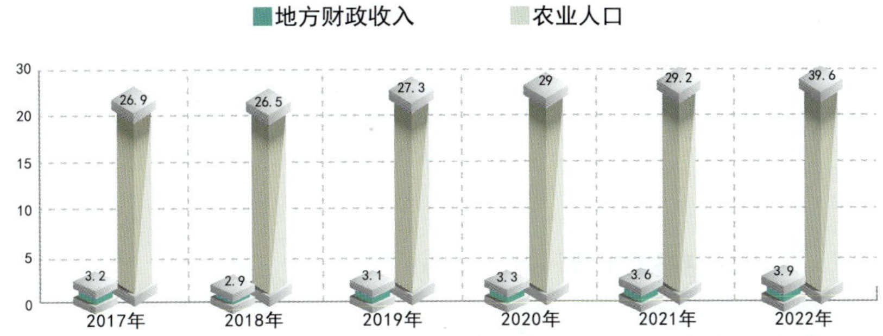


## 从业人员平均工资（元）

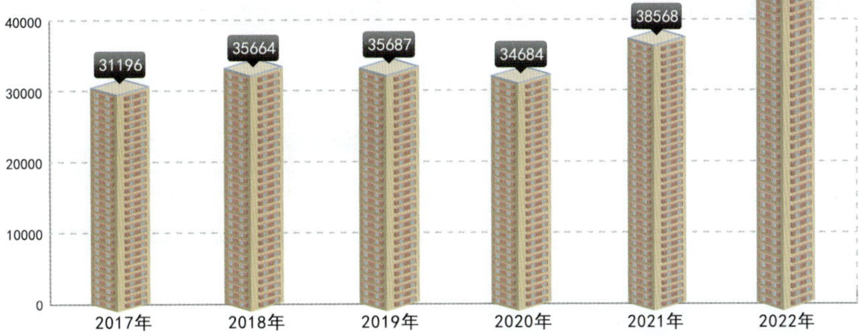


## 旅游收入（万元）

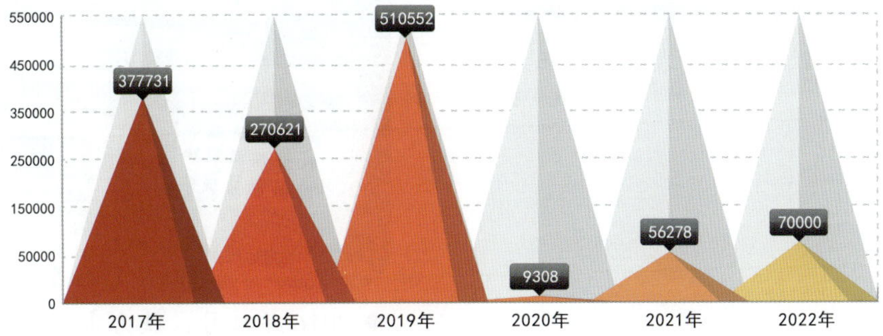


（铁力市统计局提供）

# 印象铁力——逐梦十年

2012年11月29日，习近平总书记在参观“复兴之路”展览时，第一次阐释了“中国梦”的概念。他表示“实现中华民族伟大复兴，就是中华民族近代以来最伟大的梦想”。铁力人民在“中国梦”提出后的十年中，踔厉奋发，创新发展，留下了珍贵的奋斗记忆。

## 2013年

◆2013年8月8日，“山水铁力，快乐家园”区域旅游大集——铁力市首届美食节活动　（陈朝阳/摄）

## 2014年

◆2014年8月18—24日，第十一届全国中学生女排锦标赛在黑龙江省铁力市第一中学体育训练馆举行　（陈朝阳/摄）

## 2015年

◆2015年10月1日，铁力市松涛物流中心正式建成投入运营　（席尚民/摄）

## 2016年

◆2016年9月，铁力市市民健身中心建成　（刘青山供图）

## 2017 年

◆ 2017 年 1 月 13 日，在铁力市举行“千人抽冰尜，挑战最多人同时玩陀螺的吉尼斯世界纪录™称号”活动，共有 1001 人参加该次活动。经吉尼斯认证官认证，除未达标 1 人，挑战取得成功，1000 人创造新的世界最多人同时玩陀螺的吉尼斯世界纪录™ （刘青山 / 摄）

## 2018 年

◆ 2018 年 6 月 23 日，由铁力市人民政府、铁力林业局主办，中共铁力市委宣传部、铁力市文体广电和旅游局承办，铁力依吉密景区协办的中国·铁力首届区域旅游文化节开幕 （刘青山供图）

## 2019 年

◆ 2019 年 9 月 22 日，大白鲸杯 2019 中国铁力小兴安岭国际自行车赛开赛 （陈朝阳 / 摄）

## 2020 年

◆ 2020 年 2 月 12 日，首批驰援湖北省孝感市的铁力市人民医院内科医生陈丽、综合内科护士长邬存秀、心内一科护士尹明潇组成医疗队出发。铁力市委、市政府领导和铁力市人民医院部分医护人员、出征人员家属共同为医疗队送行 （刘青山供图）

## 2021 年

◆ 2021 年 6 月 24–25 日，2021 首届中国·铁力平贝节在铁力市举办。图为 2021 首届中国·铁力平贝节暨“寒地龙药”产业发展高峰论坛开幕式 （李景胜 / 摄）

## 2022 年

◆ 2022 年 6 月 14 日，在铁力市双丰镇举行乡村振兴工坊授牌仪式，为首批 8 家乡村振兴工坊正式授牌 （刘青山供图）

印象铁力——全国水稻绿色高质高效行动示范县

铁力市的全国水稻绿色高质高效行动示范县项目实施涉及6个乡镇，项目主要以农民合作社为实施主体，遴选12个水稻种植合作社和1个良种场开展水稻绿色高质高效创建，创建面积17.86万亩。其中：千亩示范方20个，合计面积2.24万亩；万亩创建片5个，合计面积5.08万亩；辐射带动面积10.54万亩；创建面积17.86万亩。每个合作社创建的千亩示范方、万亩创建片都明确创建内容及模式，由过去单一追求高产转变为绿色生产、高质高效相统一，实现标准化生产、规模化经营、产业化带动，促进产能提升和效益增加。

2022年创建区集成运用水稻大棚育秧机械摆插技术、水稻智能化浸种催芽技术、测土配方平衡施肥技术、水稻节水控制灌溉技术、病虫草害综合防治5项技术。在选用龙粳31、龙庆稻3号、龙粳39、绥粳18、龙粳1525、龙庆稻5号、中富稻9号等良种的基础上，集成运用水稻钵育机插技术、水稻侧深施肥技术、病虫草害绿色防控技术等新技术模式，示范应用农业先进实用技术集成运用，辐射带动周边农户应用先进种植技术模式，提高农户种植技术水平。同时，项目创建区开展秸秆还田培肥地力，利用诱捕器及杀虫灯对二化螟开展针对性捕杀预防。改善农业生态环境，提升土壤有机质含量，农产品品质和市场竞争力不断增强。水稻品质得到明显改善，生态效益、社会效益、经济效益显著。项目区实现全年病虫害绿色防控全覆盖、危害损失率低于5%，项目区带动示范县节本增效5%以上的目标。

◆ 2022年3月22日，铁力市农业综合服务中心在铁力镇东升村水稻浸种催芽基地进行技术指导

◆ 2022年5月13日，铁力市农业综合服务中心在年丰朝鲜族乡爱国村水稻育秧大棚基地进行苗床管理技术指导

◆ 2022年5月27日，铁力市农业综合服务中心在双丰镇插秧后生长情况进行实地调查

◆ 2022 年 7 月 11 日，铁力市农业综合服务中心在双丰镇曙光村进行本田中后期管理技术指导

◆ 2022 年 8 月 6 日，年丰朝鲜族乡爱国村在水稻示范区内进行稻瘟病统防统治无人机作业

◆ 2022 年 8 月 23 日，铁力市组织周边农民到双丰镇曙光村开展水稻绿色高质高效现场观摩活动

项目充分发挥“带着农民干”的引领和培育能力，带动项目区周边区域。在山泉合作社、鲜山水合作社、佳新合作社等合作社的核心示范区建设观摩示范田，分别就水稻侧深施肥、稻田养鸭、肥料试验等开展实地指导、技术培训、现场观摩等活动，展示技术集成推广的效益和成果，让农民看得见、摸得着，愿意跟着干。重点展示“抗逆优质品种 + 智能化浸种催芽 + 大棚旱育稀植 + 测深施肥 + 生物防控病虫害 + 全程机械化 + 节水灌溉”的技术模式以及宽窄行栽培技术。同时在有机水稻区推广稻田养鱼、稻田养鸭等综合种养共育模式。

铁力市水稻绿色高质高效创建面积 17.86 万亩，经省级专家组实地测产铁力市水稻绿色高质高效行动示范县千亩示范方亩产 1212.6 斤；万亩创建片亩产 1194 斤；辐射区亩产 1165.26 公斤，水稻绿色高质高效行动示范县项目区水稻平均单产 1176.05 斤 / 亩，较非项目区增加 75.85 斤 / 亩，增产 6.89%。以水稻每市斤 1.3 元计算，每亩可增加纯收益 98.6 元。

2022 年 6 月 16 日，铁力市获得“全国水稻绿色高质高效行动示范县”称号。

（铁力市农业农村局供图）

# 生态铁力——城市新貌

铁力市始终坚持“绿水青山就是金山银山”的发展理念。近年来着力推进绿色发展、循环发展、低碳发展，城市面貌焕然一新。先后获得“中国最佳生态旅游城市”“中国最佳生态宜居城市”“中国天然氧吧”“国家级生态示范区”等称号。

◆铁力市西河大桥铁力号　　（吕满波／摄）

◆桃山镇桃源湖　　（杨学／摄）

◆日月峡景区拱北峰　　（董龙彬／摄）

◆日月峡森林

◆铁力市西河公园南悦湖　（姜云峰／摄）

（陈朝阳／摄）

## 生态铁力——城市新貌

◆铁力市区夜景 （刘青山/摄）

◆铁力市呼兰河国家级水利风景区（连金梅/摄）

◆年丰朝鲜族乡冬日（铁力市年丰朝鲜族乡供图）

◆ 2022 年 7 月 22 日，双丰镇前进村稻田画 （铁力市双丰镇供图）

◆ 2022 年 7 月 15 日，工农乡北星村农田景色 （铁力市工农乡供图）

◆西河公园夜色 （吴文良／摄）

◆滨河健康主题公园内呼兰河水系 （铁力市住房和城乡建设局供图）

## 生态铁力——康养旅游

2022年，铁力市依托呼兰河源头水、松嫩平原黑土地、“中国天然氧吧”好空气，打造“旅游+康养”的精品项目。建设成集乡村度假、生态观光、有氧登山、民俗体验、乡野美食、养生康体、休闲娱乐为一体的康养旅游综合体。

◆日月峡国家森林公园正门

◆日月峡国家森林公园湿地步道

◆日月峡国家森林公园云海

◆国家 AAAA 级旅游景区——悬羊峰景区

◆透龙山景区

（铁力市文体广电和旅游局供图）

生态铁力——康养旅游

◆映山湖生态园　　（铁力市日月峡镇供图）

◆香草河花溪谷　　（陈朝阳／摄）

◆ 2022 年 8 月 3 日，省内外游客在依吉密河漂流、打水花　　（铁力市日月峡镇供图）

◆ 2022 年 7 月 9 日，水伊方水上乐园

◆ 2022 年 8 月 18 日，桃源湖景区桃山玉温泉　　（铁力市文体广电和旅游局供图）

# 生态铁力——冰雪之约

近年来，铁力市深入贯彻落实习近平总书记关于“绿水青山就是金山银山，冰天雪地也是金山银山”的重要论述，挖掘东北地区特有的冰雪特色，用“旅游＋冰雪＋竞技＋民俗”相结合的方式，构建以冰雪旅游、冰雪体育、冰雪文化为核心的冰雪产业发展体系。“赏冰乐雪·冻感铁力”等系列活动的开展，更是将“冷资源”打造为“热产业”，吸引省内外游客纷至沓来。

◆ 2022 年 12 月 22 日，在滨河健康主题公园举办的“赏冰乐雪·冻感铁力”2022 中国·铁力森林冰雪欢乐季暨“团结聚力 共创未来”冰雪嘉年华系列活动开幕式

◆ 2022 年 1 月 7 日，滨河健康主题公园冰雪乐园的马拉爬犁

◆ 2022 年 12 月 22 日，市民在滨河健康主题公园冰雪乐园里扭起大秧歌

◆ 2022 年 12 月 22 日，在滨河健康主题公园举办的“赏冰乐雪·冻感铁力”职工冰雪趣味运动会

（铁力市文体广电和旅游局供图）

◆ 2022 年 2 月 22 日，在铁力市体育广场举办“筑梦冰雪、相约冬奥、舞动激情、一起向未来”活动的健身操表演

（鞠国祥 / 摄）

◆ 2022 年 2 月 22 日，铁力市体育广场舞龙表演（鞠国祥 / 摄）

◆ 2022 年 1 月 9 日，国家 SSSS 级滑雪场——日月峡滑雪场（姜云峰 / 摄）

## 奋进铁力——高铁建设

哈伊高铁是中国在建纬度最高、全线所处地区全年温差最大、首条穿越多年岛状冻土区的高速铁路。哈伊高铁是中国“八纵八横”高铁网京哈—京港澳通道的延长线，起自黑龙江省哈尔滨市，途经绥化市，终至伊春市，正线全长 318 千米，设计时速 250 千米，建设工期 5 年。哈伊高铁在铁力辖区内设有 2 座车站，其中铁力站为改建车站，日月峡站为新建车站。哈伊高铁作为中国在建的最北端高速铁路，通过高铁网络的不断完善，会将伊春、铁力、日月峡等地区快速纳入以哈尔滨为核心的“一小时通勤圈”和“两小时交通圈”。

◆ 2022 年 3 月 18 日，铁力火车站旧址

◆ 2022 年 10 月 20 日，铁力良种场西侧高铁桥面铺设现场

◆ 2022 年 9 月 22 日，铁力车站高铁规范化建设现场

◆ 2022 年 10 月 20 日，高铁建设远景

（鞠国祥 / 摄）

## 奋进铁力——体育之光

罗致焕，1941 年出生于黑龙江省伊春市铁力市年丰朝鲜族乡，中国速度滑冰运动员、中国第一位世界速滑冠军。罗致焕 13 岁开始学习滑冰，并于 1984 年被评为新中国成立 35 周年来的杰出运动员，两次获国家体育运动荣誉奖章。1963 年 2 月 24 日，21 岁的罗致焕在日本长野轻井泽举行的世界速度滑冰锦标赛上夺得男子 1500 米冠军，并打破男子全能世界纪录，成为第一个获得冬季项目世界冠军的中国选手。2022 年罗致焕成为北京冬奥会第一棒火炬手和开幕式护旗手。

◆1963 年，在日本长野举行的第 57 届世界速滑锦标赛，中国运动员罗致焕在男子 1500 米比赛中，以 2 分 09 秒 2 的优异成绩夺得冠军。成为了中国第一位速度滑冰世界冠军，登上冠军领奖台。

◆1963 年，在日本长野世界速度滑冰锦标赛上，中国运动员罗致焕夺得了男子 1500 米冠军比赛瞬间

体育之光

◆2022 年 2 月 2 日，在北京奥林匹克森林公园内举行的冬奥会火炬接力活动中，81 岁罗致焕担起第一棒火炬手重任

（付　力供图）

# 奋进铁力——体育竞技

铁力市注重体育人才的培养，致力于运动员素质和能力的全面发展，通过开设排球、足球、篮球、羽毛球、乒乓球、速滑、田径等培训项目，培养了大批体育人才，输送到省和国家职业队，多次参加国内外大型赛事，为铁力争得了荣誉。

◆ 2022 年 8 月，铁力市代表队参加黑龙江省齐齐哈尔市 2022 年第六届“双鱼体育 · 东方杯”东北地区少年儿童乒乓球赛，获得女子团体亚军、女子单打季军、男子团体季军、男子单打季军

◆ 2022 年 7 月 23 日，在铁力市市民健身中心举行的铁力市第五届区域旅游文化节之“兴安铁力杯”第二届乒乓球邀请赛

◆ 2022 年 7 月 30 日，在铁力市市民健身中心举行的铁力市第五届区域旅游文化节之“兴安铁力杯”第二届羽毛球邀请赛

◆ 2022 年 8 月 22 日，在铁力市市民健身中心举行的铁力市第五届区域旅游文化节之“兴安铁力杯”第二届排球邀请赛

◆ 2022年6月28日，在工农乡举行的“庆七一 · 喜迎二十大”活动暨“酒章杯”篮球赛

（铁力市文体广电和旅游局供图）

## 奋进铁力——体育竞技

铁力市第一中学校排球队成立于2011年10月，2022年，有队员33名，专职教练4名，兼职教练2名。球队成立以来，培养特长生120余名，参加国际、国内大赛65次，获得国际大赛亚军1次、季军1次；国家级大赛冠军2次、亚军3次；获得省级比赛冠军28次，向国家队、省级专业队输送队员3名。2022年铁力市第一中学校优秀毕业生王艺竹，代表国家女子排球队出征2022年世界女排联赛。2015年铁力市第一中学校被黑龙江省体育局命名为“黑龙江省排球项目传统学校”。2020年铁力市第一中学校与伊春市业余体校联办女排项目被黑龙江省体育局命名为“黑龙江省排球项目先进体校”。2021年被黑龙江省体育局命名为“黑龙江省青少年排球训练基地”。2022年铁力市第一中学校被命名为“2022—2025年全国排球高水平体育后备人才基地”。

◆ 2022年7月16—25日，铁力市第一中学女子排球队获得第十八届中国中学生排球联赛女子组第二名

◆ 2022年7月11—25日，铁力市第一中学女子排球队获得黑龙江省排球锦标赛女子组冠军

◆ 2022年8月6—15日，铁力市第一中学女子排球队获得第十届全国体育传统项目学校联赛排球项目（高中女子组）第四名

◆ 2022 年 8 月 24—27 日，铁力市第一中学女子排球队获得黑龙江省第十五届省运会排球比赛高中女子组冠军、初中女子组冠军

◆ 2022 年 12 月 26—30 日，铁力市第一中学女子排球队获得黑龙江省中学生排球锦标赛高中女子组冠军

（铁力市第一中学供图）

# 奋进铁力——年度行业亮点

2022年，铁力市各行业持续发力，电子商务、医疗卫生、公共安全、城市建设、新能源发展等方面成绩显著。人们居住环境不断改善，公安消防演练紧锣密鼓，治安管理能力不断增强，王杨灌区标准化建设更上新台阶，“铁力森鲜”品牌影响力提升，医疗水平不断提高，人民安全感、幸福感不断增强。

◆ 2022年2月13日，在行政服务中心召开的铁力市2021—2022年冬季招商引资推介会上的特色产品展示（铁力市营商环境建设监督局供图）

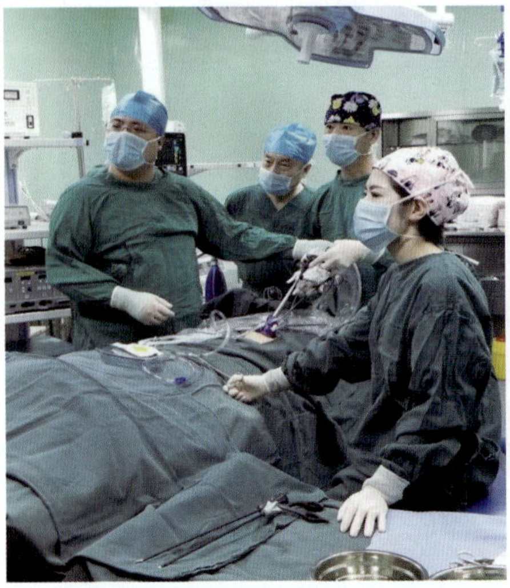

◆ 2022年3月19日，铁力市医疗服务共同体中心医院针对危重症患者制定个性化手术（铁力市医疗服务共同体供图）

◆ 2022年12月20日，南京中国商超大会授予“铁力森鲜”2022年中国农产品区域公用品牌年度市场竞争力品牌“区域形象品牌”奖项（铁力市营商环境建设监督局供图）

2022 年 4 月 7 日，伊春市在铁力经济开发区松风食品项目建设现场举行全市重点项目集中开工仪式
（铁力经济开发区供图）

◆ 2022 年 8 月 10 日，铁力市在葵花药业集团（伊春）有限公司院内的光伏发电建设项目
（铁力市乡村振兴局供图）

◆ 2022 年 5 月 12 日，铁力市住房和城乡建设局到瑞景骊城棚改项目建设施工现场进行质量安全检查　（铁力市住房和城乡建设局供图）

◆ 2022 年 11 月 18 日，铁力市住房和城乡建设局燃气办联合中裕燃气公司对燃气设施进行安全检查　（铁力市中裕燃气公司供图）

◆ 2022 年 4 月 17 日，铁力市数字化水利平台应用现场　（铁力市水务局供图）

◆ 2022 年 6 月 6 日，王杨灌区标准化建设远景　（铁力市水务局供图）

◆ 2022 年 5 月 20 日，铁力综合广播 FM101.5 兆赫恢复播出，主播轲妍进行首播
（铁力市融媒体中心供图）

◆ 2022 年 9 月 23 日，铁力市公安局指挥中心开展“110”测警演练（铁力市公安局供图）

◆ 2022 年 7 月 15 日，铁力市消防救援大队开展水域救援训练（铁力市消防救援大队供图）

◆ 2022 年 8 月 5 日，铁力市消防救援大队开展灭火演练（铁力市消防救援大队供图）

# 富庶铁力——林下宝库

铁力市是国家级生态示范区，森林覆盖率75%。资源丰富，林分质量好，具有发展林下经济的独特资源优势。拥有“铁力大米”“铁力平贝母”“铁力北五味子”“铁力·中国林蛙油”等多个国家地理标志保护产品，也盛产蓝莓、松子、黑木耳、椴树蜜等特色林下产品。

◆松子

◆林蛙

◆榛蘑

◆平贝母

◆猴头蘑

◆松茸

◆椴树蜜

◆蓝莓果

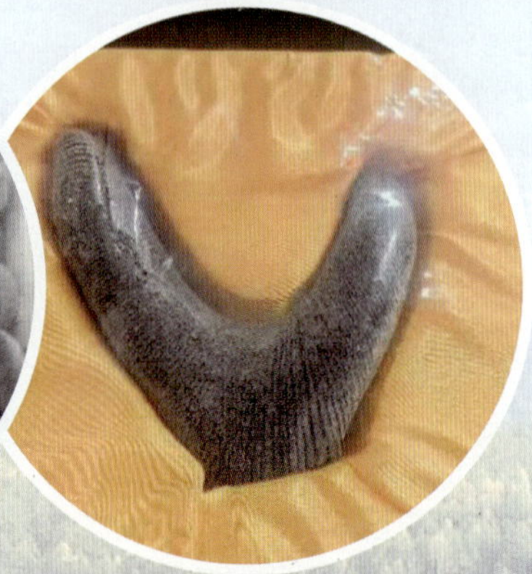

◆鹿茸

◆ 2022 年 9 月 17 日，黑龙江省铁力经济开发区西侧黑木耳挂袋大棚

◆ 2022 年 9 月 23 日，铁力市满村红贝中药材有限公司北五味子晾晒现场

◆ 2022 年 4 月 21 日，铁力市利源堂中药材有限公司人参加工车间

◆ 2022 年 4 月 21 日，铁力市人参种植基地

（铁力市中药材产业服务中心供图）

富庶铁力——特色养殖

铁力市借助小兴安岭得天独厚的自然资源优势，建立冷水鱼、林蛙、野山猪、湖羊等养殖生产基地，推动特色产业市场化、品牌化、标准化发展，带动农民增收致富。

◆ 2022 年 5 月 17 日，铁力市青溪沟冷水鱼人工养殖

◆ 2022 年 5 月 17 日，铁力市青溪沟林蛙人工养殖

◆ 2022 年 5 月 17 日，铁力市青溪沟林蛙冷水鱼养殖基地航拍

（刘青山 / 摄）

◆ 2022 年 5 月 15 日，铁力市益灵山养猪农村专业合作社生态养猪场景　（刘青山 / 摄）

◆ 2022 年 4 月 21 日，金新农规模养猪场内景

◆ 2022 年 5 月 28 日，湖羊生态循环产业园羊舍外景　（铁力市农业农村局供图）

富庶铁力——珍稀矿藏

铁力市境内矿产资源有金、银、铁、铅、铜、锌、钨、铂、石墨、大理石、建筑石、建筑用砂、黏土等矿种50余种，开发利用的矿中有钼、铁、大理岩、建筑用花岗岩等。其中钼矿为亚洲第一大单体钼金属矿。已经勘探和开发出的玉石矿资源有两处：桃山新兴玉石矿和神树玉石矿。

## 钼矿开采选用的国内外先进设备

◆世界先进的半自磨机＋球磨机

◆国内先进的选矿设备

## 铁力市境内钼矿产品

◆精铜矿

◆钼精矿

◆钼铁

◆钼粉

◆三氧化钼

◆七钼酸铵

◆二氧化钼

◆四钼酸铵

◆2022年7月20日，伊春鹿鸣矿业有限公司办公大楼

伊春鹿鸣矿业有限公司（以下简称鹿鸣矿业）是中国中铁全资子公司——中铁资源集团有限公司的控股子公司，位于黑龙江省伊春市铁力林业局境内，是集钼矿采矿、选矿于一体的大型有色金属矿山企业。公司拥有钼矿资源储量单体规模位于亚洲前列。采矿生产采用露天开采方式，选矿工艺采用半自磨＋球磨＋顽石破碎SABC工艺流程，拥有钼行业先进的半自磨机、球磨机等采选设备。2022年，完成处理原矿量1500万吨，实现工业产值38亿元，缴纳税金13亿元。

（伊春鹿鸣矿业有限公司供图）

桃山玉雕塑成品

◆开采后的玉石毛料

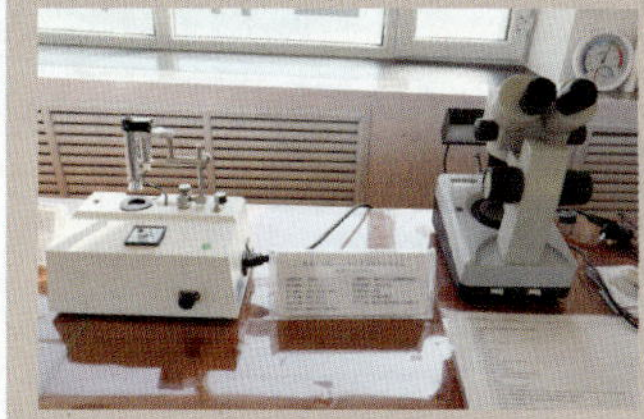

◆玉石检测设备

◆待检测的玉石

◆ 2022 年 5 月 22 日，伊春森工桃山林业局公司办公楼前的大型桃山玉原石作品

2022 年，桃山作为黑龙江省唯一的产玉地，有玉石交易中心和玉石质检中心两个桃山玉石产业规划机构。玉石交易中心保障玉石原石的销售与流通，玉石质检中心监督检测玉件成品的质量，是经黑龙江省质量技术监督局批准，属于政府授权具有第三方公证资质的一家综合性法定检验检测机构，玉石资质认证范围是伊春辖区内的透闪石玉、蛇纹石玉、玉髓及北红玛瑙的认证，具体检测范围包括光谱分析、光泽度、透明度、折射率、密度、摩氏硬度等 16 个项目参数。

（桃山玉石质检中心供图）

# 幸福铁力——丰收盛景

铁力有全国首家寒地水稻种植基地，是“国家现代农业产业园”和“全国水稻绿色高质高效行动示范县”。2022年实现粮食生产“六连丰”。

◆ 2022年9月25日，工农乡水稻收割 （铁力市农业农村局供图）

◆ 2022年9月14日，桃山镇图南山秋季航拍 （席尚民/摄）

◆ 2022 年 4 月 10 日，铁力市王杨乡蔬菜种植户对自家温室蔬菜大棚内的小白菜、小萝卜菜进行采摘
（肖民弼 / 摄）

◆ 2022 年 7 月 20 日，桃山黑丰黑木耳种植农民专业合作社对菌包木耳进行采摘　（刘青山供图）

# 幸福铁力——爱心奉献

铁力市爱心志愿者秉持为社会服务的宗旨，用实际行动践行自己的初心和使命，全年组织开展各种志愿活动1000余项。有城市绿色环保治理、关爱孤寡老人、资助贫困学生、全国文明城市宣传等活动。

◆ 2022年6月17日，铁力市爱心志愿者家园志愿服务队在滨河健康主题公园进行“徒步走健康·行动促低碳”节能宣传周徒步活动和环境卫生清扫系列主题党日实践活动

◆ 2022年1月28日，春节前夕志愿者走访慰问困难家庭

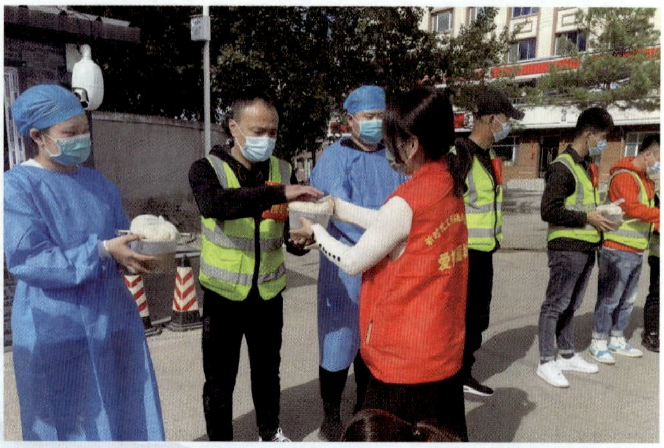

◆ 2022年10月1日，志愿者为工作在公共卫生领域第一线的工作人员送去“节日面”

◆ 2022 年 5 月 4 日，铁力市爱心志愿者家园志愿服务队开展保护母亲河志愿服务活动

◆ 2022 年 月 3 月 3 日，志愿者到社区开展“夕阳别样红”敬老爱老主题志愿服务活动，为社区老人免费理发

◆ 2022 年 6 月 26 日，铁力市大学生志愿者在工人文化宫门前进行禁毒宣传

（铁力市爱心志愿者家园志愿者服务队供图）

铁力市聚焦精神文明建设，以满足人民群众文化需求为核心，以提升群众文化生活满意度为目标，坚持常态化组织开展有新意、富活力的群众性文化活动，依托体育广场、图书馆、骊城书苑等公共文化服务场地，精准对接百姓精神文化需求，广泛开展丰富多彩的群众性文化活动，以高质量的文化供给增强人民群众的文化获得感、幸福感和满意度。

◆ 2022 年 2 月 18 日，在铁力市骊城书苑开展“跟着总书记读好书”全民阅读推广活动

◆ 2022 年 8 月 7 日，在铁力市少儿图书馆开展“二十四节气——立秋”黏土制作活动

（铁力市图书馆供图）

◆ 2022 年 8 月 13 日，铁力市日月峡景区举办第五届区域旅游文化节之“红色初心体验”全民穿越抗联路活动

（铁力市文体广电和旅游局供图）

◆ 2022 年 8 月 19 日，在铁力市人民广场举行的“爱上铁力的夏天”第三届全民健身操（舞）大赛

（铁力市文体广电和旅游局供图）

◆ 2022 年 7 月 8 日，工农乡农民文化艺术节

（铁力市工农乡供图）

◆ 2022 年 10 月 15 日，中国流动科技馆铁力站开展以“喜迎二十大 科普向未来”为主题的 2022 年铁力市全国科普日暨龙江金秋科普月活动

（铁力市科学技术协会供图）

XINGFU TIELI

◆ 2022 年 5 月 11 日，铁力市小学生到双丰镇曙光村乡愁馆开展研学活动

（刘尚志 / 摄）

◆ 2022 年 7 月 18 日，铁力市旗袍协会开展旗袍展示活动（铁力市旗袍协会供图）

# 目 录

## 特 载



## 专 文



## 大事记



## 市情概览



## 中国共产党铁力市委员会

## 铁力市人民代表大会

## 铁力市人民政府



## 中国人民政治协商会议<br>铁力市委员会

## 中国共产党铁力市纪律检查委员会 铁力市监察委员会



## 民主党派・工商联

## 群众团体



## 法 治

## 军 事

## 经济管理



## 农业农村

## 林下经济

## “寒地龙药”产业



## 水 务



## 工 业

## 商贸服务业



## 金融业

## 旅游业



## 铁力经济开发区



## 交通 · 邮政 · 通信

## 城市建设

## 乡村振兴



## 骊城乡贤工作

## 生态环境保护



## 黑土地保护



## 教 育

## 科学技术



## 文　化

## 卫生健康

## 体　育



## 社会生活

## 乡 镇

## 人物·荣誉



## 附　录



## 索　引

# Main Contents

# 特 载

Special Records

# 市委常委会工作报告

## ——2023 年 1 月在市委十三届四次全体会议上

市委书记　陈　岩

**一、开启新征程，社会主义现代化建设迈出坚实步伐**

2022 年，是新一届市委履职的第一年，是多年来未曾经历、多年后仍将铭记的一年。一年来，我们坚持以习近平新时代中国特色社会主义思想为指导，深入贯彻党的十九大和十九届历次全会精神，把迎接党的二十大、学习宣传贯彻党的二十大精神作为贯穿全年的重大政治任务，坚决捍卫“两个确立”、坚决做到“两个维护”，高效统筹疫情防控和经济社会发展，在重大考验中交出了一份可圈可点、好于预期的答卷。

回顾这一年，让我们倍感振奋的是，党的二十大科学擘画了以中国式现代化全面推进中华民族伟大复兴的宏伟蓝图，吹响了向第二个百年奋斗目标进军的号角。市委常委会坚持先学一步、深学一层，带动全市各级党组织和广大党员干部，着力在全面学习、全面把握、全面落实上下功夫，自觉用党的二十大精神统一思想和行动。让我们倍感温暖的是，面对多轮多点散发疫情，市委常委会坚持“人民至上、生命至上”，精准高效开展常态化疫情防控，全力构建疫情防控最坚实屏障。特别是 11 月 12 日突发疫情，我们快速启动应急响应，全力保障民生需求，贴心周到的助企服务、精心实惠的蔬菜包、暖心安全的“归雁行动”、尽心严实的工作作风，得到了各级领导、广大群众和社会各界的一致好评、高度认可。让我们倍感骄傲的是，市委常委会团结带领全市广大党员干部群众，始终以昂扬奋进的状态、跳起摸高的劲头、真抓实干的作风，勤勉敬业、务实肯干，充分运用“四个体系”保障机制，高质量完成各项目标任务，先后获得国家乡村振兴示范县、国家农业绿色发展先行区、国家知识产权强县建设试点县等荣誉 80 余个。让我们倍感珍惜的是，新一届市委常委会以能力作风建设破题起步，创新开展“项目建设提速”“六要六不要”研讨、“五勤”和初心党组织建设等系列活动，扎实开展“解放思想、振兴发展”学习研讨，常委班子带头践行“一线工作法”，推动老旧小区改造、乡村产业发展等难点问题有效破解，示范带动全市广大党员干部在解放思想中转变观念、破解难题、争先晋位、勇闯新路。

一年来，市委常委会主要抓了以下六个方面工作：

（一）坚持量质并举，经济发展迈上新台阶。市委常委会全面对标习近平总书记“疫情要防住、经济要稳住、发展要安全”的重要要求，紧紧围绕“在全省县域经济发展中争先晋位”“进入全省县域经济综合排名前 20”的目标，坚持稳中求进工作总基调，沉着应对外部冲击和疫情影响，见事早、行动快、措施准、力度大，推动经济发展稳中向好、稳中快进。预计全市地区生产总值比 2021 年增长 5.5%，规上工业增加值比 2021 年增长 3.8%，固定资产投资比 2021 年增长 54.4%，一般公共预算收入比 2021 年增长 6.5%。前三季度，县域经济综合排名跃居全省第 11 位。

一是致力于实体经济，推进现代产业提质升级。坚持以“四大经济”赋能产业升级，出台实施产业项目激励、工业振兴若干政策，夯实县域经济高质量发展根基。发展平台承载力更优，顺利完成经开区实训基地和工业蒸汽建设，扎实推进停产停建项目清理盘活，3户企业实现“腾笼换鸟”。主导产业引领力更强，金新农、新希望等龙头企业实现降本增效，松风食品等延链扩能项目稳步推进；国家现代农业产业园金字招牌持续巩固，北药仓储冷链物流、蓝天制药中药车间技术改造等重点项目如期完成。传统产业支撑力更足，鹿鸣钼矿全年满负荷生产，绿色矿山建设取得实质性突破，“主引擎”地位更加凸显；以森源木业、益木坊为牵动的木制品加工产业成为拉动外贸进出口“主力军”。新兴产业成长力更好，制定“四大经济”产业扶持政策，青岛袁策寒地育种、中兽药饲料工程等一批重点项目签约落地、平稳健康发展。全国电子商务进农村示范县建设成效凸显，市乡村三级物流快递服务网络实现有效覆盖，直播经济、平台经济等新业态蓬勃发展。

二是致力于市场主体，推进第三产业提质扩量。始终坚持“两个毫不动摇”，创新举措、落实政策、服务实体，全面稳住市场主体，留住发展“青山”。全力复苏旅游产业，制定出台《旅游产业高质量发展行动方案》，成立复工复产工作专班，落实处级干部包保责任；扎实推进日月峡滑雪场、萌宠部落、酒章文创园等文旅项目改扩建，成功举办第五届区域旅游文化节，进一步提升旅游产业吸引力，预计全年接待游客156万人次、旅游收入7亿元。大力培育市场主体，联动落实稳经济一揽子政策措施，支持鹿鸣钼矿、安嘉乳业等重点企业技改，加大科技研发投入，提升企业发展规模和质效。全年累计减免退税6778万元，帮助企业争取政策资金3818万元，兑现奖励扶持资金1997万元，“信易贷”平台入驻市场主体4584家，成功授信放款5.3亿元；新增各类市场主体3439户，新培育规上企业3户。

三是致力于招引争取，推进项目建设提质增效。坚持把项目建设作为增强投资拉动、稳定经济增长的关键抓手，持续推动项目攻坚取得更大成效。聚焦外部投资狠抓项目招引。科学绘制招商地图，综合运用专业招商、以商引商、乡贤招商等方式，先后与龙源电力集团、中铁资源集团等一批龙头企业签订合作协议，全年签约落地项目10个，实际利用内资12.1亿元，比2021年增长50%。紧盯上级投资加快项目推进。抢抓国家适度超前开展基础设施投资、分类引导5类县城发展等重大利好，加强前瞻性研究、主动性对接，精准谋划储备重点项目359个，争取各类资金38.2亿元，比2021年增长39.6%；完成63个重点项目建设，固定资产投资预计完成40亿元。

（二）坚持优先发展，乡村振兴开启新篇章。市委常委会全面贯彻习近平总书记关于“三农”工作重要论述，推进乡村五大振兴同向发力，农业农村农民同步发展。

一是坚持大与小同步抓，多元培育乡村产业。积极围绕市场需求变化，坚守底线、强化特色、提升效益，夯实乡村振兴产业根基。抓实粮食安全这个根本。深入实施“藏粮于地、藏粮于技”战略，完成粮食播种面积156.4万公顷，总产量达到4.5亿公斤；高标准农田达到68.5万公顷，绿色有机食品监控面积达到45.7万公顷；农业科技贡献率、机械化率、良种覆盖率分别达到69%、98.5%和99.5%；落实农业托管面积21万公顷。抓实产业项目这个关键。用好用足上级政策资金，谋划实施了分布式屋顶光伏、恒温冷库等一批重点项目，实现市级产业与乡村产业“双轮驱动”；充分尊重农民首创精神，因地制宜发展小微产业，易稻食品、芽豆种植农场等8个乡村振兴工坊稳步发展，实现产业搭配工坊，多点开花助力乡村振兴。

二是坚持建与管相并重，多维改善农村环境。积极转观念、变思维，扎实推进乡村建设由全面铺开向重点提升转变，管护模式由先建后管向边建边管转变。以全省农村人居环境整治先行县为引领，按照“以点穿线、环线提升”的思路，以村集体资金撬动乡村振兴衔接资金，发挥聚合效应，有针对性的补短板、锻长板、树样板，高标准实施19个村屯和1个林场所基础设施改造升级等工程，持续提升乡村颜值。成功承办了全省妇联“美丽家园”建设现场推进会、伊春市美丽宜居村庄建设学习培训活动、伊春市“四好农村路”建设现场会。以政府主导、多方参与、市场运作为导向，制定出台《乡村（林场）建设八个机制》，健全完善农村基础设施运行管护社会化服务体系和服务费市场化形成机制，持续巩固乡村建设成果，促进美丽乡村长久常新。

三是坚持村与民双增收，多措推进兴村富民。聚焦共同富裕的目标，坚定不移兜牢底线、盘活存量、做大增量。脱贫攻坚成果不断巩固。落实防返贫监测帮扶机制，新建帮扶产业项目7个，总数达到37个，带动脱贫人口2334户次、3245人次，人均纯收入达到12639元，比2021年增长11.3%。村级集体经济不断激活。深入推进“清化收”和农村集体“三资”突出问题专项整治，盘活闲置资产，入股实体产业，积极发展民宿、农家乐等业态，确保资本保值增值；用好产权交易平台，累计成交发包交易666笔。全市村级集体经济收入达到2500万元，20万元以上村实现全覆盖，成功承办伊春市发展壮大村集体经济现场会。农民致富能力不断增强。制定出台《鼓励扶持全民创业若干措施》，健全职业技能培训体系，拓展就业渠道，全年累计开展培训25次，农村转移就业28170人次，安置就业困难人员138人，农村常住居民人均可支配收入连续5年高于经济增幅。

（三）坚持改革开放，体制机制焕发新活力。市委常委会深入落实习近平总书记“改革开放永远在路上”重要要求，以改革统揽全局，赋能发展，纵深推进各项改革向更深层次挺进。

一是强化创新意识，向改革要动力。全面完成115项年度改革任务，创新推进事业单位联合体建设，探索公益二类事业单位绩效工资奖励机制，优化应急、财政等领域事业机构职能配置。全面完成“县管校聘”管理体制改革，扎实推进全国共青团基层组织改革试点，被团中央评为县域共青团基层组织改革扩大优秀试点。

二是强化融入意识，向开放要活力。以“解放思想、振兴发展”研讨为抓手，对标先进找差距、转变观念谋发展，组织干部赴深圳、长沙、贵州等地学习考察，进一步开阔眼界、拓宽思路。以交通基础设施建设为先导，哈伊高铁哈尔滨至铁力段开工建设，铁科高速顺利推进，进一步密切了与哈大绥等重点城市的互联互通。以对口合作为切口，拓展与广东茂名对口合作领域，推动更多农林产品走向全国。

三是强化问题意识，向环境要潜力。聚焦重点领域、关键环节，持续深化“放管服”改革，扎实开展政务服务“体外循环”专项整治，959个政务服务事项入驻政务服务大厅，实现“应进必进”。全面推行“容缺后补、并联审批、帮办代办、多验合一”四项机制，项目审批压减至46个工作日，较省定时限缩短29个工作日。政务服务事项零跑动率达99.1%、即办件率达99%、743个政务服务事项实现“办事不求人”，新增“一照多址”“免申即享”等便民利企举措58项，村（社区）综合便民服务点实现全覆盖。经验做法在全省优化营商环境工作会议上做典型发言，并连续四期在《黑龙江日报》刊载；桃山镇“一枚印章管审批”试点“四个一”模式在全省推广。

（四）坚持绿色发展，生态建设彰显新担当。市委常委会始终牢记习近平总书记“生态就是资源、生态就是生产力”的特指要求，推进人与自然和谐共生，坚决扛起维护国家生态安全政治责任。

一是注重系统保护，持续优化生态环境。全面压实各级林长责任，落实森林资源管护面积25.78万公顷。全面落实秸秆禁烧要求，扎实推进秸秆“五化”利用，综合利用率达95%。持续开展大规模绿化行动，新增及提升绿地120公顷，城市口袋公园达到9个，城乡绿化覆盖率分别达到44.8%和37%。国家园林城市顺利通过省级验收，成功获得全国绿化先进集体、全国“三北”科学绿化试点县荣誉。

二是注重源头治理，坚决整治生态问题。深入打好污染防治攻坚战，常态化开展河湖“清四乱”“亮剑护河”专项行动，全面完成小微水体和入河排污口治理，国省考断面水质达到Ⅲ类标准。坚守耕地红线，完成140条侵蚀沟治理，落实耕地轮作9.2万公顷，集中回收废弃农药包装物97.7吨，土壤环境质量达到国家二级标准。扎实推进非建成区燃煤锅炉淘汰改造，空气质量达到国家二级标准。省环保督察反馈问题全部完成整改，中央环保督察反馈的10项问题已整改完成5项，其余问题正按进度稳步推进。

三是注重观念更新，积极发展生态经济。坚决落实碳达峰、碳中和任务，持续优化产业结构，新能源产业实现破题开局、聚力成势，全国整县屋顶分布式光伏试点县一期工程实现并网发电，投资12.8亿元实施200兆瓦风电项目，小呼兰河抽水蓄能电站项目取得突破性进展，“兴安岭生态银行”建设成功获得9亿元融资，“两山”转化通道更加畅通。

（五）坚持以人为本，民生福祉实现新提升。一年来，市委常委会始终牢记习近平总书记“江山就是人民，人民就是江山”的谆谆教诲，不忘奋斗初心、不负使命担当，用心用力用情办好民生实事，增进民生福祉。

一是树立链式思维，着力回应群众最关切。聚焦群众“急难愁盼”问题，推进“网格化+12345热线”双向融合，多渠道收集发现问题、多部门联动解决问题，形成闭环管理机制。特别是针对群众反映的供热供水质量、老旧小区改造等问题，坚持分步骤、分区域，逐个突破、加速解决，累计投资4.5亿元改造新建供热管网17.3万米、供水管网11.3万米，实施圣泉水厂水质提升改造工程，大幅改善供热、供水质量。全面完成中西苑联合、骊城惠民等20个老旧小区改造，持续提升群众幸福感。

二是树立底线思维，着力织密民生保障网。聚焦群众对美好生活的向往，扎实推进各项民生社会事业发展。全力保障重点群体就业，预计全年新增城镇就业人员2612人，城镇登记失业率控制在2.8%以内，零就业家庭实现动态清零。全力办好人民满意教育，完成市一中实验楼、食宿楼和体育馆建设；实施义务教育薄弱学校办学条件改善、第六小学和第六中学改造等项目，加快推动义务教育优质均衡发展；深入推进教育评价改革，完善职级职称晋升机制，引导教师安静教书，潜心育人；中高考再创佳绩。深化医疗卫生体制改革，医共体建设扎实推进，顺利完成市医院肿瘤科建设、传染病区改造，乡镇卫生院全面提档升级，医疗服务保障能力持续提升，育儿补贴、“两癌”筛查等政策全面落地。注重文化繁荣发展，高标准建设骊城音乐广场，举办“骊马放歌”等文化惠民活动200余场次；铁力一中女排实现全省中学生锦标赛“七连冠”，获得全国中学生排球联赛亚军。扎实开展“安全生产百日攻坚行动”，深入排查整治自建房、城镇燃气、非煤矿山等重点行业风险隐患，安全生产专项整治三年行动圆满收官。

三是树立精品思维，着力打造幸福宜居城。聚焦打造伊春副中心城市、扮靓林都“南大门”，全面拉开“一核双带四区”的空间布局，县域发展定位更加清晰。城市更新蹄疾步稳，有序推进城市路网、雨污分流管网改造升级，滨河公园、铁甲河公园、左营公园等城市公园串点成线，功能配套更加完善。创业就业基地、智能化城乡通信微管廊等一批城市功能性项目扎实推进，城市品质提升可观可感。深化全国文明城市创建，文明习惯养成教育常态长效，城市文明程度和群众生活品质实现双提升。创新城市治理，完成社会管理综合数字化指挥中心建设，全面整治私搭乱建、占道经营等行为，城市管理日趋精细。

（六）坚持全面从严，管党治党取得新成效。市委常委会深入贯彻落实习近平总书记“坚持党要管党、全面从严治党”的重要要求，全面压实管党治党责任，以永远在路上的坚韧和执着，坚定不移推动全面从严治党向纵深发展。

一是坚持政治引领，永葆绝对忠诚的鲜明本色。市委常委会始终把党的政治建设摆在首位，胸怀“两个大局”、牢记“国之大者”，以实际行动捍卫“两个确立”、践行“两个维护”。始终把牢政治方向。坚持以习近平新时代中国特色社会主义思想定向领航，全面学习贯彻党的十九届六中全会和党的二十大精神，严格落实市委常委会第一议题制度，传达学习习近平总书记重要讲话重要指示批示精神50次。全面落实意识形态责任制，认真做好舆情管控和突发事件舆论引导，确保意识形态领域形势安全可控。严肃党内政治生活。落实落细“三会一课”、组织生活会、民主评议党员等制度，健全完善《常委会议事规则》，严格执行末位表态制，“三重一大”事项全部集体讨论决定。在伊春政治生态建设成效考核中，连续三年获评第一等次。

二是坚持固本强基，构筑坚不可摧的战斗堡垒。深入践行新时代党的组织路线，树牢大抓基层、大抓基础、大抓支部的鲜明导向，推动基层党组织全面进步、全面过硬。聚焦组织覆盖抓扩面。坚持纵向到底、横向到边，优化党的基层组织设置，加强基层党组织建设，推动组织力量延伸到各个领域，“两新”党组织覆盖率达到100%。聚焦支部建设抓提质。持续整顿软弱涣散基层党组织，制定《党支部标准化建设工作标准》，打造红旗机关24个，省级基层党建示范点4个；建立社区网格党小组349个，成立党群服务中心17个，激活治理体系“神经末梢”。聚焦党员队伍抓管理。坚持把政治标准放在首位，注重从青年和产业工人、农民、知识分子中发展党员，不断优化党员队伍结构、壮大党的力量；创新实施“初心工程”，建立初心党组织试点12个，开展志愿服务400余次，为群众办实事2600余件。

三是坚持正确导向，锻造堪当重任的干部队伍。聚力打好干部队伍建设“组合拳”，着力打造忠诚干净担当的新时代干部队伍。突出政治标准选拔使用干部。深入践行新时代好干部标准，坚持有为有位的干部导向，注重在疫情防控、乡村振兴等一线选拔培养干部，年初以来，共调整使用干部11批次525人次，其中，提拔重用年轻干部64人；坚持党管人才原则，认真落实“人才公寓”“人才发展基金”等各项人才政策，引进各类人才170人。突出政治素质考核激励干部。稳慎推进公务员职务职级并行，全面清理规范公务员各项津贴补贴，严实开展考核，评定优秀等次公务员420人，晋升职级132人次；健全完善村党组织书记、村委会主任考核和奖励办法，从优秀村（社区）党组织书记中选聘乡镇事业编制、落实副科级待遇，进一步拓宽出口、激发干劲。突出政治建设教育培养干部。始终把习近平新时代中国特色社会主义思想作为干部教育培训的首课、主课、必修课，抓实理论武装，完善干部培训体系，累计开展培训4650人次。

四是坚持正风肃纪，巩固风清气正的政治生态。坚持永远在路上、永远吹冲锋号，驰而不息正风肃纪反腐，持续巩固和发展反腐败斗争压倒性胜利。立足“三不”一体抓推进，持续深化腐败治理。年初以来，累计处置问题线索863件、立案301件，比2021年增长3.4%，查办大案要案65件，挽回经济损失708.5万元；运用“四种形态”批评教育帮助和处理956人次。聚焦“四风”顽疾抓整治，持续改善干部作风。查处形式主义、官僚主义问题21起，处理22人；查处违反中央八项规定精神问题25起，处理28人；查处破坏营商环境问题7起，处理8人；查处群众身边腐败和作风问题85起，处理93人；文件、会议和督查检查考核事项只减不增，基层减负有效落实。立足“深巡严改”抓实效，切实发挥利剑作用。制定新一届市委巡察工作五年规划和2022年度巡察工作计划，顺利完成十三届市委第一轮巡察，累计发现问题186个，移交问题线索36个。

五是坚持团结奋斗，汇聚共识共为的磅礴合力。市委常委会充分发挥党委统揽全局、协调各方的领导作用，团结社会各界围绕中心、服务大局，以党的全面领导凝聚推动高质量发展的强大合力。全力支持人大、政协依法履职。坚持和强化党对人大、政协工作的领导，支持和保证人大班子及其常委会依法行使职权，“双联”工作进一步拓展，“代表之家”服务群众更贴心；政协围绕团结和民主两大主题，政治协商、民主监督、参政议政职能有效履行，“协骊”联合体有效覆盖，协商议事“触角”全面展开。巩固和发展最广泛的爱国统一战线。充分调动各民主党派、工商联、无党派人士的积极性、主动性、创造性，着力做好民族宗教工作，发挥好工会、共青团、妇联等群团组织桥梁纽带作用，始终把人民群众紧密团结在党的周围。全面压实党管武装政治责任。进一步规范落实军地联考联评、党管武装工作述职等制度，认真落实退役军人各项优抚和待遇，推动完成国防动员体制改革，加强后备力量建设，军民融合深度发展。

**二、展现新作为，全面扛起“走在前列、作出示范”光荣使命**

今年是全面贯彻落实党的二十大精神开局之年，也是推动社会主义现代化建设的重要时期，做好各项工作意义重大、责任重大。习近平总书记在中央经济工作会议上的重要讲话，为做好当前和今后一个时期经济工作指明了前进方向、提供了根本遵循。省委十三届三次全会暨省委经济工作会议，系统总结了全省经济社会发展成就，辩证分析了面临的形势任务，进一步明确了全省经济社会发展的思路目标、主要工作和突破重点。伊春市委十三届三次全会暨市委经济工作会议对今年全市工作作出了全面部署。我们要切实把思想和行动统一到习近平总书记重要讲话精神上来，统一到党中央决策部署和省委、伊春市委工作要求上来，不折不扣抓好贯彻落实。

今年全市工作指导思想是：坚持以习近平新时代中国特色社会主义思想为指导，深入贯彻习近平总书记重要讲话重要指示精神，全面落实党的二十大和中央经济工作会议、中央农村工作会议战略部署，贯彻落实省委和伊春市委十三届三次全会暨经济工作会议精神，坚持稳中求进工作总基调，完整、准确、全面贯彻新发展理念，服务和融入构建新发展格局，着力推动高质量发展，更好统筹疫情防控和经济社会发展，更好统筹发展和安全，更好统筹扩大内需和深化供给侧结构性改革，正确把握“五个关系”，抓紧抓实“五个方面”重点工作，持续推进新时代党的建设新的伟大工程，大力营造风清气正政治生态，奋力谱写社会主义现代化新铁力建设新篇章。

综合考虑各方因素，今年经济社会发展的主要预期目标是：地区生产总值增长6%以上，规模以上工业增加值增长5%以上，固定资产投资增长10%以上，一般公共预算收入增长10%，社会消费品零售总额增长7%，城镇登记失业率控制在3.5%以内，外贸进出口总额增长15%以上，城乡居民收入增长与经济增长同步。

如期实现上述目标，在具体工作中，要正确把握五个关系。

一是“稳”与“进”的关系。稳是主基调、进是大方向，既要以稳求进，巩固基本面，稳住基本盘，保持经济持续健康发展、社会大局稳定；更要主动应对“稳中有变”的复杂形势，提高工作的前瞻性、灵活性、有效性，巩固“稳中向好”的良好态势，以进促稳、以进保稳、以进固稳。

二是“危”与“机”的关系。坚持系统观念、辩证思维，既要理性看待需求收缩、供给冲击、预期转弱三重压力给稳增长带来的压力，更要看到疫情防控持续优化有序转段、乡村振兴与新型城镇化战略稳步推进、扩大内需上升为国家战略等一系列利好因素，进一步增强机遇意识，高起点谋划好战略衔接、政策对接、项目嫁接，敢于担当、善于作为，努力在危机中育先机、于变局中开新局。

三是“点”与“面”的关系。始终心怀“国之大者”，既要把各项工作置于全国、全省大局中思考和对标，更要把握铁力发展的阶段特征、主要矛盾，集中力量办好自己的事，以自身发展的确定性对冲外部环境的不确定性，以一域之光为全局添彩。

四是“远”与“近”的关系。坚持立足当前谋长远、着眼长远抓当前，既不能把长期目标短期化、系统目标碎片化，也不能把攻坚战打成消耗战，要切实把握好时度效，沉下心从关乎长远的项目建设、产业培育、生态环境、基层基础等领域着手，打牢基础，筑牢根基，推动经济发展行稳致远。

五是“知”与“行”的关系。坚持知行合一、言行一致，既要不断提升贯彻落实新发展理念的政治能力、专业水平；更要践行“一线工作法”，抓住要害、靶向施策，做到推动工作有实招、破解难题有真招、创新举措有高招，保证高质量发展站位更高、措施更实、成效更好。

基于上述认识，结合全面贯彻落实党中央和省委、伊春市委决策部署，重点抓好以下五个方面工作。

（一）打造现代产业体系，在振兴发展上走在前列、作出示范。始终把发展经济的着力点放在实体经济上，坚持以产业引项目，推进产业基础更坚实、链条更完备。

一要强化产业发展“首位度”。紧紧抓住供给侧结构性改革这条主线，深化“4+2+N”现代产业体系建设，加速推进产业强链、迭代升级，使其主导地位更加突出，带动效应更加明显。要推动主导产业向“高质”发展。主动顺应消费升级趋势，丰富水稻、食用菌等绿色生态农林产品供给，不断满足健康饮食结构变化需求；巩固国家现代农业产业园建设成果，以市场为导向，推进平贝、人参等道地药材拓宽市场、扩展用途、提升品质，用好冷链物流、检验检测中心、科技服务驿站等优势资源，提升中医药产业发展水平、增强市场竞争力。要推动传统产业向“高端”攀升。稳妥推进矿山综合整治，支持翔远矿业安全稳定生产，加快鹿鸣钼矿绿色矿山建设，积极发展钼产品、尾矿综合利用等项目，延伸加工产业链条；有序推进木材家具产业转型升级，加大创新研发力度，引导企业绿色发展、安全发展、高质量发展。要推动新兴产业向“高速”迈进。加快数字经济与实体经济深度融合，重点推进鹿鸣钼矿、葵花药业等企业创建“智慧矿山”“智慧工厂”，探索建设数字化医院、农业、物流等应用场景，推动产业数字化、数字产业化；完善生物经济发展扶持政策，支持企业开展生物技术、生物育种、生物药品研发创新，加快中兽药饲料工程、亿达鸿扩产能等项目建设，促进产业规模化、集群化；统筹冰雪经济和创意设计产业，持续办好“赏冰乐雪·冻感铁力”系列活动，加强红色游、康养游、乡村游等业态供给，完善日月峡滑雪场基础设施和配套服务，做优萌宠部落、酒章文创园等特色项目，扶持创意经济、夜间经济、直播经济等新兴业态，开发更多文化创意、研学康养、非遗民俗、特色美食等新产品，打造更具辨识度的城市IP。二要跑出项目建设“加速度”。严格落实重点项目包保联系机制，健全完善“拿地即开工、交地即办证、竣工即投产”保障体系，落实好重大项目“一事一议”和全周期跟踪服务，推动投资量、实物量、工作量“三量齐增”。准确把握国家“稳增长、扩内需、促消费”等重大利好，用好用足国家各项政策资金，积极主动谋划争取一批打基础、利长远、惠民生的产业项目和基础设施项目，为经济社会高质量发展打下坚实基础。三要提升招商引资“精准度”。始终把招商引资作为“一把手”工程，坚持处级干部带头，配强专业队伍，发挥商会、协会和乡贤作用，统筹运用以商招商、驻点招商、招商公司专业招商等方式，精准梳理产业链发展图谱，精准锁定目标企业，引进更多科技含量高、发展潜力大的重点项目，确保招商引资实现体量、质量、数量“三大突破”。四要增强园区载体“承载度”。经开区要侧重于资源盘活、效能提升，以公顷产论英雄、以质效配资源，全面推行工业“标准地”制度，坚持“腾笼”与“换鸟”并重，有效整合闲置厂房和土地资源，提升管理服务效能，加快项目落户落地；双丰园区要侧重于完善基础设施及配套功能，不断满足企业发展基本需求，提升产业集聚能力。

（二）统筹强农兴村富民，在乡村振兴上走在前列、作出示范。以推进一二三产融合发展为导向，抓实国家乡村振兴示范县建设，推动农业全面升级、农村全面进步、农民全面发展。一要多点发力促进农业“高质高效”。严守粮食安全底线，落实最严格耕地保护制度，坚决遏制耕地“非农化”、防止“非粮化”。完成10万公顷高标准农田建设，确保粮食播种面积稳定在156万公顷以上。深入实施种业振兴行动，深化与青岛袁策集团合作，积极推进金新农国家级核心育种场建设，支持合作社种业研发培育，强化新品种推广应用。用好中药材示范基地数字化平台，加快布局智慧农业，扩大农机装备服务覆盖面，提升农业综合生产能力。牢固树立大食物观，积极发展设施农业，做大做强鲜食玉米、冷水鱼、林蛙、林菌等特色农业产业集群，构建多元化食物供给体系。二要因地制宜推动乡村“宜居宜业”。坚持尊重农民意愿、保持历史耐心，全面提升乡村建设水平，着力形成梯次发展、层次分明的乡村建设格局。坚持“一村一主题、一村一文化”，强化村庄风貌引导，深度挖掘文化内涵，集成生态“基因”、田园“风貌”和红色“元素”，促进村庄形态与自然环境、传统文化相得益彰，着力打造一批乡愁浓郁、底蕴丰厚的和美乡村。三要千方百计加快农民“富裕富足”。巩固拓展脱贫攻坚成果，加大返贫监测和帮扶力度，确保农村低收入群体持续稳定增收。持续拓展村级集体经济增收渠道，有效盘活闲置资金，确保集体资产保值增值。建好乡村振兴工坊，促进农民就地就近就业。深入推进乡村移风易俗，涵养文明乡风、良好家风、淳朴民风，实现物质富裕、精神富足。

（三）深入践行两山理念，在生态建设上走在前列、作出示范。坚持尊重自然、顺应自然、保护自然，自觉站在人与自然和谐共生的高度谋划发展，协同推进降碳、减污、扩绿、增长，实现生态优先、节约集约、绿色低碳发展，全力争创国家级生态文明建设示范县。一要打好生态保护持久战。坚持山水林田湖草沙一体化保护和系统治理，深化国家森林城市创建，科学开展大规模国土绿化行动，深化露天矿山综合整治和生态修复，健全生态环境绩效评价与责任追究机制，完善生态保护补偿制度，严厉打击环境违法行为。积极倡导简约适度、绿色低碳生活方式，培养生态道德和行为习惯，让绿色环保的理念深入人心。二要打好污染防治攻坚战。持续深入打好蓝天、碧水、净土保卫战，守牢生态环境底线。全面保护“一片蓝天”，稳步推进非建成区燃煤锅炉淘汰改造，强化“散乱污”企业、扬尘污染、餐饮油烟动态治理，全面落实秸秆禁烧要求，确保空气优良天数只增不减。系统呵护“一城清水”，常态化开展河湖“清四乱”、小微水体治理、入河排污口专项整治，加快小白河综合治理和雨污分流改造等项目建设，确保国省考断面水质稳定在Ⅲ类标准。精准守护“一方净土”，严格落实“田长制”，深入推进耕地轮作试点、畜禽废弃物综合利用，全面完成侵蚀沟治理。持续巩固省环保督察反馈问题整改成效，全面完成中央环保督察反馈问题整改任务。三要打好绿色发展主动战。准确把握推进碳达峰碳中和工作要求，扎实推进200兆瓦风电、整县屋顶分布式光伏、小呼兰河抽水蓄能电站项目，深化“兴安岭生态银行”建设成果，提升资金使用效益，拓展“两山”转化通道。

（四）聚焦难点提升效能，在改革创新上走在前列、作出示范。坚持以改革创新增强发展动力、提振市场信心。一要以更大力度改革攻坚。牢牢把握系统集成总要求，扎实推动重点领域改革向纵深发展，持续做好“三大改革”后半篇文章，进一步完善党政机构职能体系，优化事业单位布局。巩固国有企业改革三年行动成果，加快市场化运作、专业化管理步伐，完善现代管理制度，做强做优国有资本。统筹推进事业单位联合体、行政执法体制等改革，让改革红利更加可感可及。二要以更实举措创新赋能。强化创新主体培育，支持企业与上下游、高校院所结成创新联盟，鼓励引进转化一批前瞻性、标志性科技创新成果；支持葵花药业、福生冷冻等企业实施技术改造、设备更新，提升市场竞争力。深入实施人才强市战略，精准对接产业发展、企业所需，完善人才“引育用留”全链条机制，吸引更多大学毕业生到乡、能人回乡、农民工返乡、企业家入乡，让各类人才勇闯勇创。三要以更细服务优化环境。持续开展优化营商环境专项行动，深入推进“办好一件事”改革，强化政策集成和制度创新，全面推行“免申即享”，提高政策含金量、精准度、知晓率、直达性；深入推进政务诚信建设，拓展“信易+”场景应用，引导各类金融机构扩大贷款规模、降低贷款成本，让企业敢想敢为。

（五）永葆人民至上情怀，在共同富裕上走在前列、作出示范。坚持尽力而为、量力而行，扎实推进群众可观可感、普遍认可的共同富裕。一要推动城市共建，打造共同富裕的宜居家园。坚持精准规划、精心经营、精细治理，着力打造进者悦、远者来、居者安的宜居城市。进一步提升城市通达能力，靠前服务哈伊高铁、铁科高速等重点项目，不断完善融入哈大绥一体化发展交通体系；有序推进城乡路网改造，动态修复破损路面，争创全国“四好农村路”示范县。进一步完善城市功能品质，大力实施城市更新行动，加快棚户区和老旧小区改造，渐进式改造完善停车位、充电桩、换电站等城市配套和市政管网、防灾减灾等基础设施，提升供水供热质量；持续抓好精品园林景观建设，新建改造一批街头小景、口袋公园，全面完成水文化主题公园、干馏体育公园建设，不断改善人居环境。进一步推进城市精细管理，积极推进数字政府建设，拓建升级智慧交管、智慧物业、智慧城管等数字系统，加快实现城市管理科学化、精细化、智慧化；实施市容环境提升工程，常态化开展集中整治，加快推进管理触角向老旧小区、背街后巷延伸，全力破除脏乱差等顽疾；建立健全物业服务企业准入淘汰机制，完善物业服务体系，探索推广“红色物业”管理模式，让居民幸福“加码”。二要推动收入共增，筑牢共同富裕的坚实基础。始终把保障就业摆在首要位置，突出抓好重点群体创业就业，全面落实援企稳岗政策，增强乡村旅游、电商直播等行业就业吸附能力，加大就业困难人员帮扶，兜稳就业底线。三要推动服务共享，提升共同富裕的幸福内涵。聚焦“一老一小”，全面落实“双减”和“三孩”政策，维修改造马永顺中学、特殊教育学校等中小学和幼儿园基础设施，新建社区日间照料中心和托育机构，用好光荣院、怡养中心等资源，发展养老事业和养老产业，着力建设全龄友好包容社会。聚焦“病有良医”，深化“三医联动”改革，促进医保、医疗、医药协同发展，加强慢性病健康管理，完善分级诊疗体系，全方位全周期保障人民群众身体健康。聚焦“弱有所扶”，持续完善临时救助机制、最低生活保障等制度，落实低收入人群、残疾人等弱势群体关心关爱政策，兜牢普惠性、基础性民生。四要推动文化共兴，构筑共同富裕的精神高地。高站位压实意识形态责任，全面强化阵地管理，突出抓好宗教、网络等重点领域管理，加强舆情线上线下双向闭环处置，牢牢掌握意识形态工作领导权、话语权和主动权。高标准深化文明创建与实践，紧扣全国文明城市创建目标，坚持文明创建、文明实践、文明培育互促共融，大力实施文明创建工程，持续开展文明村镇建设，乡风文明试点村镇建成率达到70%。推进理想信念教育常态化、诚信建设和志愿服务制度化，发挥先进典型、英雄模范的示范引领作用，切实营造见贤思齐、崇尚英雄、争做先锋的浓厚氛围。高质量发展文化事业和产业，深入挖掘传播红色文化、林区文化等地域特色文化，打造富有影响力和感召力的城市文化名片；用好图书馆、农家书屋等阵地，深化全民阅读活动，打造“书香铁力”；积极培养和发掘地方文化名人，鼓励创作出更多彰显铁力风貌、时代气象的文艺作品，讲好新征程上的“铁力故事”。*五要推动多元共治，夯实共同富裕的平安基石。*守稳重大风险“底线”，坚持和发展新时代“枫桥经验”，巩固拓展网格化治理模式，完善社会矛盾多元化解机制；认真落实新阶段疫情防控措施，做好新冠感染分级诊疗，更好保障群众就医用药，全力保健康、防重症，确保顺利度过流行期。守住安全生产“红线”，持续推进安全生产专项整治，完善应急管理机制，提高防灾减灾救灾能力，夯实安全生产基层基础。守牢社会稳定“防线”，聚焦政治安全、经济安全、社会安全，健全风险研判、防控协同、防范化解机制；做好新时代信访工作，畅通和规范群众诉求表达、问题化解通道，集中攻坚化解信访积案；常态化开展扫黑除恶，打造更高水平的平安铁力、法治铁力。

**三、砥砺新担当，不断推进新时代党的建设新的伟大工程**

全面建设社会主义现代化新铁力，关键在党，关键在干部。要深入落实新时代党的建设总要求，大力弘扬伟大建党精神，持之以恒推进全面从严治党，以党的自我革命引领社会革命。

（一）坚定政治立场，锤炼忠诚品格。对党绝对忠诚，是共产党人的政治大节。*一要坚定政治信仰。*坚持不懈用习近平新时代中国特色社会主义思想统一思想、统一意志、统一行动，增强“四个意识”，树牢“四个自信”，捍卫“两个确立”，做到“两个维护”，坚决忠诚核心、拥戴核心、维护核心、紧跟核心。*二要坚定理想信念。*坚持理论武装同常态化长效化开展党史学习教育相结合，全面学习、把握、落实党的二十大精神，自觉做共产主义远大理想和中国特色社会主义共同理想的坚定信仰者和忠实实践者。*三要坚定使命担当。*永葆对党的赤胆忠心、对人民的坚定初心、对事业的进取之心，知重负重、实干苦干，在全省振兴发展大局中立足本位、找准定位、瞄准方位、争先晋位。

（二）聚焦能力作风，锻造过硬队伍。锤炼一支政治过硬、适应新时代要求、具备领导现代化建设能力的干部队伍，是发展之需、振兴之要。*一要以事业为上选准干部。*突出有为有位的选人用人导向，依事识人、以事择人、精准选人，大力选拔想干事、能干事、干成事的干部，真正让有为者有位、优秀者优先。*二要以一线实干锻炼干部。*巩固深化“能力作风建设年”活动成果，聚焦“七种能力”“八项本领”，有针对性的补齐专业短板和能力弱项，持续提升攻坚克难、应急处突、统筹协调能力。大力培养锻炼年轻干部，推动年轻干部到乡村振兴、招商引资、项目建设等基层一线经风雨、壮筋骨、长才干，增强防风险、迎挑战、抗打压能力。*三要以严管厚爱激励干部。*突出严管与厚爱结合、激励与约束并重，持续深化落实“三个区分开来”，宽容无心之过、理解担责成过、鼓励实干改过，坚决为敢担当的干部担当，为敢负责的干部负责。

（三）建强基层组织，凝聚党心民心。严密的组织体系是党的优势所在、力量所在。*一是基层组织要全面进步、全面过硬。*坚持大抓基层的鲜明导向，突出党组织政治功能和组织功能，强化党建引领乡村振兴、基层治理，持续整顿软弱涣散基层党组织，精准施策、整体推动农村、社区、企业、学校等基层党组织标准化规范化建设，不断提升凝聚力，增强战斗力。*二是基层队伍要头雁引领、坚强有力。*大力实施“星火计划”“村干部学历提升”等工程，选优配强基层党组织带头人，为基层持续注入生机活力。健全村（社区）干部选育管奖机制，拓宽晋升渠道，解决后顾之忧，让村（社区）干部既有奔头、也有盼头。*三是基层党员要服务发展、服务群众。*做深做实“初心工程”“心愿墙”等创新举措，健全“我为群众办实事”长效机制，建强社区网格党小组，提升基层党组织团结凝聚群众、化解矛盾纠纷、促进乡村振兴的能力水平，让党旗高高飘扬在服务民生第一线、经济发展最前沿。

（四）坚持全面从严，优化政治生态。始终保持“赶考”的清醒和坚定，坚持严的基调、严的措施、严的氛围，把新时代党的伟大自我革命进行到底。*一要持续加强政治监督。*坚持重大决策部署到哪里、监督检查就跟进到哪里，围绕振兴发展大局强化监督、创新监督、精准监督，推动解决贯彻落实中的温差、落差、偏差，及时发现、有效解决“七个有之”问题，确保政令畅通、令行禁止。*二要聚焦重点整治腐败。*持续打好反腐败斗争攻坚战、持久战，聚焦政策支持力度大、投资密集、资源集中的领域和环节，坚决查处不收敛不收手问题；聚焦标本兼治，综合发挥惩治震慑、惩戒挽救、教育警醒的功效，让“清风”充裕、“正气”充盈。*三要靶向攻坚整顿作风。*深入整治形式主义、官僚主义，大力弘扬党的光荣传统和优良作风，深入践行“一线工作法”，扑下身子干实事、谋实招、求实效，让真抓实干蔚然成风。

（五）广泛凝聚合力，同心同向奋斗。团结就是力量，团结才能胜利。极不平凡的发展历程充分证明，越是紧急关头，越要团结一心、众志成城、共克时艰。全面建设社会主义现代化新铁力，更需要全市上下凝心聚力、真抓实干，在新征程中展现新作为、创造新业绩。“四大班子”要以身作则、勤勉敬业，带头强化自身建设、增进团结协作；法院、检察院要积极参与中心工作，群团组织、民主党派、工商联、无党派人士要围绕中心、服务大局；各部门、各乡镇要牢牢把握团结奋斗的时代要求，一切为了人民、一切依靠人民，把各方面智慧和力量动员起来、凝聚起来，在党的旗帜下团结成“一块坚硬的钢铁”，共同汇聚起全面建设社会主义现代化新铁力的磅礴伟力。

**资料链接：**

**归雁行动：**12 月 1 日，铁力市启动 2022 年冬季“归雁行动”，开通省内高校铁力籍学生返铁专线，实行安全转运，护送铁力籍学子安全返乡。12 月 6 日，“归雁行动”圆满结束，共接回返乡大学生 849 名。

**“协骊”联合体：**铁力市把在乡镇中联系群众最紧密的 5 个组织即乡镇政协委员工作室、乡镇网格化服务中心、乡镇人民调解委员会、乡镇便民服务中心、乡镇乡贤联谊会联合起来组成联合体。作为政协协商向基层延伸、参与基层社会治理的重要切入点。

# 政府工作报告

## ——2023年1月在铁力市第九届人民代表大会第二次会议上

市 长 吕晓光

**2022年工作回顾**

2022年，市政府坚持以习近平新时代中国特色社会主义思想为指导，按照党中央“疫情要防住、经济要稳住、发展要安全”重要要求，深入贯彻落实党的十九大、二十大精神，在市委的坚强领导下，在市人大、市政协和社会各界的监督支持下，团结依靠全市人民，真抓实干、迎难而上，圆满完成了市九届人大一次会议确定的各项目标任务。全市生产总值预计实现84亿元，比2021年增长5.5%；规模以上工业增加值预计比2021年增长3.8%；固定资产投资预计完成40亿元，比2021年增长54.4%；一般公共预算收入预计完成3.86亿元，比2021年增长6.5%；社会消费品零售总额预计实现23.8亿元；城乡常住居民人均可支配收入增速高于经济增速。县域经济综合排名成功跃居全省上游。

*一年来，我们蹄疾步稳促转型，产业发展质效双增。*完整、准确、全面贯彻新发展理念，坚持扩量、提质、增效并举。工业经济转型提速。经开区实训基地、工业蒸汽、道路换填等项目相继完工，安嘉乳业扩建项目实现投试产，鹿鸣矿业磨浮车间及二级泵站项目按时竣工。采取“一企一策”方式，盘活“僵尸企业”1户、低效用地项目2个。厚植企业成长沃土，为葵花药业、隆泰食品等33家企业争取兑现各类政策资金3818万元。全年新增规上企业3户，培育高新技术企业9户、省级专精特新企业2户，成功获评全国首批国家知识产权强县建设试点县。第三产业回暖升温。日月峡滑雪场提档升级，酒章文旅园区一期、萌宠部落二期项目建成开放。新增乡村旅游景点3处，年丰朝鲜族乡获评全省乡村旅游重点乡。成功举办第五届区域旅游文化节系列活动，旅游人数、旅游收入实现“双增长”。电商产业再展新姿，改造村级快递网点57个，区域公共品牌“铁力森鲜”荣登央视频道循环展播。特色产业蒸蒸日上。实施中药材基地建设示范强县项目，中药材种植面积增加至9.44万公顷，年加工能力提升至7300吨，现代农业产业园顺利通过国家认定。中兽药饲料工程技术研究中心及产业化项目实现试运行，蓝天制药技改项目建成投产，北药仓储冷链物流项目投入运营，产业集聚效应日益凸显。新能源产业乘势而起。“兴安岭生态银行”建设工作成效显著，国有林业资源特许经营权转让项目获得9亿元融资。整县屋顶分布式光伏一期、铁西分散式风电项目实现并网发电，200兆瓦风电项目建设有序推进。小白河水库项目进展顺利，小呼兰河抽水蓄能电

站项目被纳入国家抽水蓄能中长期发展规划。

一年来，我们不遗余力扩投资，项目建设成果丰硕。实施重点项目63个，28个省、市重点项目顺利完成年度建设计划，投资完成率达到136.7%。招商引资硕果丰盈，高水平举办“招商之冬”系列活动，建立“1册1库2清单”，绘制产业链招商图谱5个，创新提出“四到”服务模式，不断提升招商引资工作成效。全年成功签约项目10个、签约额达43.25亿元，其中，超亿元项目8个。实际利用内资12.1亿元，比2021年增长50%。对上争取成效显著，累计争取各类资金38.2亿元，争取中央预算内投资项目8个，到位资金2.1亿元，比2021年增长246.6%，为经济发展注入了强劲动能。

一年来，我们勠力同心抓落实，乡村振兴底色更亮。荣膺国家乡村振兴示范县，农业农村现代化迈出新步伐。农业发展再提质。扛稳维护国家粮食安全重任，维修改造国家粮食仓储库3座，超额完成大豆扩种任务，新建高标准农田18.45万公顷，落实农业生产托管服务21万公顷，粮食生产实现“六连丰”，农业领域先后获得国家农业绿色发展先行区、全国水稻绿色高质高效行动示范县等国家、省市荣誉20余项。深入推动种业振兴，寒地水稻高新技术产业科创中心项目签约落地。畜牧产业稳步发展，综合屠宰场、松风食品百万头生猪屠宰项目有序推进，全市生猪出栏量达到28万头。水产产业势头强劲，冷水鱼、林蛙等水产品产量实现3489吨，比2021年增长30.9%。脱贫成效再巩固。首批8家乡村振兴工坊挂牌成立，先进经验被国内多家主流媒体相继报道。投资4898万元，实施乡村产业项目7个，乡村产业项目总数达到37个，累计发放收益资金332万元，带动脱贫人口2334户次、3245人次，实现人均增收1230元。创新实行防返贫保险机制的基础上，为3625名脱贫及监测人口全额投保“龙江惠民保”，守住了不发生规模性返贫底线。乡村颜值再提升。建设粪污贮存设施41处、小型污水处理厂4处，改造提升户厕886户，拆除重建危桥4座，修建农村道路13.9千米，完成农村饮水工程2处，乡村基础设施日臻完善。全力推进美丽宜居村庄建设，圆满完成“2、12、120”创建目标，获评全省农村人居环境整治提升先行县，农村人居环境整治工作始终走在全省前列。

一年来，我们坚持不懈强建管，城市品质全面提升。坚持高标准建设、高水平管理，城市发展再添新气象。瑞景骊城一期项目如期竣工。老旧小区旧貌换新颜，投资9800万元，改造楼房75栋、庭院24.5万平方米。加快城市“四网一图”建设，新建改造供热、供水、污水及燃气管网46.9千米，绘制城市排水管网“一张图”，污泥处置工程完成主体建设，城市“微循环”更加畅通。铁科高速铁力至凤阳段完成开工准备，哈伊高铁项目征拆资金足额到位，全线率先交付用地，按时完成年度投资计划。新建口袋公园4处，提质改造绿地8公顷，城市公园绿地服务半径覆盖率达到88.96%，顺利通过国家园林城市省级初检，“推窗见绿、出门入园”的美好愿景成为现实。国土“三调”及“三区三线”划定成果正式启用。持续深化全国文明城市创建工作，创业再就业基地落成开放，千余户流动摊贩实现集中入市、规范经营，城市“烟火气”更足了，“文明味”更浓了。

一年来，我们坚定不移守底线，生态底蕴更加厚重。深入贯彻习近平生态文明思想，坚决扛起维护国家生态安全政治责任。超前部署非建成区燃煤锅炉淘汰改造工作，严格落实秸秆禁烧要求，秸秆综合利用率达到95%。深入实施“河湖长制”，高质量完成入河排污口排查溯源及农村黑臭水体集中整治工作。依吉密河治理、呼兰河流域可持续发展等项目有序推进，呼兰河国家级水利风景区顺利通过水利部考察评价及省级审核。全面推行“田长制”“林长制”，划定黑土耕地保护示范区45万公顷，落实耕地轮作9.2万公顷，农药包装废弃物回收处置率与农膜回收率均达到97.2%。实施生态修复工程，治理侵蚀沟140条，完成封山育林、退化林修复、森林抚育1.85万公顷，成为国家首批、全省唯一的全国三北工程科学绿化试点县。大力开展森林督察等执法专项行动，全年查处各类案件36起。10个中央环保督察反馈问题全部达到时序整改要求。

一年来，我们持之以恒优环境，改革活力加速释放。坚持以改革增动力、添活力。重点领域改革取得新突破。做好农垦森工改革“后半篇文章”，平稳完成“南三局”公司城管执法等领域人员承接划转工作。持续深化国有企业改革三年行动，20家涉改国企全面落实“四险一金”政策。依托“信易贷”平台创新推出金融产品36个，成功授信放款5.3亿元。民生领域改革取得新进步。中小学教师“县管校聘”改革取得扎实成效，中小学校长任期结束督导评估改革成果在全国会议上进行经验交流。医保DIP支付改革工作进展顺利，5家试点医疗机构全部进入实际付费阶段。全面完成农村集体“三资”专项整治工作，农村集体资产资源统一纳入产权交易平台公开交易。稳步推进157家事业单位绩效工资改革工作，干部队伍干事创业内生动力得到有效激发。营商环境建设取得新成效。1177项政务服务事项全部实现“网上办”，“零跑动”事项比率提升至99.1%。“一件事”集成服务主题套餐提升至213件，比2021年增长113%，24小时自助服务事项增加至779项，比2021年增长218%。千方百计助企纾困，严格落实“一对一”包保机制，累计开展“营商下午茶”等活动245次，为企业解决问题90余个。全面启动乡镇“一枚印章管审批”改革试点工作，群众和企业享受到了实实在在的改革红利。

一年来，我们不忘初心惠民生，幸福指数节节攀升。把保障和改善民生作为财政支出的优先方向，全年投入民生领域资金25.2亿元，占公共财政支出的86.5%。社会保障更加有力。开展“订单式”就业培训，新增城镇就业2612人，城镇登记失业率控制在2.8%以内。持续扩大基本医疗保险覆盖面，城乡居民基本医疗保险参保率达到98%。全面提高城乡低保和特困供养标准，发放各类保障金6325.64万元，惠及困难群众10617人。社会事业齐头并进。投资4506.32万元，提升19所学校办学条件，中心幼儿园实现开园纳生。深化健康铁力建设，乡镇卫生院及益康社区附属工程、市医院传染病区、中心敬老院等项目按时完工，市医院肿瘤科引进多台先进设备。组织开展各类大型赛事活动9场次，铁力一中女排斩获中国中学生排球联赛亚军，排球小将入选国家排球队，出征女排世锦赛。骊城音乐广场正式启用，举办惠民展演200余场次，群众文化生活更加丰富多彩。社会大局和谐稳定。社会管理综合数字指挥中心、公安局执法办案管理中心及3个派出所建设项目全部竣工。纵深推进“核心使命－2022”系列战役，重拳打击涉毒、网络诈骗等违法犯罪行为。圆满完成党的二十大期间信访维稳工作，实现了“三个不发生”目标。严格落实安全生产责任制，深入贯彻国务院安委会“十五条硬措施”，大力开展城镇燃气、自建房屋等专项整治行动，交出了一份“零事故、零死亡”的安全生产成绩单，平安稳定的社会大局持续巩固。

一年来，我们从严从实转作风，自身建设不断加强。把党的全面领导贯穿政府工作全过程，坚定捍卫“两个确立”，坚持做到“两个维护”，推动“能力作风建设年”及“解放思想、振兴发展”专项研讨活动见行见效。全面落实从严治党主体责任，聚焦重点领域开展审计监督。深化法治政府建设，自觉接受各方监督，67件人大代表建议和政协委员提案全部高质量办结。切实强化“四个体系”建设，创新提出“一图两表三单四制＋三保障”工作法，政府运行更加务实高效。同时国防双拥、民族宗教、外事侨务、妇女儿童、科技创新、援疆共建、水文气象、档案史志等工作均取得了新成绩。

面对复杂严峻的疫情形势，我们认真落实第九版防控方案、二十条和“新十条”优化措施，因时因势、科学精准调整防控策略。创新开发相关App，接转吉林省参农715人，打造了疫情防控期间返乡务农的“铁力样板”。圆满完成黑河、大庆、绥化等地援助任务，128名“勇士”执甲出征、逆向而行，用仁心大爱诠释了一方有难、八方支援的抗疫精神。特别是面对突如其来的疫情，我们迅速启动应急响应机制，坚持以快制快、以快制胜，广大医护工作者、公安干警、基层干部和志愿者不舍昼夜坚守在抗疫第一线，广大群众众志成城、守望相助，合力铸就了抵御疫情、护佑生命的铜墙铁壁。实施“归雁行动”，开通省内高校返乡专线，849名学子安全回家，用实际行动守护了百姓平安。

**2023年主要工作安排**

2023年是全面贯彻落实党的二十大精神的开局之年，是实施“十四五”规划承上启下的关键一年。根据市委工作部署，2023年政府工作的总体思路是：坚持以习近平新时代中国特色社会主义思想为指导，深入贯彻落实习近平总书记重要讲话重要指示精神，全面落实党的二十大和中央经济工作会议、中央农村工作会议战略部署，贯彻落实省、市委全会暨经济工作会议精神，坚持稳中求进总基调，完整、准确、全面贯彻新发展理念，服务和融入构建新发展格局，着力推动高质量发展，更好统筹疫情防控和经济社会发展，更好统筹发展和安全，更好统筹扩大内需和深化供给侧结构性改革，全面深化改革开放，大力提振市场信心，突出做好稳增长、稳就业、稳物价工作，有效防范化解重大风险，推动经济实现质的有效提升和量的合理增长，奋力谱写社会主义现代化新铁力建设新篇章。

主要预期目标是：地区生产总值增长6%以上，规模以上工业增加值增长5%以上，固定资产投资增长10%以上，一般公共预算收入增长10%，社会消费品零售总额增长7%，城镇登记失业率控制在3.5%以内，城乡居民收入增长高于经济增长。

各位代表，以上目标充分考虑了经济发展形势、上级政策预期和我市发展需要，体现了“稳住、进好、调优”的要求。虽然今年经济形势依然错综复杂，但长期稳中向好的基本面不会改变，加之我市各类政策叠加增效、转型升级积厚成势、动能培育加速释放，处于大有可为、大有作为的重要战略机遇期。只要我们坚定信心，抢抓机遇，鼓足干劲，就一定能够牢牢把握发展主动权，就一定能够开创现代化铁力建设新局面。为实现上述目标，重点抓好七个方面工作：

（一）全力以赴兴产业，强化高质量发展支撑。全面提升产业能级，加快打造链条完备、支撑有力、潜力充足的现代化产业体系。推动工业经济提速发展。坚持创新驱动，积极构建以先进制造业为支撑的现代化工业体系。着力打造数字经济、生物经济、创意设计产业新引擎，赋能升级矿业及矿产品深加工、木制品加工等传统产业。发挥惠企政策引领作用，做好本土企业扶持，加大规上企业、高新技术企业、省级专精特新中小企业培育力度，全面振兴实体经济。扎实做好第五次全国经济普查准备工作，确保全市经济社会发展成果得到真实体现。推动第三产业融合发展。助力酒章文旅园区二期项目早日建成开放，丰富红色游、康养游、文化游等旅游业态，鼓励景区景点开发体验性、互动性更强的旅游项目。做好冰雪经济文章，继续举办“赏冰乐雪・冻感铁力”系列活动，不断提升铁力旅游吸引力。提升内需对经济增长的拉动作用，促进商贸、流通、服务等产业深度融合发展，不断创新消费场景，完善市、乡、村三级物流配送体系，大力发展直播电商、夜间经济和地摊经济，让生产性服务业向价值链延伸、生活性服务业向多样化升级。推动特色产业壮大发展。做强畜牧产业，加快年产10万吨化肥、松风食品百万头生猪屠宰加工项目建设。重点培育湖羊等特色养殖业，加快发展以林蛙、冷水鱼为主的特色水产产业，打造冷水鱼养殖基地，全面提升产业规模化、集约化水平。做大中医药产业，健全完善产业发展扶持政策，稳定现有中药材种植面积，逐步提高道地药材标准化种植比重。高水平筹备第二届“中国・铁力平贝节”，持续叫响“铁力平贝”金字招牌。推动中兽药饲料工程技术研究中心及产业化项目尽快达产达效，实施葵花药业技术改造、盛邦药业中药饮片加工、亿达鸿药业新建制药厂房以及同仁堂北药综合加工项目，全面提升中医药产业综合竞争力。推动新能源产业多元发展。坚持顺势而为、乘势而上，一体谋划“风光水蓄”绿色能源发展。扎实推进“兴安岭生态银行”建设，稳步实施200兆瓦风电、整县屋顶分布式光伏项目，全力配合中俄东线伊春支线铁力段天然气管道建设，力争小白河水库、小呼兰河抽水蓄能电站项目取得实质性进展，真正将生态优势转化为经济优势和竞争优势。

（二）坚定不移扩投资，积蓄高质量发展动能。以项目高质量建设支撑经济高质量发展。打出项目建设新攻势。实施项目建设攻坚行动，严格落实责任包保、专班推进、台账管理机制，优化项目建设全流程服务，确保新建项目早开工，续建项目早达效。抢抓国家新一轮稳投资、扩内需政策机遇“窗口期”，深入研究中省投资、债券资金、金融工具支持方向，争取更多补短板、强弱项、增后劲的项目纳入上级规划“盘子”。再掀招商引资新热潮。实施招商引资突破行动，更新完善招商政策清单，进一步充实招商引资项目库。加强对外交流，持续深化同广东茂名等地对口合作。坚持“一把手”带头招商、亲自洽谈，纵向聚焦链主企业和头部企业，横向引进关键企业和配套企业，探索运用PPP模式，全力引进一批旗舰型、节点型、成长型项目，力争全年招商引资到位资金15亿元以上。做大做强园区新平台。实施园区品质提升行动，积极推进经开区基础设施配套升级工程，不断提升园区综合承载和吸引集聚能力。加大“腾笼换鸟”力度，高效嫁接新项目，全力盘活“僵尸企业”和低效用地。坚持“公顷产论英雄”，全面推行工业“标准地”制度，提高土地集约利用率，助力项目实现“拿地即开工”。

（三）聚焦三农促振兴，夯实高质量发展根基。坚持农业农村优先发展，推动农业高质高效、乡村宜居宜业、农民富裕富足。努力让农业更强。加快发展现代农业，全方位夯实粮食安全根基，新建高标准农田10万公顷，实施水稻绿色高质高效行动示范县项目，确保粮食播种面积稳定在156万公顷以上，粮食产量增长2%。加快种业振兴步伐，推动寒地水稻高新技术产业科创中心项目早日建成投用，强化农业科技攻关和推广应用。保障“菜篮子”重要农产品供给，加快推进农产品产地冷藏保鲜设施、福生冷冻技改等项目，壮大鲜食玉米、有机蔬菜、食用菌等特色农业。努力让农村更美。按照“以点穿线、环线提升”思路，实施2023年美丽宜居村庄建设项目，对7个乡镇25个村进行美化绿化、硬化亮化等基础设施建设，打造更多美丽宜居示范样板，建设宜居宜业和美乡村。争创“四好农村路”全国示范县，修建农村公路5条，助力城乡协同发展。深化乡风文明建设，提高乡村善治水平，让美丽乡村“内外兼修”。努力让农民更富。持续巩固拓展脱贫攻坚成果同乡村振兴有效衔接，加强防返贫动态监测和常态化帮扶，健全联农带农机制，实施乡村振兴产业项目10个，提高脱贫家庭经营性收入，坚决守住不发生规模性返贫底线。深化农村改革，完善农村基本经营制度，发挥农村产权交易平台作用，规范农村“三资”管理，积极培育新型农业经营主体，让农村集体经济“活”起来。

（四）久久为功保生态，筑牢高质量发展屏障。践行“绿水青山就是金山银山”发展理念，积极争创国家级生态文明建设示范县，让绿色成为铁力最宝贵的财富、最鲜明的底色。以更高标准打好“蓝天”保卫战。稳步推进非建成区燃煤锅炉淘汰改造工作，做好移动污染源和非道路移动机械管控，常态化整治“散乱污”企业。严格执行《禁止秸秆露天焚烧及秸秆综合利用工作奖惩暂行规定》，积极推进国家秸秆综合利用重点县项目，确保全市空气优良天数比例只增不减。以更严要求打好“碧水”保卫战。深入落实“河湖长制”，实施依吉密河治理（三期）、小白河综合治理、桃山灌区续建配套与节水改造等项目，加快构建现代化水利基础设施体系。加强“河湖长＋警长＋检察长”队伍建设，持续开展河湖“清四乱”行动，维护河湖生态安全。以更实举措打好“黑土”保卫战。纵深推进“田长制”，落实耕地轮作试点2万公顷，实施病死畜禽无害化处理及农药包装物处理项目，严格管控农业面源污染。治理侵蚀沟52条，超前完成“十四五”期间侵蚀沟治理任务。以更大力度打好“青山”保卫战。大力推进“林长制”，持续开展森林督察等执法行动，严厉打击破坏森林、草原、湿地资源违法行为。全力创建国家森林城市，实施国有林场森林经营和火灾高危区综合治理项目，做好历史遗留矿山生态修复工作，让“荒芜山体”变成“翠绿林地”。

（五）深化改革破藩篱，激发高质量发展活力。推动全面深化改革向纵深发展。在优化服务上出实招。深入开展优化营商环境专项行动，推出更多“一件事”主题式套餐服务，让“跑一次”成为上限、“不用跑”成为常态。大力推广“免申即享”惠企政策，确保各项纾困措施直达企业、直接惠及市场主体。以同农发行开展战略合作为契机，加大民营企业支持力度，扩大“信易＋”场景应用，助力民营企业翻越市场“冰山”、转型“火山”和融资“高山”。在重点领域上下功夫。加强财政监督管理及绩效评价体系建设，强化政府性债务风险管控，积极稳妥化解存量债务。深化税收征管改革，加快构建税务执法、税费服务、税务监管新体系。巩固国有企业改革三年行动成果，鼓励支持国企做大资产规模、做高信用等级，增强国企市场竞争力。在民生改革上见成效。实行事业单位人事管理“一件事”服务改革，实现事业单位人事工作集中统一管理。稳步推进教育督导体制机制、新时代教育评价以及教育治理结构改革，促进教育公平与质量“双提升”。深化医疗、医药、医保“三医联动”改革，解决好群众“看病难、看病贵”问题。

（六）笃行实干惠民生，共享高质量发展成果。将人民群众对美好生活的向往作为一切工作的出发点和落脚点，全力争创全国文明城市和国家园林城市，努力让发展更有“温度”、民生更有“质感”。以工匠精神琢刻品质之城。实施老旧小区及“四网”改造、城市易涝点治理工程，配建车辆充电桩，不断改善群众居住条件、提升城市文明形象。积极推进哈伊高铁、铁科高速等国家重点交通项目，研究谋划通用机场建设，着力打造省级中部交通枢纽，为加快建设交通强国贡献力量。强化城市运维管理，整顿和规范物业服务市场秩序，提高城市精细化管理水平。深化国家水利风景区创建成果，实施呼兰河可持续发展项目，做好城市“亲水”文章，让城市因水而美、因水而活、因水而灵动。以务实举措办好为民实事。将保障就业作为最大的民生，落实灵活就业政策，突出抓好高校毕业生、农民工等重点群体就业创业工作。严格落实最低生活保障、退役军人优抚安置等政策，推动社会保障事业高质量发展。坚持教育为民，实施义务教育优质均衡、特殊教育学校改造、中小学综合实践服务中心续建等项目。提高职业教育办学水平，打造职业教育特色品牌。新建市医院急诊急救中心，全面提升区域医疗救治能力。实施广元老年公寓项目，新建托育中心、社区日间照料中心，解决好“一老一小”问题。推进文化铁力建设，加快干馏体育公园项目建设进程，继续举办“骊马放歌”“兴安铁力杯”等全民文体活动，擦亮合唱、象棋、排球、乒乓球等文化体育“金名片”，推动文体事业蓬勃发展。以底线思维守护一方平安。有力有序抓好新形势下疫情防控工作，认真落实新阶段疫情防控各项举措，保障群众就医用药，着力保健康、防重症。建设更高水平的“平安铁力”，实施刑事科学技术办公实验综合楼及智慧派出所项目，对违法犯罪活动保持高压严打态势。强化城乡网格化服务管理，着力构建全科“大网格”，做到“一网管全市、一格解民忧”。加快数字政府项目建设，让“数字”为社会现代化治理赋能。加大人民调解工作力度，逐步建成行政调解、人民调解和司法调解融合发展的“大调解”工作格局。严格落实安全生产责任制，加强应急指挥体系和救援能力建设，坚决遏制重特大安全生产事故发生。

（七）牢记使命强建设，答好高质量发展考卷。坚持以党的二十大精神为指引，着力建设法治政府、高效政府、廉洁政府，奋力在新征程上实现新作为。把对党忠诚刻在心里，强化政治引领。把党的政治建设摆在首位，坚定捍卫“两个确立”，坚决做到“两个维护”，确保党中央决策部署不折不扣落实到位，以政府“忠诚指数”提升经济社会“发展指数”。把依法行政抓在手上，推进依法履职。积极创建国家法治政府建设示范县，强化规范性文件管理，深入开展“八五”普法，全面推进政务公开。严格落实权责清单制度，自觉接受人大法律监督、政协民主监督，强化纪检监察监督和审计监督，让权力在阳光下运行。把担当作为落到实处，增强履职本领。牢固树立“事争一流、唯旗是夺”意识，认真落实“四个体系”要求，持续推行“一图两表三单四制＋三保障”工作法，一步一个脚印将“蓝图”变为“现实”。把纪律规矩挺在前面，守好廉洁底线。推动全面从严治党向纵深发展，严格落实中央八项规定及其实施细则精神，坚持开源节流，强化预算管理，严控“三公”经费，把有限的资源和财力用到发展最迫切、群众最需要的地方，让政府过紧日子、群众过好日子。

**资料链接：**

**“4+2+N”现代化产业体系：**“4”指以农林产品、中医药、畜禽产品和康养旅游为支撑的主导产业；“2”指以矿业及矿产品深加工和木制品加工业为重点的传统产业；“N”是以数字经济、生物经济、冰雪经济、创意设计、新能源等为牵动的新产业、新业态。铁力市以“4+2+N”现代化产业体系为发展目标，促进全市经济社会协调、有序、高质量发展。

**“2、12、120”创建目标：**铁力市统筹谋划，争创伊春市级示范乡镇 2 个、示范村 12 个、示范庭院 120 个。

# 专　文

## Special Articals

编　辑：刘玉鑫

# 积聚发展新动能 开启铁力新征程

五年栉风沐雨，五年砥砺奋进。省第十二次党代会以来，面对错综复杂的内外环境、艰巨繁重的改革发展稳定任务，特别是新冠疫情冲击，铁力市迎难而上、砥砺前行，全市经济实力稳步提升，城乡面貌明显改善，社会大局和谐稳定，各项事业均取得重大进展，为开启全面建设社会主义现代化新铁力新征程奠定了坚实基础。

**奋力谱写“产业强县”新篇章**

求木之长者，必固其根本。五年来，铁力市坚持以打造“4+2+N”现代产业体系为重点，全力推动传统产业提档升级、新兴产业培育壮大，综合实力显著提升。2021年，地区生产总值实现79.6亿元，经济发展呈现稳中向好、进中提质的良好态势。*现代农业加快发展。*守牢粮食安全底线，农业种植结构进一步优化，绿色有机食品监控面积达到67.7万公顷，高标准农田面积达到69万公顷，农业科技贡献率持续攀升，粮食生产实现5连丰。成功引进金新农、新希望两大生猪养殖企业，畜牧产业成为拉动县域经济发展新引擎，先后获得国家农产品质量安全县、全国粮油（经济作物）绿色高质高效行动示范县、全国农民合作社质量提升整县推进试点县、省级数字农业示范县等荣誉。*中医药产业壮大成链。*获批全省唯一以北药为主导产业的国家现代农业产业园，建成规模种植基地9处，中药材种植面积由3.27万公顷发展到8.1万公顷；中药材加工企业发展到13家，年加工能力达到4900吨；成功承办2021首届中国·铁力平贝节活动，“铁力平贝”等寒地龙药知名度和影响力显著提升，成功创建全国森林康养基地试点建设县、全省中药材基地示范强县。*工业经济换挡提速。*累计引进超亿元项目25个、到位资金75.5亿元，实施省级重点项目和伊春市级重点项目85个、完成投资47.3亿元。工业园区晋升为省级经济开发区，规上工业企业增至17家。抢抓“碳达峰、碳中和”战略机遇，生物质热电联产、铁西分散式风电等项目相继落地，抽水蓄能电站项目签订框架协议，绿色能源产业借势开局、前景可期，获批全国整县屋顶分布式光伏开发试点县。*第三产业活力迸发。*数字经济、电子商务等新业态发展势头强劲，炬岭智科大数据项目成功落户，物流快递公司发展到21家，电商企业发展到48家，成功入选国家级电子商务进农村综合示范县。加快“旅游+”融合发展，酒章文创园等一批文旅产业项目相继落地，萌宠部落、北星民宿等景点成为人气网红“打卡地”，生态游、研学游、康养游、乡村游等旅游新业态更加丰富，7个乡村获评全国、全省乡村旅游重点村。五年来，累计接待游客逾千万，旅游收入实现86.4亿元。

**不断激发高质量发展新活力**

改革是经济社会发展最大的动力源。面对体制机制束缚、既得利益固化等深层次问题，铁力市坚持用改革的办法破除体制机制障碍，破解发展难题。*重点改革成果丰硕。*圆满完成行政区划改革、政府机构改革、综合行政执法改革、农村集体产权制度改革等国家级、省级、伊春市级改革任务。*民生改革落地见效。*教育、医疗、殡葬等领域改革取得实质性进展，铁力医共体获得全国医共体建设示范奖和领先奖。*营商环境优化升级。*“放管服”改革不断提速，企业开办时间由15天压缩至1小时，98.3%的事项实现“网上办”、96.8%的事项实现“最多跑一次”。“强乡扩权”改革深入推进，全市8个乡镇标准化综合便民服务中心实现全覆盖，21个社区和71个行政村均设置了综合便民服务点，医保、社保等70个便民事项全部延伸到底。同时开通“互联网+不动产登记”“互联网+残疾人服务”等线上政务服务系统，群众18分钟即可领取不动产权证，足不出户即可办理残疾人相关业务，越来越多的市场主体和群众感受到了实实在在的变化。

**同心绘就生态文明新画卷**

坚持把绿色作为普遍形态，牢固树立和践行“两山”理念，持续做好美丽文章。*生态治理成果丰硕。*全面淘汰建成区内10蒸吨及以下燃煤锅炉，关停整治“散乱污”企业15家，“清四乱”“亮剑护河”等专项行动取得实效，秸秆综合利用率达到91.7%，空气、土壤环境质量达到国家二级标准，获得国家级生态示范区、“中国天然氧吧”城市、国家秸秆综合利用重点县、全省土地耕地轮作试点县等荣誉。*生态工程稳步推进。*城市污水处理厂实现提质扩容，城区雨污分流实现主干道全覆盖。完成森林经营面积16.7万公顷，森林覆盖率达到62.9%，获“全国绿化先进集体”

称号。生态屏障更加巩固。生态文明建设领导体制机制进一步健全，河湖长制、林长制落实落细。在全省首创市场化河道保洁服务及搭建使用“智慧水利”平台，实现了对巡河保洁、水利工程管理等工作的动态监控、统一管理，呼兰河铁力市段被评为省级示范河湖，获“国家级节水型社会建设达标县”称号。

**全面增进民生保障新福祉**

民之所盼，政之所向。这五年，是铁力民生高品质提升的五年，累计投入民生领域资金118.7亿元，占年均公共财政支出的88%。社会保障更暖心。坚持“扩大就业、推进创业、调控失业”三位一体的工作思路，抓紧抓牢就业这个“大民生”，新增城镇就业1.1万人，退役军人安置就业82人，帮扶1253名困难群众就业，城镇登记失业率控制在4%以内。城镇和农村常住居民人均可支配收入预计分别达到24706元和18404元，年均分别增长5.1%和8.4%。低保、优抚、特困供养连续10年提标发放，基本养老、孤残补贴等民生政策全面落实，集医疗保险、民政救助、商业保险为一体的多层次社会保障体系不断完善。特殊群体保障水平持续提升，获评全国残疾人工作先进单位。65周岁以上老年人免费体检、适龄妇女“两癌”免费筛查、新生儿免费筛查遗传性耳聋和代谢病检测等惠民举措更暖人心。公共服务更贴心。统筹调整区域教育资源，改扩建各类学校29所，现代化教学设备设施全面普及，中高考屡创佳绩，顺利通过国家义务教育发展基本均衡县验收。大手笔提升医疗保障能力。投资2.3亿元，以三级医院标准新建市医院，高标准改扩建妇幼保健院，县级公立医院全部达到二甲水平，村级标准化卫生所实现全覆盖，基层医疗机构标准化覆盖率达100%。文体事业加快发展。美术馆、市民健身中心建成使用，骊马合唱团唱响国家大剧院，铁力一中排球队在国内外比赛中摘金夺银，成功创建全国科普示范县。大格局抗击新冠疫情。牢固树立区域一盘棋意识，从严从实落实“九早”举措，圆满完成志愿援鄂医疗等任务，为打赢疫情防控阻击战、歼灭战作出了铁力贡献。社会治理更安心。学习推广新时代“枫桥经验”，网格化管理取得实效，治理效能全面提升；“七五”普法通过验收，扫黑除恶专项斗争圆满收官，政法队伍教育整顿走深走实，连续16年被评为省级“平安县”。

**全力打造宜居宜业新家园**

坚持以匠心锻造品质，打造宜居宜业新家园。始终牢记人民城市为人民理念，以创建全国文明城市、国家园林城市、国家森林城市为抓手，持续发力、久久为功，全面加快城市基础设施建设步伐，成功创建国家卫生城市。五年来，累计改造棚户区22.6万平方米、老旧小区73个，铺设水热气管线144.8千米，维修改造城区道路21.2万平方米，主城区5G网络实现全覆盖，高标准建设早市、夜市，哈伊高铁铁力至伊春段全线开工，铁甲河公园、儿童公园等一批主题公园惊艳亮相，人均绿地面积达到57.7平方米，城市绿化覆盖率达到45.1%，“一带九园十四景”的绿地格局为城市注入了绿色之魂、灵气之源。坚持以绿色扮靓乡村，描绘美丽乡村新画卷。统筹推进“美丽乡村”“点亮乡村”建设，加速补齐农村基础设施短板，乡村面貌发生根本性变化。五年来，累计投入“三农”领域资金45.5亿元，深入推进农村厕所、垃圾、污水、能源、菜园“五项革命”，持续巩固提升农村饮水安全、公路维修、绿化和美丽宜居村庄建设成效，农村常住户卫生厕所普及率达到86.1%，供水保障率、生活垃圾收集率和处理率均达到100%，村庄绿化覆盖率达到36.5%，4个村被评为“国家森林乡村”，获得全国村庄清洁行动先进县、全省农村人居环境整治示范县、全省农村厕所革命先进县、全省农村人居环境整治标兵县等称号。

**不断开创党建工作新局面**

坚持把政治建设摆在首位。精心组织庆祝新中国成立70周年、建党100周年等系列活动，分级分类学习宣传党的十九大和十九届历次全会精神，举办各类宣讲活动1800余场，党的创新理论在铁力大地上彰显出强大真理力量、思想力量、实践力量。扎实推进“两学一做”学习教育，“不忘初心、牢记使命”主题教育、党史学习教育深入开展，广大党员干部听党话、感党恩、跟党走的信念更加坚定，对党绝对忠诚的政治立场更加鲜明。高质量完成换届工作，软弱涣散基层党组织全面清零。落实新时代好干部标准，突出重实干重实绩的选人用人导向，领导班子和干部队伍结构不断优化。坚定不移推进党风廉政建设和反腐败斗争，持之以恒纠治“四风”，坚决严肃惩治腐败，届内巡察实现全覆盖，风清气正的政治生态进一步巩固，为经济社会发展提供了坚强保证。

艰难困苦，玉汝于成。五年的耕耘、五年的拼搏、五年的努力，让铁力拥有了更好的产业发展基础，更加凸显的生态优势，更加优美的城乡环境，积蓄了高质量发展的强劲动力。今后五年，铁力市将紧紧围绕省第十三次党代会描绘的发展蓝图，践行初心、勇担使命，奋进新征程、再创新辉煌，坚决扛起“走在前列、作出示范”的光荣使命，奋力谱写社会主义现代化新铁力建设崭新篇章。

（撰文：顾泽怡，摘自《黑龙江日报》2022年5月2日第5版）

# 高标准建设现代化富美乡村

初秋，晨曦微露，伊春铁力市满江红村的人们开始了忙碌的一天。随着最后一批干品平贝加工完成，2022 年满江红村的平贝成绩单出炉了：鲜货平贝 2000 多吨，干品平贝 700 多吨，预计实现年产值 6000 万元。“东北平贝第一村”又迎来一个丰收季！

平贝，是铁力市发展“寒地龙药”的重要品种之一。打造中草药产业集群，叫响“寒地龙药”，则是铁力市积极推进农业农村现代化的一项重要举措。

铁力市坚持把乡村振兴作为新时代“三农”工作的总抓手，在统筹推进“三落实一巩固”的同时聚焦建设更高标准的富美乡村，按照“产业兴旺、生态宜居、乡风文明、治理有效、生活富裕”总要求，扎实有序推进乡村发展、乡村建设、乡村治理“三项重点”，推动农业全产业链深度融合，大力实施乡村建设行动，努力实现农业强、农村美、农民富。

**聚焦特色农业促乡村振兴发展**

铁力被誉为小兴安岭的“绿色宝库”。山多林密、生态环境优美。八山一水一分田的铁力，如何走出一条农业发展的特色之路？铁力给出了答案：开展现代特色农业。

走进铁力市佳新现代农机农民合作社水稻基地，平整的稻田一眼望不到头，鸭稻、鱼稻长势喜人，微风吹来，稻花飘香，希望的田野正孕育着无限生机。

合作社理事长项春贵说：“不用化肥农药的有机绿色水稻广受欢迎！鸭稻每斤能卖到 12.5 元，鱼稻每斤能卖到 16.8 元。我们现在也在尝试直播，线上线下同时销售，比种普通水稻多挣不少钱。”

致力于推动农林产品产业优化提质，铁力市全面落实稳粮增收政策，加快推进绿色水稻优质高效示范县、全域土地综合整治等项目建设。2022 年，铁力市绿色有机食品监控面积达到 67.7 万公顷，高标准农田面积达到 69 万公顷，农业科技贡献率持续攀升，粮食生产已经实现五连丰。

以“互联网 + 智慧农业”为发展方向，铁力市建设了 4 个现代农业科技园区，应用基于物联网技术的农业管控系统，实现农业生产远程控制和园区农产品全程可溯源。

在铁力市山泉农机农民专业合作社，水稻处于蜡熟初期，合作社副经理徐永林可以通过手机查看水稻长势及环境情况。

物联网精确监测系统可以对空气温湿度、土壤温湿度、二氧化碳浓度、土壤 pH 值、光照强度等进行实时采集，种植户通过手机、电脑就能及时获得虫情、苗情等动态信息，提早准备相应的应对措施。

立足小兴安岭的生态资源优势，铁力市着力调整和优化农业产业结构，大力发展绿色北药产业。铁力市已建成全省唯一获批以中药材为主导产业的国家现代农业产业园，规模种植基地有 9 处，中药材种植面积发展到 9.44 万公顷，中药材初加工企业发展到 16 家，药品加工企业 6 家，年加工能力达到 7300 吨。为延伸中草药产业链，铁力市投资 1500 万元，建设了中药材检测检验中心，为铁力市中药材产业发展夯实了基础。铁力市还完成了中药材产业大数据管理平台、分析与决策平台和质量安全溯源监管平台建设，让数字技术为中药材产业发展赋能。

清风拂面，鸟语花香，盛夏时节，来到铁力市工农乡北星村的游人们采摘、垂钓、赏花、拍照，游玩之余再切上一个刚刚摘下来的大西瓜，其乐融融！今年暑期，铁力市北星村的民宿又迎来了客流高峰。

北星村党支部书记崔树生说：“我们村现在有民宿 14 间。咱这吃的都是纯绿色的，住宿条件和城里宾馆差不多，游客吃住玩都非常满意。”

坚持“旅游 +”发展理念，铁力市深入实施乡村休闲旅游精品工程，用好年丰朝鲜族乡、北星村、长山村等全国、全省乡村旅游重点乡村金字招牌，大力发展“食养游居”相融合的田园康养新业态，同时加速推进酒章文创园、萌宠部落二期等项目建设，集中打造田园景观化、村庄休闲化、乡村生态化的一批特色小镇、美丽乡村和田园综合体，全市乡村旅游景点发展到 14 处，年丰朝鲜族乡被评为全国乡村旅游重点乡，7 个乡村获评全国、全省乡村旅游重点村。铁力旅游吸引力承载力不断提升，五年来，累计接待游客逾千万人次，旅游收入实现 86.4 亿元，是过去五年的 1.6 倍。

近年来，铁力市成功创建全国森林康养基地试点建设县、第三批国家农业绿色发展先行区、全省中药材基地示范强县，拥有“铁力大米”“铁力平贝母”“铁力北五味子”“中国铁力林蛙油”等国家地理标志保护产品和地理标志证明商标，打造了“九泉河”“雪晶源”“匠禾”等品牌，加上46个绿色有机食品认证标识的加持，铁力农业特色产业“百花齐放”。

打好“气候牌”、念好“山字经”、做足“水文章”，坚持规模化、标准化、品牌化、市场化发展，浓郁的生态底色让铁力市现代特色农业逐年升级，强势崛起。

**治理管护并重宜居乡村美如画**

柏油村路平整通畅、农户庭院干净整洁、阳光下五彩鲜花竞相开放——走进铁力市的各个村落，看到的是一幅幅环境美、空气好、适宜居住的图画。

近年来，铁力市坚持把改善农村人居环境作为乡村振兴的重要内容，按照“整治村庄环境为重点、改善农民生活环境为底线、建设美丽宜居村庄为目标”的思路，坚持因地制宜、分类施策，扎实推进全市农村人居环境整治工作。

铁力市成立了由市长任组长、市委副书记及分管副市长为副组长、市直各相关单位为成员的农村人居环境整治工作专项小组。同时建立健全绩效监督管理制度，由乡镇政府与各村屯签订环境综合整治责任状，确保环境卫生整治工作层层有人抓、处处有人管、人人有责任。

按照“一环两带三通道、点状穿插建绿地、花果飘香进万家”的思路，铁力市深入实施植绿造绿，对群众集中活动的小广场或休憩场所以及废弃、闲置土地、乡村房前屋后，适地适树扩大绿化面积，全市村庄绿化覆盖率36.5%，4个村被评为“国家森林乡村”。

铁力市全面推进农村公益事业提档升级，全面推进“美丽乡村”“点亮乡村”“平安乡村”“雪亮工程”等工程建设，基本实现了村屯道路硬化、亮化、美化等基础设施全覆盖。

为持续有效改善农村人居环境，铁力市将治理与管护作为破解难题的工作要务。

创新推动“垃圾治理”。按照“户分类、村收集、镇转运、县处理”的模式，探索建立了专业化的村屯卫生垃圾管护体系。在日常保洁环节中，将村内公共场所、道路的卫生清扫和日常保洁工作承包给专业保洁公司或村民。在垃圾处理环节，创新开展农村生活垃圾分类处理，探索出的“垃圾四分法”在全省推广。在垃圾清运环节，采取市场化模式由专业垃圾清运公司负责村内生活垃圾和公共区域垃圾清运。在垃圾中转环节，为每个垃圾中转站配备专职管护人员，负责垃圾压缩、运输和处理各环节具体工作，农村生活垃圾实现了定点存放、日产日清。铁力市农村生活垃圾收集率和处理率已达到双100%目标。

全力攻坚“污水治理”。铁力市分别采取就近接入城市管网以及实施污水综合处理厂建设的污水治理模式，切实提高农村污水综合治理水平。同时结合河湖长制工作的开展，通过向社会购买保洁服务方式，对全市流域面积50平方千米以上河流开展河道保洁。该做法得到省河湖长制办公室的高度评价。

通过不断建立健全保障机制，铁力市让农村人居环境整治工作由突击攻坚向常态化、规范化迈进。建立资金保障机制，全力补齐乡村水、电、路、气、房、讯等基础设施短板，并充分发挥财政资金的引导作用，撬动金融和社会资本积极参与农村人居环境整治，构建起了财政优先保障、金融重点倾斜、社会积极参与的多元投入格局。建立督查考核机制，将农村人居环境整治工作纳入乡镇年度考核范围，设立了“以奖代补”专项奖励资金，做到奖罚分明。建立群众参与机制，实行了“政府补助，农民自筹”的多元化投入模式，除市级固定投入每户每年100元的农村环境综合整治补助资金以外，还鼓励引导村集体和农民个人根据实际情况投入相应资金，让农民既愿意做环境整治的参与者，也能够做环境整治的监督员，把“乡里村里的事”变成了“自己家的事”，形成了人人参与整治、全社会共同治理的良好局面。

铁力市深入调研村庄文化历史，深挖文化内涵，完成了12个试点村村屯企业调查及现状基础设施调查，明确产业发展方向、村庄发展定位。

2022年，铁力市4.7千米农村公路路网改善及桃南公路—神树村旅游公路项目均已开工，制定了《铁力市农村公路养护管理考核办法》，形成“市有路政员、乡有监管员、村有护路员”三级路产路权保护队伍，农村公路列养率达到100%。

铁力，将“看得见山、望得见水、记得住乡愁”落在实处，让乡村美丽景色带给农民实实在在的幸福。悠远宁静、干净清新的田园风光展示着铁力市农村人居环境整治的成果。

美丽的环境引得投资者纷至沓来，途远萌宠部落、酒章文创园等文旅项目相继落地，让乡村成为人气网红“打卡地”。

近年来，铁力市农村人居环境建设屡获殊荣，先后获得全国村庄清洁行动先进县、全省农村人居环境整治示范县、全省农村厕所革命先进县、全省农村人居环境整治标兵县等称号。今年4月12日，铁力市获得2021年度全省农村人居环境整治擂台赛第一名。

**乡村治理 画好同心圆**

基层治理工作千头万绪，百姓需求各有不同，有了矛盾怎么解决？农村人居环境整治如何巩固？基层工作怎样做到上下一盘棋？

铁力市围绕加快构建基层治理体系和治理能力现代化、加强农村基层党组织建设、创新农村精神文明建设有效平台等，激发乡村治理活力，推动乡风文明由“景美”向“德美”延伸，切实打通基层治理和服务群众的“最后一米”，着力构建共享共建共治新格局。

结合领导干部工作联系点和包保战区工作，铁力市将乡村振兴纳入干部培训课程，组织换届后88名乡镇干部开展调研学习。坚持“凡任必备”原则，对全市农村党组织书记工作情况及时备案管理，提升规范化管理水平。强化驻村帮扶队伍管理，倒逼驻村干部履职尽责。常态化开展排查整顿，全市71个行政村全部建立了村两委联席会议制度及“四议两公开”和民主管理的相关组织制度，并保证公布内容的真实性，接受村民监督。

推进乡村治理体系网格化管理。铁力市共划分基础网格460个，配备专职网格员470人，将法律服务、普法宣传、人民调解等服务通过网格送到群众身边，提高群众法制意识。

铁力市王杨乡协骊联合体成员单位联合铁力市文联和铁力市群众艺术馆，将一场精彩的文艺演出送到王杨乡建设村村民身边。王杨乡协骊联合体前期在建设村走访群众、收集民意的过程中，了解到村民渴望文化下乡，希望有精彩的演出送到身边。

在各乡镇成立协骊联合体，是铁力市政协积极探索推进协商民主向基层延伸，切实把政协的制度优势转化为参与基层社会治理效能的有效举措。

激发乡村内生动力，筑牢乡风文明之“基”。铁力市指导各级文明村镇从领导机制、创建活动、文化建设、乡风民风等方面常态化开展创建工作，制定下发《2022年深化乡风文明工作任务分解表》，在群众中树立“创建人人有责，成果人人共享”的共创共享意识，成功创建全国文明村镇3个、省级文明村镇11个、伊春市级文明村镇43个、铁力市级文明村镇6个，全市县级及以上文明村镇占比达到79.7%。同时将文明村镇创建与乡风文明试点村镇建设工作相结合，确立7个乡镇、56个行政村作为乡风文明试点村镇建设主体，对照“七有七无三化”标准进行查缺补漏，推动乡村文明程度不断提升。通过深化村镇乡风文明建设，目前全市县级及以上文明村和文明乡镇占比分别为75%和80.28%。

设立“乡愁馆”，开展“乡风文明新行动”。举办乡贤人士宣讲活动290余场，受众7000余人，进一步推动乡贤文化发展，为乡村振兴贡献力量。

每逢春节、清明节、端午节等重要传统节日，铁力市通过发布倡议书、刊播公益广告、开展主题志愿服务活动等，让传统节日体现时代性、富有仪式感，培育时代文明新风。整合现有文化资源，开展以农民耕种活动为题材的村民文体活动。

全市各乡镇均已制定并完善村规民约，通过推行“村民议事”，实现民主议事、民主决策、民主管理、民主监督，充分保障村民的知情权、参与权、表达权，发挥村民在民主管理、社区治理中的引领规范作用。

持续开展民主法治示范村创建。全市现有伊春市级民主法治示范村31个，占行政村总数43.7%；铁力市级民主法治示范村63个，占比88.7%。

2021年5月起，铁力市司法局专门请回已经退休的民事纠纷调解专家曹殿良，同时吸收退休法官、退休检察官等富有法律事务经验人员，创新打造了纠纷调解的“专家门诊”老曹工作室。以老曹工作室为带动，铁力市加强民事调解网络化建设，铁力市人民调解中心、铁力市信访法律服务中心、铁力市道路交通事故调解中心、铁力市诉前人民调解委员会等调解组织稳步运营，8个乡镇调解组织及136个村屯、社区、林场所人民调解组织充实完善了全市基层人民调解组织网络构建，织密织牢了“平安铁力”的基石。

践行新理念，奋进新征程。如今的铁力市，面貌日新月异，一幅“农业高质高效、乡村宜居宜业、农民富裕富足”的美丽画卷正徐徐展开。村净、景美、业兴、人和，成为百姓幸福生活的生动诠释。

（撰文：顾泽怡　李梓楠，摘自《黑龙江日报》2022年9月1日第5版）

# 大事记

Chronicle of Major Events

编辑：王金辉

## 1月

**5日，**铁力市人民政府九届第一次全体成员（扩大）会议暨廉政工作会议在政务服务中心召开。会上，传达《中国共产党铁力市第十二届纪律检查委员会工作报告》，印发《2022年政府工作报告重点任务分解方案》。

**26日，**铁力市召开以“千里商机一线牵，情系铁力共发展”为主题的2022年企业家恳谈会，相关企业家代表参加会议。金新农生态农牧有限公司、伊春新望农牧有限公司、滨力农业科技发展有限公司等13家重点企业的企业家们分别围绕招商引资、投资项目和企业服务保障等方面畅谈意见和建议。

**29日，**伊春市首个“侦查监督与协作配合办公室”在铁力市正式成立，办公室设在铁力市公安局案件管理中心，由铁力市人民检察院指派检察官与公安局法制大队合署办公，实现公检顺畅对接，一体运作。

## 2月

**13日，**“招商之冬”招商引资推介会暨项目签约仪式在铁力市政务服务中心举行。铁力市与广东金信农业科技有限公司、青岛袁策集团有限公司、北京生泰尔生物科技股份有限公司等企业达成重点合作签约项目10个，协议投资总额200.6亿元，购销合同2.5亿元。

**23日，**铁力市委十三届第九次常委会（扩大）会议在政务服务中心召开，会议讨论《中共铁力市十三届市纪委二次全体会议暨全市党风廉政建设工作会议预案》《在中共铁力市十三届市纪委二次全体会议暨全市党风廉政建设工作会议上的工作报告》《贯彻落实中央一号文件责任分工方案》《“十四五”铁力市档案事业发展规划》《铁力市总工会第五次代表大会工作方案》《铁力市黑土耕地保护利用“田长制”工作方案（试行）》《中共铁力市第十三届委员会关于加强市委常委班子政治建设的意见》；听取关于2021年度乡镇、市直部门、社区和农村考核情况的报告。

## 3月

**3日，**第十三届市委全面深化改革委员会第一次会议在政务服务中心召开。会议听取《十二届市委深改委第八次会议确定任务完成情况》，听取审议《铁力市2021年全面深化改革工作情况的报告》（市委改革办）、《关于事业单位联合体运行情况的报告》（编办）、《铁力市2021年“放管服”改革进展情况的报告》（营商局）、《市属国有企业改革发展情况的报告》（财政局）、《共青团基层组织改革试点进展情况的报告》（团市委），讨论《铁力市乡镇社会工作服务站建设工作方案》（民政局）等专项改革方案。

**11日，**铁力市营商环境建设监督局出台“云约谈”工作机制，对国家推送的失信被执行人“黑名单”企业进行警示约谈。帮助失信企业退出国家“黑名单”。企业“零跑腿”，不必须到现场，即可完成信用约谈，实现“零接触、零材料、零跑腿”。

## 4月

**6日，**铁力火车站过渡站房进行基础施工，哈伊高铁铁伊段房建工程正式启动。

**同日，**黑龙江省普通国省干线公路质量提升专项工程铁力段正式破土动工。

**同日，**以铁力林业工人马永顺为原型的大型生态文明题材电视剧《青山不墨》在中央电视台一套黄金时段播出。

**7日，**伊春市举行全市重点项目（黑龙江省百大项目）集中开工仪式，主会场设在铁力市松风食品项目建设现场，其他9个县（市）区设分会场，采取视频连线、云端同步形式进行。

**12日，**铁力市获得由黑龙江省农村整治办公室评选的“2021年度黑龙江省农村人居环境整治擂台赛”第一名，并获得“标兵县”称号。

**26日，**铁力市市场监督管理局在黑龙江省铁力经济开发区设立商标指导站、知识产权维权援助工作站。

## 5月

**4日，**铁力市在干馏体育公园开展“绿动铁力2022”助力国家森林城市、国家园林城市、青年发展型城市全民义务植树活动。全市在职处级领导，市直各部门负责人、少先队员、共青团员代表100余人参加此次活动。

**20日，**铁力综合广播FM101.5兆赫正式上线。以资讯、综艺、音乐等类型节目服务于铁力广大听众，自办《新农视野》《三农前沿》《社会热点》《智慧农家》等栏目服务新农村发展、服务广大农民生产生活。

**23日，**日月峡镇与成都途远集团举行日月峡康养小镇精品民宿项目框架协议签约仪式。双方签订《日月峡康养小镇精品民宿项目框架协议》。开发精品民宿、民俗文创等文旅融合产品，打造精品民宿旅游新亮点，为铁力市旅游产业转型升级注入新动力。

**同日，**铁力市市场监督管理局举行铁力市质量基础设施“一站式”服务·铁力市综合检验检测中心质量服务站挂牌仪式。

**28日，**黑龙江省智能化城乡通信微管廊项目铁力段开工仪式在铁力经济开发区举行。项目建于乡镇地下，用于容纳两类及两类以上的工程管线的构筑物及附属设施，成为乡镇地下管道综合走廊。

## 6月

**5日，**铁力市生态环境局联合铁力市河湖长制办公室、市委宣传部、市检察院、各乡镇及有关单位及志愿者开展“保护母亲河我们在行动”（2022季）主题活动。活动共发放环保纸抽500余盒，环保购物袋500余个，宣传折页1000余份。参加活动的全体人员沿呼兰河、铁甲河两岸进行垃圾清理。

**6日，**铁力市被评为“全国水稻绿色高质高效行动示范县”。

**14日，**铁力市首批8家乡村振兴工坊正式挂牌成立。分别为黑龙江易稻食品有限公司、双丰镇芽豆种植农场、海雯商贸有限公司、春运草制品公司、齐原工艺品经销有限公司、意诚平贝种植农民专业合作社、桃山黑丰木耳种植农民专业合作社、日月峡酒伊坊白酒小作坊8家乡村振兴工坊进行授牌，实现每个乡镇在本乡镇区域内至少建设1个乡村振兴工坊的工作目标。

**24日，**铁力市王杨乡、年丰朝鲜族乡、桃山镇入选黑龙江省农产品质量安全星级监管站创建试点，每个乡镇获批资金5万元，共获批资金15万元。该项资金主要用于农产品质量安全例行监测、专项监测、农产品质量安全监督抽查、农产品质量安全风险评估等相关工作。

**29日，**哈伊高铁铁力站临时过渡站房正式投入使用。铁力站过渡站房建筑面积1200平方米，为单层钢结构。

## 7月

**1日，**铁力市科普体验馆开始试运行，免费对外开放。科普体验馆位于铁力市儿童公园内，是集科普、教育、学习和趣味体验于一体的开放式、数智化、科技型展馆。科普体验馆占地面积约200平方米，配备31种科普展教设备，涵盖“声、光、热、力、电”等基础物理原理的科普设施。

**9日，**伊春森工·桃山露营大会暨第七届悬羊峰美食帐篷节在铁力市桃山镇悬羊峰景区开幕。活动由伊春森工集团、铁力市文化广电和旅游局主办。来自省内外的30余家旅行社和户外团队的千余名游客参加悬羊峰美食帐篷节。

**11—14日，**“奔跑吧·少年”2022年黑龙江省排球锦标赛在铁力市开赛。比赛由黑龙江省体育局主办，黑龙江省球类管理中心承办。共有全省18支中学生排球队参赛。经过4天激烈的角逐，女子组：伊春女队获得冠军、七台河女队获得亚军、齐齐哈尔女队获得季军。男子组：齐齐哈尔男队获得冠军、大庆男队获得亚军、绥化男队获得季军。

**12 日，**中国初级卫生保健基金会、明日之星公益基金管委会在铁力市举行“同心助学”助力教育振兴助学活动启动仪式。启动仪式上，明日之星教育基金会为铁力市 20 所中小学共捐赠价值 78 万元的教学软件和设备。

**16—25 日，**第十八届中国中学生排球联赛在辽宁省海城市举办。铁力市第一中学女子排球队获得高中女子组亚军。比赛由中国中学生体育协会和中国排球协会主办，辽宁省体育学院和海城市人民政府承办。全国 10 个省、直辖市、自治区的 24 所学校，参赛运动员 337 名。

**20 日，**铁力首届夜间文旅消费节——“‘yeah’游骊城”，在铁力市创业再就业基地广场开启。由铁力市人民政府主办，铁力市文体广电和旅游局、铁力市工业信息科技局联合承办。消费节以“夜游、夜市、夜食、夜娱”为主线，以夜间经济与数字经济融合，打造夜间消费集聚区。

**27 日，**黑龙江省文联文化科技卫生“三下乡”集中示范活动启动仪式在铁力市举行。

**29 日，**铁力市与内蒙古自治区呼伦贝尔市鄂温克族自治旗友好城市战略合作协议签约仪式在鄂温克族自治旗举行。

**30 日，**为期 3 天的“两极穿越界江寻龙‘走进黑龙江、乌苏里江’项目演艺大篷车巡演暨‘奔跑的啤酒节’”活动在铁力林业局广场开展。活动由黑龙江省委宣传部主办，黑龙江省文化和旅游厅、黑龙江广播电视台、黑龙江省交通投资集团有限公司共同承办。活动以电子音乐节加美酒、美景的形式，活跃铁力夜经济，构建文旅业态新范本，引领消夏新风尚。铁力市为本次活动第五站。

## 8 月

**10 日，**铁力市入选第三批国家农业绿色发展先行区创建名单。

**10—11 日，**黑龙江省妇联宣传工作暨“美丽家园”建设工作现场推进会议在铁力市召开。全省 13 个市（地）的市、县两级妇联宣传战线 90 余名干部参加会议。会议期间，与会人员到工农乡北星村、马永顺纪念馆、年丰朝鲜族乡年丰村、桃山镇福兴村等地进行观摩学习。

**13 日，**第五届铁力区域旅游文化节暨依吉密狂欢夜活动在日月峡镇举办。活动由铁力市委、市政府主办，铁力市文体广电和旅游局、日月峡镇人民政府承办。

**15 日，**“铁山记忆——纪念抗日战争胜利 77 周年图片展”在铁力市工人文化宫门前展出。铁力市革命老区建设促进会、博物馆、老干部服务中心共同举办。

**17 日，**铁力市与深圳市禧六福珠宝有限公司、万翠福黄金钟表有限公司就 HTHP 高温高压法系统研发及高品质金刚石规模化生产项目、黄金智能电子腕表项目举行签约。

**18 日，**铁力市林业和草原局获全国绿化先进集体。

**20—21 日，**以“穿越小兴安岭国家森林步道（伊春段），探秘小兴安岭之巅·平顶山”为主题的 2022 徒步中国·全国徒步大会（伊春森工桃山站）暨穿越小兴安岭国家森林步道，在铁力市桃山镇平顶山脚下开幕。活动由中国登山协会、黑龙江省社会体育与棋牌运动管理指导中心、伊春森工集团、伊春市体育总会主办。来自北京、天津、河南、湖南、湖北、广东、吉林、辽宁等地 500 余名徒步爱好者参加活动。

**24 日，**铁力市被国家知识产权局确定为“国家知识产权强县建设试点县”。

**26 日，**铁力市委统战部以视频形式召开新的社会阶层人士联谊会（以下简称新联会）成立大会，54 位会员代表参加视频会议。会议通报铁力市新联会成立筹备工作情况，审议选举产生铁力市新联会第一届理事会会长、副会长、秘书长、常务理事。

**28 日，**铁力市职业高中体育特长生参加黑龙江省第十五届运动会的举重运动员李娜，获得女子组 45 公斤级抓举、挺举省级冠军；举重运动员王艳，获得女子组 71 公斤级抓举、挺举省级季军。

**30 日，**全国“人民满意的公务员”和“人民满意的公务员集体”表彰大会在北京举行。铁力市人民法院铁林人民法庭庭长张淑霞被授予全国“人民满意的公务员”称号，系黑龙江省法院系统唯一获此殊荣的个人。

**同日，**铁力市被共青团中央评为县域共青团基层组织改革扩大优秀试点。

**同日，**首家“货车司机户外劳动者服务站点”在松涛物流园内建立，铁力市总工会举行揭牌仪式。服务站点占地面积 100 余平方米，配备休息桌椅、微波炉、热水壶、应急小药箱、手机加油站、图书阅读角等多项设备设施，为货车司机、环卫工人等户外群体，提供贴心的公益服务。

## 9 月

**5 日，**首个“星光驿站”揭牌仪式在工农乡中心校举行。“星光驿站”是铁力市在外乡贤爱心人士王静滨发起，由“美骊星光”爱心团队提供赞助，通过共青团铁力市委组织成立，主要以爱心捐助的方式资助家庭困难的铁力市户籍在校学生。

**9日，**哈伊高铁日月峡站正式开工建设。日月峡站为新建站房，总建筑面积约3500平方米，为线侧下站型，可容纳500名旅客同时候车，站场设2站台4线，采用“三段式”站房平面布置形式。配备先进完备的服务设施。

**同日，**铁力市关心下一代工作委员会分别在铁力市博物馆、双丰镇建国村红色抗联展馆举行“关心下一代教育基地”挂牌揭匾仪式，黑龙江省关心下一代工作委员会命名铁力市博物馆为“全省关心下一代教育基地”，铁力市关心下一代工作委员会命名双丰镇建国村红色抗联广场为“全市关心下一代教育基地”。

**14日，**铁力市入选黑龙江省第一批国家乡村振兴示范县创建单位推荐名单。

**16日，**铁力市与黑龙江古格尔生物科技集团有限公司就高档肉牛养殖项目举行签约。

**17日，**中国排协公布2022年女排世锦赛中国队16人出发名单，铁力姑娘王艺竹入选。

**20日，**铁力火车站西道口新建框架桥建成通车，标志着铁伊铁路二标小里程方向第一座框架桥正式投入使用。

**21日，**新建铁力市第四幼儿园正式开园。院内设施齐全，环境舒适，室内采用原木色为主，教学桌椅采用环保松木家具。设有教学班12个，每间教室面积120平方米。

**30日，**铁力市永枫食品公司在年丰朝鲜族乡永丰村建设的铁力市第一家手撕大火腿厂——永枫火腿厂正式投产运营。

## 10月

**8日，**铁力市入选2022年国家乡村振兴示范县创建名单。

**同日，**十三届市委第二十九次常委会（扩大）会议。在政务服务中心召开，会议听取基层党建重点任务“擂台赛”工作目标完成情况的报告，全市“能力作风建设年”活动开展情况的报告，群团、中小学党建、市医共体党组等单位工作情况的报告；会议讨论《铁力市天然林保护修复制度实施方案》。

**20日，**铁力市法院“张淑霞法官工作室”典型引领工程获评黑龙江法院文化建设特色项目。

**25日，**伊春市知识产权运营促进中心，在铁力市电子商务公共服务中心设立；铁力市知识产权纠纷人民调解委员会在铁力市市场监督管理局办公楼设立。

## 11月

**1日，**哈铁铁路五标项目先行用地启动仪式在铁力市举行。新建哈尔滨至铁力铁路站前工程第五标段线路位于黑龙江省庆安县、铁力市境内，长度44.125千米。

**16日，**铁力市王杨乡红光村种植大户冷淑获省妇联授予的黑龙江省“最美巾帼种粮人”称号。

**20日，**铁力市数字指挥中心建成，并于12月10日投入试运行。

## 12月

**1—6日，**铁力市启动2022年冬季“归雁行动”，中共铁力市委、铁力市人民政府组织开通省内高校铁力籍学生返铁专线，实行“点对点”闭环转运，护送铁力籍学子安全返乡。“归雁行动”共接回返乡大学生849名。

**20日，**“2022中国农产品区域公用品牌·年度市场竞争力品牌”颁奖仪式在南京国际博览中心举办，铁力森鲜获“2022中国农产品区域公用品牌·年度市场竞争力品牌”的美誉。

**22日，**铁力市“赏冰乐雪·冻感铁力”2022中国·铁力森林冰雪欢乐季暨“团结聚力共创未来”冰雪嘉年华系列活动在铁力市冰雪乐园正式开幕。活动充分发挥森林冰雪的生态资源优势，以“旅游+冰雪+竞技+民俗”相结合的方式，发展冰雪经济，构建起以“冰雪旅游、冰雪体育、冰雪文化”为核心的冰雪产业发展体系。

**27日，**铁力市入选2021—2025年度第二批全国科普示范县（市、区）认定名单。

**27—30日，**2022年黑龙江省中学生排球锦标赛在铁力市举行，来自黑龙江省的15支球队参加比赛。比赛分为高中女子、高中男子、初中男子三个组别，铁力一中代表队获得高中女子组冠军，齐市一中获得高中男子组、初中男子组冠军。此次铁力一中女排运动员，五战全胜，总分第一，实现黑龙江省级赛事八连冠。

（王金辉）

# 市情概览

Tieli Overview

编辑：刘玉鑫

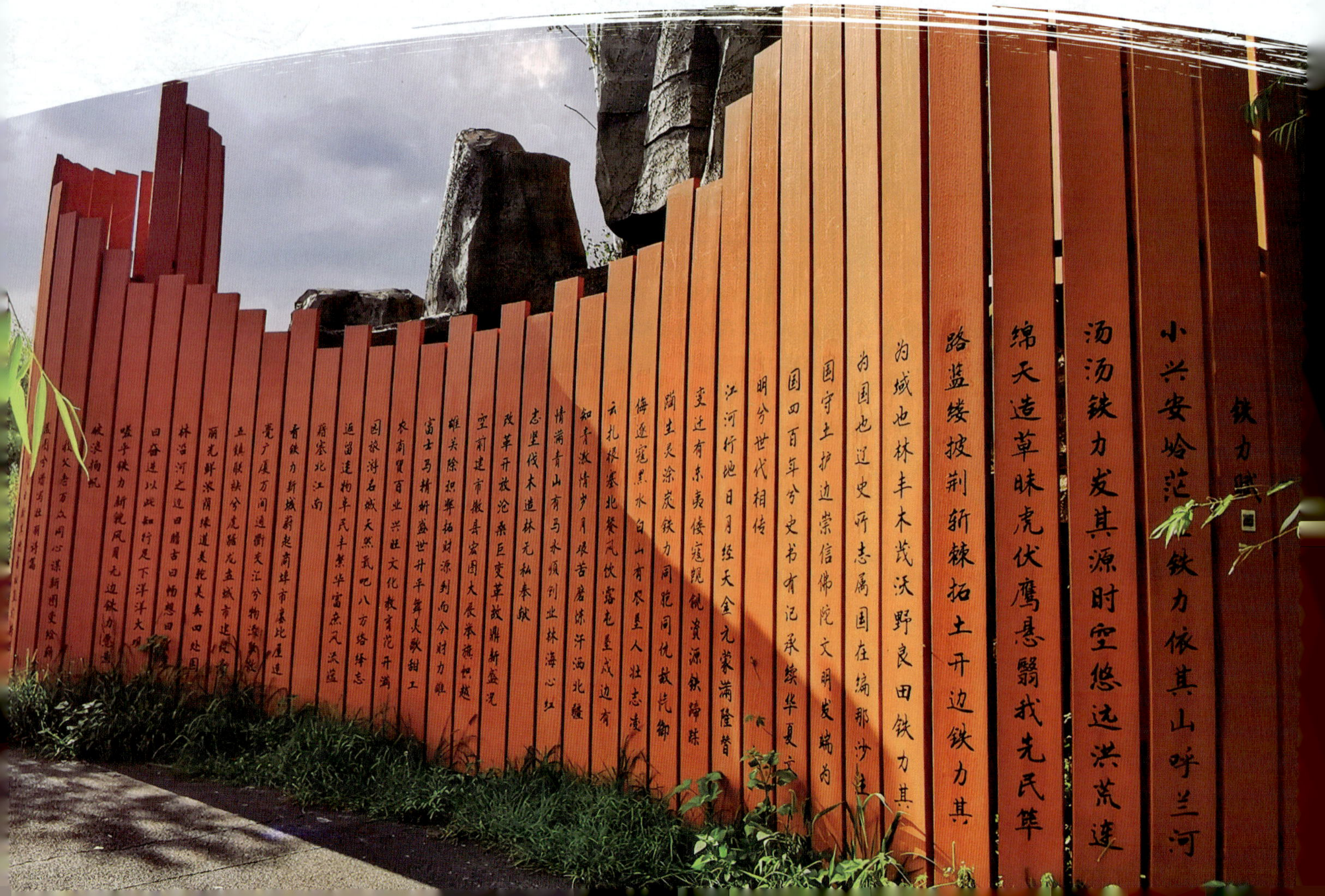

# 建置区划

【位置面积】 铁力市属伊春市辖县级市。东部、东北部与伊春市乌翠区、大箐山县交界，南与哈尔滨市通河县毗邻，西南、西、西北隔安邦河、依吉密河与绥化市庆安县相望。按世界时区划分，铁力市属东九区。市境东西横跨83.2千米，南北纵越99.7千米，行政区划面积3776.26平方千米。市人民政府驻铁力镇建设西大街51—1号。市政府驻地距省会哈尔滨市220千米，距伊春市120千米。

（姜雪涵）

【建置沿革】 先秦时期，铁力一带有秽貊人从事渔猎、采集。汉代，黑龙江地区建立了奴隶制政权——夫余王国，此地是其属地。五世纪末叶，勿吉灭夫余，此地域属勿吉国。魏晋南北朝时期，勿吉靺鞨发展成七大部落，铁力一带属黑水靺鞨部中“铁利部”。唐朝时此地属黑水靺鞨。辽时期，在此地成立铁骊国王府。金时期属上京会宁府。元属辽阳行省水达达路。明属奴儿干都司。清初，东北地区设将军及副都统，此地受其管辖。后属呼兰厅和绥兰海兵备道，是鄂伦春族、蒙古族游牧之地。清光绪十七年三月（1891年4月），委派镇边军右翼统领领兵于铁山包驻防。清光绪三十二年闰四月（1906年6月），将北团林子协领移驻铁山包修建协领公署，“招抚庚子屯田逃亡之户，安插贫民小户”。清光绪三十四年七月（1908年8月）奏准，拟设“铁骊县，驻铁山包”。1915年5月，黑龙江省巡按使公署援照清末“设立铁骊县旧条”，裁撤铁山包协领，设置铁骊设治局，以余庆县安邦河以东地区为铁骊设治局管辖范围。隶属绥兰道。1929年2月，改由省直辖。东北沦陷后，隶属黑龙江省。1933年5月，将铁骊设治局改为铁骊县。1934年12月划归滨江省管辖。1939年6月划归北安省管辖。1943年7月1日，将庆城县与铁骊县合并为庆安县。1945年抗日战争胜利后，始设铁骊特别区。1946年6月27日，黑龙江省政府决定，将原铁骊地区从庆安县划出，恢复铁骊县，县政府驻铁骊镇，隶属黑龙江省管辖。1956年3月，划归新设立之绥化专区管辖。同年11月19日，国务院批准，将铁骊县改为铁力县。1958年8月，撤销绥化专区，设立松花江专区，铁力县隶属松花江专区。同年9月5日，国务院批准，撤销铁力县，并入庆安县。1962年10月20日，国务院批准，恢复铁力县，以原铁力县并入庆安县的行政区域为铁力县的行政区域，隶属松花江专区。1965年6月，改隶属绥化专区。1970年4月，划归伊春地区管辖。1979年12月，撤销伊春地区，恢复伊春市，铁力县归伊春市领导。1988年9月13日，国务院批准，撤销铁力县，设立铁力市（县级），由伊春市代管。2001年3月，铁力市响应国家撤并乡镇的号召，撤销神树镇，将神树镇行政区域并入桃山镇。2018年5月，经黑龙江省人民政府批准，将神树镇行政区域从桃山镇划出，恢复神树镇；2019年5月10日，铁力市成立日月峡镇；同年按照《国务院关于同意黑龙江省调整伊春市部分行政区划批复的通知》要求，铁力市的朗乡镇划归大箐山县管辖。

（姜雪涵）

【行政区划】 2022年，铁力市下辖铁力镇、双丰镇、桃山镇、神树镇、日月峡镇、王杨乡、工农乡、年丰朝鲜族乡，共5镇3乡，有71个行政村和17个社区。境内有伊春森工双丰林业局有限责任公司、伊春森工铁力林业局有限责任公司、伊春森工桃山林业局有限责任公司、北大荒集团黑龙江铁力农场有限公司。

（姜雪涵）

表1 铁力市社区一览表
（2022年末）

| 序号 | 乡镇名称 | 社区名称 | 序号 | 乡镇名称 | 社区名称 | 序号 | 乡镇名称 | 社区名称 |
|---|---|---|---|---|---|---|---|---|
| 1 | 铁力镇 | 铁力镇西城社区 | 7 | | 铁力镇东林社区 | 13 | 桃山镇 | 桃山镇振兴社区 |
| 2 | | 铁力镇正阳社区 | 8 | | 铁力镇团结社区 | 14 | | 桃山镇人和社区 |
| 3 | | 铁力镇宏伟社区 | 9 | | 铁力镇农场社区 | 15 | 神树镇 | 神树镇神树社区 |
| 4 | | 铁力镇站前社区 | 10 | 双丰镇 | 双丰镇育林社区 | 16 | 日月峡镇 | 日月峡镇卫东中心社区 |
| 5 | | 铁力镇向阳社区 | 11 | | 双丰镇育才社区 | 17 | | 日月峡镇马永顺中心社区 |
| 6 | | 铁力镇东岗社区 | 12 | | 桃山镇政通社区 | | | |

（资料来源：铁力市民政局）

**表 2　铁力市村屯行政区划一览表**
**（2022 年末）**

| 序号 | 乡镇名称 | 村 | 序号 | 乡镇名称 | 村 | 序号 | 乡镇名称 | 村 |
|---|---|---|---|---|---|---|---|---|
| 1 | | 山头村 | 25 | | 红星村 | 49 | | 东风村 |
| 2 | | 东胜村 | 26 | | 卫国村 | 50 | | 北河村 |
| 3 | | 东兴村 | 27 | | 双河村 | 51 | | 长富村 |
| 4 | 铁力镇 | 满江红村 | 28 | | 民庆村 | 52 | | 新华村 |
| 5 | | 满天红村 | 29 | | 庆丰村 | 53 | | 二屯村 |
| 6 | | 五一村 | 30 | | 三合村 | 54 | | 兰河村 |
| 7 | | 解放村 | 31 | | 桃山村 | 55 | | 新兴村 |
| 8 | | 曙光村 | 32 | | 丰收村 | 56 | 工农乡 | 新一村 |
| 9 | | 横太山村 | 33 | 桃山镇 | 新建村 | 57 | | 新民村 |
| 10 | | 建国村 | 34 | | 新丰村 | 58 | | 兴隆村 |
| 11 | | 春光村 | 35 | | 先锋村 | 59 | | 五花村 |
| 12 | | 和平村 | 36 | | 兴旺村 | 60 | | 树林村 |
| 13 | | 战斗村 | 37 | | 福兴村 | 61 | | 北星村 |
| 14 | | 光明村 | 38 | | 长丰村 | 62 | | 凌云山村 |
| 15 | | 东方红村 | 39 | | 神树村 | 63 | | 爱民村 |
| 16 | | 稳水河村 | 40 | 神树镇 | 石长村 | 64 | | 云山村 |
| 17 | 双丰镇 | 前进村 | 41 | | 五龙山村 | 65 | | 爱国村 |
| 18 | | 青林村 | 42 | | 鸡岭村 | 66 | 年丰朝鲜族乡 | 长山村 |
| 19 | | 长有村 | 43 | | 爱林村 | 67 | | 东河村 |
| 20 | | 朝阳村 | 44 | | 护林村 | 68 | | 年丰村 |
| 21 | | 卫东村 | 45 | | 宏伟村 | 69 | | 靠山村 |
| 22 | | 民主村 | 46 | 王杨乡 | 红旗村 | 70 | | 吉松村 |
| 23 | | 安邦河村 | 47 | | 红光村 | 71 | | 永丰村 |
| 24 | | 卫华村 | 48 | | 建设村 | | | |

（资料来源：铁力市民政局）

## 自然环境

【地质】 铁力市境内元古界、古生界、中生界、新生界地层均有分布。域内地质构成的主要岩石为侵入岩。侵入岩以深成的花岗岩类岩石为主，并有部分混合岩。铁力市处于新华夏构造体系——小兴安岭隆起带南端和松辽盆地边缘，境内地质构造形迹多样。依据地质力学观点，可以划分为华夏系、新华夏系及华夏式构造体系。

（刘玉鑫）

【地貌】 铁力市地处东北平原，地形主要由山地、平原、丘陵和河湖构成。地势东高西低，海拔平均 500 米，境内千米以上的山峰有 13 座。

（刘玉鑫）

【土壤】 铁力市位于小兴安岭向松嫩平原的过渡地带，黑土地肥沃。有黑土 2.95 万公顷，暗棕壤 23.72 万公顷，草甸土 4.89 万公顷，白浆土 1.66 万公顷，水稻土 6959.53 公顷，泥炭土 504.17 公顷，沼泽土 34722.98 公顷，棕色针叶林土 2088.18 公顷，其他类型土壤 1600.58 公顷。

（宋　洋）

【气候】 铁力市地处小兴安岭山前平原区，属中温带大陆性季风气候区，冬季寒冷而漫长，夏季炎热而短暂，四季变化明显。2022 年，铁力市平均气温偏高，降水偏少，日照总体略少。全市年平均气温为2.6℃，比历年气候平均值高0.3℃；≥10℃有效积温2609.6℃，比历年平均值多86.3℃；全年日照时数2374.5小时，比历年平均值少11.8小时；年降水总量为493.7毫米，比历年平均值少115.4毫米。5—9月蒸发总量为428.6毫米。全年最大积雪深度31厘米，最大冻土深度118厘米，最低气温为-35.9℃，出现在1月19日。最高气温为32.79℃，出现在7月28日。春季平均气温为5.4℃，比历年平均值高1.0℃；春季降水量为128.8毫米，比历年平均值多40毫米；日照时数为658.5小时，比历年平均值少40.2小时。8级以上大风日数5天。夏季平均气温21.0℃，较历年平均值高0.6℃；夏季降水量为240.9毫米，比历年平均值少143.8毫米；日照时数637.2小时，比历年平均值少50.8小时；夏季蒸发量为275.2毫米。秋季平均气温为9.7℃，比历年平均值高0.9℃；秋季降水量81.1毫米，比历年平均值少23.8毫米；秋季日照时数406.7小时，比历年平均值多7.4小时。冬季平均气温为-16.9℃，比历年平均值低0.8℃；冬季日照时数为608.2小时，比历年平均值多7.9小时。

（王海宁）

表3 2022年度铁力市气候资源一览表
（2021年11月至2022年10月）

| 月份 | 温度（℃）（平均） | 降水（mm）（合计） | 蒸发（mm）（合计） | 日照（时数）（合计） | 月份 | 温度（℃）（平均） | 降水（mm）（合计） | 蒸发（mm）（合计） | 日照（时数）（合计） | 月份 | 温度（℃）（平均） | 降水（mm）（合计） | 蒸发（mm）（合计） | 日照（时数）（合计） |
|---|---|---|---|---|---|---|---|---|---|---|---|---|---|---|
| 1 | −23.8 | 9.3 |  | 172.5 | 5 | 13.1 | 84.9 | 78.9 | 221.6 | 9 | 15.1 | 44.9 | 74.5 | 205.2 |
| 2 | −18.9 | 7.9 |  | 197 | 6 | 19.8 | 43.8 | 94.5 | 226.2 | 10 | 4.2 | 36.2 |  | 201.5 |
| 3 | −3.4 | 6.1 |  | 209.1 | 7 | 23.9 | 69.6 | 99.7 | 202.2 | 11 | −5.4 | 44.4 |  | 81.4 |
| 4 | 6.6 | 37.8 |  | 227.8 | 8 | 19.2 | 127.5 | 81 | 208.8 | 12 | −19.6 | 15 |  | 157.3 |

（资料来源：铁力市气象局）

【水文】 铁力市境内共有河流35条，主要河流有：呼兰河、依吉密河、安邦河、小呼兰河等，具有典型山区河流特点，均属于呼兰河水系。全市多年平均径流深度变差系数为0.3—0.5，其分布特点是东小西大，南北向大致相同；市内径流的年内分配不均，径流集中的5月至10月，径流量占全年的80%—85%；而11月至翌年4月的径流量仅占全年的15%—20%。呼兰河上游植被较好，侵蚀能力较弱、含沙量相对较小。含沙量主要分布在6—8月洪水期，10月至次年3月间由于降水稀少，河道流量小，挟沙能力弱，含沙量几乎为零。境内呼兰河、依吉密河分别设有铁力水文站、石长水文站和北关水文站监测断面。2022年，铁力水文站平均水位204.77米，年平均流量13.1立方米/秒，年径流量4.133×108立方米，降水量561.5毫米，降水日数127天，年蒸发量944.2毫米；年平均含沙量66.2克/立方米，年平均输沙率0.867千克/秒；2022年断面解冻日期为4月3日，封河日期为11月16日，封冻天数138天，断面最大河心冰厚0.62米。石长水文站汛期平均水位249.19米，年降水量672.5毫米，降水日数121天。北关水文站平均水位96.32米，年平均流量8.56立方米/秒，年径流量2.701×108立方米，年降水量772.3毫米，降水日数144天；断面解冻日期为4月4日，封河日期为11月24日，封冻天数121天，断面最大河心冰厚0.34米。

（刘丙贺）

## 自然资源

【概况】 铁力市境内自然资源丰富，其中，湿地4533.78公顷，耕地106153.91公顷，种植园用地586.33公顷，林地246206.98公顷，草地1761.17公顷，城镇村及工矿用地8955.18公顷，交通运输用地1433.94公顷，水工建筑用地179.76公顷，水域及水利设施用地5054.88公顷，其他用地2760.06公顷。

（宋　洋）

【森林资源】 铁力市地方林业林地总面积42550.1公顷，其中，有林地面积23850公顷（天然林面积16232.2公顷，人工林面积7617.8公顷。）、疏林地面积169.7公顷、灌木林地面积215.9公顷、未成林林地面积700.3公顷、苗圃地面积36.2公顷、无林地面积56公顷、宜林地面积229.3公顷、林辅用地面积17292.7公顷，铁力市地方林业森林覆盖率56.1%。

（全鑫月）

【矿产资源】 2022年末，发现铁力市境内矿产资源有金、银、铁、铅、铜、锌、钨、钼、石墨、建筑用大理岩、建筑用砂、黏土等矿种50余种，开发利用的矿中有钼、铁、大理岩、建筑用花岗岩等，其中，钼矿为单体钼金属矿。

（宋 洋）

【动植物种类】 全市境内有国家级和地方级保护野生动物145种，国家一级重点保护野生动物16种，国家二级重点保护野生动物67种，地方重点保护野生动物62种。其中，珍贵野生动物有黑熊、马鹿、獐、獾、野猪、狍子、松花蛇等；稀有山禽有花尾榛鸡、榛鸡、鹌鹑、雉鸡、斑翅山鹑等；毛皮动物有猞猁、紫貂、水獭、狐狸等。全境共有经济价值野生植物380余种。植被类型主要为针阔叶混交林，主要树种有红松、兴安落叶松、冷杉、云杉、樟子松、水曲柳、黄菠萝、桦、榆、杨、椴、柞等。草类繁多，主要品种有五花草、无芒荞麦、子草、辄跟草、直穗鹅观草、薹草、偃麦草、老芒麦、小叶樟、大叶樟、长芒野稗、野大豆、马兰等。植物类药材近200种，动物类药材和菌类药材20余种，总蓄积量约50万吨，进入国家药典并被开发利用的药材有80余种。

（金鑫月）

## 人口 民族 宗教

【人口】 2022年，铁力市总户籍人口274666人，其中，城镇人口190479人，乡村人口84187人；男性人口135474人，女性人口139192人；0—17岁人口24107人，60岁以上人口74969人。铁力市少数民族人口主要分布在铁力镇、桃山镇、双丰镇和年丰朝鲜族乡，

2022年3月8日，铁力市朝鲜族居民在骊城石榴籽服务站开展妇女节活动

（中共铁力市委统战部供图）

农业人口居多。

（陈肖林）

【民族】 铁力是一个多民族杂居的县级市，2022年全市范围内居住的少数民族有25个，少数民族人口12070人，占总人口的4.9%。其中，城市少数民族人口0.6万人，占少数民族人口总数的49.71%。铁力市民族分布特点为民族多、人口少、分布广、居住散、流动性强。少数民族人口较多的4个民族是朝鲜族（6632人）、满族（3926人）、回族（901人）、蒙古族（421人），分别占全市少数民族总人口的54.95%、32.53%、7.46%、3.49%。全市有1个少数民族自治乡（年丰朝鲜族乡），8个朝鲜民族村，1所少数民族学校。

（王 琦）

【宗教】 铁力市有佛教、道教、伊斯兰教、天主教和基督教五大宗教。有1个宗教团体和13处依法登记的宗教场所。

（王 琦）

## 历史人文

【历史人物】 那沙，辽代铁骊国王府部落首领。《辽史·圣宗本纪》记载，开泰元年（1012年）“八月丙申朔，铁骊那沙等送兀惹百余户至宾州，赐丝绢。是日那沙乞赐佛像、儒书，诏赐护国仁王佛像一，易、诗、书、春秋、礼记各一部。”这条记载指，开泰元年（1012），那沙与相邻部落兀惹作战获胜，把百余户战俘押往辽皇秋捺钵之地宾州（今吉林省农安县红石垒），作为贡品献给辽皇。辽皇赏赐那沙丝绢、佛像、儒家经典《易经》《诗经》《尚书》《春秋》《礼记》各一部。《高丽史》记载，太平四年（1024年），那沙派女真使者计陀汉到高丽用貂皮换历日。那沙任首领期间，关心农业生产发展，发展境外贸易，崇佛重儒，振兴文化，推进了地区经济文化的发展和铁骊部族的强盛。

富保，又名富古唐阿，清镇边军右翼五营统领。清光绪十七年（1891），富保率兵2500人进驻铁山包。富保在铁山包屯垦戍边期间，率部在治城东2000米处修筑了5座营垒，呈梅花形，史称“五大营”。为了使从事农垦生产的官兵往来方便，车辆畅通无阻，在铁山包河上架设木桥1座，因统领富保监造，故定名为“统领桥”，统领桥名称一直沿袭至今。为方便官兵驻地开荒垦殖，在今王杨站

东南1.5千米处，设有行营窝堡，当时人称"统领窝堡"。镇边军在富保的统领下，在铁骊境内屯垦戍边、防止帝俄入侵、肃清匪患、发展农业和交通事业方面起到了一定作用。光绪二十年（1894年），甲午中日战争爆发，富保率兵开赴辽东前线参加作战。

乌珍布，字麟书，呼兰城守尉博罗那六世孙，官佐领。爱持宋儒义理说，手录《小学》《孝经》，日夕研诵之。习九章算术，兼工举子业，其劝导乡人以学问。光绪三十二年（1906年）十一月，乌珍布任铁山包协领，任职期间主要政绩有：招抚因庚子之乱逃亡的屯田户，妥善安插贫民小户。光绪三十三年（1907年），经前协署于镇边军营址以西，呼兰河北岸，踩城基一处，面积纵横各1.25千米。城址确定后，修建铁山包协领署衙门。宣统元年（1909年）二月，兴办铁力第一所小学校——铁骊两等小学堂。协领乌珍布虽然奉职于清末，受命于边荒初辟之地，但仍能忠于职守，勤奋工作，克服重重困难，为铁力后续发展打下了基础。

（邹本栋　张道廷）

【方言】　铁力市位于黑龙江省版图中心，而黑龙江省地处祖国东北边陲，远离中原腹地，千年来这片土地一直是朝鲜族、满族、回族、蒙古族、鄂伦春族等各少数民族聚居地。铁力的方言特点跟所属黑龙江省基本相同，有大量的少数民族语言借词。例如："唠嗑"一词来自满语，意为"闲聊、聊天"，"磨蹭"一词来自满语，意为"慢慢悠悠耽误事、迟钝"等。铁力因黑龙江省地理位置的关系，方言也长期受俄罗斯文化影响。如：面包又叫做"列巴"，裙子又叫做"布拉吉"，蹲监狱又叫做"蹲笆篱子"。铁力地区方言是典型的东北方言，平舌音和翘舌音混用。并且在老辈人生活中存在"r"声母音节被"n""l""y"取代的现象。如："腐乳"一词会被叫做"腐乳（lu）"，"闷热"会被叫做"闷热（ye）"。东北方言中没有bo、po、mo、fo音节，有的是be、pe、me、fe音节，例如，"胳膊（bo）"东北方言读"胳膊（be）"；"衣服破（pò）了"东北方言为"衣服破（pè）了"。

（刘玉鑫）

【民俗】　冬捕文化。铁力市河多、林密，一直延续着黑龙江省赫哲族的冬捕文化。世代居住在三江沿岸的赫哲渔民，一年四季以水为伴，以渔为生，在艰苦的渔业生产条件下，拥有高超的生产技术和技巧。近年来，铁力市将冬捕文化与冷水鱼养殖相结合，培育出"特色冷水鱼+鄂伦春文化"旅游新亮点，吸引国内外游客体验东北少数民族的渔猎文化。

冰雪建筑文化。铁力市属东北高寒地区第三积温带，冬季漫长，气候寒冷干燥，古代居民在长期的适应和改造生存环境的过程中，通过开山凿洞来抵御严寒。东北地区经过发展，人们利用冰雪资源制作冰灯、雪雕，并形成了独特的冰雪建筑文化。东北的冰雪建筑起始于地下。直到辽代女真族开始，东北人的祖先正式从穴居转变为在地面上建筑房屋居住，并辅以火炉、火墙、火炕等取暖设备，东北冬季的室内外温差可达30℃至50℃。

冰雪饮食文化。铁力市承袭黑龙江省冰雪特色，传承东北地区冰雪饮食文化。有冻梨、冻柿子、冻苹果、冻海棠、冰糖葫芦、冻饺子、冻豆腐等。由于冬季漫长，且室外温度达零下30℃以下，铁力地区居民会在入冬前囤积白菜、土豆、萝卜等食物，储存在地窖。冰棍、冰淇淋等冰点也会采取装箱铺地的方式进行售卖。

（刘玉鑫）

【文化遗存】　小龙山遗址，属旧石器时代，是省级古文化遗址。位于铁力市桃山镇南约4千米处。该山被当地居民称作小龙山或地质小山，呼兰河和小呼兰河分别从小龙山北侧和南侧流过，并在距小龙山以西5.5千米处汇合。石器以砾石为主要原料，石器类型有石核、石片和砍砸器，以石片加工的工具较少。经鉴定，石器是旧石器至新石器时代晚期的生产工具。该遗址的发现，为研究小兴安岭东南部、东北亚地区的早期人类活动提供了实证。遗址大部分被采石场采石时破坏，保留的石器主要分布在东南方向，南北宽约200米，东西长约100米的范围内。

桃山遗址，属旧石器时代，是省级古文化遗址。位于铁力市桃山林业公司石长林场的桃山上，呼兰河从桃山东南和南侧流过，约距遗址500米。桃山海拔292米，高出河面约80米。共发现各类石器3000余件，有石斧、石铲、石镐、石锄和一些刮削器等，部分由石块粗略磨制而成，部分经过精心磨制。经鉴定，这些石器是旧石器至新石器时代晚期的生产工具。该遗址的发现，为研究小兴安岭东南部、东北亚地区的早期人类活动提供了实证。桃山遗址西半部分被采石场采石时破坏，保留的石器主要分布在东南部分，南北约宽400米，东西长约500米的范围内。

（仇利民）

# 土特名产

国家地理标志保护产品铁力大米

（共青团铁力市委员会供图）

**【桃山玉】** 铁力是黑龙江省唯一产玉地，铁力桃山地处多金属成矿带，金属、非金属、水气矿产品种多，有“世外桃源、金玉之地”的美誉。“桃山玉”分为神树玉石矿和新兴玉石矿两个矿体，总储存量170万立方米。2009年，“桃山玉”经国土资源部矿产司监督检测中心鉴定为A级透闪碳酸盐玉，亦称“老玉”，其原料既可雕琢山水景观人物等玉石作品，又可雕刻各种玉石配饰。桃山镇已发展玉石加工厂20家以上，伊春森工桃山林业局有限责任公司建成玉石交易市场和玉石鉴定中心，铁力桃山成为全省玉石生产销售集散地。依托“桃山玉”资源以及被誉为“小兴安岭第一泉”的温泉资源，铁力市建设桃山庄森林玉温泉度假区，打造山水自然风光与人工景观相结合的中国最北雪地玉温泉。

（赵大海）

**【铁力大米】** 铁力大米是国家地理标志保护产品。铁力市位于黑龙江省第三积温带下限、第四积温带上限的寒地黑土优势产业带，属北温带大陆性气候，土壤有机质含量高，土质肥沃，渗透性好。铁力境内主要河流有呼兰河、西南岔河、巴兰河三大水系，统属松花江水系。铁力市位于三大水系源头，水稻产区80%采用自流灌溉，水质佳，无污染，加之充足的光照和肥沃的土地，为生产优质水稻提供了天然的保障。铁力大米粒型细长，米质半透明，色泽清白有光泽，蒸煮时即可闻到浓郁的饭香味，米饭口感软硬适中，有嚼劲，饭粒表面有油光，冷后仍能保持良好口感。铁力市水稻种植已有百年历史，据史料记载，清光绪五年（1879年）就已开始种植水稻。1938年，开始垦荒造田，兴修灌渠，改良土壤，实施了大规模农田开发建设。20世纪80年代以来，引进推广大垄宽幅直播、水育苗、水稻旱育稀植、超稀植、水稻“三超”栽培、钵体育苗抛秧技术，水稻栽培技术在全国处于领先地位。铁力市在保证水稻产量和质量的同时，发展种植绿色优质的精品大米。先后获得了“中国绿色生态水稻示范市”“全国粮食生产先进县”“全国水稻绿色高质高效行动示范县”等称号。2019年，青岛袁策集团在铁力市建设了全国首家寒地水稻种植基地，并成功培育出寒地水稻品种3个。中国杂交水稻之父袁隆平为铁力市绿色水稻基地亲笔题字“绿色伊春、绿色水稻，寒地粳米、造福人类”。

（王金辉）

**【“铁力森鲜”区域公用品牌】** 2022年，铁力市以推进国家电子商务进农村综合示范项目的建设为重点，聘请阿里巴巴公司团队围绕铁力市生态资源优势和农产品资源特点，对企业进行逐户走访调研，成功打造“铁力森鲜”区域公用品牌。品牌定位为：“森林健康食品鲜选择”，品牌的口号为：“北纬47° 森鲜味道”。为保证品牌质量，制定“铁力森鲜”品牌使用管理办法和准入标准等，并与每户授权企业签订协议，将“铁力森鲜”的商标注册提请国家知识产权局审核注册。为推广使用“铁力森鲜”包装标识应用，铁力市免费帮助企业设计完成区域公用品牌15款系列包装，包括冷面、大米、蓝莓、玉米蜂蜜、煎饼、即食腐竹等产品系列。免费给企业提供“铁力森鲜”品牌的包装样品4万余个；并为10家企业安装溯源设备，制作发放溯源码40万枚。2022年2月，成功举办区域公用品牌战略发布会，为10家首批企业授权森鲜应用。铁力市对接黑龙江省电视台、《奋斗》杂志等宣传媒体，对铁力市电商发展进行宣传报道。组织参加中国农民丰收节、杭州电商新渠道博览会、义乌市直播选品峰会直播供应链大会等系列推广活动。通过今日头条、东北网、《人民日报》、《中国经济周刊》等渠道宣传推广“铁力森鲜”区域品牌建设情况。开设“铁力森鲜”淘宝官方天猫旗舰店，帮助企业对接主播100余次。为林匠蓝莓果干、神林山野菜、蒲公英茶、隆泰松子、蜂格蜂蜜等林下产品拓展线上销售渠道，销售额超千万元。以铁力鲜食玉米、山野菜为代表的“铁力森鲜”系列产品知名度持续提升。“铁力森鲜”品牌获得“2021中国农产品区域公用品牌·市场竞争力新锐品牌奖”。“铁力森鲜”也被品牌名录栏目“2022年中国农产品区域公用品牌助跑计划”收录。

（李玖峰）

## 2022年经济社会发展

【经济建设】 2022年，铁力地区生产总值实现92.2亿元，较2021年增长3.8%；一般公共预算收入完成3.7亿元，较2021年增长6.5%；城镇和农村常住居民人均可支配收入分别达到26075元和19483元；规模以上工业增加值较2021年增长7%；完成社会固定资产投资40.7亿元，较2021年增长56.9%；社会消费品零售总额24.4亿元，较2021年下降3.1%；第三产业增加值实现26.8亿元，较2021年增长4.7%。新建高标准农田18.45万公顷，落实农业生产托管服务21万公顷，粮食生产实现“六连丰”。农业领域先后获得“国家农业绿色发展先行区”“全国水稻绿色高质高效行动示范县”等国家、省、市荣誉20余项。铁力市经开区实训基地、工业蒸汽、道路换填等项目完工。铁力市采取“一企一策”方式，盘活“僵尸企业”1户、低效用地项目2个。为葵花药业、隆泰食品等33家企业争取兑现各类政策资金3818万元。全年新增规上企业3户，培育高新技术企业9户、省级专精特新企业2户。铁力市新增乡村旅游景点3处，年丰朝鲜族乡获评“全省乡村旅游重点乡”。铁力市中药材种植面积增加至9.44万公顷，年加工能力提升至7300吨，现代农业产业园顺利通过国家认定。

（刘玉鑫）

【政治建设】 2022年，铁力市全面学习贯彻党的十九届六中全会和党的二十大精神，传达学习习近平总书记重要讲话重要指示批示精神50次。在伊春政治生态建设成效考核中，连续三年获评第一等次。持续整顿软弱涣散基层党组织，制定《党支部标准化建设工作标准》，打造红旗机关24个，省级基层党建示范点4个；建立社区网格党小组349个，成立党群服务中心17个。创新实施“初心工程”，建立初心党组织试点12个，开展志愿服务400余次，为群众办实事2600余件。全年共调整使用干部11批次525人次，其中，提拔重用年轻干部64人；坚持党管人才原则，认真落实“人才公寓”“人才发展基金”等各项人才政策，引进各类人才170人。清理规范公务员各项津贴补贴，严实开展考核，评定优秀等次公务员420人，晋升职级132人次。完善干部培训体系，累计开展培训4650人次。铁力市全年完成115项年度改革任务，创新推进事业单位联合体建设，探索公益二类事业单位绩效工资奖励机制，优化应急、财政等领域事业机构职能配置。推进157家事业单位绩效工资改革，干部队伍干事创业内生动力得到激发。1177项政务服务事项全部实现“网上办”“零跑动”事项比例提升至99.1%。“一件事”集成服务主题套餐提升至213件，比2021年增长113%。24小时自助服务事项增加至779项，比2021年增长218%。严格落实“一对一”包保机制，累计开展“营商下午茶”等活动245次，为企业解决问题90余个。

（刘玉鑫）

【文化建设】 2022年，铁力市获“全国科普示范县”称号。全年累计投入240万元建设呼兰河之声大舞台，投入78万元用于保障市民健身中心运转维护。组织广大文艺爱好者前往马永顺纪念馆、抗联陈列馆等地开展采风创作活动36场次，共创作书画、诗词、摄影等文艺作品800余幅（篇）。结合电视剧《青山不墨》的播出，动员文艺爱好者创作主题文艺作品18首（篇）；策划“青山不墨 铁力如歌”大型合唱音乐剧，包含原创诗词3首、合唱曲7首，讴歌小兴安岭人所延续的马永顺精神、林业工人的创业精神。举行《绿水青山》新书发行暨赠书仪式，艺术再现全市人民牢记“让老林区焕发青春活力”的政治嘱托。铁力市用好线上网络新媒体平台，开展“冰凌花杯”“我们的新时代”等系列主题展览99期，展出书画、诗词、摄影等文艺作品900余幅（首）；线下积极引导文艺工作者深入日常生活，开展实地采风创作等活动36场次。发挥基层文化阵地公益性职能作用，组织文艺小分队赴农村、进社区、走基层，开设书法、国画、陶艺等8类公益培训课程。同时委托第三方电影放映队为全市71个行政村免费放映电影852场次，实现农村公益电影全覆盖。组织文艺爱好者成立“蒲公英”文艺小分队，开展“骊马放歌”文艺演出、农民文化艺术节、文艺作品展、主题阅读等活动92场（期）。同时开展“送文化进景区”活动6场次，促进文化旅游融合发展。

（王祎婷　迟春玉）

【社会建设】　2022年，铁力市投资9800万元，改造楼房75栋、庭院24.5万平方米，有效改善老旧小区旧貌。加快城市“四网一图”建设，新建改造供热、供水、污水及燃气管网46.9千米，绘制城市排水管网“一张图”，污泥处置工程完成主体建设，城市“微循环”更加畅通。新建口袋公园4处，提质改造绿地8公顷，城市公园绿地服务半径覆盖率88.96%，顺利通过国家园林城市省级初检。国土“三调”及“三区三线”划定成果正式启用。持续深化全国文明城市创建工作，创业再就业基地落成开放，千余户流动摊贩实现集中入市、规范经营。铁力市首批8家乡村振兴工坊挂牌成立，先进经验被国内多家主流媒体相继报道。投资4898万元，实施乡村产业项目7个，乡村产业项目总数达到37个，累计发放收益332万元，带动脱贫人口2334户次、3245人次，实现人均增收1230元。在实行防返贫保险机制的基础上，为3625名脱贫及监测人口全额投保“龙江惠民保”，守住不发生规模性返贫底线。建设粪污贮存设施41处、小型污水处理厂4处，改造提升户厕886户，拆除重建危桥4座，修建农村道路13.9千米，完成农村饮水工程2处，乡村基础设施日臻完善。全力推进美丽宜居村庄建设，获评全省农村人居环境整治提升先行县。铁力市全年投入民生领域资金25.2亿元，占公共财政支出的86.5%。开展“订单式”就业培训，新增城镇就业2612人，城镇登记失业率控制在2.8%以内。持续扩大基本医疗保险覆盖面，城乡居民基本医疗保险参保率98%。全面提高城乡低保和特困供养标准，发放各类保障金6325.64万元，惠及困难群众10617人。铁力市投资4506.32万元，提升19所学校办学条件，中心幼儿园实现开园纳生。深化健康铁力建设，乡镇卫生院及益康社区附属工程、市医院传染病区、中心敬老院等项目按时完工，市医院肿瘤科引进多台先进设备。社会管理综合数字指挥中心、公安局执法办案管理中心及3个派出所建设项目全部竣工。严格落实安全生产责任制，深入贯彻国务院安委会“十五条硬措施”，开展城镇燃气、自建房屋等专项整治行动，形成“零事故、零死亡”的安全生产成果，持续巩固平安、稳定的社会氛围。

（刘玉鑫）

【生态文明建设】　2022年，铁力市落实碳达峰、碳中和任务，持续优化产业结构，全国整县屋顶分布式光伏试点县一期工程实现并网发电；投资12.8亿元实施200兆瓦风电项目；“兴安岭生态银行”建设成功获得9亿元融资。推行“田长制”“林长制”，划定黑土耕地保护示范区45万公顷，落实森林资源管护面积25.78万公顷。落实秸秆禁烧要求，推进秸秆“五化”（秸秆肥料化、秸秆饲料化、秸秆原料化、秸秆燃料化、秸秆基料化）利用，综合利用率95%。持续开展大规模绿化行动，新增及提升绿地120公顷，城市口袋公园达到9个，城乡绿化覆盖率分别为44.8%和37%。国家园林城市顺利通过省级验收，成功获得“全国绿化先进集体”“全国三北科学绿化试点县”荣誉。2022年，铁力市打好污染防治攻坚战，常态化开展河湖“清四乱”“亮剑护河”专项行动，完成小微水体和入河排污口治理，国省考断面水质达到Ⅲ类标准。完成封山育林、退化林修复、森林抚育1.85万公顷。坚守耕地红线，完成140条侵蚀沟治理，落实耕地轮作9.2万公顷，集中回收废弃农药包装物97.7吨，土壤环境质量达到国家二级标准。扎实推进非建成区燃煤锅炉淘汰改造，空气质量达到国家二级标准。省环保督察反馈问题全部完成整改，中央环保督察反馈的10项问题已整改完成5项。

（刘玉鑫）

# 中国共产党铁力市委员会

Tieli Municipal Committee of Communist Party of China

编辑：赵志刚

# 综 述

【党的建设】 2022年，中共铁力市委制发《中共铁力市委关于贯彻落实〈中共伊春市委关于贯彻落实《中共黑龙江省委关于深入学习贯彻党的十九届六中全会精神的决定》的实施意见〉的实施方案》《中共铁力市委贯彻落实习近平总书记重要讲话重要指示批示精神专项工作机制》等文件，制定《市委常委会2022年工作要点》，市委常委会会议研究议题264项；其中，传达习近平总书记重要指示批示精神以及党中央、省委和伊春市委会议文件精神113项。制定市委《关于认真学习宣传贯彻党的二十大精神 奋力谱写社会主义现代化新铁力建设新篇章的实施意见》。落实《关于新形势下党内政治生活的若干准则》，聚焦“五个带头”及意识形态履责情况，开展批评和自我批评2次。同时常委班子成员带头落实“三会一课”“主题党日”等基本制度，以普通党员身份参加所在支部、分管部门双重组织生活会。全市各级党组织累计召开民主生活会、组织生活会485场次，民主评议党员1.2万余人。组织召开市委直属党（工）委书记抓基层党建述职评议会议1次，围绕自主查摆、领导点评的71项问题建立整改台账，采取年初建单、分批开单、每季晒单、动态销单等方式，实行述职评议问题清单化管理、项目化推进，压紧压实各级党组织管党治党主体责任。发挥市委党的建设工作领导小组、市委推进风清气正政治生态建设领导小组等议事协调机构作用，形成党的建设全面抓、分工负责具体抓、协调配合共同抓的强大合力。发挥巡察利剑作用，修订《中共铁力市委巡察工作规划（2022—2026年）》，启动2轮常规巡察和1轮专项巡察，对信访局、财政局等26个单位党组织开展巡察。在伊春各县区率先试行“未巡先改”工作模式，对首轮巡察发现的13个共性问题归纳梳理，印发《十三届市委首轮巡察发现共性问题自检自查工作的通知》，要求未被巡察单位对照共性问题主动认领、先行整改。

（徐 晗）

【理论建设】 2022年，中共铁力市委制发《中共铁力市委理论学习中心组2022年度学习安排意见》，将习近平新时代中国特色社会主义思想、党的二十大精神、乡村振兴、依法治国等相关内容纳入学习计划。全年市、乡（镇）两级共开展理论学习中心组学习239次、研讨活动410次。成立列席旁听工作组6个，下发工作提示7个，开展基层党（工）委、党组理论学习中心组学习列席旁听工作7次，常态化监督各单位学习研讨情况。制定《铁力市学习宣传贯彻黑龙江省第十三次党代会精神宣讲工作方案》《学习宣传党的二十大精神工作方案》等文件，通过邀请伊春市委宣讲团、市委党校录制微视频、组建基层宣讲小分队等方式，分级分类开展宣讲活动，实现理论宣讲教育全覆盖。坚持把“解放思想、振兴发展”研讨作为“一把手”工程来抓，制发实施方案，成立领导小组，配强工作专班，强化督导检查，全面抓实集中学习、专题调研、研讨查摆等工作。

（徐 晗）

【领导干部队伍建设】 2022年，中共铁力市委制定《关于实施村党组织书记备案管理的实施意见》，建立71个村书记档案，提升规范化管理水平。实施“星火计划”，储备农村后备干部263人、招聘到村任职大学生71人、发展35岁以下农村党员16人、轮换驻村帮扶干部22人，为乡村振兴提供人才支撑。建立社区网格党小组349个，成立党群服务中心17个。机关党组织推进“三治一创”活动，整顿“灯下黑”“两层皮”问题26个，打造红旗机关24个，省级基层党建示范点10个。健全完善中小学校、公立医院党组织领导的行政领导人负责制，制定《议事规则示范文本》等议事决策制度4个。制定《关于加强全市新业态新就业群体及重点行业领域党建工作实施方案》，“两新”党组织覆盖率100%。创新实施“双联双百”活动，引导“两新”组织党员“亮身份、亮职责、亮承诺”，推动党

2022年1月21日，中国共产党铁力市第十三届委员会第二次全体会议召开
（中共铁力市委办公室供图）

组织从有型覆盖迈向有效覆盖。建立重要岗位领导干部政治素质档案，抓牢干部政治素质考察。制定《铁力市干部推荐工作暂行办法》，压实各党委（党组）干部推荐责任制。组织召开干部监督工作联席会议4次，健全干部监督“联审联查”机制，有效防止“带病上岗”。印发《关于进一步关心关爱和激励激发党员、干部、职工在疫情防控一线担当作为的实施意见》，完善在疫情防控、乡村振兴等重点工作一线考察识别干部办法，有效激励干部担当作为。

（徐　晗）

【党风廉政建设】　2022年，中共铁力市委制定《铁力市深入推进风清气正政治生态建设15项措施》，以15项具体工作措施推动政治生态建设取得新成效，采取嵌入式、下沉式、问责式等监督方式，发挥政治监督功效，疫情防控共制发各类督查文件8个。督促问题易发、案件多发的行业和单位深化改革、完善制度、优化治理，共发出纪检监察建议书38份，督促完善制度20余个。组建廉洁教育宣讲团深入基层打造“点餐式”巡回“送廉”课堂，开展“清风常伴·廉洁齐家”家庭助廉主题活动。建成开放廉政教育基地，组织163批3594人次进行参观。在派驻监督落地上进行创新，结合“能力作风建设年”活动，开展“考测督＋谈话督”活动，将“一把手”和班子成员纳入监督谈话重点，通过“考测督”其知责情况694人，通过“谈话督”其尽责情况962人。制定《关于加强对“一把手”和领导班子监督的实施方案》，开展“一把手”和领导班子监督工作，共对13名“一把手”和班子成员进行党纪政务处分。

（徐　晗）

【管党治党】　2022年，中共铁力市委制定《中共铁力市委常委会议事规则》《中共铁力市第十三届委员会关于加强市委常委班子政治建设的意见》，提高常委会工作的科学化、民主化、制度化、法治化水平。制定完善《铁力市干部监督工作联席会议制度（试行）》《关于基层党支部阵地建设标准化的指导意见》等一系列制度文件，压紧压实管党治党政治责任。按照省委、市委《关于严格和规范党内规范性文件备案审查工作的通知》要求，向伊春市委报备党内规范性文件38份，做到有件必备。严格执行会前学法制度，先后学习《中国共产党纪律检查委员会工作条例》《中国共产党组织工作条例》《信访工作条例》《中国共产党政治协商工作条例》、新修改的《中国共产党章程》等法律法规、党内法规及规范性文件15次。

（徐　晗）

## 重要会议

【中国共产党铁力市第十三届委员会第二次全体会议】　2022年1月21日，中国共产党铁力市第十三届委员会第二次全体会议在铁力市政务服务中心举行。全会由市委常委会主持。市委书记陈岩作报告。全会传达学习贯彻党的十九届六中全会、省委十二届十一次全会暨省委经济工作会议、伊春市委十二届十一次全会和伊春市第十三次党代会精神，听取和讨论市委书记陈岩代表市委常委会所作的工作报告，讨论市委常委会2021年抓党的建设工作报告（书面），审议通过《中共铁力市委关于贯彻落实〈中共伊春市委贯彻落实《中共黑龙江省委关于深入学习贯彻党的十九届六中全会精神的决定》的实施意见〉的实施方案》。市委书记陈岩就《实施方案（讨论稿）》向全会作说明。全会对2022年工作作出安排部署。

（徐　晗）

【中国共产党铁力市第十三届委员会第三次全体会议】　2022年11月29日，中国共产党铁力市第十三届委员会第三次全体会议在铁力市政务服务中心举行。市委书记陈岩作讲话。全会以习近平新时代中国特色社会主义思想为指导，认真学习宣传贯彻党的二十大精神，审议通过《中共铁力市委关于认真学习宣传贯彻党的二十大精神奋力谱写社会主义现代化新铁力建设新篇章的实施意见》，对认真学习

2022年11月29日，中国共产党铁力市第十三届委员会第三次全体会议召开
（中共铁力市委办公室供图）

宣传贯彻党的二十大精神、省委和伊春市委十三届二次全会精神，加快铁力高质量发展，推动全面振兴全方位振兴，奋力谱写社会主义现代化新铁力建设新篇章作出总体安排。陈岩就《实施意见（讨论稿）》向全会作说明。全会对2023年工作作出安排部署。

（徐　晗）

【市委常委会会议】　2022年，中共铁力市委员会组织召开市委常委会会议36次。会议主要内容是传达上级精神、推荐晋升拟任人选、决定部门市直有关干部任免、讨论决定各项工作实施方案、听取各单位工作汇报，安排部署铁力市社会、经济、文化、服务等各项工作。

（徐　晗）

**表4　2022年市委常委会会议一览表**

| 时　间 | 会次 | 主要内容 |
| --- | --- | --- |
| 1月4日 | 十三届第4次常委会（议军）会议。 | 学习《中华人民共和国国防法》《中华人民共和国兵役法》《中华人民共和国军人地位和权益保障法》。传达学习省委、伊春市委常委会（议军）会议精神，听取并原则同意铁力市贯彻落实意见。听取并原则同意各乡镇党委书记履行党管武装责任情况述职。听取并原则同意关于全市国防动员工作和各乡镇党管武装工作落实情况的报告。听取并原则同意关于乡镇基层武装部建设情况的报告 |
| 1月16日 | 十三届第5次常委会（扩大）会议。 | 讨论中国共产党铁力市第十三届委员会第二次全体会议预案（讨论稿）、《市委常委会2021年工作报告（讨论稿）》《市委常委会2021年抓党的建设工作报告（讨论稿）》《中共铁力市委关于贯彻落实〈中共伊春市委贯彻落实《中共黑龙江省委关于深入学习贯彻党的十九届六中全会精神的决定》的实施意见〉的实施方案（讨论稿）》，对疫情防控工作进行安排部署 |
| 1月24日 | 十三届第6次常委会（扩大）会议 | 传达学习习近平总书记关于党史学习教育重要指示精神及中央、省、伊春市党史学习教育总结会议精神。传达学习习近平总书记对政法工作重要指示和中央政法工作会议、全国政法队伍教育整顿总结会精神。传达学习习近平总书记在十九届中央纪委六次全会上的重要讲话精神。传达学习省委农村工作会议和全省农业农村系统工作会议精神，听取并原则同意贯彻落实意见。传达省委、伊春市委常委班子党史学习教育专题民主生活会精神，讨论并原则通过《市委常委班子党史学习教育专题民主生活会预案（讨论稿）》、关于市委常委班子2020年度民主生活会查摆问题整改落实情况的报告、中共铁力市委常委班子党史学习教育专题民主生活会对照检查材料 |
| 1月30日 | 十三届第7次常委会（扩大）会议 | 安排部署安全生产和疫情防控工作 |
| 2月10日 | 十三届第8次常委会（扩大）会议 | 传达伊春市委经济工作会议暨全市能力作风建设年活动动员大会精神；讨论市委经济工作会议暨全市能力作风建设年活动动员大会有关文件，《2022年市委农村工作会议预案（讨论稿）》《铁力市招商专班工作实施方案（讨论稿）》《铁力市2022年度招商引资考核管理办法（讨论稿）》《铁力市贯彻落实〈黑龙江省深化新时代教育评价改革实施方案〉责任分工方案（讨论稿）》《中共铁力市委常委会议事规则（讨论稿）》；听取关于省市对铁力市审计发现问题整改工作落实情况的报告、关于中央生态环境保护督察工作情况的报告 |
| 2月23日 | 十三届第9次常委会（扩大）会议 | 讨论《十三届市纪委二次全体会议暨全市党风廉政建设工作会议预案》《在中共铁力市十三届市纪委二次全体会议暨全市党风廉政建设工作会议上的工作报告》《贯彻落实中央一号文件责任分工方案》《“十四五”铁力市档案事业发展规划》《铁力市总工会第五次代表大会工作方案》《铁力市黑土耕地保护利用“田长制”工作方案（试行）》《中共铁力市第十三届委员会关于加强市委常委班子政治建设的意见》；听取关于2021年度乡镇、市直部门、社区和农村考核情况的报告 |
| 3月3日 | 十三届第10次常委会（扩大）会议 | 传达学习省委书记许勤在省管主要领导干部学习贯彻党的十九届六中全会精神加力推进龙江全面振兴全方位振兴专题研讨班开班式上的讲话精神、沈莹同志在研讨班上的讲话精神，伊春市委书记隋洪波在市管主要领导干部学习贯彻党的十九届六中全会精神专题研讨班开班式上的讲话精神。传达学习全省、伊春市宗教工作会议精神，讨论并原则通过贯彻落实意见。讨论并原则通过《关于表彰妇女先进集体和个人的意见（讨论稿）》 |
| 3月20日 | 十三届第11次常委会会议 | 讨论通过推荐陈岩、任利、孙力艳、赵亮4名为拟晋升职级人选 |
| 3月24日 | 十三届第12次常委会（扩大）会议 | 传达全国、全省、伊春市组织部部长会议精神，全省机关能力作风建设工作会议精神及全省、全市优化营商环境工作会议精神；讨论《市委常委会2022年工作要点（讨论稿）》《铁力市贯彻落实〈全省涉粮问题专项巡视发现问题整改工作方案〉责任分工方案（讨论稿）》及《落实〈地方党委和政府领导班子及其成员粮食安全责任制规定〉责任清单（讨论稿）》《十三届铁力市委2022年—2026年巡察工作规划（讨论稿）》《中共铁力市委2022年度巡察工作计划（讨论稿）》；听取全市疫情防控工作情况的报告，关于全国、全省、伊春市组织部部长会议精神的贯彻落实意见 |

续表 4

| 时间 | 会次 | 主要内容 |
|---|---|---|
| 3月30日 | 十三届第13次常委会（扩大）会议 | 讨论关于拨付应急供热煤炭采购资金的意见 |
| 4月17日 | 十三届第14次常委会（扩大）会议 | 讨论并原则通过《中共铁力市委关于贯彻落实中央省委和伊春市委人大工作会议精神加强和改进新时代人大工作的意见（讨论稿）》。讨论并原则通过《关于加强新时代廉洁文化建设的实施方案（讨论稿）》《铁力市关于加强对"一把手"和领导班子监督实施方案（讨论稿）》。听取并原则同意全市疫情防控工作情况的报告。听取并原则同意关于事业单位管理岗位职员等级晋升工作开展情况的报告。讨论并原则通过《铁力市乡镇职责任务清单建设实施方案（讨论稿）》。讨论并原则通过《铁力市旅游产业高质量发展行动方案（2022—2025年）（讨论稿）》。讨论并原则通过《关于深入挖掘利用乡贤资源的实施方案（讨论稿）》。讨论并原则通过《铁力市2022年优化营商环境工作实施方案（讨论稿）》。讨论并原则通过《铁力市关于以铸牢中华民族共同体意识为主线推进新时代党的民族工作高质量发展责任分工清单（讨论稿）》。讨论决定部分市直、乡镇有关干部任免职事宜。会前，解读《信访工作条例》 |
| 5月4日 | 十三届第15次常委会（扩大）会议 | 听取并原则同意关于2022年一季度经济运行情况、2022年一季度固定资产投资完成情况、2022年一季度预算执行情况、2022年一季度工业经济运行完成情况的报告。听取并原则同意2022年度全市重点工作任务推进情况的报告 |
| 5月15日 | 十三届市委第17次常委会（扩大）会议 | 听取并原则同意关于铁力市精神文明建设先进集体创建工作的报告，关于巩固拓展脱贫攻坚成果工作推进情况的报告；讨论并原则通过《铁力市加强和改进思想政治工作重点任务责任分工表（讨论稿）》《全市"能力作风建设年"活动实施方案（讨论稿）》《关于铁力市公开选拔村（社区）党组织书记的实施方案（讨论稿）》《关于从优秀村（社区）党组织书记中招聘乡镇事业编制人员的实施方案（讨论稿）》《关于对照2021年度国家考核评估反馈问题整改工作方案（讨论稿）》《政协铁力市委员会2022年度协商计划（讨论稿）》 |
| 5月30日 | 十三届第18次常委会（扩大）会议 | 讨论并原则通过《铁力市学习宣传贯彻黑龙江省第十三次党代会精神宣传工作方案（讨论稿）》《铁力市学习宣传贯彻黑龙江省第十三次党代会精神宣讲工作方案（讨论稿）》。听取并原则同意关于2022年全市重点项目建设情况的报告。讨论并原则通过《铁力市数字经济产业发展实施方案（2022—2025年）（讨论稿）》《铁力市加快平台经济高质量发展实施方案（讨论稿）》《铁力市加快推进生物经济发展工作方案（讨论稿）》《铁力市冰雪经济发展实施方案（2022—2030年）（讨论稿）》《铁力市关于贯彻落实〈伊春市关于贯彻落实《黑龙江省创意设计产业发展专项规划（2022—2030年）》的实施方案〉的实施方案（讨论稿）》。讨论并原则通过《铁力市法治政府建设实施方案（2021—2025年）（讨论稿）》。讨论并原则通过《关于中央、省级财政衔接推进乡村振兴补助资金后续项目安排的意见（讨论稿）》。讨论并原则通过事业单位管理岗位职员职级晋升事项。会前，解读《关于落实林长制做好当前重点工作的令》。讨论并原则通过《铁力市学习宣传贯彻黑龙江省第十三次党代会精神宣传工作方案（讨论稿）》《铁力市学习宣传贯彻黑龙江省第十三次党代会精神宣讲工作方案（讨论稿）》。听取并原则同意关于2022年全市重点项目建设情况的报告。讨论并原则通过《铁力市数字经济产业发展实施方案（2022—2025年）（讨论稿）》《铁力市加快平台经济高质量发展实施方案（讨论稿）》《铁力市加快推进生物经济发展工作方案（讨论稿）》《铁力市冰雪经济发展实施方案（2022—2030年）（讨论稿）》《铁力市关于贯彻落实〈伊春市关于贯彻落实《黑龙江省创意设计产业发展专项规划（2022—2030年）》的实施方案〉的实施方案（讨论稿）》。讨论并原则通过《铁力市法治政府建设实施方案（2021—2025年）（讨论稿）》。讨论并原则通过《关于中央、省级财政衔接推进乡村振兴补助资金后续项目安排的意见（讨论稿）》。讨论并原则通过事业单位管理岗位职员职级晋升事项。会前，解读《关于落实林长制做好当前重点工作的令》 |
| 6月1日 | 十三届第19次常委会（扩大）会议 | 讨论并原则通过《铁力市招商引资行动方案（2022—2024年）（讨论稿）》《铁力市2022年招商引资季工作方案（讨论稿）》《铁力市开放招商工作领导小组组织构架及职责（讨论稿）》《铁力市处级领导包保招商引资工作实施方案（讨论稿）》《铁力市招商引资项目全要素保障督查考核办法（试行）（讨论稿）》 |
| 6月30日 | 十三届第20次常委会（扩大）会议 | 听取并原则同意全市公共安全工作情况的报告，关于近期信访工作开展情况的报告，关于禁毒工作情况的报告，关于全市反邪教斗争工作情况的报告；讨论并原则通过《铁力市贯彻落实〈关于加强基层治理体系和治理能力现代化建设的若干措施〉推进方案》《乡镇政协委员工作室、乡镇网格化服务中心、乡镇人民调解委员会、乡镇便民服务中心、乡镇乡贤联谊会联合体工作方案》，部署相关工作 |
| 7月6日 | 十三届第21次常委会（扩大）会议 | 传达学习习近平总书记在湖北武汉考察时的重要讲话精神，伊春市委书记隋洪波在伊春信访视频调度会议上的讲话精神；通报"四个体系"督查检查情况，有关单位就"四个体系"工作作典型发言；听取关于年度重点工作推进情况的报告；讨论《铁力市关于加快推动现代职业教育高质量发展的实施方案》《铁力市青年发展型县域建设试点实施方案》 |

续表 4

| 时　间 | 会次 | 主要内容 |
| --- | --- | --- |
| 7月12日 | 十三届第22次常委会会议 | 讨论通过推荐许志坚为进一步使用人选，赵晓光为拟提任副处级领导职务人选 |
| 7月17日 | 十三届第23次常委会（扩大）会议 | 听取关于全市安全生产工作情况的报告，社会稳定情况的报告，网络舆情引导处置工作情况的报告，信访稳定工作情况的报告，关于全市疫情防控工作情况的报告，2022年上半年意识形态工作情况的报告；讨论关于落实处级领导包案包保不稳定人员的意见，《铁力市关于深入推广福建省三明市经验深化医药卫生体制改革的若干措施》 |
| 7月28日 | 十三届第24次常委会（扩大）会议 | 听取关于铁力市侵蚀沟治理工作情况的报告，关于铁力市城区供热管网及设施改造工程项目建设情况的报告；讨论关于调整2022年全市重点项目的意见；分析研究2022年上半年全市经济形势，部署相关工作 |
| 8月25日 | 十三届第25次常委会（扩大）会议 | 听取中共铁力市委上半年落实全面从严治党主体责任情况，关于近期全国文明城市创建工作进展情况。讨论《中共铁力市委2021年度政治生态建设成效考核存在问题整改方案》《铁力市深入推进风清气正政治生态建设15项措施》《铁力市鼓励扶持全民创业若干措施》《进一步支持民营经济发展若干政策的意见》《铁力市发展产业项目激励政策》；听取关于上半年全面依法治市工作情况的报告，关于十三届市委第一轮巡察综合情况的报告 |
| 9月6日 | 十三届第26次常委会会议 | 讨论决定部分市直有关干部任免事宜。讨论通过推荐栾皓、李兵2名为拟晋升职级人选。 |
| 9月8日 | 十三届第27次常委会（扩大）会议 | 讨论《铁力市推行乡镇“一枚印章管审批”改革实施方案》《铁力市支持冰雪经济发展若干政策措施》《铁力市网络舆情引导处置工作方案》《关于实施铁力市圣泉水厂水质提升改造项目的意见》《市委常务委员会委员工作分工》 |
| 9月23日 | 十三届第28次常委会（扩大）会议。 | 传达全省安全稳定暨疫情防控工作电视电话会议精神，全省舆情处置工作部署暨培训会议精神，研究有关贯彻落实意见；听取党内法规执行情况的报告，秸秆禁烧及综合利用工作情况的报告，关心下一代工作开展情况的报告，市委党校工作情况的报告；讨论《铁力市残联第六次代表大会工作方案》 |
| 10月8日 | 十三届第29次常委会（扩大）会议 | 听取基层党建重点任务“擂台赛”工作目标完成情况的报告，全市“能力作风建设年”活动开展情况的报告，群团工作情况的报告，中小学党建工作情况的报告，市医共体党组工作情况的报告；讨论《铁力市天然林保护修复制度实施方案》 |
| 10月24日 | 十三届30次常委会（扩大）会议 | 听取保密工作情况的报告，扫黄打非工作情况的报告，关于铁力市2022年防止返贫监测帮扶第二轮集中排查情况的报告；讨论《乡（镇）领导班子工作实绩考核评价办法》《市直部门（单位）领导班子工作实绩考核评价办法》《社区党组织书记、社区主任考核评价办法》《村党支部书记、村委会主任（副主任）考核评价办法》《铁力市优秀村党支部书记奖励办法》《铁力市网络舆情引导处置工作方案》《铁力市网络舆情监督员队伍建设管理办法》《铁力市网评员队伍建设管理办法》《铁力市政务新媒体管理细则》《铁力市网络安全事件应急预案》《铁力市乡镇职责任务清单（试行）》《关于优化生育政策促进人口长期均衡发展的工作方案》 |
| 10月26日 | 十三届31次常委会（扩大）会议 | 传达学习《中国共产党第二十届中央委员会第一次全体会议公报》《中国共产党第二十届中央纪律检查委员会第一次全体会议公报》，全省领导干部会议精神，省委常委会（扩大）会议精神，伊春市领导干部会议精神，伊春市委常委会（扩大）会议精神；讨论《学习宣传党的二十大精神工作方案》 |
| 11月12日 | 十三届第32次常委会（扩大）会议 | 听取全市2023年重点项目谋划情况的报告，全市1至9月份经济工作情况的报告，关于铁力市国有林业资源特许经营权转让工作推进情况的报告；讨论关于《落实〈中共伊春市委巡察工作规划（2022—2026年）〉责任分工方案》的责任分工方案，《铁力市禁止秸秆露天焚烧工作奖惩暂行规定》，关于拨付铁力市瑞景骊城一期A区棚改工程建设资金的意见，关于给予伊春鹿鸣矿业有限公司产业扶持政策的意见 |
| 11月18日 | 十三届第33次常委会会议 | 讨论通过推荐刘铁力、姚佳宇、何凤婷为拟晋升职级人选 |
| 11月22日 | 十三届第34次常委会（扩大）会议 | 听取全市重点工作推进情况的报告，优化营商环境工作情况的报告，党的二十大期间信访稳定工作情况的报告；讨论十三届市委三次全会有关文件，《铁力市巩固深化拓展“解放思想、振兴发展”研讨工作实施方案》等文件 |
| 12月9日 | 十三届第35次常委会（议军）会议 | 传达学习党的二十大报告中国防和军队建设内容，省委、伊春市委常委会议军会议精神；听取各乡镇党委书记履行党管武装责任情况述职，关于全市国防动员和后备力量建设情况的报告 |

续表 4

| 时　间 | 会次 | 主要内容 |
| --- | --- | --- |
| 12 月 9 日 | 十三届第 36 次常委会（扩大）会议 | 听取市政府、市人大常委会、市政协、法院、检察院党组工作情况的汇报，公共安全有关情况的报告，意识形态工作情况的报告，全面依法治市工作情况的报告；讨论《十三届铁力市委巡察工作规划（2022—2026 年）》等文件。和平村秸秆压块站、春光林场森林防火及疫情防控服务台、春光林场调研秋收生产、秸秆禁烧及综合利用、疫情防控、森林防火、田长制等工作 |
| 12 月 20 日 | 十三届第 37 次常委会专题会议 | 通报市委 2022 年落实全面从严治党主体责任情况；听取市委常委班子成员履行管党治党责任情况的报告，各乡镇党委及部分市直部门党委（党组）落实全面从严治党责任情况的报告 |
| 12 月 20 日 | 十三届第 38 次常委会（扩大）会议 | 讨论《铁力市深化国防动员体制改革实施方案》 |
| 12 月 25 日 | 十三届市委第 39 次常委会（扩大）会议 | 传达学习中央经济工作会议精神，《中共黑龙江省委关于坚决维护以习近平同志为核心的党中央权威和集中统一领导的若干规定》；讨论市委十三届四次全会暨市委经济工作会议、“两会”及铁力市第五次妇代会有关事项，《铁力市直党政群机关与属地林业局公司职责任务清单（试行）》《铁力市关于进一步深化县域共青团基层组织改革工作的实施方案》等内容；听取关于乡镇干部队伍建设情况的报告等内容 |

（资料来源：中共铁力市委办公室）

**【市委议事协调机构会议】** 2022 年 3 月 9 日，中共铁力市委机构编制委员会第一次会议召开，讨论并原则通过关于从事业单位调任到机关任职人员统筹使用周转池行政编制事宜、关于市直有关部门及单位编制调整事宜、关于经开区社会治安综合治理中心与市社会治安综合治理中心机构整合等事宜。陈岩、吕晓光、尹冬钢、刘铁力、孟维东、董铁松、刘鑫宇、刘士东、张超众参加会议。3 月 21 日，市委审计委员会第五次会议召开，传达全国审计工作会议、省委审计委员会第四次会议、全省审计工作暨全省审计系统全面从严治党工作会议、伊春市委审计委员会第七次会议精神，汇报《我市关于全国全省审计工作及省委伊春市委审计委员会会议精神贯彻落实意见的报告》《我市审计委员会办公室关于 2021 年审计工作情况和 2022 年工作安排的报告》《我市关于 2021 年度全省党政主要领导干部经济责任审计分类汇总报告类比排查问题整改任务分解落实情况的报告》《我市关于省及伊春市审计发现问题整改进展情况的报告》，审议通过《市委审计委员会组成人员名单》《市委审计委员会关于 2021 年工作总结和 2022 年工作计划》《关于建立健全审计查出问题整改长效机制实施意见的落实意见》《铁力市 2022 年度审计项目计划》。市委书记、市委审计委员会主任陈岩主持会议并讲话，市委审计委员会副主任、成员、各乡镇党委书记及市直相关部门负责人参加会议。4 月 9 日，中共铁力市委教育工作领导小组第一次会议召开，审议通过《铁力市中小学教师“县管校聘”管理体制改革实施方案（讨论稿）》。王东海和政府办、宣传部、编办、发展改革局、财政局、工信局、人社局、教育局、农业农村局、退役军人事务局、住建局、文旅局、税务局、总工会、经开区、工商联、各乡镇负责人参加会议。6 月 10 日，中共铁力十三届市委财经委员会第一次会议召开，传达中央财经委员会第十一次会议、省财经委员会第六次会议及伊春市十三届财经委员会第一次会议精神，听取了相关部门关于全面加强基础设施建设情况的汇报和关于 2022 年 1—5 月经济指标完成情况及上半年经济指标预计完成情况的汇报，审议通过《关于调整中共铁力市委财经委员会组成人员的决定》和《关于成立铁力市全面加强基础设施建设领导小组的决定》。陈岩、吕晓光、任利、李兵、王卿江、娄春阁、代轶欧及相关单位负责人参加会议。6 月 21 日，中共铁力市委机构编制委员会第二次会议召开，会议讨论并原则通过关于修订市文体广电和旅游局“三定”规定事宜、关于市博物馆挂牌机构更名和增加事业编制事宜、关于市河道堤防养护中心加挂牌子事宜等，陈岩、吕晓光、王东海、刘铁力、孟维东、董铁松、刘鑫宇、刘士东、张超众参加会议。7 月 19 日，中共铁力市委教育工作领导小组第二次会议召开，审议通过《铁力市职业教育工作联席会议制度（讨论稿）》《铁力市关于全面加强和改进新时代学校体育工作的实施方案（讨论稿）》《铁力市关于全面加强和改进新时代学校美育工作的实施方案（讨论稿）》《铁力市关于全面加强中小学校劳动教育的实施方案（讨论稿）》。王东海和政府办、宣传部、编办、发展和改革局、财政局、工信局、人社局、教育局、农业农村局、退役军人事务局、住建局、文旅局、税务局、总工会、经开区、工商联、各乡镇负责人参加会议。7月28日，中共铁力市委机构编制委员会第三次会议召开，会议讨论并原则通过关于修订市营商局“三定”规定事宜、关于修订市投资评审中心“三定”规定事宜、关于退役军人安置事宜等，陈岩、吕晓光、王东海、尹冬钢、刘铁力、孟维东、董铁松、刘士东参加会议。10月26日，中共铁力市委机构编制委员会第四次会议召开，会议讨论并原则通过关于市医共体中心医院机构调整事宜、于“县管校聘”后中小学校教育机构、中小学教师专项编制调整事宜、关于“智汇铸骊”工程走进高校暨“骊凤归巢”引进人才事宜等，陈岩、尹冬钢、刘铁力、董铁松、张超众、孟维东、刘鑫宇、刘士东参加会议。11月3日，中共铁力市委教育工作领导小组第三次会议召开，审议通过《铁力市中小学幼儿园校（园）长任期制及目标管理考核办法（讨论稿）》《铁力市中小学幼儿园校（园）长任期结束综合督导评估工作实施方案（讨论稿）》《铁力市中小学幼儿园校（园）长任期结束综合督导评估指标体系（讨论稿）》《铁力市教育督导问责实施细则（试行）》《铁力市教育督导问责情形负面清单（讨论稿）》《铁力市督学管理办法（讨论稿）》《铁力市兼职督学考核和劳务补助管理办法（讨论稿）》《铁力市2022年中小学教师中高级职称评审工作实施意见（讨论稿）》《铁力市2022年教师中高级职称评审指导细则（讨论稿）》。王东海和政府办、宣传部、编办、发展和改革局、财政局、工信局、人社局、教育局、农业农村局、退役军人事务局、住建局、文旅局、税务局、总工会、经开区、工商联、各乡镇负责人参加会议。12月15日，中共铁力市委双拥工作领导小组会议召开，传达2022年伊春市双拥工作领导小组会议精神，听取铁力市2022年双拥工作情况汇报，审议通过《铁力市为立功受奖军人家庭送喜报工作实施办法（试行）》，市委宣传部、市人社局、市税务局进行经验交流发言，市委副书记、市长，市双拥工作领导小组组长吕晓光作讲话，吕晓光、王东海、黄亮、李兵及49名主要负责人出席会议。

（徐　晗）

## 重大决策

【开展能力作风建设活动】　2022年，中共铁力市委制定《中共铁力市委办公室“能力作风建设年”活动“解放思想、振兴发展”研讨专项工作方案》，落实习近平总书记对东北地区和黑龙江省重要讲话重要指示批示精神以及对伊春特指要求。处级干部调研指导工作150余次，各部门召开党委会、党组会、专题会300余次。基层党组织开展各类学习活动1330余次，参与人数达1.2万余人次。

（徐　晗）

【制定冰雪经济发展方案】　2022年，中共铁力市委贯彻落实习近平总书记“冰天雪地也是金山银山”发展理念，制定《铁力市冰雪经济发展实施方案（2022—2030年）》《铁力市支持冰雪经济发展若干政策措施》《铁力市教育系统青少年冰雪活动方案》《铁力市冰雪运动进校园实施方案》等文件，抢抓冰雪旅游发展机遇。

（徐　晗）

【数字经济产业】　2022年，中共铁力市委制定《铁力市数字经济产业发展实施方案（2022—2025年）》，发挥炬岭科技、普吉科技的优势，引导企业向数字化方向发展。全年完成5G基站建设21座。谋划铁力市数据指挥中心建设项目，维修改造建筑面积6851.75平方米，包括业务用房、场区管网、指挥中心大厅按需增配主体及附属设施、数据中心机房按需配装机房硬件设备及附属设施等，完成立项申报及招投标。

（徐　晗）

【黑土耕地保护利用】　2022年，中共铁力市委制定《铁力市黑土耕地保护利用“田长制”工作方案》，落实耕地保护制度，遏制耕地“非农化”、防止“非粮化”，落实黑土耕地保护利用责任到人头、到部门、到地块，激励农民发挥主体作用，推动形成统筹组织、属地管理、分工负责、合力推进、齐抓共管的工作机制，实现黑土耕地保护利用全覆盖。5月25日，铁力市组织市、乡、村三级同步开展了以“保护黑土地当好压舱石”为主题的黑土地保护宣传周活动。出动宣传人员20余人，发放宣传和技术手册700余份，悬挂条幅200条，接受群众咨询30余人次。同时此次活动还采取线上宣传的方式，进一步提高社会公众对黑土资源的认识，不断增强公众的黑土地保护意识。

（徐　晗）

【集体经济薄弱村整治】　2022年，中共铁力市委制定《关于开展集体经济薄弱村整治攻坚工作推进方案》。召开全市发展壮大村级集体经济工作推进会议2次，建立村集体经济发展台账，做到定任务、定主体、定目标、定进度，激发比学赶超动力。通过开展“清化收”工作，清理收回债权124.01万元，化解债务139.19万元，新增资源收费入账金额1447.62万元。同时建立村级集体经济项目库，研究谋划村级产业项目98个，采取入股分红、盘活闲置资源（资金）等方式，推动村集体经济发展。全年全市集体经济收入20万元以上村达71个，占比100%。

（徐　晗）

## 市委综合事务

【文稿起草】　2022年，中共铁力市委办公室累计起草各类讲话、报告、总结400余件，完成市党代会、市委全会等重要会议文件起草工作。紧贴市委决策重点和群众关切问题，深入基层开展督查调研活动10次，形成《关于壮大村集体经济的调研报告》等多份调研报告。

（徐　晗）

【服务保障】　2022年，中共铁力市委办公室完成公文收办270件次、审定发文103件次，承办上级电视电话会议、筹办本级各类会议共计180余次，完成市委十三届二次全会、市委十三届三次全会等重大会议筹办工作任务。

（徐　晗）

【党内法规】　2022年，中共铁力市委办公室共进行会前学法13次，学习《中国共产党纪律检查委员会工作条例》《信访工作条例》等13部法律法规、党内法规；组织召开市委理论学习中心组学习9次，学习《中国共产党组织工作条例》《中国共产党党内监督条例》等5部党内法规。结合能力作风建设年活动，开展学习型机关创建活动，对机关干部开展《中国共产党党和国家机关基层组织工作条例》《中国共产党支部工作条例（试行）》等专题学习培训，并把党内法规纳入党校主体班课程。对以市委、市委办公室和“两办”联合下发的文件进行审核，全年共印发“铁发”“铁办发”文件87件，审核率100%。向伊春市委办公室报备党内规范性文件35份。定期收取各乡镇各部门发文目录，帮助基层单位筛选党内规范性文件，共指导乡镇备案文件14份。指导双丰镇完成规范性文件向伊春市委直报工作，共向伊春市委备案文件3件。利用铁力市公务员在职培训平台，对全市746名党员干部进行线上培训。6月，针对乡镇人员流动大，专业能力相对不足的问题，依托铁力市到村任职选调生培训班，共计授课3期，对81名新入职选调生进行培训。

（徐　晗）

【信息报送】　2022年，中共铁力市委办公室加强特色性、突发性、问题性信息的收集编写，严把信息质量关，在做好向上级党委信息报送的同时注重为本级领导服务，发挥好信息服务决策作用。全年共上报各类工作信息139篇、紧急信息11条、疫情信息70余条。

（徐　晗）

【督办检查】　2022年，中共铁力市委明确295项重点工作任务和63个重点项目，后续纳入86项动态任务，分别制定任务书和作战图，协调党政班子成员牵头定期推进，累计召开常委会专题会议3次，各牵头处级领导在分管领域召开专题调度会议350余次，实地督查12次，下发各类交办通知420余项，工作提示110余份。

（徐　晗）

【精文减会】　2022年，中共铁力市委按照伊春市委精文减会“只增不减”的要求，指导各单位科学制定发文计划和年度会议计划，实行余量控制、动态监测机制。全年发文186件，较计划减少4件，会议召开数量比2021年下降4%。

（徐　晗）

【党史研究】　2022年12月，市委史志研究室编纂《中国共产党黑龙江省铁力市组织史资料》第七卷出版，全书26余万字。续编本坚持求实存真的要求，贯彻落实“广征、核准、精编、严审、及时”的编纂方针，全面系统收录铁力市2014年至2018年党组织机构性质、职能、主要工作概况、党政领导干部任职离职情况。

（李晓凤）

2022年12月，《中国共产党黑龙江省铁力市组织史资料（第七卷）》编印

（中共铁力市委史志研究室供图）

# 全面深化改革

【经济体制改革】 2022年，中共铁力市完成铁力市路桥工程股份有限公司、铁力市盛鑫盐业有限责任公司、双丰国家粮食储备库有限责任公司等8家企业的财务及经营情况监督检查工作，下发《整改建议通知》5个，并督促企业完成整改。对全市国有企业职工待遇情况进行专项督导，推进企业落实“四险一金”政策。组织开展企业监督检查“回头看”工作1次，规范企业资产管理、资金使用，健全完善企业财务和内控管理制度。制定《引导企业探索实施绩效工资管理实施方案》，提高工作绩效，进行合理价值分配。引导铁力市金保劳务派遣有限责任公司扩大业务范围，与中国人民银行铁力市支行、黑马城市建设投资有限责任公司等单位签署网格化管理工作承揽协议，增加企业收入，全年收入1303万元，较上年增长30.17%。指导铁力市良种繁育经销有限责任公司合理利用场地，增设土地使用租赁项目，全年收入189万元，较上年增长46%。指导铁力市昌达房地产测绘有限责任公司新增设工程测量、界限与不动产测量、地籍测量项目，全年收入82万元，较上年增长71%。指导铁力市路桥工程股份有限公司参与工程竞标，中标金额1.4亿，全年增长27.27%。指导铁力市骊安客运有限责任公司利用现有楼房、场地，增设电子过磅服务、普通货物仓储服务等业务，增加企业经营收入。2022年度收益增长较高的2家企业（铁力市金保劳务派遣有限责任公司和铁力市盛鑫盐业有限责任公司）实施绩效改革。落实中小企业数字化赋能行动计划，培育四宝生物、蓝天制药等省级专精特新中小企业，并在省工信厅进行公示2家。制定《铁力市监管企业监督管理办法》《企业出资人职责管理办法》《财务管理制度》《岗位责任制度》《考勤管理制度》等各项规章制度及监督检查机制，明确出资人、主管部门及国有企业相应职责。指导有经营收入的13家市属国有企业制定2022年国有企业财务运营目标，并对财务及经营情况进行实时监管。推行税收征管改革，建设智慧税务，实行监管模式数字化，加强数据应用，提升征管效能。推送优惠政策及特色服务，推进企业开办、注销“一网通办”，落实税务证明事项告知承诺和容缺办理事项配套制度。扩大“非接触”服务范围，开展一点通“无感”办税试点工作，全市企业覆盖率达到92%以上，认证准确率达到95%以上。设置24小时自助办税服务区，在线免费为纳税人提供电子发票申领、开具、交付、查验等服务。开设减税降费政策宣传专栏、录制政策解读微视频，推行“一企一策”服务，开展税费优惠政策宣传辅导120余次。筛选应享未享减税降费优惠政策企业清单，对标对表逐项办理退税。全年完成留抵退税188户、合计退税4962万元，“六税两费”征前减免112户、合计退税46万元，制造业小微企业缓缴104户、合计缓缴税费2005万元。对上争取惠企利民政策资金，帮助葵花药业、森源木业、蓝天制药等20户企业申请政策资金432.68万元；帮助2021年度新增的3户限额以上批发企业申报奖励资金共90万元。为270户企业减免工伤保险费及稳岗返还989.41元。

（孙 航）

【民主协商制度改革】 2022年，中共铁力市委制定出台《政协铁力市委员会关于加强和促进凝聚共识工作的实施意见》，发挥专门协商机构作用。制定《中共铁力市委2022年度政党协商计划》，明确政党协商形式、议题、时间等内容。

（孙 航）

【共青团基层组织改革】 2022年，中共铁力市委制定《铁力市关于进一步深化县域共青团基层组织改革工作的实施方案》，开展共青团基层组织改革试点工作。试点评估反馈的领导机关配备率偏低、社会领域团组织数量增长较缓、团的工作和活动经费纳入财政预算和共青团工作项目纳入政府购买服务的力度不够等4个问题全面整改完成，于8月接受团中央验收，成功被团中央评为县域共青团基层组织改革扩大“优秀”试点。改革优秀经验在中央团校公共课堂展播，在全省县域共青团改革部署研讨会上做典型经验交流。改革信息在搜狐、龙头新闻、东北网等大型媒体平台报道10余次。中共铁力市委完成共青团基层组织改革试点中期评估反馈的各项整改任务。

（孙 航）

【干部管理制度改革】 2022年，中共铁力市委制定出台《关于进一步规范市管职级干部管理办法（试行）》，明确职级干部监督管理责任主体、工作职责、考核激励等措施，加强对市管理职级干部的监督管理。制定《铁力市年轻干部培养储备和配备情况监测预警工作办法》，建立健全年轻干部储备库，加强年轻干部培养储备工作。

（孙 航）

【教育体制改革】 2022年，铁力市落实教育评价改革“路线图”，建立《深化新时代教育评价改革工作负面清单》，对24所学校进行全面评价，查出问题2个，已全部完成整改。成立专班，启动新时代教育评价改革，重点解决2022年职称评审的矛盾和风险点。成立教育督导委员会，配齐配强16名专兼职责任督学。建立以“一标四制”（“一标”为县域教育全面振兴，“四制”为校长任期制、综合评估制、目标考核制、督导问责制）为核心的校（园）长任期结束综合督导评估体系，被确定为“校（园）长任期结束综合督导评估”省级试点县，并代表省在国务院教育督导委员会中小学幼儿园校（园）长任期结束综合督导评估试点工作视频推进会上做典型发言。对部分校级干部进行提拔和优化调整，共提拔校级干部3名、副校级干部25名，交流7名、退长入委（免职）22名，调整后学校班子总体年龄下降了3岁，本科学历（全日制）从8.4%提高到14%。“县管校聘”管理体制改革于7月20日全面完成。通过改革，教育系统编制总量由2229个压减至2102个，从乡镇转岗到城区工勤技能岗位192人，“跨校补聘”校际交流教师53人，“校内竞聘”专业技术岗位转工勤技能岗位132人，解决了师资配置总体富余、局部不足、既多又少、队伍老化等现实问题，提高编制使用效益，减少临时用工成本约359万元。实施“骊才”教育计划，开展十项育人活动，成立中小学生志愿服务队。

（国占山）

【“一枚印章管审批”改革】 2022年，中共铁力市委印发《铁力市推行乡镇“一枚印章管审批”改革实施方案》，整合优化审批和服务方面职能，在全域8个乡镇机构限额内统筹设置综合审批服务机构，各乡镇综合办公室统一加挂“行政审批服务办公室”牌子，配足配强工作人员，配齐配全设施设备，确保审批机构职能明确、工作场所和人员固定，负责统一使用“一枚行政审批专用印章”开展行政审批相关业务。对标市政务服务中心，建立“一站式”服务模式，优化行政审批环境，实现综合窗口流转、一枚印章审批。原则上将政务服务事项材料受理的形式性审查工作授权给乡镇便民服务中心综合窗口统一受理，全面打通群众办事“最后一千米”。

（隋紫薇）

【医药卫生体制改革】 2022年，中共铁力市委对医共体中心医院、中医分院、乡镇卫生院“名医下沉”“村医挂职”进行下沉式监督，对县级医院救治能力提升建设项目总体运行情况进行嵌入式监督，累计开展实地监督检查10次。建立完善高效运行管理机制，明确九大中心的职能责任，从11个方面对基层医疗机构进行绩效考核，提升基层医疗卫生机构服务质量和效率。同时建立双向转诊绿色通道，推动分级诊、上下转诊工作。推进“名医下沉”“村医挂职”制度，先后派出医务工作人员40余人次，到各乡镇卫生院开展培训、查房、诊疗等医疗活动。并抽调8名村医到市医共体中心医院内科、外科、120急救和预检分诊进行轮科培训，提升基层卫生医疗服务能力。全年铁力市中医院已引进中医药人才3人，选派卫生技术人员到三级中医医院进修学习3人，选派人才参加黑龙江省中医学术会交流学习3人，择优选出20名医务人员开展中医学术经验继承工作，组织开展中医药培训、义诊、宣传等各项工作，全年，累计培训乡村医生50余人次；组织人员到桃山镇、年丰乡卫生院等单位进行义诊8次，受益人数320余人次；发放便民中医手册350份。

（孙　航）

【生态文明体制改革】 2022年，对全市废弃矿山进行清查统计，完成184个历史遗留矿山图斑核查工作，初步确认历史遗留矿山图斑83个，面积188.81公顷，相关数据已逐级上报至自然资源部审批。同时投资2000万元，实施铁力市历史遗留矿山生态修复项目，治理神树镇桃南公路两侧历史遗留矿山39公顷。发挥自然资源、林草等相关部门协调联动作用，落实山水林田湖草资源管护制度，推进矿山生态修复等项目建设。同时聘请第三方专业机构编制“十四五”时期湿地保护规划，完成编制工作。按照国家、省、市工作部署，围绕土地、森林的所有权委托代理机制试点工作（县级试点），开展所有权主体落实、自然资源清单编制以及资源处置配置等方面工作，并将相关基础数据成果提交省级部门核查。成立市政建设集团，建立配套体系。按照“先设立、后整合”方式逐步推进市政集团成立工作，集团下设园林、环卫、市政3家子公司。园林绿化，注册成立铁力市花香骊城园林有限责任公司，开展园林绿化经营活动；环境卫生，对接大连明日环境发展有限公司，探索环卫保洁市场化运行有关细节；市政设施，部分业务暂由路桥公司承担。

（孙　航）

## 巡察工作

【概况】 2022年，中共铁力市委将巡察工作列入市委年度工作要点，先后召开7次市委常委会，会议传达学习上级精神和听取巡察工作汇报，研究解决巡察工作遇到的新情况新问题。强化第一责任人责任，市委书记先后作出批示22次，主持召开书记专题会研究巡察工作、听取巡察汇报2次，点人点事点问题17个，并明确提出处置意见。召开巡察工作启动会议和领导小组会议16次，传达学习中央、省委和伊春市委巡视巡察工作会议和文件精神，安排部署巡察工作任务，听取巡察情况汇报，审核把关发现的问题，分析研判问题线索，统筹谋划、系统推进全市巡察工作。专项巡察共反馈问题546个，已整改问题465个。各单位共自查发现问题305个，制定整改措施411条。

（姚广智）

2022年9月23日，全市巡察工作会议暨十三届市委第二轮巡察动员部署会召开

（中共铁力市委巡察办公室供图）

【市委第一、第二轮巡察】 2022年，铁力市委巡察办（组）在铁力市委安排部署下，先后对市财政局、自然资源局、统计局、卫健局等25家单位开展常规巡察。共受理群众来信来电来访1件次，个别谈话428人次，发现各类问题533个，向纪委监委移交问题线索87条，向组织部、财政局、医共体、机关工委等部门提出意见建议97条。

（姚广智）

【巡察制度制定】 2022年，铁力市委巡察办（组）制定《十三届铁力市委2022—2026年巡察工作规划》《中共铁力市委2022年度巡察工作计划》，对新一届市委巡察工作重新布局谋划，明确全覆盖任务对象和年度巡察对象、巡察内容、巡察方式以及具体要求等内容。制定《中共铁力市委巡察组临时党支部管理办法（试行）》《中共铁力市委巡察组组务会议制度》。

（姚广智）

【专项巡察】 2022年，铁力市委巡察办（组）按照省委巡视办和伊春市委巡察办的部署安排，对市水务局开展水利工程建设专项巡视巡察上下联动工作。共受理群众来信来电来访1件次，个别谈话21人次，发现问题13个，向纪委监委移交问题线索4条，向水务局提出意见建议3条。

（姚广智）

【整改落实】 2022年，铁力市委巡察办（组）第一轮、第二轮常规巡察、水利工程建设专项巡察共反馈问题546个，已整改问题465个。试行“未巡先改”工作模式，制定下发《十三届市委首轮巡察发现共性问题自检自查工作的通知》，要求未被巡察单位对照共性问题主动认领，先行整改。各单位共自查发现问题305个，制定整改措施411条。

（姚广智）

## 开展“能力作风建设年”活动

【概况】 2022年，中共铁力市委坚持“围绕一个目标、聚焦两个融合、健全三个机制、突出四个领域、争创五个一流”的“12345”工作法，创新增加“实施项目建设提速”专项行动，建立开展“一项研讨”、实施“十项行动”的“1+10”工作机制。成立由市委书记、市长担任双组长的领导小组，构建“1+6+7”组织架构，构建“战线＋战区”包保、问题三级解决、定期报告销号、“晒单＋观摩”互促四项机制。召开动员大会和领导小组、工作推进、市委常委会等会议20余次，及时学习传达贯彻落实上级会议精神。处级干部调研指导工作150余次，各部门召开党委会、党组会、专题会300余次。

（张静怡）

【“解放思想、振兴发展”研讨】 2022年，中共铁力市委制发《全市机关“能力作风建设年”活动“解放思想、振兴发展”研讨专项工作方案》《铁力市“解放思想、振兴发展”研讨“回头看”工作督导方案》《铁力市巩固深化拓展“解放思想、振兴发展”研讨工作实施方案》。同时通过制发《学习资料汇编》《工作提示》等方式指导各单位开展理论学习交流研讨。市委理论学习中心组组织开展理论学习7次、集中封闭学习研讨1轮4次；各单位开展学习研讨830余次，基层党组织开展各类学习活动1330余次，参与人数达1.2万余人次。开办党的十九届六中全会精神暨省第十三次党代会精神专题研讨班和换届后乡镇领导干部线上培训班，组织开展进行深入学习研讨。制定下发党的二十大精神、省第十三次党代会精神宣传方案和宣讲方案，组建多支基层宣讲小分队深入机关、社区、红色革命老村、乡镇企业、田间地头或是在网络开展宣讲活动，做到理论宣讲教育全覆盖，宣讲330余场，播发微党课50期。通过印发信息简报、宣传海报和标语，制作宣传视频等方式开展线上线下多渠道宣传；同时与《黑龙江日报》、东北网、《生活报》、黑龙江经济网等上级媒体建立联系，刊发相关工作稿件130余篇。“回头看”工作开始后，组织召开封闭集中研讨分析会，重新审视前一阶段工作，通过对问题再深挖、原因再剖析、措施再细化，坚持把发现问题、解决问题贯穿研讨全过程，累计梳理问题443个，提出问题建议300余个，全部整改到位，取得成果907件。同时依托市委党校，开展“解放思想头脑风暴”活动，邀请各党（工）委、党组、市直各单位负责人、各领域专家学者、技术骨干以及相关企业负责人共同研讨，为铁力发展建言献策。专项工作组严格按照省、市能力作风建设领导小组安排部署和关于开展“回头看”的工作要求，对各项重点内容、完成时限逐一细化并纳入“四个体系”建设任务。把研讨活动开展情况纳入市直单位和乡镇领导班子工作实绩考核，建立全程督促检查机制，6个督导组对76家单位开展专项评估督导，提出督导意见226条，全部完成整改。围绕“六要六不要”“二十个聚焦”内容，对各单位问题整改台账等工作材料进行查缺补漏、把关指导，下发工作提示9期。处级领导深入分管战线、分管部门和各自联系点，通过听取工作汇报、查看内业资料、检查工作实绩等方式推动“解放思想、振兴发展”研讨走深走实。6个督导工作组实施全覆盖下沉督导，通过自检自查、督导检查、重点督查三种方式对各单位研讨工作推进情况进行打分，督导工作组列席各单位理论学习中心组学习研讨，指出存在的问题和不足，做到以督促学、以督促研、以督促改。

2022年9月24日，铁力市召开“解放思想、振兴发展”集中研讨专题剖析会暨市委理论学习中心组学习会

（中共铁力市委组织部供图）

（张静怡）

**【学习型机关创建】** 2022年，中共铁力市委以“第一议题”“书记课堂”“青年学堂”“初心讲坛”搭建“领讲述研＋互动点评＋全员参与”平台，培养“开口能说、提笔能写、问策能应、遇事能谋、干事能细”的“五能型”干部队伍。研究制定《学习宣传党的二十大精神工作方案》，开展“学报告、谈感悟、说体会”系列活动。制定学习计划和知识题库150余个，形成各类学习制度160余件。印发《党委（党组）书记带头讲党课工作提示》，处级干部带动基层党组织书记讲党课180余次，开展红色教育、轮值轮训、岗位练兵、技能比武、每季一测等活动2000余次，开展“四讲”活动460余次。利用主体班、专题班、赴外班等形式培训干部3700余人，组织500余人次收听收看“林都讲坛”专题培训4期。坚持拓宽载体深入学，组织100余名党员干部分赴深圳、重庆、长沙、贵阳等地，查找智慧农业、乡村振兴、生物经济、数字经济等方面存在的差距与不足，提出意见建议和改进措施120余条；组织88名乡镇干部到区域内发展较快、经验较多的年丰朝鲜族乡、工农乡借鉴学习新发展理念、交流工作经验；组织8个乡镇100余名党员干部调研铁力营商环境，学习探讨如何优化办事服务流程；开展阅读推荐读书分享活动250余次，党员干部群众累计读书6.8万余册。

（张静怡）

**【重大决策部署督办落实】** 2022年，中共铁力市委提出“四定”（指定目标、定措施、定主体、定进度）推进法，建立《年度重点工作任务书》，明确295项重点工作任务和63个重点项目；在应用运行过程中将与年初任务不冲突不重复的重点工作列为动态任务，纳入《年度重点工作（动态）任务台账》，更新83项。在建立台账、明晰任务基础上，构建起一套层级清晰、权责统一、协调联动的领导责任体系，同时对照工作目标倒排任务进度，把目标指定到年、计划分解到月，制定任务推进作战图，全年累计更新20次。制定市委、市政府领导班子及主要领导落实年度重点工作领导责任、深入一线落实重点工作、平时常态化考核等情况统计表，每月统计落实情况，压紧压实各级领导责任。党政主要负责人召开专题推进会议62次，党政班子成员组织分管领域召开专题调度会议500余次，深入一线500余次。构建“战线+战区”包保、问题三级解决、定期报告销号、“晒单+观摩”互促、“4个1”工作法等工作推进机制，延续以往工作中形成的“条块结合”工作推进经验，解决推进中遇到的实际问题。累计召开专题市委常委会会议3次，由各牵头处级领导逐条逐项汇报分管战线年度重点工作推进情况，主要领导对下步工作内容再研究部署；由主管副市长牵头，组织各乡镇党政主要负责人就农村人居环境整治进行评比打分2次，奖优罚劣、互促互进，推进各项工作全面提升。铁力市295项年度重点工作任务中，除政策性或形势性原因销号的6项外，其余289项任务均已全部完成或取得阶段性成效，完成率100%；63个重点项目中全部完成或实现阶段性目标；83项动态任务均按照既定进度完成或取得阶段性成效。重大决策部署督办落实行动取得的成效，全年铁力市生产总值实现921706万元，按可比价计算，比2021年增长3.8%；规上工业增加值比2021年增长7%；固定资产投资406615万元，比2021年增长56.9%；社会消费品零售总额243698.4万元；一般公共预算收入完成38604万元，扣除留抵退税因素后增长10.4%，按自然口径计算增长6.5%。在前三季度的全省县域经济综合考评中，铁力市排名第11位，晋升3位。在伊春市考核的8项主要经济指标中，铁力市共有6项指标增速高于伊春市平均水平，综合排名位列伊春市10个县（区）首位。

（张静怡）

【集中攻坚破难】 2022年，中共铁力市委确定攻坚破难项目237个，推行一套方案流程、一个专班调度、两级督导检查、“四个体系”推进的“1124”工作模式。各攻坚难题全部破解，解决影响县域经济发展、能力作风培育、推进乡村振兴、群众切身利益、改革创新驱动等短板弱项。

（张静怡）

【机关工作质效提升】 2022年，中共铁力市委在承接省、伊春市方案中确定的问题基础上，创新增加“解决服务能力不足”问题，开展工作质效提升“整治月”行动，印发处级干部“十个带头”要求。创新开展“六要六不要”研讨60余次。处级班子开展“解放思想、振兴发展”等集中学习研讨25次，并聚焦4个方面20项重点内容，封闭式“回头看”研讨4次；带动各部门开展各类研讨830余次。梳理出能力不足、作风不优、思想不解放和低、粗、差等问题1597个，健全完善清单台账210余个，制定整改措施3981项，全部整改到位。细化岗位职责清单425项，梳理完善流程274份，制定业务手册和业务分析库150余个，制定工作制度210余个。推进数字机关建设，56家党政机关单位接入安可系统。树立“有指标争第一、无指标争先进”的工作导向，建立处级干部调度推进、专班机构统筹协调、部门单位组织实施和红黑“榜单”晾晒等工作机制，召开推进、调度会议200余次，形成创先晋位计划和任务清单160余份，完成创先晋位目标任务82项。成立创先争优工作专班，采取“动态报、月汇总”等方式，收集创先争优信息442条，省、市各级采用139条。先后获得国家乡村振兴示范县、国家知识产权强县建设试点县、国家现代农业产业园、全国绿化先进集体、全国粮食生产先进单位等“国字号”和“省字头”荣誉97个。

（张静怡）

【调研走访联系服务专项行动】 2022年，中共铁力市委处级干部开展“走流程”110余次，解决问题81个；开展“四最”（指到最偏远的地方去、到最困难的家庭去、到最破旧的小区去、到最难的信访问题中去）活动200次，解决问题186个。各部门开展“走流程”“四最”活动644次，解决问题560余个。形成高质量调研报告200余篇。组建150余支各类型党员突击队、志愿服务队，践行“一线工作法”，深化“我为群众办实事”活动，开展“四进双为”“双报到”“手拉手”等服务活动7276次，解决民生实事9183件。创新实施“初心工程”，明晰“六大员”工作职责，建立“志愿队”“吹哨群”“心愿墙”“云网校”四个载体，设立初心党组织12个，为群众办实事、做好事、解难事2600余件。

（张静怡）

【政法机关执法司法服务】 2022年，中共铁力市委按照《伊春市政法机关执法司法服务提升攻坚行动专项工作方案》（简称专项方案）要求，铁力市成立市委常委、政法委书记为组长的专项工作组，制定《2022年铁力市政法系统“能力作风建设年”活动实施方案》及《铁力市政法机关执法司法服务提升攻坚行动重点任务推进台账》，将四个方面30项具体任务进行分解落实。全市各政法单位以“防风险、保安全、护稳定、促发展”为目标，抓工作任务落实，提升干警政治素质能力、助推经济发展能力、改革攻坚能力、调查研究能力、务实高效攻坚能力、联系服务群众能力和防范化解风险能力提升。按照《全市机关“能力作风建设年”活动“解放思想、振兴发展”研讨专项工作方案》要求，各政法单位分别制定工作方案，以“三会一课”、主题党日、周五学习日等为载体，学习贯彻习近平新时代中国特色社会主义思想、全国及省市“两会”精神、省市第十三次党代会精神、习近平总书记对政法工作的重要指示和中央、省、市委政法工作会议精神，开展“解放思想、振兴发展”研讨活动。全市政法机关共召开学习研讨活动30余次，梳理出思想解放方面的问题41条，建立问题整改台账。各政法单位聚焦主责主业，开展“走流程”“四最”调研活动，全市政法机关共开展各类调研活动20余次，优化窗口单位工作流程6项，为群众办实事139件，收到锦旗7面。市法院推进难案执结，结案497件，执行到位金额达4755.08万元；市检察院与水务部门工作联动，帮助年朝鲜族乡凌云山村清理凌云山河河道淤堵，解决群众排水难问题；市司法局制定便民举措19项，调解各类案件270件；市公安局窗口单位推行“帮您办”、异地业务“民警代办”、紧急事项“加急办”、便民服务“延时办”、窗口业务“自助办”、老年人服务“引导办”、足不出户“网上办”、特殊时期“预约办”、综合受理“一窗办”，“九办”服务等措施，服务群众1500余人次。开展管党治警，常态化整治政法队伍教育整顿“六大顽瘴痼疾”，落实新时代政法干警“十个严禁”，严格执行防止干预司法“三个规定”，完善和落实政法干警配偶、子女及其配偶“禁业清单”。市法院完善审判监督管理机制，提高案件办理质效，当事人评价案件质效整体满意率100%。市检察院深化执法司法监督机制改革，在完善案件分析评价机制上下功夫，全年组织评查案件109件。网格化建设持续推进，自网格员任职以来，通过“腾讯课堂”等方式，开展线上线下培训9次，收集民情民意200余条，提供便民服务1300余人次。常态化开展扫黑除恶，受理涉及自然资源领域类线索6条，立案3起；信息网络领域电信诈骗类案件26起。发挥铁力市诉前人民调解委员会等“品牌调解室”作用，调解成功案件391件，达成调解协议金额4798.3万元。落实司法救助案件8件，落实司法救助资金17.6万元。加强社会治安防控体系建设，排查出七类重点人员169人，均落实行管部门和属地乡镇包保责任。

（张静怡）

【融合发展共建共享行动】 2022年，中共铁力市委聚焦融合党建品牌建设，实施“十共”（指组织共建、决策共议、政策共享、经济共融、社会共治、生态共抓、活动共办、党员共管、人才共育、资源共用）措施，建立神树镇石长、鸡岭、神树3个村场联合和日月峡镇1个社场联合4个联合党委。落实城市基层党建引领基层治理相关要求，细化分解8个方面29项工作任务，开展党建联盟“进小区”“进网格”服务活动，在铁力市域范围内科学划分出460个网格，配备专职网格员470名、专业网格员558名、兼职网格员3342名，依托“初心党组织”工程，建立网格党小组460个，4085名党员入驻网格，实行全市“一张网”，梳理细化25个部门162项职责清单，完善6项闭合运行流程。

（张静怡）

【创新落实“3+3”督导问责体系】 2022年，中共铁力市委建立“3+3”督导问责体系，即以落实年度重点工作督查检查制度为抓手，坚持三个督导同步推进；以落实年度重点工作约谈问责制度为抓手，强化三项措施共促落实。制定《落实年度重点工作督查检查制度》，聚焦责任、任务、实绩3个方面，落实落细领导督导、常规督导、实地督导3种方式，保障督导工作取得实效。制定《落实年度重点工作约谈问责制度》，采取“通报批评、约谈+扣分、约谈+问责”3种方式对相关单位和责任人进行追责问责，确保高质量完成重点工作任务。市级领导实地督导400余次，两办实地督查22余次。其中，针对“四个体系”建设运行情况开展专项督查2次。下发各类交办通知871项，工作提示202份，“四个体系”督查通报2份，运用“第一种形态”批评教育帮助668人次。

（张静怡）

【创新落实“3+1”综合考评体系】 2022年，中共铁力市委制定《铁力市2022年度重点工作任务考核评价实施办法（试行）》，创建“1+N”年度考核评价体系、平时常态化考核评价体系、民情民意反馈考核评价体系+考核成果奖惩应用体系“3+1”综合考核评价体系。突出强调各时间节点重点工作完成情况，每月就重点工作推进情况报送质量开展评比，累计开展10次，以档次排名加强互进互促，确保各项工作按计划扎实推进。结合“我为群众办实事”实践活动，将人大代表、政协委员、统战对象、乡贤人士对各项重点工作提出的意见建议，政务服务便民热线、“向书记市长说句话”等平台的群众诉求，群众对涉及重点工作合理信访事项等办理情况全部纳入考核指标，督促各乡镇、各部门真正把好事办好、实事办实。处理服务群众事项18800余件，对处理情况月排名12次。将“四个体系”建设运行情况以10分的分值，纳入2022年度乡镇、市直部门两个层面考核评价办法，以考核机制倒推“四个体系”保障机制落实推动各项重点工作，形成工作闭环。

（张静怡）

【“能力作风建设年”主题活动】 2022年，中共铁力市委组织开展“喜迎二十大 奋进新征程”能力作风建设知识竞赛活动。全市10个单位30名选手参赛，市委组织部领导、有关乡镇和市直部门负责人全程观看现场决赛。经过初赛、复赛两个阶段，此次知识竞赛共有工农乡、医共体中心医院、交通局等单位的10支代表队进入最后现场决赛。决赛共设有必答题、抢答题和风险题3个环节，以选择题、判断题、填空题、简答题等形式，聚焦习近平新时代中国特色社会主义思想、党的十九大和十九届历次全会精神，以及省、市委“能力作风建设年”活动的决策部署和应知应会等“四史”基本知识，通过现场答题方式进行理论知识、法规政策、业务技能普及教育。为推动“能力作风建设年”活动科学化、规范化、精细化开展，组织全市76家机关企事业单位150余人，分6个批次到司法局、融媒体中心2个示范点，进行现场观摩活动，实地交流参观、学习借鉴好经验、好做法。在观摩现场，各乡镇和市直各单位分管领导及有关工作人员通过2个示范点“能力作风建设年”活动宣传视频讲解和工作情况介绍，看阵地建设和落实“一项研讨”“十项行动”等“1+10”措施各项基础材料软件，对镜子、查不足，找路子、促提升，分享经验、交流心得，正视差距、补强短板，学懂弄通定方向、勤干创优破难题，坚定提能力、转作风、优环境、促振兴，推进落实“能力作风建设年”活动的信心和决心。铁力市能力作风建设领导小组办公室工作人员对现场观摩示范点“能力作风建设年”活动开展情况进行点评，实地督导检查中发现的一些共性问题和个性问题，分别进行通报说明，对各乡镇和市直各部门参会人员的困惑与疑问，逐项进行解疑释惑，指导明确下步工作路径、方法和措施。

（张静怡）

【能力作风宣传】 2022年，中共铁力市委以“四比四看”为载体，创新开展亮身份、亮职责、亮承诺“三亮”活动，培育“红旗机关”和党建示范点34个，选树全国“人民满意的公务员”和省级“劳动模范”等先优典型15人，线上线下宣讲宣传150余次。活用“学习+媒体”，发放能力作风建设工作手册200余本，制作宣传图2000余份；在“关注铁力”“铁力先锋”微信公众号设置专栏，播报、刊发新闻报道和信息500余条，录制播发“一把手”访谈、党员宣讲等短视频120余期，在国家、省、市媒体刊发稿件1327篇；开展“喜迎二十大、奋进新征程、建功新时代”“解放思想、振兴发展”知识竞赛、征文活动70余次。

（张静怡）

## 组织工作

【概况】 2022年，中共铁力市委组织部建立社区网格党小组349个。非公企业和社会组织党组织覆盖率达到100%，创新实施“双联双百”活动。科学制定干部教育培训计划，设置21个班次，培训4600余人次；全年招录公务员53人，晋升职级161人次。组织开展“市县委书记进校园”“林都优青”等引才活动，全年引才257人，设立人才发展基金500万元，用于优秀人才及人才团队的奖励补贴慰问。全年发展党员110名。其中，35岁以下党员73名。

（张静怡）

【领导班子建设】 2022年，中共铁力市委组织部调整党政工作部门领导班子79人次。其中，党政正职14人次，挂职8人，党政工作部门领导班子年轻干部配备由36.1%逐步提升至66.7%。在全市范围内择优选配33名熟悉农业农村、经济发展、乡村振兴等基层工作的干部进入乡镇党政领导班子，其中，年轻干部占班子人数的44%，领导班子平均年龄降低2.1岁，各学历层次人数均有增多，具备2年以上乡镇工作经验干部共有59人。

（张静怡）

【党员队伍建设】 2022年，中共铁力市委组织部打造“星级党员评定”“三制度一清单”等党建载体和品牌，加强党员队伍制度建设，发挥党员先锋模范作用。推行“一图三表五制度”办法，发展党员110名。试点落实流动党员“手拉手”工作，完善档、账、证、卡、信管理措施，343名农村流动党员实现线上线下“双管理”、流入流出“双报到”。

（张静怡）

【干部选拔任用】 2022年，中共铁力市委组织部建立健全在工作一线考察识别干部机制，了解干部在重要领域、重大工作中的现实表现，把真正敢干事、能干事、干实事的干部用起来。重点在防疫一线、乡村振兴等基层一线和改革攻坚实践中发现干部、培养干部、使用干部。拓宽选人视野，畅通行政、事业同编制内部交流渠道，加强乡镇、市直单位间横向交流力度，在政策规定范围内开展事业单位人员调任，防止领导班子中同类型的干部过于集中，同岗位的干部任期过长。全年共调整任用干部11批525人次，其中，提拔重用144人，平级交流86人次，重用年轻干部64人次，晋升各层次人员职级161人次。

（张静怡）

【干部监督考评】 2022年，中共铁力市委组织部组织召开干部监督联席会议，明确12家成员单位具体职责，健全“联审联查”机制。突出政治监督，严管严控干部因私出国（境）行为。配合市委巡察开展选人用人专项巡察，督促问题整改。用好容错纠错机制，落实“三个区分开来”要求，以组织担当促进干部作为。完成乡镇、市直部门、社区、行政村四个层面年度考核工作。

（张静怡）

【干部教育培训】 2022年，中共铁力市委组织部制定《2022年干部教育培训计划》，设置主体班、专题班、赴外班3类21个班次，采取市级领导常态化授课、职能部门专业化讲课、外请专家前沿化送课、赴外深造体验化践课方式开展教育培训，并推出红色研学、优化营商、乡村产业3条精品研学路线。全年累计培训4600余人次。

（张静怡）

【人才工作】 2022年，中共铁力市委组织部引进各类人才257人，其中，硕士研究生和“双一流”本科生58人。创新实施“智汇铸骊”工程走进高校引才活动，引进东北农业大学、哈尔滨师范大学、延边大学人才26人；组织开展“黑龙江人才周”“市县委书记进校园”“林都优青”等引才活动，引进高校人才87人；通过公务员招录、选调生招录、企事业单位招聘、“一事一议”个别引才等方式，引进人才144人。通过招商引资、招才引智、招新引优“三招三引”，柔性引进人才专家29人，其中，博士研究生1人、国务院政府特殊津贴获得者1人，引进到铁力后分别被认定为省、市高层次人才，兑现并执行相关政策待遇。引进铁力市一中排球教练团队6人，在人员编制、住房保障、职称晋升、政治待遇等方面给予政策支持。打造人才引领高质量农业、中药材产业、绿色工业、经开区产业、畜牧产业5个创新试验区，实行“项目＋人才”有机融合，集聚“候鸟式”产业人才专家开展座谈交流、技术指导、项目合作等，完成成果转化9个。探索“孵化＋投资”产业协同发展模式，以平贝、人参为代表的寒地龙药为依托，打造全省最大中草药集散地，投资1500万元建成中药材检测检验中心，完成产业大数据平台、分析与决策平台和质量安全监管平台的建设。在中草药规模种植基地9家、药品生产企业7家中，培养相关产业人才68人。发展电商产业孵化基地，集聚电商企业人才60余人，年交易额达到2000余万元。建立1100余人的乡贤人才库，通过“以才招财”方式引资2.1亿元。深化校地校企合作，与东北农业大学、东北林业大学、吉林大学、北京师范大学等目标高校建立合作关系，锚定校地人才项目引进、大学生实习实训、干部交流培养、优质生源供应等“订单式”合作，与东北农业大学合作开发“平贝科技小院”项目，构建“产学研”一体化平台。与北京师范大学、东北农业大学等高校开展“组团式”交流合作50余人次。重点企业与省内院校、科研院所合作研发项目获得国家专利认证18项。依托北药研学、小微创业等10个大学生实习实训基地，开展“实训骊城”、红色教育等社会实践活动，累计接待大学生500余人次。组织各类人才内部交流培训7000余人次，到湖南、贵州等地培训120余人次。开展“人才专家服务行”活动，培训种养殖户300余人，选派17名科技特派员，转化和推广科技项目10个，组建农技推广服务队、医疗专家服务组，深入基层开展农技服务和诊疗服务200余次。设立人才发展基

2022年9月20日，铁力市高层次人才服务保障工作协调会

（中共铁力市委组织部供图）

金500万元，用于优秀人才及人才团队的奖励、补贴、慰问等，以及各领域高层次人才的引进、吸纳、培养等。探索实行高层次人才管理、评价、流动、使用和激励机制，落实人才购房、租房补助以及子女入学、配偶安置等相关配套政策，解决人才安家住房50套。全年对上争取就业补助资金2097万元、发放创业担保贷款1115.6万元。开展人才专家休假、体检、研修、慰问等活动80余人次，投入资金200余万元。开通人才就医绿色通道，提供方便快捷的医疗服务。落实党委联系服务人才专家制度，实行党员领导干部与人才“双向对话”，接受办理人才专家在工作生活和助企发展中的“关键小事”42件。开设人才综合专窗，开通“人才专线”，建立人才服务专员队伍，主动靠前为人才提供“店小二式”服务。完善高层次人才服务功能，打造“互联网+”人才服务，为高层次人才在交通出行、住房保障、教育医疗等方面提供“保姆式”服务。同时建设完成人才公园、人才长廊、人才大道，营造人才宜居环境。

（张静怡）

【公务员管理】 2022年，中共铁力市委组织部申报公务员招录计划54人，经笔试、面试、体检、考察、调档等环节工作，共录用公务员53人，报到上岗，充实到市公务员队伍中。各录用单位对新录用公务员进行政治素质、职业道德、履职能力、工作作风等方面的培养锻炼，并组织新录用公务员参加初任培训，根据工作需要安排专门业务培训，使其能够熟悉业务，提高工作能力，经录用单位培养和参加各项培训，试用期满后对新录用公务员进行考核，考核结果均为合格等次。按期给予任职定级，办理公务员登记手续。按照《公务员职务与职级并行规定》《铁力市公务员职务与职级并行制度实施方案》要求，全年晋升职级161人，晋升三级调研员2人，四级调研员13人，一级主任科员23人，二级主任科员39人，三级主任科员57人，四级主任科员27人。按照《黑龙江省公务员考核实施细则（试行）》要求，根据干部管理权限对全市59个单位进行公务员年度考核。参加公务员年度考核1748人。其中，评定优秀等次437人、称职等次1218人，试用期人员不定等次75人、受党政纪处分不定等次14人、立案期间未结案3人。经市委、市政府批准给予351人嘉奖奖励，87人记三等次奖励。市委组织部、人社局、财政局三部门联合转发省《关于全省机关事业单位落实工作人员带薪年休假制度的实施意见》，各单位能够提高认识，统筹规划，合理安排，确保带薪年休假制度落实和工作正常运转，保障干部职工的合法权益。为贯彻按劳分配原则，保障公务员工资水平正常增长机制，加强工资管理，严格审核审批各项工资福利待遇。

（张静怡）

【农村党组织建设】 2022年，中共铁力市委组织部评选优秀农村基层党组织32个，整顿软弱涣散党组织3个，打造省级农村基层党建示范点4个。印发《关于基层党支部阵地建设标准化的指导意见》，从10个方面做好阵地标准化建设指导。

（张静怡）

【农村干部队伍建设】 2022年，中共铁力市委组织部实施“村干部学历提升工程”，共有50人报名，其中，村支部书记11名。围绕农业技术技能、基层组织建设等内容，举办村支部书记培训班4期，培训219人次。制定《关于实施村党组织书记备案管理的实施意见》，按照干部档案管理标准，建立71个村支部书记档案。制定《铁力市农村（社区）事务小微权力清单及流程》，包含重要事项、公共服务等40项内容，强化村干部权力监管。实施“星火计划”，储备农村后备干部263人、招聘到村任职大学生21人、发展35岁以下农村党员16人、轮换驻村帮扶干部22人。

（张静怡）

【社区党建】 2022年，中共铁力市委组织部建立社区网格党小组349个，成立党群服务中心17个。推进配齐社区工作者落实社区工作者薪酬待遇、保障社区服务群众专项经费等重点工作，加强社区工作者职业体系建设。开展党建联盟“进小区”“进物业”“进网格”活动，健全完善“双报到、双服务、双报告”机制，推动全市51个市直机关事业单位党组织3784名党员下沉社区报到。创新实施“初心工程”，设立初心党组织12个，明晰便民服务员等“六大员”工作职责，累计开展志愿服务400余次，为群众办实事2600余件。

（张静怡）

【党支部标准化建设】 2022年，中共铁力市委组织部制定《全市党支部标准化建设工作标准》，明确基本组织、队伍、活动、制度、保障标准，为基层党组织提供工作遵循。突出典型引领，打造公安局、司法局、骊安客运公司、第四小学4个省级基层党建示范点。结合“能力作风建设年”活动，推进“三治一创”活动，打造红旗机关24个。健全完善中小学校、公立医院党组织领导的行政领导人负责制，制定《议事规则示范文本》等议事决策制度4个，提升事业单位党建工作规范化水平。坚持问题导向，采取月督办、季通报形式，整顿“灯下黑”“两层皮”问题26个。

（张静怡）

【新业态新就业群体及重点行业领域党建】 2022年，中共铁力市委组织部制定《关于加强全市新业态新就业群体及重点行业领域党建工作实施方案》，采取“主管部门+调查小组”的模式，发动市监、民政、住建等16个行业主管单位，开展调查摸底6次。通过单独建、挂靠建、联合建、选派建等方式，建立重点领域联合党组织31个，非公企业和社会组织党组织覆盖率100%。创新实施“双联双百”活动，引导“两新”组织党员“亮身份、亮职责、亮承诺”，推动党组织从有形覆盖迈向有效覆盖。同时开发党员电教片，创新制作新媒体作品，《“漫”说“八一勋章”》等2个作品在全省党员电教片观摩交流活动中获奖。

（张静怡）

## 宣传工作

【概况】 2022年，铁力市两级理论学习中心组学习239次、研讨活动454次；在媒体刊播重点报道或行业系统权威媒体刊播专题报道刊发稿件共计754条，其中，在国家级媒体平台“学习强国”发稿114条，在《黑龙江日报》推出铁力专版3期，在黑龙江省新闻联播播发新闻30条，在省级及以上公众号发布各类活动信息45条；举办“打卡铁力遇见美好”短视频大赛，发布活动通知及官方短视频11个，上传参赛作品140个，话题播放量204.1万余条；打造乡风文明典范，设计安装63个乡风文明景观标识，对照“七有七无三化”标准完善宣传栏449个、文化墙578面；推进“书香铁力”建设，开展全民阅读推广活动，线上开设“书香铁力”专栏，播发好书推荐等内容88期，线下发挥各级各类阅读阵地作用，组织开展“跟着总书记读好书”等主题阅读活动100余场次。

（王祎婷）

【开展理论学习】 2022年，中共铁力市委制定下发《中共铁力市委理论学习中心组2022年度学习安排意见》，将习近平新时代中国特色社会主义思想、党的二十大精神、习近平总书记重要讲话精神重要指示批示精神及重要文章、乡村振兴、依法治国、安全生产等相关内容纳入两级中心组学习计划。全年开展中心组学习239次、研讨活动454次。同时成立列席旁听工作组6个，下发工作提示7个，开展基层党（工）委、党组理论学习中心组学习列席旁听工作51次，通过全程旁听、查阅资料、座谈交流等形式，常态化监督各单位学习研讨情况。

（王祎婷）

【思想政治工作】 2022年，铁力市成立铁力市委全民国防教育工作领导小组，下设领导小组办公室，宣传国防教育的必要性，制发《铁力市关于加强和改进新时代全民国防教育工作的实施意见》等文件，确保新时代爱国主义教育工作有序开展。在市烈士陵园举行清明节祭扫活动，通过奏唱国歌、默哀、敬献花篮、齐诵《英雄祭》等方式缅怀革命先烈。举办“奋进新时代 悦读向未来”全民阅读活动启动仪式，创作课本剧《丰碑》、情景朗诵《今日中国如您所愿》、舞台剧《破晓》等作品，将爱国主义教育纳入教学培训计划，组织全市各学校开展主题班（队）会等系列宣教活动500余场次。组织各单位综合运用新媒体平台，推送国防知识、宣传视频以及主题活动信息等内容70余条，结合征兵宣传工作，在铁力综合频道黄金时段插播征兵公益宣传片，组织各单位通过电子屏、微信公众号播发《强军有我龙江兵》等征兵宣传片。举办“奋进新时代 悦读向未来”——2023年“书香铁力”全民阅读活动启动仪式，并进行全程直播，场外线上收看人数超3000人次，演出涵盖创意吟诵、课本剧、童话剧、评书、情景朗诵等多种形式，参演人数600余人，经典传唱《满江红》、舞台剧《破晓》、情景剧《丰碑》，通过吟诵、舞蹈、古筝演奏等形式，弘扬爱国主义精神。同时组织全市各单位通过读书分享、读书汇报会、亲子阅读、手工制作、阅读指导课、观看红色电影等形式多样的活动，让全民在阅读中学习弘扬马永顺精神、东北抗联精神。在市文化宫门前开展《马永顺生平事迹展》宣传活动，展出展牌40块，以图文结合的形式详细介绍了林业英雄马永顺的一生，弘扬“马永顺精神”，传承红色基因。组织开展“大展宏‘兔’云上迎新年”春节民俗文化主题展、彩章耀日贺新春——中国传统吉祥图案展、“赶年集寻年味”特色民俗大集、“福兔迎新春　奋进新时代”——春联送万家等系列文化惠民活动共42场次（期），参加群众2万余人次。推出“勤劳小围裙文明过大年”年夜饭短视频快手挑战赛，发布视频247个，总播放量252万次以上。结合“世界读书日”和“龙江读书月”，开展全民阅读推广活动，“奋进新时代　悦读向未来”“感恩母亲母爱永恒”“文博知识进校园”等主题活动30余场次。打造文化新地标，建设骊城书院、少年儿童图书馆、美术馆、博物馆党史展厅、抗联陈列馆等场馆，免费对外开放。依托新建骊城书苑和少儿图书馆场地设施，与图书馆总馆进行联动，发挥各类场馆功能，举办展览、公益培训、创作讲评、诵读、主题实践等系列活动100余场次。围绕乡村振兴战略总体要求，以满足人民群众文化需求为核心，坚持文化惠民，服务人民群众，全市71个行政村实现文化活动室、文化活动广场、体育健身器材、广播室等文化基础设施，农家书屋和文化共享工程等设施设备全覆盖，建设1000平方米以上的文化广场34个、100平方米以上的文化活动室35个，在每个村配备篮球场供村民休闲娱乐。

（王祎婷）

【文化艺术】 2022年，中共铁力市委宣传部线上举办“我们的新时代”“我们的中国梦”等系列主题展览90余期，展出原创文艺作品近千幅（篇）。线下开展实地采风创作活动30场次，围绕“坚持文化惠民，服务人民群众”的宗旨，组织文艺爱好者成立“蒲公英”文艺小分队，开展文艺演出、农民文化艺术节、文艺作品展等系列文化活动94场次（期），开展书法、国画、陶艺、声乐等8类公益培训课程，培训人员800余人次。开展全民阅读推广活动，线上开设“书香铁力”专栏，播发好书推荐等内容88期，线下充分发挥各级各类阅读阵地作用，开展“跟着总书记读好书”等主题阅读活动100余场次，在基层推荐选拔17名“阅读顾问”，开展荐书领读等活动21场次。完成桃山悬羊峰等7处“森林书房”建设，完成图书馆“总分馆”建设，全年共分编加工期刊223种，总数达4000册，接待读者46225人次，比2021年增长11.64%。

（王祎婷）

【文明创建】 2022年，中共铁力市委宣传部开展“我们的节日”“文明行为引导”主题活动510次，发布节日倡议书9个、电子海报20张，拍摄“让文明之花开遍每一个角落”等短视频23个，发放各类宣传品2.2万余份。举办“打卡铁力遇见美好”短视频大赛，发布活动通知及官方短视频11个，上传参赛作品140个，话题播放量204.1万余次，利用“铁力融媒”视频号、抖音号进行分批展播颁奖典礼活动。组织未成年人参与伊春市“童心向党·喜迎二十大”中小学生美术书法摄影大赛、铁力市“携手抗疫我先行 文明行为伴成长”课桌操表演赛等活动，开展“童心喜迎二十大”等主题活动360次，推荐出5名伊春市“新时代好少年”，选树10名“骊城好少年”。开展典型推荐评选，推荐伊春市“身边好人”13人，5人获评“伊春好人”，各乡镇评选出“十星级文明户”30户、“身边好人星”168人，采播发布典型事迹信息17篇。2户获得伊春市级“十星级文明户”，4户获得伊春市级“五星级文明户”，6户获得伊春市级“星级文明户”。打造乡风文明典范，设计安装63个乡风文明景观标识，对照“七有七无三化”标准完善宣传栏449个、文化墙578面，乡风文明试点建成率67.1%，成功创建全国文明村镇3个、省级文明村镇（标兵）11个、伊春市级文明村镇（标兵）43个。以“除陋习、树新风”“乡风文明随手拍”等主题活动为依托，制发工作方案，召开启动会议，引导婚事新办、白事简办615场次，在省级平台展示优秀摄影作品155幅。印发《全市精神文明建设先进集体创建计划》，成功创建全国文明村镇3个、全国文明校园1个，省、市、县级精神文明建设先进集体158个。采取资料上传、视频考核、档案查阅等方式开展年度测评，组织15家职能部门对获得精神文明荣誉的单位进行资格审查，抽取22个村屯、单位、学校连线上级部门视频开展年度考核，完成未成年人思想道德建设、6个省级文明单位年度测评材料整理上传工作，协调18家职能部门对3个全国文明村镇工作进行评价，指导全国文明村镇做好年度资料收集整理工作。以“同声颂党恩 喜迎二十大”“学习宣传省第十三次党代会精神”为主题，开展征文比赛、视频展播、经验宣传等活动，推荐征文作品20篇，录制宣讲短视频30个，开设“文明单位在行动”专栏刊发经验信息20条。

（王祎婷）

【文明实践】 2022年，铁力市成立铁力市志愿者服务指导中心，配备专人负责文明实践和志愿服务工作。同时制定联席会议和挂点联系制度，按照“五有标准”建设新时代文明实践中心（所、站）97处，实现区域内三级全覆盖。搭建志愿服务平台，融合儿童公园和铁力公园各类场馆和基础设施分别建立“功能性”和“综合性”志愿者广场，形成文化科普、爱国教育、大型文艺活动、志愿服务大集为一体的功能性和综合性志愿服务平台。利用线上平台开展点单派单服务，建立“线上征集、线下办理”服务机制，打通文明实践供需通道，让志愿服务活动更贴心，更便利。成立志愿服务总队，由市委书记担任总队队长，结合各部门职能，成立“8+N”志愿服务队，吸纳社会各界人士加入，将志愿服务延伸到全市各个角落。先后组建志愿服务队170支，形成志愿服务“全市一张网”。制发《铁力市积分制道德银行实施方案》，成立道德银行总分支行97处，设计并发放存折1万个，台账1000本，激发群众参与志愿服务热情，将善行义举惠及广大群众。打造“爱撒骊城”志愿服务品牌，形成“关老爱老”“低碳生活”“环境整治”等15项志愿服务项目，不断丰富志愿服务形式。以党的二十大精神为主线，发挥宣讲员作用，深入基层开展“七进”宣讲活动。开展学习党的二十大主题活动和采风创作等文化惠民活动。组织文艺小分队赴农村、进社区、走基层，开展书法、国画等8类公益培训课程，通过“文艺订单式”服务，让基层文化“活”起来。全年开展志愿服务活动2959次，参与志愿者39596人次，累计志愿服务时长95144小时。

（王祎婷）

【新闻宣传】 2022年，中共铁力市委宣传部在市融媒体中心电视端和新媒体端同步开设《关注两会》《学习贯彻省第十三次党代会精神》《喜迎二十大》《学习宣传贯彻党的二十大精神》《我们的新时代》《创文在行动》《疫情防控铁力在行动》《新时代文明实践》等专栏。全年共计发布电视端新闻信息1274条；制作播出《铁力行》43期；“关注铁力”公众号发布信息7150条；抖音、快手、视频号平台发布视频855条。

（王祎婷）

【社会宣传】 2022年，中共铁力市委宣传部结合全市各阶段重点工作，做好学习宣传贯彻党的十九届六中全会精神、学习宣传贯彻省市十三次党代会精神、迎庆党的二十大、学习宣传贯彻党的二十大精神、疫情防控、安全生产、秸秆禁烧、创建全国文明城市等130余个主题社会宣传工作。以广大党员干部为主体，发挥各级党组织战斗堡垒作用、各群团组织桥梁纽带作用、新时代文明实践中心（所、站）阵地作用和各级各类志愿服务队的联系群众、服务群众的作用，团结联系、组织引导、广泛发动全市群众了解、支持、参与各项重点工作。发挥新媒体传播速度快、受众范围广等优势，发布主题宣传内容，并组织各单位干部职工将2760条铁力市各融媒体平台发布的信息转发至朋友圈、工作群、村民群、居民楼道群，转发浏览220.8万余条次。围绕“学习宣传贯彻党的二十大精神”“人和心总有一个在伊春”“铁力森鲜”等主题，更新设置高速路跨线桥广告牌44块、更新设置高速路旁单立柱宣传牌20块、在市区及各乡镇更新设置大中型宣传牌55块、更新设置公交站亭宣传牌180块、更新悬挂主题灯杆旗844面。在城区出入口、社区、村屯、主街路两侧等人员密集处悬挂防疫宣传条幅640条，张贴宣传海报6.9万余张。利用站前LED大型电子屏滚动播放主题电子海报和视频，发动380余块临街机关单位和商户电子屏、400辆出租车车载电子屏及18个户外大屏幕，滚动播放宣传口号。组织各乡镇社区（村屯）大喇叭、公园音响、大型商超广播系统、防火宣传车、应急宣传车全天候播放宣传音频22.5万条次，累计播放时长5000小时以上，确保宣传内容贴近群众。

（王祎婷）

【对外宣传】 2022年，中共铁力市委宣传部联系上级媒体。与中新社、人民网、央广网、黑龙江电视台、黑龙江日报、东北网、伊春日报、伊春电视台等国家级、省级、伊春级媒体联系，全年累计在上级媒体刊发稿件1297篇。其中，组织拍摄《青山不墨里的记忆〈独家采访〉孙海军谈小兴安岭青山常在的奥秘》在中央台一套和十三套《今日中国》栏目中播出；在黑龙江省《新闻联播》发稿30条；在黑龙江省电视台都市频道和农业频道播发《铁力营商宣传片》；与农业频道《帮忙》栏目合作录制《铁力平贝》访谈节目；在国家级媒体平台“学习强国”学习平台发稿114条；第三季度在67个县级融媒中大小屏综合发稿排名第四；融媒体中心3次被新华社评选为《全国县融中心互动传播优秀案例》。

（王祎婷）

【媒体融合发展】 2022年，中共铁力市委宣传部贯彻落实上级相关文件精神，推进媒体深度融合发展，建强用好县级融媒体中心。在原有设备有效利用的基础上，由市政府出资200万元，完成指挥中心大屏、本地化媒资系统、省平台对接防火墙等硬件建设，建设集创意策划、内容生产、信息发布、指挥报道、监督监看和日常办公于一体的铁力市融媒体指挥调度中心。利用“关注铁力”微信公众号、“掌上铁力”App、“铁力融媒”抖音、快手、视频号等新闻账号广泛发布稿件信息。2022年末，铁力市融媒体中心“关注铁力”微信公众号用户达5.97万人，发布图文信息6626条，总点击量868.5万次。“掌上铁力”App用户达5.4万人，“铁力融媒”抖音、快手账号关注量分别达到16.1万和22.5万。短视频平台累计发出视频7918条，播放量580万次。其中，抖音平台播发《市委书记陈岩迎接一中女排载誉而归》，播放量达25.8万。2022年度在黑龙江电视台综合发稿全省县级排名第三，《新闻联播》发稿全省县级排名第六。两次被新华社新闻信息中心评为全国县级融媒中心互动传播优秀案例。省级好新闻评奖获奖数量是去年的2.5倍，递增150%。

（王祎婷）

【抗击疫情社会宣传活动】 2022年，中共铁力市委宣传部利用全市381块电子屏、400辆出租车车载电子屏、

750块卫生健康宣传牌、100个公交站亭宣传牌实现城乡、社区、农村防疫科普知识普及、防疫宣传口号、防疫政策信息宣传全覆盖。做到“三个及时”，及时组织学习防疫政策；及时组织转载转发“关注铁力”公众号、“铁力融媒”视频号等平台防疫内容信息达3000余条；及时让309个广播喇叭响起来（包括商超、药店、村屯广播、应急车、防火车）。通过制作宣传条幅2640条、发放防疫知识手册2万余本、张贴宣传海报9.15万余张等方式宣传防疫知识，组织全市各单位学习并转发转载“乙类乙管”等相关内容信息75条，转发浏览频次12.1万余条次。设计制作农村四季防疫海报、农村防疫宣传单3万份，下发至各乡镇村屯。录制“科学防疫进万村”音频利用村屯广播喇叭按照规定时间进行播放。组织召开“铁力市社会志愿者防疫工作总结大会”，为疫情防控期间表现突出的505名志愿者颁发“防疫志愿者证书”。

（王祎婷）

**【“招商之冬”招商引资推介会暨项目签约仪式媒体采访】** 2022年2月13日，铁力市举行“招商之冬”招商引资推介会暨项目签约仪式，通过参观、洽谈和发布会等形式，向省内外企业家推介特色产业和重点项目，现场与多家企业达成重点合作签约项目10个，协议投资总额达200.6亿元，购销合同2.5亿元。市委宣传部沟通联系上级媒体，邀请中新社、人民网、国际在线、搜狐网等国家级、省级媒体，集中采访报道铁力市招商引资推介会暨项目签约仪式，推出《奏响项目建设“春之序曲”铁力市举行招商引资推介会暨项目签约仪式》《铁力市：“招商之冬”变成“项目之春”》等16篇报道。

（王祎婷）

**【重点项目集中开工仪式媒体采访】** 2022年4月7日，伊春市举行全市重点项目集中开工仪式，在铁力市松风食品项目建设主会场和其他九个分会场同步举行。伊春市委书记隋洪波宣布全市重点项目集中开工，伊春市委副书记、市长董文琴就项目建设进行部署。在重点项目集中开工仪式期间，铁力市委宣传部通过前期预热推介和全程宣传报道，围绕铁力市重点项目，策划主题宣传，突出重大项目、工程开复工和优化营商环境等主题，沟通联络国际在线、中国经济周刊、黑龙江日报、东北网、新浪网等省级媒体，并邀请媒体记者前往铁力市采访报道。共计刊发《铁力市伊春松风食品百万头生猪屠宰项目：全力做好复工准备》《铁力站开始改造哈伊高铁铁伊段进入房建工程施工阶段》《一年之计在于春丨铁力市省级百大项目实现开复工》等系列报道36篇。

（王祎婷）

**【城市发展成果宣传】** 2022年，中共铁力市委宣传部在本级融媒体中心电视端和新媒体端同步开设《坚持优先发展助力乡村振兴》《优化营商环境》《非凡十年》《大美铁力》《书香铁力》等专栏，宣传铁力市在乡村振兴、招商引资、特色产业、生态旅游、经济民生等各方面取得的成果及经验做法，共计发布电视端新闻、“关注铁力”公众号信息、抖音快手视频号视频等9000余条。与人民网、黑龙江电视台、《黑龙江日报》、东北网、《伊春日报》等国家级、省级、市级媒体沟通合作，全年共在上级媒体刊发（播）稿件1200余篇。其中，与《黑龙江日报》合作刊发《铁力聚焦“四度”办实事》《积聚发展新动能　开启铁力新征程》《铁力高标准建设现代化富美乡村》等专版3个；与黑龙江省电视台都市频道和农业频道合作制作并播发《铁力市营商宣传片》；在人民网首页设置中国铁力端口，链接涵盖铁力党建、乡村振兴、旅游文化等栏目的铁力市专题网页。

（王祎婷）

**表5　2022年铁力市在国家级媒体发稿情况一览表**

| 发表时间 | 发稿题目 | 发表媒体 |
|---|---|---|
| 1月12日 | 黑龙江省铁力市：全力打造“三大品牌”扎实推进理论宣讲工作 | 人民日报社 |
| 2月13日 | 铁力市举行招商引资推介会暨项目签约仪式 | 人民网 |
| 2月14日 | 黑龙江省铁力市举行招商引资推介会暨项目签约仪式 | 人民日报社 |
| 3月21日 | 黑龙江铁力市活用团组织改革“东风”让改革成果真正惠及团员青年 | 人民日报社 |
| 4月30日 | 铁力市双丰镇组织开展年轻干部理论和党性教育培训班 | 人民网 |
| 4月30日 | 铁力市日月峡镇党建引领聚民心基层治理显活力 | 人民网 |
| 4月30日 | 铁力市桃山镇新时代文明实践站开展“孝老爱亲，暖心帮扶”志愿服务主题党日活动 | 人民网 |

续表 5

| 发表时间 | 发稿题目 | 发表媒体 |
|---|---|---|
| 4月30日 | 铁力市神树镇开展爱国卫生志愿活动 | 人民网 |
| 4月30日 | 铁力市开展“心系桑榆晚情暖夕阳红”志愿服务活动 | 人民网 |
| 4月30日 | 铁力市公安局交通警察大队组织开展敬老爱老志愿服务活动 | 人民网 |
| 4月30日 | 铁力市开展志愿者集中培训 | 人民网 |
| 4月30日 | 铁力市年丰朝鲜族乡开展“除陋习、树新风、学雷锋”系列志愿服务活动 | 人民网 |
| 4月30日 | 铁力市组织开展“线上心理援助”志愿服务活动 | 人民网 |
| 4月30日 | 铁力市：疫情防控不松懈志愿服务街边行 | 人民网 |
| 4月30日 | 铁力市双丰镇“乡村振兴车间”特色农产品豆芽菜变“致富菜” | 人民网 |
| 4月30日 | 铁力市王杨乡开展“清洁村庄我在行动”志愿服务活动 | 人民网 |
| 4月30日 | 铁力市日月峡镇深入开展“除陋习、树新风”系列活动弘扬文明新风尚 | 人民网 |
| 4月30日 | 铁力市年丰朝鲜族乡爱国卫生月主题活动取得阶段性成效 | 人民网 |
| 4月30日 | 铁力市桃山镇妇联开展“蒲公英”法律知识宣讲活动 | 人民网 |
| 4月30日 | 铁力：让团组织改革成果真正惠及团员青年 | 人民网 |
| 4月30日 | 铁力市服务企业“用真情”当好企业“服务员” | 人民网 |
| 4月30日 | 铁力市妇联召开“巾帼致富带头人”座谈交流会 | 人民网 |
| 4月30日 | 铁力市开展残疾人证件网上办理业务培训 | 人民网 |
| 4月30日 | 铁力市开展春季森林防火宣传活动 | 人民网 |
| 4月30日 | 铁力市“四强化”措施扎实推进国防教育显成效 | 人民网 |
| 4月30日 | 铁力市开展气象科普进校园活动 | 人民网 |
| 4月30日 | 铁力市日月峡镇开展“品读好书金句锤炼党性修养”主题党日活动 | 人民网 |
| 4月30日 | 铁力市举办“相约春天、共植希望”主题活动 | 人民网 |
| 4月30日 | 铁力市：春耕时节忙“充电”农家书屋来帮忙 | 人民网 |
| 5月11日 | 黑龙江铁力市春播生产全面启动 | 中国经济周刊 |
| 5月17日 | 黑龙江省铁力市举行“爱撒驷城”志愿服务活动启动仪式 | 中国经济周刊 |
| 5月27日 | 黑龙江铁力：打好“四张牌”强力推进农村人居环境整治 | 中国新闻网 |
| 5月27日 | 黑龙江铁力：列清单解难题持续优化营商环境 | 中国新闻网 |
| 6月1日 | 黑龙江铁力：贯彻落实党代会精神创建全国文明城市 | 中国新闻网 |
| 6月1日 | 黑龙江铁力：推动民生保障事业高质量发展提升人民群众幸福感 | 中国新闻网 |
| 6月9日 | 黑龙江省铁力市开展爱心助考系列志愿服务活动 | 中国经济周刊 |
| 6月15日 | 铁力市首批乡村振兴工坊挂牌 | 中国新闻网 |
| 6月16日 | 黑龙江铁力市首批乡村振兴工坊正式挂牌成立 | 中国经济周刊 |
| 6月29日 | 黑龙江铁力市“四着力”培育文明乡风绽放文明之花 | 中国经济周刊 |
| 6月29日 | 黑龙江铁力市“四着力”培育文明乡风绽放文明之花 | 中国报道 |
| 7月21日 | 黑龙江铁力市：水稻迎风展绿 | 新华社 |
| 7月22日 | 黑龙江：城市水系治理加速国有林区人居环境改善 | 新华社 |
| 7月26日 | 铁力公安：推行“一室两队”警务模式焕发基层警务新活力 | 中国报道 |
| 7月27日 | 黑龙江“铁力森鲜”亮相义乌牛人会直播选品峰会第二届直播供应链大会 | 人民日报社 |

续表 5

| 发表时间 | 发稿题目 | 发表媒体 |
| --- | --- | --- |
| 7 月 27 日 | 黑龙江铁力市：把招商引资作为“一号工程”推动县域经济高质量发展 | 中国报道 |
| 8 月 30 日 | 黑龙江铁力市林业和草原局获得“全国绿化先进集体”称号 | 中国报道 |
| 8 月 31 日 | 黑龙江铁力市被评为国家知识产权强县建设试点县 | 中国报道 |
| 9 月 5 日 | 黑龙江铁力市张淑霞获得全国“人民满意的公务员”称号 | 中国报道 |
| 9 月 5 日 | 铁力市林业和草原局获得“全国绿化先进集体”称号 | 人民网 |
| 9 月 5 日 | 铁力市法官张淑霞获得全国“人民满意的公务员”称号 | 人民网 |
| 9 月 7 日 | 黑龙江铁力市聚焦“一二三”打好创建全国文明城市组合拳 | 中国报道 |
| 9 月 9 日 | 黑龙江铁力市打造“骊马服务”金字招牌助力招商企业快速落地 | 中国报道 |
| 9 月 16 日 | 黑龙江铁力市：坚持“学、引、促”三措并举让文明风尚飞进千家万户 | 中国报道 |
| 9 月 16 日 | 黑龙江铁力市“四抓四提”持续深化文明村镇创建 | 中国报道 |
| 10 月 12 日 | 黑龙江铁力市“四个坚持”为未成年人茁壮成长育沃土 | 中国报道 |
| 10 月 12 日 | 黑龙江铁力市永枫食品有限公司正式投产运营 | 中国报道 |
| 11 月 4 日 | 早安铁力 | 新华社 |

（资料来源：中共铁力市委宣传部）

【打造乡风文明试点村镇】 2022 年，中共铁力市委宣传部结合各村镇独具特色的文化资源设计安装 63 个乡风文明试点村镇景观标识，对照“七有七无三化”标准不断完善宣传栏 449 个、文化墙 578 面，建成乡风文明试点镇 7 个、试点村 36 个，打造出“德礼”文化北星村、“抗联”文化建国村、“三勤”文化新华村等特色村镇 12 个，乡风文明试点普及率 100%，建成率 67.1%。全年在中国文明网《城乡文明创建巡礼》专栏发布铁力市《让文明乡风根植群众心田》创建信息，在“黑龙江宣传”公众号刊发乡风文明建设经验信息 3 条。

（王祎婷）

## 统战工作

【概况】 2022 年，中共铁力市委统战部开展学习统战法规、政策 7 次，各乡镇、部门开展相关学习 73 次，人数 2000 余人次；开展民主党派和党外人士调研活动 6 次，收集整理 3 个民主党派的调研报告；建立乡贤人士数据库 1100 条，在 8 个乡创建乡贤联谊会，与 7 个外埠龙商会建立沟通机制，招引乡资、资金回流、项目回归、信息回传、技术回援，获取招商线索 50 余条，意向投资 4.13 亿元，实际到位资金 5061 万元。联系 50 余位归侨侨眷，帮助解决实际困难 20 余件次。

（王　琦）

2022 年 3 月 3 日，铁力市开展市委统战（民族宗教）工作领导小组 2022 年第一次全体会议

（中共铁力市委统战部供图）

【共同思想基础】 2022 年，中共铁力市委组织召开市委常委会、统战工作会议、统战领导小组会议，传达学习中央、省、市统战工作会议精神，专题研究部署统战工作，健全完善三级工作网络和责任制，建立健全协调联动机制，明确职责，以党委中心组学习、常委会会前学法、各级各类干部培训班、座谈会、协商会等形式开展新时期统一战线重要思想论述、政策法规等学习。开展市级学习统战法

规、政策7次，各乡镇、部门开展相关学习73次，人数2000余人次，组织统战人士围绕党的二十大、省第十三次党代会精神开展主题学习，支持和引导各民主党派、工商联、党外知识分子、无党派人士和新的社会阶层人士等广大统战对象深化各类主题教育活动，开展组织培训12次、参观考察5次、谈心谈话5次、座谈联谊等各种方式4次。

（王　琦）

【民主党派统战】 2022年，中共铁力市委统战部制定《中共铁力市委2022年度政党协商计划》，发挥民主党派、参政议政职能，以“党委出题、党派调研、座谈协商、部门落实”为主要内容的调研机制，为民主党派制定8个调研课题，推进民主党派调研活动，开展民主党派大调研活动6次，解决问题4个，收集整理3个民主党派的调研报告，围绕政府工作报告、统战部民主生活会、《中共铁力市委2022年度政党协商计划》等广泛征求民主党派、无党派人士意见，发挥民主党派参政议政、民主监督的职能。

（王　琦）

【党外知识分子统战】 2022年，中共铁力市委统战部开展党外知识分子调研和信息采集，完善更新党外人士数据库，做好无党派人士认定工作，全年新认定无党派人士11人，党外知识分子800余人。

（王　琦）

【新的社会阶层人士统战】 2022年，中共铁力市委统战部成立铁力市新的社会阶层人士联谊会。吸纳中介组织、网络人士、管理技术型人才等社会各界人士75人，拓宽民营企业中管理人员和技术人员政治诉求和参政议政的渠道。

（王　琦）

【民营经济领域统战】 2022年，中共铁力市委统战部制定《市领导联系包扶民营企业名单》，常态化开展与民营经济人士的沟通联系，开展民营企业调研走访活动5次，及时掌握民营经济人士的思想动态，听取了解企业发展中存在的问题困难和民营经济人士的意见建议，对工商联执委、人大代表、政协委员中民营经济人士进行综合评价90余人次，协调解决问题20余条，为企业服务和纾解困难助力民营经济发展。推进工商联副主席轮值、工商联会员企业“互访”制度，搭建市委、市政府与民营企业沟通协商平台，增进政企交流。组织和动员民营经济人士、新的社会阶层人士等100余位统战人士围绕党的二十大、省第十三次党代会精神开展学习交流。

（王　琦）

【港澳台同胞统战】 2022年，中共铁力市委统战部完善港澳台基础信息，在全市范围内统计港澳台同胞信息，完善基础数据库；加强同台属交流，对台属进行走访慰问，联络社区，为台属协调租房事宜，为台属提供服务。

（王　琦）

【侨务统战】 2022年，中共铁力市委统战部开展新时期侨务流程再造工作，规范整理权力事项清单2项，维护海外侨胞和归侨侨眷切身利益，帮助区域内3名侨眷进行身份认定，办理3侨生高考加分初审；联系50余位归侨侨眷，帮助解决实际困难20余件次。在侨界领域开展各类主题活动，累计参与100余人次，组织动员在校高中生参加第二十三届华人学生作文大赛、举办“喜迎二十大　颂歌献给党”铁力市侨界诗歌朗诵比赛、为5名贫困归侨侨眷每人争取价值500元的米面油等生活物资。

（王　琦）

【民族和宗教事务管理】 2022年，中共铁力市委统战部为少数民族群众修缮少数民族活动室，帮助少数民族群众搭建交流交往平台，落实少数民族政策，做好少数民族群众服务工作。引导宗教中国化发展，开展宗教界“崇俭戒奢”教育活动。加强宗教场所规范化建设，开展宗教场所检查，妥善处理宗教领域重点难点问题。

（王　琦）

2022年铁力市中小学生民族团结主题手抄报展览

（中共铁力市委统战部供图）

# 机构编制工作

【概况】 2022年，中共铁力市委机构编制委员会办公室修订市文体广电和旅游局“三定”规定，明确承担考古、文物保护相关职能；重新修订市综治中心、市投资审计中心、市应急服务中心、市投资评审中心“三定”规定；事业单位法人登记和统一社会信用代码赋码工作，办理设立登记4次、变更登记103次，即时办结率100%。

（宋双靓）

【编制管理】 2022年，中共铁力市委机构编制委员会办公室落实《机构编制违规违纪违法行为处理和问责规则（试行）》，面向全市机关事业单位开展机构编制违规违纪违法行为自查自纠工作。为强化自查效果，突出问题导向，要求各部门将自查自纠、巡视巡察、机构编制核查工作中发现机构编制领域相关问题以及其他机构编制违规违纪违法问题一并纳入整改台账，并上报问题整改情况，为全面加强机构编制管理提供有力纪律保障。经全市机关事业单位自查自纠，均不存在违规违纪问题。实时更新完善省机构编制信息管理平台数据，发挥机构编制数据在管理全流程中的基础性作用。

（宋双靓）

【机构改革】 2022年，中共铁力市委机构编制委员会办公室按照上级要求对市委国安办机构设置进行调整，确保国家安全机构设置规范。参照伊春市营商部门“三定”规定，结合工作实际修订市营商局“三定”规定。根据《省委编办关于加强全省文物保护和考古工作机构编制保障的实施方案》，修订市文体广电和旅游局“三定”规定，明确承担考古、文物保护相关职能，在内设机构文体广电股加挂文物保护与考古股牌子，并增加财政全额拨款事业编制2名，充实考古和文物保护工作力量。开展党政机构改革实施情况“回头看”评估工作，调研掌握党政部门“三定”规定执行情况。

（宋双靓）

【事业单位改革】 2022年，中共铁力市委机构编制委员会办公室根据全市事业单位机构职能运行和人员编制配置工作需要，重新修订市综治中心、市投资审计中心、市应急服务中心、市投资评审中心“三定”规定，对全市各事业单位机构编制事项进行动态调整。结合“县管校聘”改革，重新优化调整中小学校及幼儿园编制分配，确保编制分配科学合理、符合实际。贯彻落实党中央和省委、伊春市委关于动态调整编制资源有关要求，制定下发《铁力市事业编制“周转池”管理办法》，有效加强周转编制管理和使用。为规范事业单位联合体运行，研究起草《关于进一步规范事业单位联合体运行的指导意见》。开展深化事业单位改革试点“回头看”评估工作，对试点单位章程和政事权限清单运行情况进行书面调研，巩固事业单位改革成果，提高事业单位服务效能。

（宋双靓）

【事业单位事项办理】 2022年，中共铁力市委机构编制委员会办公室对事业单位分类梳理，主动联系单位，明确办理事业单位法人登记工作的具体要求和操作步骤，统筹安排各项工作；通过电话、QQ、微信等方式，对办理统一社会信用代码赋码和法人登记业务进行培训，明确办理流程和要求。同时制作标准化模板和注意事项“明白卡”一次性告知。对材料齐全且符合办理条件的，实行“即时办理”；对申报材料存在个别形式欠缺，不影响后续审查的，申请人承诺限时补正的前提下，实行“容缺办理”，压缩办理时限，简化办理环节。

（宋双靓）

【乡镇职责任务清单建设】 2022年，中共铁力市委机构编制委员会办公室根据省、市关于推进乡镇职责任务清单建设工作会议精神及安排部署，将乡镇职责任务清单建设工作作为年度重点工作任务，纳入“四个体系”做好贯彻落实。在伊春市明确铁力镇、桃山镇为试点乡镇基础上，将工农乡也纳入试点范围，按照省试点县区同等标准，启动清单建设工作，促进基层治理科学化、职责边界清晰化、权责运行规范化。制定下发《铁力市乡镇职责任务清单建设工作实施方案》，在省、市指导目录基础上结合铁力市实际进行调整，将强乡扩权改革以及省政府明确由乡镇属地化管理的行政权力事项一并梳理纳入《铁力市乡镇职责任务清单指导目录》，召开领导小组会、工作协调会、对接会、推进会等专题会议10余次。5月，初完成试点乡镇清单梳理工作，并进行试运行。制定并下发联席会议、动态调整、监管问责、考核评价、执法协作5个配套制度。9月初，组织召开乡镇职责任务清单建设工作推进会暨乡镇职责任务清单管理工作2022年第一次联席会议，对全面推开工作进行安排部署。结合各乡镇自然情况和社会状况，同时借鉴黑龙江省其他试点地区工作经验，与各部门沟通对接后，对清单事项充实和完善，重点突出地域特色，实现“一乡一单、一镇一单”。

（宋双靓）

【属地林业局公司职责任务清单建设】 2022年，中共铁力市委机构编制委员会办公室按照伊春市有关安排部署，为厘清市委、市政府与属地林业局公司之间的权责关系，巩固国有林区“四分开”改革成果，组建铁力市与属地林业局公司职责任务清单建设工作领导小组及工作专班，制定下发《铁力市与属地林业局公司职责任务清单建设工作实施方案（试行）》，对清单建设工作的工作内容与实施步骤等内容进行明确，参照伊春市下发的参考目录，制定《铁力市直党政群机关与属地林业局公司职责任务清单指导目录（试行）》，为各部门梳理清单事项提供指导和遵循。经工作专班分类指导，市直部门和“南三局”公司沟通对接，梳理汇总，征求相关部门意见建议及市司法局合法性审核后形成《铁力市直党政群机关与铁力林业局公司职责任务清单（试行）》《铁力市直党政群机关与桃山林业局公司职责任务清单（试行）》《铁力市直党政群机关与双丰林业局公司职责任务清单（试行）》。

（宋双靓）

# 市直机关党建

【概况】 2022年，铁力市市机关工作委员会定期落实机关党组织建设各项工作，严格落实主体责任。加强党组织建设和党员日常教育管理，摸清各项基础数据，规范党费收缴。全年发展党员19名，更新党员信息270余名，收缴党员125.39万元。

（刘　佳）

【机关党组织建设】 2022年，铁力市直机关工作委员会下发《基层党组织按期换届选举工作提醒单》《基层党组织按期换届选举工作督办单》，开展解答咨询60余次，指导40多个基层党组织建强组织、配强队伍，提升服务基层的工作水平。坚持“发挥辐射带动作用，加强机关党建示范引领”总基调，实行典型引路法，选树农业农村局、司法局、融媒体中心作为先进典型基层党组织，推介司法局党总支典型经验做法在伊春党建平台报道。制定印发《市直机关党组织标准化建设的实施意见》及健全完善基层党建管理工作督导检查清单，细化8个方面督导要点30项具体内容。采用听取汇报、座谈交流、查看资料、自检自查等方式，对61个机关党组织督导检查做到全覆盖，针对查摆出的党建管理不规范、制度执行不严格、长效机制不健全等8个方面40余项问题，坚持即知即改、立行立改，帮助提出整改建议，制定整改措施，提升市直机关各基层党组织标准化规范化精细化建设水平。制定印发市直机关“能力作风建设年”活动机关工作质效提升和学习型机关创建2个行动方案及推进落实“四个体系”全面加强和改进市直机关党的建设工作配套方案，明确4个方面12项重点内容37项具体工作，构建纵向到底、横向到边、以上率下、全员参与的机关工作质效提升行动网格。开展“进基层走流程”服务活动，采取蹲点调研、现场指导的方式，打造市营商局政务服务中心自然人、法人联合支部示范典型，设立党员先锋岗1处，持续创建“四零”承诺服务窗口，打造窗口部门党建融合“一体化”服务新格局。

2022年7月7日，市直机关工委组织开展市直机关能力作风建设知识竞赛
（铁力市直机关工作委员会供图）

（刘　佳）

【机关党风廉政建设】 2022年，铁力市直机关工作委员会与纪工委召开专项会商“一把手”领导班子监督工作会议，健全完善“一把手”领导班子监督机制和会议制度。履行全面从严治党的主体责任，压紧压实“两个责任”。组织党员干部贯彻落实中央八项规定及纠治“四风”精神。通过组织参观廉政教育基地、观看警示教育片、开展谈心谈话等活动，教育党员干部筑牢纪律底线、坚守廉洁初心。召开党风廉政学习4次，研究市纪委监委对13名党员干部立案调查问题8次。组织3个企业党支部30余名党员干部职工，开展“参观廉政教育基地，筑牢廉政思想防线”主题党日活动，打造廉洁自律、警钟长鸣的“防火墙”，全面树牢廉洁服务的能力本领。

（刘　佳）

2022年6月30日，市直机关工委组织所属机关党委、党总支、党支部2022年上半年新发展党员及其组织委员开展“感悟抗联精神，牢记初心使命”主题党日活动
（铁力市直机关工作委员会供图）

【市直机关理论学习】 2022年，铁力市直机关工作委员会制定《2022年理论学习中心组学习计划》，学习贯彻习近平新时代中国特色社会主义思想和党的二十大精神，采取领学讲话原文、集中收听收看新闻、座谈研讨交流等方式，开展理论学习17次，指导、提示机关党组织学习贯彻各级会议精神70余场次。坚持线上线下相结合，围绕招商引资、项目建设、产业升级、乡村振兴等7项重点工作，开展讲理论、讲政策、讲业务、讲体会“四讲”活动80余次，受众达6000余人次，全面提升机关干部综合素质。依托“党建云平台”“龙江先锋”“极光新闻”“保密观”等在线培训系统，开展政治理论和业务知识线上培训测学活动，参与培训答题7000余人次，确保机关干部学习意识和工作效能双提升。通过公众号发布党的二十大应知应会百题，基层党建微课堂8期，受众达5000余人次。

（刘　佳）

【市直机关重要活动】 2022年，铁力市直机关工作委员会组织参观廉政教育基地、抗联陈列馆、禁毒教育基地、双丰镇建国村抗联红色教育基地，开展市直机关第二十六届职工排球赛，观看“红色电影”等主题实践活动12项，参与党员干部职工累计700余人次，发挥党员示范带头作用，增强基层党组织的凝聚力和向心力。组织所属20个党总支、党支部宣传委员，围绕省第十三次党代会精神，特别是党的二十大精神，开展学精神、明职责、转作风、谋发展、“解放思想、振兴发展”专题研讨座谈活动，组织1000余名市直机关党员干部下沉社区，解决困难群众心愿和开展消费帮扶等活动。解决急难愁盼问题100余件，将“我为群众办实事”活动落实落靠。

（刘　佳）

## 老干部工作

【概况】 2022年，铁力市老干部服务中心贯彻执行党中央、国务院关于离退休干部工作方针政策和省市有关规定。调查、掌握离退休干部政治、生活待遇落实情况，反映离退休干部意见和要求，提出解决问题建议15条，协调有关部门落实离退休干部政治、生活待遇。对离退休干部异地安置工作提出意见和建议3条。协助有关部门做好离退休干部医疗保健工作，协助相关部门做好离退休干部丧事处理及遗属安置照顾工作。

（钱　程）

【离退休干部党建工作】 2022年，铁力市老干部服务中心按照黑龙江省老干部局印发的《关于在全省开展离退休干部党支部标准化规范化建设的实施方案》标准，推动老干部服务中心离退休党支部“双覆盖五规范”（党的组织覆盖、工作覆盖，做到组织设置、队伍建设、组织生活、功能作用、基本保障五个规范）建设。党员活动室等场室建设达到“六有”标准（有场所、有设施、有标志、有党旗、有书报、有制度）。加强离退休干部党支部的组织建设，丰富党建活动，深入老区基地，开展红色活动，推进党建文化品牌特色化、系列化发展。

（钱　程）

【落实离退休干部政治待遇】 2022年，铁力市老干部服务中心邀请离退休干部列席市委全会、市人大、市政府和市政协等重要会议；参加市委全会工作报告、政府工作报告征求意见会；组织离退休干部召开视察和座谈会，使离退休干部了解铁力乡村振兴、城市建设、经济发展、疫情防控、招商引资、优化营商环境等各个方面取得的成绩，发挥离退休干部的政治优势、经验优势、威望优势，为铁力市发展建言献策。

（钱　程）

【落实离退休干部生活待遇】 2022年，铁力市老干部服务中心按照《关于在建党100周年之际提高离休干部生活补贴的通知》要求，为离休干部增发生活补贴；春节间期间，走访离退休

2022年6月23日，铁力市离退休老干部参观建国村“铁力抗联精神红色教育基地”红色长廊

（铁力市老干部服务中心供图）

干部67人（其中，离休干部20人），遗属39人，困难遗属6人，共计112人，共计发放慰问金12.2万元。

（钱　程）

【离退休干部服务管理】　2022年，铁力市老干部服务中心贯彻落实中共黑龙江省委老干部局《关于印发〈关于开展离休干部“一人一策”精准服务工作的意见〉的通知》要求，制定《铁力市老干部服务中心关于开展离休干部“一人一策”精准服务工作方案》，针对22名离休干部个人情况形成个人档案，每名离休干部有专人负责对接，定期了解其生活待遇、医疗保障、身体状态和生活状况等相关情况，老干部服务中心开展送医送药服务，为58名有需求的离退休干部提供上门问诊和送药服务。节日期间开展“暖心三送”活动3次，走访离退休老干部195人次。

（钱　程）

【老干部精神文化生活】　2022年，铁力市老干部服务中心开展铁力市首届老年人新春联欢会、急救自救知识学习、学习省第十三次党代会精神、能力作风建设答题、庆七一、老区研学等线下活动28次，受众达到千余人次，做到以活动为载体，以老区基地为特色课程基地，为离退休干部提供优质的活动和学习场所及课程。同时在微信公众号内开设“银龄科普”“银发之声”“智慧助老”“喜迎二十大退休老干部寄语”共4个板块，“银龄科普”发布48期、“银发之声”发布10期、“智慧助老”发布37期、“喜迎二十大退休老干部寄语”发布4期，为离退休老干部提供学习平台的同时引导老干部们发挥思想优势，为铁力经济社会长足发展作出贡献。

（钱　程）

## 信访工作

【概况】　2022年，铁力市信访局以《信访工作条例》及相关规程，妥善做好登记、解答、转办、反馈等工作环节的衔接，全年共接待本级来访信访事项107件303人次，全部按要求进行现场解答、协调引导。坚持实行处级领导工作日接待来访群众制度，全年接待238件828人次，推动案件化解。

（李欣桦）

【信访办理】　2022年，铁力市信访局推动各级领导干部做好接访、下访、约访、回访工作，及时有效化解信访问题，让初信初访变成“终结访”“一次访”。同时落实好“大口进人、诉访分离、分类处理”原则，保障合理合法诉求，依照法律规定和程序得到合理合法的结果。

（李欣桦）

【信访宣传】　2022年，铁力市信访局以《信访工作条例》颁布实施为契机，通过印发宣传资料、电子宣传等方式，引导群众树立法治信访理念，正确认识自身权利义务，自觉维护信访秩序，依法、有序、文明信访。

（李欣桦）

【信访积案化解】　2022年，铁力市信访局按照中联办、省联办要求，印发《铁力市信访事项化解融冰行动方案》，召开信访联席会议和市长办公会议，同时联合属事部门、属地乡镇对信访人开展思想工作，实现“事心双解”。2022年末，16件积案均按要求完成化解。

（李欣桦）

## 网络信息安全

【概况】　2022年，铁力市委网络安全与信息化办公室（以下简称市委网信办）规范引导传播秩序，全年累计转发内容1265项，发布信息14122条，总点击量170.76万次；线上答复网民提出的留言1007条，完成上级交办跟帖评论1652条。市委网信办制作网络安全视频作品《共建网络安全，共享网络文明》获2022年伊春市网络安全常态化宣传教育暨“网络安全每e天”主题宣传教育活动优秀奖。网络安全宣传累计开展活动52场次，发放宣传单3800余份，张贴宣传海报500余张，悬挂条幅40幅，设置讲解台17处，制作宣传展板10个，解答群众咨询2500余次。有1人获“2022年黑龙江省网络安全宣传周先进个人”、有3人获“2022年伊春市网络安全宣传周先进个人”，市委网信办获“2022年伊春市网络安全宣传周先进集体”称号；参加省委网信办微博抢热评实战演练，取得全省评论数量第一、第二名的成绩。

（张　甜）

【中共铁力市委网络安全和信息化委员会第二次全体会议】　5月25日，市委书记、市委网信委主任主持召开中共铁力市委网络安全和信息化委员会第二次全体会议。29人参加会议，其中，主任1人，副主任9人，委员19人。会议书面传达伊春市委网信委第四次会议精神及铁力市贯彻落实意见，并听取中共铁力市委网信办主任工作汇报，会议书面审议通过《铁力市党委（党组）网络意识形态工作责任制实施细则》《铁力市党委（党组）网络安全工作责任制实施细则》《铁力市网络安全事件应急预案（修订）》《关于加强网络文明建设的意见》《关于建立铁力市电子政务工作统筹推进机制的意见》《铁力市党委（党组）网络意识形态工作专题督查办法》《铁力市加快建立网络综合治理体系的实施意见》《铁力市网络安全工作责任制检查考核办法》《2022年网信工作要点》。

（张　甜）

【网络安全宣传】　2022年，铁力市与国家、黑龙江省、伊春市同步开展以“网络安全为人民，网络安全靠人民”为主题的网络安全宣传周活动，下发《2022年铁力市网络全宣传周活动实施方案》，组织开展校园日、电信日、法治日、金融日、青少年日和个人信息保护日6场主题日活动。制定《铁力市网络安全常态化宣传教育暨“网络安全每e天”常态化主题宣传教育活动方案》，以网络安全为主线，通过开展主题宣传教育活动，营造优良网络安全环境。

（张　甜）

【网络信息安全管理】　2022年，铁力市制定并落实《铁力市网络安全工作责任制检查考核办法》《铁力市网络安全事件应急预案》，修订《铁力市党委（党组）网络安全工作责任制实施细则》。部署全市重要网站安全应急处置系统进行安装和升级改造，强化网络安全技术支撑。开展属地网站相关情况调研工作，对全市重点部门“两库两清单”内容统计，统筹做好年度网络安全检查工作，加强对网站安全、内容管理、增强网络安全工作责任和风险意识，提升全市网络安全保障水平。制定下发《铁力市党的二十大网络安全保障工作实施方案》《关于印发〈铁力市网络安全工作协调机制〉的通知》《铁力市2022年网络安全监督检查工作方案》，组织铁力市各部门各行业制定网络安全自查评估方案，按照职责做好网络安全事件日常预防工作。对党政机关和重要新闻网站、基础网络和关键业务网络安全，重要数据和涉及公民的个人信息，金融、电力、通信、交通等重点领域进行全方位、系统性的现场检查。检查过程中共发现问题6处，并针对问题隐患下发整改通知书6份，均在限期内整改完成。对市政务信息化服务中心、市智慧城市等多家单位下发网络安全风险提示和整改建议书9次，并要求相关单位对安全隐患进行整改并加强网站、系统平台安全防护，避免发生网络安全事件。下发《关于做好2022年考试招生期间网络安全保障工作的通知》，强化网络安全监测预警，保障重要网络和系统安全平稳运行。

（张　甜）

【网络阵地建设】　2022年，铁力市围绕文明城市创建、疫情防控常态化、能力作风建设年、反诈宣传、网络安全普及等，集中宣传报道。不断创新宣传方式、抢占宣传高地，运用好新媒体平台，实现网络宣传全覆盖、无死角。建立健全网络安全工作制度，全面加强网络安全保障体系和能力建设。将网络安全工作责任制检查考核作为考核指标纳入年度领导班子目标考评，提升党委（党组）网络安全工作实效。

（张　甜）

【网络信息化发展】　2022年，铁力市推动电子政务服务向基层覆盖，印发《关于建立铁力市电子政务工作统筹推进机制的意见》，促进基层智慧治理。加快数字基础设施建设，推动IPv6规模部署和应用发展。铁力市政府门户网站互联网IPv6协议升级改造完成。并与北京中科三方网络技术有限公司进行业务对接，测试服务项目为IPv6转换和云解析。经过阶段性测试运行，达到国家IPv6发展平台测试标准，并记录在国家IPv6检测平台开通运行。

（张　甜）

## 党校工作

【概况】　2022年，中共铁力市委党校开展各项培训班21个，累计培训干部3000余人次，宣讲党的二十大精神、省第十三次党代会精神60余场；根据铁力市经济社会发展实际，与省委党校沟通申请在铁力开设在职研究生教学点，全年招收首届在职研究生162人。

（夏祥瑞）

【党校教育培训】 2022年，中共铁力市委党校制定《2022年铁力市干部教育培训计划》。开展全市优秀青年干部能力素质提升、公务员素质提升与能力训练、入党积极分子、换届后乡镇领导干部能力素质强化、到村任职选调生（举办三期36天）、全市领导干部学习贯彻党的十九届六中全会暨省第十三次党代会精神专题研讨、政法系统学习习近平法治思想、村党组织书记常态化培训、少数民族干部能力素质提升、新入职公务员培训、科级干部党的二十大精神培训、全市领导干部学习贯彻党的二十大精神专题研讨、全市党务干部能力素质等主体班、专题班21个班次，有针对性地设置相关课程。同时还聘任发改、编办、公安、营商、司法、农业农村、环保、应急、统计、组织、纪委监委、政法委等部门干部到党校讲课，丰富培训班的课程，促进党员干部的党性修养和素质提升，累计培训各级干部3000人次。党的二十大和省第十三次党代会闭幕后，市委党校组织教师到全市基层单位专题宣讲党的二十大精神、省第十三次党代会精神60余场，培训2600余人次。采取“训前问需、训中问计、训后问效”相结合方式，紧跟时政理论制定精品课程26个，在培训过程中利用专题辅导、案例分析、现场观摩、交流研讨等方式，教育引导党员干部坚定理想信念，增强担当本领。为适应时代发展和工作需要，市委党校向省委党校申请争取在铁力开设在职研究生教学点。7月16日，完成中共黑龙江省委党校在职研究生铁力教学点入学考试，全市各单位共有162名党员干部被录取。

（夏祥瑞）

2022年9月10日，铁力市委党校开展主题党日活动

（中共铁力市委党校供图）

【党校教学方式】 2022年，中共铁力市委党校利用公众号、抖音平台，录制发布党的十九届六中全会精神、伟大建党精神、省和市第十三次党代会精神、能力作风建设年、《习近平谈治国理政》第四卷、党的二十大精神主题微党课70余节，制订党性锻炼计划、开展党性分析活动、作出党性小结，从严治校，从严管理，严格组织纪律和各项规章制度。

（夏祥瑞）

【党校教研工作】 2022年，中共铁力市委党校按照省委、伊春市委部署要求，开展“能力作风建设年”活动，召开党校“能力作风建设年”活动启动会议，制定专项实施方案，成立工作专班。研究制定《铁力市委党校“能力作风建设年”活动“解放思想、振兴发展”研讨专项工作方案》，组织召开“解放思想、振兴发展”研讨“回头看”动员会、分析会，开展专题研讨6次。结合铁力市委党校实际，研究确定青年教师培养工程、强化全员现场教学、突破案例教学、推动标准化党校建设、千方百计帮扶脱贫户增收5个重点攻坚难题，实行“一个难题、一位领导、一套方案”，每项任务成立工作专班，强化调度、督导，跟踪问效，确保攻坚有力有效。举办铁力市委党校微课大赛，9名获奖教师中有7名40岁以下教师。1名教师在伊春市委党校微课大赛中获得一等奖。6名教师微课在全省“党课开讲啦”竞赛中别通过审核，并跻身到前50名，2名教师获得一、二、三等奖。组织教师到神树镇、桃山镇、双丰镇、铁力林业局林场等地，实地踏查红色资源。按照铁力红色资源及乡村振兴、生态建设重点，列出东、西、北3条红色研学路线。结合研学路线，确定9个教学点，每个教学点确定1名教师进行备课，最大程度展示红色资源文化和绿色生态发展优势及乡村振兴成果。在伊春市党校系统“能力作风建设年”活动推进会上，铁力市委党校做典型发言。

（夏祥瑞）

# 铁力市人民代表大会

Tieli Municipal People's Congress

编辑：张馨元

## 综　述

【概况】 2022年，铁力市第九届人民代表大会常务委员会认真贯彻落实中央、省委和市委人大工作会议精神，共召开常委会会议7次，主任会议15次，听取和审议各项工作报告27项，作出决议、决定11项，依法任免国家机关工作人员72人（次）。2022年，铁力市在全国人大代表报刊发经验做法1篇，省人大《法治》杂志刊发经验做法1篇；在省人大公众号刊发信息3篇，伊春人大公众号刊发信息43篇。《铁力市实施“三诊”打通代表服务群众“最后一公里”》经验做法相继被《全国人大代表报》、省人大《法治》杂志、省人大“法治山河”公众号刊发。

（高　岩　孙琳皓）

2022年7月1日，铁力市人民代表大会常务委员会成员到党史博物馆开展“七一”主题党日活动

（铁力市人民代表大会常务委员会办公室供图）

【决议决定】 2022年，铁力市人大常委会依法作出决议、决定11项。审议通过了铁力市第九届人民代表大会常务委员会关于接受计岩等辞去铁力市第九届人民代表大会代表职务请求的决定；审议通过了铁力市第九届人民代表大会常务委员会关于接受赵文华辞去铁力市第九届人民代表大会代表职务请求的决定；审议通过了铁力市第九届人民代表大会常务委员会关于接受王学武等辞去铁力市第九届人民代表大会代表职务请求的决定；审议通过了铁力市第九届人民代表大会常务委员会关于接受许志坚辞去铁力市人民政府副市长职务请求的决定；审议通过了铁力市人大常委会关于批准2021年财政决算的决议；审议通过了铁力市第九届人民代表大会常务委员会关于接受杜继红等辞去铁力市第九届人民代表大会代表职务请求的决定；审议通过了铁力市人大常委会关于批准2022年债券资金调整的决议；审议通过了铁力市第九届人民代表大会常务委员会关于接受赵露秋等辞去铁力市第九届人民代表大会代表职务请求的决定；审议通过了铁力市第九届人民代表大会常务委员会关于接受周靖欣辞去铁力市第九届人民代表大会常务委员会委员职务请求的决定；审议通过了铁力市人大常委会关于批准铁力市人民政府2022年预算调整方案（草案）的决议；审议通过了关于铁力市第九届人民代表大会第二次会议召开日期的决定。

（高　岩　孙琳皓）

【人大代表构成】 2022年，铁力市第九届人民代表大会共有代表191名，其中，工人、农民代表73名，占38.2%；专业技术人员34名，占17.8%；企业负责人19名，占9.9%；公务员54名，占28.2%；其他方面11名，占5.8%。妇女64名，占33.5%；连任92名，占48.2%；少数民族11名，占5.8%；下派29名，占15.2%；民主党派3名，占1.6%；医疗界11名，占5.8%；教育界10名，占5.2%；金融界4名，占2.1%。

（高　岩　孙琳皓）

【人大常委会自身建设】 2022年，铁力市人大常委会按照新时代人大工作的新要求，强化政治建设、思想建设、组织建设、作风建设，组织开展党组会议学政治、主任会议学业务、常委会会议学法律“三学”行动，提高机关干部的政治素质和工作能力。修订完善了4项工作制度和办事制度，机关运行规范有序。人大常委会机关贯彻落实提铁力市第十三次党代会精神，参与乡村振兴、招商引资、文明城市创建等重点工作。配合省、伊春市人大常委会组织开展执法检查、调研视察等工作。发挥专门委员会在审议、监督、执法检查等方面的专业性和权威性。坚持市乡人大“一盘棋”，实行常委会领导包联乡镇人大制度，邀请乡镇人大负责人列席常委会会议，推动乡镇人大标准化建设。2022年，完成19名铁力市级人大代表的补选工作、13名铁力市级人大代表辞去代表职务的工作、47人次任职工作、25人次免职工作。

（高　岩　孙琳皓）

## 考察调研

【关于铁力市人民检察院少捕慎诉慎押工作情况的调研】 4月27日，铁力市人大常委会组成调研组对铁力市检察院少捕慎诉慎押工作进行调研。落实少捕慎诉慎押刑事司法政策是新时代检察机关维护国家政治安全和社会大局稳定、服务构建新发展格局、促进提升国家治理效能的重要举措。铁力市刑事犯罪“不捕率”“不诉率”从2021年到2022年稳定上升，“审前羁押率”不断下降。2021年审前羁押率为35.93%，2022年审前羁押率为25%。同时，公安机关对不捕不诉案件复议复核比例为零，当事人对不捕不诉案件申诉信访比例低。

（孙琳皓）

【关于铁力市养老服务工作情况的调研】 铁力市人大常委会组成调研组对铁力市养老服务工作情况进行调研。铁力市有养老机构36所。其中，公办养老机构2所（中心敬老院、爱心养护中心）民办养老机构34所（民办非企业登记21所、工商登记13所），床位1915张，入住老人1007人；幸福院2处（铁力镇、神树镇）入住21户。铁力市中心敬老院建筑面积11000平方米，房间88个，床位380张。铁力市爱心养护中心占地面积8400平方米，建筑面积5400平方米，房间64个，床位135张，入住老人75人。

（孙琳皓）

【关于优化营商环境工作的调研】 8月5日，铁力市人大常委会组成调研组到铁力市营商局对优化营商环境工作开展情况进行调研，相关单位负责人参加调研。调研中，调研组到市政务服务中心一楼，实地查看婚姻登记、税务等服务窗口，并在相关负责人的讲解下对窗口工作业务、人员分配等情况进行了解。在座谈会上，调研组听取铁力市营商局关于优化营商环境工作进展情况的汇报。2022年，铁力市围绕政务、法制、市场、人文等工作，通过实施营商环境专项行动，提升铁力市营商环境的“便利度”。1至7月在伊春市社会信用体系建设工作考核中位于第1名。

（孙琳皓）

【关于《黑龙江省促进中小企业发展条例》贯彻执行情况的调研】 11月8日，铁力市人大常委会组成调研组到铁力市工信局对铁力市《黑龙江省促进中小企业发展条例》贯彻执行情况进行调研，并听取相关工作汇报，会后走访相关企业。同时铁力市在融媒体中心电视端和微信端同步开设各类专栏。其中，在电视端及融媒体平台，开设“优化营商环境”专栏，以采访报道等方式，集中展现铁力市在优化营商环境方面相关做法及举措。利用企业群、政府门户网站等方式宣传惠企政策，并利用政府门户网站、微信公众号发布惠企政策解读，提高企业政策知晓度。将全市2139户中小微企业全部纳入领导干部包联范围，督促各部门、各乡镇调研了解企业生产经营状况，协调解决企业存在的困难和问题，促进企业生产经营达到预期效益。

（孙琳皓）

【关于《黑龙江省促进大数据发展应用条例》的调研】 9月1日，铁力市人大常委会组成视察组到市委网信办对《黑龙江省促进大数据发展应用条例》贯彻执行情况进行调研，在市委网信办，调研组听取市委网信办负责人关于《黑龙江省促进大数据发展应用条例》中关于网络安全和监管工作情况的汇报，并进行实地走访相关单位的网络管理情况。

（孙琳皓）

【关于铁力市贯彻实施《伊春市废弃食用菌包污染环境防治条例》情况的调研】 铁力市人大常委会视察调研组采取查看书面汇报材料、相关部门自检自查等方式对政府及相关部门贯彻落实《伊春市废弃食用菌包污染环境防治条例》实施情况进行检查。铁力市建立食用菌生产报备制度，规范废弃食用菌包处置行为，成立废弃食用菌包污染环境防治领导小组，及时督查及指导各乡镇废弃食用菌菌包收集处置工作。出台《关于加强铁力市废弃菌包回收利用工作的指导意见》，加强废弃食用菌包回收整治工作。

（孙琳皓）

## 重要会议

【人民代表大会会议】 铁力市第九届人民代表大会第二次会议于2023年1月7日在铁力市工人文化宫举行，会期一天。大会表决通过了选举总监票人、监票人名单（草案）；公布了各项正式候选人名单。大会进行了选举。大会表决通过了关于铁力市人民政府工作报告的决议；关于铁力市2022年国民经济和社会发展计划执行情况及2023年国民经济和社会发展计划（草案）的决议；关于铁力市2022年财政预算执行情况及2023年财政预算（草案）的决议；关于铁力市人大常委会工作报告的决议；关于铁力市人民法院工作报告的决议；关于铁力市人民检察院工作报告的决议；铁力市第九届人民代表大会教育科学文化卫生委员会主任委员候选人名单。

（高　岩　孙琳皓）

【人大常委会会议】 2022年，铁力市人大常委会依法履职，共召开常委会会议7次。

2022年1月20日，铁力市召开市九届人大常委会第二次会议。会议听取审议了市政府关于2022年春节期间人民群众生活安排情况的报告。

2022年3月28日，铁力市召开市九届人大常委会第三次会议，会议审议通过了铁力市第九届人民代表大会常务委员会关于接受计岩等辞去铁力市第九届人民代表大会代表职务请求的决定、铁力市第九届人民代表大会常务委员会代表资格审查委员会关于市九届人大常委会第一次会议以来部分代表的代表资格终止和补选代表的代表资格的审查报告、《铁力市人大常委会2022年工作要点》；听取审议市政府关于2021年度预算绩效目标评价结果的报告、市政府关于2021年环境状况和环境保护目标完成情况的报告、人大常委会法制工作委员会关于2021年度规范性文件备案审查工作情况的报告。会议审议通过了有关人事任免事项。分别听取了关于提请李树光任职案的说明，关于提请周兆君等同志任职案的说明。会议进行了分组审议。分组审议结束后，市人大常委会主任郭春光主持召开第二次全体会议。会议听取了市人大常委会财政经济工作委员会、法制工作委员会、人大社会建设委员会关于相关报告的审议意见。拟任职人员作供职报告，会议以投票表决的方式通过人事任免事项。会议向新任职人员颁发任命证书，并举行宪法宣誓仪式。

2022年5月30日，铁力市召开市九届人大常委会第四次会议，会议审议通过了铁力市第九届人民代表大会常务委员会关于接受赵文华辞去铁力市第九届人民代表大会代表职务请求的决定；听取审议了市政府关于行政事业性国有资产管理情况的报告、市政府关于全市贯彻实施《黑龙江省中医药条例》情况的报告、市监察委员会关于开展整治群众反映强烈突出问题工作情况的报告、市法院关于环境资源审判工作情况的报告。会议进行了分组审议。分组审议结束后，市人大常委会主任郭春光主持召开第二次全体会议，会议听取了市人大常委会财政经济工作委员会、科教文卫工作委员会、法制工作委员会关于相关报告的审议意见。会议进行了人事任免，并向新任职人员颁发了任命证书。

2022年7月22日，铁力市召开市九届人大常委会第五次会议。会议审议通过了铁力市第九届人民代表大会常务委员会关于接受王学武等辞去铁力市第九届人民代表大会代表职务请求的决定、铁力市第九届人民代表大会常务委员会关于接受许志坚辞去铁力市人民政府副市长职务请求的决定、铁力市第九届人民代表大会常务委员会代表资格审查委员会关于市九届人大常委会第三次会议以来部分代表的代表资格终止和补选代表的代表资格的审查报告、市人大常委会关于批准2021年财政决算的决议。听取审议了市政府关于2021年预算执行和其他财政收支情况的审计工作报告、市政府关于2021年财政决算和2022年财政预算上半年执行情况的报告、市人大财政经济委员会关于铁力市2021年财政决算和2022年上半年预算执行情况的审查报告、市政府关于2022年国民经济和社会发展计划上半年执行情况及下半年安排意见的报告、市政府关于全市贯彻实施《伊春市城市综合管理条例》情况的报告。会议审议通过了有关人事任免事项，听取了关于提请赵晓光等同志任职案的说明。会议进行了分组审议。分组审议结束后，市人大常委会主任郭春光主持召开第二次全体会议，会议听取了市人大常委会财政经济工作委员会、市人大社会建设委员会关于相关报告的审议意见。拟任职人员作了供职报告。会议以投票表决的方式通过了人事任免事项。会议向新任职人员颁发了任命证书，并举行了宪法宣誓仪式。

2022年9月23日，铁力市召开市九届人大常委会第六次会议。会议审议通过了铁力市第九届人民代表大会常务委员会关于接受杜继红等辞去铁力市第九届人民代表大会代表职务请求的决定、铁力市第九届人民代表大会常务委员会代表资格审查委员会关于市九届人大常委会第五次会议以来部分代表的代表资格终止和补选代表的代表资格的审查报告；听取了市政府关于市九届人大常委会第五次会议审议意见办理情况的报告；听取审议了市政府关于2022年全市重点项目建设情况的报告、市政府关于2022年新增政府债券和一般债券结余资金调整情况的报告、人大财政经济委员会关于铁力市2022年新增政府债券和一般债券结余资金调整情况的审查报告、市政府关于全市义务教育“双减”工作落实情况的报告；审议通过了铁力市人大常委会关于批准2022年债券资金调整的决议。会议审议通过了有关人事任免事项。会议进行了分组审议。分组审议结束后，市人大常委会主任郭春光主持召开第二次全体会议，会议听取了市人大常委会财政经济工作委员会、教育科学文化卫生工作委员会关于相关报告的审议意见。拟任职人员作了供职报告。会议以投票表决的方式通过了人事任免事项。会议向新任职人员颁发了任命证书，并举行了宪法宣誓仪式。

2022年12月2日，铁力市召开市九届人大常委会第七次会议。会议听取了市政府关于市九届人大常委会第六次会议审议意见办理情况的报告；听取审议了市政府关于全市贯彻落实《中华人民共和国环境保护法》情况的报告、市政府关于市九届人大一次会议代表提出建议批评和意见办理情况的报告并进行满意度测评、市政府关于2021年预算执行和其他财政收支审计问题整改落实情况的报告、市政府关于全市退役军人接收安置与就业创业情况的报告、市人大法制委员会关于2022年规范性文件备案审查工作情况的报告。会议审议通过了有关人事任免事项。会议进行了分组审议。分组审议结束后，市人大常委会主任郭春光主持召开第二次全体会议。会上进行了铁力市第九届人民代表大会第一次会议代表建议办理情况满意度测评，并宣布了满意度测评计票结果。听取了市人大常委会财政经济工作委员会、社会建设委员会、法制委员会关于相关报告的审议意见。拟任职人员作了供职报告。会议以投票表决的方式通过了人事任免事项。并向新任职人员颁发了任命证书，并举行了宪法宣誓仪式。

2022年12月30日，铁力市召开市九届人大常委会第八次会议。会议审议通过了铁力市第九届人民代表大会常务委员会关于接受赵露秋等辞去铁力市第九届人民代表大会代表职务请求的决定，审议通过了铁力市第九届人民代表大会常务委员会关于接受周靖欣辞去铁力市第九届人民代表大会常务委员会委员职务请求的决定，审议通过了铁力市第九届人民代表大会常务委员会代表资格审查委员会关于市九届人大常委会第六次会议以来部分代表资格终止和补选代表的代表资格的审查报告。听取了市政府关于市九届人大常委会第七次会议审议意见办理情况的报告，听取审议了市政府关于春节期间人民群众生活安排情况的报告，听取了市监察委员会关于市人大常委会对整治群众反映强烈突出问题审议意见的办理情况的报告，听取审议了市政府关于2022年预算调整方案（草案）的报告，听取审议了市人大财政经济委员会关于市政府2022年预算调整方案（草案）的审查报告。审议通过了铁力市人大常委会关于批准铁力市人民政府2022年预算调整方案（草案）的决议，会议听取关于春节期间人民群众生活安排情况的报告审议情况。会议审议通过了有关人事任免事项。会议以投票表决的方式通过了人事任免事项，并向新任职人员颁发了任命证书。审议通过了关于铁力市第九届人民代表大会第二次会议召开日期的决定，审议通过了铁力市第九届人民代表大会第二次会议有关事项。

（高　岩　孙琳皓）

## 人大监督

【经济运行监督】　2022年，铁力市人大常委会听取审议了2021年度预算绩效目标评价结果、行政事业性国有资产管理、全市重点项目建设情况、2021年财政决算和2022年财政预算上半年执行情况、2022年全市重点项目建设情况、2022年新增政府债券和一般债券结余资金调整情况等报告，提出了强化绩效评价结果应用、规范预算执行、持续优化营商环境等意见建议。

（孙琳皓）

【民生福祉监督】　2022年，铁力市人大常委会听取审议了2021年环境状况和环境保护目标完成情况、全市义务教育“双减”工作落实情况等报告，提出了聚焦环境热点，推动系统治理，完善长效机制、提升课堂教学质量，优化教学办法，科学合理设计学生作业、规范校外培训机构等意见建议。

（孙琳皓）

【法治建设监督】　2022年，铁力市人大常委会首次听取市监察委关于开展整治群众反映强烈突出问题工作情况的专项工作报告，听取规范性文件备案审查工作报告，听取市法院关于环境资源审判工作情况的报告，开展检察机关少捕慎诉慎押工作情况专题调研，开展全市贯彻实施《中华人民共和国军人地位和权益保障法》《黑龙江省中医药条例》《伊春市城市综合管理条例》等情况的“三查（察）”活动。

（孙琳皓）

## 代表意见建议

【概况】　2022年，铁力市第九届人民代表大会第一次会议收到代表提出涉及市政府及政府相关部门的建议、批评和意见45件，经梳理分类为六方面20件。其中，农业农村方面1件；教科文卫和旅游方面4件；城建环保方面1件；人民生活方面7件；交通电力方面4件；其他方面3件。2022年，代表意见建议涉及公安、工信、住建、卫健、人社、教育、司法、交通、医共体、电商办、养路段、农业农村、生态环境13个单位，全部办理完成，办理结果平均满意率91.8%。

（孙琳皓）

【全面推动县乡村三级物流体系建设的建议办理】　铁力市县、乡、村三级物流体系建设还有不完善的地方等情况，建议利用邮政县乡村三级物流体系，改造提升农村寄递物流基础设施，打造一村一品，线上线下宣传本村特色产品。结合村邮站点，培养村邮站点品牌带头人，推动城乡融合发展，全面推进乡村振兴。市政府一方面推动快递进村。顺利通过国家电子商务进农村综合示范项目验收，在松涛物流园建设3000平方米的快递分拣中心，优化5条农村快递配送线路，全市71个行政村快递均可实现当天配送。另一方面，建设基层站点。对57个行政村村级快递网点进行升级改造，拓展推出商贸流通、农资配送、代买代卖等服务，全市村级服务点覆盖率已经达到80%以上。

（孙琳皓）

**【各小区停车区域划分及增加市区繁华地带停车位的建议办理】** 铁力市各种机动车量日益增多，承载的停车压力越来越大。建议将城区各住宅小区内划定停车区域，规范停车，既便民，又安全；同时增加市区繁华地带停车位。市政府通过实施老旧小区改造项目，新建停车泊位670平方米，并在14处老旧小区设置停车泊位650个。同时，完善城内道路划线33416平方米，共计设置公共停车泊位、停车场地标线3712个。

（孙琳皓）

**【关于加大老旧小区供热管网改造的建议办理】** 铁力市将老旧小区供热管网改造工作纳入市政府重点项目，2022年，铁力市共实施供热管网改造项目2个，累计改造供热管网16.8公里，涉及格林世家、房产综合楼、邮政小区等楼房50栋。

（孙琳皓）

**【关于推广旅游＋铁力森鲜系列产品的建议办理】** 铁力市同今日头条、东北网等媒体合作，开展“铁力森鲜”区域公共品牌宣传推介工作，“铁力森鲜”区域公共品牌登上中央电视台CCTV-7农业频道，在黄金时段展播，品牌获得“2021中国农产品区域公用品牌·市场竞争力新锐品牌奖”，并被收录进入“2022年中国农产品区域公用品牌助跑计划”。同时，联合各大旅行社，将市电商展销中心纳入铁力市旅游线路中，邀请旅游团体到电商展销中心品尝铁力市特色农林产品，提升“旅游＋铁力森鲜”系列产品知名度和美誉度。

（孙琳皓）

**【关于打造旅游城市街区亮点的建议办理】** 将文化街作为铁力市旅游城市“亮点”街区，持续加大打造力度，将文化街5处破损理石停车位改造为沥青停车位，并沿街摆放花箱60组，维护保养休闲座椅20个。

（孙琳皓）

**【关于对留守老人的养老问题及建立社区居家养老服务站的建议办理】** 大力推进城乡社区居家养老服务用房配建工作，全市已建成养老服务用房17处，共计7121平方米。同时，高度关注留守老人养老问题，在全市各乡镇卫生院中为留守老人预留医养床位51张，以满足留守老人养老需求，探索实施居家养老服务站建设，构建多层次养老服务体系。

（孙琳皓）

**【关于引进优秀大学毕业生的建议办理】** 铁力市政府按照《伊春市急需紧缺人才引进办法》要求，结合《铁力市集聚鼓励人才创新创业管理办法》，研究制定《铁力市急需紧缺人才引进办法》，梳理完善“聚才强市”“引才归乡”“纳才助企”人才需求目录。同时，通过线上线下相结合的方式，集中开展“就业援助月”“春风行动云聘会”“稳增长稳市场主体保就业”等公共就业服务活动14场，150家企业向优秀大学毕业生提供岗位400个。

（孙琳皓）

**表6　铁力市第九届人民代表大会第一次会议代表意见建议一览表**

| 序号 | 建议批评意见内容 |
|---|---|
| 1 | 关于全面推动县乡村三级物流体系建设的建议 |
| 2 | 关于加大秸秆综合利用，守护家乡蓝天白云的建议 |
| 3 | 关于加大老旧小区供热管网改造的建议 |
| 4 | 关于加强我市各小区物业管理的建议 |
| 5 | 关于推广旅游＋铁力森鲜系列产品的建议 |
| 6 | 关于打造旅游城市街区亮点的建议 |
| 7 | 关于各小区停车区域划分及增加市区繁华地带停车位的建议 |
| 8 | 关于清理“僵尸车”“二手车行”等占用公共停车位的建议 |
| 9 | 关于切实改善居民饮用水质量的建议 |

续表 6

| 序号 | 建议批评意见内容 |
| --- | --- |
| 10 | 关于对留守老人的养老问题及建立社区居家养老服务站的建议 |
| 11 | 关于引进优秀大学毕业生的建议 |
| 12 | 关于加强医疗队伍建设，提高医务人员专业素质的建议 |
| 13 | 关于将国道铁力至双丰路段中间部分进行沥青铺设的建议 |
| 14 | 关于进一步减轻非教育教学任务给教师带来额外工作负担的建议 |
| 15 | 关于加强法律宣传活动的建议 |
| 16 | 关于加强对老年人群体开展交通安全培训的建议 |
| 17 | 提高民众防疫意识的建议 |
| 18 | 碎石破碎站环境污染问题的建议 |
| 19 | 关于增设岔道警示标志的建议 |
| 20 | 关于扩大农业机械补贴范围的建议 |

（资料来源：铁力市人民代表大会办公室）

**【关于加强法律宣传活动的建议办理】** 铁力市政府为加大法律宣传力度，在左营公园、铁力公园和日月峡镇马永顺社区建设法治文化宣传区3处，全市71个行政村实现法治宣传栏和法律图书角标识全覆盖。同时，以“法律八进”活动为载体，结合重要时间节点，开展涉老维权等法律咨询和援助服务，并组织普法志愿者到深入村屯为留守老人开展上门精准普法。同时发挥各类新闻平台作用，通过“铁力市普法”微信公众号，定期发布、推送各类法律知识。

（孙琳皓）

## 代表工作

**【概况】** 2022年，铁力市人大常委会共收到代表提出涉及市政府及政府相关部门的建议、批评和意见45件，经梳理分类为六方面20件，转交给市政府进行办理，加强承办单位与代表的沟通衔接及对代表意见建议办理的督办，办理结果平均满意率91.8%。

（高　岩　孙琳皓）

**【信访受理】** 2022年，铁力市人大常委会健全和完善信访工作领导机制，组建人大信访工作领导小组，在重要会议和重大节日期间召开专题会议研究信访工作。2022年共接待来访群众32人，综合运用法律、政策、经济等手段和教育、调节、疏导等方式，引导来访群众通过合法的方式反映信访诉求。运用办事依法、遇事找法、解决问题用法、化解矛盾靠法的方法帮助来访群众解决矛盾纠纷。

（高　岩　孙琳皓）

**【代表活动】** 2022年，铁力市制定《关于进一步密切人大代表与人民群众联系的意见》，健全完善代表联系群众的工作机制。把“人大代表之家”作为闭会期间代表履职的“主阵地”，明确了“高标建家、灵活用家、机制管家”的具体思路，统一制定了代表接待日、代表小组活动等制度，在“人大代表之家”设置了多功能活动场所，2022年，全市23个“人大代表之家”共开展接待日活动1080次，接待群众4860人（次）。

（高　岩　孙琳皓）

**【创新“三诊”工作法】** 2022年，铁力市人大常委会以“代表之家”为依托，探索实施“三诊”工作模式：组织人大代表接待日“坐诊”、访民情“巡诊”、回头看“复诊”，解决群众急难愁盼问题。面对面“接诊”，围绕“高标建家、灵活用家、机制管家”的思路，在加强“代表之家”基础设施建设的基础上，将接待群众工作常态化，将每周五确定为代表接待日，公示驻家代表的照片、姓名、联系方式等内容，健全联系群众登记簿、群众来访登记簿等“五簿一册”台账，对代表接待群众礼仪规范、人民调解、群众反映问题的办理流程等内容进行系统培训，并明确要求代表所在单位对代表履职给予支持保障。全年铁力市23个“代表之家”共开展接待日活动1080次，接待群众4860人（次），收集意见建议或问题396条。沉下去“巡诊”，打破代表联系群众的层级和地域等限制，推进“三级代表联动下沉机制”，按照就近就便的原则，把驻家的伊春市级、铁力市级和乡镇级人大代表重新编组，组织代表跨层级、跨所属代表团下沉到农民、企事业单位职工、外来务工人员、留守家庭等基层群众中，广泛收集群众所思所盼，帮助群众解决遇到的实际问题和困难。组织代表深入企业，通过“微关怀”“微服务”等形式，帮助企业解决生产经营中遇到的困难和问题。全年共开展调研走访活动105场次，走访企业51家，走访群众819余人（次），共接到群众反映的市区主要路段增加停车位、学校附近设置机动车减速带、维修老旧楼房断裂墙皮等意见建议。回头看“复诊”，为避免驻家代表建议办理工作出现“重答复轻落实”或“只答复不落实”现象，铁力市人大常委会对办理单位承诺采纳代表意见但无法即时解决，需要纳入下步计划解决的事项，每半年组织一次“回头看”现场督办，办理单位当面汇报办理进度，答复“回头看”督办小组成员的询问，对办理单位“回头看”结果不满意的，将《代表建议办理不满意反馈单》通报其上级主管机关。全年铁力市人大常委会对24件驻家代表建议办理情况组织了“回头看”，2022年末，共解决22件，列入解决计划2件，《关于方便新生儿童刷卡就医的建议》《公交车改善冬季取暖设备的建议》《关于双丰镇安邦河段修缮清淤的建议》等建议得到落实。

（高　岩　孙琳皓）

## 专门委员会工作

【财政经济委员会】 2022年，铁力市人民代表大会财政经济委员会听取和审议市政府关于2021年度预算绩效目标评价结果的报告，市政府关于行政事业性国有资产管理情况的报告，市政府2021年预算执行和其他财政收支情况的审计工作报告，市政府2022年国民经济和社会发展计划上半年执行情况及下半年安排意见的报告，市政府关于2021年财政决算和2022年财政预算上半年执行情况的报告，市政府关于2022年新增政府债券情况的报告，市政府关于全市重点项目建设情况的报告，关于2021年预算执行和其他财政收支审计问题整改落实情况的报告。开展铁力市农村集体经济组织发展情况调研，配合伊春市人大开展全市重点项目建设情况的调研并形成调研报告，开展市政府贯彻《黑龙江省营商环境条例》执行情况的调研。

（高　岩　孙琳皓）

【法制委员会】 2022年，铁力市人民代表大会法制委员会开展规范性文件备案、环境资源审判、整治群众反映突出问题视察工作，听取审议了关于2021年度规范性文件备案审查工作报告、市法院关于环境资源审判工作情况报告、市监委关于整治群众反映强烈突出问题报告。开展市检察院少捕慎押慎诉工作专题调研。开展“八五”普法宣传、宪法宣传活动，推动了法治铁力建设。配合省人大、伊春市人大视察了市法院环境资源审判工作，市监委整治群众反映强烈突出问题工作。

（高　岩　孙琳皓）

【社会建设委员会】 2022年，铁力市人民代表大会社会建设委员会组织开展环境状况和环境保护目标完成情况视察。针对视察中发现的大气污染防治工作存在短板，水、土有污染隐患的重点企业预警监管不够，生态环境部门人员结构老化，年龄普遍偏大等问题，进行审议，并提出相应解决意见；组织开展铁力市贯彻落实《伊春市城市综合管理条例》情况视察工作。针对在视察中发现的问题进行审议，并提出相应解决意见，加大宣传教育，在推进综合治理工作、城市管理工作中提高综合行政执法水平等工作建议；组织开展《中华人民共和国军人地位和权益保障法》执法检查，并听取了市政府贯彻实施情况的汇报，分析存在的问题，提出相应的解决意见。

（高　岩　孙琳皓）

【教育科学文化卫生委员会】 2022年，铁力市人民代表大会教育科学文化卫生委员会对《黑龙江省中医药条例》贯彻实施情况、对义务教育“双减”工作推进落实情况进行了视察，并根据代表建议形成视察报告和视察意见。完成关于开展《伊春市文明行为促进条例》贯彻实施情况的调研；关于开展全市坚持宗教中国化方向工作情况的调研；关于开展《黑龙江省促进旅游业发展条例》贯彻实施情况的调研；6月份迎接省人大民侨外委关于开展全省铸牢中华民族共同体意识工作专项调研。参与包保企业调研工作。陪同分管主任定期到伊春中基华业能源发展有限公司调研企业情况，发现问题并制定整改措施。

（高　岩　孙琳皓）

# 铁力市人民政府

Tieli Municipal People's Government

编辑：赵志刚

# 综　述

【"4+2+N"产业体系】 2022年，铁力市构建"4+2+N"现代化产业体系。"4"是以农林、中医药、畜禽和康养旅游为支撑的主导产业。在农林产业方面，全市绿色有机水稻、绿色黏玉米总面积达到3.05万公顷，绿色食品认证标识达到46个，农业产业化龙头企业发展到20家。在畜禽产业方面，全市生猪饲养量达到47.5万头、存栏量达到19.5万头，家禽饲养量达到1032万只，肉牛饲养量达到4.9万头、存栏量达到2.3万头。养殖专业户数量为732户，在农业农村部备案的规模化养殖场12家。在中药材产业方面，建有中药材规模种植基地9个，区域内共有医药企业7户（葵花药业、喜人药业、蓝天制药、四宝生物、东鹿药业、盛邦药业、亿达鸿药业）；医疗器械生产企业1户（艾眸医疗）。区域内中药材加工企业23家，年加工能力7300吨以上，其中，中药材无硫烘干初加工厂（合作社）16家，年加工能力达5100吨。在康养旅游产业方面，全市乡村旅游景点发展到17处（小黑河民俗村、铁力市香草河旅游有限公司、益灵山景区、桃山白河人家民俗民宿、桃山新兴林场民俗民宿、铁力市年丰聚鑫园荷花鱼庄、铁力市北星田园生态民宿、铁力市开山口荷花渔庄餐厅、铁力市年丰朝鲜族乡祥子垂钓渔村、铁力市成子民宿、铁力市年丰水尚阁荷花渔村、乡村渔坊、神树山庄、春伊小筑民宿、萌宠部落民宿、大长今风情园、双丰镇建国村红色抗联教育基地），建成独栋民宿68栋、多层民宿9栋，提供房间249间；年丰朝鲜族乡获"全国及省级乡村旅游重点乡"称号，年丰朝鲜族乡长山村、工农乡北星村获评全国及省乡村旅游重点村，双丰镇前进村、年丰朝鲜族乡年丰村和爱国村获评全省乡村旅游重点村。"2"是以矿业及矿产品深加工和木制品加工业为重点的传统产业。在矿业及矿产品深加工业方面，区域内拥有伊春鹿鸣矿业有限公司、黑龙江翔远矿业有限公司、伊春桃山矿业有限公司、铁力市桃山铁路采石场4户矿山企业。其中，以鹿鸣钼矿最具代表性，企业日可处理矿石5万吨，年可处理矿石1500万吨。在木制品加工业方面，重点打造以森源木业、奥森家具、森盛木业等企业为代表的木制品加工产业。"N"是以数字经济、生物经济、冰雪经济、创意设计、新能源等为牵动的新产业、新业态。铁力市坚持"生态立市"发展定位，做好生态价值转化文章，屋顶分布式光伏、铁西分散式风电、200兆瓦风电等项目相继落地，谋划投资7.8亿元的小白河水库项目以及投资184.58亿元的小呼兰河抽水蓄能电站项目。

（王子赫）

2022年7月11日，市长吕晓光赴深圳市玉禾田集团开展招商引资

（铁力市人民政府办公室供图）

【招商引资和项目建设】 2022年，铁力市人民政府实施重点项目63个，28个省、市重点项目完成年度建设计划，投资完成率136.7%。举办招商之冬系列活动，建立"1册1库2清单"，绘制产业链招商图谱5个，创新提出"四到"服务模式，提升招商引资工作成效。全年成功签约项目10个、签约额达43.25亿元，其中，超亿元项目8个。实际利用内资12.1亿元，比2021年增长50%。对上累计争取各类资金38.2亿元，争取中央预算内投资项目8个，到位资金2.1亿元，比2021年增长2.47倍。

（王子赫）

【安全生产】 2022年，铁力市人民政府制定并印发《关于印发全市安全生产专项整治三年行动巩固提升阶段实施方案的通知》等相关文件87个。全市累计检查各类生产经营单位1322家次，排查整改各类隐患问题1684项；其中，排查并整改重大隐患2项，行政处罚49.2万元。结合安全生产大检查，围绕"一三五三"12项任务，聚焦非煤矿山、城镇燃气、危险化学品等15个行业领域的59项问题隐患，开展百日攻坚。按照"七个必查"要求，检查企业单位349家次，排查并整改问题隐患412项，责令停产整顿6家，行政处罚7.8万元。铁力市先后开展冰雪天交通护航、消防、民政养老院、供电设施、燃气、加油站、灭火器、小作坊等安全生产专项整治行动，派出各类检查组114个、检查人员257人次，检查中小学校、小作坊、加油站等353家次，发现并整改隐患问题127项。

（王子赫）

【生态文明建设】 2022年，铁力市人民政府部署非建成区燃煤锅炉淘汰改造工作，落实秸秆禁烧要求，秸秆综合利用率95%。实施“河湖长制”，高质量完成入河排污口排查溯源及农村黑臭水体集中整治工作。呼兰河国家级水利风景区顺利通过水利部考察评价及省级审核。全面推行“田长制”“林长制”，划定黑土耕地保护示范区3万公顷，落实耕地轮作6130公顷，农药包装废弃物回收处置率与农膜回收率均为97.2%。实施生态修复工程，治理侵蚀沟140条，完成封山育林、退化林修复、森林抚育1230公顷，成为国家首批、全省唯一的全国三北工程科学绿化试点县。

（王子赫）

【社会事业发展】 2022年，铁力市投入民生领域资金35.1亿元，占公共财政支出的88.6%。开展“订单式”就业培训，新增城镇就业2612人，城镇登记失业率控制在2.8%以内。扩大基本医疗保险覆盖面，城乡居民基本医疗保险参保率98%。提高城乡低保和特困供养标准，发放各类保障金6325.64万元，惠及困难群众10617人。投资4506.32万元，提升19所学校办学条件。深化健康铁力建设，乡镇卫生院及益康社区附属工程、市医院传染病区、中心敬老院等项目按时完工，市医院肿瘤科引进4台先进设备。开展各类大型赛事活动9场次，铁力一中女排斩获中国中学生排球联赛亚军，铁力籍排球小将王艺竹入选国家排球队，出征女排世锦赛。骊城音乐广场正式启用，举办惠民展演200余场次。

（王子赫）

【平安建设】 2022年，铁力市社会管理综合数字指挥中心、公安局执法办案管理中心及3个派出所建设项目全部竣工。开展“核心使命—2022”行动，打击涉毒、网络诈骗等违法犯罪行为。落实安全生产责任制，贯彻国务院安委会“十五条硬措施”，开展城镇燃气、自建房屋等专项整治行动15次，实现安全生产“零事故、零死亡”。

（王子赫）

【国家森林城市创建】 2022年，铁力市践行习近平生态文明思想，落实省委“绿色龙江”建设要求，以创建国家森林城市为抓手，推进城乡国土绿化工作，成为国家首批、全省唯一纳入全国三北工程科学绿化试点建设的县市，并获得全国先进绿化集体称号。

（王子赫）

## 重要会议

【市政府全体会议】 2022年1月5日，铁力市召开市政府九届一次全体成员（扩大）会议暨廉政工作会议。市委常委、副市长刘铁力主持，市长吕晓光出席会议并讲话，市委常委、纪委书记、监委主任陈涛应邀出席会议并讲话。市委常委、副市长栾皓，副市长任利、许志坚、李兵、王卿江出席会议。市领导娄春阁、代轶欧、赵月以及各乡镇政府、市直有关部门负责人列席会议。会议深入贯彻落实中国共产党铁力市第十二届纪律检查委员会工作报告精神，以及《2022年政府工作报告重点任务分解方案》文件要求，动员政府系统各部门和各乡镇政府统一思想，确保各项目标任务圆满完成。

（王子赫）

【市政府常务会议】 市政府九届三次常务会议。2022年1月26日，铁力市在市政府常务会议室召开市政府九届三次常务会议。会议学习传达全国食品安全办主任视频会议精神；学习传达省委农村工作会议、全省农业农村系统工作会议精神；学习传达全省财政工作视频会议精神；学习传达近期省和伊春市安全生产工作会议精神；听取关于2022年首季度“开门红”工作谋划推进情况的汇报；听取关于2021年招商引资工作完成情况及2022年首季度“开门红”工作谋划推进情况的汇报；讨论《铁力市招商专班工作实施方案（讨论稿）》；讨论《铁力市2022年度招商引资考核管理办法（讨论稿）》；听取关于全市城市安全风险评估工作开展情况的汇报；听取关于《中央一号文件责任分工方案》推进落实情况的汇报；听取关于《铁力市乡村振兴战略实施方案（2018—2022年）》任务推进落实情况的汇报；听取关于2021年全市乡村振兴重点突破任务工作开展情况的汇报；听取关于《铁力市加快推进“粮头食尾”“农头工尾”工作实施方案（2018—2020年）》完成情况的汇报；讨论《铁力市黑土耕地保护利用“田长制”工作方案（试行）（讨论稿）》；讨论《2021年度铁力市秸秆综合利用工作考核办法（讨论稿）》；讨论《铁力市农民专业合作社质量提升整县推进试点实施方案（讨论稿）》；听取关于省市对铁力市审计发现问题整改工作落实情况的汇报；听取关于中央生态环境保护督察工作情况的汇报；讨论《铁力市2022年度河道采砂工作实施方案（讨论稿）》；讨论《铁力市全面实行库长制实施方案（讨论稿）》；讨论《铁力市贯彻落实〈黑龙江省深化新时代教育评价改革实施方案〉责任分工方案（讨论稿）》。

市政府九届四次常务会议。2022年2月22日，铁力市召开市政府九届四次常务会议。会议学习传达伊春市委经济工作会议暨全市能力作风建设年活动动员大会精神；学习传达省委书记许勤在伊春调研时的讲话精神；学习传达伊春市委农村工作会议精神；学习传达全省民政工作会议精神；学习传达全省及伊春市自然资源工作会议精神；讨论《铁力市人民政府重点工作推进落实工作制度（讨论稿）》；讨论《关于贯彻落实〈中共伊春市委伊春市人民政府关于贯彻落实《中共黑龙江省委黑龙江省人民政府关于全面加强新时代公共安全工作的意见》的意见〉的意见》；讨论《贯彻落实2022年中央一号文件任务责任分工方案（讨论稿）》；讨论《铁力市12345政务服务便民热线实施方案（讨论稿）》；讨论《铁力市主要地方法人银行机构及城商行机构改革化险高质量发展总体方案（讨论稿）》；讨论《铁力市基本建设项目税费清欠专项整治工作方案（讨论稿）》；讨论关于清缴房开项目历史遗留税费的意见；讨论关于建设铁力市数字指挥中心的意见；讨论关于新建铁力市公安局执法办案管理中心和正阳派出所的意见；讨论《铁力市防返贫防致贫促增收实施办法（试行）（讨论稿）》；讨论关于中央、省级财政衔接推进乡村振兴补助资金项目安排的意见；听取关于2022年城市建设计划的汇报；讨论关于市政府投资审计中心职责调整后有关工作的意见；讨论铁力镇等7个乡镇《村屯建设规划（讨论稿）》。

市政府九届五次常务会议。2022年3月16日，铁力市召开市政府九届五次常务会议。会议学习传达全省备春耕生产暨农口重点工作推进会议精神，听取备春耕生产情况的汇报；学习传达全省农业项目资金监管体系重塑“百日攻坚行动”推进会议精神；学习传达2022年全省农村改厕工作视频会议精神；学习传达全省、伊春市生态环境保护工作会议精神；学习传达2022年省、伊春市退役军人事务局局长会议精神；学习传达全省城镇燃气安全排查整治工作调度视频会议精神；学习传达全省优化营商环境工作会议精神；听取关于2022年春季森林防灭火工作准备情况的汇报；讨论《铁力市森林火灾应急预案（讨论稿）》；讨论《铁力市农村人居环境整治提升五年行动方案（2021—2025年）（讨论稿）》；讨论《2022年铁力市稳粮扩豆行动实施方案（讨论稿）》；讨论关于铁力市2022年高标准农田项目规划选址的意见；讨论《铁力市贯彻落实〈全省涉粮问题专项巡视发现问题整改工作方案〉责任分工方案（讨论稿）》；讨论《落实〈地方党委和政府领导班子及其成员粮食安全责任制规定〉责任清单（讨论稿）》；讨论《铁力市村庄建设项目施行简易审批的实施意见（讨论稿）》；讨论《铁力市创建“四好农村路”全国示范县实施方案（讨论稿）》；听取关于铁力市马永顺中学道路提质改造项目开展情况的汇报；讨论《铁力市光伏扶贫电站收益分配方案（讨论稿）》；讨论关于中央、省级财政衔接推进乡村振兴补助资金项目安排的意见；讨论关于划拨铁力市良种繁育经销有限责任公司资产相关事宜的意见。

市政府九届六次常务会议。2022年4月10日，铁力市召开市政府九届六次常务会议。学习传达省、伊春市应对新冠疫情工作领导小组暨指挥部视频会议精神，听取关于全市疫情防控工作情况的汇报；学习传达全国、全省、伊春市春季森林草原防灭火工作会议精神，听取关于全市春季森林防灭火工作情况的汇报；听取关于铁力市事业单位管理岗位职员等级晋升工作开展情况的汇报；讨论《铁力市旅游产业高质量发展行动方案（2022—2025年）（讨论稿）》；讨论《铁力木材干馏厂工业遗存文物保护规划（讨论稿）》；讨论《铁力市计划生育协会改革方案（讨论稿）》；讨论《铁力市2022年优化营商环境工作实施方案（讨论稿）》；讨论《铁力市2022年“美丽宜居村庄（林场）”建设工作方案（讨论稿）》；讨论《铁力市农村人居环境整治提升整县先行工作方案（讨论稿）》；听取关于全市粮食安全工作情况的汇报；听取关于全市秸秆禁烧工作情况的汇报；讨论关于划定铁力市城关镇及建制镇建成区范围的意见；讨论关于调整铁力市城市规划区内部分地块控制性详细规划的意见；讨论《铁力市中小学教师“县管校聘”管理体制改革实施方案（讨论稿）》；讨论《铁力市东升现代化农机专业合作社整改方案（讨论稿）》。

市政府九届七次常务会议。2022年4月26日，铁力市召开市政府九届七次常务（扩大）会议暨2022年一季度经济形势分析会议。会议学习传达国务院第五次廉政工作会议精神；分析研究一季度全市经济运行形势：通报分析2022年一季度全市经济运行情况；各副市长对本战线经济指标进行汇报分析，并作安排部署；学习传达全省安全生产大检查工作动员电视电话会议和2022年伊春市安委会第二次全体（扩大）会议暨安全生产大检查启动视频会议精神（书面），研究贯彻落实意见；讨论《全市安全生产大检查工作方案（讨论稿）》；讨论《铁力市2021—2023年农机购置补贴实施方案（讨论稿）》；讨论《铁力市鼓励支持乡村振兴工坊建设工作意见（讨论稿）》；讨论《铁力市防贫保险工作意见（讨论稿）》；讨论《铁力市义务教育优质均衡发展规划（讨论稿）》；讨论关于整合铁力市各行业留守处的意见。

市政府九届八次常务会议。2022年5月22日，铁力市召开市政府九届八次常务（扩大）会议。会议学习传达全国、全省及伊春市自建房安全专项整治电视电话会议精神；学习传达2022年全国、全省普通高校招生考试安全工作电视电话会议精神；学习传达全国普通高等学校毕业生就业创业工作电视电话会议精神；学习传达隋洪波在全市优化营商环境工作会议上的讲话精神；讨论《铁力市法治政府建设实施方案（2021—2025年）（讨论稿）》；讨论《关于在全市行政机关、群团组织建立调解组织的实施方案（讨论稿）》；讨论《铁力市关于贯彻落实〈伊春市关于贯彻落实《黑龙江省创意设计产业发展专项规划（2022—2030年）》的实施方案〉的实施方案（讨论稿）》；讨论《铁力市数字经济产业发展实施方案（2022—2025年）（讨论稿）》；讨论《铁力市加快平台经济高质量发展实施方案（讨论稿）》；讨论《铁力市加快推进生物经济发展工作方案（讨论稿）》；讨论《铁力市冰雪经济发展实施方案（2022—2030年）（讨论稿）》；讨论《铁力市支持冰雪经济发展若干政策措施（讨论稿）》；讨论《关于全面加强应急救援队伍和力量建设构建应急救援体系实施方案（讨论稿）》；讨论《铁力市严厉打击破坏森林草原资源违法行为专项行动工作实施方案（讨论稿）》；讨论《铁力市2022年巩固拓展脱贫攻坚成果同乡村振兴有效衔接工作责任分工方案（讨论稿）》；讨论关于中央、省级财政衔接推进乡村振兴补助资金项目安排的意见；讨论《铁力市市场价格异常波动预案（讨论稿）》；讨论关于成立铁力市小呼兰河抽水蓄能电站项目前期工作领导小组的意见；讨论关于设立铁力市花香骊城园林有限责任公司的意见；讨论关于解决教育系统在岗不在编人员养老保险关系接续有关问题的意见。

市政府九届九次常务会议。2022年5月31日，铁力市召开市政府九届九次常务（扩大）会议。会议学习传达全省招商引资大会精神；讨论《铁力市招商引资行动方案（2022—2024年）（讨论稿）》；讨论《铁力市2022年招商引资季工作方案（讨论稿）》；讨论《铁力市处级领导包保招商引资工作方案（讨论稿）》；讨论《铁力市开放招商工作领导小组组织架构及职责（讨论稿）》；讨论《铁力市招商引资项目全要素保障督查考核办法（试行）（讨论稿）》；讨论《2022年铁力市减税降费工作实施方案（讨论稿）》。

市政府九届十次常务会议。2022年7月3日，铁力市召开市政府九届十次常务（扩大）会议。会议学习传达全省财政支持稳住经济大盘工作视频会议精神；学习传达全省、伊春市卫生健康工作电视电话会议精神；学习传达近期国务院、省和伊春市防汛抗旱工作会议精神，听取关于全市防汛工作情况的汇报；学习传达全省农村改厕工作推进视频会议精神，研究贯彻落实意见；听取关于市政府落实“四个体系”即：“一图两表三单四制＋三保障”工作法推进情况的汇报；听取关于优化营商环境专项行动工作进展情况的汇报；听取关于铁力市行政权力事项调整和行政审批信用承诺制事项清单梳理有关情况的汇报；讨论《铁力市2022年食品安全重点工作责任分工方案（讨论稿）》；讨论《铁力市事业单位专业技术岗位等级晋升工作实施方案（讨论稿）》；讨论《铁力市事业单位清理规范工资津贴补贴实施方案（讨论稿）》；讨论《铁力市妇女发展规划（2021—2025年）（讨论稿）》；讨论《铁力市儿童发展规划（2021—2025年）（讨论稿）》；讨论《铁力市全民健身实施计划（2021—2025年）（讨论稿）》；讨论《铁力市“十四五”教育事业发展规划（讨论稿）》；讨论《铁力市关于加快推动现代职业教育高质量发展的实施方案（讨论稿）》；讨论关于编制美丽宜居示范村村庄规划的意见；讨论关于编制铁力市乡镇国土空间总体规划的意见；讨论《铁力市2022年全国绿色高质高效行动示范县实施方案（讨论稿）》；讨论《铁力市关于深入推广福建省三明市经验深化医药卫生体制改革的若干措施（讨论稿）》。

市政府九届十一次常务会议。2022年7月22日，铁力市召开九届十一次常务（扩大）会议。会议学习传达李克强总理对全国安全生产电视电话会议的重要批示精神和近期上级安全生产工作会议精神；学习传达2022年全国医改工作电视电话会议精神；学习传达十三届省委全面依法治省委员会第一次全体会议及十三届伊春市委全面依法治市委员会第一次全体会议精神，听取关于上半年法治政府建设工作情况的汇报；听取关于上半年扫黑除恶及禁毒工作情况的汇报；听取关于上半年食品安全工作情况的汇报；听取关于房屋及城镇燃气安全整治工作情况的汇报；听取关于铁力市“12345”政务服务便民热线工作情况的汇报；讨论《铁力市“十四五”残疾人保障和发展规划（讨论稿）》；讨论《铁力市推进科技创新发展和成果转化若干措施（讨论稿）》；讨论《铁力市推动工业振兴若干政策措施（讨论稿）》；讨论《铁力市支持数字经济加快发展政策措施（讨论稿）》；讨论《进一步支持民营经济发展若干政策的意见（讨论稿）》；讨论《铁力市发展产业项目激励政策（讨论稿）》；讨论关于调整2022年全市重点项目的意见。

*市政府九届十二次常务会议*。2022年7月26日，铁力市召开市政府九届十二次常务（扩大）会议。学习传达全省农村户厕问题摸排整改视频会议精神；听取关于铁力市侵蚀沟治理工作情况的汇报；听取关于铁力市城区供热管网及设施改造工程项目建设情况的汇报。

*市政府九届十三次常务会议*。2022年9月3日，铁力市召开市政府九届十三次常务（扩大）会议。会议学习传达全省农机购置补贴工作调度会议精神；学习传达《关于加强数字政府建设的指导意见》文件精神；讨论《铁力市防汛应急预案（讨论稿）》；讨论《铁力市抗旱应急预案（讨论稿）》；讨论《铁力市受灾群众转移安置工作协同联动实施方案（试行）（讨论稿）》；讨论《铁力市残疾预防行动计划（2022—2025年）（讨论稿）》；讨论《铁力市全民科学素质行动规划纲要实施方案（2021—2025年）（讨论稿）》；讨论《铁力市推行乡镇“一枚印章管审批”改革实施方案（讨论稿）》；讨论《铁力市关于贯彻落实〈黑龙江省人民政府办公厅关于建立健全养老服务综合监管制度的实施意见〉的责任分工方案（讨论稿）》；讨论《铁力市社区老年助餐服务工作实施方案（讨论稿）》；讨论《铁力市免除殡葬基本服务费用实施方案（讨论稿）》；讨论关于提高城乡低保和特困人员救助供养标准及低保金加发的意见；讨论《铁力市支持生物经济高质量发展若干政策措施（试行）（讨论稿）》；讨论《铁力市农村卫生厕所长效管护机制（试行）（讨论稿）》；讨论《2022年扶贫产业收益分配方案（讨论稿）》；讨论关于铁力市特殊优抚对象门诊药费核销的意见；讨论关于铁力市重点优抚对象医疗补助的意见；讨论关于实施铁力市圣泉水厂水质提升改造项目的意见；讨论关于延长经开区企业燃气补贴政策的意见。

*市政府九届十四次常务会议*。2022年9月29日，铁力市召开市政府九届十四次常务（扩大）会议。会议学习传达全省加强“三公”经费管理暨严控一般性支出工作部署视频会议精神；学习传达全省统筹农村疫情防控和秋季生产工作视频会议精神；学习传达习近平总书记关于安全生产重要指示精神和全国安全生产电视电话会议精神；学习传达全国、全省、伊春市秋季森林草原防灭火工作会议精神，听取关于全市秋季森林防灭火工作情况的汇报；听取关于全市信访工作情况的汇报；听取关于全市重点项目建设推进情况的汇报；听取关于全面推行证明事项告知承诺制工作情况的汇报；听取关于全面推行行政执法三项制度工作情况的汇报；听取关于行政规范性文件清理意见的汇报；讨论《铁力市天然林保护修复制度实施方案（讨论稿）》；讨论《铁力市草原保护修复工作实施方案（讨论稿）》；讨论《铁力市2022—2023年有效解决农作物秸秆露天焚烧督查工作方案（讨论稿）》；讨论《铁力市2022年农业生产社会化服务项目实施方案（讨论稿）》；讨论《铁力市2022年房屋征收决定（讨论稿）》和《铁储地TC2022—02号地块土地储备项目及铁力市满江红村平贝药材基地产业路工程项目房屋征收补偿方案（讨论稿）》；讨论《铁力市推动公立医院高质量发展实施方案（讨论稿）》；讨论关于加强乡村医生队伍建设保障的意见；讨论关于成立铁力市瀚达工程管理服务有限责任公司的意见。

*市政府九届十五次常务会议*。2022年10月22日，铁力市召开市政府九届十五次常务（扩大）会议。会议学习传达全省秋粮收购工作电视电话会议精神；学习传达2022年伊春市稳就业工作专班第二次会议精神；学习传达伊春市“生态银行”工作推进会议及“资源—资产—资本—财富”转化工作推进会议精神，讨论关于实施铁力市国有林业资源特许经营权转让项目的意见；讨论《铁力市“12345”政务服务便民热线运行管理办法（试行）（讨论稿）》；讨论《关于优化生育政策促进人口长期均衡发展的工作方案（讨论稿）》；讨论《铁力市网络安全事件应急预案（讨论稿）》；讨论《铁力市“十四五”退役军人服务保障规划（讨论稿）》；讨论关于拟撤销3个社区居民委的意见；讨论关于铁力市城乡困难群众取暖救助的意见；讨论《2022年铁力市秸秆综合利用暨国家秸秆综合利用重点县工作实施方案（讨论稿）》；听取关于铁力市2022年防止返贫监测帮扶第二轮集中排查情况的汇报；讨论关于对铁力市黑马城市建设投资有限责任公司增加注册资本的意见；讨论《铁力市新增工业用地“标准地”出让工作实施方案（讨论稿）》；讨论《铁力市关于进一步推进学前教育深化改革规范发展的实施方案（讨论稿）》；讨论《铁力市关于推进产教融合校企合作工作的实施方案（讨论稿）》。

市政府九届十六次常务会议。2022年11月3日，铁力市召开市政府九届十六次常务（扩大）会议暨2022年1月至10月经济运行调度会议。会议学习传达国家禁毒办、教育部联合部署启动开展2022年秋季开学在校学生毒品预防教育“五个一”活动通知精神；听取关于1—9月份全市经济运行情况的汇报；听取关于1—10月份全市主要经济指标预测完成情况的汇报；听取关于2023年全市重点项目谋划情况的汇报；听取关于铁力市优化营商环境工作情况的汇报；听取关于铁力市新增政府债券情况的汇报；听取关于铁力市国有林业资源特许经营权转让工作推进情况的汇报；讨论《铁力市湿地保护“十四五”规划（讨论稿）》；讨论《铁力市关于贯彻落实〈关于更加有效发挥统计监督职能作用的意见〉的实施方案（讨论稿）》；讨论《铁力市禁止秸秆露天焚烧工作奖惩暂行规定（讨论稿）》；讨论《铁力市黑土地保护工程实施方案（2021—2025年）（讨论稿）》；讨论《铁力市“十四五”黑土地保护规划（讨论稿）》；讨论关于拨付铁力市瑞景骊城一期A区棚改工程建设资金的意见；讨论关于拨付应急物资储备库项目建设资金的意见；讨论关于拨付应急物资储备库附属工程项目建设资金的意见；讨论关于拨付铁力市中医院提升疫情防控救治能力改扩建项目—B区建设资金的意见；讨论关于给予伊春鹿鸣矿业有限公司资金扶持的意见。

市政府九届十七次常务会议。2022年11月28日，铁力市召开市政府九届十七次常务（扩大）会议。学习传达习近平对河南安阳市凯信达商贸有限公司火灾事故的重要指示精神及全省、伊春市安全生产电视电话会议精神；学习传达全省财政部门推动PPP规范发展、阳光运行专题培训会议精神；学习传达《关于转发统计违纪违法案件的通知》文件精神；讨论《铁力市本级创业担保贷款贴息及奖补资金管理办法（试行）（讨论稿）》；讨论《铁力市中小微企业信用贷款市场风险分担补偿机制（试行）（讨论稿）》。

市政府九届十八次常务会议。2022年12月5日，铁力市召开市政府九届十八次常务（扩大）会议。会议听取关于2022年安全生产工作情况的汇报；听取关于2022年食品安全工作情况的汇报；听取关于2022年禁毒工作情况的汇报；听取关于2022年法治政府建设工作情况的汇报；听取关于2022年行政复议工作情况的汇报；讨论《黑龙江省铁力市三北工程科学绿化试点县建设工作方案（讨论稿）》；讨论关于增加铁力市宏大农业综合开发有限责任公司注册资本的意见；讨论关于给予铁力宇祥热电有限责任公司冬季供热“煤炭保供”资金扶持的意见。

市政府九届十九次常务会议。2022年12月17日，铁力市召开市政府九届十九次常务（扩大）会议。会议学习伊春市根治拖欠农民工工资工作视频会议精神；听取关于2022年市政府纳入“四个体系”管理的重点工作任务推进落实情况的汇报；讨论《政府工作报告（讨论稿）》；讨论《铁力市2022年国民经济和社会发展计划执行情况及2023年国民经济和社会发展计划（草案）的报告（讨论稿）》；讨论《铁力市2022年预算执行情况和2023年预算（草案）的报告（讨论稿）》；听取关于梳理编制铁力市行政许可事项清单（2022年版）相关情况的汇报；讨论《铁力市贯彻气象高质量发展纲要（2022—2035年）实施方案（讨论稿）》；讨论关于2022年元旦春节“走基层送温暖”活动的实施意见；听取关于中央生态环境保护督察反馈问题整改情况的汇报。

（王子赫）

**【市长办公会议】** 2022年，铁力市共召开市长办公会议11次。1月17日，在疫情防控指挥部二楼会议室召开市政府九届一次市长办公会议。会议学习传达省关于根治拖欠农民工工资工作要求；讨论《铁力市城市安全风险评估总体工作方案（讨论稿）》；讨论《关于加强困难退役军人帮扶援助工作的实施意见（试行）（讨论稿）》；讨论关于改善提高环卫工人工作条件和生活待遇的意见。1月27日，在疫情防控指挥部二楼会议室召开市政府九届二次市长办公会议。会议讨论《2022年铁力市扩种大豆工作方案（讨论稿）》；听取关于农村集体“三资”管理突出问题专项整治阶段性工作的汇报。2月9日，在疫情防控指挥部二楼会议室召开市政府九届三次市长办公会议。会议讨论关于使用中省级衔接资金建设分布式光伏电站的意见；讨论关于中央、省级财政衔接推进乡村振兴补助资金项目安排的意见；听取关于招商引资推介活动筹备情况的汇报；听取关于2022年首季度“开门红”工作谋划推进情况的汇报；讨论关于加快推进政府产权闲置屋顶建设分布式光伏的意见；讨论关于表彰奖励经济发展突出贡献先进单位和企业的意见；讨论关于加快推进政府及国有企业产权闲置屋顶建设分布式光伏的意见。3月11日，在疫情防控指挥部二楼会议室召开市政府九届四次市长办公会议。会议讨论关于发放2020—2021年度有效解决秸秆露天禁烧奖励资金的意见；听取关于伊春新望农牧有限公司氧化塘风险隐患排除化解工作开展情况的汇报；讨论关于拍卖铁力市中心敬老院、养牛场肉牛的意见；讨论关于预拨铁力市宇祥热电有限公司2022—2023年度延长供热期补贴资金的意见；讨论关于变更铁力市瑞景骊城一期B区工程建设项目建设主体的意见。3月22日，在疫情防控指挥部二楼会议室召开市政府九届五次市长办公会议。会议讨论关于确定机关事务服务中心办理政府产权闲置屋顶出租程序的意见；听取关于铁力市黑木耳挂袋大棚帮扶基地大棚出租经营情况的汇报。5月26日，在疫情防控指挥部二楼会议室召开市政府九届六次市长办公会议。会议讨论关于铁力市智能化城乡通信微管廊项目实行“一会三函”的意见；讨论关于推进全省涉粮问题专项巡视发现问题整改工作的意见；讨论关于将铁力市团结路、松涛街雨水管线工程项目移交至铁力林业局有限责任公司实施的意见。7月6日，在市信访局二楼会议室召开市政府九届七次市长办公会议。会议讨论关于统筹规范同工同酬人员工资津贴补贴有关情况的意见。8月25日，在市政府五楼东侧会议室召开市政府九届八次市长办公会议。会议讨论关于解决村卫生室自行改造遗留问题的意见。9月2日，在市政府五楼常务会议室召开市政府九届九次市长办公会议。会议讨论关于给予青岛袁策集团有限公司相关补贴政策的意见；听取关于经开区规划环评修编进展情况的汇报。9月29日，在市政府五楼常务会议室召开市政府九届十次市长办公会议。会议讨论关于建设村文化广场的意见；讨论关于实施王杨乡红旗村粮食仓储烘干项目的意见。12月12日，在疫情防控指挥部二楼会议室召开市政府九届十一次市长办公会议。会议讨论关于为脱贫人口、监测户投保“龙江惠民保”的意见；讨论《铁力市“畅购林都·乐享消费”惠民消费季温暖冬日优惠补贴电子消费券发放活动实施方案（讨论稿）》。

（王子赫）

【市政府专题会议】 2022年1月27日至28日，铁力市市长吕晓光组织召开招商引资推介活动专题会议。2月11日，吕晓光组织召开铁力市严厉打击非法采矿采砂行为专项整治百日行动专题推进会议。2月15日，吕晓光组织召开铁力市城市建设领域2022年重点项目专题推进会议。2月22日，吕晓光组织召开铁力市医疗卫生领域2022年重点项目专题推进会议。3月9日，吕晓光组织召开研究芗禾农科相关项目专题推进会。3月17日，吕晓光组织召开铁力市2022年春季森林防火、城镇消防、春耕生产、春季造林、秸秆禁烧工作会议。3月31日，吕晓光组织召开铁力市安全生产工作会议。4月11日，吕晓光组织召开铁力市畜牧业发展服务监督工作专题推进会议。4月16日，吕晓光组织召开铁力市乡村建设专题推进会议。4月17日，吕晓光组织召开铁力市疫情防控、安全生产、森林防火及秸秆禁烧调度会议。4月20日，吕晓光组织召开2022年铁力市安委会第二次全体（扩大）会议、安全生产大检查启动会议及春季森林防灭火工作部署会议。4月27日，吕晓光组织召开铁力市国土空间规划委员会2022年第三次会议。4月28日，吕晓光组织召开铁力市河湖“清四乱”、妨碍河道行洪突出问题整治及地下水压采工作专题推进会议，组织召开智能化城乡通信微管廊项目开工协调会议。4月29日，吕晓光组织召开2022年铁力市“五一节”期间安全生产、森林防灭火、疫情防控专题工作会议。5月7日，吕晓光组织召开铁力市自建房安全专项整治电视电话会议。5月21日，吕晓光组织召开小呼兰河抽水蓄能电站项目前期手续专题推进会议。5月26日，吕晓光组织召开铁力市城镇开发边界划定成果专题汇报会。5月28日，吕晓光组织召开迎接伊春市美丽宜居村庄建设考察工作筹备推进会议。6月11日，吕晓光组织召开铁力市小呼兰河抽水蓄能电站项目专题推进视频会议。6月13日，吕晓光组织召开2022年铁力市河湖长制领导小组第二次会议。6月14日，吕晓光组织召开铁力市“清四乱”工作专题推进会。6月16日，吕晓光组织召开铁力市国土空间规划委员会2022年第四次会议。6月17日，吕晓光组织召开铁力市事业单位专业技术岗位等级晋升工作专题会议。6月20日，吕晓光组织召开铁力市2022年第一次林长会议。7月5日，吕晓光组织召开铁力市安全生产委员会第三次全体（扩大）会议暨城镇燃气专项整治工作推进会议。7月19日，吕晓光组织召开铁力市瓶装燃气居民用户报警切断装置安装专题会议。7月26日，吕晓光组织召开铁力市200MW风力发电项目建设专题推进会议。8月11日，吕晓光组织召开HTHP高温高压钻石培育项目专题推进会议。8月19日，吕晓光组织召开铁力市信访工作专题推进会议。9月12日，吕晓光组织召开古格尔肉牛养殖项目协调推进会议。9月15日，吕晓光组织召开全市2022年秋季森林防火、城镇消防、秸秆禁烧暨安全生产工作会议。10月6日，吕晓光组织召开铁力市人民政府2023年重点项目谋划专题推进会议。10月10日，吕晓光组织召开铁力市重点项目债券资金争取工作专题推进会议，组织召开征占用林地、林木工作专题推进会议。10月27日，吕晓光组织召开专题会议，研究中央预算内资金争取有关事宜。11月2日，吕晓光组织召开呼兰河水生态综合治理工程项目专题推进会议。11月4日，吕晓光组织召开全市经济运行工作专题推进会议。12月18日，吕晓光组织召开铁力市200MW风力发电项目推进工作领导小组专题会议。

（王子赫）

## 市政府综合事务

【调查研究】 2022年，铁力市政府围绕安全生产、城市绿化、营商环境、农业农村、工业经济等重点工作完成课题研究6项，撰写“解放思想、振兴发展”研讨专项调研报告6篇，共梳理各类问题20项，有针对性地提出下步工作建议19条。市政府主要负责人及分管负责人采取定期调研、专题研究等方式先后组织调研重点工作327次，其中，市政府主要负责人组织调度94次。

（王子赫）

【政务信息】 2022年，铁力市政务信息累计在伊春市政府门户网站“县区动态”“疫情防控”等专栏上报信息1571条、采用1540条、采发率98%，在省政府门户网站上报并采发信息4条；全年累计向伊春市政府报送政务工作亮点信息141条，向省政府报送政务工作典型信息2条，市级采用17条、省级采用2条；全年累计编刊《铁力政务信息》16期，“铁力市人民政府”公众号编发政务信息13条。在伊春市政府门户网站排名，以及对上信息报送量、采用量及出刊量排名均居伊春市各县区首位，完成年度创先晋位工作目标。

（王子赫）

【办文办会】 2022年，铁力市规范办文办会、提高办事效率，制发公文135件，运转各类文件765件。同时严把关口，精简会议，全年共组织召开市政府常务会议17次、市长办公会议11次，各类专题会议16次。同时坚持“一线”工作法，市政府主要领导深入基层各领域开展调研活动40次。

（王子赫）

【政务公开】 2022年，铁力市聚焦政务公开工作重点任务，在市政府网站公开发布政府信息2619条；围绕重点领域和重点民生事项，增设助企纾困、公共法律服务、救灾生产等特色专栏；严格规范财政信息公开发布，66个行政机关及相关单位均在市政府网站财政专栏公布部门预算和“三公”经费预结算；在政务服务中心及各乡镇便民服务中心建立“新颖高效、方便实用”的政务公开专区10处；对外公开政务新媒体平台48个，发布信息8537条。

（王子赫）

【窗口服务】 2022年，铁力市政务服务中心根据改革后政务服务大厅窗口实际运转情况和人员进驻情况，修订《首问责任制》《一次性告知制》《限时办结制》《服务承诺制》《办事预约制》《责任追究制》《投诉制》《考核考勤制》等29项行政效能制度体系，明确工作考量标准。结合考核制度和细则，延续并创新开展“百旗百星”四级流动红旗评比活动，在大厅中心显示屏展播当周、当月优秀服务团队和个人，同时在工位显示屏显示星级。实行“一事一评好差评”管理机制，窗口液晶屏实时显示工作人员的工作照、姓名及工号，服务质量问题可由企业和办事群众直观评价，全面接受企业和群众监督。引进太极云软窗口多功能输入仪，可一机实现人像拍照、文档高清拍摄、不同规格证照证件拍照、窗口互动、指纹识别等功能，全面满足窗口对外提供服务需求。

（李炳昊）

【自助便民服务】 2022年，铁力市全面实现24小时自助服务“不打烊”。改扩建24小时自助服务区，累计配备集成式、税务、社保、公积金、医保、不动产证打印等自助服务终端12台套，可实现企业和办事群众24小时“不打烊”办理779项政务服务事项。自助办理流程简便快捷，企业只需在线提交企业注册登记材料并通过受理、审核后，随时可在24小时自助服务区现场打印领取营业执照。通过税务自助设备可进行发票申领、代开、完税凭证打印，实现社保费缴费证明信息查询打印、个人所得税申报信息查询等。同时通过集成式自助服务终端机还可查询电子版《一次性告知单》获取企业、个人办理事项所需申请材料、受理条件、办结时限和流程等，覆盖企业、个人全生命周期事项。解决群众排长队、来回跑、耗时耗力的证照办理过程。

（李炳昊）

【“12345”热线】 2022年，铁力市打造“12345”政务服务便民热线“总客服”，建立从“受理、派单、办理、答复、督办、办结、回访、评价”全闭环工作机制，实行24小时轮流值班，细化规范受理、即时转办、限时办理、满意度测评等具体工作要求；出台《铁力市“12345”政务服务便民热线运行管理办法（试行）》，各单位领导干部以普通工作人员身份走进“12345”热线中心接收办理工单59件，跟踪回访工单14件，群众满意度大幅提升；严格落实“日报告、周通报、月排名、年考核”制度，精准统计工单各项指标数据，分析研判产生各类问题的根源，为责任单位提出整改意见建议53条，累计约谈不满意工单排名靠后单位25家。着力破解“服务宗旨一致、两个平台运行、两个体系并行”的体制机制性弊端和政府治理资源浪费问题，依托铁力基础网格和专属网格资源优势，创新将网格化治理资源与“12345”热线工作有机融合，构建“网格化+12345热线”双保障便民服务体系，通过“社区吹哨、部门报道”方式，把服务下沉到一线，问题发现在一线、解决在一线，不等群众报，自己主动找，实现群众点单、网格员接单、行管部门处理的全闭环处理机制，群众诉求线下化解量不断增加，从源头上降低“12345”线上工单量，累计发现和解决问题1200多个，问题解决率100%。

（吴　蓬）

## 市直机关事务管理

【概况】　2022年，铁力市机关事务服务中心承担着全市房产管理、公务接待、公车管理、机构节能4个方面主要职能。全年检查各级领导干部和工作人员的办公室450余间，涉及900余人，没有严重超标等违纪问题。在公务接待用餐方面，主要以本地特色菜为主，让来访的领导、宾客品尝本地美味，感受本地特色。在机构节能方面，贯彻绿色发展理念，完善公共机构节能管理标准体系，开展宣传活动10余次。

（王子赫）

【办公用房管理】　2022年，铁力市机关事务服务中心严格落实党政机关办公用房检查制度，联合纪委监委成立专项督查组，对铁力市党政机关办公用房进行抽查，涉及乡镇在内共40余家单位，没有发现严重超标使用办公用房等违纪问题。对于个别单位在办公用房使用中存在的问题，限期完成整改。整改后机关事务服务中心对存在问题的单位二次复查，复查结果均不存在主观故意超标准使用情况。按照伊春市要求，在全市党政机关办公用房管理平台，完成办公用房信息录入工作。

（王子赫）

【公务活动保障】　2022年，铁力市机关事务服务中心执行《黑龙江省党政机关公务接待管理办法》《铁力市机关事业单位公务接待管理办法》，规范公务接待和商务接待的范围与标准，厉行勤俭节约、反对铺张浪费。在接待全程注意细节，制定了相关检查标准60余条，以标准作为对照，检查房间以及用餐细节。向上级接待部门学习公务接待精细化服务经验，提升各类接待活动保障水平，提高服务能力。

（王子赫）

【公务用车管理】　2022年，铁力市机关事务服务中心加强公务用车平台运行管理，强化人员管理，定期对公务平台驾驶员进行安全教育培训管理，为各级领导干部和市直单位用车出行提供保障。对所有公务用车统一喷涂“公务用车”标识，安装GPS定位系统，接受社会大众监督。公车事务组全年提供各类出车服务2800余车次，安全行驶约45万公里。

（王子赫）

【公共机构节能】　2022年，铁力市机关事务服务中心推进节约型机关创建工作，按照《关于印发伊春市节约型机关创建行动方案的通知》要求，共成功创建节约型机关53家。

（王子赫）

## 利民实事工程

【农村规模化供水工程】　2022年，铁力市共投入饮水安全保障资金1576.38万元，实施农村规模化供水工程。分别在桃山镇、双丰镇实施了规模化供水工程和老旧供水工程管网更新改造和维修养护工程，共50处，受益人口4.6万人。同时铁力市将饮水安全工程纳入数字化平台管理，提高了管理水平。

（王子赫）

【水利工程数字化管理】　2022年，铁力市利用集“动态立体感知、智能信息管理、智慧决策应用”为一体的水利服务平台，形成智能高效的数字水利网络，实现了水利工程的数字化管理。通过数字化水利平台，铁力市对5个灌区共6666.67公顷的农业灌溉区域进行了自动化控制，实现了水稻浅水间歇灌溉，平均每公顷水稻可节约用水6.67立方米。依托数字水利平台系统，缩短了河道保洁工作流程。保洁人员可以通过手机端，实现在线巡河，有针对性地进行垃圾处理。

（王子赫）

## 督查督办

【概况】　2022年，铁力市坚持以构建大督办、重落实的工作格局为目标，以“一图两表三单四制+三保障”工作法为依托，推进“四个体系”（指领导责任体系、考核评价体系、工作推进体系、督导问责体系）建设，将119项重点工作、63个重点项目纳入“四个体系”，实行清单制、台账式管理，形成主要领导统筹、分管领导调度、牵头部门推进、相关部门联动抓落实的工作格局。

（王子赫）

【决策督查】 2022年，铁力市围绕上级文件、会议议定事项及领导批示要求，通过“铁力市数字督查系统”累计下交办各类事项447个、工作提示85期、督办通知23个，实现督办事项全流程网上办理。累计开展约谈提醒16次，强化对重点工作任务的督导和推进。

（王子赫）

【专项督查】 2022年，铁力市创新“督查+”保障法，围绕全市重点工作、重点项目，就农村改厕、秸秆禁烧、环保督察、燃气安全、河湖“清四乱”等工作落实情况开展实地督查9次，共发现各类问题46个，有针对性地提出相关督查建议49条，并呈报《实地督查专报》9期。

（王子赫）

【群众留言办理】 2022年，铁力市共计收到“互联网+督查”网民留言119条，人民网“省长留言板”网民留言21条。严格按照第一时间转办、核实、解答的工作原则，全力做好群众诉求解决工作，群众留言全部办结。

（王子赫）

【建议和提案办理】 2022年，铁力市人民政府共计收到人大代表建议20个，政协委员提案47件，12月中旬，全部办理完毕并向提出建议和提案的代表及委员进行反馈，办理满意度为100%。

（王子赫）

## 外事工作

【外事工作委员会全体会议】 2022年，铁力市召开十三届市委外事工作委员会第一次全体会议，市委书记、市委外事委员会主任主持会议并讲话，市委外事工作委员会副主任及各成员单位出席会议，会议传达学习省委外事工作委员会全体会议、全省外办主任会议、伊春市委外事工作委员会全体会议精神，研究部署全市外事工作。

（李偌溪）

【涉外疫情防控】 2022年，铁力市落实党中央、国务院和黑龙江省委伊春市委的决策部署，坚持“外防输入、内防反弹”总策略和“动态清零”总方针不动摇，调整工作着力点和应对措施，跟进铁力市滞留境外人员和境外企业情况，进行领事保护与双稳定工作。依托政府网站、微信公众号、微信工作群等平台，发布国家、省和伊春市权威信息。

（李偌溪）

【涉外服务】 2022年，铁力市推荐铁力外籍人员参加“我眼中的中国——美丽乡村”全球短视频大赛，并获得优秀奖，伊春市委常委、副市长代表全国对外友协和省对外友协对获奖者颁发奖状和纪念品，市外委办就此次大赛获奖召开座谈会；对5名外籍人员开展新春走访慰问活动，赠送防疫用品和疫情防控宣传单；办理一起赴韩人员联系国内家属，寻求领事保护等相关事宜；对两名外籍学生开展新学年走访慰问活动，赠送学习用品和市集邮纪念册，增进互信和了解。

（李偌溪）

## 人事人才管理

【概况】 2022年，铁力市制定《关于加强和改进新时代人才工作的实施方案》《关于综合发展县（市）人才创新集聚地建议方案》，建立铁力市人才综合服务保障体系，统筹人才公寓、人才公园、人才大道建设。全年兑现人才购房补贴32人次51万元，落实就业补助资金2097万元，发放创业担保贷款824.2万元。同时严格落实事业单位考核工作，全市55个事业单位（以主管部门为单位）共考核事业单位工作人员4180人，落实人员增资、补贴调整、绩效奖金、职称评聘等工作。

（唐宏洋）

【人才管理】 2022年，铁力市健全完善由党政主要领导任“双组长”、31个职能部门负责人为成员的铁力市人才工作领导小组，同步建立议事工作规则、联络协调机制、考核考评机制，构建人才工作齐抓共管格局。按照“严控总量、盘活存量、优化结构、有增有减”的原则，推进事业单位“县编乡用”“乡编村用”、人才编制“周转池”建设，为全市人员编制短缺领域周转使用行政编制115次、周转使用事业编制7次；建立254个事业单位机动编制“周转池”，申请使用136个。创新实施“智汇铸骊”工程走进高校暨“骊凤归巢”引才活动，直接引进东北农业大学应届毕业生11人。其中，硕士研究生8人、本科生3人。参与“市县委书记进校园”引才活动，引进人才51人，其中，硕士研究生8人、“双一流”本科生13人、普通高校本科生30人。10月，启动“林都优青”引才活动，计划引才34人，报名106人，拟进入面试93人，发布岗位调整公告、量化测评成绩及拟进入面试人员公示。12月，参与开展“黑龙江人才周”引才活动，提供教育、医疗岗位19个，成功报名61人，通过笔试环节拟进入面试37人。全年公开招录公务员49人、选调生7人；大学生到村（社区）任职招聘30人、幼儿教师招聘22人；事业单位“一事一议”引进人才5人。实施定向引才、精准引才，组织参与“黑龙江人才周”“市县委书记进校园”“林都优青”等活动，引进急需紧缺人才。以项目合作、技术指导、周末工程师等方式，引进企业经营管理人才2人。深化校地校企合作，与东北农业大学、东北林业大学、吉林大学、北京师范大学等目标高校建立合作关系，锚定校地人才项目引进、大学生实习实训、干部交流培养、优质生源供应等“订单式”合作，引进人才专家5人。北京师范大学、东北农业大学通过专项辅导、对口支援、实习实训等形式，到铁力市开展“组团式”交流合作50余人次；铁力市张玉梅农机装备有限责任公司、四宝生物科技股份有限公司等多家重点企业与省内院校、科研院所合作获得国家专利认证18项、成果转化项目9项。利用铁力区位和资源优势，依托北药研学、小微创业等10个大学生实习实训基地，开展各类社会实践活动，累计接待实习实训大学生200余人。组织各类人才内部交流培训7000余人次，赴湖南、贵州等地培训70余人次。通过线上、线下相结合的方式，举办各类创业培训、企业培训和职业技能培训等，培训各类人才1914人次。设立人才发展基金500万元，用于优秀人才及人才团队的奖励、补贴、慰问等，以及各领域高层次人才的引进、吸纳、培养等。在铁力市政务服务中心开设“线上”服务平台和“线下”综合专窗，为各类人才提供落户、医保、社保、公积金等服务，同时建立人才服务专员队伍，主动靠前为高层次人才提供“保姆式”服务。开展“人才专家服务行”活动，通过伊春市各领域人才专家线上授课、线下授课、现场指导的方式，培训铁力区域种养殖户等人群300余人次。同时组建铁力市农技推广服务队、医疗专家服务组，开展农技服务和诊疗服务200余次，围绕“产业链+人才链”发展新思路，建设人才引领高质量农业、中药材产业、绿色工业、经开区产业、畜牧产业5个创新试验区，实行“项目+人才”有机融合，集聚各类“候鸟式”产业人才专家助力产业发展。

（唐宏洋）

**【事业单位人事管理】** 2022年，铁力市人力资源和社会保障局接收流动人员档案1549册，转出484册，出具各类证明89份，档案抄件64份，提供查借阅服务320人次，提供政审服务270人次，档案材料鉴别归档2215件次。按要求调整事业单位人员岗位及工资标准，展开清理规范津贴补贴工作。制定《铁力市事业单位管理岗位人员职员等级晋升制度实施方案》和《铁力市事业单位管理岗位职员等级晋升实施细则》。全年共122人晋升职员等级，其中，九级16人，八级及以上106人。针对公益一类事业单位，各单位已按照本单位《实施方案》制定考核细则，按月开展考核。每季度末对各单位考核执行情况进行汇总梳理，针对发现的问题进行分析研判，及时解决。公益二类事业单位，经研究决定结合各单位实际情况，对全市33家公益二类事业单位分类推进。11家已完成绩效工资制度改革单位（卫生系统10家单位和铁力市第一中学）继续按原办法执行。其余22家划分为两类，一类是对于经营收入较少及需等待相关政策明确再行开展改革工作的林业局各林场、民政局殡仪馆等事业单位，分别视政策调整适时推进。二类是重点推进马永顺中学和市属4所公立幼儿园等5家单位实施绩效工资改革。其中，市属4所公立幼儿园结合“县管校聘”改革，强化日常管理、合理确定薪酬比例和财政返还比例。马永顺中学计划参照市一中模式，由政府每年提供35万元绩效增量，以课时补贴和高考奖励形式开展薪酬制度改革。

（唐宏洋）

**【工资管理】** 2022年，铁力市按要求调整事业单位人员岗位、薪级工资标准，人均增资300元/月。为全市905名享受乡镇补贴的事业单位人员落实乡镇补贴调整工作，人均乡镇补贴增加至580元/月。6月28日至7月5日，按照省清理规范事业单位津贴补贴工作统一部署要求，对全市事业单位工作人员津贴补贴进行清理规范，设立基础绩效奖和年末考核一次性绩效奖金，绩效奖金全部补发到位。

（唐宏洋）

**【专业技术人员职称】** 2022年，铁力市共聘任专业技术人员305人，其中，初级职称55人、中级职称80人、副高级职称166人（含60名农村基层服务满30年破格晋升高级职称人员）、正高级职称4人（含2名农村基层服务满30年破格晋升高级职称人员）。

（唐宏洋）

## 招商引资

【概况】 2022年，铁力市签约项目10个、签约额达43.25亿元，其中，超亿元项目8个。实际利用内资12.33亿元，比2021年增长53%，全市累计开展外出招商56次，其中，主要领导带队招商24次。

（李 鑫）

【强化“一把手”工程】 2022年，铁力市更新完善市开放招商工作引资小组成员名单及组织架构，推动“9+2”（“9”指9个招商专班，“2”指全要素保障专班和绩效考核专班）招商工作专班处级领导牵头，责任单位具体落实招商工作机制，围绕主导产业发展，锚定国内500强、行业百强等重点企业，实施铸链、补链、扩链、强链工程。制定《铁力市处级领导包保招商引资工作实施方案》。

（李 鑫）

【落实目标考核机制】 2022年，铁力市出台《2022年招商引资考核管理办法》《铁力市2022年度市级招商工作专班考评机制》等文件，对工作任务进行细化分解，实行“百分制”考核，建立健全“目标+考核”招商引资工作机制。

（李 鑫）

【把握招商关键季】 2022年，铁力市制定《冬季招商活动方案》《铁力市招商引资行动方案（2022—2024年）》等系列招商文件，提升招商工作目标，压实招商工作责任。启动以“千里商机一线牵、情系铁力共发展”为主题“招商之冬”系列活动。召开企业家恳谈会，现场整理各类问题7条；组织开展“四精准”（精准识别、精准对接、精准培育、精准保障）融资服务政策宣讲暨政银企保对接沙龙活动，由政府搭台，促进银企合作，现场完成授信签约1.76亿元；举办招商引资推介会暨项目签约活动，现场与广东省茂名市茂南区签订大米购销合同2.5亿元，签约招商项目9个。

（李 鑫）

【招商活动】 2022年，铁力市开展招商活动，参加哈洽会、绿博会等经贸交流活动，从线上、线下对铁力进行宣传推介。同时深挖乡贤资源，组建乡贤招商专班，与7个外埠龙商会建立沟通机制，联系新乡贤1062人，开展招商推介活动325人次，获得招商线索50余条。

（李 鑫）

【开展“以商招商”】 2022年，铁力市围绕企业自身发展需求，充分发挥其信息灵敏、人脉资源丰富等优势，开展以商招商，拓展招商引资渠道，调动社会各界有识之士参与招商的积极性，鼓励其积极参与招商引资工作中来，形成以外引外、以商招商的效应。上海皇象铁力蓝天制药有限公司成功引进亿达鸿药业，推进企业提质增效。

（李 鑫）

【招商引资宣传推介】 2022年，铁力市重新设计铁力招商公众号，同新浪等大型媒体合作开展高品质载体推介。对招商先进集体和在以商招商中作出贡献的企业家进行表彰奖励。

（李 鑫）

## 营商环境建设

【概况】 2022年，铁力市构建系统完备的“1+N+1+N”（“1”指党委政府一把手，“N”指市级分管战线领导，“1”指部门一把手，“N”指股室）党委政府一把手统筹抓、市级分管战线领导具体抓、部门一把手亲自抓、股室具体推进落实优化营商环境“一号改革工程”推进落实机制；实现“一枚印章+一站式办结”，累计为群众办理147件；协调25家单位开展实施任务清单认领、监管数据补录等工作，监管事项数量796项，数据补录总数14578；推进办事“一门办”，开展政务服务“体外循环”专项整治，推动“应进必进”，959项政务服务事项入驻政务服务大厅；开展信用+美丽乡村等活动，线上线下宣传8次，发放《铁力市市民信用生活指南》3000余册、社会信用体系建设宣传系列海报1000余张。

（吴 蓬）

【“放管服”改革】 2022年，铁力市依据全省营商环境评价体系，组织实施优化营商环境专项行动，组建由市级领导牵头包保的19个专项领域工作专班和督查考评问责工作专班，重点攻破政务服务体外循环、工程建设项目审批提速、水电气热便利度等难题43个。梳理编制铁力市行政许可事项清单2022版256项，率先伊春市实施乡镇“一枚印章管审批”改革，通过专题“推进会议、业务培训”方式，两批次下放社保、民政、教育、市场和农业农村等领域20项政务服务事项，实现“一枚印章+一站式办结”，累计为群众办理147件。

（吴 蓬）

【营商环境监督】 2022年，铁力市制定《铁力市建立营商环境常态化监督机制实施方案（试行）》《铁力市优化营商环境投诉举报办理工作规范》，受理不履行优化营商环境职责或损害营商环境的15类情形，对政府部门依法行政、诚信履约情况进行有效监督。组织全市29家单位认领省营商环境调查问卷问题清单12方面132个问题，对照问题清单，明确整改措施，全部整改完毕。受理市场主体监督投诉，公布《关于铁力市公布优化营商环境投诉举报受理方式的通知》，通过“12345”热线、邮箱、监督检查、上级交办及企业座谈等渠道接收投诉举报问题线索。完成投诉举报问题7件（含伊春交办5件），满意率100%。发挥营商环境监测点、特邀监督员作用，推荐申报营商环境监督监测点3个、特邀监督员4名，组织20家企业开展营商环境问卷调查，对7名企业负责人就营商环境满意度进行访谈，鼓励企业客观全面地反映对营商环境工作的意见建议，收集损害营商环境问题线索5个。强化行政执法部门开展事中事后监管，提升政府治理能力。协调25家单位开展实施任务清单认领、监管数据补录等工作，铁力市监管事项数量为796项，数据补录总数为14578条，补录完成率与及时率均达100%，在伊春市排名第一位。

（吴　蓬）

【政务服务优化】　2022年，铁力市推进政务服务供给侧建设，认领政务服务事项1177项，开展政务服务“体外循环”专项整治，推动“应进必进”，除涉密和受场地限制外，959项政务服务事项入驻政务服务大厅，入驻率84.05%。申请类政务服务事项100%网上可受理、能审批、有反馈，政务外网延伸至乡镇及乡镇综合便民服务中心，乡（镇）、村（社区）政务服务事项网办率、即办件比率、零跑动比率均为100%，实现省、市、县三级事项名称、类型、依据、编码“三级四同”，线上线下办事指南准确率均达到100%。通过减环节、优流程、压时限等措施。“一件事”集成服务主体套餐由100件提升至213件，实现“线上线下”办结，906项政务服务事项实现“政务承诺”，推出“办事不求人”政务服务事项清单743项，779项实现24小时“不打烊”自助办理；“全省事”App政务服务事项接入率提升至98.99%；增设刻章室，推动政务服务无纸化改革，政务服务大厅入驻单位全部增配一体机，免费为群众提供打印复印服务，实现审批要件纸质版、电子版同步存档。建立健全“一窗综合受理、后台分类审批、统一窗口出件”政务服务模式，形成“互相分离、相互制约、协调联动”行政审批服务格局，公积金、水气电热等入驻大厅，实现不动产业务和“四供”审批“一站式”，严格落实“首问责任制”和一次性告知制度，实行预约服务、预审咨询等，做到“一件事一次办”，政务服务大厅“一站式”终端服务功能更加完善，日均办件量由400件提升至600件，月接待群众1.5万余人次。设立户政分中心、出入境分中心、车管所分中心和退役军人分中心；在工行设立医保、社保分中心，实现百姓办事“就近办”。乡镇综合便民服务中心均设置劳动就业、社会保险、医疗卫生、养老服务等重点民生领域高频事项窗口；村（社区）综合便民服务点就近选择办理党务、医保、社保、养老、水电等事项。

（吴　蓬）

【市场环境优化】　2022年，铁力市为伊春鹿鸣矿业制定《铁力市关于加强重点企业服务的21条意见》，出台21条帮扶举措，市级包保领导带领20部门联动，为企业先后解决对上政策争取、金融服务、人才引进、校企合作、职工培训就医、子女就学、交通运输等方面25个问题。开展政商交流活动，处级领导累计走访企业230次，收集问题93个，帮助企业解决供水、高压电供应、排污等难点问题93个，采纳意见建议19条。通过企业家恳谈会、营商下午茶、三听三送、政企直通车和走访调研等形式，累计为企业解决道路修缮、变压器增容、融资、交通运输等问题132件次。率先在伊春市实施了一会三函（市政府会议纪要、发改局《项目前期工作函》、自然资源局出具《设计方案意见函》、住建局出具《施工意见函》）、承诺即开工、容缺后补等服务举措，为15个企业及项目审批提供领办、代办服务，缩短企业开工时间，帮助企业尽快投产。铁力市出台《铁力市企业全生命周期生命树清单》，为落户铁力招商引资企业制作《企业全生命周期服务手册》，为企业提供全生命周期服务；出台《铁力市固定资产投资事项材料清单》，固定资产投资审批更加规范高效。破解“政策不好找、申报靠腿跑”等困扰企业难题，归集各类惠企政策67条，实现惠企政策由“碎片化”向整体化、条目化转变，出台《铁力市惠企政策汇编》，金融支持类、用工补贴技能培训类、稳定用工关系类、财税减免类、综合指导类5大类，细分为政策出处、执行期限、申报条件、申报材料、办理流程、咨询服务6部分，制作发放《惠企政策明白卡》，将重点政策“清单式”分解提炼、“条目式”罗列，确保政策“一卡读懂”、企业人才“心中有底”；累计为企业兑现惠企政策313家（次），为葵花药业、森源木业、蓝天制药等企业申请政策资金4358万元，“免申即享”政策惠及企业557家，金额570万元。

（吴　蓬）

【诚信建设】　2022年，铁力市开展“政务诚信承诺接力”主题活动，通过“主动承诺＋线上接力”形式，公示全市193家单位《政务诚信承诺书》，1583名公职人员签订责任书，主动接受群众监督。将诚信教育纳入市委党校公务员培训和领导干部进修课程，依托“腾讯课堂”开设线上课堂，累计培训11个班次2754人次，将诚信记录作为干部考核、任用和奖励的重要依据。组织开展诚信进机关、进乡镇、进社区、进校园等10项活动。铁力市构建以信用为基础的新型监管机制，在市场监管、发展改革、交通运输、农业农村、文化和旅游等10个领域开展信用分类监管，运用好市场主体公共信用综合评价结果，推动行业监管部门依法依规实施差异化监管。铁力市通过搭建“政府搭台＋银企对接”服务模式，建行、农行等9家金融机构依托“信易贷”平台创新推出金融产品36个，入驻市场主体4634家，达到正在经营市场主体数量的40%，成功授信放款5.39亿元，超过伊春市其他县区授信放款总和，继2021年突破1亿元大关后，连续突破2亿元、3亿元、4亿元、5亿元大关。开展失信企业信用“云约谈”2次，为市场主体信用修复44次，解决招投标、融资贷款、奖补资金申请等受限问题。以“诚信经营、示范效应、繁荣街区、提升品位”诚信商圈为目标，“码上诚信”赋码7200家，达到全市市场主体总量的42%，打造铁力步行街“码上诚信”一条街商业，20家诚信“示范商铺”。组织开展《信用＋美丽乡村》等活动，线上线下宣传8次，发放《铁力市市民信用生活指南》3000余册、社会信用体系建设宣传系列海报1000余张。通过包容监管方式，不动产非公证继承和公积金贷款等业务实行“容缺审批”10件以上，信用承诺事项占法定可承诺事项100%。国家和省级媒体累计发表社会信用体系建设信息35条，依托“关注铁力”开辟《诚信有约》专栏，发布诚信教育知识18期，宣传信用政策知识43篇，发布诚信文化公益广告宣传片7期，融媒体中心专题报道信用工作3期。面向社会征集铁力2022年营商环境口号530条，评选出优胜奖3名、创新奖3名。

（吴　蓬）

**【服务保障优化】** 2022年，铁力市率先在全省成立投资服务中心，组建一支专业化、规范化、职业化审批领办帮办服务专班，投资服务专班、工程建设项目审批窗口和审批部门紧密联动，建立“纵向联动、横向协作、一企一帮”的领办帮办服务体系，让企业在办理项目审批手续时享受“一次不用跑”的服务，加速招商引资项目落地和建设进程，推进项目落地；推行项目审批服务，实时精准对接跟踪项目，与20家企业签订领办帮办“菜单”，累计为企业提供42次全流程审批领办帮办服务，解决项目审批、企业开办和生产许可证等问题76余次。政务服务大厅投资服务专区、工程建设审批窗口和发改、住建、自然资源等部门同步联动，优化工程建设项目审批流程，从联合预审开始，介入并跟踪服务项目审批全过程，对涉及的审批事项、流程等实行预先告知，对多个环节实行“并联审批”，整合现场勘验环节，实现“多验合一”，一般社会投资项目建筑许可审批压减至19个工作日至46个工作日即可办结，比省级标准75个工作日压减29天。项目全流程审批压减至4个阶段、12个审批事项，39个要件，建筑施工许可证由17个要件压减至6个要件，实现“一窗一网”审批加速度；土地出让合同签订后及时内部流转行政审批窗口，1个工作日内建设单位即可获得《建设用地规划许可证》。在建筑工程施工许可、消防审验、不动产登记、竣工验收备案等方面应用电子证照，实现项目立项、用地与选址意见、规划许可、消防审验、人防审批、施工许可、规划核实、竣工验收全流程“线上”办理。推动工程竣工规划核实、土地综合核验与不动产首次登记“三同步”，实现“验收即办证”。项目施工“黄金期”，利用冬春关键期，集中开展审批会战，加速招商引资项目落地和建设进程。

（吴　蓬）

# 中国人民政治协商会议
# 铁力市委员会

Tieli Municipal Committee of Chinese People's Political Consultative Conference

编辑：张馨元

## 综　述

【概况】　2022年，政协铁力市九届委员会有7个界别，政协委员183人，常委会组成人员26人。铁力市政协举行全体会议1次，常委会会议6次，主席会议9次，党组会议10次、协商议政座谈会2次；围绕市委关心、政府关切、群众关注问题开展监督4次，专题视察4次，形成调研报告9篇。征集提案122件，立案47件，办复率100%。铁力市政协官方宣传平台，微信公众号发文1650篇，抖音播出420期，总浏览量近200万次。在中央、省、伊春市主流媒体上共发表36篇工作信息。创办委员微讲堂，利用互联网开拓委员“线上”履职方式，制作播放49期，36名委员线上主讲。

（史冬梅）

【政协委员构成】　2022年，铁力市政协委员总数183人，由7个界别组成。中共委员74名，占40.4%；非中共委员108名，占59%；各民主党派成员：中国民主同盟14人、中国民主建国会5人、中国民主促进会5人、无党派民主人士85人；少数民族委员14名，占7.6%；妇女委员79名，占43.1%；具有大专以上学历的157名，占委员总数的85.8%；具有高级职称的7名，占委员总数的0.5%。

（史冬梅）

【完善合作共事机制】　2022年，铁力市制定下发《政协铁力市委员会关于加强和促进凝聚共识工作的实施意见》，在委员联系界别群众等11项具体工作任务中凝聚共识。深化党派合作，支持和保障各民主党派、工商联、无党派人士等在协商议政中的主体作用，尊重他们发表意见、参与活动的权利。落实谈心谈话制度，政协党组成员邀请党外委员谈心谈话26人次。

（史冬梅）

2022年8月1日，铁力市政协党组书记、主席徐利明主持召开赴宁安市考察学习座谈会

（中国人民政治协商会议铁力市委员会办公室供图）

【团结联谊活动】　2022年，铁力市开展文明城创建、专家义诊、法律宣传、文化惠民、科技助农等协骊志愿服务、团结联谊活动22次，受益群众达1万余人。

（史冬梅）

## 重要会议

【政协全体会议】　2023年1月7日，中国人民政治协商会议铁力市第九届委员会第二次会议召开。中共铁力市委书记陈岩在开幕式上作讲话，肯定了市政协一年来的工作，认为市政协和广大政协委员以坚定政治方向为根本，以服务发展大局为己任，以关注民生民意为要旨，以强化协商民主为重点，以加强自身建设为保障，推进各项工作取得实效，讲话对做好今后政协工作提出新的希望与要求。与会委员协商讨论《政府工作报告》及其他有关报告，对以上报告，委员们均表示赞同。会议审议通过徐利明主席代表政协铁力市第九届委员会常务委员会所作的工作报告，审议通过提案工作报告。

（史冬梅）

【政协常务会议】　2022年2月18日，铁力市召开市政协九届一次常委会。会议传达省政协十二届五次会议精神、伊春市政协十二届一次会议精神；协商通过市政协九届委员会委员调整名单、铁力市政协各项制度；公布市政协主席、副主席工作分工。2022年5月10日，铁力市召开市政协九届二次常委会。会议传达学习贯彻省第十三次党代会会议精神、全省市县政协主席暨秘书长座谈会精神、铁力市委政协工作会议精神；审议通过市政协九届委员会委员调整人员名单。2022年6月10日，铁力市召开市政协九届三次常委会。会议审议通过《政协铁力市委员会关于建设政协委员工作室（站）的实施意见（讨论稿）》、铁力市政协委员“协骊”议事厅工作规范（讨论稿）、政协委员工作室、“协骊”议事厅名单。2022年9月8日，铁力市召开市政协九届四次常委会。会议学习《中国共产党政治协商工作条例》；审议通过《政协铁力市委员会关于加强和促进凝聚共识工作的实施意见（讨论稿）》和政协委员调整人员名单。2022 年 12 月 7 日，铁力市召开市政协九届五次常委会。会议审议通过《政协铁力市第九届委员会优秀委员产生和表彰暂行办法》；政协副主席介绍关于“我市农村人居环境整治”专题调研情况；参会人员议政建言；市政府副市长作讲话。2022 年 12 月 31 日，铁力市召开市政协九届六次常委会。会议听取市政府关于市政协九届一次会议以来提案办理情况的通报；听取表彰 2022 年度铁力市优秀政协委员、金牌委员、“协骊”活动先进委员的决定；听取市政协九届委员会委员调整安排情况的说明；听取市政协九届二次会议选举办法（草案）；听取补选市政协九届委员会常务委员的说明；听取并审议市政协九届二次会议的议程（草案）、日程（草案）；听取并审议市政协九届二次会议秘书长、副秘书长名单（草案）；听取并审议市政协九届二次会议参会人员小组划分和召集人建议名单；听取并审议市政协九届一次会议以来常委会工作报告；听取并审议市政协九届一次会议以来提案工作报告。2023 年 1 月 7 日，铁力市召开政协铁力市第九届委员会第七次会议。会议听取各小组召集人关于讨论陈岩书记的讲话、政协常委会工作报告和提案工作情况的报告、市政府工作报告和其他有关报告的情况；补选常委委员候选人名单；审议通过大会选举办法和大会决议协商情况汇报、政协铁力市第九届委员会第二次会议选举办法（草案）。

（史冬梅）

2022 年 8 月 9 日，王杨乡“协骊”联合体成员、政协委员、建设村两委班子、部分村民代表及职能部门相关负责人在王杨乡建设村，针对“丰富王杨乡建设村村民业余文化生活”议题开展协商活动

（中国人民政治协商会议铁力市委员会办公室供图）

## 协商议政

【概况】 2022 年，铁力市政协围绕铁力市第十三次党代会确定的目标任务，根据全市经济建设、政治建设、社会建设等方面重要内容，全年共制定“关于市委全会文件征求意见建议、关于《政府工作报告》征求意见建议、关于深入开展乡贤工作、关于大力发展数字经济、关于生物经济高质量发展和关于农村人居环境整治提升”6 项协商计划，围绕协商议题，共举办协商座谈会、专题协商会、对口协商、提案办理协商、专题议政性常委会会议等 20 余次，组织委员调研考察 10 余次，提出的意见建议转化为市委、市政府决策部署。

（史冬梅）

【协商议政会】 2022 年 12 月 7 日，铁力市围绕全市农村人居环境整治工作，召开全市专题议政性协商会议，委员们议政建议，提出 14 条意见建议全部被市政府采纳，关于全市农村人居环境整治的调研报告得到市政府主要领导签批。

（史冬梅）

【民主监督】 2022 年，铁力市实行民主监督与政府督办相融合方式，开展对农村公路、综合性屠宰场、学校食宿楼、侵蚀沟治理工程、文化街雨污水改造工程和生活垃圾厂改造工程等全市重点工程建设项目协同监督 4 次，考察 4 次，提出的 9 条建议均被采纳落实。

（史冬梅）

## 调研工作

【概况】 2022 年，铁力市围绕老旧小区物业管理、全市重点工程项目、优化营商环境、实施乡村振兴战略等市委、市政府的中心工作，谋划实施 26 项重点履职任务。依托协骊联合体平台，发挥委员参加调研视察、反映社情民意信息等作用，报送情况反映的意见建议 60 余条，为市委、市政府决策落实提供参考。

（史冬梅）

【政协专题考察】 2022 年，铁力市实行民主监督与政府督办相融合方式，开展对农村公路、综合性屠宰场、学校食宿楼、侵蚀沟治理工程、文化街雨污水改造工程和生活垃圾厂改造工程等全市重点工程建设项目协同监督 4 次，专题考察 4 次，提出的 9 条建议均被采纳落实。

（史冬梅）

【政协调研考察】 2022年，铁力市围绕乡贤工作、农村人居环境整治、数字经济等事关铁力市长远发展的重大问题，组建专班开展调研考察活动20余次，形成调研报告9篇其中，《人民政协报》刊发1篇、获省政协调研一等奖二等奖各1篇、伊春市政协采用4篇、铁力市委、市政府采用2篇。

（史冬梅）

## 委员工作

【委员读书活动】 铁力市建立7个政协委员读书交流群，读书活动中，精选《不忘初心 牢记使命》《社会治理40年回顾与展望》《中华人民共和国民法典》等10本电子书目。同时组织开展多样化读书形式，“每日一小时”即参加读书活动的人员每天自主阅读时间不少于一小时，做到一年读完10本书；“一月一活动”即通过线下在图书馆朗读亭设立朗读角，录制委员读书音、视频；在骊城书苑设置委员读书角，开办委员读书沙龙，线下读书分享会，定期开展读书演讲交流活动，激发委员参与读书热情；“一季一总结”即各读书群每季度要确定一个阅读主题，至少组织开展一次线下读书交流活动，解读必读书目内涵，交流学习收获和体会，每季度撰写一篇读书心得、理论文章或社情民意。通过线下与线上相融合、自主学习与集中学习相统一、读书与履职相结合的方式，组织开展读书学习活动19次，以书香涵养委员履职能力。

（史冬梅）

【委员界别活动】 2022年，铁力市组织界别委员开展调研视察活动，按照“聚焦乡村振兴，建设更高标准富美乡村”的要求，农业农村委主任带领政协委员到乡镇村屯、涉农企业开展视察调研6次，撰写调查报告6篇。其中，《关于我市农村人居环境整治情况的调研报告》成为市政协议政性常委会的重要议题。

（史冬梅）

【委员服务管理】 铁力市在乡镇设立委员工作室，在各村设立委员工作站，打造委员学习交流新载体、协商民主新渠道、团结联谊新平台。首次建立基层协商民主工作机制、首次实行委员履职考核、首次创办委员微讲堂、首次设立委员奖牌榜。组织委员赴牡丹江宁安市参观学习、委员微讲堂线上交流、举办培训班等方式，加强对委员的学习培训，提高履职水平。

（史冬梅）

## 提案工作

【概况】 2022年，九届一次会议共收到提案122件，经审查合并后立案47件，其中，单独立案37件、并案处理10件。所有提案全部办复完毕，办复率100%。强化提案督办，推动提案落实，采取走访提案承办单位措施，在提案办理过程中，针对重点问题，商请市委、市政府分管领导出面，通过高层推动，促进相关问题解决。

（史冬梅）

【老旧小区物业服务管理重点提案办理】 2022年，铁力市部分老旧小区、弃管小区存在无物业管理，基础设施不完善、安全措施不到位、环境卫生脏乱差等问题，为更好地提升老旧小区管理服务质量，建议进一步完善老旧小区业主委员会，加强对物业公司的管理，统一规范物业管理制度。完善收费标准，规范物业服务收费行为。加强物业管理有关政策法规和物业知识的宣传，引导广大业主既要正确维护自己的权利，又要自觉履行好应尽义务。根据委员提案建议，对市区的老旧小区业主委员会进行全面排查，对无业委会小区、采取解答成立流程、协助办理等方式，确保业委顺利成立。同时，加强对物业企业的监督管理，督促物业企业与业主委员会签订物业服务合同，明确服务内容，并对服务期限、纠纷解决、违约责任、解除合同等条款进行完善，减少物业纠纷。

（史冬梅）

【优化城市公交运行重点提案办理】 2022年，铁力市市公交车在运营过

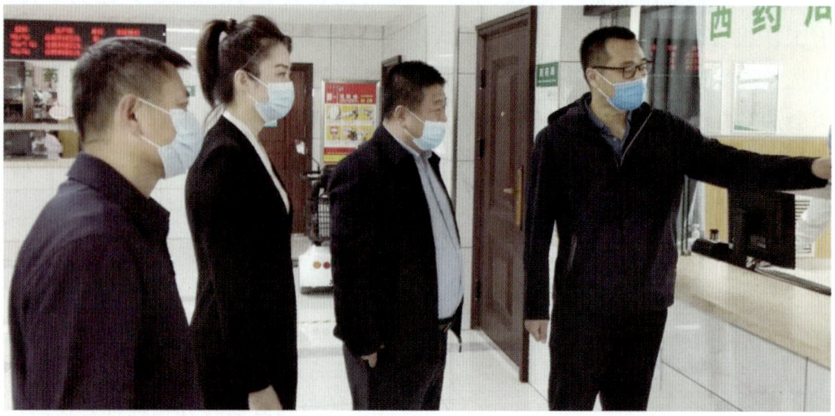

2022年4月18日，铁力市政协委员到市人民医院进行实地调研和视察提案办理情况

（中国人民政治协商会议铁力市委员会办公室供图）

程中，因公交线路设置不完善及到站时间不确定，导致不少居民出行盲目地选择私家车或出租车，不但使城市交通运行更加拥堵，也使居民出行更加不便。为此建议对公交线路进行调整，减少复线和大绕圈，增开部分新线路。合理安排各个时段的发车间隔。通过微信小程序加强宣传，推送线路变更、时间调整相关信息。加大城市环境整治的宣传力度，严禁临街店铺私自设置障碍占用公共停车位、严禁商贩工具车辆长时间占用公共车位，公共车位内工具车限时停放，并严禁占道经营，同时商铺门前开发更多临时停车位，即停即走，限时停放。根据委员提案建议，铁力市瑞祥公交公司已开通公交车线路28条，将线路延伸至各乡镇，日运班次750余次。对影响行车及转弯视线的站点进行调整，满足市民出行需要。

（史冬梅）

【关爱离休干部畅通绿色就医通道重点提案办理】 离休干部普遍年老体弱，生活自理能力下降，难以正常参加社会活动，子女因工作家庭原因不能长期陪伴，患慢性病、重病次数增多，需要采取有力措施。为此建议，在市医院开辟离休干部就医绿色通道，优化服务流程，提高服务质量。在医院挂号收费处、药房、医技检查窗口开通离休干部优先服务窗口，帮助离休干部实现就医绿色通道。在住院部各病区设立了离休老干部专用病房或病床，并对疑难病症及时组织专家会诊。对于需要异地就医的，医院配合医保部门提供相关资料，医保部门办理转外就医相关手续。医 院建立离休干部诊疗检查健康档案，定期随访离休干部健康状况，开展健康指导服务。根据委员提案建议，铁力市人民医院已设立离休干部就医绿色通道，开通离休干部优先服务窗口，并在导诊台提供咨询、陪诊服务，帮助离休干部实现就医绿色通道。同时在住院部各病区均设立离休干部专用病房，建立离休干部诊疗检查健康档案，定期随访离休干部健康状况，开展健康指导服务。

（史冬梅）

【盘活农村闲置房屋促进农民增收提案办理】 由铁力市农业农村局承办，建立农村闲置房屋信息库，同时完善相关政策和利用办法，因地制宜，科学合理盘活使用，增加农民收入。

（史冬梅）

【记录乡村发展历史提案办理】 由铁力市融媒体中心承办，组织人员设备从产业兴旺、生态宜居、乡风文明、治理有效和生活富裕等方面对铁力市乡村振兴发展进行全面记录。

（史冬梅）

【完善城市文化功能提案办理】 针对铁力市各文化协会活动没有固定场所等实际情况，铁力市文旅局根据提案建议，设置便于文化交流和活动的固定场所，提高城市文化氛围，促进公共文化服务水平提升。

（史冬梅）

**表7　并案立案目录一览表**

| 序号 | 并案立案目录 |
|---|---|
| 1 | 增设城区停车位<br>关于西一路增加停车位的建议<br>关于铁力市西三路道路两侧商贩影响交通的提案<br>进一步规范学校、集市周边交通管理的提案 |
| 2 | 整治城市“牛皮癣”小广告，在道路两侧、居民住宅区等处选择适当场所设置公共信息栏，供市民发布信息<br>关于加强我市居民楼安全防火工作的建议 |
| 3 | 物业强硬收费、服务差<br>关于完善小区居民公用设施设备的提案<br>关于加强小区物业行业管理的提案<br>关于小区乱停车、造成居民出行困难的提案<br>凝小固大守卫城<br>文明应一直在行动 |
| 4 | 关于进一步加强青少年禁毒教育的提案<br>关于进一步加强在校学生综合素质教育的提案<br>关于定期开展青少年心理健康普查的提案 |
| 5 | 关于加强过期食品安全管理的建议<br>加强农村食品安全监管<br>加强散装食品的安全卫生管理 |

续表 7

| 序号 | 并案立案目录 |
| --- | --- |
| 6 | 关于加强铁力市供热问题<br>关于加强居民饮水安全的建议<br>关于监督我市供水企业提升水质检测能力保障居民生活用水安全的提案 |
| 7 | 禁止在公园、公共场所遛狗<br>遛狗必拴绳，拴绳才能遛狗 |

（资料来源：中国人民政治协商会议铁力市委员会办公室）

### 表 8　单独立案目录一览表

| 序号 | 单独立案目录 |
| --- | --- |
| 1 | 建立积分制道德银行的提案 |
| 2 | 关于加大对城区非机动车道和非机动车的管理力度的建议 |
| 3 | 加强过村公路管护，提高通行安全保障 |
| 4 | 关于加强我市交通秩序管理的建议 |
| 5 | 关于对个别灌渠（壕）线段进一步改造升级的建议 |
| 6 | 建立民营企业参与乡村振兴的激励机制 |
| 7 | 后疫情时期如何发展铁力旅游 |
| 8 | 关于加强野生动物保护的提案 |
| 9 | 加大对农副产品电商发展企业扶持力度 |
| 10 | 关于加强智慧社区建设提升基层治理效能的建议 |
| 11 | 关于加强哈伊路沿线垃圾治理的建议 |
| 12 | 关于缓解学校周边交通及食品安全的建议 |
| 13 | 建议进一步推进农村道路升级改造 |
| 14 | 学生课后服务改进意见 |
| 15 | 关于加强铁力市高等职业教育的建议 |

（资料来源：中国人民政治协商会议铁力市委员会办公室）

## 政协专门委员会工作

**【提案和文化文史学习委员会】** 2022 年，铁力市提案和文化文史学习委员会发挥专委会职能职责，把好提案立案关、交办关，召开提案审查会议，严格执行提案初审、复审的工作流程，及时转交承办单位，定期开展提案办理推进视察，促进提案工作持续提质增效。创新采取“走访提案承办单位”提案督办方式，通过班子成员领衔督办、带队走访，搭建起“提办”双方和社会各界广泛参与协商的平台，使《关爱离休干部畅通绿色就医通道》等 47 件提案得到解决。

（史冬梅）

**【教科卫体委员会】** 2022 年，铁力市教科卫体委员会围绕文化创意产业、社区教育等领域开展专题调研，形成调研报告等 2 篇，提出意见建议 7 条，为市委、市政府科学决策提供依据。深入基层开展健康义诊、组织科普进社区知识竞赛、送政策送文化下乡、智慧助老培训、乡贤进基层宣讲等“协骊”志愿服务活动共 35 场次。

（史冬梅）

**【经济对外联络委员会】** 2022 年，铁力市经济对外联络委员会创新民主监督的方法和途径，邀请市委、市政府督办部门，加大政府民生实事专项督查力度，通过采取查阅资料、现场查看的方式，对已开工的居民楼房阳台加固、学校食宿楼、综合屠宰场、农村公路、社会面疫情防控工作落实

2022年7月29日，铁力市政协机关党支部成员到市法院开展“走进基层法庭”主题党日活动

（中国人民政治协商会议铁力市委员会办公室供图）

情况等开展视察监督活动，建立工作台账、逐条逐项监督检查工作完成情况，推动相关工作落地落实；创新民主监督的工作方式方法，组织部分委员到牡丹江市宁安市实地考察，学习外地先进工作经验，形成《全域旅游发展的建议案》，提出了推动全域旅游发展的七方面建议。

（史冬梅）

【社会法治民族宗教委员会】 2022年，铁力市社会法治民族宗教委员会加强对宗教界别委员的关心和关爱，联系结对宗教界委员以及其他宗教界重要人士。在走访联系中，倾听委员履职体会，支持其在各自领域发挥积极作用；依托铁力政协官方平台，牵头开展“委员微讲堂”，组织委员线上学习《中华人民共和国民法典》、国家法律法规等知识，委员们围绕主题交流学习体会，分享履职经验，建言献策；组织“协骊”议事厅，就加强低龄老年人技能培训等问题进行协商讨论，推进相关问题解决，为铁力市基层社会治理工作献言献策。

（史冬梅）

【农业农村委员会】 2022年，铁力市农业农村委员会组织委员开展读书活动，学习习近平总书记关于“三农”工作重要论述，以及省、市、县有关农业农村工作的重大决策部署文件等，助推委员全面掌握政策，提高参政议政能力和水平。同时配合省政协到铁力市调研农村人居环境整治和推广使用生物肥料工作，组织相关部门开展座谈交流，共形成《关于铁力市“厕所革命”的调研报告》《大豆推广情况调研》《关于铁力市生物肥料应用情况的调研报告》3篇调研报告。

（史冬梅）

# 中国共产党铁力市纪律检查委员会 铁力市监察委员会

Tieli Municipal Committee for Discipline Inspection of Communist Party of China and Tieli Municipal Supervisory Committee

编辑：张馨元

# 综 述

【纪委巡察监督】 2022年，铁力市纪检监察系统协助铁力市委制定推进风清气正政治生态建设15项措施和加强对“一把手”和领导班子监督的实施方案。围绕脱贫攻坚成果同乡村振兴有效衔接等中心工作开展监督，督促整改问题2126个。以整治群众反映强烈突出问题为题首次向市人大常委会报告监委专项工作。制发影响发展难点堵点问题监督检查协调联动制度，坚持把一体推进“三不腐”（不敢腐、不能腐、不想腐）摆在突出位置，以零容忍态度反腐惩恶。铁力市廉洁教育、纠治“四风”（形式主义、官僚主义、享乐主义、奢靡之风）等经验先后在中纪委《中国纪检监察》、省纪委《明鉴》杂志上刊发。查处违反中央八项规定精神、群腐和形式主义、官僚主义问题134起，处理142人。加强基层小微权力“监督一点通”服务平台试点建设，公开各类事项613条，处理各类投诉17条。完成对25家单位的两轮常规巡察，巡察组向被巡单位反馈问题533个，向市纪委监委移交问题线索86件。开展“考测督＋谈话督”活动，将“一把手”和班子成员纳入监督谈话重点，共考测694人，谈话962人。

（杨文菲）

【“考测督＋谈话督”】 2022年，铁力市纪委监委在铁力市“能力作风建设年”活动中，对全市科级单位班子成员和关键岗位干部开展“考测督＋谈话督”活动。重点范围内考测面、谈话面达到100%，同时根据工作需要，有侧重地抽查相关人员进行监督检查。主要监督内容为贯彻落实党中央、省委、伊春市委决策部署情况和加强党风廉政建设情况，强化政治监督和日常监督，坚持下沉督查、跟进督查、靶向督查，对落实“提能力、强作风、优环境”大整治行动要求进行监督检查，围绕开展行业不良作风整治、开展窗口单位优化服务专项治理、开展市场主体“办事难”问题专项治理、开展“能力作风建设年”及各项举措落实情况开展监督问责；对常态化推进党风廉政工作进行监督检查。采取“考测督”和“谈话督”相结合，并按照知责明责、尽责免责等工作链条加以推进。“考测督”重在了解各责任人知责情况。由各单位明晰本单位监督人员职责分工、重点工作分工及其他责任事项，报监督组；监督组采取不定期发放考测卷形式，督促各责任人知责明责。“谈话督”重在掌握各责任人尽责情况。由重点范围人员自查潜在性、苗头性、倾向性等问题，报各监督组；各监督组结合干部自查情况和平时监督掌握情况，对重点范围人员进行监督谈话。

（杨文菲）

【正向考核激励制度】 2022年，经市纪委常委会研究决定对委机关、派驻（出）机构、巡察机构、事业单位和乡镇纪委干部，进行正向激励，每周末纪检监察系统干部本人分类自行打分，并于下周第一个工作日前向纪检监察干部监督室报打分情况及依据，同时在机关办公微信群上进行“亮晒”，激励干部担当作为。

（杨文菲）

【廉洁文化建设】 2022年，铁力市纪委监委根据《关于加强新时代廉洁文化建设的意见》，探索构建“廉洁教育3+”工作模式，从参观学习、活动开展、阵地建设等方面组合发力，建设铁力市廉政教育基地，内设“溯源、剑悬、涤荡、浮沉、归路”五个主题篇章，融合模拟牢房、动感灯带、互动体验等声光电触现代化科技，打造全方位、多元化、沉浸式廉政教育体验。聚焦教育、公安、卫生等行业领域，分门别类对关键岗位人员开展不同类型的警示教育，已建立53个行业领域“案例素材库”。把廉洁鉴定、廉洁谈话、廉洁测试“三项举措”作为干部提拔任用的必经程序，累计回复办理廉洁意见1721人次，开展廉洁谈话及测试196人次。“廉洁教育＋多彩活动”。组建廉洁教育宣讲团深入乡镇、村屯，突出用

2022年8月8日，纪委监委在铁力市市场监督管理局办公室开展“考测督＋谈话督”活动

（铁力市纪委监委供图）

2022年5月21日，中国共产党铁力市纪律检查委员会组织党员到廉政教育基地参观学习

（铁力市纪委监委供图）

身边事教育身边人，分析基层干部违纪违法原因及对策建议，打造“点餐式”巡回“送廉”课堂，到8个乡镇进行廉洁宣讲，警示教育560余人次。开展“廉韵润骊城·喜迎二十大”活动，征集创作视频、书画摄影、创意手工等各类廉洁作品200余件并通过“线上+线下”方式进行展览。“廉洁教育+阵地建设”。系统打造铁力市政府网、“清风铁力”“关注铁力”微信公众平台、廉政教育基地“零距离”课堂、“定制化”课堂、“点餐式”课堂的“一网两微三课堂”廉洁教育宣传矩阵，在“清风铁力”微信公众平台开设“廉韵骊城·清风课堂”，展播原创警示教育微电影《一梦之间》、乡镇自制廉政微视频、廉政故事等。联合市委宣传部、市交通局等部门，打造廉言廉语“移动宣传台”，在全市60余辆公交车、50余辆出租车和多条主干道张贴廉洁文化标语。同时注重在本地域优秀勤廉文化、红色革命文化中挖掘“廉洁基因”，以市廉政教育基地为中心，辐射双丰镇东方红村廉政广场、建国村抗联基地，打造“一馆”“一村”“一课”的“廉韵骊城”清廉示范带，形成具有铁力特色的清廉文化名片。

（杨文菲）

【干部监督】 2022年，铁力市纪委监委制定《纪检监察工作正向激励打分细则》，明确30项办公综合、巡察监督和纪法业务等考核指标，定期汇总亮晒，激励干部担当作为，细化由政治监督、履职监督和形象监督12项内容组成的《铁力市纪委监委纪检监察干部月负面监督约谈清单》，采取月约谈通报负面清单违规行为。2022年末，有680余人次参与亮晒活动，开展监督谈话105人次。同时设立专门的反映纪检监察干部问题线索的举报信箱，在“清风铁力”微信公众号中开设群众监督“随手拍”专栏。严明政治纪律和政治规矩，制定《铁力市纪检监察干部监督管理办法》，召开落实“十严禁”（严禁立场不坚、对党不忠，贯彻落实上级决策部署做选择、搞变通。严禁有失原则、缺少担当，不正确履行管党治党监督责任。严禁脱离群众、自恃特权，在联系工作和监督检查中口大气粗、盛气凌人。严禁越权逾轨、漠视规矩，违规干预和插手司法、执纪执法活动。严禁以案谋私、公器私用，利用工作便利收受或索要被监督单位、监督对象财物。严禁违反程序、自行其是，违规使用审查调查措施、收集证据。严禁假借名义、亲清不分，利用职权或职务上的影响谋取私利。严禁任意妄为、欺上瞒下，不按规定报告个人有关事项或其他应当报告的重大事项。严禁自律不严、作风漂浮，损害纪检监察机关尊严和纪检监察干部形象。严禁家风不正、失管失教，干扰破坏社会公共秩序。）专题会议，组织机关干部签订承诺书。

（杨文菲）

【纪检监察队伍建设】 2022年，铁力市纪委监委组织集中学习研讨习近平总书记重要讲话重要指示批示精神、党的二十大精神等内容65次，会前学法13次。早会由班子成员、办公室主任主讲，学规范、传经验，对纪法业务进行全链条、闭环式培训，累计培训干部2240人次。探索完善“室组”联动协作机制，充分发挥“室”的业务专长和“组”的派驻优势，室组联合共计办案10件，处分10人。

（杨文菲）

## 重要会议

【纪委全会】 2022年2月24日，铁力市召开十三届市纪委二次全体会议暨全市党风廉政建设工作会议。会议审议通过了《中国共产党铁力市第十三届纪律检查委员会第二次全体会议决议》。会议传达了十九届中央纪委六次全会、十二届黑龙江省纪委六次全会、十三届伊春市纪委二次全会精神。会议共分两个阶段进行，由市纪委常委会主持，市委书记陈岩出

2022 年 6 月 30 日，铁力市纪委监委开展“七一”主题党日活动——重温入党誓词

（铁力市纪委监委供图）

席第一阶段会议并讲话。第二阶段会上，市委常委、市纪委书记、监委主任陈涛代表市纪委常委会作了题为《在深学中严落实谋在笃行中严抓实做为谱写现代化新铁力绚丽篇章提供坚强保障》的工作报告。会议以视频形式召开，副处级以上领导、市纪委委员、市直单位党组织负责人；市委组织部干部监督工作负责人、市人大监察和司法委员会负责人、中省直单位党组织负责人、各乡镇党委、人大、政府班子成员和纪委委员；市纪委监委机关、派驻（出）机构、事业单位和市委巡察办、各巡察组全体干部参加会议。

（杨文菲）

【纪委常委会会议】 2022 年，铁力市纪委监委召开市纪委常委会会议 44 次，审议并落实关于综合运用“四种形态”（党内关系要正常化，批评和自我批评要经常开展，让咬耳扯袖、红脸出汗成为常态；党纪轻处分和组织处理要成为大多数；对严重违纪的重处分、作出重大职务调整应当是少数；严重违纪涉嫌违法立案审查的只能是极少数。）、压实主体责任、信访工作情况、监督向基层延伸、“三不”一体推进（一体推进不敢腐、不能腐、不想腐）、各类专项监督和重大案件审查督查调查等工作。

（杨文菲）

## 纪检监察体制改革

【派驻体制改革】 2022 年，铁力市纪委监委 4 个监督检查室归口联系 17 个派驻纪检监察组，55 个部门单位实现派驻监督全覆盖。聚焦全面从严治党、党风廉政建设和反腐败工作，创新履职方式，运用“四种形态”，加强派驻机构建设，持续在派驻干部履职能力提升、组织架构、人员编制、健全内控机制等方面规范工作流程和审批权限，推动各项工作依规依纪依法进行。

（杨文菲）

【基层监察改革】 2022 年，铁力市 8 个乡镇成立乡镇监察办公室，命名为“铁力市监察委员会派出某某镇（乡）监察办公室”，派出监察办公室对铁力市监委负责，接受其领导和监督，与乡镇纪委合署办公，履行纪检、监察两项职能，各乡镇配备专职纪委委员 2 人，兼职纪委委员 3 人。制发乡镇纪委问题线索管理统计报备、乡镇纪检监察协作片区、“乡案县审”3 项工作制度。

（杨文菲）

【破解同级监督难题】 2022 年，铁力市纪委监委协助铁力市委制发加强对“一把手”和领导班子监督的实施方案。市纪委监委与市委主要领导交换主体责任和监督责任意见 2 次，对市委、市政府班子成员提醒谈话 4 人次，给予基层“一把手”和班子成员党纪政务处分 13 人次。

（杨文菲）

## 监督执纪

【净化政治生态】 2022 年，铁力市纪委监委协助铁力市委制定《铁力市深入推进风清气正政治生态建设 15 项措施》，对主体责任牵头“督考问”联动问效，对监督责任实施“黄橙红”亮牌督导，共开展实地调研督导、电话随机抽查 50 余次。

（杨文菲）

【强化政治监督】 2022 年，铁力市制定《关于推进政治监督具体化常态化的办法》，以党中央确定的捍卫制度、落实决策、履行责任、行使权力，明确 14 项重点监督事项，完善“清单 + 对账、联动 + 联合、嵌入 + 跟进”“3+3”监督工作模式。按照党中央重大决策部署和省委、伊春市委有关要求落实情况，指导督促乡镇纪委、各派驻（出）机构定期形成政治监督项目清单，组织力量对清单完成情况进行“回头查看”。探索形成“纪委监委牵头 + 职能部门深度参与”监督工作法，发挥“室组”靠前监督作用。

（杨文菲）

【落实日常监督】 2022年，铁力市纪委监委组织市直53家单位开展关于加强对“一把手”和领导班子监督、落实习近平总书记对黑龙江省重要讲话精神及对伊春特指要求等会商5轮次，累计通报问题525个、提出意见建议512条。

（杨文菲）

## 党风廉政建设

【落实中央八项规定】 2022年，铁力市坚持以监督问责促担当作为，推进群众“急难愁盼”问题的解决，深化纠治“四风”，认真落实中央八项规定及其实施细则精神，常态化开展明察暗访和专项监督检查，共查处“四风”问题86个，处理90人。

（杨文菲）

【开展专项整治行动】 2022年，铁力市纪委监委采取督促自查、靠前督导、追责问效、推动整改等方式，扎实开展粮食领域腐败、开发区建设腐败、水利工程建设领域腐败问题等25项专项整治（监督）工作，给予党纪政务处分67人，运用“第一种形态”（第一种形态是指党内要经常开展批评和自我批评，对苗头性、倾向性问题多提醒，对轻微违纪问题常批评，让“咬耳朵、扯袖子，红红脸、出出汗”成为常态。）批评教育帮助30人，推动职能部门健全完善制度83项。

（杨文菲）

【纠治不良作风】 2022年，铁力市制发“提能力、强作风、优环境”大整治行动方案，加强对破坏营商环境、破坏市场公平竞争环境的监督力度，共查处破坏营商环境问题22起，处理26人。

（杨文菲）

【深化民意征求】 2022年，铁力市在“清风铁力”微信公众平台开设“随手拍”专栏，在政务服务办事大厅张贴公告和“清风铁力”二维码，让广大群众成为“社情民意监督员”。加强基层小微权力“监督一点通”服务平台试点建设，公开各类事项613条，累计处理各类投诉17条。

（杨文菲）

## 反腐工作

【持续加压“不敢腐”】 2022年，铁力市纪委监委健全信访举报受理机制，建立“信、访、网、电、微”五位一体受访体系，提升信访举报渠道公信力和威慑力。聚焦“急难愁盼”，重要部门、关键领域开展专项监督工作，形成整改治理合力，严惩群众身边“微腐败”111人。抓住“关键少数”，对党的领导弱化、党的建设缺失、贯彻中央八项规定精神不力等问题，追究相应责任，给予基层“一把手”和班子成员党纪政务处分11人次。

（杨文菲）

【深化拓展“不能腐”】 2022年，铁力市纪委监委落实“一案三书三报告一建议”（忏悔检讨自书、发案单位政治生态自书、检举揭发自书或者廉政家书；工作总结报告、案件剖析报告、突出问题专项报告；纪检监察建议）工作要求，在查办党员干部和监察对象严重违纪、职务违法、职务犯罪案件中，严格执行“一案三书”工作，要求被审查调查对象自书忏悔录、政治生态情况、检举举报材料或自书一封家书。督促问题易发、案件多发的行业和单位深化改革、完善制度、优化治理，共发出纪检监察建议书38份，督促完善制度20余个。

（杨文菲）

【巩固提升“不想腐”】 2022年，铁力市纪委监委协助铁力市委制发《关于加强新时代廉洁文化建设的实施方案》，建成开放廉政教育基地，组织参观达215批4167人次。组建廉洁教育宣讲团深入基层打造“点餐式”巡回“送廉”课堂，同时开展“清风常伴·廉洁齐家”家庭助廉主题活动。

（杨文菲）

## 审查调查

【案件查办】 2022年，铁力市纪委监委处置问题线索863件，立案301件、比2021年增长3.4%，结案291件，查办大案要案69件。办理涉嫌职务犯罪案件6件，移送检察机关5人，为国家挽回经济损失708.5万元。运用“四种形态”批评教育帮助和处理955人次。其中，“第一种形态”668人次，占比69.9%；运用第二、三、四种形态分别处理256人次、17人次、14人次，占比分别为26.8%、1.8%、1.5%。

（杨文菲）

【办案安全】 2022年，铁力市纪委监委秉承“不安全不办案”的原则，进一步推进规范谈话工作专项整顿，严格落实“安全首课”制度、“领导首谈”制度以及“走读式”谈话工作，实现审查调查安全零事故、办案人员零违纪、审查调查安全零申诉。

（杨文菲）

# 民主党派·工商联

Other Political Parties · Federation of Industry and Commerce

编辑：王永海

## 中国民主同盟铁力支部

【概况】 2022年，中国民主同盟（以下简称民盟）铁力支部有盟员42名。盟员中有伊春市人大代表1名、铁力市人大代表1名，伊春市政协委员2名，铁力市政协常委、政协委员13名，庆安县政协委员1名。3月，民盟铁力支部获民盟组织建设工作“先进集体”称号。6月，民盟铁力支部获得“先进基层组织”称号。

（庞　畅）

【思想建设】 2022年，民盟铁力支部通过民盟伊春市委微信公众号，对盟务工作、先进人物、特色活动等工作进行宣传报道。民盟铁力支部选定3个演出节目，参加铁力市政协举办的“喜迎二十大、委员心向党”骊马放歌专场文艺演出。6月13日，民盟铁力支部组织全体盟员在铁力市老干部服务中心，开展学习中国共产党黑龙江省第十三次代表大会精神主题宣讲会活动。11月30日，民盟铁力支部组织全体盟员通过微信群学习中共二十大精神。

（庞　畅）

【组织建设】 2022年，民盟铁力支部发展新盟员3名，共组织30余名骨干盟员参加中央、省、市各类网络培训班学习，通过培训学习提高盟员参政议政水平。同时，开展走基层活动，到企业走访调研，收集建议。并计划开展形式多样的盟务活动、组织盟员开展政策宣传、志愿服务等活动。

（庞　畅）

【参政议政】 2022年，民盟铁力支部围绕市委、市政府中心工作、全市经济社会发展中的热点难点问题开展调研1次。并通过鼓励盟员加入社区、小区等微信群，引导盟员参与时事讨论，形成有针对性的社情民意信息，并将信息采用情况及时在盟务群内公布。全年共收集编报社情民意信息15条，被伊春市政协采用2条。

（庞　畅）

【社会服务】 2022年，民盟铁力支部通过把盟务工作与社会服务相结合，组织盟员在节假日期间走访慰问留守儿童、老人和失独家庭，为他们检查身体、讲解保健知识、送去老年病宣传资料、学习用品及生活慰问品等。全年开展教育帮扶、医疗救助、技能培训、送文化下乡村、社区等志愿服务活动20余次。2月17日，民盟铁力支部联合铁力市红十字会为铁力市老年大学师生就心肺复苏抢救知识进行培训。18日，民盟铁力支部到铁力市老年大学开展“学党史关爱老年人健康送医送药免费诊治”志愿服务活动。3月10日，民盟铁力支部联合铁力市消费者权益保护中心到铁力镇宏伟社区和年丰朝鲜族乡爱国村开展“共促消费公平”消费者维权知识讲座进社区、乡村活动。8月15日，民盟铁力支部联合铁力市老年大学到铁力市福兴村开展“丰富乡村群众业余文化生活”及政策宣传活动。

（庞　畅）

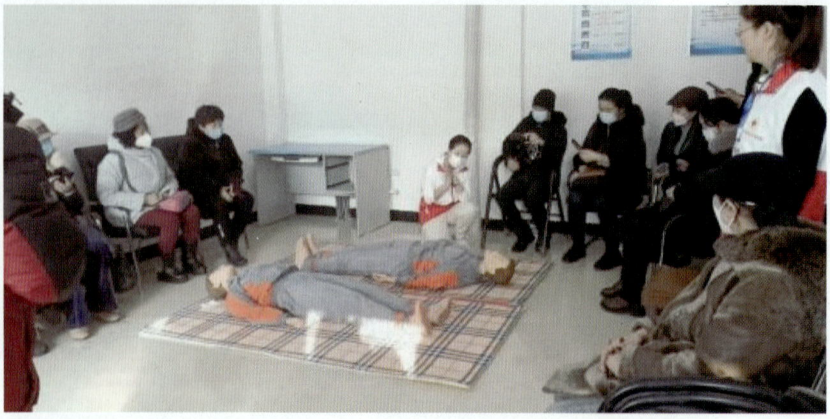

2022年6月17日，民盟铁力支部联合铁力市红十字会为铁力市老年大学师生培训心肺复苏抢救知识

（民盟铁力支部供图）

## 中国民主建国会铁力支部

【概况】 2022年，中国民主建国会（以下简称民建）铁力支部，隶属于民建伊春市委。民建铁力支部有会员35人，其中，铁力市人大代表2人，铁力市政协委员5人，文化教育界4人，医疗卫生界2人，企业界9人；在岗人员33人，退休2人。

（郑　馨）

【思想建设】 2022年，民建铁力支部将思想政治建设放在首位，通过集体学、自学、发放资料等形式组织会员学习，全年开展集中学习活动2次、分散学习活动3次，会员参政议政相关知识培训1次，培训会员8人。7月1日，组织会员到铁力市博物馆开展学习教育参观活动1次。

（郑　馨）

【组织建设】 2022年，民建铁力支部把符合条件的优秀人才吸收到组织中来，通过考察和研究，发展新会员

2022年7月1日，民建铁力支部到市博物馆开展学习教育参观活动
（民建铁力支部供图）

4人，王鸿惠、于鸿、郑馨、曾天姣获“民建全市优秀会员”称号。并在后备干部队伍建设中，从骨干会员中选拔培养5人推荐伊春市优秀会员。

（郑　馨）

【参政议政】　2022年，民建铁力支部围绕铁力市委、市政府中心工作和群众关心的热点难点问题开展调查研究，组织支部会员对铁力市营商环境情况进行摸底，到部分企业对营商环境满意度以及实践中遇到的问题等进行调研，撰写《坚持问题导向打通堵点痛点——关于铁力市优化营商环境的调研报告》，调研成果被选入伊春市政协2022年《调研视察报告专辑》。全年提交优秀提案5篇，其中，《关于盘活乡镇、农村闲置房屋促进农民增收的建议》《充分利用排球基地的优质资源，拉动铁力市相关产业发展的建议》《关于进一步完善社区居家养老服务体系》3篇提案被列入铁力市政协重点提案。

（郑　馨）

【社会服务】　2022年3月2日，民建铁力支部到铁力市汇天养老院开展学党史践初心敬老送温暖活动，为老人们送去各类常用药品及奶粉、饼干等日常用品，价值2300余元。全年发动会员投身创建全国文明城市、养老爱幼等各类公益服务活动11场次，并多次参与文明交通志愿服务活动。会员王鸿惠在铁力市举办的心理健康、家庭教育培训会中，从“双减”背景下家长心态调整入手，帮助家长强化学生心理健康教育。会员曾天姣组织创建汇天助老志愿者服务队，先后参与搜救走失老人、车辆救援等救援活动20余次，被评为第十届黑龙江省十大杰出青年志愿者。新冠疫情防控期间，有8名会员投身在物资发放等为民服务岗位。

（郑　馨）

2022年2月22日，民建会员王鸿惠为学生家长进行心理健康、家庭教育培训
（民建铁力支部供图）

## 中国民主促进会铁力支部

【概况】　2022年，中国民主促进会（以下简称民进）铁力支部有会员34名、其中，伊春市人大代表1人、铁力市政协常委1人、铁力市政协委员5人、伊春市政协委员3人。文化教育界20人、医疗卫生界4人、企业界5人、事业单位4人，在职人员工24人、退休人员8人。7月28日，在民进伊春市委七届二次全委扩大会议上，民进铁力市支部获“伊春市先进基层组织”称号，白志宏、朱雅芳、赵孟3名骨干会员获“伊春市优秀会员”称号。

（朱雅芳）

【思想建设】　2022年3月，民进铁力支部组织会员深入学习贯彻中共十九大精神，召开中共十九届六中全会精神宣讲会，结合铁力市实际，分析理解“十四五”时期铁力市经济社会发展的重要目标任务，明确“十四五”期间民进会员参政议政工作的着力点，以不同方式和多层面深化会员对参政党性质、地位、作用的认识，奠定参政议政思想基础。组织

2022年5月25日，民进铁力支部到年丰朝鲜族乡中心学校捐赠图书
（民进铁力市支部供图）

会员以多种形式收看中共二十大盛况，及时领会传递党中央的方针政策、决策部署。

（朱雅芳）

【组织建设】 2022年，民进铁力支部作为民进地方组织，灵活进行组织建设，在原有微信平台基础上，创建“骊城奋进”公众号，加强会员之间的互动交流，通过线上会议、线上论坛等形式组织座谈活动，推进自身组织建设。8月12日，民进铁力支部召开学习中国共产党黑龙江省第十三次代表大会精神会议，传达中央统战工作会议精神，学习《中国共产党统一战线工作条例》《宗教事务条例》《中国共产党政治协商工作条例》等。全年民进铁力支部经过严格组织程序，发展1名高中骨干教师加入民进组织。

（朱雅芳）

【参政议政】 2022年，民进铁力支部在保持传统领域参政议政优势的同时拓展工作视野和范围，制定《2022年参政议政工作计划》。民进铁力支部会员组织会员围绕铁力市经济发展的中心工作，发挥岗位优势，积极参与、献计献策。关注全市经济社会发展中影响全局的倾向性、关键性问题，找准参政议政的切入点，搞好重点专题调研，总结提炼出时效性强、价值大的意见、建议和信息，提交质量高、建设性强的提案、议案和调研报告，在铁力市廉政建设、民族特色旅游工作、秸秆禁烧和综合利用、水资源保护和重点工业项目推进等话题建言献策。在市政协九届二次会上提交个人提案5件，向组织部提交调研报告1篇。

（朱雅芳）

【社会服务】 2022年，民进铁力支部会员们在各自不同的工作岗位上，发挥民主党派联系群众和骨干带头作用，针对“双减”、创文等中心工作开展各类社会服务活动。5月13日，民进铁力支部志愿服务队到铁力市第六中学，为同学们送去价值1500元体育器材。25日，民进伊春市委主任委员李蓝玲，副主任委员兼秘书长耿艳秋，铁力市政协副主席、铁力市教育局局长、民进铁力支部主委代轶欧，铁力市委统战部副部长杨伟明等到铁力市年丰朝鲜族乡中心学校，向学生送去100本精心挑选的各类书籍。12月21日，民进铁力支部会员刘淑清老师参与由黑龙江省文联、黑龙江省美术家协会、伊春市文联主办的“扎根生活沃土、助力乡村振兴”文艺志愿活动，并为此次志愿活动捐赠3幅国画作品。

（朱雅芳）

## 铁力市工商业联合会

【概况】 2022年，铁力市工商业联合会（以下简称铁力市工商联）共有会员120人，其中，企业会员93个，个人会员27个。并连续六年获得全国“五好”县级工商联称号。

（殷　鸽）

【民营经济调查研究】 2022年，铁力市工商联通过走访、调研、座谈等形式了解企业所需所求，梳理企业共性问题，真实掌握企业面临受疫情冲击遇到的产业链供应链不畅、资金流短缺、扶持政策未享受、产品滞销等实际困难和紧迫需求，帮助民营企业发展、推动政策落实提供精准情况和决策参考。全年共发放网络调查问卷10余次，实地走访调研30余家次。7月，陪同全国工商业联合会第八调研组到林匠电子商务有限公司、葵花药业集团（伊春）有限公司、黑龙江省松涛经贸集团有限责任公司等多家企业开展调研考察，通过实地走访、一对一交流、召开政企座谈交流会等形式，整体了解铁力市非公经济发展情况，并在交流过程中对企业存在的问题和企业未来发展方向进行针对性指导。

（殷　鸽）

【民营经济法律服务】 2022年，铁力市工商联将营商法治环境建设融入高质量发展工作，与铁力市检察院、铁力市司法局等部门联合建立铁力市涉案企业合规第三方监督评估机制管理委员会，依法有序推进企业合规改革试点工作，建立健全涉案企业合规第三方监督评估机制，有效惩治预防企业违法犯罪，服务保障铁力推进全面振兴全方位振兴。与铁力市司法局合力搭建铁力市民营企业的法律服务专业平台，为民营企业提供合同纠纷、投融资纠纷等涉企纠纷的免费法律咨询。并成立铁力市工商联调解委员会，由党组书记任主任，专职副主席与企业家副主席共同担任调解委员会委员，发挥商会优势，开展民营企业纠纷调解工作。邀请铁力市民营企业加入伊春市检察助企服务团，定期传达相关助企法律法规和经典案例供企业学习参考。邀请伊春市公安局经济犯罪侦查支队宣传民警进入铁力市工商联会员微信群，向会员企业宣传科普专业投资知识，减少网络诈骗和非法集资事件的发生。10月，铁力市工商联法律服务民营企业工作进展情况作为黑龙江省工商业联合会与法院、检察院、公安司法行政机关沟通联系机制、“百所联百企”机制建设中典型案例，进行全省推广。

（殷　鸽）

【民营经济社会服务】　2022年，铁力市工商联弘扬企业家精神，鼓励民营企业家履行社会责任，在乡村振兴、疫情防控、稳定就业、帮扶救弱、教育资助等方面贡献力量。特别是在新冠疫情防控过程中，有多家爱心企业捐款捐物，累计捐赠物品价值180余万元。

（殷　鸽）

【民营经济会员企业党建】　2022年铁力市有民营经济会员企业党支部11个，党员175人，全年组织召开支部会议25次。学习黑龙江省第十三次党代会、党的二十大等会议精神。全年组织4次参加新冠疫情防控活动，三十余名党员参加。

（徐连琦）

【商会建设】　2022年，铁力市总商会为市工商联直属商会，铁力市总有商会会长1人，副会长8人，其中，非公经济人士7人；秘书长1人，商会会员108个。铁力市总商会根据会员需求提供融资、咨询、信息、培训、技术、人才、管理、法律等各类服务，推动企业发展，帮助会员企业拓展市场发展空间。

（殷　鸽）

【助力民企发展】　2022年，铁力市工商联通过民营企业家座谈、政银企对接会、企业走访调研等形式面对面倾听企业家诉求，增加政企交流，了解民营企业生产经营中的痛点难点问题。制定《市工商联企业家副主席、副会长驻会轮值制度》，推进工商联副主席（商会副会长）驻会轮值、工商联会员企业“互访”，加强民营企业家之间的联系和沟通。联络异地商会、协会到铁力市考察交流，促进联系合作。7月，联络黑龙江省青年民营企业家商会到铁力市参观考察，曼哈顿多元集团董事长带队实地调研铁力市相关企业项目建设情况和运营情况。

（殷　鸽）

【“万企兴万村”行动】　2022年，铁力市工商联落实乡村振兴战略的工作部署，通过“万企兴万村”行动助力乡村振兴，发挥典型和榜样的示范带动效应。铁力市委将“万企兴万村”行动纳入2022年全面推进乡村振兴重点工作，挂牌督战，明确具体工作任务及措施，确保此项工作高效推进。按照《黑龙江省“万企兴万村”行动实验项目体系建设方案》要求，铁力市授牌10家民营企业为第一批“万企兴万村”行动实验项目企业，其中，金海粮米业有限公司和爱国米业有限公司两家企业被推荐为省级实验项目。6月，铁力市工商联组织市直相关部门及民营企业家代表，召开“万企兴万村”行动启动大会。聚焦乡村产业、乡村建设两大重点，结合企业和村屯自身实际情况，通过产业帮扶、就业帮扶、消费帮扶等方式，使企业与村屯达成对接。按照铁力市“万企兴万村”行动年度目标，全年有35个行政村与企业达成合作对接。

（殷　鸽）

# 群众团体

Mass Organizations

编辑：张　威

# 铁力市总工会

【概况】 2022年，铁力市总工会（以下简称总工会）有直属基层工会37个，下设基层工会181个，会员2万余人。总工会推进新业态组织、社会组织、小微企业组建工会工作，组建新业态联合会、快递行业联合会、新建快递员、外卖送餐员、志愿服务组织工会8个，社会组织工会2个，农民工工会1个。

（张　萌）

【职工思想政治引领】 2022年，总工会宣传贯彻习近平新时代中国特色社会主义思想，保持工会工作正确政治方向，通过劳模宣讲、职工演讲、主题阅读、知识竞赛、文艺展演等方式，引导产业工人用党的创新理论成果武装头脑。10月13日，总工会邀请铁力市委宣讲团成员开展《习近平谈治国理政》第四卷专题宣讲。10月16日，总工会组织全体干部职工收看收听中国共产党第二十次全国代表大会开幕盛况。10月31日，总工会召开学习贯彻党的二十大精神专题会议，传达学习党的二十大精神，贯彻落实党的二十大各项决策部署。

（张　萌）

【劳模选树关爱服务】 2022年，总工会开展劳模选树，徐永江、陈晓东被授予省第十三届劳动模范称号。开展省级以上劳模免费体检活动，总工会指定专人负责同铁力市人民医院体检中心研究制定详细的体检方案，确定包括CT、B超、大生化等20余项体检项目。7月26日，总工会组织19名国家、省和伊春市级劳模到铁力市人民医院参加免费体检，铁力市人民医院为劳模开通体检绿色通道，总工会权益保障部工作人员陪同劳模有序进行体检。体检结束后，铁力市人民医院为体检劳模建立健康档案，并根据体检结果组织专家为劳模进行健康指导，帮助劳模了解自己身体状况，做到有病早医、无病预防，为劳模的健康保驾护航。8月，总工会组织11名先进职工参加省、市级劳模医疗休养。

（张　萌）

【助力职工创业】 2022年，总工会开展“春风送岗”和金秋招聘月线上招聘活动六期，对接企业30余家，提供就业岗位1000余个。在工会电商孵化基地开展电商主播培训二期，培训80人，与龙妹家政合作举办假发编织培训班，培训20人。

（张　萌）

【工会普惠服务】 2022年，总工会开展“送温暖”“送清凉”慰问活动，为11家单位399名职工送去物资及慰问金共计31.6万元；开展“送清凉、保安全、促发展”慰问活动，为974名生产一线及新业态劳动者送去价值6580元防暑物资；为顺丰、韵达等新业态群体送去消毒液等防疫物资20余箱；为环卫工人、公安民警等一线工作人员送去口罩2万只。

（张　萌）

【困难职工帮扶救助】 2022年，总工会为7户建档立卡困难职工发放中央财政生活救助金3.96万元，医疗救助金6万元。举办“金秋助学”发放仪式，为6户困难职工家庭发放1.1万元助学金。

（张　萌）

【职工技能竞赛】 2022年，总工会坚持人才引导，提升产业工人队伍技术水平，在全市机关、企事业单位开展职工劳动技能竞赛13场，激励各行业职工提升技能水平。加强“地企共建”，联合鹿鸣矿业集团中铁九局组建“吕文发劳模创新工作室”，激励职工钻研新技术、创造新业绩。

（张　萌）

【职工权益维护】 2022年，总工会加强权益保障体制建设，组织实施职工互助保障工作。组织全市102个基层工会5496名职工参与互助保障活动，匹配资金14.38万元，13名患病职工得到理赔金约4.8万元。加强普法宣传常态化建设，落实“八五”普法要求，组织实施普法宣传进企业、社区、群众法律宣传活动，到金新农、鹿鸣矿业、葵花药业等开展《中华人民共和国工会法》宣讲。总工会加强维权服务机制建设，推进集体协商工作。全市有20家企业签订集体协商合同，4家企业签订女职工专项和工资专项合同。完成经开区打造职工法律援助师、劳动关系协调师、创新创业咨询师、劳动安全咨询师、身心健康引导师和职工权益纠纷调解室的“五师一室”服务机制试点建设工作，招募志愿服务工作者5人，为企业职工提供优质高效维权服务。

（张　萌）

【职工群众文化建设】 2022年，总工会组织全市30余个单位100余名单身青年参加“会聚良缘、相约骊城”职工联谊活动，为单身职工搭建域内交友平台。开展线上职工体育活动，组织全市5000余名职工参与“中国梦·劳动美——喜迎二十大　建功新时代”全国职工线上健身运动，开展铁力区域专项线上运动竞赛，评选优秀集体10个，优秀个人65人。组织工会党员干部和爱心志愿者60余人，开展“徒步走健康·行动促低碳”党日实践活动。

（张　萌）

【职工服务阵地建设】　2022年，总工会组织实施工人文化宫文化服务升级改造项目，争取全国、省总工会资金、政策支持，完成工人文化宫消防维修改造、室内外维修改造工作，组织实施影院、职工活动室建设，适应职工服务阵地“两性两化”建设要求。组织实施基层工会职工之家建设，完成桃山镇、年丰朝鲜族乡2个标准化职工之家建设工作。

（张　萌）

【基层工会组织建设】　2022年，铁力市总工会被确定为全国总工会对口联系县级工会，参加全国总工会调研工作座谈会，完成调研工作任务，报送调研报告得到全国总工会的认可。组织召开市总工会第五次代表大会，全市173名代表参加会议，完成总工会换届选举工作任务，选拔2名市直和社会组织干部兼任工会副主席，市级工会组织体系得到完善。推进市粮食局、盐业公司、宏大农场等6家改制企业召开职工代表大会，征求职工提案，通过改制方案、落实改制措施，完成企业改制工作，全面保障职工合法权益。8月5日，为维护快递员、网约配送员等新业态劳动者的合法权益，铁力市新业态工会联合会成立并召开第一届会员代表大会。

（张　萌）

## 共青团铁力市委员会

【概况】　共青团铁力市委员会（以下简称“团市委”）下设团委19个，团工委2个，团总支10个，团支部391个，团员总数4023人，有团干部527人。2022年，经团黑龙江省委评估推荐，团中央复核，铁力市被评为“县域共青团基层组织改革扩大优秀试点”“黑龙江省青年发展型县域试点”。

（赵晟谰）

【青少年思想政治引领】　团市委成立“红领巾宣讲团”“青年讲师团”等理论知识宣讲队伍，全年宣讲50余场次。开展“开学第一课”“红领巾防疫行动”“我与国旗合个影”等活动，培养青年的爱国爱党情怀。通过主题班会、队会、国旗下讲话等专题教育形式，以“红领巾心向党”为主题开展系列活动，分享红色故事、合唱少先队队歌、阅读红色书籍、召开主题班会、重温入团誓词，宣传和学习党的光荣历史。每周平均有3618人次参与线上主题团课学习。评选省级“青年大学习”优秀个人2人。开设《团史故事青年说》专题栏目，在微信公众号开设专栏《铁团铭记》，由各级团组织团干部录制讲团史视频，增强团史故事的趣味性。团市委组织青联委员以及各级团干部参观抗联陈列馆、廉政教育基地、新时代文明实践中心、年丰朝鲜族乡水稻种植基地、稻米加工企业、农产品展销会10余次。

（赵晟谰）

【从严治团】　团市委坚持党的领导，加强团市委机关内党的建设，开展党的群众路线教育实践活动、开展“我为群众办实事”专题实践活动11次，执行党内政治生活若干准则和各项规章制度。落实党风廉政建设责任制和巡视整改举措，执行团的领导机关干部选配和协管制度，开展述职述廉、执纪问责。加强团干部教育培养，举办基层团干培训班3次，有110余人参加。开展新任村（社区）团书记任职培训课，做好团的调查研究，提升团干部履职能力。加强团员教育管理，坚持“从严发展”“从严管理”，实施“一人一号”调控团青比例。严格团员标准，制定团员发展计划，严把团员“入口关”，严肃团内政治生活，打牢组织基础，锤炼过硬团风，促进团组织成为联系和服务青年的堡垒。落实“三会两制一课”，推进支部对标定级、软弱涣散团组织整顿等工作。按照《中国共产主义青年团章程》规定程序发展团员，控制团学比例，规范团队伍。定期组织各学校团书记开展对入团程序、入团志愿书填写规范的培训学习，保证入团的团员

2022年6月9日，团市委开展参观廉政教育基地主题团日活动

（共青团铁力市委员会供图）

档案精确无误，填写规范。

（赵晟斓）

【基层团建】 团市委建立健全团组织（35周岁以下青年超过3人）22个，实现学校、乡镇、村（社区）全覆盖，团书记选配齐全，形成网格化管理机制，打通共青团工作的“最后一公里”。推动宇翔热电、普吉科技、聚森文化传媒、炬岭智能科技有限公司等10家非公企业建立团组织，成立铁力市电商行业团总支，负责管理电商非公企业日常团组织建设，为组织建设网格化管理提供新动能。建立志愿服务、应急救援类社会领域团组织2个，镇域社会组织19个，开展疫情防控、文明交通、应急救援、兴趣交流等活动100余场，服务群众1万余人。建立线上青年之家8家，线下青年之家10家，实现青年之家建设各乡镇全覆盖。组建摄影社团、绘画社团、篮球社团、朗诵社团、舞蹈社团等13个文体艺术社团，通过新媒体平台招募青年200余人，举办培训班5期。建立团代表联络站1个，铁力市第五次团代会110名代表全部入站。2022年，铁力市团代表联络站被评为“省级样板联络站”。

（赵晟斓）

【青年志愿服务】 打造志愿服务品牌，开展“青年志愿　社区行动”“学雷锋”系列志愿服务活动，组织基层团组织开展“雪地红马甲，助农备春耕”“志愿爱老行，义诊送健康”“普法进农村，学法我先行”等活动，招募志愿者30余人，服务200人。开展“青年志愿　阳光助残”活动，发放宣传单2000余份。开展“青年有我　助老同行”活动，服务2000余人次。动员青年团员为创建全国文明城市贡献力量，发挥示范带头作用。2022年，组织志愿者开展“美好假期，乡伴同行”“童心港湾”“温暖冬日”“微心愿”“美骊星光”等活动，帮助铁力市留守儿童、困境儿童500余人，开展关爱留守儿童、困境儿童活动60余次。在节假日开展慰问敬老院、养老院的志愿服务活动2次，送去价值5000余元的慰问品。

（赵晟斓）

【青少年宣传】 建立“青年之声·铁力”网络互动社交平台，汇集青年问题1710个，浏览量141.47万人次，点赞1641个，解决青年问题847个。团属微信平台发表信息105期，阅读量1万余次，阅读人数2.55万人，单篇最高阅读2798次、最高分享151人。庆祝中国共青团建团一百周年，团市委组织拍摄宣传片《强国一代有我在》，通过抖音、快手、微信公众平台、朋友圈等形式宣传，浏览量5000余次，视频在中央团校公共课堂展播。共青团改革试点工作被搜狐、龙头新闻、东北网等大型媒体平台报道10次，增强共青团的影响力。

（赵晟斓）

【青年先进典型选树培育】 2022年，团市委评选优秀团组织7个，优秀团干部4人，优秀团员5人，青年代表6人，学生社会实践项目优秀代表4人。4月18日，共青团中央发布《2021年度全国大学生“返家乡”社会实践活动总结通报》，对全国各地在“返家乡”社会实践工作中表现突出的单位、个人进行通报表扬，铁力市推报的大学生律玥馨名列其中律玥馨是黑龙江八一农垦大学会计专业大一学生，在“返家乡”社会实践活动期间，参与铁力市第五次团代会筹备、公务员省考、疫情防控志愿服务、关爱留守儿童等多项工作，并牵头编排录制“逐梦冬奥，一起向未来”主题的抖音视频。

（赵晟斓）

【青年就业创业服务】 团市委启动“返家乡”社会实践活动，通过微信公众平台、抖音等新媒体平台，发布招募信息6次，50余名大学生参与活动。开展“金秋助学”活动，走访学生32人。组织“青春有约　缘来是你”篝火联谊活动，参与社区少工委挂牌仪式、乡镇青年之家等活动10余次。参与“助力家乡产业发展　开启直播带货”活动，宣传家乡农业产品，促进农产品的销售。

（赵晟斓）

【青年人才服务】 2022年，团市委联合黑龙江科技大学开展“爱在当下，情暖铁力”线上“云课堂”活动15次。开展返家乡社会实践活动，提供政务、企业、社会群体实践岗位50余个，报名参与学生120余人。与黑龙江财经学院签订共建大学生社会实践基地协议书，为大学生对接实习企业，提供社会实践机会。按照“分级实施、因需设岗、按岗招人、双向选择、属地管理、就近就便”工作原则，开展“扬帆计划”实习活动，提供企业就业岗位54个，到岗大学生24名。

（赵晟斓）

【困境青少年关爱扶助】 2022年，团市委通过“灵析平台”向社会筹措资金约2.55万元，对上争取2.15万元，通过“中国茅台·国之栋梁——2022希望工程圆梦行动大型公益活动”对上争取6.5万元，共计11.5万元，惠及学生28人。开展“开学微心愿”活动，通过网上募捐，222人次捐款8894.66元，捐款按照1:1进行资金

2022 年 8 月 4 日，团市委在西河公园组织开展七夕特辑青年交友联谊活动
（共青团铁力市委员会供图）

匹配，项目启动资金 1.78 万元，惠及学生 89 人。举办希望工程“圆梦行动”暨共青团送温暖“青春暖流行动”，筹集资金 1.1 万元。为困境留守儿童送棉被 226 条，为小学低保家庭 50 名学生每人发放 200 元、初中 60 名学生每人发放 300 元、高中 64 名学生每人发放 500 元。开展“童心向党粽情端午”“情暖童心”“青春支教团”活动，帮助铁力市留守儿童解决生活、学习等方面的困难和问题。

（赵晟澜）

【少先队工作】 2022 年，团市委打造童心港湾、美骊星光、金秋助学、微心愿等关心关爱品牌 7 个，开展活动 60 余次，帮扶困境学生 540 人，对上争取棉衣、学习用品、书包、助学金合计金额 12 万余元，招募社会志愿者捐款及物资合计金额 5.5 万余元；选任两名优秀大队辅导员为青年讲师，以党的精神、红色基因、争做新时代好少年等为主题开展宣讲，全年宣讲 20 余次，参与人数 1500 人次，动员少先队员担任红领巾宣讲团的“小小讲师”，以小队为单位开展队内宣讲活动。

（赵晟澜）

【青年交友联谊活动】 2022 年，团市委开展“青春有约·缘来是你”交友联谊系列活动，每期配以不同的主题。开展“甜蜜蛋糕”现场手工制作主题、“浪漫鲜花”插花学习主题、“风筝情缘”风筝绘画制作主题、“篝火晚会”交友团建主题、“乡村厨房”厨艺比拼主题等，联谊活动受到铁力青年好评，满意度 98%。全市报名单身青年男女 8000 人次，牵手成功 50 余对，组建兴趣小组 20 余个，微信群 5 个。

（赵晟澜）

## 铁力市妇女联合会

【概况】 2022 年，铁力市妇女联合会（以下简称市妇联）建立市级特色“妇女微家”12 个、国有企业“妇女微家”5 个。实施“基层妇联领头雁培训计划”，培训妇联干部、执委等 90 余人，提升全市基层妇联组织和妇联干部参与社会发展治理的能力和水平。引导妇女学习先进、争当先进，表彰“三八红旗手”10 人、“巾帼建功先进个人”15 人、“三八红旗集体”5 个、“巾帼建功先进集体”5 个。开展“魅力女性·如花绽放”插花活动，举办全市首届女子趣味运动会。开展“巾帼共抗疫情”“爱国卫生运动”等志愿服务活动 20 次。

（吕雪菲）

【基层妇联组织建设】 2022 年，妇联完成第五届领导班子换届工作，推选各级妇女代表 122 名参加第五次妇女代表大会，吸收 29 名优秀女性进入妇联执委，提升妇联组织凝聚力、影响力和服务力。制定《铁力市关于加强基层妇联组织网格化建设推进市域社会治理现代化的方案（试行）》，明确妇联组织建设的方向和路径，探索“网格员 + 妇联执委 + 妇女代表 + 巾帼志愿者”工作模式，组织各级妇联执委立足居住地，常态化联系和服务基层妇女群众。基层妇联执委、妇女代表、巾帼志愿者按照特长分团分组，担当思想政治引领、促进妇女发展、维护妇女儿童权益、推进家庭家风、家教建设。

（吕雪菲）

【维护妇女儿童权益】 2022 年，妇联以普法维权为主线，以“法润龙江促平安·维权与爱同行”为主题，开设“三八维权周”专栏，发放《中华人民共和国民法典》《中华人民共和国反家庭暴力法》《中华人民共和国未成年人保护法》《中华人民共和国家庭教育促进法》等资料，开设“妇联喊你来学法”普法专栏，增强妇女法律意识。组织乡镇、村（社区）妇联开展妇联主席上讲台、蒲公英法律讲座、女童保护公开课等活动，开展蒲公英法律知识宣讲 28 场，受益 500 人；社区（村）妇联主席上讲台 26 场，受益 570 人。开展巾帼“护苗”在行动，普法宣传进校园活动、“女童保护课”6 节，发放“女童保护”书包 180 余个。在 5 所中学、9 所小学和 3 所幼儿园举办“开学第一课”，受益学生 725 人。开通“12338”

维权热线，接待妇女儿童来电来访14件，办结率100%。对上争取6.5万元专项资金建设妇女儿童活动中心，促进全市妇女儿童事业健康发展。

（吕雪菲）

【巾帼志愿服务】 2022年，妇联组织各乡镇妇联摸底留守儿童、排查贫困妇女，号召各级妇联执委根据就近、方便、可行的原则，采取“一对一”“多对一”的形式，深入社区和家庭开展巾帼志愿日常照顾、疫情防控知识宣传、心理抚慰疏导、矛盾纠纷化解等关爱行动，为孤寡残障老人提供上门送菜、送药服务，解决生活困难。依托“妇女健康微家”举办“世界瑜伽日”活动，引导妇女参加健身运动，缓解焦虑情绪，增强身体素质。

（吕雪菲）

【家风建设】 2022年，妇联开展寻找“最美家庭”活动，推选出全国“最美家庭”1户、省级“最美家庭”2户、伊春市级“最美家庭”3户。推荐1人获得“龙江最美巾帼种粮人”称号。组织30组家庭开展“爱粮节粮”亲子研学活动，累计入户36次，发放宣传手册300册，手提袋500个，制作“兴粮节粮”公益宣传片1部。组织开展“争做绿色家庭、拥抱绿色生活”亲子研学活动，15组家庭参加，通过徒步行、捡垃圾、共绘环保画等形式，宣传习近平生态文明思想，普及绿色环保知识，发放宣传手册200册，环保袋250个，制作“绿色家庭”公益宣传片1部。组织开展“迎国庆·庆丰收”巾帼爱粮节粮亲子活动，10组家庭参加。依托亲子阅读基地线下开展“请党放心强国有我”“阅读共享美好·巾帼共沐书香”等亲子阅读活动。线上开展“书香飘万家·阅读伴成长”亲子阅读视频展播活动。

（吕雪菲）

【妇女宣传教育】 2022年，妇联以“巾帼心向党·喜迎二十大”为主线，开展“巾帼大宣讲”活动30余场，受益妇女1500人次。在微信公众号开设“巾帼大学习·今天我来读”“巾帼大宣讲·她声有‘骊’量”等系列专栏，发布各级妇女干部领读学习活动14期。开设《聚焦二十大》专栏，利用微信矩阵、网站集群宣传党的二十大精神。组建“巾帼姐妹宣讲团”，开展宣讲活动9次，播放红色电影5场，受益妇女300余人。创新妇女工作机制，全年培树优秀网宣员、网评员、信息员10名，通过微信平台发稿200余篇，阅读量10万余人次。“喜迎二十大·巾帼爱粮节粮”亲子活动在《伊春日报》发表。打造“巾帼生态小菜园”为乡村振兴聚力赋能、“最美巾帼种粮人”带领村民走上棚菜种植致富路，在“学习强国”黑龙江学习平台发表。

（吕雪菲）

【助力巾帼建功】 2022年，妇联建设“美丽家园”，践行“1235工作法”，每月开展1次行动。成立“邻里姐妹帮帮团”“姐妹花找茬小分队”志愿服务队伍，实行三级联动，家庭妇女每周自查一次，村妇联每月跟踪问效一次，县、乡妇联每季度普查督促一次。组织各级妇联“点对点”讲解美丽家园建设标准，发出建设倡议，提升群众知晓度和参与率。组织“三八红旗手”“巾帼建功标兵”等，宣讲“美丽家园”建设评比规则、最美家庭家风故事，动员妇女参与“美丽家园”建设，打造“美丽庭院”86户、“干净人家”149户。鼓励广大妇女发展庭院经济，为工农乡北星村申请省级“巾帼生态小菜园”试点村项目专项经费10万元。承办黑龙江省妇女宣传工作暨美丽家园建设现场推进会，举办“美丽庭院巾帼生态小菜园”学习观摩活动。开展“春风行动”线上云聘会和线下宣传活动，组织妇联干部发放创业就业、家政服务、手工编织培训宣传材料，举办“春风送岗”女性专场网络招聘活动，提供就业岗位300余个，达成就业意向50余人。开展手工编织、电商直播、母婴培训、“巾帼致富带头人”座谈会等活动7场，实现就业妇女40余人。2022年，铁力市妇联被授予“黑龙江省巾帼建功先进集体”称号。

（吕雪菲）

【“巾帼暖心”系列活动】 2022年，妇联开展“巾帼暖人心”走访慰问活动，为30名困境妇女送去慰问金9000元。开展“把爱带回家”2022寒假儿童关爱服务活动，温暖留守儿童14人。组织“99公益日”行动，筹集善款21万元，配捐45.6万元，全省区县募捐总额排名第一位。6月1日，为王杨乡中心学校20名困境儿童送去运动服和文化用品。对上争取省妇儿基金会女性卫生保健用品2000件、婴幼儿棉裤200条。实施妇女“两癌”免费检查和救助项目，举行“低收入妇女两癌救助”中央专项彩票公益金资金发放仪式，为5名患病妇女每人发放救助金1万元。创新“母亲健康快车”流动医疗形式，开展爱心巡诊活动5次，免费体检妇女151人。

（吕雪菲）

## 铁力市科学技术协会

【概况】 2022年，铁力市科学技术协会（以下简称科协）开展学术考察、研讨论坛、参政议政、“科普之冬”“科普月”“科普周”“全国科普日”、科普宣传、科技培训、青少年科技创新大赛、科普夏令营、科技作品巡展、科普大篷车巡展、农技协会科普基地建设、招商引资等中心工作。

（刘　爽）

2022 年 5 月 27 日，铁力市科学技术协会到双丰镇东方红村开展“送科技下乡”活动

（铁力市科学技术协会供图）

【科技创新活动】　2022 年，科协开展学术交流和科技创新讲座 20 余场，受益 2000 余人。鹿鸣钼矿参加 2022 年中国创新方法大赛企业创新方法专项比赛，获得二等奖。青年科技工作者代表刘佳音获得第十一届伊春市青年科技奖。

（刘　爽）

【青少年科普教育】　2022 年，科协开展“送科技进校园活动”和“送机器人进校园”活动，引导青年学生参加科技创新与科技实践活动。6 月 12 日，科协与铁力市教育局联系，在铁力市第二小学开展“送科技进校园”活动，放置科技设备 6 件，分别从人体健康、物理原理、VR 眼镜、异形齿轮等方面向学生展现科学知识，组织开展活动 20 余场，参与学生 1000 余人，提升学生科技水平认识，激发学生科技梦。6 月 15 日，科协到铁力市第四小学开展“送机器人进校园”活动。放置机器人 2 台，机器人有对话、跳舞、提问等功能，让学生感受科技魅力，激发青少年科技兴趣，了解机器人与人工智能的发展趋势及其重要性，组织开展活动 22 次，参与学生 1000 余人。

（刘　爽）

【农民科技素质教育】　2022 年，科协开展农民网格知识答题活动，组织科普志愿者到全市村（屯）、社区宣传开展全国农民网络知识答题活动，参加答题 3.4 万人次。举办备春耕农业实用技术培训班，邀请农业技术专家到桃山镇丰收村为农民讲解水稻种植技术，为全市备春耕、促进农民增收打下坚实基础。开展“送科技送温暖”巩固脱贫成果活动，到帮扶村征求群众对科普工作的意见和建议。在工农乡兴隆村展示科普展品，为北星村新建科普宣传栏。

（刘　爽）

2022 年 9 月 3 日，铁力市科学技术协会联合图书馆开展“我和妈妈学科学”科普实践活动

（铁力市科学技术协会供图）

【科技服务】　2022 年，科协通过悬挂横幅、图版展示、现场咨询、发放宣传材料等形式，宣传《全民科学素质行动规划纲要》解读、科技创新成果等 10 余种科普知识，发放宣传画册 5000 余张、环保手提袋 500 余个。与市公证处、法律援助中心、工信局联合开展“法律科普进万家”“送科技下乡”活动，为群众发放黑木耳种植技术、科学用药、生活小常识等各类科普书籍 500 余册，提升村民学法、用法、守法、护法的意识。市科协与东北农业大学开展合作共建，打造“田间学校”品牌，依托“科技小院”邀请农业专家到平贝种植基地为农民答疑解惑。指导农民对症选药、适时施用，将生物源农药与化学农药交替使用。鉴定 4 种致病菌，完

2022年7月27日，省文联文化科技卫生“三下乡”集中示范活动启动仪式在铁力市举行，省文联的文艺工作者为桃山镇群众表演魔术、歌曲、京剧等节目
（铁力市文学艺术界联合会供图）

成2种致病菌的生物学、致病性和防治药剂筛选工作。全年新增4处伊春市级科普教育基地。新增科普信息员965人，全市“科普中国”信息员达1350人。组建科技志愿服务队，在全市各中小学校组建科技志愿服务队16个，有科技辅导员50人，科技示范校3所，科普社团10个。

（刘　爽）

【“全国科普日”活动】　2022年9月，铁力市科协开展以“喜迎二十大，科普向未来”为主题的2022年铁力市全国科普日暨龙江金秋科普月活动。组织青少年编程爱好者30人参加青少年创新与智能竞技表演赛，引导青少年在交流研讨中探索科学奥秘，在实践操作中提高动手能力，在比拼合作中提升科学素养。到桃山镇组织社区科普知识竞赛活动，形成尊重科学、学习科学、运用科学的良好风气，开展“科技文化卫生”三下乡活动，科技志愿者为群众发放各类科普书籍500余册，组织文艺演出、义诊活动和农业科技知识咨询等服务活动，满足农民精神文化和医疗卫生需求。开展“流动科技馆巡展”“科技创新大赛”等科普活动。在流动科技馆开展3场活动，科技创新大赛上报参赛作品115个，获奖作品17个，铁力市科协在伊春市青少年科技创新大赛中被评为优秀组织单位。老科协组织部分会员、科技人员、医疗专家30余人参加双丰镇红色文化节。向村民赠送科普类读物及农业科学技术书籍9种120余册，义诊70余人，组织村民参观建国村抗联红色革命教育基地。组织铁力老科协农业分会科技人员到黑龙江铁力平贝科技小院试点单位——铁力市利源堂中药材有限公司平贝、人参基地实地查看平贝、人参生长情况，期间发现平贝灰霉病，科技人员、教授及专家提出药物防治并现场指导用药，研究生对发病情况进行现场抽样调查。

（刘　爽）

【科普体验馆】　2022年7月，科普体验馆正式对外开放，弥补铁力市科普资源空间缺口，改善科普阵地相对薄弱的现状。科普体验馆位于铁力市儿童公园院内，布展面积200平方米，展品31件。市科协依托科普体验馆，开展“我和妈妈学科学”、返乡大学生志愿者参观科普体验馆、老干部走进科普体验馆、机关干部体验科技魅力等系列科普活动。

（刘　爽）

## 铁力市文学艺术界联合会

【概况】　2022年，铁力市文学艺术界联合会（以下简称文联）所属文艺家协会9个，分别是铁力市作家协会、铁力市书法家协会、铁力市音乐家协会、铁力市美术家协会、铁力市林业美术家协会、铁力市摄影家协会、铁力市诗词协会、铁力市地书书法家协会、铁力市舞蹈家协会。文联探索“互联网+”的工作模式，以新媒体为阵地，通过“铁力市文联”微信公众号、视频号定期组织所属各文艺家协会全体会员开展网上学习十九届历次全会精神和中共二十大报告精神，以及《中华人民共和国民法典》《中华人民共和国著作权法》等活动。

（朱　娜）

【文艺创作】　2022年，铁力市作家王跃斌创作长篇小说《绿水青山》。9月23日，中央电视台举办“庆丰收，迎盛会”为主题的第五届中国农民丰收节，铁力市摄影家协会7名摄影师的摄影作品在中央电视台农业农村频道“乡聚丰收”稻花香里拍丰年特别节目展播，作品展示铁力市农业丰收景象，记录铁力乡村振兴的建设成果，传播铁力农业农村发展的新景象。

（朱　娜）

【文艺活动】　2022年1月13日，文联举办“我们的新时代”主题文化之《兴安骄子·魅力铁力》迎冬奥文艺作品展，征集作品200余幅，在“铁力市文联”微信公众号刊发8期。2月14日，筹办铁力市“骊马欢歌闹元宵”线上文艺晚会，所属9个文艺家协会60余人参演，推选11个节目

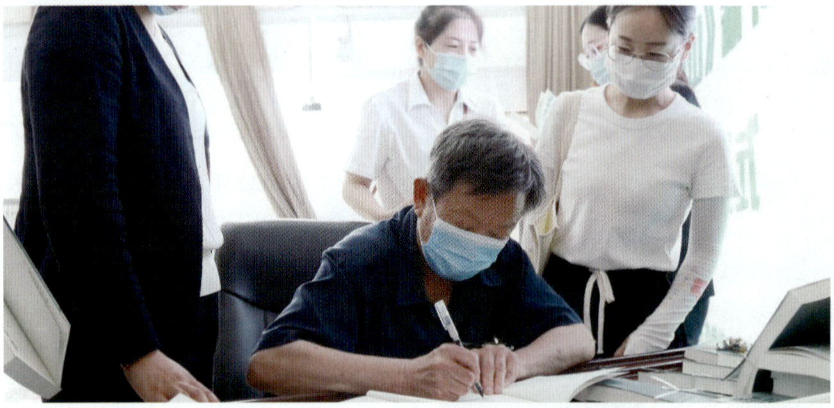

2022年7月14日，王跃斌新书《绿水青山》发行暨赠书仪式举行
（铁力市文学艺术界联合会供图）

通过微信公众号、视频号展播，播放2万余次。7月5日，举办“喜迎二十大·丹青绘鸿图”为主题的书画展，展出书画作品40幅。7月31日，铁力市地书书法家协会举办“同书军魂情、共筑中国梦”书画作品展，参展文艺作品44件。9月17日，通过微信公众号举办“强国复兴有我——新时代爱国强军谱新篇”全民国防教育宣传月书画作品展，征集书画作品47件，参展21件。

（朱　娜）

【文艺家协会组织建设】　2022年，文联对所属各文艺家协会开展调研，对所属各文艺家协会的基本情况摸底调查，结合实际情况，推进所属各文艺家协会依法进行社会组织注册，定期更新协会组织信息、人员信息，把登记备案的协会整合起来，发展壮大协会队伍，形成新的文联组织。

（朱　娜）

【文艺交流】　2022年6月27日，铁力市地书书法家协会联合桃山局公司文化艺术馆开展“庆七一·颂党恩”联谊书画笔会活动，创作书画作品50余幅。7月27日，铁力市举行省文联文化科技卫生“三下乡”集中示范活动启动仪式。桃山镇举办“能力作风建设年”活动暨“文艺两新”党建、统战工作座谈会，同时文艺工作者在桃山镇举办文艺演出，以魔术、歌曲、京剧等节目内容向群众展示文化繁荣发展的成果。8月1日，铁力市举办“老兵意绪——韩玉平军旅摄影艺术展”，展出81幅军旅摄影艺术作品。8月30日，省文联臻艺艺术馆“自然·端倪”——倪秀梅剪纸作品巡回展在铁力市群众艺术馆一楼展厅开幕，展览由“民俗与地方想象篇”“自然与生活审美篇”“劳动与黑土情怀篇”三部分组成，展出剪纸作品45件。9月9日，乡贤办工作人员将40本有作者亲笔签名的长篇小说《绿水青山》邮寄给外地的乡贤们，为他们送去节日的祝福。

（朱　娜）

## 铁力市计划生育协会

【概况】　铁力市计划生育协会贯彻黑龙江省计划生育协会第七次会员代表大会精神和中共铁力市委、市政府决策部署，在卫健局领导下，加强基层组织建设，推进计划生育协会改革转型发展，落实宣传教育、生殖健康咨询服务、优生优育指导、计生家庭帮扶、权益维护和流动人口服务。2022年，铁力市桃山镇计划生育协会被评为全国计划生育协会先进单位。

（林洪洋）

【协会组织建设】　2022年，铁力市贯彻落实黑龙江省计划生育协会第七次会员代表大会精神，铁力市计划生育协会推进基层计划生育协会组织换届工作，制定工作要点。开展县级换届准备工作，指导2个新设乡镇（神树镇和日月峡镇）建立基层计划生育协会组织，完成其他8个乡镇计划生育协会基层组织换届工作，为县级计划生育协会换届奠定基础。

（林洪洋）

【计划生育协会改革方案印发】　铁力市计划生育协会贯彻中央群团改革精神和省计划生育协会改革方案要求，促进计划生育协会改革转型发展。2022年4月10日，铁力市人民政府九届六次常务会议审议通过《铁力市计划生育协会改革方案》（讨论稿）。5月6日，印发《铁力市人民政府办公室关于印发铁力市计划生育协会改革方案的通知》。11月9日，铁力市人民政府制定关于优化生育政策促进人口长期均衡发展的工作方案。依法实施三孩生育政策，落实配套支持措施。实行生育登记服务制度，推进出生医学证明、儿童预防接种、户口登记、医保参保、社保卡申领多证联办。落实母婴安全五项制度，强化产科和新生儿科质量安全管理，提升孕产妇和新生儿危急重症救治水平，减少妊娠风险，保障孕产妇安全分娩。倡导关注生命早期1000天理念，推进儿童早期发展服务进社区、进农村、进家庭。建立健全出生缺陷防治网络体系，落实免费婚前医学检查制度，降低残疾发生风险，减轻社会和家庭负担，提高出生人口素质。建立托育服务机构运营补贴激励机制，按照年度累计入托3个月及以上婴幼儿总数每人每年发放500元补贴。发展“互联网+机构+家庭”服务模式，支持托育服务机构提供线上和线下相结合的互动式家庭育儿服务。执行女职工享受180日产假，男职工享受15日护理假，用人单位每年给予3周岁以下婴幼儿的父母各10日育儿假等规定。

（林洪洋）

【计划生育宣传工作】 2022年，铁力市计划生育协会开展宣传教育活动，组织全市8个乡镇开展“5月29日”会员活动日宣传活动13场次，参与人数405人。开展计生服务活动8次，服务155人。到乡镇、村、社区开展计划生育政策法规宣讲活动，活动中宣讲习近平总书记对计划生育协会工作的重要指示精神，宣传《中共中央、国务院关于优化生育政策促进人口长期均衡发展的决定》精神，宣讲省长胡昌升讲话精神和省七代会精神，提高了计划生育干部和会员的优生优育理论政策水平。依托市妇幼保健计划生育服务中心，开展生殖健康咨询服务，服务770人次。以铁力市妇幼保健服务中心为平台，开展优生优育指导宣传服务，印制发放《优生优育宣传指导手册》1.3万册。

（林洪洋）

## 铁力市红十字会

【概况】 2022年，铁力市红十字会开展“5·8”国际红十字日、世界艾滋病日等宣传活动。组织红十字应急救援信息化演练、参加省指挥调度系统和灾害管理系统的培训，组织工作人员和志愿者参加省级培训2次。开展“应急救护推进年”活动，实施红十字“救在身边”行动部署，举办应急救护培训6次，培训1500余人。

（李永春）

【红十字志愿服务】 2022年，铁力市红十字会开展志愿服务266次。参与新冠感染防控工作志愿者47人，其中，热线电话组21人、交通组12人、内防组4人、转运组1人、疾控中心6人、社区3人。青春志愿服务队队长被授予全国红十字优秀志愿者称号。

（李永春）

【人道筹资和救助】 2022年，铁力市红十字会接受来自社会及企业的各类捐赠价值500余万元。开展“博爱助困”活动，发放省、伊春市红十字会统一分配的生活物资20箱。开展应急救援工作，寻回走失人员4人。

（李永春）

【红十字主题宣传】 2022年，铁力市红十字会通过应急救护培训课堂、微信公众号、电子屏滚动播放和世界急救日、献血日等宣传活动，宣传《中华人民共和国红十字会法》《中国红十字会章程》。传播红十字运动知识，参与防治艾滋病和无偿献血宣传工作。“关注铁力”公众号发布红十字相关知识30余条。制作红十字运动和应急救护知识的小视频12期，通过抖音号、微信视频号、朋友圈等渠道宣传，发布志愿者服务活动小视频10次，印发宣传手册1000册。

（李永春）

【应急救护】 2022年，铁力市红十字会联合铁力市120急救中心，以“红十字博爱周”活动为契机，提高群众应对突发事件的自救、互救能力，普及应急救护知识，开展以“学党史、办实事”“关爱生命、救在身边”为主题的应急救护系列培训活动。开展公共场所应急救护培训，铁力市公共场所负责人和相关急救人员100余人参加培训。组织老干部活动中心的老师和学员20余人进行心肺复苏实操训练。开展红十字应急救护进校园活动，组织铁力市第一中学高二全体师生1000余人进行应急救护知识培训，宣传应急救护、自救互救知识。建立红十字应急救护服务站，遴选具有资质的医生和护士，配备应急救护所需药品设备，保障人民群众在突发情况下的应急处置能力。为铁力市政务服务中心配置自动体外除颤器，并对相关人员进行应急救护培训。

（李永春）

【遗体、器官捐献】 2022年，铁力市红十字会开展人体器官和遗体捐献志愿登记宣传活动，普及捐献知识，弘扬“人道、博爱、奉献”红十字精神，传播“大爱奉献、生命永续”捐献理念，开展遗体、器官志愿捐献登记仪式，邀请省红十字会领导为铁力市志愿者登记培训，志愿捐献登记36人。

（李永春）

# 法治

Rule of Law

编辑：张力维

## 政法委与综治

【概况】 2022年，中共铁力市委政法委员会（以下简称政法委）开展矛盾纠纷多元化解，成功调解案件675件，受理并办结公证286件。推进市域综合治理信息化平台建设，共计投入资金3113.78万元，用于网格化服务中心改造、信息化平台建设。科学合理划分基础网格460个，专属网格187个。

（王文晋）

【维护政治稳定】 2022年，政法委强化风险排查化解，针对梳理出的28个风险点，逐项分析研究，落实责任领导、责任部门和完成时限。强化矛盾纠纷排查调处。维护政治安全，全面加强基层人民防线建设，持续开展"4·15"宣传教育活动，政治风险防范能力不断增强。

（王文晋）

【维护社会稳定】 2022年，政法委加强市级综治中心和乡镇综治中心实体化建设，整合基层综治力量，建立治安联防、矛盾联调、服务联动的工作机制。坚持市级领导定期接访制度，依法采取灵活多样执法司法政策措施，更多运用调解方式化解矛盾纠纷。建立人民调解组织和行政调解组织56个，初步形成司法调解、行政调解、人民调解融合的大调解格局。全年成功调解案件675件，达成调解协议金额5000余万元。落实司法救助资金7件13.4万元。破获信息网络领域电信诈骗案件19件，抓获犯罪嫌疑人53人。

（王文晋）

【社会治安综合治理】 2022年，政法委推进社会治安防控体系建设，落实快速反应机制建设，启动各警种快速联动、合成作战，提高见警率、管事率。加强网格化建设，创新完善网格员考核机制和政策性保障机制，发挥网格员在基层社会治理方面的职能作用，畅通群众诉求反映和解决渠道，提升服务管理质效。推进社会综合治理"网格化"。市乡村三级网格化服务中心（服务站）联网运行，网格化常住人口录入率100%。制定出台25个职能部门进网格工作方案，累计上报工单3.4万条。科学合理划分网格工作，划分基础网格460个；其中，社区网格349个、农村网格111个；依托规模较大的园区、商圈市场、学校、医院等企事业单位划分专属网格32个。职能部门下沉网格工作，由市综治中心统一协调全市职能部门上报专业网格员工作职能清单，推动涉及基层社会治理的职能部门资源有效整合到网格。

（王文晋　刘家原）

【扫黑除恶斗争常态化】 2022年，铁力市常态化开展扫黑除恶斗争，巩固扫黑除恶专项斗争成果，推进扫黑除恶常态化、法治化、专业化。加强重点领域整治，自然资源领域受理线索7条，立案4件。信息网络领域破获电信诈骗案件19件，抓获犯罪嫌疑人53人。打击养老诈骗受理线索13条，查结12条。巩固百日夏季治安打击整治成果，破获刑事案件101起，抓获犯罪嫌疑人151人。铁力市按照常态化扫黑除恶斗争工作的各项要求开展工作，贯彻落实宣传《中华人民共和国反有组织犯罪法》，对重点行业领域制发检察建议2份。

（王文晋）

【政法队伍建设】 2022年，铁力市委政法委加强政法队伍建设，巩固政法队伍教育整顿成果，深入查摆问题18个，剖析问题成因及具体表现，根据问题制定整改措施、完成时限等。开展执法司法服务质量提升攻坚行动，制发《铁力市司法行政机关执法司法服务提升攻坚行动专项工作方案》《铁力市政法机关执法司法服务提升攻坚行动重点任务推进台账》，明确任务分工，强化责任落实。2022年，全市政法机关举办业务大讲堂、岗位大练兵等活动56场次、参与人数7000余人次。2022年，全市政法干警获得国家级表彰1人，省市级表彰54人，受表彰集体21个。

（王文晋）

【法治服务】 2022年，政法委发挥职能作用，组织政法部门开展"我为群众办实事"280件。公安局加快推进"放管服"改革。梳理政务服务事项138项，全部录入黑龙江省政务服务事项管理平台。成立铁力市行政服务中心户政、出入境、车管所分中心，推动公安政务服务事项办理。检察院建立涉企案件优先办理机制，快流转、快办理，办案对企业的负面影响降低。市法院推进一站式诉讼服务体系、一体化诉讼服务机制建设，推进智慧法院建设，实现立案、送达、保全、缴费、庭审等事项全部网上办、掌上办，有效减轻当事人诉累，提升群众满意度。司法局开展实体和网络服务平台工作，推动实体和网络服务平台提档升级。公证处以远程视频公证服务模式提高办证效能，为群众办理公证7件、受理并办结公证286件。

（王文晋）

## 法治政府建设

【概况】 2022年，铁力市落实法治政府建设实施方案，推进依法行政，全面建设法治政府。严把行政复议案件质量关，受理行政复议申请 34 件。按照法律法规和上级相关文件，审核行政规范性文件 15 件，审核经济合同、法律文书 69 件。

（朱红梅）

【行政执法监督】 2022 年，铁力市推进行政执法监督三项制度工作落实，开展《中华人民共和国行政处罚法》专题培训 3 次。加强执法人员的动态管理，组织全市各执法部门重新梳理执法人员数据，注销调离执法岗位人员 11 人的执法证件。在执法过程中，严格做到持证上岗，亮证执法。通过采取审查书面材料、现场检查、访谈座谈等方式，对各执法单位进行检查，发现行政执法行为中的问题 8 个，并整改完成。贯彻落实黑龙江省、伊春市关于开展包容审慎监管工作要求，组织各执法单位制定包容审慎监管 4 张清单，通过政府门户网站、微信公众号和执法信息公开栏等形式进行公开宣传。

（朱红梅）

【行政复议应诉】 2022 年，铁力市完善行政复议工作改革配套制度建设，优化行政复议案件立案受理、听证纪律、案件移送、抄告等相关工作制度。全年收到行政复议申请 34 件，受理 34 件。因申请人提交的行政复议申请材料不齐全，做出补正行政复议申请通知书 6 件。以市政府为被告案件 3 件，审理结果为 2 件驳回原告起诉，1 件撤销原补偿决定，60 日内重新作出补偿决定。发挥行政复议委员会作用，严把行政复议案件质量关。发挥行政复议监督作用，制发行政复议建议书，指导行政机关提高规范执法能力和收集保存证据能力。行政机关支持配合司法机关的行政诉讼活动，主动履行司法机关法律文书确定的义务。

（朱红梅）

【规范性文件合法性审核】 2022 年，铁力市坚持未经合法性审核的规范性文件草案一律不得提交政府常务会议讨论，按照法律法规和上级相关文件，从制定主体是否合法；是否超越制定机关法定职权；内容是否符合宪法、法律、法规、规章和国家政策规定；是否违法设立行政许可、行政处罚、行政强制、行政征收、行政收费等事项；是否存在没有法律、法规依据作出减损公民、法人和其他组织合法权益或者增加其义务的情形；是否存在没有法律、法规依据作出增加本单位权力或者减少本单位法定职责的情形；是否违反规范性文件制定程序等方面进行规范性文件合法性审核。全年审核行政规范性文件 15 件。

（朱红梅）

【行政争议化解】 2022 年，铁力市发挥行政复议解决行政争议的主渠道作用，开展行政争议实质性化解工作，建立完善行政复议调解工作机制，在案件受理、审理过程中引导当事人通过和解、调解的方式化解纠纷。对适宜情况使用调解、和解方式解决行政争议，有效节约当事人和行政机关的时间成本、人力成本，实现案结事了，维护了社会稳定。全年受理的行政复议案件 34 件，其中，实质性解决争议后撤回申请案件 3 件，占比为 9%。

（朱红梅）

【政府法律顾问】 2022 年，铁力市人民政府聘请 3 家律师事务所、4 名律师担任法律顾问，合法性审核规范性文件、政府常务会议讨论事项，审查规范性文件 15 件，审核经济合同、法律文书 69 件，对有关文件、文书提出法律意见 12 件。参加重大决策审核论证 8 次，出具法律意见 89 条，协助起草、修改法律文书 42 份。

（朱红梅）

## 公　安

【概况】 2022 年，铁力市公安局（以下简称公安局）破获各类刑事案件 174 起。清理完成经济犯罪积案 99 起。推进防控化解涉毒风险隐患专项行动，破获毒品犯罪案件 3 起。成立伊春市首个“侦查监督与协作配合办公室”，推动公安机关执法办案质效与检察机关法律监督职能落实。

（崔济森）

【刑事案件侦查】 2022 年，公安局立各类刑事案件 476 起，破案 174 起。立八类刑事案件 16 起，其中，故意杀人 2 起、故意伤害 13 起、放火 1 起，全部破获。综合立案 476 起，比 2021 年下降 37.1%。立八类刑事案件 16 起，比 2021 年下降 27.3%。公安局全力侦办侵财案件，提高对多发性侵财犯罪的打击能力。打击养老诈骗犯罪成效明显，在保持现案 1 起破获的同时破获 17 起积案，涉案资金 800 余万元。打击防范电信网络诈骗，破获电诈案件 27 起，抓获犯罪嫌疑人 69 人，返还被害群众涉案资金 18.28 万元。反诈预警 42477 次，19 人免于被骗，拦截转账资金 60.17 万元，“国家反诈中心”App 推广实名注册数量 88026 人次。开展逃犯信息研判工作，抓获网上在逃人员 39 人。

（崔济森）

【经济侦查】 2022 年，公安局开展“歼击 22”“猎狐 2022”专项行动，深化情报预警，规范资金查控，强化追赃挽损，对侵害企业合法权益经济犯罪行为“零容忍”，保护受骗群众合法权益。发起“云端2022”行动，在侦非法买卖外汇的非法经营案1起；破获非法经营（非法买卖外汇）案1起、职务侵占案1起；清理完成积案99起，移送起诉3人；为龙江银行和农信社挽回经济损失89万元；抓获涉嫌经济犯罪逃犯3人。同时为进一步优化营商环境，发挥公安职能作用，对重点企业建立“一警一企”工作档案，切实营造防范和打击经济犯罪的良好氛围。

（崔济森）

2022年5月13日，铁力市公安局民警向群众推广“国家反诈中心”App

（铁力市公安局供图）

【环食药领域侦办】 2022年，公安局开展打击环食药领域犯罪活动。受理案件26起，其中，立案16起、不予立案9起、移交其他公安机关1起。刑事拘留2人，采取取保候审强制措施17人，移送审查起诉9起。森林防火期间联合派出所抓获违反政府禁令，焚烧秸秆17起，抓获17人，行政拘留16人、行政罚款1人。打击危害食品安全犯罪。开展专项行动20余次，联合市监局、烟草局等行政部门检查经营食品商铺110余家、餐饮场所90余家、经营烟草商铺80余家、快递营业网点13处。出动警力200余人次，配合烟草局破获非法经营烟草案件1起，抓获犯罪嫌疑人1人，涉案金额5万余元。破获生产销售有毒有害食品案5起，抓获犯罪嫌疑人5人，涉案金额4万余元。打击危害药品安全类犯罪。开展专项行动6次，结合疫情防控工作，注重药品安全管控整治工作，检查药店、医疗器械经营场所100余家、处理医疗垃圾机构3家、美容美体行业商店35家。张贴宣传单百余份，出动警力60余人次，警车20余台次，有效规范了药品行业市场秩序。打击破坏生态资源环境犯罪。压实河湖警长工作责任，协调水务局、林业和草原局等行政部门，开展专题研讨、联席会议和联合执法活动，常态化参与河湖乱占、乱采、乱堆、乱建清理整治工作。在巡察工作中破获5起非法采矿案，涉案砂石价值140余万元，抓获犯罪嫌疑人9人。破获破坏森林资源案件4起，抓获犯罪嫌疑人4人，有效打击了破坏森林资源类违法犯罪活动。打击涉野生动物犯罪行动。为加强森林草原和野生动植物资源保护，遏制和打击各类破坏野生动植物资源违法犯罪行为，保护林区生态安全。开展专项行动10余次，共出动警力70余人次，检查山特产品商铺60余家、野生活动区域8处、宠物店和饭店80余家，组织宣传活动5次。

（崔济森）

【网络安全治理】 2022年，铁力市开展城市技防系统升级改造一期建设，平台嵌入人脸识别、视频结构化处理、人像智能分析等功能，将存储环境由磁盘阵列储存环境升级为视频云存储环境。视频监控平台同“阳光厨房”项目实现平台融合，全年协助侦查案件80余起，配合各部门发送协查20余份。电子数据取证实验室受理电子数据取证委托270余次，涉及检材310余部，出具电子数据检验工作文书50余份。协助办案部门分析电信诈骗App、涉诈网站100余次，提取电信诈骗侦查线索40余条。对8家重点单位网站进行安全检查16次，对铁力市人民医院、铁力市教育局2家信息系统进行等级保护备案。开展网络安全宣传活动周，接受并解答群众咨询100余次，发放宣传教育资料500余份。

（崔济森）

【道路交通安全管理】 2022年，铁力市加强交通安全管理，全年查处违法行为127096起，其中，超载5334起、超速15353起、疲劳驾驶111起、酒驾醉驾432起、无证驾驶329起、乘车人不使用安全带32929起、农用车违法载人1378起。年内全市发生交通事故3014起。死亡12人，受伤289人，财产损失42万元。未发生3人以上较大事故，无因交通事故矛盾引发的信访案事件。车驾业务办理。全年完成机动车业务9116笔，其中，注册登记1334笔、转让登记3054笔、转入登记2374笔、其他业务2354笔。驾驶证业务11948笔，电子化转出851笔，非现场违法处理

2022年8月12日，市公安局组织开展夏季治安打击整治百日行动，图为交警在正阳大街道路交通夜间安全检查

（铁力市公安局供图）

16813笔。交通基础设施完善。开展交通安全大检查7次，深入学校、客货专业运输等重点单位21家，督促企业落实主体责任，加强培训教育和驾驶人应急处理能力，促进整改交通安全隐患高风险企业5家，中风险企业1家，实现高风险企业全部清零。整改事故多发路段嘉临公路8处，推进整改部级推送隐患2处，农村隐患路口5处，城市道路精细化路口5处。在全市范围内增设、更换各类交通设施139处，安装减速带15条、LED交通安全提示屏5块，实施规划交通标线3.2万平方米，实施规划停车位2300个。交通安全宣传。联合铁力市广播电视台打造《铁力交警伴你行》等服务类栏目，主持辖区内大型交通安全宣传活动60余场次。深入中小学校、社区、村屯、企业，开展交通安全宣讲100余场。组织校车公司驾驶人，开展交通安全知识讲座20余场，通过自媒体平台转发1500余条。

（崔济森）

【出入境管理】 2022年，铁力市办理出入境证件193人次，其中，办理普通护照89本次、往来港澳通行证64本、有效签注38人次、大陆居民往来台湾通行证签注2人次。查处非法入境、非法居留、非法就业案4起，处罚5人。开展"獴猎"专项行动，成功破获一起骗取出入境证件偷越国（边）境案件。

（崔济森）

【治安管理】 2022年，铁力市加强整治黄赌工作，破获涉赌刑事案件1起，采取刑事强制措施1人，查处赌博案件50起，行政拘留273人，罚款88690元。破获涉黄刑事案件2起，采取刑事强制措施5人，查处卖淫嫖娼案54起，行政处罚121人。落实配枪单位公务用枪管理，组织开展配枪、管枪人员的法治教育和枪支安全管理培训6次。护校安园。针对各中小学校及幼儿园落实护学岗工作制度，按照人防、物防、技防、消防安全设施及校园安全周边整治工作安全检查70余家次。开展安全宣传工作专题讲座23余场。

（崔济森）

【户政管理】 2022年，铁力市审核户籍业务证明材料7393件。办理居民身份证11599个，办理居住证113个，办理边防证30个，审核异地身份证3263个，办理异地身份证363个，国外疫情无法返回人员办理身份证16人。开展"我为群众办实事"活动，提供延时错时预约服务119人次。为特殊人群提供上门办证服务4人次，提供送证上门服务35人次。开辟考生办证绿色通道3次，为高考及中考生现场办公两次。办理加急证6人次，提供临时身份证明服务5人次。实行跨省通办身份证9人，为24人解决无户口问题。推进公安简政放权、放管结合、优化服务改革。依托"互联网＋"平台，提高服务效率，提升服务水平。公开政务服务事项96个，网上办理户口身份证业务50件。

（崔济森）

【警情处理】 2022年，"110"报警服务台接报警情11297起，其中，刑事警情211起、治安警情2597起、交通警情3289起、火警警情39起、求助警情4522起、举报276起、其他警情77起。出动警车11759台次、警力34897人次，受理求助78人，提供咨询12321人，回访群众1179次。

（崔济森）

【监所管理】 铁力市看守所采取开窗通风、按时测温、消毒水、消毒片、紫外线消毒灯等方式全方位消毒，有效保障监所安全。2022年，看守所收押205人，投送罪犯5次46人。联合驻所武警中队，开展安全大检查24次。拘留所收拘355人，其中，行政拘留350人、司法拘留5人。化解矛盾16起，收到锦旗1面。智慧防控体系建设，完成全方位无死角监控、应急报警系统、可视对讲、一键开门等功能建设。智慧管理建设，监室安装被拘留人员报告系统，实现双向对讲功能。智慧指导体系，将智能IP可视对讲接入省市平台，实时接收上级监管部门的指导。

（崔济森）

2022 年 9 月 22 日，铁力市公安局开展全警实战大练兵活动
（铁力市公安局供图）

【禁毒工作】 2022 年，铁力市破获毒品犯罪案件 3 起，刑事拘留 3 人，行政处罚 2 人。持续推进源头管控，推动企业提升自控风险能力。全市 28 家易制毒化学品、精麻药品企业入库核查率 100%，21 家易制毒化学品单位均签订“安全管理责任书”。加强寄递物流行业安全管理，检查寄递企业 17 次，开展寄递渠道从业人员培训 2 次。全面推进禁种铲毒工作，开展 3 轮踏查工作，签订责任状 5000 余份，无害化处理毒品原植物 2000 余株。多举措开展特色宣传，以预防宣传为抓手，筑牢防毒拒毒战线。通过自媒体平台投放禁毒“云课堂”等 16 余次。开展禁毒宣传进校园活动 6 次，组织在校学生、企事业单位人员参观禁毒教育基地学习 12 次。“国际禁毒日”等重要节点，设立禁毒宣传台展出禁毒宣传板 20 块，出动流动宣传车 6 辆，发放宣传品 6500 余份，受教育群众 2 万余人。加强吸毒人员管理，

（崔济森）

【“百万警进千万家”活动】 2022 年，铁力市开展“百万警进千万家”活动，组织全市派出所开展“矛盾纠纷排查化解”专项工作。排查各类矛盾纠纷 529 起、化解 516 起，化解率为 97.5%。走访生活困难群体家庭 221 户、392 人，走访检查治安重点防范部门 80 个，排查消除风险隐患 195 起，开展安全防范宣讲 156 次。

（崔济森）

【公安执法规范化建设】 2022 年，公安局组织研究案件 18 余件次，提供法律指导咨询 150 余次。召开公检联席会 3 场次，与检察机关会商办理重大疑难案件 3 件，听取检察机关意见建议 25 条。推进执法规范化体系建设，推动执法制度体系、执法办案场所、执法全程监督管理、执法主体能力建设，执法办案质量明显提升。审核刑事案件 156 件 230 人，其中，刑事拘留 42 件 60 人、取保候审 114 件 170 人、监视居住 29 件 29 人、提请逮捕 38 件 58 人、批准逮捕 38 件 58 人、移送起诉 138 件 191 人。审核行政案件 306 件 613 人，其中，单处行政拘留 171 件 286 人、行政拘留并处罚款 123 件 311 人、单处罚款 12 件 16 人。

（崔济森）

【警务监督】 2022 年，铁力市政工监督室开展现场督察和专项督察。全年出动警力 250 余人次、车辆 60 余台次，组织开展各类现场督察 60 余次，明察暗访 30 余次，受理检举控告、群众投诉 17 起，提出督察建议 33 条。开展岗位业务技能大练兵活动 15 次、送教下基层 2 次、最小单元作战演练 5 次、实弹演练 2 次、“110”测警综合演练 2 次。开展岗位业务技能大练兵活动，激发全警动能实现本领提升。以维护公安机关执法权威、维护公安民警合法权益为目标，不断拓展工作思路，提高工作水平。全年受理伊春 12389 转办案件 18 起，办理维权案件 5 起。

（崔济森）

## 检 察

【概况】 2022 年，铁力市人民检察院（以下简称检察院）办理的涉企合规刑事案件被省院在全省涉企合规工作专项培训会上通报；申请执行监督案被最高人民检察院《民事检察工作指导》收录；督促整治非正规垃圾厂行政公益诉讼案被省检察院评为“公益为民办实事典型案例”。

（刘佳慧）

【刑事检察】 2022 年，检察院落实认罪认罚同步录音录像工作被伊春市院认可，并组织在全市范围内观摩推广。制发的安全生产检察建议被中国检察出版社编入《危害生产安全刑事犯罪办案指引》。组织检察官参加市级、省级公诉人竞赛，获得全市公诉标兵、全省优秀公诉人称号。全年办理经济犯罪 29 件 48 人（含不起诉 4 件 6 人、批捕 4 件 6 人），职务犯罪 11 件 11 人，发回一审重审案件 2 件 2 人，提前介入 10 件 12 人，纠正违法 4 件 6 人，召开公开听证会 7 次。按照

伊春市院部署安排按时开展涉企挂案清理、洗钱案件线索排查、追赃挽损等专项工作。办理11件职务犯罪案件（含2021年度流转6件）。发挥检察职能主动引导侦查，受邀参加案件分析、研讨4次，依法、依规发表意见或建议，依法向监察机关移送党员犯罪线索6件6人。重点开展行贿受贿一起查工作，建议监察机关追诉4件5人，均在年内审结并获有罪判决。全年成功办理3件涉企合规刑事案件，办案数量位居全市第一，被省院在全省涉企合规工作专项培训会上通报表扬。

（刘佳慧）

【刑事执行检察】 2022年，铁力市监督纠正各类违法违规案件26件。为保障促进侦查讯问规范进行，防止刑讯逼供等非法讯问行为，依法及时排除非法证据，办理重大案件侦查终结前讯问合法性核查案件2件。参与伊春市人民检察院组织开展的全市社区矫正、看守所巡回检察工作，完成上级院交办各项工作任务。检察院与辖区公安机关以会签的方式出台《关于加强指定居所监视居住执行监督工作意见》。规范涉民营企业社区矫正工作监督，开展社区矫正监督类案件公正听证1次。

（刘佳慧）

【民事行政检察】 2022年，铁力市办理生效裁判监督案件2件，制发再审检察建议2份，法院均采纳并裁定对案件进行再审，再审改判1件。结合省院开展7个专项监督活动。办理民事审判违法行为监督案件54件，行政审判程序违法行为监督案件5件，检察建议均被人民法院采纳。办理民事执行活动监督案件28件，行政非诉执行监督案件7件，检察建议均被法院采纳，完成省院专项4项。为办好关乎民生民利的行政检察监督案件，向辖区行政机关制发类案检察建议16件（含个案135件），检察建议均被行政机关采纳，完成最高检、省院专项4项。

（刘佳慧）

【公益诉讼检察】 2022年，铁力市发现并办理行政公益诉讼案件18件，发出诉前检察建议18件，行政机关采纳并整改18件。集中办理“黑土地保护”类案件，督促行政机关依法开展破坏资源类刑事案件判决后生态修复工作，修复土地3.64公顷，补植复绿2754棵。办理刑事附带民事公益诉讼2件，诉讼请求均获法院支持。开展矿山生态修复专项工作，对辖区内5家矿山开展实地查看，发现生态破坏、环境污染共性问题3个，均向行政机关制发检察建议。做好最高检“公益诉讼守护美好生活”专项活动，办理食品药品安全案件3件。持续推进“保护母亲河，我们在行动”公益诉讼工作。通过与相关部门协作配合，共同推进专项活动的开展并取得成效。同时在检察院党组的支持下，建成全市首个公益诉讼指挥中心。

（刘佳慧）

【未成年人检察】 2022年，铁力市检察院成立“铁骊·朝阳”未检工作室，落实法治副校长普法责任，担任辖区25所中小学、幼儿园的法治副校长。检察院有8名检察官担任辖区内8个乡镇、20个社区、71个村屯的法治辅导员，形成普法教育矩阵。全年开展法治进校园普法宣讲21次，受教育学生2400余人次。起诉侵害未成年人权益案件5人，对涉罪未成年人宽容不纵容，对罪行较轻并有悔改表现且考验期满的未成年人决定不起诉，涉案9人。构建重点未成年人联动帮教模式，提高社会调查率及帮教率。制定《铁力市人民检察院未成年人检察业务统一集中办理工作实施方案》，发挥刑事、民事、行政、公益诉讼检察职能，联合教育、文化、旅游、市场监督管理等部门对辖区学校、幼儿园周边环境开展综合整治，净化校园周边环境，为未成年人健康成长营造良好社会环境。全面落实入职查询制度，联合教育、公安定期查询校外教育培训机构125名教职员工，设置未成年人权益保护24小时接听热线。

（刘佳慧）

【控告申诉检察】 铁力市检察院与铁力市妇女联合会、铁力市教育局、铁力市乡村振兴局、铁力市民政局联合会签《关注困难妇女儿童群体，加强专项司法救助工作方案（试行）》，加大司法过程中对困难妇女儿童的救助帮扶，更好维护妇女儿童权益。2022年，检察院办理司法救助案件7件，其中，救助困难未成年1人、救助困难妇女1人、发放救助金4.9万元。

（刘佳慧）

【刑事诉讼监督】 2022年，铁力市检察机关开展立案监督案件2件3人，公安机关主动立案2件3人（法院尚未判决）开展撤案监督3件3人，公安机关撤案3件3人。提出侦查活动违法监督14件，公安纠正14件，侦查活动违法监督率13.59%。书面纠正侦查活动违法采纳率100%。纠正漏捕3人，漏诉2人（法院尚未判决），纠正漏捕、漏诉率3.47%，纠正漏捕和漏诉判处有期徒刑以上刑罚率100%。提出刑事审判活动违法7件，法院采纳7件。

（刘佳慧）

【检务保障】 2022年，铁力市检察技术与信息化工作取得新突破。提供检察技术支持260次，比2021年增长420%，其中，同步录音录像213次、技术协助14次、技术性证据审查33次。办理技术案件199件，比2021年增长298%，其中系统内同步录音录像108件、技术协助14件、技术性证据审查31件，系统外同步录音录像46件。开展两次技术案件质量自评自查，无案卡填录错误、错案等情况。

（刘佳慧）

【检务公开】 检察院分别建立诉讼、文书等分类档案的电子数据库，配备档案管理软件，提升档案管理工作效率，加强档案保护。自觉接受人大代表监督。2022年，通过拜访、参加开放日、座谈会、参加观摩庭等形式联系代表、委员220人次，并听取代表意见与建议。发表检察技术与信息化工作宣传稿件5件，其中最高检正义网采用1篇、被省院龙剑网采用1篇、被省级媒体《黑龙江工人报》采用3篇。

（刘佳慧）

## 法 院

【概况】 2022年，铁力市人民法院（以下简称法院）以“能力作风建设年”“优化营商环境”重点任务开展工作，受理各类案件4072件，结案4015件，结案率98.6%。受理民商事案件2095件，审结2060件，结案率98.33%。执行局受理执行案件1749件，结案1735件，结案率99.2%。

（杨 阳）

【刑事审判】 2022年，法院受理刑事案件132件，审结125件。组织干警宣传防范养老诈骗、《中华人民共和国反有组织犯罪法》、防范非法集资、防范电信诈骗等宣传活动8次。组织开展送法进校园，未成年人保护等活动4次，获得了良好的社会效果和宣传效果。

（杨 阳）

【民商事审判】 2022年，法院受理民商事案件1895件，旧存200件，合计2095件。审结2060件，未结35件，结案率98.33%，调撤率58.5%。新收109件破产案件均审结，强制清算申请审查81件，破产清算申请审查1件。强制清算26件，破产案件1件。全年民商事一审上诉案件94件，一审服判息诉率94.96%。发回重审、改判案件21件，其中，发回重审6件、改判13件，发改率20.21%。适用简易程序结案1811件，简易程序适用率96.95%。适用小额诉讼程序结案987件，小额诉讼程序适用率52.84%。全年审结涉企案件860件。构建多元解纷体系，强化诉前与诉讼衔接，办理确认人民调解效力案件162件。

（杨 阳）

【行政审判】 2022年，法院行政诉讼案件的受理、审判及时高效，公开、公正审理每起行政案件。全年受理行政诉讼案件43件。铁力市受理非诉行政执行案件19件。案件均在审限内结案，行政负责人出庭率100%，庭审直播率100%，结案率100%，判决后无涉诉信访案件。

（杨 阳）

【案件执行】 2022年，法院执行局受理执行案件1749件，其中，新收1578件、旧存171件。结案1735件，结案率99.2%。执行实施类案件，主要有各类合同纠纷案件1253件，劳动纠纷、仲裁案件61件，婚姻、家庭类案件55件，罚金、财产刑案件124件，交通事故责任纠纷案件17件，侵权案件30件，其他案件类型209件。市法院执行局结合“能力作风建设年”“优化营商环境”等专项活动发布微信宣传15件，被中院或其他单位转载。全年执行工作11项质效指标均达标，同时完成文书上网率的指标要求。

（杨 阳）

【审监审判】 2022年，法院审监庭共收案36件，办结33件，其中，办结刑事申诉2件、办结行政一审案件4件、办结民事申诉9件、发回重审11件，办结8件。结案率91.67%。

（杨 阳）

【立案】 2022年，法院立案庭受理一审民商事案件1706件，比2021年下降7%，各类执行案件1578件，比2021年下降30%，其中一审民商事网上立案916件、执行网上立案36件。全年受理跨域立案10件。法院立案庭完善各项诉讼服务标准和要求，优化完善智慧诉讼服务功能。对网上立案申请审查工作流程进行完善和提升，为当事人提供高效便捷的网上立案服务。推进“12368”一号通办服务的落实，全年接待受理各类诉前调解纠纷4036件，其中，调解成功3995件、音视频在线办理调解案件3931件。

（杨 阳）

【诉源治理】 2022年，铁力市人民法院利用网格化管理，创新工作方式方法，与网格员、人民调解员、乡贤人士形成矛盾纠纷化解体系，把矛盾纠纷稳控在源头。铁力市人民法院借助法官工作室，为辖区和谐稳定提供优质司法服务和保障。全年组织干警宣传防范养老诈骗、防范非法集资、防范电信诈骗等宣传活动 8 次，增强群众的规则意识和法治意识。全年受理民商事案件 2095 件，审结 2060 件，结案率 98.33%，诉前调撤率 58.5%。

（杨　阳）

【诉讼服务体系建设】 2022 年，铁力市人民法院立案庭完善各项诉讼服务标准和要求，利用智慧平台建设，依托信息技术，优化完善智慧诉讼服务功能。诉讼服务中心设立在线司法确认工作室，安排专人担任司法确认联络员，搭建司法为民便利桥梁。通过官方微信公众号等方式加强宣传，完善和提升网上立案申请审查工作流程，为当事人提供高效便捷的网上立案服务。推进“12368”一号通办服务的落实，全年收到“12368”诉讼服务热线人工服务 400 件，接听 388 件，接通率 97%。

（杨　阳）

【多元解纷机制】 2022 年，市法院推进一站式多元解纷机制建设，利用协商和洽谈调和矛盾纠纷。法院与辖区市委政法委、司法局、公安局等部门召开诉源治理共建联席会议，构建辖区矛盾纠纷多元化解联动工作网络。同时与网格员、人民调解员、乡贤人士形成矛盾纠纷化解体系，把矛盾纠纷稳控在源头。加强重点领域矛盾纠纷排查，辖区 142 个人民调解委员会签订委托调解协议，通过与基层调解组织联动对接，强化社区、村委会、林场（所）等人民调解组织的网格化管理。重视重点领域矛盾纠纷源头治理，针对金融、劳动争议、道路交通等重点领域矛盾纠纷，市法院会同与人民银行、人社局、交警队等部门，加强重点领域矛盾纠纷排查。全年接待受理各类诉前调解纠纷 4036 件，其中，调解成功 3995 件、音视频在线办理调解案件 3931 件。

（杨　阳）

【审判管理】 2022 年，市法院新收各类案件 3691 件，旧存 381 件，合计 4072 件，审结 4015 件，未结 57 件，综合结案率 98.6%。通过网上开庭 35 件，线上调解 9 件，电子送达 95 次。制发《法官收结案统计表》《法官审判质效情况排名表》。完善审批机制，落实层级审批制，因被告下落不明，需公告送达及案情复杂等原因转换程序 91 件，二次分案 19 件，中止审理 32 件，恢复审理 37 件，缓交诉讼费 249 件，免收诉讼费 1 件，退诉讼费 56 件。

（杨　阳）

【审判监督】 2022 年，法院落实省法院制定的“审判权责清单”，压实院庭长监督管理职责，加强涉及群体性纠纷可能影响社会稳定的案件，疑难、复杂且有社会影响的案件，与本院或者上级法院的类案判决可能发生冲突的案件，有关单位或者个人反映法官有违法审判行为的案件的监管。同时要求法官对非因职务过问案件的机关、组织、个人，无论在审判工作的哪个环节，均应将过问人姓名、职务、过问事项等记录在案。主审法官、独任法官审理案件，独立享有查明事实、认定证据、适用法律、对案件进行审理和裁判的审判权力，自行签发法律文书并承担办案责任，确保法官、合议庭依法独立行使审判权。放权合议庭和独任审判，在确保法官主体地位的同时合理约束和规范法官自由裁量权行使，确保法官及其他工作人员在诉讼活动各环节履责有据、行权有度，提升案件质效。依托信息化建设，对立案、分案、审理、执行、结案以及归档等审判流程节点精准监控。

（杨　阳）

【司法警察】 2022 年，法院司法警察大队履行职责，配合审判执行工作开展，安检各类人员 16800 余人次，检查出危险物品 8 件，易燃液体 2 瓶。参与刑事被告人押解、看管、值庭、收监 144 次，出警 305 人次。执行市中院司法警察支队调动使用司法警察命令 14 次，出警 370 人次。参与民商事审判值庭 4 次，出警 16 人次。处置庭审、信访、执行、机关安保等各类勤务突发事件 8 次，出警 60 人次。协助执行 341 次，出警 600 余人次，配合执行拘留 4 人。

（杨　阳）

2022 年 5 月 26 日，铁力市人民法院司法警察大队开展“雷霆 2022”行动

（铁力市人民法院供图）

【"张淑霞法官工作室"典型引领工程】 2022年10月，铁力市法院"张淑霞法官工作室"典型引领工程获评"黑龙江法院文化建设特色项目"。工作室作为人民法院参与社会治理的前哨站，聚焦诉讼服务和多元解纷两项重点任务，通过开展巡回办案、诉前调解、法律咨询、普法宣传等，着力打造法院文化建设特色品牌项目的有益尝试。市法院铁林人民法庭庭长、一级法官张淑霞以坚强的党性和优良的审判作风，树立了人民法官和公务员的良好形象，用实际行动践行人民公仆的忠诚和誓言。1月，张淑霞被黑龙江省政法队伍教育整顿领导小组办公室评为全省"新时代政法英模"。5月被黑龙江省高级人民法院评为"学习型干警"。8月被中国共产党中央委员会、中华人民共和国国务院授予"人民满意的公务员"。9月被黑龙江省高级人民法院评为全省法院"审判业务专家"。10月被黑龙江省高级人民法院授予"机关工匠"称号。

（杨　阳）

## 司法行政

【概况】 2022年，法律援助中心依法扩大刑事、民事、行政法律援助范围，提供法律援助203次，其中，认罪认罚案件152件、法律援助案件51件。同时开展矛盾纠纷排查化解专项行动，调解成功各类矛盾纠纷935件，无因化解不及时导致民间纠纷转化为治安案件、刑事案件情况，为铁力市经济高质量发展营造良好的法治环境。

（朱红梅）

【人民调解】 铁力市完善矛盾纠纷排查的相关工作机制，做好矛盾纠纷排查化解工作，组织基层司法所到辖区村屯、社区、林场所开展矛盾纠纷拉网式、全覆盖式大排查4次。对于排查发现的婚姻家庭、邻里、房屋宅基地、山林土地等矛盾纠纷，坚持依法及时予以化解。2022年，调解成功各类矛盾纠纷935件，无因化解不及时导致民间纠纷转化为治安案件、刑事案件情况，为全市长治久安、经济高质量发展营造良好的法治环境。发挥职能作用，加强与公安、法院等部门的协调，组织辖区司法所、公安派出所、律师事务所、基层法律服务所、基层人民法庭衔接联动工作，建立衔接联动工作机制，畅通人民调解、司法调解、行政调解的链接联动，初步构建大调解工作格局。推进人民调解组织、行政调解组织建设力度，市直行政机关及群团组织建立调解组织32家。教育系统各学校建立人民调解组织24个。依据《中华人民共和国人民调解法》等相关法律规定，梳理人民调解组织、行政调解的相关工作规则，规范人民调解、行政调解的法律文书档案。

（朱红梅）

【法律援助】 2022年，铁力市司法机关提供法律援助203次，其中，认罪认罚案件152件、法律援助案件51件。法律援助中心窗口开通残疾人、老年人、退役军人等特殊群体"绿色通道"，保障特殊群体优先受理、优先指派。开通24小时法律服务热线，及时为特殊群体提供法律咨询、预约等法律援助服务。法律援助中心窗口接待来电、来访咨询100余人次，在咨询中受理法律援助案件12件。法律援助中心联合各部门组织开展宣传活动15次，发放各类宣传材料2000余份。司法干警及法律援助人员培训2次、乡镇法律援助培训1次。同时利用微信公众号开展《中华人民共和国法律援助法》亮点及解读系列宣传、法律援助视频宣传等线上宣传23次。

（朱红梅）

【社区矫正】 2022年，铁力市司法机关接收社区矫正对象74人，解除社区矫正79人，在矫93人，其中，缓刑92人、暂予监外执行1人。开展社区矫正案件评查318件次，通过评查加强社区矫正衔接配合、制度建设、矫正执行、监管帮教、基础管理等工作。加强帮扶指导，全盘掌握社区矫正对象家庭、工作生活情况，落实就业指导、困难救助等帮扶措施，促使其顺利回归。全年组织集中教育385人次，个别谈话272人次，组织社区矫正对象参加公益活动212人次。协调民政部门，将符合最低生活保障条件的社区矫正人员纳入城市最低生活保障范围，协调人社部门，免费为有需求的社区矫正人员提供技能培训和就业指导，提高矫正人员就业谋生能力。在铁力市建立4个社区矫正基地，组织社区矫正对象开展法治教育及公益活动902人次，对有创业需求的社区矫正对象提供创业平台。

（朱红梅）

【公证服务】 2022年，铁力市公证处开通公证平台，将公证工作从传统现场服务模式走向线上服务模式，受理各类公证案件516件。执行办理公证制度，开展90项公证业务办理（涉外业务除外），协助当事人对公证事项进行梳理，在申请材料齐全、符合法定形式的情况下，当事人一次即可办理完毕。主动配合铁力市不动产登记中心为群众免费办理非公证继承案件。开展公证服务节假日不打烊活动，为当事人提供免费的法律咨询服务。将公证服务资源下沉，落实便民利民政策，以桃山镇司法所为试点，在司法所内设立公证办公室。

（朱红梅）

【律师事务】 2022年，铁力市办理刑事案件辩护及代理40件，民事案件代理260件，行政案件代理1件，非诉讼法律事务7件，解答法律咨询和代写法律文书450件。案件法律顾问21件，办理法律援助案件31件，参与公益法律服务34件。铁力市加强对律师行业的监督管理，通过日常检查、专项检查相结合的方式，加强对律所工作的检查和律师的监管，对监督检查中发现的问题责令其限期改正，引导律师依法、规范执业。开展企业复工复产"法治体检"专项公益法律服务行动，助力企业平稳复工。

（朱红梅）

【基层法律服务】 2022年，铁力市对基层法律服务所的场所建设、公示内容、制度建设、档案管理、投诉监督等进行规范。加强公共法律服务体系建设工作，将公共法律服务网络延伸至基层，满足基层群众的法律服务需求。对标先进整合法律服务资源，按照"综合性、一站式、标准化"的标准打造全新的公共法律服务中心，为群众解决矛盾纠纷提供便捷的途径。提档升级后的法律服务中心整合了人民调解、法律援助、行政复议、律师、公证、法律咨询等公共法律服务资源。在建设完成铁力市公共法律服务中心实体平台的基础上，持续推进8个乡镇及铁力农场公共法律服务工作站、136个村（社区、林场所、铁力农场管理区）公共法律服务工作室标准化建设。选派9名政治素质高、业务能力强的律师及法律服务工作者担任"村（居）法律顾问"，围绕群众生产、生活需求，提供免费法律法规咨询、法律问题解答、法律事务解析等服务，解答各类法律咨询500余人次。

（朱红梅）

2022年4月15日，铁力市司法局在铁力市西河公园开展国家安全教育日"普法之路"宣传活动

（铁力市司法局供图）

【法治宣传教育】 2022年，铁力市司法机关围绕乡村振兴、优化营商环境和热点问题，结合实际开展针对性普法宣传活动，组织开展各类主题普法宣传教育活动83次。重点宣传《中华人民共和国宪法》《中华人民共和国民法典》《中华人民共和国禁毒法》等法律法规，发放各类法律知识宣传资料5万余份。同时明确"法律明白人"遴选的对象及推荐程序，全市登记在册"法律明白人"296人。开展法治书画作品征集活动，征集绘画作品138件，书法作品45件。推进法治文化阵地建设，在各行政村依托党群服务中心、生活广场，开设法治长廊、法治宣传专栏，宣传与群众生产生活密切相关的法律法规。利用互联网传播平台发布工作动态、法律法规、典型案例等内容，提高公共法律服务的公众知晓率。全年发布各类信息稿件263篇，伊春市普法媒体采用24篇，黑龙江省普法媒体采用3篇。

（朱红梅）

【刑释解教人员安置帮教】 2022年，铁力市司法局接收监狱、看守所安置帮教人员86人，解除社区矫正转至安置帮教人员79人。建立刑满释放人员信息库，及时登记建册，利用安置帮教管理软件，做好安置帮教人员信息核查和反馈工作。制定"安置帮教月报表"，接收的安置帮教人员全部建档。对在户籍地的刑满释放人员通过走访家庭、社区、村屯，对不在户籍地的刑满释放人员采用线上电话联络、微信等通信手段开展走访。

（朱红梅）

# 军 事

Military

编辑：王永海

# 市人武部

【概况】 铁力市人民武装部（以下简称市人武部）按照平时服务、急时应急、战时应战的标准完成全年民兵训练、兵员征集、学生军训等各项工作。2022年，被伊春军分区评为三星级人武部。

（付中鹏）

2022年8月19日，市人武部在铁力市第一中学开展2022届秋季新生军训活动

（铁力市人民武装部供图）

【民兵军事训练】 2022年，市人武部改进训练内容，创新训练模式，完善训练机制，全面提升民兵军事训练实战化水平。训练展开前，召开党委会和行政例会专题研究军事训练工作，对训练的组织领导、教学计划准备、任务分配、经费筹措、安全管理、疫情防控、后勤保障等一系列工作进行具体安排部署，并认真进行筹划和精心准备。采取“任务分解、平行展开、分段实施”的方法开展训练，确保训练质效。训练期间，组训者能认真组训、大胆管理，严格坚持请销假、点名和考评制度。训练结束后，对所训内容进行考核和验收，对训练中表现突出的单位、分队和个人进行表彰并颁发荣誉证书。

（付中鹏）

【兵员征集】 2022年，市人武部优化征兵工作环境，抓好廉洁征兵规定要求和警示案例学习，重申各项征兵纪律，强化红线意识，牢固树立廉洁征兵、依法办事观念。市人武部主要领导第一时间对全市征兵工作人员进行廉洁教育，召开廉洁征兵形势分析会议，讲评部署，明确要求，传导压力。坚持“谁领导谁负责，谁经手谁负责，谁签字谁负责”，把廉洁征兵责任落实到具体工作岗位和人员，严格责任追究。人武部纪委要求市人大代表、政协委员、热心群众、退伍军人和应征青年家长组成廉洁征兵监督小组，全程监督征兵工作。市征兵办公布举报电话，设立举报信箱，答复群众问题，确保征兵工作公平公正公开。市人武部始终把输送合格兵员列为第一要务，以深化征兵宣传效果为重点、以征兵基础为保障、以兵员质量为核心，发挥组织协调作用，铁力市纪检、公安、卫健、宣传、教育、民政等职能部门密切配合，形成整体合力，集中宣传发动，在征兵工作的各个环节，严格落实征兵相关要求和廉洁征兵有关规定，按时完成年度征集任务。

（付中鹏）

【新生军训】 2022年8月，市人武部组织铁力市2所高中2022届秋季新生军训。自接到新生军训任务开始，市人武部专门组织教练员培训，进行层层筛选考核，共挑选10余名军事素养好、政治觉悟高的优秀民兵担任此次新生军训教练员，确保了新生军训的质量。在军训过程中，市人武部和学校共同做好学生在军训过程中的思想工作，关心学生、增强学生国防观念，提高学生身体素质，确保了军训任务的顺利完成。

（付中鹏）

【国防教育】 2022年，铁力市委全民国防教育工作领导小组办公室制定下发《铁力市贯彻落实〈新时代爱国主义教育实施纲要〉任务清单》《全民国防教育月宣传教育活动通知》等文件。组织各单位发挥媒体宣传作用，线上推送国防知识、主题活动信息等内容100余条，并利用电视端在铁力综合频道播放《太行英雄传》等红色影视剧共12部。同时，在人流量大的地点利用电子屏播放《强军有我龙江兵》等宣传视频，激发适龄青年报名参军、献身国防的积极性。以普及教育与集中教育相结合的原则，线上举办“强国复兴有我——新时代爱国强军谱新篇”书画作品展、“加强国防观念传承红色力量”革命故事“云展播”等系列活动46期；线下结合全民国防教育月等重要时间节点，开展祭扫、主题阅读、放映红色电影等系列主题宣教活动144场次，增强全民国防观念。

（王祎婷）

# 武警铁力中队

【概况】 2022年，武警铁力中队（以下简称中队）指导员王力被伊春支队评为优秀党员，刘德喜被黑龙江总队评为优秀哨兵；焦紫阳等6人被为武警伊春支队评为2022年度“四有”士兵。

（刘　昊）

【思想政治建设】　2022年，中队党支部以习主席重要讲话精神为指导，贯彻党的二十大精神，组织全体官兵学明白、学透彻。采取邀请驻地党校专家授课辅导、观看辅导录像等形式学习，使官兵切实掌握基本思想和基本观点。开展党的创新理论学习，抓好官兵理论武装，开展学习讲坛活动，丰富官兵的知识面。通过开展主题教育活动，使官兵切实将习近平总书记重要讲话精神融入思想，融入工作，融入实践。官兵听党指挥，基础更加牢靠。每月利用第四个周四晚活动以《警营心理指南》《点亮心灯》电子杂志和心理骨干培训光碟为重点，组织心理工作骨干进行心理知识学习和心理行为训练。同时以条令法规为重点，抓好法规制度学习。结合“条令学习月”的活动，组织全体官兵学习条令条例，使官兵懂法。在全员懂法执法的基础上，解决日常管理不正规、执行纪律不严格、制度措施不落实等问题。开展讲红色强军故事，饭前一支歌和喊口号活动，提高官兵士气。同时发挥小组学习作用，提升警营手机网络平台技能，开展“周末PK台”、篮球、拔河、棋类比赛活动，丰富官兵的业余文化生活。并借助驻地马永顺精神、红松精神、抗联精神和北大荒精神进行育人增志，激发官兵建队热情。每月分析一次预防防暴工作形式。针对全国“两会”等敏感时期，开展政治纪律教育和形势政策教育。结合新兵第二适应期，开展专题法制教育。依托法律服务下基层活动，为官兵提供法律服务。结合安全形势和隐患排查活动，开展好隐患治理工作。提升官兵安全意识，落实各项安全制度，形成安全长效机制。重点抓好人和动态枪弹管理，防止各类事故发生。根据形势任务和官兵思想变化，开展预防犯罪安全、警示心理健康和道德法纪教育，确保部队思想防线更牢固。

（刘　昊）

【军事训练】　2022年，中队严格执行武警部队军事训练标准，用战斗力衡量和锤炼部队。全年开展严格士官管理教育，对年度预选对象进行重点培养，对现任士官，采取集中培养岗位锻炼，典型示范等方法重点解决“思想认识、业务能力、责任认识、工作状态”四个方面问题，以提高班长骨干队伍素质与士官等级评定为标准，严格兑现奖惩，提高士官的积极性。坚持每周骨干培训，提高骨干科学组训能力。认真研究选配骨干，将提高骨干组训能力和基本素质列为重点，根据骨干各自特点，因人而异做好军事科目分工。确保各科目有专人负责，及时组织骨干学习新大纲，规范教案和组训方法，提高训练的规范性。严格抓好军事训练，突出加强对会操考核和奖惩，激发官兵参训积极性，开展练兵活动，适时开展新老兵分科目、深层次训练，重点解决“好的吃不饱，差的吃不了”的问题。在训强基础、训全科目、训精尖子的基础上，加强五千米武装越野和器械等科目训练，定期组织会操，培养官兵敢于拼搏、敢争第一的优良作风。并结合目标周边环境特点，以单兵单哨、防逃制逃等科目为重点组织开展训练，使官兵熟悉掌握周边地形，建立内部有效增员、联防有效协助、中队快速抓捕等联防制逃体系。确保了执勤训练、联勤武装巡逻和临时武装押解等各项任务的完成。

（刘　昊）

【勤务工作】　2022年，中队围绕中心任务，以训强勤，确保部队战斗力。定期开展勤务鉴定检查活动，中队对照8个方面内容，排查解决5个问题，及时进行治理，有效提高执勤安全系数。每月分析研究执勤工作形式，认真把执行工作思路议清、内容议全、问题议透。结合典型案例，进行反思式研讨；每两周观看一部警示录像片，每月开展一次执勤战备教育，每季度请目标单位领导进行一次犯情教育。开展一次“如何当好兵值好勤”大讨论，增强官兵居安思危忧患意识和责任意识。坚持中心工作常抓不懈，打牢官兵思想基础，时刻提醒官兵“忧患就在身边，战斗就在眼前，失职就在瞬间”，教育官兵强化忧患意识和自警意识，提高防范能力，为执勤任务的完成打下基础，加强对执勤“常见病”“多发病”问题的整治力度，培养一批素质过硬、敢于监督能查问题的执勤安全监控员，确保隐患及时能发现，秩序随时都正规，安全全时都确保。

（刘　昊）

【后勤保障】　2022年，中队立足于为兵服务的理念，提高后勤人员熟悉规章内容，明确规定要求，自觉运用规章开展工作。强化后勤队伍建设，炊事员、给养员、司务长配备到位，开展岗位练兵、专业技能培训，提高后勤人员综合素质。做好调查摸底和人才储存。中队坚持党支部当家理财，认真计划各项开支，严格财经制度，防止各种浪费；建立责、权、利相结合管理机制，责任到人，谁使用谁管理、谁负责，延长公用物资使用周期，开展节约用水、电、油、粮等消耗性物资活动，把资源节约贯穿到日常生活中。开展“伙食管理规范年”活动，认真落实后勤各项规章制度。大力构建“艰苦奋斗、厉行节约”的节约型警营建设，认真抓好伙食管理五项制度的落实，官兵对伙食满意率100%。发挥经济民主作用，坚持每周制定食谱，每月审查账目并向全体官兵公开。

（刘　昊）

## 退役军人事务

【概况】　2022年，铁力市退役军人事务局完成省级双拥模范城考评，对退役军人开展安置、接收工作，全年为退役军士兵发放自主就业一次性经济补助金92.2万元，发放企业军转干部生活补助金139.84万元，春节期间发放慰问金1.26万元。

（杨时广）

【退役军人接收安置】　2022年，铁力市退役军人事务局为自主就业退役士兵党员接续党组织关系、办理落户手续，出具医疗保险关系接续介绍信及养老保险关系接续介绍信，将退役士兵信息录入退役军人管理平台自主就业系统，移交符合地方政府安置的退役士官落实事业编制。为自择业军转干部，发放各项补贴，组织体检及发放节日福利。同时按照政策完成军休人员每月工资的发放，发放工资及取暖补贴共71.91万元，缴纳医疗保险，纳入工会福利，享受与其他退休干部一样的节日待遇。

（杨时广）

【双拥共建】　2022年，铁力市退役军人事务局与驻铁部队制定互办实事“双清单”，确保军地双方所需事项有效贯彻落实。春节、“八一”期间市领导走访慰问驻铁部队，帮助官兵解决退役军人政策等问题。2022年春节前市双拥办给武警中队提供10台取暖设备，解决因供暖改造期间室内温度不足问题。与铁力市民政局联系，将武警中队的供热方式由燃气供热改为空气能供热，解决冬季营房温度低难题。在驻铁部队士兵退伍前，退役军人事务局到武警伊春支队铁力中队进行退伍政策及回乡后创业政策的宣讲，帮助战士及时了解退伍后的注意事项。在“春节”前夕，走访优抚对象383人，慰问金额24.7万元。6月30日，铁力市文体广电和旅游局联合退役军人事务局走进武警伊春支队铁力中队，开展“文化拥军落实处，红色阅读进军营”迎“七一”读书分享活动，市图书馆选送各类图书共计160余册同官兵交流分享。7月28日，铁力市退役军人事务局联合铁力市文体广电和旅游局、铁力市人武部举办“铁血铸军魂共筑强军梦”庆祝中国人民解放军建军95周年专场文艺演出活动。在八一建军节期间，铁力市委召开庆祝八一建军节座谈会，市直相关部门、各乡镇、军队离退休老同志、军烈属、伤残军人、复员军人等相关代表参加会议。同时铁力市人武部在节日期间走访慰问老军人、老党员、贫困户和家庭困难的学生，并送去慰问品。

（杨时广）

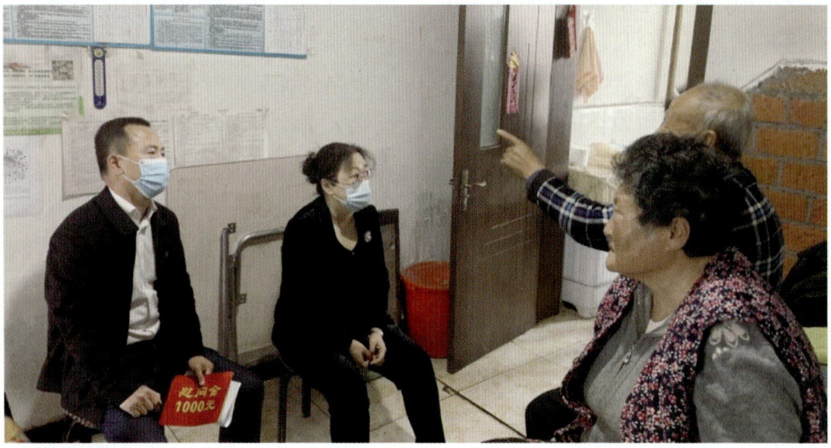


2022年9月30日，铁力市退役军人事务局到烈属家发慰问金

（铁力市退役军人事务局供图）

【待遇保障】　2022年，铁力市退役军人事务局与瑞祥公交公司签订协议，实行现役军人及退役残疾军人凭有效证件乘坐铁力市1元票价市内线路公交车享受免费政策和乘坐铁力市1元以上票价城乡线路公交车享受半价政策。在八一建军节前夕，组织重点优抚对象免费体检活动。向市政府提出《关于铁力市重点优抚对象医疗补助的意见》《关于铁力市特殊优抚对象门诊医药费核销的意见》，9月3日铁力市人民政府九届十三次常务（扩大）会议审议并通过两个意见，解决特殊优抚对象日常用药花费多的问题，保障优抚对象医疗待遇。铁力市人民政府九届一次市长办公会议讨论并通过《铁力市关于加强困难退役军人帮扶援助工作的实施意见》。

（杨时广）

【褒扬纪念】　2022年，铁力市依据《黑龙江省县级以下英雄烈士纪念设施整修工程实施方案》精神，向省退役军人事务厅争取资金，地方匹配，修缮市烈士陵园内革命烈士纪念碑及12座独体烈士墓，对陵园外7处零散烈士纪念设施进行修缮。组织开展好清明节祭扫活动和烈士公祭日纪念活动，为符合条件的外地到铁力烈士亲属祭扫接待工作和去外地烈士亲属祭扫差旅费报销工作。9月30日，铁力市政府领导、退役军人事务局负责人及工作人员走访慰问7名烈属并发放慰问金。

（杨时广）

【就业创业教育培训】 2022年，铁力市利用市退役军人事务局微信公众号等新媒体向退役军人推送优惠政策、就业信息，拓宽退役军人就业渠道。组织退役士兵参加2022年黑龙江省退役军人网上专场招聘会活动，为退役军人应聘就业搭建平台。与人社、税务等有关部门加强对接沟通和协同合作，利用现有的公共就业招聘平台，掌握退役军人就业创业市场供求变化，全面挖掘面向退役军人工作岗位。与人社部门沟通，在招用辅警中优先招录退役军人并享受加分政策。组织对2022年秋季退役的退役士兵提供免费职业技能教育培训。

（杨时广）

【优待证申领工作】 2022年，铁力市定期召开优待证申领工作调度及工作部署会，优化优待证办理程序，确保退役军人和其他优抚对象得到优待。优待证申领完成率95.49%。

（杨时广）

【服务中心（站）建设】 2022年，铁力市退役军人服务中心、乡镇退役军人服务站及300人以上村（社区）退役军人服务站、100人以上村（社区）退役军人服务站为示范型创建单位，严格对照市、乡镇（街道）、300人以上村（社区）、100人以上村（社区）示范型退役军人服务站验收评分表进行评分，明确创建标准，采取实地查看、对照创建标准，及时发现问题，督促整改提高。铁力市推进退役军人服务保障体系基层基础基本建设工作，完善“一人一档”服务台账。召开铁力市乡镇退役军人服务站站长工作会议暨业务培训会，对创建工作进行培训交流，补齐短板和不足，确保同步达到创建标准，建立《优秀退役军人台账》《困难退役军人台账》《退役军人党员台账》《存在诉求退役军人台账》四类台账，实行动态更新管理。先后对乡镇服务站、村（社区）退役军人服务站建设与运行情况进行“回头看”，掌握工作开展情况，详细了解制度上墙、政治文化环境建设等情况。

（杨时广）

【受奖喜报】 2022年，铁力市退役军人事务局为受奖官兵家属送立功喜报48份。三等功9份，优秀士兵39份。

（杨时广）

## 人民防空

【概况】 2022年，铁力市按照伊春市人防办2022年重点工作安排，成立铁力市人防指挥部，共涉及21家成员单位。同时新成立3支人防专业队，共计420人。新增多媒体警报器1处，满足智能统控要求，提高城市警报覆盖率，实现日常维护管理的标准化。并制定铁力市人防疏散基地建设方案，完成各功能区建设，提高铁力市城市综合防护能力和应对突发事件能力。2022年，铁力市收缴人防易地建设费用160.42万元。

（李振宇）

【宣传教育】 2022年9月18日，铁力市开展人防宣传“五进”（指进企业、进社区、进网络、进机关、进校园）活动，设立人防知识培训服务站，共计宣传2000余人、发放人防宣传手册1400余份。并多次开展人防宣传进校园活动，发放《人民防空知识与技能》1200余本。

（李振宇）

【工程排查整治】 2022年6月，铁力市对划入人防办管理的三处早期人防山洞进行安全风险评估，最终评估为黄色风险等级，因山洞位置远离城区，建设年代久远无维修利用价值，进行口部封堵，防止人为闯入造成安全隐患。

（李振宇）

【警报器排查整治】 2022年8月，铁力市人防指挥部为完成“9·18”警报器试鸣工作，开展警报器标准化整治，制定人防警报设备标准化整治方案，按照人防警报设备标准化整治方案标准对铁力市辖区内14处警报器逐一检查，其中，1处因国有林区改革划入的警报器待拆除（无维修价值）、2处待安装，11处警报器设备完好，保持正常运行。

（李振宇）

# 经济管理

## Economic Administration

编辑：张　威

# 宏观经济调控

【概况】 2022年，铁力市落实“疫情要防住、经济要稳住、发展要安全”的各项决策部署，统筹新冠感染防控和经济社会发展。全市地区生产总值实现92.17亿元，比2021年增长3.8%；规上工业增加值比2021年增长7%；全社会固定资产投资实现40.66亿元，比2021年增长56.9%；一般公共预算收入实现3.86亿元，比2021年增长6.5%；社会消费品零售总额实现24.37亿元，比2021年下降3.1%；城镇登记失业率控制在2.8%以内。

（高庆文）

【规划编制】 2022年，铁力市结合全市经济和社会发展实际，起草形成《铁力市2022年国民经济和社会发展计划执行情况及2023年国民经济和社会发展计划的报告》，提交政府常务会议、市委常委会及市人大会议讨论（审议）通过。1月5日，《铁力市乡村振兴“十四五”规划（2021—2025年）》经市委十二届第一百五十四次常委会（扩大）会议讨论通过，印发到各党（工）委、党组，市直各单位。

（高庆文）

【重大项目建设与储备】 2022年，铁力市谋划实施重点项目63个，完成投资9.65亿元，支付资金8.11亿元。松风食品百万头生猪屠宰项目纳入首批省级重点项目，完成年度投资1.25亿元。全市纳入伊春市重点项目28个（含省级重点项目1个），完成投资6.57亿元，投资完成率136.7%。结合《国家“十四五”规划〈纲要〉102项重大工程项目分解实施图谱》《黑龙江省“十四五”规划〈纲要〉112项重大工程项目分解实施图谱》，入库重大项目503个，投资403.43亿元，涉及数字经济项目5个，生物经济项目18个。谋划储备城镇化补短板强弱项项目43个，投资5.51亿元。其中，公共服务设施提标扩面项目21个，投资6431万元；环境卫生设施提级扩能项目5个，投资915万元；市政公用设施提档升级项目14个，投资4.39亿元；产业培育设施提质增效项目3个，投资3860万元。按照省发展改革委《关于报送基础设施项目有关情况的通知》及伊春市相关工作要求，铁力市谋划基础设施项目252个，投资709.19亿元。其中，拟建类基础设施项目59个，投资33.51亿元；新谋划类基础设施项目193个，投资675.68亿元。谋划储备入库政策性开发性金融工具（基金）项目11个，投资16.82亿元。

（高庆文）

【固定资产投资】 2022年，铁力市固定资产投资完成40亿元，比2021年增长54.4%。实施重点项目63个，28个省、市重点项目完成年度建设计划，投资完成率136.7%。招商引资硕果丰盈，举办招商之冬系列活动，建立“1册1库2清单”，绘制产业链招商图谱5个，创新提出“四到”服务模式，不断提升招商引资工作成效。全年成功签约项目10个、签约额达43.25亿元，其中，超亿元项目8个。实际利用内资12.1亿元，比2021年增长50%。对上累计争取各类资金38.2亿元，争取中央预算内投资项目8个，到位资金2.1亿元。

（刘　佳）

【项目资金争取】 2022年，铁力市争取中央预算内投资项目8个，到位资金2.11亿元。其中，2022年铁力市中央预算内高标准农田建设项目下达资金8015万元，中西苑联合老旧小区配套基础设施改造项目下达资金4870万元，呼兰河流域可持续发展项目下达资金3345万元，团结区域管网改造工程项目下达资金2468万元，污水截流干管改造建设项目下达资金1500万元，团结路、松涛街雨水管网工程项目下达资金483万元，小呼兰河一期抽水蓄能电站前期项目下达资金313万元、铁力国家粮食储备库有限责任公司市级储备绿色仓储提升工程升级改造项目下达资金105万元。

（高庆文）

【信用体系建设】 2022年，铁力市开展“能力作风建设年”活动，创建

2022年8月10日，发改局农产品成本调查工作人员到王杨乡红旗村农户家中，了解从事农产品生产经营的农户种植成本和收益情况

（铁力市发展和改革局供图）

"诚信铁力"。组织召开铁力市2022年社会信用体系建设工作会议，"双公示"工作专题推进会议等，采取定期调度、专项会商等方式，精准分析问题，科学制定制度措施，为社会信用体系建设提供组织保障。制发《铁力市提升政务守信践诺水平专项行动方案》《铁力市2022年社会信用体系建设工作要点》等10余个规范性文件和保障性制度，落实责任以绩效考核为抓手，将各部门考核结果向社会公布，发送工作月报8期。开展政务守信践诺工作，提升政务诚信水平。通过"主动承诺+线上接力"形式，组织全市193家各级政府部门及1583名公职人员做出政务诚信承诺，在铁力市政府网站开通"诚信伊春铁力接力"活动链接，面向社会进行政务承诺公示，接受群众监督。组织部门通过任职前培训、教育培训等环节落实公务员基本信息归集工作，将公务员诚信记录作为干部考核、任用和奖励的重要依据。全市通过腾讯课堂开展线上培训课程3次，培训学员2200余人次。创新审批模式，通过包容监管方式，不动产非公正继承和公积金贷款等业务实行"容缺审批"10余件，信用承诺事项占法定可承诺事项100%。推进"以信换贷、助企融资"，解决中小企业融资问题，全市有4584家企业入驻"信易贷"平台，授信5.32亿元。开展"诚信商圈"和市场主体"码上诚信"工作，为7200家市场主体赋码，占辖区市场主体量42%，消费者扫码即可查看市场主体信用状况，激发市场主体守信经营内生动力。开展失信企业信用"云约谈"2次，线下面对面警示约谈2次，企业信用修复44次，提升法人守法诚信意识，助力市场经济规范发展。开展"诚信十进""信用+美丽乡村""信用+民生"等主题宣传教育活动，对诚信缺失突出问题开展专项治理行动。全年通过"关注铁力"微信公众号创办《诚信有约》专栏，发布消息20期，通过网络平台发布工作信息65篇，全市无政务失信问题。

（逯　伟）

## 自然资源管理

**【概况】** 2022年，铁力市自然资源局（以下简称市自然资源局）完成黑龙江省百大项目及伊春市重点项目工程用地审批。完成呼兰河治理工程、安邦河治理工程、依吉密河治理工程二期、铁科高速项目、小白河水库和年丰朝鲜族乡200兆瓦风电项目用地预审。开展全市基准地价测算工作，开展铁力市永久基本农田核实整改补足工作和耕地后备资源调查评价工作。2022年，铁力市科学划定空间管控边界，推进县级国土空间总体规划编制报批。合理划定空间管控边界，优化布局乡村生活空间，界定乡村建设规划范围，保护农业生产空间和乡村生态空间，严守耕地保护红线。11月1日，完成"三区三线"的划定工作，并启用划定成果。推进《铁力市国土空间总体规划（2021—2035年）》编制，完成草案公示、专家论证、意见征求等相关报批程序。推进乡镇级国土空间规划编制报批。铁力市乡镇级国土空间规划完成三轮征求意见，衔接铁力市国土空间规划，细化村庄分类布局，明确村庄国土空间用途管制规则和建设管控要求。对基础设施、基本公共服务设施、产业发展空间、农村住房布局、近期重点实施项目安排等方面提出指导性意见。

（宋　洋）

**【供地审批】** 2022年，铁力市履行用地审批程序，批准建设用地22宗，批准面积170.602公顷，其中，划拨16宗，批准面积162.556公顷；挂牌5宗，批准面积7.5413公顷；协议出让1宗，批准面积0.5047公顷。

（宋　洋）

**【不动产登记】** 2022年，铁力市办理不动产权属登记14861件，其中，国有建设用地使用权及房屋所有权转移登记8993件、国有建设用地使用权及房屋所有权首次登记3652件、变更登记9件、预告登记79件、查封登记449件、抵押登记1280件、异地登记1件、注销登记7件、更正登记182件、其他

2022年11月9日，铁力市自然资源局对神树镇桃南公路两侧，历史遗留矿山生态进行修复

（铁力市自然资源局供图）

登记209件。根据自然资源部办公厅关于印发《"互联网+不动产登记"建设指南的通知》,围绕企业和群众实际需求,提升不动产登记服务效率和质量,推进存量数据整合汇交,提高增量数据接入质量。研发不动产外网登记申请系统,建立不动产"网上(掌上)登记中心",推出网页版、微信版不动产登记网上申请平台,实现线上办理不动产登记新模式。启用不动产登记电子证照,权利人通过"互联网+不动产登记"系统网页端、微信端下载电子版不动产权登记证书,申请核发纸质版。创新"不动产登记+社区服务"新模式,推进不动产抵押登记全程电子化系统建设,实现抵押登记办理的"零跑动""不见面"。升级、修改不动产登记数据库结构,规范调整权利表、权利人、登记过程表、字典表。提升增量数据接入质量,扩展接入报文程序,修改登记簿日志上报内容设置,扩展登簿日志接口,细化登簿量、接入量,完善效验规则,开展数据对比检查。

(宋 洋)

【自然资源执法监察】 2022年,铁力市加强法律法规宣传,减少违法违规行为。开展严厉打击非法采矿采砂行为专项整治百日行动,到各个乡镇村屯、林场所,开展法律法规宣传工作,悬挂宣传横幅260条,发放宣传单1000余份。提高全民保护耕地意识,扩大普法覆盖面,营造依法用地的良好氛围,减少违法违规用地行为发生。加强自然资源执法监察工作,动态监测全市各辖区,遵守每周不定时动态巡查制度,建立巡查台账。执法监察大队月度巡查不少于10次,对违法占地尤其是占用基本农田等各类违法用地行为,做到早发现、早制止、早处理。加强自然资源监管,抽调国土所、执法队工作人员成立3个工作小组,对669个补充图斑进行实地核查。卫片核查工作人员开展卫片图斑、拍照、取证,逐宗进行权属、面积、地类、现状、用地时间、使用权人、合法性等核查工作。加强自然资源领域违法用地、用矿查处,依法行政、依法履职,强化重点行业领域监管,提升自然资源监管能力。全年立案查处自然资源违法案件10宗,处罚没资金101.06万元。

(宋 洋)

## 财 政

【概况】 2022年,铁力市一般公共预算收入完成38604万元,扣除留抵退税因素后比2021年增长10.4%,按自然口径计算比2021年增长6.5%。税收收入完成17907万元,扣除留抵退税因素后比2021年增长16.4%,按自然口径计算比2021年增长7.8%;非税收入完成20697万元,比2021年增长5.4%。一般公共预算支出完成395998万元,比2021年增长35.4%。政府性基金预算收入完成3637万元,比2021年下降26.9%;政府性基金预算支出完成15234万元,比2021年下降59.5%。

(曹耕瑞)

【财政改革】 2022年,铁力市拓宽财政收入渠道,创新财政增收方式,与银行签订协议存款,增加各类账户资金利息收入。协调招标单位和市监局、市税务局为中标企业在铁力市开办独立核算分公司或办理跨区域涉税事项报验管理手续,采用领办帮办、绿色通道、预约服务、上门指导等方式为中标企业提供服务,实现非本地中标企业在铁力市纳税,增加财税收入的目标。推进预算管理的科学化、精细化、规范化。构建规范透明、标准科学的预算制度,提高财政资金的内部分配审批及拨付程序的规范性。由各业务股室归口管理市直135个预算单位,统一受理部门上报的各种财政性资金申请,提高财政资金管理水平和办事效率。部门预算编制全流程通过预算管理一体化系统完成,实现新旧软件的平稳过渡,提高财政科学化、精细化管理水平,实现上下级财政直达贯通,财政与有关部门系统互联互通,提高项目库管理的规范性,优化财政预算管理业务流程,提升财政管理水平。

(曹耕瑞)

【政府采购管理】 2022年,铁力市推进"互联网+政府采购"建设,新版政府采购平台上线投入使用,开展线上培训10余次,实现政府采购合同签订、资金支付等全流程"一网通办"。政府采购"电子卖场""服务工程超市"等线上业务,实现采购金额4720万元。2022年,铁力市财政局完成货物服务类、工程类等采购项目81个,采购预算6531万元,实际采购金额6286万元,节约资金245万元,节资率3.75%。完成招标类项目51个,采购预算6413万元,实际采购金额6192万元,节约资金211万元,节资率3.45%。审核招标控制价项目75项,报审金额61481.94万元,审定金额48255.88万元,审减金额13226.06万元,审减率21.51%。审核工程竣工结算11项,审报金额11915.88万元,审定金额10994.20万元,审减金额921.67万元,审减率7.73%。

(曹耕瑞)

【财源建设】 2022年,铁力市财政局支持税务机关对房地产、土地税收、重大项目加强专项清查和哈伊高铁耕地占用税、鹿鸣矿业环境保护税等重点税源征收,年入库4468万元。定期到上海皇象铁力蓝天制药有限公司、葵花药业集团（伊春）有限公司等重点企业及经济开发区指导、督促组织收入，24家企业年入库100万元以上，全年纳税11855万元。提升财政票据、资金结算服务水平，指导、督促各执收主体依法依规组织非税收入。落实减税降费政策，优化营商环境，放大财政政策引导效能，激发市场主体活力，培植后续财源税源，强化财政收入预期。树立过“紧日子”的思想，压缩一般性财政支出，加大财政支出结构调整，控制“三公经费”支出，带头压减非重点、非刚性的一般性支出，集中财力支持社会经济发展。整合各预算单位完工项目的结余资金和以前年度结余资金2264.5万元，清缴年度陈欠财政资金16.7万元，统筹用于经济社会发展急需资金支持的领域。

（曹耕瑞）

【民生投入】 2022年，铁力市财政局争取上级资金381799万元。保障基本民生改善、帮扶产业发展、教育文化事业、卫生健康体系、生态环境建设和基础设施项目资金需求，民生保障支出占一般公共预算支出的比重达86.5%。优化支出结构，确保基本民生政策落实到位，疫情防控经费全年支出9533.25万元，保障全市常态化疫情防控的经费需求。对上争取的中省专项和债券资金，用于服务中共铁力市委、市政府确定的推动农林产品、畜禽、中医药、康养旅游、绿色能源产业等实体经济发展，支持围绕招商引资、项目建设、经开区基础设施项目建设扩大有效投资，支持环境保护和乡村振兴，支持棚改、老旧小区改造、教育医疗设施、主题公园项目建设，办好民生实事。落实增值税税率下调、小微企业增值税普惠性减免、社保费率下调等减税降费政策。

【企业贷款政策】 2022年，铁力市组织召开铁力市“四精准”（指精准识别、精准对接、精准培育、精准服务）融资服务政策宣讲和“政银企保对接沙龙”活动，搭建银企沟通桥梁，签约授信1.76亿元，为287户企业发放贷款62314万元，有效化解中小微企业融资难题。2022年，为农商行发放支农再贷款1.7亿元，发放脱贫人口小额贷款183.84万元。落实减免租金政策，惠及市场主体22户，减免租金21.5万元。

（曹耕瑞）

【国有资产管理】 2022年，铁力市国有资产管理办公室（以下简称国资办）属于财政部门的内设职能科室，国资办研究制发《铁力市行政事业单位固定资产管理暂行办法》，组织全市147家行政事业单位建立清查机制，开展财经秩序专项整治，推进国有企业改革进程，3家单位5个在建工程投入使用，未转入固定资产项目完成整改工作，涉及金额1929万元。推进国有企业改革进程，完成对路桥公司、盐业公司等8家企业财务及经营情况的监督检查工作，夯实企业财务管理制度和内控管理制度。2家企业实施绩效工资薪酬制度，编制3家企业绩效工资实施方案。全年8家企业上缴利润共计1398万元。

（曹耕瑞）

## 税　务

【概况】 国家税务总局铁力市税务局（以下简称税务局）担负着铁力市8个乡镇、3个伊春市属森工林业局和1个绥化农垦局属国营农场1.1万余户纳税人、20余万自然人的税费征缴及服务工作。2022年，税务局强化欠税管理工作，对铁力辖区内的房地产开发企业项目进行欠税清缴，配合政府做好16个历史遗留项目的会签，回收欠税和滞纳金9165余万元。

（庄　宁）

【税费收入】 2022年，铁力市关调研点税源企业、重大项目进展情况，比对分析宏观经济指标与税收收入，加强税费一体化管理，根据经济发展、税收基数、增减因素等税源实际，研判收入变化趋势，把握规律开展收入预测，提高准确性同时强化征管措施，确保税款当期入库。全年市税务局完成各项税费收入11.32亿元，比2021年增长7.4%。其中，完成社会

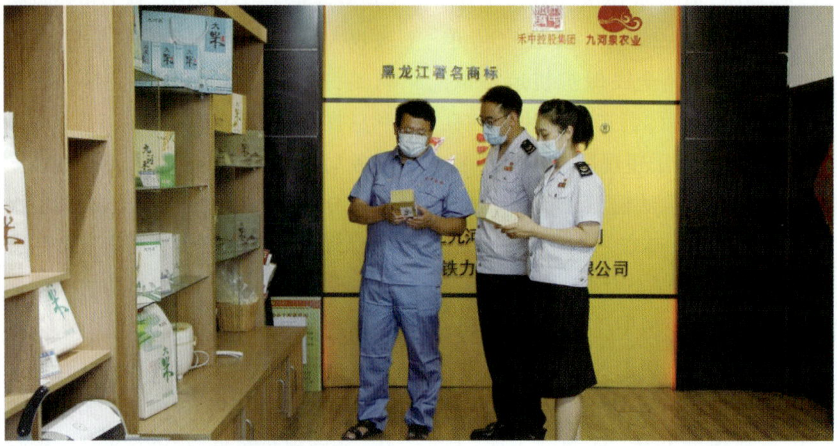


2022年4月，铁力市税务局走访重点农业企业

（铁力市税务局供图）

保险费 77127 万元，比 2021 年增长 6.9%；完成非税收入 4448 万元。

（庄　宁）

【税收征管】　2022 年，铁力市深化税收征管改革，开展“我为改革献精品”活动。落实全省规范化税务分局（所）建设工作，建设乡镇纳税人学堂，建立健全以“信用 + 风险”为基础的监管机制，加强重点领域风险防控监管。重视申报质量与申报效率，对重点行业、重点税源企业实施税源监控，加强纳税额度小的企业管理，征期内由网格员进行遵期申报提醒。推进专票电子化改革，“全电”发票开具受票试点工作有序进行，助力纳税人接收“全电”发票，达到受票辖区全覆盖。设置“7+3+1”（提前 7 天进行期内未申报户数数据提取，提前 3 天进行未申报户提级管理，在征期最后 1 天进行上门辅导，提取当日仍未申报纳税人数据并根据实际情况上门辅导进行纳税申报）期内未申报提示提醒制度，18 个单位部门 31 项数据需求实现共享。

（庄　宁）

【减税降费】　2022 年，税务局落实组合式税费支持政策，开展政策宣传辅导。落实退税减税工作，新增减税降费及退税缓税缓费 6778 万元。其中，增值税留抵退税 4736 万元、“六税两费”征前减免 46 万元、制造业中小微企业缓缴税费 1996 万元。

（庄　宁）

【纳税服务】　2022 年，铁力市开展办税服务厅“每日 15 分钟”学习，组织专题业务培训 3 次。紧扣“税费优惠促发展·惠企利民向未来”税收宣传主题，连续第 9 年开展便民办税春风行动，梳理“简事快办”推行范围及清单事项 18 项。改善办税服务厅环境，办税服务厅标准化建设 2 个，设立税收宣传辅导站 3 处，增设退役军人绿色通道和简事易办快速窗口，推广“非接触式”办税服务，“互联网 + 不动产登记”掌上办运转高效，“一点通”无感办税全市企业覆盖面 92% 以上，认证准确率 95% 以上。报送优化营商环境创新举措 8 篇，制定《铁力市提升企业办税服务便利度专项行动方案》，处理“12345”政务热线和税务“12366”转办工单 48 件。推进“诚信经营赋码”活动，修复纳税信用等级评价。在税收宣传月活动期间，宣传组合式税费支持政策及指引 300 余次，制作配套的税收影视文化宣传产品 52 个。

（庄　宁）

【依法治税】　2022 年，税务局公示行政许可结果 136 件，处罚结果 2 件，审核不予公示的行政处罚结果 59 件，不予公示行政许可结果 102 件。对标《黑龙江省税务行政处罚裁量基准行使规则》开展集体审议 5 件次，配合稽查开展跨地区发票协查案件 9 件。全年在申报期限内提醒纳税人按期报送开具发票的数据 260 余条，避免纳税人发生首次违法行为 260 户次，更正申报数据 500 余条。实施首违不罚 59 件，比 2021 年下降 73%；实施行政处罚 49 件，比 2021 年下降 44%。开展专票电子化内部风险防控工作，处理数据 76 条，筛查办结率 100%，内控管理岗抽查比例 100%。开展成品油行业专项整治工作，强化土地增值税预征管理，集中开展土地增值税清算，核实金三系统风险任务 22 个批次 122 户次，调查任务管理平台调查任务 4 户次，省涉税信息保障平台风险任务 10 户次。开展增值税留抵退税领域税收风险排查，抽查复核留抵退税 30 户次，完成留抵退税风险分析任务 11 户次，入库税款 180 余万元。

（庄　宁）

**表 9　2022 年度铁力市企业纳税情况一览表**
**（100 万元以上）**

单位：万元

| 序号 | 企业 | |
|---|---|---|
| 1 | 伊春鹿鸣矿业有限公司 | 5727 |
| 2 | 铁力市路桥工程股份有限公司 | 1544 |
| 3 | 伊春市烟草公司铁力分公司 | 1492 |
| 4 | 伊春森工鼎石建材有限责任公司 | 1322 |
| 5 | 葵花药业集团（伊春）有限公司 | 960 |
| 6 | 中铁四局集团有限公司苏州分公司 | 953 |
| 7 | 铁力市丰润房地产开发有限责任公司 | 913 |
| 8 | 铁力市恒信房地产开发有限责任公司 | 856 |

续表 9

| 序号 | 企业 | |
|---|---|---|
| 9 | 铁力市水务局 | 820 |
| 10 | 黑龙江铁力农村商业银行股份有限公司 | 751 |
| 11 | 铁力市龙兴建筑安装工程有限责任公司 | 461 |
| 12 | 中国人民财产保险股份有限公司铁力支公司 | 459 |
| 13 | 铁力市得天独厚生物科技有限公司 | 449 |
| 14 | 龙江铁路有限责任公司 | 397 |
| 15 | 铁力市艾眸医疗器械制造有限公司 | 391 |
| 16 | 黑龙江嘉建建筑安装工程有限公司 | 358 |
| 17 | 中铁四局集团有限公司哈尔滨分公司 | 318 |
| 18 | 中国平安财产保险股份有限公司伊春中心支公司铁力营销服务部 | 304 |
| 19 | 黑龙江省龙泽园房地产开发有限公司铁力分公司 | 299 |
| 20 | 金华市艾铭建设工程有限公司 | 297 |
| 21 | 铁力市商业大厦有限责任公司 | 297 |
| 22 | 铁力市泰安房地产开发有限责任公司 | 283 |
| 23 | 黑龙江喜人药业集团有限公司 | 262 |
| 24 | 黑龙江省顺亿建筑安装工程有限责任公司 | 245 |
| 25 | 铁力中裕燃气有限公司 | 222 |
| 26 | 黑龙江省鹏鸿建筑工程有限责任公司 | 220 |
| 27 | 黑龙江省庆达水利水电工程有限公司铁力分公司 | 215 |
| 28 | 中国工商银行股份有限公司铁力支行 | 198 |
| 29 | 黑龙江省远升建筑工程有限责任公司 | 193 |
| 30 | 黑龙江翔远矿业有限公司 | 192 |
| 31 | 龙建路桥股份有限公司 | 187 |
| 32 | 铁力市林鑫劳务派遣有限责任公司 | 163 |
| 33 | 铁力市亨利建筑安装工程有限责任公司 | 158 |
| 34 | 黑龙江省昕颐建业工程有限公司 | 151 |
| 35 | 黑龙江宏尊建筑工程有限公司 | 147 |
| 36 | 黑龙江省水利水电集团冲填工程有限公司铁力分公司 | 137 |
| 37 | 黑龙江省铸城房地产开发有限责任公司铁力分公司 | 130 |
| 38 | 龙江银行股份有限公司伊春铁力支行 | 124 |
| 39 | 中国邮政储蓄银行股份有限公司铁力市支行 | 111 |
| 40 | 中鉴兴华工程技术有限公司伊春分公司 | 108 |
| 41 | 铁力松涛房地产开发有限责任公司 | 105 |
| 合计 | | 22920 |

（资料来源：铁力市税务局）

# 金融监管

【服务实体经济】 2022年，铁力市发展普惠金融，拓宽中小微企业融资渠道，推动构建信贷信息体系，创新金融产品供给，简化融资流程，降低融资成本，提升融资便利化水平。鼓励银行机构为小微企业提供首贷、续贷、信用贷支持，持续开发完善无还本续贷等贷款产品，提高信用贷款占比，降低小微企业融资综合财务成本。2022年末，发放首贷53笔18520万元；续贷122笔12112万元；信用贷309笔10052万元；中长期贷款97笔15632万元；个体工商户贷款312笔9153万元。全市小微企业贷款余额123893万元，比2021年增加27899万元，比2021年增长29.06%。省农业融资担保有限责任公司铁力分公司主要开展种植贷、粮食收储贷款、农机贷等担保业。2022年末，总担保额1.85亿元，平均担保费率0.8%，小微金融服务质效持续提升。

（曹耕瑞）

【金融风险防范化解】 2022年，铁力市依据《防范非法集资条例》，针对非法集资隐蔽性强、难以防范等问题，结合铁力市实际，开展系列宣传活动。6月15日，在铁力市工人文化宫开展宣传，各金融业相关部门参加活动。发放宣传单2000余份，通过设置展板展台、悬挂标语、现场讲解等方式，增强市民远离非法集资、杜绝非法理财、拒绝以高回报、高利润等手段为诱饵的非法金融活动。持续协调辖区内9家银行业金融机构、17家保险公司持续做好防范养老诈骗宣传活动，通过多种媒介开展宣传，引导群众防范非法集资，远离养老诈骗。

（曹耕瑞）

【金融监管效能】 2022年，由铁力市财政金融委员会办公室牵头组织公安局、市场监督管理局、中国人民银行等部门，排查投资理财类企业30余家，落实金融市场各项管控措施。同时做好辖内金融风险排查工作，不定期对辖内涉金融业务相关企业开展检查，督促金融企业合法合规经营，守住不发生系统性金融风险底线。

（曹耕瑞）

【外汇管理】 2022年，国家外汇管理局铁力市支局（以下简称外汇局铁力支局）开展“我为群众办实事”活动，发放涉外主体问题需求协调解决长效工作机制宣传海报90张、宣传单1120份。组织银行企业和个人开展线上问卷调查，收集外汇管理政策需求。12月末，铁力市银行结售汇总额1662万美元，比2021年增长15.18%。其中，结汇1320万美元，比2021年增长10.09%；售汇342万美元，比2021年增长40.16%。结售汇顺差978万美元，比2021年增长2.41%。铁力市货物贸易进出口总额报关226笔，金额折1164万美元，比2021年增长11.67%。其中，出口报关226笔，金额折1164万美元，比2021年增长13.80%。铁力市个人结售汇1248笔，金额949万美元，比2021年增长33.12%。其中，个人购汇523笔，金额286万美元，比2021年增长35.93%；个人结汇725笔，金额209万美元，比2021年增长29.44%。个人结售汇逆差77万美元。

（朱子墨）

【反洗钱工作】 2022年，外汇局铁力支局履行反洗钱业务职责，强化对辖内各金融机构反洗钱工作的监督与指导，加大反洗钱宣传和培训，提高反洗钱风险分析和甄别能力。按要求定期收集统计反洗钱宣传培训季度报表、金融机构反洗钱工作年度报告、反洗钱小组重大事项报告、大额可疑交易报告等，做好反洗钱重大事项及相关报表的统计上报工作。3月15日，外汇局铁力支局组织辖内金融机构开展反洗钱宣传活动，普及反洗钱知识。反洗钱业务工作人员通过互联网等方式学习反洗钱法律法规，提高反洗钱业务能力和综合素质。

（朱子墨）

【脱贫人口小额信贷】 2022年，铁力市督促承贷银行、各乡镇持续加大宣传力度，强化走访调查，通过优化准入门槛、简化工作程序、提高贷款额度等方式，宣传推广脱贫小额贷款政策。协调各相关单位细化措施、压实责任，做好脱贫小额信贷工作，确保全市脱贫小额信贷工作取得实效。2022年末，铁力市脱贫户数为2120户，脱贫小额贷款存量348笔，余额183.84万元，获贷比为16.42%。

（曹耕瑞）

# 审　计

【概况】 2022年，铁力市审计局（以下简称审计局）完成审计项目36个，查出问题金额1.88亿元，其中，违规金额3562.77万元、管理不规范金额1.53亿元。审计发现非金额计量问题48个，出具审计报告36篇，提出审计建议108条。督促缴回财政资金3528.92万元，归还原渠道资金12.21万元，缴纳其他资金21.64万元。完成政府固定资产投资结算审计项目47个，报审总金额4.9亿元，审减工程造价8776万元，审减率18.08%。1

个审计项目获得2022年度全省优秀审计项目一等奖，并获得全国优秀审计项目三等奖（黑龙江省唯一县级获奖项目）。

（李元友）

【政策跟踪审计】 2022年，铁力市对乡村振兴、高标准农田建设、就业补助资金、失业保险基金等政策贯彻落实情况开展审计，关注总体情况和突出问题，督促相关单位问题整改，推动项目建设，推进被审计单位建立健全规章制度，促进资金到位、项目落地、政策落实、政令畅通。

（李元友）

【财务收支审计】 2022年，铁力市促进财政资金提质增效、严肃财经纪律、强化预算刚性约束，依法推进全口径预算全覆盖，聚焦重大问题和财政管理薄弱环节，强化对财政趋势总体分析和审计重点分析研究。采用大数据分析与现场核实相结合的方式，开展2021年度市本级预算执行及决算草案情况审计，市监局、教育局、文旅局、自然资源局等单位年度部门预算执行及财务收支审计，查出违规发放补助、存量资金未上缴财政、资产管理不规范、预算编制不完整等问题44个，出具16篇审计报告，解决问题44个，促进全市财政资金规范使用。

（李元友）

【经济责任审计】 2022年，审计局对18名领导干部开展经济责任审计，发现相关政策落实不到位、重大经济事项决策制度不完善、财政财务管理不严格、内控制度执行不到位等问题101个，出具36篇审计报告，解决问题101个，推动权力规范运行。

（李元友）

【自然资源审计】 2022年，审计局对自然资源局开展自然资源资产审计，促进领导干部履行自然资源资产和生态环境保护责任，关注执行中央、省、市相关决策部署、完成重大任务以及资金征管用、项目建设运行等情况，推动自然资源管理部门了解自然资源情况，明确责任意识，履行生态环境保护和管理职责。

（李元友）

【民生资金审计】 2022年，审计局围绕群众关心的民生问题，对困难群众救助补助资金、农村人居环境整治相关政策资金、双丰镇卫生院财务收支情况开展专项审计，关注民生领域的薄弱环节、民生政策的普惠性、基础性和兜底性，推动补齐民生短板，保障群众合法权益。

（李元友）

【投资项目审计】 2022年，审计局对中西苑联合老旧小区配套基础设施改造项目、呼兰河治理工程建设项目开展跟踪审计，揭示民生工程项目在建程序履行、工程质量和资金使用绩效等方面存在的问题5个出具4篇审计报告，解决问题5个。

（李元友）

【能力作风建设】 2022年，审计局开展"能力作风建设年"活动，对标《全市机关"能力作风建设年"活动实施方案》，整治不落实、不研究、不作为、不在状态、不守纪律等突出问题，形成局党组书记全面负责，层层落实的领导机制和工作格局。全年召开重点工作推进会12次，工作调度会6次。主管、分管领导与股室负责工作人员开展谈心谈话60人次，下发工作提示4次，督导督促工作2次，走访调研5次，开展每季一测4次。撰写心得体会22篇，报送能力作风建设信息简报23篇，其中，审计署采用2篇，省审计厅采用3篇，《现代审计与会计》采用1篇，《伊春日报》采用2篇。落实紧缺人才引进政策，用活人员编制，公开招录公务员2名，引进人才4名。组织全体干部参加专业技能远程培训，选派人员参加上级组织实施的审计项目，起用青年干部担任项目主审，提升审计能力和素养。以"理论联系实际、学以致用"为指导思想，举办业务大讲堂19期。推行实务导师制度，结成8组帮扶对子。

（李元友）

【问题整改】 2022年，审计局按照"谁主审谁负责"原则，建立审计整改对账销号台账，列出整改任务和责任清单，整改一件，销号一件。帮助被审计单位分析问题根源，建立健全内控制度18项，实现"当下改长久立"。按照立行立改、阶段整改、持续整改分类，指定专人对接责任单位，纳入专项台账动态跟踪，采取查阅佐证材料、现场检查、调查询问等方式开展审计整改"回头看"。推动出台《关于建立健全审计查出问题整改长效机制的落实意见》，建立健全党对审计整改的领导机制、人大对审计整改的监督机制、市政府对审计整改的推动落实机制、被审计单位整改责任机制和审计机关督促检查机制，实现审计监督闭环管理。

（李元友）

【全市优秀审计项目】 2022年，铁力市双丰镇卫生院院长经济责任审计项目被评为2022年度全省优秀审计项目一等奖，并作为全省唯一的县级审计项目由省审计厅推荐到审计署参评优秀审计项目，被评为全国优秀审计项目三等奖（全省唯一的县级获奖项目）。审计局研究医疗卫生领域国家方针政策和规章制度，将对医保政策、医院门诊收费系统及相关法律法规研究作为制定审计实施方案的前置环节。运用大数据分析、实地盘点、现场询问等方法，分析研判院长履职、政策执行、财务管理等问题。将审计发现的问题置于全市医疗卫生领域发展大局中审视，用政治眼光分析研究，从规范收费、堵塞漏洞、完善机制等方面提出有针对性、可操作的审计建议，督促指导被审计单位问题整改到位。对全市乡镇卫生院财务、业务科室进行培训指导，助推乡镇医疗卫生机构规范健康发展。

（李元友）

## 统　计

【概况】　2022年，铁力市统计局完成农业、工业、能源、科技、贸易、劳动工资、房地产、建筑业、服务业等各项常规统计月报、季报和年报工作。完成住户调查和粮食产量调查样本轮换工作。开展“企业一套表”联网直报工作，做好“四上企业”的申报工作，按照国家统计局规定的申报条件，对符合条件的企业做到应纳尽纳，确保企业数据质量。全年开展统计业务培训32次、数据质量核查13次。“送法入企”24次，统计执法检查2次。

（陈肖林）

【统计调查】　2022年，市统计局开展农作物播种面积遥感调查、粮食测产调查、住户调查、劳动力调查等常规调查。9—11月，对住户调查新样本110户，粮食产量调查20个村（林场所）的新样本进行摸底及实地勘察，为2023年住户调查和粮食产量调查做好前期准备工作。开展千分之五人口变动情况调查、科学素质调查、规模以下服务业调查、名录库核查、规模以下工业企业调查、贸易企业调查等专项调查。

（陈肖林）

2022年8月17日，铁力市统计局工作人员到站前社区进行住户调查

（铁力市统计局供图）

【统计服务】　2022年，统计局整合村级、林场统计员，全市聘用5镇3乡及市林草局86人。以乡镇、村屯为单位，对统计员进行业务知识培训20余次。贯彻落实《关于深化统计管理体制改革提高统计数据真实性的意见》《统计违纪违法责任人处分处理建议办法》《防范和惩治统计造假弄虚作假督察工作规定》等文件，围绕“四个必查”工作重点，开展企业数据核查10余次、“送法入企”20余次、“双随机”执法检查2次。完成2021年度的年报工作。全年提供统计数据300余次，编辑《统计年鉴》，满足各级党委、政府宏观调控和社会各方面对统计信息的需要。

（陈肖林）

【能力作风建设】　2022年，统计局开展“能力作风建设年”活动，制定《铁力市统计局“能力作风建设年”活动机关工作质效提升行动工作方案》。落实“掌握情况要细、分析问题要细、制定方案要细、配套措施要细、工作落实要细”工作要求，弘扬“工匠精神”，围绕全市年度重点工作“领导责任、工作推进、考核评价、督导问责”四个体系，开展治低、治粗、治差、创优“三治一创”活动。建立《市统计局“能力作风建设”问题清单》，制定整改台账，推进问题清单整改，保证时效。推进“四最”（指到最偏远的地方去、到最困难的家庭去、到最破旧的小区去、到最难的信访问题中去）工作，开展干部职工进社区志愿服务活动4次，进村帮扶志愿服务活动6次，班子成员“走流程”12次，开展“四最”工作16次。通过建立领导责任、工作推进、考核评价、督导问责“四个体系”，形成闭环式的完整链条，确保“提升统计分析信息服务质量”主题活动取得实效。开展“解放思想、振兴发展”研讨“回头看”活动，对照20个问题开展集中研讨，查摆20个问题，建立问题台账，对查摆出来的问题边查边改、立行立改。

（陈肖林）

## 市场监督管理

【概况】　2022年，铁力市市场监督管理局（以下简称市监局）办理食品小作坊备案20户，仅销售预包装食品备案38户，校外托管机构备案2户，第三方冷库备案8户，食品生产许可证2户。为新开办企业免费刻制印章993枚，免费邮寄营业执照4套。检查特殊食品生产经营企业150家，出动执法人员326人次。检查医疗机构30余家，出动执法人员100余人次。

（高铁俊）

【登记注册管理】 2022年，铁力市有市场主体16924户，新登记市场主体3448户，较2021年增长10.9%；企业2794户，新登记企业387户；个体工商户13574户，新登记个体工商户3037户；农民专业合作社556户，新农民专业合作社24户。

（高铁俊）

【网络交易管理】 2022年，市监局实施《网络交易监督管理办法》，贯彻落实国务院决策部署和省委、省政府、国家市场监管总局要求，行政指导辖区外卖平台经营者悬照亮证500余户，约谈外卖平台代理商2户。

（高铁俊）

【广告监督管理】 2022年，市监局建立健全“三位一体”广告监测体系。实现传统媒体同步监测、当月处置，户外广告动态监测，全市主要PC门户网站、微信公众号及App移动客户端日常监测，互联网金融等重点行业专项监测，预警重点企业定向监测。全年监测各类媒体广告172条次，查处广告违法案件2起，责令改正36次。

（高铁俊）

【综合检验检测】 铁力市综合检验检测中心承担全市食品、农产品、粮食、水质、公共卫生监测、建筑材料检测、计量检定、特种设备检验等工作，承接行政业务主管部门各类检测服务，面向社会提供各类相关资质认定范围内的理化检验、微生物检测结果及技术咨询、技术服务等工作。2022年，检测城镇生活饮用水、枯水期及丰水期245批次、脱贫户生活饮用水安全监测出具脱贫水质报告4490户份、创新受理外县委托水质检测36份、其他各类委托水样46个。开展农产品监测抽取样品4400个。检定水表、压力表、燃油加油机、电子汽车衡、医用仪器等计量器具6753台件。完成全市72个行政村三大农作物样品采集工作，覆盖率100%。全市重大活动、会议期间开展餐检保障工作，出动检测人员30余人次，检测水果、蔬菜（农药残留）、肉制品、小麦粉等样品。代管企业卓信公司完成钢筋、砂、石、水泥、塑窗等各项试验420批次，出具检测报告1000余份。拓展容重器检定装置、电容法和电阻法谷物水分测定仪检定装置、烘干法水分测定仪检定装置3项涉粮计量标准。

（高铁俊）

【消费者权益保护】 2022年，铁力市消费者权益保护中心受理消费者投诉287件，其中，家电类投诉25件、服装、鞋帽类投诉96件、农机具类投诉26件、通信设备类投诉17件、首饰加工类投诉47件、装潢装修类投诉28件、电动车类投诉10件，其他类投诉38件。

（高铁俊）

【产品质量管理】 2022年，市监局强化产品质量安全监管，组织对农资产品、日用消费品、成品油等重点领域、民生领域商品开展监督抽查，抽检日用消费品7个批次、煤炭3个批次，抽查农资产品35个批次，抽检农资企业18家，配合省质检院对全市25家加油站开展抽检，抽检成品油40个批次。

（高铁俊）

【计量监督管理】 2022年，市监局对全市农贸市场计量器具、粮食领域计量器具、眼镜配置计量器具、出租车计价器、民用三表等开展计量监督检查，监管检验检测机构。帮助4户市场主体获得省级诚信示范计量单位称号，全年检定各类计量器具6673台（件），强制计量检定机构1户，新增计量标准3项。

（高铁俊）

【标准化监督管理】 2022年，市监局开展“世界标准日”宣传活动，指导2户企业制定企业标准，在企业标准自我声明平台发布。开展对标达标专项行动，帮助3户企业使用标准对

2022年3月13日，市场监督管理局开展“3·15”文明消费宣传活动

（铁力市市场监督管理局供图）

2022年1月20日，铁力市发展和改革局联合铁力市市场监督管理局对华辰超市九大类60个品种居民生活必需品价格进行节前巡视

（铁力市发展和改革局供图）

接国际标准。指导双丰林业局公司农业标准化示范区建设。

（高铁俊）

【特种设备安全监察】 2022年，市监局落实特种设备使用单位安全主体责任，实行“网格化”监管，确保特种设备监管不出现盲区和空白区。全市有在用特种设备882台，特种设备使用单位194家。排查整治一般安全隐患51个，排查“僵尸”设备14台，均上报伊春市局进行公告注销和停用。帮助16家企业申请停用注销特种设备，帮助32家企业申请设备检验。开展“五进”“安全生产月”等宣传活动3次，发放宣传单800余份，惠及重点特种设备使用单位75家，群众2000人次。加大重要时期特种设备监察，开展“大排查、大整治”“百日攻坚”“两节两会专项检查”“专项整治三年行动”“专项整治回头看”等专项检查，守住特种设备安全底线。

（高铁俊）

【市场监管行政执法】 2022年，市监局建立健全行政执法制度，推进行政执法公示制度、行政执法全过程记录制度、重大执法决定法治审核制度，推进市场监督管理工作制度化、规范化、法治化。制定印发《关于印发〈铁力市市场监督管理局关于进一步规范行政执法工作的若干规定〉的通知》，全年立案86件，其中，一般程序案件30件、简易程序56件。办结一般案件27件，罚没款11014.75元，均上缴至国库。开展规范公正文明执法“百日行动”，强化行政执法监督，维护公平竞争的市场秩序。

（高铁俊）

## 食品药品安全

【食品监管】 2022年，铁力市有食品生产企业54家，食品加工小作坊82家，餐饮服务单位950家，食品销售经营者1320家。铁力市市场监督管理局开展食品全链条风险隐患排查，打击各类违法行为。开展食品生产加工、餐饮、流通环节食品安全日常监管，保健食品、特医食品监管，开展冷链食品检查，做好进口冷链食品从生产、流通到餐饮服务全链条的追溯和处置等环节的风险防控工作。全年开展食品、食用农产品食品安全监督抽检680批次，农贸市场、校园及周边食品快查处置15起，全年无食速检验69批次，完成抽检不合格样品安全事故。

（高铁俊）

【药品监管】 2022年，铁力市有药品批发企业2家，药品连锁企业总部4家，连锁门店124家，单体药店36家，其他连锁企业铁力门店20家。铁力市组织开展新冠感染防护类用品专项检查、新冠病毒检测试剂专项检查、药品虚假宣传和违规经营专项整治、药品、医疗器械、化妆品安全专项整治、医疗乱象专项治理等整治工作，全年无药品安全事故。

（高铁俊）

【食品药品专项整治】 2022年，铁力市检查食品生产经营业户3500余家次，出动执法人员7000余人次。

2022年11月30日，市场监督管理局开展餐饮业食品安全检查

（铁力市市场监督管理局供图）

2022 年 8 月 25 日，市场监督管理局开展全市药品检查活动

（铁力市市场监督管理局供图）

开展生产经营含金银箔粉食品违法行为专项检查和粮食加工品专项整治行动。开展农村无证照经营和假冒伪劣食品监督检查和食品经营单位入网销售重点检查。开展食品安全微腐败专项整治行动，监督检查学校（幼儿园）、校外托管机构以及学校周边食品安全，检查食品生产经营者 397 家。开展保健食品生产经营专项整治行动和特医食品专项整治，检查药品零售企业 175 家次，医疗器械经营单位 204 家次，药品和医疗器械使用单位 62 家次，网络售药企业 16 家次，全年出动执法人员 1018 人次，办理一般性药品案件 2 件，简易案件 11 件。

（高铁俊）

## 物价管理

【概况】 2022 年，铁力市发改局按照《关于转发伊安委办联发〈关于加快推进我市应急预案体系建设工作的函〉的通知》要求，编制《铁力市市场价格异常波动应急预案》，于 5 月 22 日铁力市政府九届八次常务扩大会议上讨论通过，文件印发到各乡镇和有关单位。发改局执行《价格认定行为规范》《价格认定依据规则》等相关法规、规定，按照黑龙江省发改委转发《国家发展和改革委员会价格认证中心关于进一步推进平台数据库建设工作的通知》要求，完成价格认定业务全流程网上办理各类价格案件 113 件，认定金额 288.75 万元。其中，涉刑事案件 99 件，认定金额 226.12 万元；涉行政案件 14 件，认定金额 62.63 万元。

（高庆文）

【价格监督检查及服务】 2022 年，市监局开展涉企收费、医疗美容领域、农资市场价格、粮食领域、教育收费、节日期间市场价格等价格领域执法检查，指导经营业户按照规定明码标价，召开医疗领域提醒告诫会 2 次，发放市场明码标价告诫书及医疗领域告诫书 1000 余份。全年无价格违法行为。

（高铁俊）

【物价和价格认证】 2022 年 7—10 月，发改局组织民政局、财政局、人社局、教育局、退役军人事务局，启动社会救助和保障标准与物价上涨挂钩联动机制 4 次，向城乡低保对象、特困人员、大中专院校经济特困学生、孤儿、事实无人抚养儿童、艾滋病病毒感染儿童发放价格临时物价补贴，标准每人 25 元。全年发放补贴 113.85 万元，惠及困难群众 45540 人次。完成农户种植意向、农资购买、存售粮、大豆和粳稻直报调查分析，全年上报调查分析 7 次。获得“2019—2021 年度全国农产品成本调查工作先进集体”称号。完成粮食、供热用煤、春耕农资价格等 5 个类别 25 个品种的省级价格监测任务。开展 9 大类 60 个品种居民生活必需品价格监测，新冠感染期间和重点节假日期间执行日监测制度，全年上报价格监测数据 220 余条。粮食、水产品、蔬菜价格呈下降趋势，肉、蛋、禽价格基本持平，植物油、奶制品、水果、调味品、天然气呈波动上涨趋势，全市物价总体平稳。

（高庆文）

2022 年 4 月 20 日，铁力市司法局、市场监督管理局等部门在步行街开展知识产权宣传活动

（刘青山供图）

表 10　2022 年铁力市社会救助和保障标准与物价上涨挂钩联动补贴发放一览表

| 单位 | 累计发放人次 | 累计发放金额（元） | 单位 | 累计发放人次 | 累计发放金额（元） |
|---|---|---|---|---|---|
| 教育局 | 99 | 2475 | 民政局 | 44409 | 1110225 |
| 人社局 | 176 | 4400 | 合计 | 45540 | 1138500 |
| 退役军人事务局 | 856 | 21400 | | | |

（资料来源：铁力市发展和改革局）

## 知识产权保护

【知识产权创造】　2022 年，铁力市专利授权量 208 件，商标总量 4700 余件。培育国家级知识产权优势企业 1 家，知识产权贯标认证企业 4 家，省级知识产权优势企业 3 家，省级知识产权教育试点 1 家。有地理标志保护产品 4 个，地理标志证明商标 1 件。市监局助力铁力市葵花药业集团（伊春）有限公司发明专利“一种用于治疗妇科炎症的药物组合物及其制备方法与用途”，获得第一届黑龙江省专利奖优秀奖，指导铁力市双丰玉成农机制造厂申报中国专利奖。推动知识产权金融工作，帮助 5 家企业进行知识产权质押融资申请。

（高铁俊）

【维权行动】　2022 年，铁力市制定《2022 年铁力市知识产权行政保护工作实施方案》《铁力市国家知识产权强县建设试点县实施方案》《铁力市推进品牌工作方案》《铁力市市场监督管理局农业品牌提升三年行动》等工作方案。在铁力市经济开发区设立商标指导站、知识产权维权援助工作站，在电子商务公共服务中心设立伊春市知识产权运营促进中心，在市监局设立铁力市知识产权纠纷人民调解委员会。2022 年，铁力市制定《铁力市商标三年规划、培育保护名录》，其中，伊春市重点商标保护名录 8 件、伊春市农产品地理标志保护产品培育名录 1 件、伊春市区域商标品牌培育名录 4 件。开展重点领域商标权、专利权保护专项行动，打击商标违法、专利侵权等行为，出动执法人员 270 人次，执法车辆 125 台次，走访业户 470 余家，未发现商标恶意抢注行为。开展商标知识产权保护检查专项行动，检查大型超市 25 家、粮油店 40 余家。开展销售印有奥林匹克标识的商品专项检查，检查金店 5 家、服装店 40 余家、运动器材销售商店 1 家。加大重点领域专利执法检查，打击各类侵权、假冒等知识产权违法行为，办结商标侵权案件 6 件。

（高铁俊）

【知识产权服务】　2022 年，市监局推进铁力市地方特色产品资源优势转化为商标品牌优势和市场竞争优势，申报地理标志证明商标 3 个。开展国家、省、市级示范、试点、优势企业培育工作和专利申请“清零”行动，助力全市区域内注册的未获得发明专利授权的企业申请专利，新增专利 76 个。开展商标、专利、地理标志证明商标、地理标志保护产品宣传，发放宣传资料 200 余份，解答群众提问 30 余次。

（高铁俊）

【确定为“国家知识产权强县建设试点县”】　2022 年，铁力市推进国家知识产权强县建设试点县创建工作，制定知识产权发展战略，建立知识产权创造、保护、转化制度体系，成功申报国家知识产权强县建设试点县。国家知识产权局印发《国家知识产权局关于确定国家知识产权强县建设试点示范县和国家级知识产权强国建设试点示范园区的通知》，公布第一批国家知识产权强县建设试点示范县名单，黑龙江省铁力市被确定为试点县，试点时限自 2022 年 8 月至 2025 年 7 月。

（高铁俊）

# 农业农村

Agriculture and Rural Affairs

编辑：张力维

# 综　述

【产业发展】 2022年，铁力市区域玉米、水稻、大豆播种面积10.43万公顷。新建高标准农田面积1.23万公顷，绿色有机食品监控面积3.05万公顷，农业生产托管服务面积1.4万公顷。全市运营农民专业合作社113家，培育各级示范社24家，农业产业化龙头企业发展到20家，绿色食品认证标识46个，农业科技贡献率68%，粮食实现连续5年丰产。全市生猪存栏20.4万头，出栏20.1万头。水产养殖面积860公顷（冷水鱼养殖面积150公顷、其他鱼类养殖面积710公顷），水产品总产量1695吨（林蛙总产量156吨、鱼产量1539吨）。落实耕地轮作6126.7公顷，发放资金1378.5万元。

（梁于森）

【高标准农田建设】 2022年，铁力市落实建设高产标准农田项目2个，均列为全省“百大项目”。中央预算内高标准农田建设项目。建设任务5000公顷，项目总投资10019万元，其中，中央资金8005万元、地方配套2014万元。建设地点位于铁力市王杨乡北河村、东风村、建设村、长富村，工农乡二屯村，双丰镇建国村和光明村。建设项目包括沟道工程8条，长16.39千米。渠道建设物297处，道路工程182条，长128.7千米，其中，生产路149条、78.4千米；机耕路33条、50.3千米。晒场工程6处19500平方米。财政补助类高标准农田建设项目。建设任务7906.7公顷，实际建设任务为7300公顷，项目总投资14706万元。建设水泥路48.52千米、砂石路146.85千米、晒场2.93万平方米、沟道工程17.25千米，农道桥1座、水闸2座、建筑物1646座。建设地点位于铁力市双丰镇（战斗村、安邦河村、朝阳村），工农乡（北斗村、新民村、北星村），王杨乡（红光村），年丰朝鲜族乡（爱国村、凌云山村、靠山村、东河村），桃山镇（新丰村、先锋村、丰产村、丰收村、桃南农场），神树镇（神树村、石长村、五龙山村），年丰林场和宏大农场等。

（梁于森）

2022年6月17日，伊春市、齐齐哈尔市、铁力市农业农村局联合检查小组在铁力市春运草制品有限公司检查秸秆综合利用情况

（铁力市农业农村局供图）

【秸秆综合利用】 2022年，铁力市秸秆综合利用量为47.49万吨，秸秆综合利用率95.01%，完成省级目标任务的105.56%。秸秆还田利用量32.73万吨，秸秆还田利用率65.48%，完成省级目标任务的109.1%。离田作业面积3.42万公顷，秸秆离田利用量为14.76万吨，离田利用率29.53%，离田作业率100%，完成计划的100%。全年区域内无卫星遥感监测秸秆焚烧火点，实现“全域、全面、全时段”秸秆禁烧工作目标。

（梁于森）

# 种植业

【概况】 2022年，铁力市优化种植结构，粮食作物播种面积11.87万公顷。新增实施年耕地轮作试点面积6100公顷。推进寒地水稻育种、特色种植生产，把结构调整作为农业发展的新动能。开展农业技术下沉工作，确定三大作物主导品种34个、主推技术8项。全年铁力市粮食作物总产量50.5万吨。其中，水稻总产量33.5万吨，玉米总产量12万吨，大豆总产量5万吨。

（梁于森）

【备春耕生产】 铁力市组织召开春耕备耕生产工作专题推进会议，制定印发《关于备春耕生产工作通知》《2022年铁力市扩种大豆工作方案》多项针对性、指导性、操作性强的文件，科学指导乡镇、村屯、农户适应农时，科学备耕。资金方面：全年备耕所需资金7.6亿元。物资方面：共需种子7050吨，化肥4.44万吨，农膜600吨，农药181吨，柴油0.6万吨。农机具检修、水稻清雪扣棚工作于3月末全部结束。同时成立7个技术指导组，重点围绕大豆栽培技术、农资购买、水稻苗床病害防治等开展技术指导服务。2022年，累计印发技术简报30期，开展电视讲座16期，发放配方施肥卡1300余张，为农户科学生产提供技术保障。

（梁于森）

【种植结构优化】 2022年，铁力市优化种植结构，粮食作物播种面积11.87万公顷（含农场），其中，水稻5.59万公顷、玉米1.77万公顷、大豆4.38万公顷、杂粮杂豆1300公顷。发展绿色水稻监控面积2.67万公顷、有机水稻监控面积1700公顷、绿色黏玉米监控面积2100公顷。在各乡镇、“南三局”公司、市林业和草原局、良种场落实新增实施一年耕地轮作试点面积6100公顷，试点单位与试点农户签订轮作协议，试点轮作资金1378.5万元。

（梁于森）

【特色种植】 2022年，铁力市在有机水稻田开展稻鸭共养、稻鱼共养等种养结合复合种植生产模式示范，稻鱼共养示范7公顷，5月10日在水田放鲤鱼、鲫鱼、草鱼鱼苗800千克（约2000尾），7月中旬陆续捕获1300千克（约1950尾），水稻9月末收获，解决了有机稻部分杂草防除问题，鱼类粪便为有机水稻提供优质的有机肥料，增加养鱼收益。稻鸭共养示范4公顷，6月10日放养鸭雏1400只，8月中旬收获成品鸭约1000只，水稻9月末收获，有效解决有机稻部分杂草防除问题，增加额外养鸭收益。

（梁于森）

【农业病虫害防治】 2022年，铁力市举办植保培训班5期，发挥20个重大病虫疫情监测点作用。开展主要病虫害越冬基数调查，设置黏虫、草地螟、二化螟等突发性害虫性信息素诱捕器、多功能杀虫灯25处，水稻稻瘟病抗性监测圃一处，发布病虫监测预警信息11期。指导农户科学进行统防统治与绿色防控。开展18万公顷农田统一灭鼠工作，完成4800公顷水稻稻瘟病、纹枯病、稻曲病防治任务，带动全市统防统治面积3.33公顷。

（梁于森）

# 林 业

【概况】 2022年，铁力市推进绿色发展，围绕生态文明建设、乡村振兴战略，推进林草治理体系、治理能力提升，完成封山育林666.67公顷。铁力市加强森林、草原、湿地生态系统保护修复、野生动植物保护，推进林草事业快速发展。铁力市有天然林8086.67万公顷，以林地资源和森林生态环境为依托，利用林下自然条件，选择林下适生的食用菌和动物、植物种类进行合理种植和养殖，推动林下经济产品生产业、产品加工业、产品市场服务业的深度融合。2022年，铁力市实施生态修复工程，坚持“造林、补植、改造”多措并举，持续增加森林面积，提升造林质量。按照任务目标、规划设计标准、造林模式、工程设施建设技术等要求，确保工程质量和进度。全年完成封山育林任务666.67公顷，退化林修复任务666.67公顷，夯实铁力市林草生态基础。

（金鑫月）

【林长制】 2022年，铁力市全面落实“林长制”，有效推动林草治理体系建设。根据工作需要调整配置各级林长，完善林长制组织架构，实现地企两套林长体系有机融合。铁力市确定各级林长211人，各级林长累计巡林447次，发现并解决问题5件。落实林长制会议制度，召开市级林长会议研究部署重点工作，统筹推进生态保护、生态修复、灾害防控、基础配套建设等林长制工作。为完善林长制制度建设，修订《林长制市级会议制度》。制定印发《铁力市林长制督查考核办法》《铁力市林长制督查考核工作方案》，量化考核指标，明晰评分标准。加强基础配套能力建设，通过官方网站和微信公众号公布林长制组织体系、工作职责和监督电话。在重要位置设置林长制公示牌114块。

（金鑫月）

【造林绿化】 2022年，铁力市编制《城市绿化规划》《黑龙江省铁力市国家森林城市建设总体规划（2020—2030年）》，制定《乡村绿化规划》《铁力市2022年创建国家森林城市实施方案》等具体方案。结合乡村振兴战略、农村人居环境整治专项行动，坚持因地制宜、宜绿则绿。制定《村屯绿化技术操作规程》《林业技术手册》，对苗木采购、栽植整地等相关技术标准进行严格规范，并组织成立绿化技术指导小组，举办林业技术培训班，提升绿化质量。组建专业养护队伍，加强种植后树木管理，绿化成活率95%以上。组织乡镇村屯栽种各种乔灌绿化树木，乡村绿化覆盖率提升36.95%。

（金鑫月）

【森林病虫鼠害防治】 2022年，铁力市加强林业有害生物监测预警体系、检疫御灾体系、防治减灾体系、服务保障体系建设，严密防范外来有害生物入侵，提升林业生物灾害防治能力。全年林业有害生物防治1945.33公顷，无公害防治率95%以上，防治效果均90%以上。铁力市林业和草原局被国家林业和草原局生物灾害防控中心授予2022年度先进国家级林业有害生物中心测报点称号。全市共检疫检查苗圃（个人）18个，检疫检查育苗面积181.77公顷，产地检疫苗木2107.49万株。全市苗木产地检疫率100%。调入木材复检2.36万立方米，调入苗木复检627.04万株。调出木材检疫8827.03

立方米。开具产地检疫合格证 21 份，植物调运检疫证 325 份。

（金鑫月）

【森林管护】 2022 年，铁力市国有林场天然林管护总面积 1.64 万公顷，其中，国家级森林生态效益补偿面积 3953.33 公顷、省级公益林补偿面积 4340 公顷、天然林管护面积 8086.67 万公顷。有管护站房 8 座，落实管护人员 80 人，并签订生态管护合同书。管护人员针对防火、秸秆禁烧、乱砍盗伐、偷拉私运林木、野生动物保护等现象进行巡护。加强集体天然商品林管护工作，落实村集体管护任务 438.63 公顷，管护人员 64 人，落实管护停伐资金 140.53 万元。落实脱贫人口转为生态护林员 104 人，落实管护资金 53.82 万元。

（金鑫月）

【林政执法】 2022 年，铁力市开展“森林督察”等执法专项行动，打击破坏森林资源违法犯罪行为，查处各类涉林、涉草行政案件。2022 年，查处结案各类林业行政处罚案件 38 起，其中，盗伐林木案件 10 起、滥伐林木案件 1 起、毁坏林木和林地案件 16 起、违反草原法律法规案件 4 起、违反野生动物保护法律法规案件 5 起、违反森林防火法规案件 2 起。在执法过程中创新工作举措，将查处与宣教相结合。从单一查处转变为执法和普法工作相结合，从思想根源上解决违法问题的发生。

（金鑫月）

【森林草原管理】 2022 年，铁力市草原面积 1855.62 公顷，其中，铁力市地方直管草原面积 981.99 公顷、伊春森工集团“南三局”共计 873.63 公顷。林草局加强森林草原资源保护管理，整治各类破坏森林草原违法行为。依据省林草局相关文件要求，开展森林草原资源保护工作，深入一线进行拉网式排查，对发生非法侵占林地现象的部位进行重点排查。全年没有破坏森林草原资源现象。

（金鑫月）

【林地管理监督】 2022 年，铁力市开展保护森林、草原、湿地资源行动。开展森林资源、巡山清套行动，组织各林场、铁力农场、“南三局”对非法占用林地进行检查工作，没有发现相关违法行为。林草局重视林地资源保护工作，安排专职森林管护人员每日巡护，排查是否存在盗挖泥炭黑土、盗伐林木等破坏资源行为。围绕“依法审批，节约用地”的管理机制，指导配合用地单位办理征占用林地、草地、湿地的审核、审批，共 12 个项目，面积 105.68 公顷。在林地使用审批过程中，林草局坚持“严格把关，慎重操作，搞好服务，方便基层”的方针，做好项目建设用地服务。

（金鑫月）

【野生动物保护】 2022 年，铁力市组建保护野生动植物资源、打击非法贸易野生动植物部门联席会议制度，统筹做好野生动物保护等各项工作。林草局野生动植物保护办公室开展救护工作 31 次，出动车辆 35 台次，出动人员和警力 89 余人次，共计救护野生动物 56 只，其中，就地放生 25 只、送达小兴安岭野生动物救护繁育中心 31 只。救助的野生动物主要有国家一级保护动物：东方白鹳。国家二级保护动物：鸳鸯、雕鸮、长尾林鸮、短耳林鸮、长耳鸮、狐狸幼崽、红隼。三级保护动物：野鸡、长嘴鹬、棕黑锦蛇（松花蛇）、红嘴鸥、山斑鸠。无保护级别动物：乌鸦、孔雀。利用“世界野生动植物日”“黑龙江省野生动植物保护月”等活动，宣传《中华人民共和国野生动物保护法》《黑龙江省野生动物保护条例》等相关政策和法规，共出动人员 300 余人次，发放宣传单 1.7 万余份，悬挂条幅 150 条，宣传保护野生动物的重要意义、滥食野生动物的健康风险，引导市民革除滥食野生动物的陋习，共同打造安全和谐友好的生态环境。

（金鑫月）

【森林防火】 2022 年，铁力市落实《中华人民共和国森林防火条例》《黑龙江省森林防火条例》等相关法律法规，与应急部门协调配合，履行行业

2022 年 3 月 30 日，铁力市林业和草原局联合多部门开展打击破坏野生动物非法贸易专项行动暨清风行动。图为铁力市林业和草原局到山特产品经营店突击检查

（铁力市林业和草原局供图）

主体责任，加强防火责任区森林防火灭火工作。落实林长制、森林防火行政首长负责制要求，把握森防工作的主动权。通过宣传车、防火宣传彩旗、标语、微信群等传统与新媒体结合方式，增强全民森林防火意识。在紧要时期网格员深入田间地头，对农事用火安全、林中作业施工和入山人员重点督导。林草局加强管理力度，与各基层单位签订森林防灭火责任状6份、与林场签订10户联防公约175份、与高铁施工企业签订防火责任书3份、与公路施工企业签订防火责任书1份。全局12个固定检查站点有专人进行防火检查，对入山人员进行严格的登记制度，严防火种进山。发挥“智慧林火”作用，将卫星监测与瞭望、巡护等监测监控方式相结合，做好应急处置扑救准备工作。加强督导和检查工作，防火期对全局各林场、公司的森林防火、秸秆禁烧等工作进行实地检查督导，做到发现问题立即整改。2022年，铁力市连续42年无重大森林火灾发生。

（全鑫月）

【禁种铲毒】 2022年，铁力市按照市禁毒委的要求，林草局所属各林场、农场开展禁种铲毒实地踏查、宣传教育等相关工作，保持求真务实的作风，推进禁种铲毒工作。林草局与各场签订责任状，明确责任的落实。春耕季节利用多种宣传方式，宣传禁种铲毒的重要性、毒品的危害性。全年设立禁种铲毒宣传牌12个、悬挂宣传条幅12条、车辆流动广播60余次，并在各林场、农场设立举报电话，鼓励群众自觉抵制和检举揭发非法种植毒品原植物行为。在春播期间加大林场、农场禁种预防和巡查，开展踏查行动，严守毒品原植物“零种植”底线。

（全鑫月）

2022年，铁力市金新农生态农牧有限公司规模化养猪场

（铁力市农业农村局供图）

## 畜牧业

【概况】 2022年，铁力市有畜禽养殖场户735家，备案规模化养殖场51家，资源化利用考核规模畜禽养殖场13家。畜禽粪污设施配套建设完成率100%，畜禽粪污经发酵还田基本实现资源化利用。铁力市大型生猪养殖企业全面投产运营，金新农生态农牧有限公司、伊春新望农牧有限公司实现生猪饲养量42.6万头，出栏生猪25.2万头。“南三局”公司有湖羊规模化养殖场5家，铁力局万头湖羊场1家，湖羊饲养量1.3万只。

（梁于淼）

【养殖基地建设】 2022年，双丰林业局有限责任公司新建4000只规模化湖羊养殖场1家，项目完成建设。伊春松风食品有限公司百万头生猪屠宰场项目，建设用地7.78万平方米，建筑面积3.8万平方米。累计完成投资0.7亿元，屠宰场主体工程完成建设。新建铁力市综合屠宰场建设项目，场区面积8544平方米，综合屠宰车间面积4911平方米。主要建设规模为生猪等畜禽屠宰处理车间，以及冷库、分割间、废水废气处理站，并配套相关设备设施。

（梁于淼）

【畜牧生产】 2022年，铁力市开展对上争取工作，落实省厅畜牧业发展工作要求，全市畜牧业呈现稳步发展。全市生猪存栏19.0万头，出栏27.7万头。牛存栏2.3万头，出栏2.7万头。山绵羊存栏2.3万只，出栏3.3万头。家禽存栏234.6万只，出栏798.2万只。根据黑龙江省农业农村厅、财政厅《关于印发2022年畜牧业经营主体贷款贴息实施方案的通知》，为铁力市金新农生态农牧有限公司申报并发放贷款贴息资金300万元。按照《关于2022年生猪良种补贴工作的补充通知》《铁力市2022年生猪良种补贴项目实施方案》，分别为铁力市金新农生态农牧有限公司、伊春新望农牧有限公司争取并落实生猪良种补贴资金45万元、27万元。

（梁于淼）

【规模化养殖企业】 铁力市生猪规模化养殖企业有：铁力市金新农生态农牧有限公司、伊春新望农牧有限公司，企业被农业农村部分别授予国家级和省级生猪产能调控基地。金新农生猪生态养殖产业项目是铁力市2017年重点招商引资项目，项目包括生猪生态养殖、饲料加工、屠宰加工。2022年末，项目完成投资9.6亿元。一期生猪养殖项目完成投资

7.9亿元，建设猪舍39栋、总建筑面积20.44万平方米。饲料加工项目投资1亿元，建设年产24万吨饲料厂一座，月生产饲料6000吨。伊春新望农牧有限公司是新希望六和股份有限公司的子公司，成立于2020年2月，注册资金2500万元。新希望生猪养殖项目完成投资3.5亿元，资金来源为企业自筹。项目占地面积约61.1万平方米，新建10万平方米的一体化生猪养殖基地，包括配套建设6750头规模的种猪场、公猪站和商品猪场等设备设施。新望公司生猪存栏5.3万头，出栏6.1万头。公司销售收入23953万元，利润1980万元。

（梁于森）

【特色养殖】 2022年，铁力林业局公司推广湖羊养殖业，建成万只湖羊种羊基地1个，建有北星、黑河、九连、茂林、卫星5个湖羊育肥基地，湖羊养殖取得了成功，湖羊总存栏5050只。全年合理利用市域自然资源条件，发展林区特色养殖业，推动地方特色养殖业的发展。虹鳟、金鳟、鳞鱼、柳根生态冷水鱼产量150吨，林蛙产量1300吨。全年蜜蜂存栏8594箱，梅花鹿存栏584头。

（梁于森）

【动物疫病防控】 2022年，铁力市制定《铁力市2022年动物强制免疫计划和强制免疫技术方案》等相关的动物防疫文件，加强调运监管非洲猪瘟常态化防控工作。3月，采集600血清、环境样品送伊春市局检测，无异常情况。5月，铁力市域养殖场、屠宰场、运输车辆等进行全方位清洗消毒。春秋季集中开展以牲畜口蹄疫、布鲁氏菌病、禽流感为主的强制免疫工作，组织村防疫员对牛结节性皮肤病、炭疽、小反刍兽疫等进行排查和流行病学调查。全年未发生重大动物疫情。

（梁于森）

【畜禽粪污资源化利用】 2022年，铁力市畜牧业加强规模以下畜禽养殖场户畜禽粪污收集利用工作。市政府投资近2000万元，根据乡镇村屯养殖业发展情况合理布局，建设规模以下养殖场户畜禽粪污集中收集点41处，其中，固定贮存设施25处、移动贮存设施16处，容积2.2万立方米，主要用于收集散户畜禽粪污。各乡镇村屯的畜禽粪污贮存设施陆续投入使用。伊春新望农牧有限公司提升粪污贮存设施能力，新建氧化塘1个，容积5万立方米。

（梁于森）

## 渔　业

【概况】 2022年，铁力市渔业养殖面积12945公顷，其中，成鱼养殖面积10155公顷、鱼种养殖面积2790公顷、驯化养鱼面积1950公顷，综合养鱼面积2475公顷。鱼种池550公顷，改造清淤池塘520公顷。全年水产品产量实现3489吨，其中，鱼类养殖产量2189吨、林蛙产量1300吨。鱼种出池151吨85万尾。

（梁于森）

【水产养殖】 2022年，铁力市水产养殖品种主要以鲤、鲫、鲢、草鱼等为主，冷水鱼养殖以细鳞鱼、柳根、河泥鳅等为代表。林蛙、冷水鱼养殖被确定铁力市政府重点工作。冷水鱼养殖面积2250公顷，产量150吨。林蛙养殖面积28万公顷，产量1300吨，相关部门发放林蛙特捕证365本，林蛙产量比2021年有较大增长。九河泉现代农民农机合作社、忠宝冷水鱼林蛙养殖合作社、佳鑫农民农机合作社，稻鱼和冷水鱼的销售取得了良好的经济效益。

（梁于森）

【渔业资源养护】 2022年，铁力市在全市范围实行禁渔制度。渔政管理部门开展禁渔期禁渔及保护野生水生资源工作。禁渔期禁止除娱乐性垂钓之外所有作业方式，销售水产品需提供来源及购买收据等证明材料。人工养殖户销售水产品持有渔业主管部门开具的证明。措施保护了域内水生资源，林蛙、细鳞鱼、黑龙江茴鱼等特有性、指示性水生特种鱼类保护率90%。

（梁于森）

【渔政管理】 2022年，铁力市开展黑龙江省农业外来物种普查、黑龙江省入河排污口排查溯源整治工作。加强宣传《中华人民共和国渔业法》《中华人民共和国野生动物保护法》《黑龙江省2022年禁渔期通告》等法律法规。渔政管理部门加大执法检查工作，禁渔期出动执法人员80余人次，车辆20余台次。禁渔期在沿河主要村屯张贴禁渔期公告100余份，宣传劝导村民100余人次，收缴非法渔网具23个，收缴并放生水生鱼类10千克，有效遏制了私捕、乱捕的违法行为。

（梁于森）

## 种　业

【概况】 铁力市种业企业持续进行新品种研发，争取新品种投入销售与农业生产。农作物种质资源普查与收集于2022年完成，共收集295份种子样品，报送省种子资源所。2022年，铁力市浩富农业3个主打品种审定证书编号情况。浩富4号：黑审玉20210003；桦单6号：国审玉20180027；龙稻210：黑审稻20210009。伊春袁策种业有限公司、浩富种业合计种植水稻品种繁育试验材料300余份，报审新品种材料5个，其中，伊春袁策种业有限公司报审水稻品种4个，品种为袁种21、袁种35、袁种62、海粳62。浩富种业报审水稻品种1个，品种为篁稻六号。

（梁于森）

【寒地水稻育种】 2022年，铁力域内伊春袁策种业有限公司、浩富种业合计种植水稻品种繁育试验材料300余份，报审新品种材料5个。伊春袁策种业有限公司报审水稻品种4个，品种为袁种21、袁种35、袁种62、海粳62。袁种21、袁种62、海粳62进入下年生产试验，袁种35进入下年区域试验。浩富种业报审水稻品种1个，品种为篁稻六号，进入下年生产试验。

（梁于森）

【种业知识产权保护】 2022年，黑龙江省浩富农业科技有限公司注册资本3000万元。黑龙江省浩富农业科技有限公司是集品种研发、生产、销售、服务为一体的综合性民营企业。在种业知识产权研发方面，浩富农业自主研发品种“浩富4号”。浩富农业3个主打品种审定证书编号：浩富4号、桦单6号、龙稻210。

（梁于森）

【黑龙江省浩富农业科技有限公司】 2022年，黑龙江省浩富农业科技有限公司是集品种研发、生产、销售、服务为一体的综合性民营企业，主打玉米品种“桦单6号”“浩富4号”和水稻品种“龙稻210”。2022年，浩富农业科技有限公司设有黑龙江省、内蒙古自治区、吉林省在内的分销商。

（梁于森）

【伊春袁策种业有限公司】 2022年末，伊春袁策种业有限公司共申报品种7种，研发品种为黑龙江省二、三、四积温带品种，稳定品种23种、小材料371份，科研投入占比为80%。袁策种业通过和铁力市人民政府协作，抓实高新技术项目，做强高新技术产业，把高新区打造成经济高质量发展先行区。种子销售量稳步提高，桦单6号，第二积温带农作物企业销售前10名，占比5%。浩富4号，第二积温带农作物企业销售前10名，占比3%。

（梁于森）

2022年7月23日，青岛袁策集团有限公司双丰寒地水稻试验田

（铁力市农业农村局供图）

## 农产品质量安全

【概况】 2022年，铁力市成立以市长为组长，农业农村局、财政局、发改局、生态环境局、市场监督局等相关管理单位为成员的农产品质量安全工作领导小组，责任落实到具体部门，把农产品质量安全工作纳入《铁力市乡村振兴战略实施方案（2018—2022年）》和“十四五”全市社会经济发展规划，纳入县级人民政府绩效考核和乡镇目标考核体系。

（梁于森）

【农产品质量监管】 2022年，铁力市针对农产品开展从源头治理工作，重点监管高毒农药定点经营店、生产经营大户。组织专项检查46次，出动执法人员380人次，抽取种子样品235个，检查农产品生产经营主体219家，向种植养殖户、农兽药经营户发放国家禁限用农药名录5000余份，加强对种植养殖户安全用药教育培训，全年培训1.5万人次，生产经营主体责任告知及培训覆盖率100%。农业农村局联合市监局、公安局、法院、检察院、卫健局等部门，聚焦问题较为突出的11种农产品、铁力市特色农产品，在国家规定的重点治理品种基础上，新增铁力特色农产品、畜禽和水产品。制定《铁力市食用农产品“治违禁控药残促提升”三年行动实施方案》，采取精准治理模式，提高农产品质量安全水平。全年开展专项行动4次，检查生产主体28家，发放宣传单350余份。全年产地内未发生重大农产品质量安全事故。

（梁于森）

【农产品检验检测】 2022年，铁力市制定《2022年农产品质量安全例行监测工作方案》《2022年中药材检测工作方案》。开展地产农产品、中药材质量安全监测工作，委托市综合检测中心开展全年检测任务4480个。通过开展定期抽检、风险监测、数据分析，准确掌握全市农贸市场、种植基地等生产流通环节的蔬菜、水果、食用菌农产品质量安全基本状况。定期对铁力市区内养猪场、种子商店进行瘦肉精、三聚氰胺、转基因种子的抽检，准确掌握全市农产品质量安全基本状况。2022年，农产品质量安全监测合格率100%。

（梁于森）

【农业投入品专项检查执法】 2022年，铁力市开展检查农业投入品农药、兽药、肥料、种子工作，查处生产经营使用禁用高毒、高残留农药及违法添加非食用物质、滥用食品添加剂行为。同时开展农资打假专项集中整治工作，防止伪劣农资、禁用投入品进入农业生产中。全年出动执法车辆65台次，出动执法人员726人次，整顿农资市场62个次，检查经营门店285个次，抽样检查种子139个、农药12个。

（梁于森）

2022年3月16日，铁力市农业综合行政执法大队到农资市场对农药化肥进行质量安全检查

（铁力市农业农村局供图）

【绿色食品认证】 2022年，铁力市引导市企业、合作社、家庭农场，开展绿色有机食品认证。组织乡镇开展30万公顷绿色食品原料标准化基地续展材料申报工作。召开国家级绿色水稻原料标准化基地续报工作推进会、绿色食品基地建设与管理技能提升培训会。同时开办品牌建设培训班，发放绿色食品管理手册资料3000余份。指导各乡镇完善基地建设、组织管理文件、生产单元分布图及投入品管护制度，对基地内生产主体进行备案，为绿色有机食品企业申请认证补贴6.9万元。2022年，全市绿色有机食品监控面积3.05万公顷。全市绿色有机食品认证标46个，绿色有机食品企业12家。

（梁于森）

【农产品质量安全宣传培训】 2022年，铁力市农业农村局开展农产品质量安全宣传工作。组织乡镇、村屯级农产品质量安全监管、执法人员及农产品生产者参加培训，全年培训10余次，培训2000人次。重点讲解辅导《中华人民共和国农产品质量安全法》、食用农产品承诺达标合格证与一品一码追溯并行制度政策、禁限（停）用农兽药、农兽药残留限量食品安全国家标准。

（梁于森）

表11 2022年铁力市绿色食品认证情况统计表

| 序号 | 产品 | 品牌 | 标识类别 | 企业名称 |
|---|---|---|---|---|
| 1 | 鸭田米 | 九河泉 | 有机食品标识 | 黑龙江省铁力九河泉米业有限责任公司 |
| 2 | 原生稻米 | 九河泉 | 有机食品标识 | 黑龙江省铁力九河泉米业有限责任公司 |
| 3 | 生态香米 | 九河泉 | 有机食品标识 | 黑龙江省铁力九河泉米业有限责任公司 |
| 4 | 碎米 | 九河泉 | 有机食品标识 | 黑龙江省铁力九河泉米业有限责任公司 |
| 5 | 米糠 | 九河泉 | 有机食品标识 | 黑龙江省铁力九河泉米业有限责任公司 |
| 6 | 108大米 | 匠禾 | 有机食品标识 | 铁力市爱国米业有限责任公司 |
| 7 | 稻花香米 | 匠禾 | 有机食品标识 | 铁力市爱国米业有限责任公司 |

续表 11

| 序号 | 产品 | 品牌 | 标识类别 | 企业名称 |
|---|---|---|---|---|
| 8 | 生态米 | 匠禾 | 有机食品标识 | 铁力市爱国米业有限责任公司 |
| 9 | 碎米 | 匠禾 | 有机食品标识 | 铁力市爱国米业有限责任公司 |
| 10 | 米糠 | 匠禾 | 有机食品标识 | 铁力市爱国米业有限责任公司 |
| 11 | 水稻 | | 有机食品标识 | 黑龙江九河泉农业有限公司 |
| 12 | 梦之光米 | 芗禾颂 | 有机食品标识 | 伊春芗禾农业科技发展有限公司 |
| 13 | 芗禾秋田大米 | 芗禾颂 | 绿色食品标识 | 伊春芗禾农业科技发展有限公司 |
| 14 | 芗禾七星大米 | 芗禾颂 | 绿色食品标识 | 伊春芗禾农业科技发展有限公司 |
| 15 | 稻花香米 | 匠禾 | 绿色食品标识 | 铁力市爱国米业有限责任公司 |
| 16 | 珍珠米 | 雪晶源 | 绿色食品标识 | 铁力市双亿米业有限责任公司 |
| 17 | 稻花香米 | 雪晶源 | 绿色食品标识 | 铁力市双亿米业有限责任公司 |
| 18 | 雪花米 | 九河泉 | 绿色食品标识 | 黑龙江省铁力九河泉米业有限责任公司 |
| 19 | 九河泉香米 | 九河泉 | 绿色食品标识 | 黑龙江省铁力九河泉米业有限责任公司 |
| 20 | 鸭田米 | 九河泉 | 绿色食品标识 | 黑龙江省铁力九河泉米业有限责任公司 |
| 21 | 长粒香 | 九河泉 | 绿色食品标识 | 黑龙江省铁力九河泉米业有限责任公司 |
| 22 | 九河香米 | 九河泉 | 绿色食品标识 | 黑龙江省铁力九河泉米业有限责任公司 |
| 23 | 稻花香米 | 九河泉 | 绿色食品标识 | 黑龙江省铁力九河泉米业有限责任公司 |
| 24 | 稻花香 | 九河泉 | 绿色食品标识 | 黑龙江省铁力九河泉米业有限责任公司 |
| 25 | 山泉米 | 九河泉 | 绿色食品标识 | 黑龙江省铁力九河泉米业有限责任公司 |
| 26 | 长粒香米 | 九河泉 | 绿色食品标识 | 黑龙江省铁力九河泉米业有限责任公司 |
| 27 | 精洁米 | 九河泉 | 绿色食品标识 | 黑龙江省铁力九河泉米业有限责任公司 |
| 28 | 雪花米 | 九河泉 | 绿色食品标识 | 黑龙江九河泉农业有限公司 |
| 29 | 九河泉香米 | 九河泉 | 绿色食品标识 | 黑龙江九河泉农业有限公司 |
| 30 | 鸭田米 | 九河泉 | 绿色食品标识 | 黑龙江九河泉农业有限公司 |
| 31 | 长粒香 | 九河泉 | 绿色食品标识 | 黑龙江九河泉农业有限公司 |
| 32 | 九河香米 | 九河泉 | 绿色食品标识 | 黑龙江九河泉农业有限公司 |
| 33 | 九河泉稻花香米 | 九河泉 | 绿色食品标识 | 黑龙江九河泉农业有限公司 |
| 34 | 九河泉稻花香 | 九河泉 | 绿色食品标识 | 黑龙江九河泉农业有限公司 |
| 35 | 山泉米 | 九河泉 | 绿色食品标识 | 黑龙江九河泉农业有限公司 |
| 36 | 长粒香米 | 九河泉 | 绿色食品标识 | 黑龙江九河泉农业有限公司 |
| 37 | 精洁米 | 九河泉 | 绿色食品标识 | 黑龙江九河泉农业有限公司 |
| 38 | 寒地稻花香米 | 伊铁金海粮 | 绿色食品标识 | 铁力市金海粮米业有限公司 |
| 39 | 稻花香米 | 稻馥香 | 绿色食品标识 | 铁力市佳新现代农机农民专业合作社 |
| 40 | 黑木耳 | 中北黑臻 | 绿色食品标识 | 伊春黑臻食用菌种植有限公司 |
| 41 | 秋木耳 | 中北黑臻 | 绿色食品标识 | 伊春黑臻食用菌种植有限公司 |
| 42 | 椴树花蜂蜜 | 贵森 | 绿色食品标识 | 铁力市贵森蜂业有限责任公司 |
| 43 | 速冻黏玉米 | 天翔 | 绿色食品标识 | 铁力珍好食品有限责任公司 |

续表 11

| 序号 | 产品 | 品牌 | 标识类别 | 企业名称 |
| --- | --- | --- | --- | --- |
| 44 | 黏玉米 | 罗锅子 | 绿色食品标识 | 铁力市福生冷冻食品有限责任公司 |
| 45 | 甜糯玉米粒 | 罗锅子 | 绿色食品标识 | 铁力市福生冷冻食品有限责任公司 |
| 46 | 饮用天然泉水 | 冷山泉 | 绿色食品标识 | 铁力市盛达饮品有限公司 |
| 47 | | 铁力市 30 万亩全国绿色食品原料（水稻）标准化生产基地归属绿色食品标识认证（1 个） | | |

（资料来源：铁力市农业农村局）

## 农业产业化经营

【概况】 2022 年，铁力市依托农林产品优势发展区域和铁力经开区闲置地块、厂房资源，围绕鲜食玉米、稻米、大豆、食用菌、中药材等产品深加工，开展“双招双引”工作，引进一批农业产业化国家级、省级重点龙头企业，发展壮大农林产品生产和加工规模，完善农产品加工产业链条，向精深加工、高附加值产品拓展延伸，提升农产品加工转化率，扩大经济总量。培育引导铁力市重点企业规模化、特色化、专业化发展，促进生产、加工、流通、服务深度融合，打造全产业链竞争力，形成高质量集群效应。全市发展省、市级农业龙头企业 9 家，其中，省级龙头企业 5 家、伊春市级龙头企业 4 家。2022 年，铁力市农业产业化龙头企业销售额 6.9 亿元，带动农民 1.46 万户，增收 2049 万元，带动种植基地约 0.6 万公顷，为 4962 人提供就业岗位。

（梁于森）

【农业重点龙头企业】 铁力市金新农生态农牧有限公司位于黑龙江省铁力市，成立于 2016 年，2022 年认定为伊春市级重点龙头企业。金新农公司注册资本 1.5 亿元，总资产 11.83 亿元，其中，固定资产 7.98 亿元。金新农公司是以生猪养殖为主及饲料批发，屠宰加工，玉米、稻谷、豆类、薯类种植、生物有机肥料研发为一体的生产企业。金新农公司出栏商品猪 22.5 万头，实现销售收入 3.57 亿元，利税 235 万元，带动农户 2050 户，带动农民总增收 590 万元，带动种植基地 720 公顷。生猪养殖一期项目总投资 9.5 亿元，其中，猪场建设投资 7.9 亿元。总体工程建设猪舍 39 栋，总建筑面积 20.44 万平方米，包括春光林场 2000 头 GP 原种猪场一座、200 头公猪站一座、8000 头 PS 猪场一座、东升林场 6400 头 PS 母猪场、大石磙 6400 头配套育肥舍。金新农公司建设投资饲料厂一座，具备完整的饲料生产线，产能 24 万吨 / 年，流动资金 1 亿元。铁力市福生冷冻食品有限责任公司位于黑龙江省伊春市铁力市工业园区，公司成立于 2003 年，注册资本 1000 万元，总资产 7450 万元，其中，固定资产 2583 万元。厂区占地面积 1.5 万平方米，建筑面积 1.6 万平方米。福生公司是以玉米加工为主的民营企业，公司主营产品速冻黏玉米棒，清甜软糯，皮薄无渣，产品主要销往北京、深圳、青岛、郑州等大中城市。全年福生冷冻食品公司实际加工玉米 3.1 万吨、5300 万棒，生产速冻黏玉米棒 2.83 万吨，实现销售收入 6388 万元，利税 266 万元，带动农户 2200 户，带动农民总增收 210 万元，带动种植基地 1700 公顷，解决当地 2300 人就业。

（梁于森）

## 农业机械化

【概况】 2022 年，铁力市围绕农业可持续发展的总体目标，加大保护性耕作技术的推广，中耕深松作业面积 7700 公顷。初步建立以机械深松、秸秆覆盖、机械少免耕播种、病虫草防控等技术为主要内容的耕作模式。推进农业机械化，玉米，大豆机耕面积达 5.51 万公顷。

（梁于森）

【农机作业】 2022 年，铁力市农机化作业总体程度稳步提升，机耕水平 97.02%，机播水平 99.98%，机收水平 99.09%，耕种收综合机械化率 98.53%，农机总动力 61.2 万千瓦。免耕播种作业面积 748 公顷，其中，合格面积 208.22 公顷。秋季深松平台监测完成面积 2.43 万公顷，中耕深松作业面积 7700 公顷，总计完成 3.2 万公顷，超额完成省级下达计划指标。

（梁于森）

【三大作物机械化应用】 2022 年，铁力市农业农村局推进农业机械技术推广，玉米播种面积 16010 公顷，玉米机耕面积 15210 公顷，玉米机耕水平 98.93%，玉米机播面积 15990 公顷，玉米收获面积 13880 公顷，玉米综合机械化水平 98.47%。大豆机械化技术：大豆播种面积 40180 公顷，大豆机耕面积39870公顷，大豆机播面积40157公顷，大豆机收面积40129公顷，大豆综合机械化水平99.75%。水稻钵体育秧机械插秧技术：扩大在水稻主产区进行钵体育秧机械插秧的推广面积。水稻播种面积46940公顷，水稻钵育摆栽44640公顷，水稻侧深施肥3150公顷，水稻收获面积46940公顷，水稻机收面积46940公顷，水稻综合机械化水平100%。

（梁于森）

【农机安全管理】 2022年，铁力市注册登记拖拉机13060台，联合收割机1638台，农机驾驶员9194人。年内新增拖拉机联合收割机注册登记824台，举办农机驾驶员考试培训26期，初次申领农机驾驶证526人，换发农机驾驶证584人，驾驶证持证率92%。检验拖拉机联合收割机6887台，检修农机具2.9万台（套）。全年累计开展农机安全生产检查185次，出动执法人员465人次，检查拖拉机1720台，免费发放反光标识2万条，排查整改安全隐患680台，纠正违章行为45次，教育农机驾驶员1200人，解答农机群众问题120个，农业机械粘贴反光标识17148台，办理联合收割机跨区作业证62台。年内铁力市无农机事故发生。

（梁于森）

## 农业科技

【概况】 2022年，铁力市落实农业科技重点项目，主要有基层农技推广体系改革与建设项目、绿色水稻高质高效示范县项目、国家秸秆综合利用重点县项目、耕地保护与质量提升项目。根据黑龙江省2022年农作物优质高效品种种植区域布局，结合铁力市农业生产实际情况推广水稻、玉米、大豆优良品种34个，良种覆盖率99.5%。

（梁于森）

【农技推广】 2022年，铁力市开展各类农业技术推广工作8项：大豆绿色高质高效栽培技术、玉米提质增效综合高产栽培技术、生态高产标准农田生产技术规程、优质稻谷配套栽培技术、水稻节水增效配套技术、测土配方施肥技术、蔬菜全程绿色高效生产技术、食用菌优质高效栽培技术。水稻11个：山区、近山区主推品种为龙粳3033、龙粳稻2401、绥粳25（长粒），搭配品种为龙粳69、龙粳47等。平原区主推品种为龙粳31、龙庆稻31号（长粒）、龙粳1624、绥粳27（长粒），搭配品种为龙粳3013、龙庆稻8号等。大豆13个：山区、近山区主推品种为黑河45、圣豆43（高蛋白）、佳豆30（高油），搭配种植北豆43、黑河49。平原区主推品种为东生7号、东生1号（高产）、黑河43（高蛋白）、合农95（高蛋白），搭配种植黑科60（高产）、龙垦3092、合农69、合农77（高油）。玉米10个：山区、近山区主推品种为德美亚1号、益农玉14、东农257，搭配品种为CS5105和先玉1219等。平原区主推品种为德美亚3号、合玉27、东农254，搭配品种为益农玉12和龙育10等。

（梁于森）

【农业技术培训】 2022年，铁力市农业综合服务中心根据农业生产关键性节点录制农业技术讲座，循环播放指导农业生产。全年累计录制各类农业技术电视讲座18期。组织全市农技人员、种田大户，通过快手直播参加黑龙江省农技推广大讲堂线上培训5期。以水稻、玉米、大豆标准化栽培技术、病虫草害防治、农机配套技术为技术培训内容开展线下技术培训6场次，累计培训200余人次，保证种植户了解最新农情信息及关键技术措施，为粮食安全生产提供技术支撑和安全保障。铁力市全年培育高素质农民156人，其中，种植业能手40人、农业机械能手40人、经济作物种植能手40人、养殖能手36人。

（梁于森）

【农技指导】 2022年，铁力市制定农业技术服务指导方案指导农业生产，结合铁力市实际情况编制三大作物田间管理关键措施技术简报。通过纸质印发、微信群转发等方式指导全市作物生产田间管理。全年累计编制发布农业技术简报30期，发放技术书籍、纸质宣传1000余份。累计派出农业技术服务人员500余人次，对农业生产中药剂除草使用、田间管理等关键技术给予科学有效的指导，解决农户生产中存在的技术问题。

（梁于森）

【黑龙江铁力农业科技示范园区】 2022年，铁力市农业科技园区主要展示种类蔬菜种植示范区：番茄类、茄子类、辣椒类多个品种。中药材类示范区：中药材示范区种植寒葱、刺五加、金莲花三种药材。大田种植示范区：种植豆类22个品种，玉米类20个品种，高粱类23个品种，谷类5个品种，向日葵2个品种。绿色长廊观光区丰富长廊种植品种：观赏类瓜果18个品种。

（梁于森）

# 林下经济

Under-Forest Economic

编辑：刘玉鑫

# 经营模式

【概况】 2022年，铁力市以林地资源为依托，注重提高林下土地资源的利用效率，增加森林资源产品输出的种类和数量。打造“铁力森鲜”区域公用品牌。品牌覆盖15个品类、51个农林产品，其中，包含“铁力大米”“铁力平贝母”“铁力北五味子”等多个国家地理标志保护产品，另有蓝莓、松子等铁力特色林下产品。铁力市通过开发利用森林资源的环境功能，从文化、养生、休闲等方面创造经济价值。利用林下资源发展种植业，开发林果、林菜、林菌、林药、林粮等模式。利用林下空间发展立体养殖，开发林畜模式。利用森林景观、自然环境和林下产品资源，发展旅游观光、休闲度假、康复疗养等产业，提高林地资源利用率和经济效益。

（全鑫月）

【林粮模式】 铁力市在森林环境中用于耕作的林辅用地具有土壤有机质含量高、水和空气污染小等优势，是最接近纯自然背景水平的耕地，也是发展有机粮食的优势区域。铁力市利用林辅用地优质的自然条件和生产环境，因地制宜发展玉米、大豆、水稻、杂粮等有机粮食。注重加强农田基础设施建设，加大高标准农田建设力度，构建田、林、路、水、电等配套完善的现代化种植基地。推广适合铁力市地区种植的龙粳31、龙粳3010、龙粳3013、S1627、富尔943、先玉1219、黑河43、东升7号、圣豆43、龙垦310等优质、高产、抗逆性强的水稻、玉米和大豆品种。不断提升2万公顷国家级绿色食品原料标准化生产基地和绿色有机认证基地发展，完善、推广和应用绿色食品、有机农产品技术规程，提高基地标准化生产水平。以“粮头食尾”“农头工尾”为抓手，发展粮食深加工业，提高农产品加工转化率，发展仓储物流业，推进企业、种植户共享全产业链增值收益。2022年，铁力市林辅耕地粮食播种面积6.21万公顷（其中，南三局公司播种面积4.87万公顷、市林业和草原局播种面积1.27万公顷），实现产值7.78亿元。在发展过程中，推广“公司+合作社+农户”的经营模式，促进绿色有机品牌创建。

（全鑫月）

【林菜模式】 铁力市依托野生植物资源，以“绿色化、特色化、设施化”为方向，根据林内光照、水分、温度等条件，选择适合的蔬菜，适度发展山野菜采集业和人工栽培，发掘蕨菜、刺嫩芽、老山芹等特色山野菜资源潜力，重点发展老山芹、蒲公英、刺嫩芽等主要品种林下种植基地，提高野生山野菜资源利用率，做好特色山野菜资源的保护和开发。推动资源开发利用、促进群众增收致富。2022年，全市山野菜采集量1896吨，产值4181万元。有1户以山野菜加工为主的企业——神林山野菜加工厂。

（全鑫月）

【林菌模式】 铁力市依托优越的气候条件和雄厚的产业基础，强化食用菌品种选育、扩繁、示范、推广，研发优质菌种，建立母种、原种、栽培种供给体系。支持菌种企业改造传统工艺，推进技术和设施装备升级，提高优良品种繁育水平和优质菌种保障能力。发挥黑木耳特色农产品优势作用，优化食用菌种植结构，推广黑木耳棚室立体栽培、食用菌高效栽培等先进实用技术，培育黑木耳等菌类林下种植基地。2022年，全市食用菌栽培339万袋（其中，南三局公司48万袋、各乡镇及工业园291万袋），实现产值22626万元。以榛蘑、元蘑等为主的野生食用菌采集量9452吨，产值9796万元。有生产食用菌菌包的规模以上工业企业1户，即伊林菌脉公司，全年产值919.7万元。

（全鑫月）

【林药模式】 铁力市坚持“因地制宜、优化资源、发挥优势、市场导向、高益持续”的基本原则，打造特色鲜明的中药材产业集群。2022年，全市中药材种植面积7066.67公顷（其中，南三局公司种植面积4400公顷、各乡镇及市林业和草原局种植面积2666.67公顷），各国有林场种植人

2022年5月16日，伊春伊林菌脉生物科技有限公司工人采摘黑木耳

（刘青山供图）

参、赤芍、红柴胡、紫苏、苍术等品种，并建成中药材标准化种植基地6处，实现产值13.36亿元。区域内共有中药材加工企业23家，年加工能力达7300吨以上（其中，无硫烘干初加工厂或合作社16家，年加工能力5100吨）。建设完成北药仓储冷链物流中心、中药材检验检测中心、科技服务驿站、数字示范基地等系列重点项目，初步建立集仓储物流、科技研发、检验检测、市场交易等多功能于一体的农林北药产业集散地和集聚地。

（全鑫月）

【林果模式】 铁力市分布天然红松林地面积1万公顷，结实红松179万株（全部分布在南三局公司）；分布胡桃楸林地面积2万公顷（其中，市属国有林场2000公顷、南三局公司1.8万公顷）。铁力市建立集中连片的林果野生资源保护基地，并合理制定划区轮采规划，做到有采有养、采养轮换，防止掠青、折枝等行为，保证野生资源消长平衡、永续利用。通过嫁接果穗、平茬、移植、补种、透光、疏密补稀等措施，缩短林区职工管护承包区内分散生长的林果结实时间，促进稳产丰产，提高产品品质。推广轻基质苗木培育技术，建设定向培育、集约经营、优质高产栽培的高纬度寒地红松果林基地。加强对林果储藏保鲜技术和果品加工技术的研究和推广应用，加大野生浆果资源保护和开发利用。因地制宜重点支持红松子、榛子等铁力市特色森林坚果，注重蓝靛果、树莓、山葡萄、软枣猕猴桃等小浆果的良种选育、标准化培育及产品精深加工，促进林果种植规模化、产业化。2022年，全市以红松子、山核桃为主的坚果采集量为6232吨，产值达12814万元。拥有1户以松子、核桃为原料生产加工食品的规模以上工业企业，即隆泰食品有限公司，全年产值2318万元。

（全鑫月）

【林畜模式】 铁力市林畜模式注重加强生产源头治理和质量控制，提高畜产品生产的组织化、标准化、品牌化程度。并采取品牌培育、连锁经营、有偿授权使用等办法，扶持和培育优质畜产品品牌，提高市场知名度和市场占有率。建立配套养殖生产基地，重点打造"益灵山""贵森""蜂格"等有代表性的品牌商标，逐步实现由产品竞争向品牌竞争的跨越。2022年，铁力市以鹿、蜂、森林猪、森林鸡为主的特色养殖业实现产值4000万元。其中，有鹿584头、貉275只、鹌鹑3万只、森林鸡26万只、鸽1200羽、蜜蜂8594箱。铁力林业局公司、桃山林业局公司湖羊养殖繁育基地建成并投入生产，养殖量达1.3万只。

（全鑫月）

## 产业化发展

【概况】 2022年，按照铁力市林下经济发展规划明确的目标任务，优先开发利用国有林场林地资源，引导农民将家庭承包的林地采取经营权转让与入股合作等方式流转给企业、合作社实行规模经营，为打造林下经济区域特色生态产品品牌提供林地资源要素保障。在保障农民利益的基础上，推进林地依法、有偿、公开、规范流转，推进林下经济向规模化、区域化、标准化发展。2022年，铁力市围绕森林资源优势，在保护优先前提下，充分发挥森林"水库、钱库、粮库、碳库"作用，以提供更多优质森林食物产品、推动林下产业振兴发展、改善林区民生为目标，发展林粮、林菌、林药、林菜、林果、林下养殖和森林康养游憩等林下产业，通过整合地域基础资金、技术、人才，实现产业链条的延伸、产业范围的拓展和产业功能的转型，形成新的产业业态和产业形式，促进林下产业向集约化、规模化、标准化、数字化方向发展，实现林下产业高质量发展。

（全鑫月）

【重点加工企业】 2022年，铁力市鼓励和引导农民、大户、合作社、龙头企业等牵头创办覆盖林下经济各板块的产业联盟、专业合作社等专业合作经济组织，培育林下种植与养殖、林产品采集加工、森林景观利用等领域龙头企业与专业合作社示范社。铁力市有铁力市福生冷冻食品有限责任公司、伊春伊林菌脉生物科技有限公司、伊春禾田白桦林植物饮品有限公司、铁力市隆泰食品有限公司等林下产品加工企业100余家。

铁力市福生冷冻食品有限责任公司 位于铁力镇工业园区，主要产品为速冻黏玉米系列产品，如黏玉米棒、黏玉米段及黏玉米粒，品牌为"罗锅子"，年生产能力2万吨。产品主要销往北京、深圳、郑州、长春、沈阳、济南等城市。2022年，企业实现产值2217万元，销售收入2380万元，利润24万元。

伊春伊林菌脉生物科技有限公司 主营业务为黑木耳菌包加工。拥有生产设备78台（套），2022全年生产加工木耳菌包1200万袋。

伊春禾田白桦林植物饮品有限公司 经营范围包括桦树汁饮料制造，桦树汁发酵酒、配制酒、果酒、葡萄酒、蒸馏酒（不含白酒）、果菜汁及果菜汁饮料制造，食用菌加工，水果及坚果加工。2022年采集桦树汁700吨，生产各类型白酒、果酒61吨，饮料83吨，产值达762万元。产品销往北京、上海、深圳、大连、哈尔滨等城市，销售模式为商超及代理经销店。

**铁力市隆泰食品有限公司** 位于黑龙江铁力经济开发区，2022年生产加工果仁500吨、腐竹1500吨。果仁主要出口美国，腐竹出口俄罗斯及内销上海煜纳经贸公司、上海昂铮经贸公司。企业在阿里巴巴注册跨境电商，并在淘宝网开设店铺，实现线上线下共同销售。

（金鑫月）

**【林下经济招商引资】** 铁力市发挥专业机构优势，与深圳市中商产业研究院开展合作，整合全市农林产品现有资源，完成制作农林产品产业链招商图谱，更新完善铁力市重点项目手册，将5个林下经济产业项目纳入招商引资项目库，为林下经济开展招商提供直观资料。2022年，铁力市参加多场省内外招商活动，并研究制定《铁力市招商引资重点活动计划》，开展经贸交流活动，了解参会企业需求，挑选精品项目进行推介。铁力市主要领导多次到北京、深圳、厦门等地开展林下经济招商引资活动，对接企业20余家，落地项目2个。为落户铁力市的青岛袁策集团试验新品种提供全方位服务；专班多次召开专题会议研究谋划和推进项目建设，为企业解决实际困难；协调有关部门为北京建工集团有限责任公司有机化肥厂项目进行前期调研、用地选址等。

（金鑫月）

**【伊春市首笔国有林业资源特许经营权转让项目落地】** 为有效盘活森林资源，增加林业资源收入，铁力市启动国有林业资源特许经营权转让项目。为确保项目有序开展，铁力市统筹财政等相关部门，于2022年9月注册成立铁力市宏大农业综合开发有限责任公司（以下简称宏大公司）。12月，宏大公司同铁力市林业和草原局签订国有林业资源特许经营权转让协议，购置总面积为18025.15公顷的林业资源，其中，有林地10024.81公顷、林辅用地8000.34公顷。为有效拓宽融资渠道，铁力市与省、伊春市农业发展银行开展对接沟通，通过线上会商进行评估，完成9亿元项目审批。宏大公司经营项目有：1500公顷中药材种植基地建设。即经营期两年内计划完成800公顷林辅地和700公顷有林地中药材种植；20公顷中药材科技示范园建设。采取公司投入基础设施建设，经营管理进行承包的合作经营方式；120千米道路基础设施建设，并完成现场勘察测量。整修道路330延长米、下80口径涵管12节，垫石料57立方米；有林地经营项目。在工农林场营造28.6公顷红松果林项目，选址700公顷进行林下中药材种植。国有林业资源特许经营权转让项目的签约实施，为铁力市乃至伊春市“资源—资产—资本—财富”的转化工作提供具体路径和参考经验。在具体操作中，铁力市通过特许经营权转让收入按非税收入分期缴入国库，合理确定资金投向，统筹用于美丽乡村建设项目贷款偿还、高收益产业项目和土地收储项目实施以及其他亟须解决的民生领域补短板问题，发挥资金最大效益。科学设定林辅用地发包方式，通过公共资源交易平台公开竞价招租，确保实现资产收益最大化。农业农村等部门指导市宏大农业综合开发有限责任公司科学实施中药材种植经营项目，确保项目存续期内实现投资收益覆盖偿债本息。

（金鑫月）

## 品牌建设

**【铁力黏玉米】** 铁力黏玉米是铁力市主要粮食作物之一，在种植面积和产量方面具有重要地位。2022年，铁力黏玉米实现从质量到品牌的转变，形成产品、企业、产业和区域品牌等多层次品牌发展格局。举办首届帮扶助农直播活动，吸引铁力市10余家企业参与，直播中推介包括铁力大米、铁力黏玉米等系列产品在

2022年12月12日，铁力市福生冷冻食品有限责任公司工人对黏玉米进行打包、封箱

（刘青山供图）

内的20余种特色林农产品。铁力市电子商务和帮扶助农工作结合，助力铁力市食品企业和帮扶助农产业的发展。2022年，铁力市种植鲜食黏玉米2133公顷，产值1.12亿元。

（高铁俊）

2022年9月，铁力市摩尔街民间北沉香艺术品展柜

（刘青山供图）

【铁力北沉香】 北沉香脱胎于小兴安岭及长白山一带特产的红松木，与琥珀、蜜蜡同宗同源。2015年，铁力市成立一批铁力北沉香艺术品加工销售企业，北沉香艺术品突出原生态特色，在铁力市第四届区域旅游文化节“邂逅铁力”文化大集现场进行展示。2022年，铁力市继续民间北沉香艺术品打造工程，制作北沉香摆件、饰品等1万余件。

（高铁俊）

【铁力松子】 铁力松子是价值很高的铁力林下经济品种，铁力也是中国红松子的主产区。2022年，铁力市有松子加工企业1家，采集野生松子807吨。全市集中售卖松子的山特产品店有199户，其中，铁力镇有159户、日月峡镇4户、神树镇2户、双丰镇17户、桃山镇15户、王杨乡1户、年丰朝鲜族乡1户，经济效益达3033万元。

（高铁俊）

【铁力黑木耳】 铁力市拥有天然的适宜黑木耳生长的气候、温度，铁力黑木耳生产起步早、规模大，历史上有“南菇北耳”之说。铁力黑木耳外观呈浅棕色至黑褐色，背面浅灰色，有光亮感，自然卷曲状，大小基本均匀一致，干时肉厚色正，营养丰富，泡开有弹性，富光泽，食用时圆润、细腻，气味清香，干湿比为1:13以上。1990年，铁力市利用自然优势，开发绿色食品种植基地，打造食用菌绿色品牌。2022年，铁力市种植黑木耳339.3万袋，产值1015万元。

（高铁俊）

2022年12月，铁力市隆泰食品有限公司果仁车间按照松子品质级别进行加工

（刘青山供图）

【铁力蓝莓】 铁力属北温带大陆性季风气候，年平均气温1℃，气温偏低，无霜期为110—125天，无霜期短，四季分明，降水量较充沛，土壤以暗棕壤为主，土壤成分偏酸，有机质含量高，适宜种植蓝莓。铁力野生蓝莓在冻土层中生长，具有无污染、绿色的特点，被誉为“寒地生命之果”。2013年，铁力蓝莓扩大面积种植，建成东升林场、桃山林业局等铁力蓝莓种植基地，形成种植、加工、采购为一体的产业链。2022年，铁力市采集野生蓝莓24吨，经济效益达120万元。

（高铁俊）

【铁力榛蘑】 铁力榛蘑采自于小兴安岭原始森林，味道鲜美、营养丰富，口感滑嫩爽口，榛蘑呈伞形，淡土黄色，老后为棕褐色。被人们称为“山珍”“东北第四宝”。2022年，铁力市采集野生榛蘑4002吨，经济效益达4057万元。

（高铁俊）

# "寒地龙药"产业

"Traditional Chinese Medicine in Cold Regions" Industry

编辑：刘玉鑫

## 综 述

【产业发展】 2022年，铁力区域中药材种植面积7133公顷。市属中药材种植面积2687公顷，重点品种平贝573公顷、人参1780公顷、防风73公顷、赤芍73公顷、红柴胡67公顷。铁力市有植物类药材200余种，动物类药材和菌类药材20余种，总蓄积量50万吨，其中，平贝母产量占全国三分之一以上。铁力市国家现代农业产业园正式获批创建，这是黑龙江省唯一一家以中药材为主导产业的国家现代农业产业园。

（张惠灵）

【中药材资源】 铁力市药材种类繁多，质量上乘，经济价值较高。2005年，“铁力北五味子”“铁力平贝母”“铁力中国林蛙油”通过国家地理标志产品认证，“铁力人参”通过欧盟有机食品认证。2009年，铁力市被黑龙江省确定为人参、平贝母、五味子省级生产基地。2022年末，进入国家药典并被开发利用的有80余种。其中，人参、平贝母、刺五加、五味子、穿山龙、党参、龙胆、满山红、林蛙等在国内外有较高知名度。

（张惠灵）

【铁力市中药材产业服务中心】 2022年，铁力市中药材产业服务中心（简称药材中心）持续开展中药材产业科学技术研究；协助有关部门指导中药材生产种植基地建设；分析、调查、监测全市中药材产业生产活动；掌握传递交流国内外中药产业发展信息，进行对外宣传与推广；开展中药材产业技术培训、技术创新、新技术引进推广和技术咨询等服务。药材中心持续推进项目实施，推进中兽药饲料工程

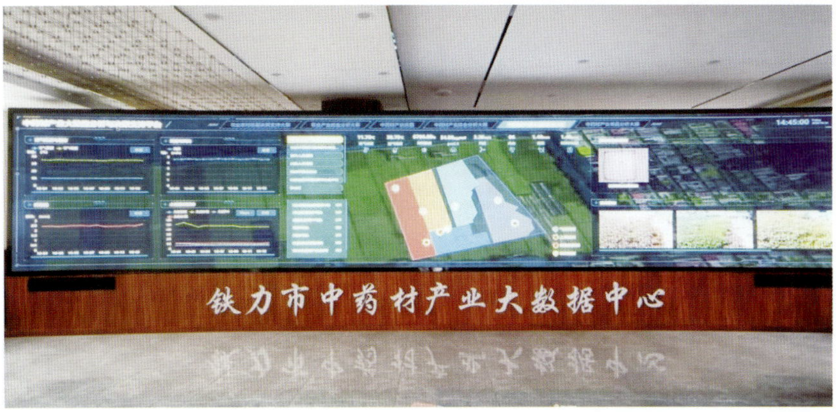

铁力市中药材产业大数据中心

（铁力市中药材产业服务中心供图）

技术研究中心及产业化、中药材生产机械研发及示范推广等在建项目实施，确保按计划完成建设任务。

（张惠灵）

【中药材宣传推介】 2022年，铁力市承办“全省农村人居环境整治现场会和第二届中国·铁力平贝节高峰论坛”。铁力市中药材产业服务中心承担筹备平贝节高峰论坛任务。制定活动实施方案，并与融媒体中心对接，拍摄2部宣传片，安装3个高速公路擎天柱宣传牌，制作中药材形象墙1面和户外宣传牌7个。通过微信公众号、宣传条幅、彩色宣传册等宣传手段，开展中药材的宣传，提高铁力市道地药材知名度和美誉度。

（张惠灵）

## 中药材产业园

【概况】 铁力市中药材产业园位于铁力市西部（涉及铁力镇、桃山镇、神树镇、年丰朝鲜族乡、王杨乡、东升林场、年丰林场、春光林场）。确立以平贝、人参、刺五加、五味子为主，以返魂草、防风、赤芍、苍术为辅的产业模式。2022年末，产业园中药材种植总面积6667公顷，国家产业园奖补资金1亿元，共有8个建设项目。

（张惠灵）

【中药材项目建设】 2022年，铁力市为中药材贷款贴息项目投资800万元，为113户种植户发放贷款金额1.14亿元，政府承担种植户贷款贴息部分。投资500万元推进保险支农项目，为151户种植户投保面积1940公顷，政府承担部分保费投资。为优质种质资源保护及选育研究基地建设项目投资800万元，建设优质种质资源保护及选育研究基地1处，面积20公顷。架设600米输变电线路，打8眼机电井，购置三重四级杆气质和液质联用仪、农机装备及节水灌溉设备67台，提高优良品种繁育。铁力市为中药材检验检测中心建设项目投资1500万元，建设中药材检验检测中心1处，建筑面积2200平方米，购置气质联用仪、气相和液相色谱仪、凯式定氮仪等检验检测设备46台（套）。为中药材数字化示范项目投资1000万元，采购网络与安全系统、大屏展示系统设备。在9个基地安装137台（套）农业物联网设备，建设1个大数据平台。在中药材产业科技服务驿站项目上投资2000万元，建设产业科技综合服务楼1处，建筑面积2200平方米，购

2022年黑龙江省铁力市国家现代农业产业园规划总体布局图
（铁力市中药材产业服务中心供图）

置中药材检验化验仪器设备、种植灌溉水检验化验设备110台（套）。2022年，铁力市为中药材生产机械研发及示范推广项目投资200万元，研发平贝、人参起收机械8台，解决中药材生产机械化水平低、用工量大、生产成本高等现实问题。中兽药饲料工程技术研究中心建设项目，共投资4000万元，铁力市垫资2000万元，新建改建4万平方米中兽药饲料工程技术研究中心实验室、工程技术产业化8条标准化生产线等，购置研发生产设备200台（套），已完成土建、设备安装和调试，进入试生产。

（张惠灵）

## 中药材生产种植基地

【概况】 2022年，铁力有规模的中药材生产种植基地9个。年加工规模共计4000吨以上，种植面积1467公顷，主要种植品种为人参、平贝、防风、紫苏等。

（张惠灵）

【铁力北方药谷中药材种植有限公司】 铁力北方药谷中药材种植有限公司坐落于铁力市松涛物流园南侧，交通便利。有自建基地333公顷，种植防风193公顷，赤芍60公顷，白鲜皮67公顷，苍术23公顷，项目投资3000万元。2022年，新种植人参30公顷，起收防风100公顷，共150吨。

（张惠灵）

【铁力农场中药材种植示范基地】 基地成立于2000年，位于伊绥高速南侧，毗邻铁力市区，独特的地理位置为中草药发展创造有利条件。基地总面积120公顷，包括示范区17公顷、推广区103公顷。示范区兼具示范、推广、引种、试验、育种等能效，种植平贝3.7公顷、地肤子2公顷、苏子10.3公顷。小品种展示区1.3公顷，种植瞿麦、藿香、知母、金银花、决明子、牛膝、急性子、射干8种试验品种。2022年，起收苏子10.3公顷，产量10吨。

（张惠灵）

【林都北药种植农民专业合作社】 林都北药种植土地67公顷，其中，有集中连片超过20公顷的土地2处，均种植道地药材平贝母品种，年实现经济效益超千万元。2021年，建造平贝母标准初加工工厂，地址位于铁力市五一村内。设计平贝母日加工能力50吨，五味子日加工能力40吨，人参日加工能力25吨，是地区日加工量最大的中药材初加工企业。2022年，平贝种植面积67公顷，产量250吨。

（张惠灵）

【满江红村平贝种植基地】 2017年，铁力市满江红村建设平贝烘干加工厂，每年可储存平贝3000吨。2018年，满江红村被农业农村部认定为第八批全国“一村一品”示范村镇；2020年铁力镇以满江红村平贝种植为主要亮点，创建为黑龙江省中医药小城镇。2022年，满江红村平贝种植达200公顷，年产值1.2亿元，利润4000万元，带动就业1500人次，平贝产业成为满江红村促农增收的支柱产业。

（张惠灵）

【裕盛平贝种植基地】 裕盛平贝种植合作社位于铁力市铁力镇满江红村，加工厂房约3400平方米。2022年，平贝种植面积44公顷，年产鲜平贝300吨，年销售干平贝200吨左右。

（张惠灵）

【意诚平贝合作社】 意诚平贝合作社总占地面积1.5万平方米，建有库房800平方米，烘干车间700平方米，存储冷库600平方米，清洗车间200平方米，挑选车间200平方米，晾晒场地8000平方米。加工方面平均每年在平贝母收购季，可收购烘干加工平贝母300吨，在五味子收购季，可收购烘干加工300吨，在人参收购季可烘干加工达400吨，全年在几类主要烘干加工品种中总体可以烘干加工近千吨，主要种植人参、平贝母，有生产、加工、储存、销售终端为一体的完整产业链条。2022年，人参种植共计116公顷，平贝母种植24公顷，平贝产量540吨。

（张惠灵）

【王杨乡爱林村人参种植基地】 王杨乡爱林村人参种植基地位于爱林村爱林屯西南部，人参种植面积达56公顷（其中，参籽面积40公顷、参苗16公顷），主要品种以园参、高西参和西洋参为主，产品以销售鲜参为主。爱林村人参种植基地在市、乡两级政府的支持下，完善基地道路、停车服务等配套设施。2022年，起收人参50公顷，产量63吨。

（张惠灵）

【东升人参基地】 铁力市东升人参基地有大型专业生产加工厂，工厂占地面积9600平方米，加工厂房近4200平方米，鲜人参年加工量超600吨，人参产品年销量近200吨。2022年，东升人参基地有人参面积约301.5公顷。

（张惠灵）

【兴隆人参基地】 基地位于铁力市林业和草原局兴隆林场施业区，占地面积310公顷，基地有丰富的寒地黑土资源，适合各种草药种植。人参种植面积有115公顷，紫苏种植面积有136公顷。2022年，兴隆人参基地有人参面积约556.1公顷。

（张惠灵）

## 中药材产业化

【概况】 2022年，铁力市通过制定促进中药材企业发展的相关政策措施，加大招商引资力度，鼓励支持中药材加工企业发展壮大；与大中专科研院所开展合作，探索推进中药材新品种研发和科技成果转化；加强中药材市场流通管理，强化中药材产品质量监管，提高中药材品质。推进小兴安岭农林产品集散地达效，推进线上线下销售，扩大销售渠道，打造北药品牌效应，提高市场竞争力。

（张惠灵）

【中药材产业扶持】 2022年，铁力市以提高中药材基地建设水平，打造产加销全产业链为目标，遵循“道地、绿色、生态、安全”的发展理念，建设一批产地道地化、种源良种化、生产标准化的规模种植基地，重点扶持铁力市道地药材品种及优势特色明显的药材品种。并对铁力市主推的平贝、人参等道地药材品种的规模化、标准化种植基地给予补助。在符合国家和省防止耕地“非粮化”政策前提下，同一生产经营主体种植面积在6.7公顷以上（含6.7公顷）的给予补助，原则上鼓励支持补助2022年新增药材的种植面积。对非林下种植人参等全省重点支持多年生道地品种，每公顷补助1350元。其他多年生品种每公顷补助1147.5元。林下仿野生栽培的白鲜皮（白鲜皮每公顷保苗密度应达到7500株以上），每公顷补助1110元。

（张惠灵）

【中药材加工】 2022年，铁力市区域内中药材加工企业24家、年加工能力8300吨以上。其中，中药材无硫烘干初加工厂（合作社）16家，医药企业8户。

（张惠灵）

【中药材生产机械研发及示范推广项目】 中药材生产机械研发及示范推广项目中标单位为黑龙江省农业机械工程科学研究院，中标金额为198万元，研发平贝、人参起收机械8台，解决了北药种植机械标准化问题。2021年，中药材样机进行试制加工，并在使用过程中进行优化，2022年5月，进行第一次田间试验。

（张惠灵）

## 中药材品牌建设

【概况】 “铁力平贝母”“铁力北五味子”“中国铁力林蛙油”先后通过国家质检总局地理标志性产品认证，“中国铁力人参”通过欧盟有机食品认证。铁力市注重加强品牌建设，巩固品牌文化软实力，推动道地药材区域公用品牌注册，培育特色鲜明、知名度高、发展潜力大的中药材铁力品牌。

（高铁俊）

2022年7月3日，满江红村进行平贝母晾晒

（中共铁力市委宣传部供图）

【铁力·中国林蛙油】 铁力地区野生和养殖的林蛙种类系中国林蛙。铁力中国林蛙油药用价值高，是一种高级滋补强壮剂。铁力的林蛙养殖业历史悠久，随饵料业的发展，铁力中国林蛙的养殖规模不断扩大，铁力市成为黑龙江省重要的林蛙养殖大县。全市有13个林蛙养殖区域，林蛙养殖面积30万公顷，养蛙户960户，养殖数量2亿只。铁力中国林蛙油每年出口到中国香港、中国澳门、马来西亚等地。2022年，铁力市林蛙油产值达412万元。

黑龙江省四宝生物科技股份有限公司 黑龙江省四宝生物科技股份有限公司是铁力市专业从事林蛙种群繁育、养殖、加工、技术与服务一体化的综合性民营科技型企业。拥有原生态林蛙驯养繁殖基地110个，放养面积12万公顷，公司被批准为国家高新技术企业，具有多项创新成果，获20余项国家专利，开发出林蛙油冻干中药饮片、雪蛤胶原蛋白小分子肽、林蛙皮胶原蛋白眼贴、面膜以及雪蛤系列等高科技产品。公司注册了“森格”“养滋堂”“雪帝雅”“森林稻花”“岩列山泉”等商标，其中，“森格”牌商标获得黑龙江省著名商标。“森格”牌中国林蛙油被国家质量监督检验检疫总局批准为“地理标志产品”，“养滋堂”牌林蛙胶原蛋白小分子肽原液被选为黑龙江省名优产品。2022年，黑龙江省四宝生物科技股份有限公司生产林蛙油150吨。

（高铁俊）

【铁力平贝母】 铁力区域有悠久的平贝母人工种植历史，铁力是全国及黑龙江省平贝母重要生产基地之一。2005年，铁力平贝母获得国家地理标志保护产品认证。2009年，铁力市被确定为黑龙江省平贝母生产基地。中共铁力市委、市政府重视发展和保护平贝生产，从区域合作与发展经济角度出台相关扶持政策，加大品牌建设。铁力区域北药面积1293公顷，产值1.1亿元，占全市生产总值的1.69%。2022年，铁力市种植平贝母753.3公顷，产值达5.2亿元。

（高铁俊）

2022年10月15日，王杨乡爱林村参农进行人参捡拾

（刘青山供图）

【铁力北五味子】 铁力北五味子是铁力区域骨干品种之一，铁力区域地理环带为优质北五味子生产提供生长条件，铁力市是黑龙江省北五味子重要种植、生产基地。2001年，铁力北五味子开始大面积人工种植。2005年，铁力北五味子获得国家地理标志保护产品认证。2009年，铁力市被黑龙江省确立为北五味子生产基地。铁力伸龙五味子公司的北五味子种植面积100公顷，带动农户发展五味子生产，为周边农户提供更多就业机会。2022年，铁力市种植北五味子113.3公顷，产值达2465万元。

（高铁俊）

【铁力刺五加】 1978年，铁力木材干馏厂成立中药车间，生产市场短缺中成药，原料主要为铁力刺五加，产品有“刺五加片”“刺五加浸膏”等，其中，“刺五加片”年产5亿片。2005年，铁力刺五加改培面积1.33万公顷。2012年，铁力刺五加种植面积增至1550平方千米，蕴藏量160.15吨。2022年，铁力市种植刺五加2440公顷，产值达9907万元。

（高铁俊）

【铁力人参】 铁力市气候对铁力人参生长极其有利。1957年，铁力市开始进行人参人工栽培，是黑龙江省重要的人参生产基地。1983年，铁力市成立国有企业人参制品厂后改制，2005年，“铁力人参”通过国家有机食品认证。2020年，铁力区域内拥有人参面积达666.7公顷，“中国铁力人参”通过欧盟有机食品认证。2022年，铁力市种植人参3086.6公顷，产值达4.42亿元。

（高铁俊）

# 水　务

## Water Conservancy

编辑：张力维

# 综述

【水务工作要点】 铁力市多措并举推进各项水利工作。保障水资源的合理开发利用和保护。组织编制全市水资源规划，指导地下水开发利用、地下水资源管理保护，开展地下水监测工作，组织指导地下水超采综合治理。2022年，水务局指导和推动节水型社会建设工作，投资2852万元完成北关灌区续建配套与节水改造。监督管理河道采砂工作，组织指导河道采砂规划和计划的编制实施河道管理范围内工程建设方案审查制度。指导水利设施、水域及岸线的管理、保护与综合利用。指导全市重要河流湖泊及滩涂的治理、开发和保护，组织河湖水生态保护与修复，河湖生态流量水量管理及河湖水系连通工作。

（张起峰）

【水务规划谋划】 2022年，铁力市谋划争取重点水利工程项目6个，总投资2.24亿元。提高和稳定铁力市粮食生产能力保障民生，完善铁力市流域内防洪整体规划，为铁力市国民经济可持续发展，有效提供水利保障。推动河湖长制工作转变，完善“智慧水利”平台建设。

（张起峰）

【水资源管理】 2022年，按照黑龙江省水利厅加快推进取水监测计量体系建设工作要求，铁力市完成农业灌溉“以电折水”样本井监测计量设施安装8个，完成非农业取水口监测计量设施安装8家企业，水务局逐步完善取用水监管，保障水资源合理利用。按照《黑龙江省水利厅关于加强非法盗取水资源排查整改的通知》要求，对铁力市辖区内进行排查，下达限期补办行政许可手续通知书11个，限期封闭取水工程（设施）通知书4个。

（张起峰）

【水价改革】 2022年，铁力市实施农业水价综合改革，综合考虑农民承受能力，确定全市五个灌区骨干供水工程的农业水价执行政府定价，按0.043元/$m^3$标准执行。末级渠系供水农业水价执行政府指导价，按0.01元/$m^3$标准执行（可下浮），也可由双方在指导价内议定具体水价。

（张起峰）

【水务信息化建设】 2022年末，铁力市数字化水利应用平台累计投资1175万元。开发河湖管理一张图、水旱灾害监测预警系统、农村饮水安全系统、自动化农业灌溉供水系统、水资源管理信息化、河湖长巡河管理系统、河道保洁管理系统、河道采砂管理系统八项功能。

（张起峰）

# 河湖长制

【概况】 铁力市河湖长制以“河畅、水清、岸绿、景美”为总体目标，推动各项工作再上新台阶。铁力市呼兰河水利风景区获评国家级水利风景区。水务局强化河湖长组织领导，全市有河湖长166人，其中，县处级25人、乡镇级15人、村级126人，另有河湖警长16人。聚焦河湖高效管护，建立健全三级河湖长工作体系，推动跨界河流行政执法，河湖长制工作形成合力。

（张起峰）

【体制机制建立和运行】 铁力市河湖长工作发挥联动机制作用。落实河湖长履职要求及巡河制度，研究制定《铁力市总河湖长2号令》《铁力市强化河湖长工作方案》，实现各级河湖长、河段长“河长制巡河系统”App全覆盖。加大宣传力度，打造主题景观。建立跨区域联防联控机制，与庆安县签订《安邦河、依吉密河跨区域联防联控实施细则》《安邦河、依吉密河共管合作协议》。2022年，省电视台、市电视台、中国水利、龙江水利等相关媒体为铁力市河湖长制工作取得的经验制作专题节目和工作简报。完善河湖长工作机制。同时将各乡镇河湖长制工作纳入经济社会发展主要责任指标考评内容，出台《2022年度河湖长制工作考核方案》，督办考核各级河湖长制工作落实情况。

（张起峰）

【河湖治理保护行动】 2022年，铁力市制定《铁力市河流“清四乱”及妨碍河道行洪突出问题整治方案》，排查问题39个，制定《2022年河湖清四乱及河道妨碍行洪突出问题台账》。各级河湖长累计巡河湖7000余次，整改乱占、乱采、乱堆、乱建问题39个。打击非法侵占河湖岸线、非法采砂及破坏河湖生态环境违法行为，维护河湖良好秩序。

（张起峰）

【保障措施落实】 铁力市制定《铁力市农村黑臭水体集中整治专项行动方案》，排查入河排污口39个，其中，3个需整治的排污口完成整治。推进水生态修复。将2023年治理任务纳入2022年项目实施计划，投入资金2205万元，有效改善水土流失，确保黑土地的长期持续高效利用。健全市场机制。通过向社会购买专业化服务的方式对辖区内河流沿线河坎、河岸、河床实行保洁服务。2022年，铁力市将河道保洁工作纳入财政预算，投入99.7万元，公开招标3家企业，按重点时段、重点部位推进河道保洁，总河段长度906.84千米河道实现保洁全覆盖。严格“河道采砂”工作要求。委托省水利水电勘测设计研究院编制《铁力市河道采砂总体规划》及年度采砂规划。创新水库管护新模式，创建水利文化景观。以省级示范河湖呼兰河铁力市城区段为支撑，确定发展规划，使滨河健康主题公园、铁甲河带状公园、西河公园紧密衔接，成为集历史文化、人文景观、运动健康为一体的综合性水利风景区。通过王杨渠首、南关渠首、灌区续建配套等项目的实施，将王杨灌区打造成为省级标准化、规范化灌区。通过王杨渠首生态园、果园、景观栈道的建设，集水资源与水生态保护多功能于一体，让生态文明建设成果惠及群众。

（张起峰）

## 水务建设

【概况】 2022年，铁力市落实省水利发展政策、投资方向和重点，投入重点项目建设资金13214万元，在基础设施建设基础上，推进重点水利项目建设。

（张起峰）

【水务基础设施建设】 铁力市按照省总河湖长制的要求，完成年丰水库、五龙山水库大坝安全鉴定工作，制定完成6座小型水库年度调度运用方案、大坝安全管理（防汛）应急预案。2022年6月，铁力市与5家专业管护企业完成签约。水库管护水平得到规范提升，对水库清淤、养殖、管理等方面进行一体化建设。铁力市成为全省第一个实现河道保洁、水库管护市场化的县（市）。新建排水沟3条，总长4.92千米。配套渠系建筑物33座及信息化和标准化工程。项目实施后可以提升和改善农业生态环境条件，使水土资源可持续利用，保持农业的可持续发展。灌溉面积2000公顷，年增供水能力178万立方米，灌区总节水量344万立方米。

（张起峰）

【重点项目建设】 铁力市实施重点水利项目：依吉密治理工程（二期）总投资3857万元，新建堤防和护坡7210米，水闸8座。安邦河治理工程（朝阳段）总投资2850万元，加高培厚堤防2段，总长1599米。建排水涵闸3座，排水拍门1座，建圆涵2座。新建护岸工程16处，总长7883米。新建排水沟工程297米。侵蚀沟治理工程项目总投资2205万元，实施两批侵蚀沟治理项目，第一批侵蚀沟治理工程完成投资1185万元，治理侵蚀沟75条。第二批侵蚀沟治理工程完成投资1020万元，治理侵蚀沟65条。2022年，农村饮水工程总投资1450万元，建设农村饮水安全工程3处，其中，万人饮水工程1处、规范化小型供水工程1处、老旧供水工程和管网更新改造1处。建设水厂自动化监控系统2处，信息化和自动化平台建设1处。北关灌区续建配套与节水改造项目总投资2852万元，衬砌干渠2条，支渠3条，衬砌总长14424米。

（张起峰）

【河道堤防养护】 2022年，铁力市河道堤防养护工作采用常规巡查和不定期巡查相结合的方式进行。开展常规巡查工作，根据河道堤防养护工作需要，坚持日常管理和集中整治相结合的方式，对重点河道指派河道管理人员每周检查一次，加强河道堤防管理养护工作。开展不定期巡查工作50次，对全市主要河道及堤防，以日常巡查与重点河道驻点监察相结合，对偷采滥挖砂石资源、毁坏水利工程设施行为，上报水政监察大队，坚持做到发现一起打击一起。

（张起峰）

【河道堤防管理】 2022年，铁力市在承担堤防养护基础上，科学管理砂石开采，确保砂石资源永续利用。水务局探索采砂新模式，通过采砂实行系数招标法向社会公开招标，并保证

2022年6月，滨河健康主题公园呼兰河堤防城区段

（铁力市水务局供图）

招标公平、公正。探索政府公益砂场新模式，缓解市场砂石价格，保障基础设施建设顺利进行。科学规范河道采砂工作，按照省厅下发的《黑龙江省呼兰河干流河道采砂管理规划（2021—2025年）》委托省设计研究院编制《伊春市铁力市呼兰河河道采砂（2022年度）实施方案》，按照实施方案规范管理，河道采砂实施错季采砂。全程监管采砂现场及安全生产工作，严控采砂数量，保障采砂过程监管到位。

（张起峰）

王杨灌区渠首枢纽工程

（铁力市水务局供图）

## 农田水务

【春灌供水】 铁力市水利灌溉总站下设5个中型灌区，分别为王杨灌区、桃山灌区、北关灌区、安邦河灌区、东方红水库灌区。2022年，为确保农田灌溉供水，水务局对上争取资金，投资2852万元完成北关灌区续建配套与节水改造。2020—2022年铁力市级财政共计投入中型灌区维修养护资金90万元，有效解决灌区骨干渠道沟道淤积不畅，骨干工程建筑物安全运行等灌排水问题，保障9867公顷农田灌溉用水及秋季农田排涝防淹。水务局加强灌区工程管理和供用水管理工作。建立健全工程日常管理、工程巡查、维修养护制度，落实工程设施及设备的管理与维修养护责任主体，加强巡护检查，确保工程设施与设备状态完好。

（张起峰）

【防汛抗旱】 铁力市落实各项防汛责任制和防汛措施，把人民群众生命财产安全和国家利益放在首位，强化责任，细化任务，完成防汛抗旱工作。汛前对防洪工程进行加固和清淤疏浚，完成6座水库的维修养护工程，编制水库防洪抢险应急预案、度汛方案、枢纽工程控制运用计划。开展水库大坝安全管理应急抢险演练、水库防洪调度演练，使全市水利工程安全度汛。2022年，建成4座水库雨水情测报、大坝安全监测设备。完善铁力市雨情、水情测报系统及防汛预警能力，实现市防汛监测预警系统全面升级。为确保安全度汛，水务局多措并举做好防汛准备工作。完成水库防洪调度规程及各水库汛期调度运用计划的编制和审批，水库大坝安全管理应急预案的编制。完善铁力市城市及河流洪水防御方案、超标准洪水防御预案，提高方案预案的针对性、实用性、可操作性。加强灾害防御监测预警系统养护，提高预警精准度。维修养护自动监测站点，开展山洪灾害防御设施检查工作，完成监测预警平台软件更新。铁力市监测预警平台、自动水雨量监测站点、雨量收集及预警功能运行状态良好，数据接收与发送功能通畅，保证信息报送的时效性和准确率。

（张起峰）

## 水资源监管

【巡察制度】 2022年12月12日，召开铁力市水利工程建设领域专项巡察进驻工作动员会议。同时召开铁力市水利工程建设领域专项巡察反馈会，对巡察问题进行反馈，推进水利工程建设领域巡察工作。

（张起峰）

【水务执法监督监察】 铁力市水政监察大队加大行政执法，完善河湖领域联合执法制度。制定《依法治水管水工作实施方案》，贯彻落实水务行政执法工作。严格行政执法程序、规范行政执法行为，查处盗采砂石破坏河湖岸线稳定行为。2022年8月30日，与庆安县开展现场联合巡查执法行动，利用无人机等智能设备，对盗采砂石易发地区实地开展联合执法工作。按照《黑龙江省水利厅关于加强非法盗取水资源排查整改的通知》要求，对铁力市辖区内进行排查，下达限期补办行政许可手续通知书11个，限期封闭取水工程（设施）通知书4个。

（张起峰）

# 工 业

## Industry

编辑：李瑞卿

## 综　述

【产业发展】　2022年末，铁力区域共有工业企业144户，其中，规模以上工业企业共19户：伊春鹿鸣矿业有限公司、葵花药业集团（伊春）有限公司、上海皇象铁力蓝天制药有限公司、黑龙江喜人药业集团有限公司、铁力市艾眸医疗器械制造有限公司、黑龙江省铁力九河泉米业有限责任公司、铁力市中豪米业有限公司、铁力市双丰九河泉米业有限公司、黑龙江省安嘉乳业有限公司、伊春伊林菌脉生物科技有限公司、铁力市福生冷冻食品有限责任公司、铁力宇祥热电有限责任公司、铁力市桃源热力有限责任公司、铁力市森源木业有限责任公司、黑龙江欧贝嘉营养食品有限公司、伊春中基华业供热有限公司、黑龙江翔远矿业有限公司、铁力市家乡米业有限公司、铁力市隆泰食品有限公司。按照行业分类，规模以上企业中，采矿业2户、医药企业3户、食品加工企业8户、能源行业3户、林木产品加工业1户，其他行业2户。2022年，铁力市规模以上工业企业实现工业总产值46.84亿元，比2021年增长35%；实现销售收入45.73亿元，比2021年增长35.5%；实现利税27.36亿元，比2021年增长1.16倍。

（刘　佳）

【项目建设】　2022年，铁力市加强产业项目建设。项目分别为铁力市智能化城乡通信微管廊项目、上海皇象蓝天制药有限责任公司中药车间技术改造项目、安嘉乳业扩建项目、北药仓储冷链物流项目、鹿鸣矿业有限公司新建磨浮车间及二级泵站项目。除鹿鸣矿业有限公司外其他4个项目为伊春市重点项目，4个项目全部完工。农商互联完善农产品供应链项目。获得中央支持补贴资金1000万元，完成低温冷库、保鲜库、恒温库、设备用房建设工作。工信局落实步行街改造提升工作，联合市住建局对步行街区3.2千米污水管线进行改造，完成对部分破损路面进行清理，修复总面积1175平方米。

（刘　佳）

【生产要素保障】　2022年，铁力市制定《铁力市支持数字经济加快发展政策措施》《铁力市推动工业振兴若干政策措施》和《铁力市推进科技创新发展和成果转化若干措施》，修订《进一步支持民营经济发展若干政策的意见》《铁力市发展产业项目激励政策》。帮助35户企业申报省、伊春市及铁力市惠企政策，共涉及85项政策措施。落实领导包联企业制度，将全市2139户中小微企业纳入领导干部包联范围。帮助企业架起融资桥梁。落实《2022年省级中小企业稳企稳岗基金担保贷款风险补偿实施办法》，向上级部门推送《稳企稳岗基金担保贷款企业名单》，推进铁力市稳企稳岗基金担保贷款发放工作，解决企业“融资难、融资贵”问题。组织铁力市200余户企业参加省工信厅线上培训，内容覆盖企业数字化转型、政策法规等多个专题，为推动铁力市中小企业高质量发展奠定理论基础；组织铁力市11户企业参加伊春市举办的哈工大“EMBA”培训班，提高铁力市企业家管理水平，推动铁力市高素质企业家队伍建设。加快推动科技成果转化，加大力度促进科技创新发展，制定《铁力市推进科技创新发展和成果转化若干措施》。2022年末，铁力市技术交易合同成交额3360万元，完成伊春下达指标的100%。做好企业及产品宣传推介工作。组织全市辖区各类企业参加各类展会，向全省、全国推介铁力市优秀企业和产品，开展对外宣传铁力市名优特产品，提升企业、产品知名度，扩大销量助力企业发展。

（刘　佳）

【外贸型企业】　2022年，铁力市共有外贸进出口实绩企业12户，实现进出口总额7393万元，比2021年增长16.98%。其中，铁力市森源木业有限责任公司全年实现出口额3169万元；铁力市益木坊木业有限公司全年实现出口额1943万元；铁力市隆泰果仁加工有限公司全年实现出口额371万元；铁力市站前同晟木制品经销商店全年实现出口额292万元；铁力市忠和木制品有限责任公司全年实现出口额263万元；铁力市铭远木业有限公司全年实现出口额262万元；伊春森盛木业有限公司全年实现出口额260万元；铁力市东岗佳森木材加工厂全年实现出口额252万元；铁力市东岗晟元木材加工厂全年实现出口额242万元；伊春市泰戈国际贸易有限公司全年实现出口额189万元；铁力市森皇家具贸易有限公司全年实现出口额113万元；铁力市站前立峰木制品加工厂全年实现出口额37万元。

（刘　佳）

## 采矿业

【概况】　2022年，铁力市有2户规模以上采矿业企业，实现总产值396126万元，比2021年增长48%；采矿业产值占规模以上比重84.6%，比上年增长6.1个百分点。

（刘　佳）

【黑龙江翔远矿业有限公司】　黑龙江翔远矿业有限公司成立于2006年

8月，注册资本100万元，固定资产7000万元，占地面积2.93万平方米，建筑面积1.45万平方米。有员工119人。企业主要业务为矿产资源开发及矿产品经营，公司旗下拥有矿山1座，即黑龙江翔远矿业有限公司铁力二股东山铁矿。2020—2021年，企业对选矿车间厂房和设备进行改造，新增塔磨机、球磨机、压滤机、浮选机、破碎机等多台大型矿山设备，以及多台装载机等工程机械，改造后选矿能力提高了3倍以上。2022年，企业实现产值7715万元，销售收入5002万元，利润-147万元，税金174万元。

（刘 佳）

【伊春鹿鸣矿业有限公司】 伊春鹿鸣矿业有限公司是中国中铁全资子公司——中铁资源集团有限公司的控股子公司，是集钼矿采矿、选矿于一体的大型有色金属矿山企业。企业成立于2006年，公司共设置业务职能部门16个、二级单位4个，矿区共有员工1100余人。公司主要经营钼矿开采、选矿、矿产品经销和钼产品货物进出口等，主要产品是品位45%—55%的优质钼精矿。2022年，企业实现产值38.84亿元，销售收入37.32亿元，利润19.37亿元，税金7.25亿元。

（刘 佳）

## 制药业

【概况】 2022年，铁力市有3户规模以上制药业企业，实现总产值22075万元，比2021年下降8%，拉动规模以上企业总工业总产值下降0.5个百分点。制药业产值占规模以上工业比重4.7%，比上年下降2.2个百分点。

（刘 佳）

【黑龙江喜人药业集团有限公司】 黑龙江喜人药业集团有限公司成立于2011年，注册资本3400万元，固定资产4780万元，占地面积2.3万平方米，建筑面积1.7万平方米。有员工65人。企业主要产品为双黄连口服液，品牌为“喜人”，年生产能力为口服液3亿支，片剂、硬胶囊剂10亿片（粒），中药材前处理和提取能力每年不少于3000吨。公司有口服固体制剂车间、口服液车间、提取车间、中药提取和中药材前处理车间。2022年，企业实现产值8981万元，销售收入9019万元，利润98万元，税金329万元。

（刘 佳）

【葵花药业集团（伊春）有限公司】 葵花药业集团（伊春）有限公司成立于2007年1月，注册资本6000万元，固定资产7417万元，占地面积16万平方米，建筑面积6万平方米。有员工207人。企业拥有栓剂、片剂、颗粒剂、糖浆剂、浸膏剂、胶囊剂6个生产剂型、32个品种的中成药产品，主要品种有康妇消炎栓、补虚通瘀颗粒、脑得生片、复方刺五加片、小儿咳喘灵颗粒、桑菊感冒片、消咳喘糖浆、海洋胃药、利胆排石片、参茸片等，年生产能力2800万瓶（盒）。产品商标为“葵花”牌，被评为中国驰名商标。企业先后获得省高新技术产品、省名牌产品等称号，其中，主导产品“康妇消炎栓”是国内首创纯中药制剂的妇科良药，市场占有率100%，市场份额位居妇科消炎栓剂市场同类产品前三名。2022年，企业实现产值9515万元，销售收入9610万元，利润2859万元，税金977万元。

（刘 佳）

【上海皇象铁力蓝天制药有限责任公司】 上海皇象铁力蓝天制药有限责任公司成立于2004年，注册资本7249.35万元，固定资产4859万元，占地面积2.3万平方米，建筑面积1.3万平方米。有员工115人。企业主要设备有提取生产线、沸腾干燥设备、制粒设备、制粒混合设备、自动瓶装连动线和自动包装生产线。2004年10月，企业通过国家GMP认证。2014年3月，企业投资80万元，对部分车间进行改造，并于8月份再次通过国家GMP认证。2020年11月，完成《药品生产许可证》换发工作，企业可生产中、西药两大类，拥有产品文号71个、药品注册商标4个（康麦尔、感佳、严新、银贝），主要生产品种为护肝片、强力止咳宁片、胃康灵胶囊、马来酸氯本那敏片、复方龙胆碳酸氢钠片等21种片剂和胶囊剂。产品销往沈阳、哈尔滨、济南、武汉等地。2021年7月，企业投资2992.76万元实施车间技术改造项目，完成车间改扩建及库房建设，新购进湿法制粒机、沸腾干燥机、薄膜包衣机等设备30余台套。2022年，企业实现产值3579万元，销售收入3801万元，利润-724万元，税金130万元。

（刘 佳）

## 食品加工业

【概况】 2022年，铁力市有8户规模以上食品加工业企业，实现总产值17543万元，比2021年增长7%，拉动规模以上企业总工业总产值下降0.4个百分点；食品加工业产值占规模以上工业比重3.7%，比上年增长0.4个百分点。

（刘 佳）

【黑龙江欧贝嘉营养食品有限公司】 黑龙江欧贝嘉营养食品有限公司成立于

2012年，注册资本1080万元，固定资产2150万元，占地面积24100平方米，建筑面积5200平方米。有员工54人。企业主要产品为婴幼儿配方奶粉及调制乳粉，品牌为“宜品”，年生产能力1800吨，原料是全脂奶粉、脱脂奶粉、乳清粉等，来源于新西兰，产品主要销往国内市场。2017年，企业投资1000万元对工厂进行全面改造，增加1套干法生产线，整体改造化验室，新增检验设备离子色谱仪和气相色谱仪，并重新建立电子追溯体系。企业拥有婴儿配方乳粉和调制奶粉干湿法复合生产线、自动听装包装线、袋（盒）包装线各1条。2017年11月，企业换发了婴儿配方乳粉生产许可证；2018年宜品乳业成为中国航天事业奶粉类企业合作伙伴；2019年4月取得婴幼儿乳粉配方注册，2020年11月，成为宜品乳业（青岛）集团有限公司全资子公司。2022年，企业实现产值4336万元，销售收入4231万元，利润-23万元，税金87万元。

（刘　佳）

【黑龙江省安嘉乳业有限公司】　黑龙江安嘉乳业有限公司成立于2004年10月，固定资产5000万元，占地面积2.14万平方米，建筑面积4100平方米。有员工36人。企业主要产品为婴儿配方乳粉和调制乳粉，品牌“英博”“惠臣”“每嘉”，年生产能力3000吨，原料是脱盐乳清粉、全脂乳粉、乳糖、无水奶油和维生素，来源于国外进口，产品主要销往国内市场。企业拥有国内先进自动包装设备2台套，配备国内外领先水平的试验设备和检测仪器30余台套，生产技术条件满足国家工业产品生产许可和企业自身发展要求。2022年，新建工厂建筑面积3000平方米，7层奶粉塔1座，并购置干燥、浓缩、喷粉、包装成套设备，项目已完工。企业实现产值3483万元，销售收入3494万元，利润56万元，税金52万元。

（刘　佳）

【黑龙江省铁力九河泉米业有限责任公司】　黑龙江省铁力九河泉米业有限责任公司成立于2000年5月，注册资本3550万元，固定资产2400万元，占地面积2.2万平方米，建筑面积6000平方米。有员工26人。企业主要产品为大米，品牌为“九河泉”，年生产能力7万吨，原料是水稻，来源于双丰种植基地，产品主要销往广东、大连等地。九河泉牌系列大米被黑龙江省评为知名商标、名牌产品、放心米，并获得有机食品、绿色食品认证。公司自建基地种植面积达100公顷，订单基地面积750公顷，其他方式带动的种植面积1.2万公顷，并与5个村屯820个种粮大户签订订单，与4000余户农户建立稳定产销关系，与65户农民组建农民生产合作社，免费为会员提供技术培训、技术指导。2022年，企业实现产值502万元，销售收入847万元，利润-634万元，税金16万元。

（刘　佳）

【铁力市双丰九河泉米业有限公司】　铁力市双丰九河泉米业有限公司成立于2020年12月，注册资本2000万元，固定资产798万元，占地面积2.16万平方米，建筑面积7332平方米。有员工30人。企业以水稻、玉米收购和加工销售为主，主要产品为大米，品牌为“九河泉”“七晟源”，分为3个档次12个品种，有普通档次精洁米，中等档次全香米、雪花米，高级档次有机米等。原料水稻来源于铁力市周边农户，产品主要销往广东东莞地区。2022年，企业实现产值2143万元，销售收入2004万元，利润22万元，税金9万元。

（刘　佳）

【铁力市隆泰食品有限公司】　铁力市隆泰食品有限公司成立于2013年12月，注册资本600万元，固定资产3000万元，占地面积1.58万平方米，建筑面积1.06万平方米。有员工60余人。企业主要产品为腐竹、松仁、开口松子，品牌为“依心依梦”“真益”，生产能力为年生产腐竹1500吨、松仁500吨、开口松子500吨、压缩黑木耳800吨。产品主要销往国内各地及出口俄罗斯、韩国等。企业有腐竹加工、果仁加工、木耳加工3个车

2022年5月，铁力市隆泰食品有限公司腐竹加工制作车间

（铁力市工业信息科技局供图）

间，腐竹车间有先进的生产线16条，果仁车间有国内一流的生产设备，木耳车间有生产线2条。2021年，被纳入规模以上企业，并晋升为伊春市农业产业化重点龙头企业。2022年，企业实现产值2318万元，销售收入2669万元，利润-137万元，税金46万元。

（刘 佳）

【铁力市家乡米业有限公司】 铁力市家乡米业有限公司成立于2020年9月，注册资本200万元，固定资产108.29万元，占地面积2万平方米，建筑面积1万平方米。有员工8人。企业主要产品为大米，年生产能力1.8万吨，原料是水稻，来源于铁力市及周边，产品主要销往国内各地。企业有水稻加工车间500平方米，大米灌装车间一个120平方米，全自动水稻大米生产线一条，设备总投资950余万元，日可加工有机大米120吨。企业2021年开始投产运营，年加工生产有机大米4000余吨，产品主要品牌有“龍久香”（25千克装、5千克装）和精装“于哥好粮”“龍久香”“于哥好米”牌胚芽米、糙米和小粒儿童胚芽米等。大米通过铁力市乡村情农业科技有限公司电商平台利用抖音、快手、拼多多等面向全国销售，同时承揽小兴安岭产区的大米、内蒙古小米、五常粥米、东北杂粮的代理灌装销售业务。2022年，企业实现产值2015万元，销售收入2030万元，利润124万元，税金12万元。

（刘 佳）

【铁力市中豪米业有限公司】 铁力市中豪米业有限公司成立于2014年9月，注册资本100万元，固定资产214万元，占地面积7800平方米，建筑面积2800平方米。有员工14人。企业主要产品为大米，品牌“润稻嘉”，年生产能力2万吨，产品主要销往天津、广州、北京等地。企业具有自动化制米生产线，有抛光机、谷糙分离机、色选机等设备和储存能力1万吨的封闭式罩棚。公司以自然、无污染的当地稻谷为原料进行精深加工，打造绿色、环保、百姓放心的大米食品，在兰州、北京等地设有销售网点。2022年，企业实现产值530万元，销售收入691万元，利润26万元，税金2万元。

（刘 佳）

【铁力市福生冷冻食品有限责任公司】 铁力市福生冷冻食品有限责任公司成立于2003年4月，注册资本1000万元，固定资产1365万元，占地面积1.5万平方米，建筑面积1万平方米。有员工16人。企业主要产品为速冻黏玉米系列产品，如黏玉米棒、黏玉米段及黏玉米粒，品牌为“罗锅子”，年生产能力2万吨。原料为黏玉米，来源为订单收购。产品主要销往郑州、深圳、北京、长春、沈阳、济南等大中城市。2022年，企业实现产值2217万元，销售收入2380万元，利润24万元，税金12万元。

（刘 佳）

## 木材加工业

【概况】 2022年，铁力市有3户规模以上木材加工业，行业从业人员175人，固定资产1936万元，全行业实现总产值4916万元，同比下降7%，拉动规模以上企业下降0.06个百分点；木材加工业产值占规模以上工业比重0.7%，比上年下降0.3个百分点。铁力市木材加工业是传统优势产业，全面停止商业性采伐之后，木材加工企业牢固树立不依赖本地资源意识，通过对外地原料采购，企业优化重组，产品工艺创新，以实木家具和木艺产品两个产业链为发展重点，形成家具、小木制品、人造板3大类、60余个产品品种。

（刘 佳）

【铁力市森源木业有限责任公司】 铁力市森源木业有限责任公司成立于1999年，注册资本1188万元，固定资产1500万元，占地面积8258平方米，建筑面积3000平方米。有员工110人。企业主要产品为家具（卧房家具、餐厅家具、客厅家具），品牌为“源滨牌”，年生产能力10万件（套），原料为橡木板材、桦木板材、人造板材等。企业有地板、指接板、家具3条生产线，主要产品有地板、指接板和客厅、餐厅、卧房家具，其中，地板和指接板出口日本，年销量约1000立方米；家具销售以出口法国、瑞典为主，内销家具在国内东北占有一定市场。企业分别在俄罗斯和中国大连市成立了原材料加工厂和出口产品生产厂，形成了“两头在外”的生产经营格局。2022年，企业实现产值3097万元，销售收入3754万元，利润35万元，税金10万元。

（刘 佳）

【铁力市益木坊木业有限公司】 铁力市益木坊木业有限公司是一家以专业研发、设计、生产高中低档国内外办公家具、民用家具为一体的综合性家具生产企业。公司成立于2019年，注册资本300万元，固定资产400余万元，占地面积2万余平方米，建筑面积1万余平方米。现有固定员工55人。公司所生产的产品选料考究，质地优良。严格按照国内、国外行业标准执行生产，具有专业化的生产水平。家具采用先进的流水线生产设备生产，有大小设备30余台，各种数控机床、车床和开榫设备的使用，有效地提升了产品的品质和效率。企业自建成以来以外贸为主，出口国家包括英国、沙特阿拉伯、澳大利亚。2022年，企业实现产值1521万元，销售收入1647万元，利润37万元，税金9万元。

（刘 佳）

【铁力市忠和木制品有限责任公司】 铁力市忠和木制品有限责任公司成立于2009年，注册资本50万元，固定资产36万元，占地面积2000平方米，建筑面积650平方米。有员工10人。企业主要生产木制旗杆、木制旗杆头、圆棒、方棒、各种样式木珠、木柄、木盒、木制品家具配件等木制品。企业年生产能力为600立方米，原料是桦木板材，来源于绥芬河市，产品主要销往美国。2022年，企业实现产值316万元，销售收入216万元，利润11万元，税金2万元。

（刘 佳）

## 新能源产业

【概况】 2022年，铁力市谋划推进屋顶光伏、风电、抽水蓄能等项目。与黑龙江省龙源集团签订总投资180亿元新能源战略合作协议，推进新能源项目合作，实行系统化、体系化发展。经省发展改革委能源处的争取和运作，铁力市成为全国整县屋顶分布式光伏试点县。建设葵花药业2兆瓦分布式屋顶光伏项目，筹建铁力年丰200兆瓦风电项目，同时推动小白河抽水蓄能前期规划工作。在推动项目建设实施中，铁力市对标“四个体系”要求，推行“三键齐按”服务模式，累计压缩核准前手续时限29个工作日。

（高庆文）

【光伏产业】 2022年，铁力市整县屋顶分布式光伏项目总装机规模13.4兆瓦，建设期限为5年。加快项目建设，选定政务服务中心、应急物资储备库、葵花药业屋顶作为首批建设位置，推进“产业+光伏”模式。依托葵花药业用电需求及乡村振兴产业投资，实施葵花药业2兆瓦分布式光伏项目，项目于6月中旬开工建设，实现当年建设、当年投产目标，葵花药业2兆瓦光伏项目并网发电。强化顶层推动，推进项目有序建设。强化联动实施，形成屋顶光伏项目“选址一批、踏勘一批、实施一批、建成一批”的发展格局，市政府办、自然资源局、住建局、水务局等部门成立专班，推进审批选址工作，按照同步推进、同步实施原则，确定项目选址。

（高庆文）

【风电产业】 2022年，铁力市对上争取200兆瓦风电指标，筹建铁力年丰200兆瓦风电项目。为确保项目获得核准批复，成立由市委、市政府主要领导任组长、分管副市长任副组长以及相关部门为成员的200兆瓦风力发电项目建设推进领导小组。200兆瓦风电项目被列为伊春市“试验田”，项目用地及核准相继得到省自然资源厅和发改委批复。

（高庆文）

【生物质能产业】 2022年，铁力市推进抽水蓄能项目。小呼兰河抽水蓄能电站项目列入全国抽水蓄能中长期规划储备项目库中。采取的“一库两厂”方案成为国内首创（即上水库、输水系统和地下厂房独立建设，下水库两站点共用共享），可节省一个下水库工程量，开发优势明显。项目分两期实施，一期进行测量勘查工作。生态红线、自然保护地调整完成，履行程序上报国家级待批。

（高庆文）

# 商贸服务业

Business Service Industry

编辑：张　威

## 商品流通

【概况】 2022年，铁力市有外贸进出口企业12家，其中，铁力市森源木业有限公司为规模以上工业企业。商贸限上企业19家，其中，铁力市新华书店有限公司为国有企业。全市外贸进出口总额实现7393万元，比2021年增长16.98%。

（刘　佳）

【社会消费品零售】 2022年，铁力市实现社会消费品零售总额24.37亿元，比2021年下降3.1%。批发业比2021年下降6.8%，零售业比2021年增长5.1%，住宿业比2021年增长6%，餐饮业比2021年增长1.1%。

（刘　佳）

【消费品市场运行】 2022年，铁力市消费品市场整体运行平稳。批发和零售行业持续发展，餐饮和住宿业恢复速度较慢。在新冠防控政策范围内允许部分大型超市、农贸市场、汽车销售企业、洗浴、餐饮等开展小规模的促消费活动，累计发布展会信息7条。

（刘　佳）

【市场体系建设】 2022年末，铁力市实现智慧社区公共服务系统项目覆盖全市20个社区（居民委），覆盖率100%。社区通过平台运行网格，管理居民、经济组织、小区、重点场所等信息。开展中药材数字化示范项目，完成网络安全系统建设、大数据平台建设，购进大屏展示系统设备、农业物联网设备（土壤墒情监测、虫情测报、小型气象站）等137台套，实现生产远程监控。

（刘　佳）

【市场秩序监管】 2022年，铁力市对重点企业实行法定假日期间销售情况日监测，掌握发展态势和浮动程度。对4家重点企业销售情况监测7次，涉及住宿、餐饮、零售领域，分别是铁力市宏大宾馆有限公司、铁力市宏大石油有限责任公司、肇州县世纪华辰超市连锁有限公司铁力分公司和铁力市好味道电子商务有限公司。

（刘　佳）

【市场物资保障】 2022年，在防汛和抗击新冠感染期间，铁力市与大型超市签订保供应协议，确保发生应急情况时全市生活必需品供给充足。防汛期间与华辰超市1店和2店、鑫亿家超市签订《铁力市汛期应急物资储备供应协议》。新冠防控期间，与铁力市庆龙超市11家门店签订《铁力市疫情防控应急物资储备供应协议》。

（刘　佳）

## 批发零售业

【概况】 2022年，铁力市有批发零售企业843户，其中，批发企业410户，零售企业433户。

（刘　佳）

【批发业】 2022年，铁力市限上批发企业共有3户，分别是铁力市福星粮油贸易有限公司、铁力市天源粮油有限公司和铁力市万达农业机械有限责任公司。2022年，3户企业销售额实现20104.9万元。

（刘　佳）

【零售业】 2022年，铁力市限上零售企业共有7户，分别是铁力市鑫鹏石油有限责任公司、铁力汇通医药连锁有限责任公司、铁力市新华书店有限公司、铁力市大方圆医药连锁有限责任公司、铁力市康育嘉医药连锁有限公司、铁力市宏大石油有限责任公司和铁力市得天独厚生物科技有限公司。2022年，7户企业销售额达到13743.1万元。

（刘　佳）

## 住宿餐饮业

【住宿业发展】 2022年，铁力市有住宿企业16户。限上住宿企业仅铁力市宏大宾馆有限公司1户，全年销售额179.5万元。

（刘　佳）

【餐饮业发展】 2022年，铁力市有餐饮个体工商户1633户；有限上餐饮个体工商户5户，全年销售额共3025万元。铁力市在美食一条街升级改造项目中投入资金38万元，主要对美食街区两侧小区和地标指示牌进行升级改造。其中，宏伟小区5号楼庭院改造800平方米、路面硬化100平方米，对街区步道板进行升级改造300平方米。

（刘　佳）

## 电子商务

【概况】 2020年，铁力市获批国家电子商务进农村综合示范项目（第一批），获得国家专项资金1500万元。2022年，全市实现电子商务交易额247992万元，比上年增长14.03%；网络零售额72150万元，比上年增长18.29%。

（赵晟斓）

【电商服务中心】 铁力市电子商务服务中心（以下简称电商中心）进行

2022 年，铁力市电子商务服务中心展厅

（共青团铁力市委员会供图）

升级改造，结合企业办公需求、孵化服务需求配置设施设备，向全市电商创业主体提供产品展销、大数据分析、直播带货、人员培训等服务。收录铁力农林产品 60 余样，入驻电商企业 12 家。12 月，铁力市电商中心被团黑龙江省委认定为黑龙江省“青年就业创业见习基地”。

（赵晟斓）

【快递通村】 2022 年，电商中心对全市 57 个村级快递网点进行升级改造，村级服务点覆盖率 80% 以上，打通农村快递物流服务的“最后一公里”。改造快递分拣中心 3000 平方米，购进全自动 64 端口快递自动分拣设备，实现快递到港自动分拣。优化 5 条农村快递配送线路，快递当天配送，形成县乡村三级物流共同配送体系。

（赵晟斓）

【电商创业就业】 2022 年，电商中心按照吸引扶持青年创业的要求，对在铁力市注册电商公司并申请入驻电商中心的企业免收水、电、网费，提供一站式选品、供应链对接、培训等服务。对接黑龙江省财经学院等高校，建立青年电商实习基地。联合铁力市职教中心，为电商人才提供实习岗位，推动青年电商创业就业。全年吸引返乡创业企业 3 家。

（赵晟斓）

【农产品线上推广】 2022 年，电商中心对接“斯姐的生活”“忙人老宋”等中腰部主播，提升铁力市农产品线上销售额。打造“铁力森鲜”区域公用品牌，组织企业参加义乌市直播选品峰会、南京中国商超大会等活动。通过今日头条、东北网、人民日报社《中国经济周刊》等渠道宣传推广“铁力森鲜”区域品牌建设情况。

（赵晟斓）

【电商培训】 2022 年，电商中心联合黑龙江广洁技能培训学校，邀请行业专家到全市各乡镇、企业，围绕短视频、直播创业、美工设计、店铺运营等领域进行针对性培训。面向基层干部、从业人员、创业人员举办电商人才培训班 35 期，培训 1750 人次。

（赵晟斓）

【“铁力森鲜”品牌建设】 2022 年 2 月，铁力市举办区域公用品牌战略发布会，打造“铁力森鲜”区域公用品牌，首批授权 10 家本地产品企业使用，通过 200 余家媒体进行推广。在铁力高速路旁设立单体柱，设计森鲜品牌宣传手册和森鲜礼盒，提高区域品牌的知名度和影响力。“铁力森鲜”被评为“2022 中国农产品区域公用品牌 · 年度市场竞争力品牌（区域形象品牌组）”，同时被品牌名录栏目“2022 年中国农产品区域公用品牌助跑计划”收录。“铁力森鲜”宣传片在中央电视台农业农村频道展播。

（赵晟斓）

【直播带货】 2022 年，铁力市对接阿里巴巴（中国）软件有限公司，开设淘宝天猫“618”乡村振兴和中国农民丰收节“铁力森鲜”窗口。对接中腰部主播，联动销售煎饼、蜂蜜、大米、冷面等特色产品。全年全市实

2022 年 7 月 25 日，铁力市到义乌市参加义乌牛人直播选品峰会第二届直播供应链大会

（共青团铁力市委员会供图）

现农产品网络零售额14966万元，比2021年增长35.84%。

（赵晟斓）

## 物流业

【概况】 2022年，铁力市实现物流年货物吞吐超过300万吨，其中，下行185万吨，上行115万吨，快递年吞吐超过1000万件，下行800万件，上行200万件，物流快递年总产达值5亿元。

（由鹏远）

【松涛物流产业园】 铁力市松涛物流产业园物流方式以公路运输为主，有专供服务于物流运输的车辆40余辆，其中，哈市专线运输10辆。松涛物流园占地面积8万平方米，建筑面积近4万平方米，是伊春地区标准化程度比较高的三产服务平台型的企业。2022年末，松涛物流园共入住物流企业11家，快运企业3家，快递企业3家，基本满足铁力市货物流通需要。

（由鹏远）

【铁力市北药仓储冷链物流】 2022年末，铁力市北药仓储冷链物流项目全面建设完成并投入使用。项目总占地面积75400.5平方米，总建筑面积25363平方米，项目总投资2亿元，其中，建设资金1.7亿元，运营投资0.3亿元，建设内容包括冷库、保鲜库、中药材交易大厅、中药材初加工共享车间、粮食仓储恒温库、办公楼、设备用房、项目功能配套设施等。铁力市北药仓储冷链物流多措并举，采取“冷链+”模式，打造现代化、智能化、多元化的冷链运输服务。

“冷链＋标准化信息化平台”。铁力市北药仓储冷链物流建设和运营全部按照商务部农产品冷链标准化、信息化平台打造，是规范各地冷链物流仓储和运输过程中的温度可控、可追溯的线上监督平台，用于提升冷链物流的核心竞争优势，从而保障林农产品的质量。

“冷链＋供应链金融”。供应链金融是项目运营的最重要内容，即通过该项目标准化仓储推进农林北药的仓单质押业务，通过仓单质押实现农林北药的产品集聚，吸引下游出口资源，促进中游二产加工端发展，并逐渐扩大金融杠杆撬动范围，由仓单质押拓展为供应链金融，最终形成集散市场功能。

“冷链＋三产服务”。由于金新农和新望两大生猪产业巨头入住铁力，出栏生猪数量将超过百万头，因此需要有强大的冷链物流仓储做后勤保障，该项目正是为两家企业量身打造，并通过冷链物流做好三产服务，同时通过冷链物流标准化保障产品质量，提升产品价值。两家生猪企业已和项目运营方进行对接，双方也达成合作意向。

“冷链＋产业融合”。尽管铁力市北药产业发展历史悠久，但铁力市北药二产加工环节薄弱，产地商品化程度不高，导致从事北药种植和经销的商户没有定价权和话语权。部分人参、平贝母、刺五加、五味子等优势品种上市后都被各地商家以原料低价收购，同时北药从业者非常零散，无法形成产业聚集。北药仓储冷链物流项目建设过程中，考虑北药发展瓶颈，可通过北药的产后预加工处理环节提升北药的标准化；通过冷链仓储标准化大力开展北药仓单质押业务来形成产业集聚；通过项目的产业集聚效应吸引产业出口资源，同时通过招商引资政策引进有规模的北药深加工企业，最终实现北药产业的充分融合。

（由鹏远）

## 粮食和物资储备

【概况】 2022年，铁力市有入驻粮食购销企业31家，其中，国有企业2家，分别是铁力国家粮食储备库有限责任公司（以下简称铁力粮库）和铁力双丰国家粮食储备库有限责任公司（以下简称双丰粮库）。铁力粮库占地14.2万平方米，建有水泥晾晒场1万余平方米，铁路专用线696延长米，粮食储存能力13.7万吨。双丰粮库占地11.4万平方米，铁路专用线367延长米。

（高庆文）

【优化投融资结构】 2022年，铁力市投入产粮（油）奖励资金1097万元改造基础设施，增加有效仓容11.4万吨，注资1000余万元解决企业历史欠税、欠费（养老保险）问题。按照黑龙江省《关于深入推进优质粮食工程的实施意见》要求，研究制定《铁力市2022年度优质粮食工程实施方案》，谋划优质粮食工程项目7个，投资2237万元。对上争取产粮（油）大县资金486万元，用于2家国有粮食企业改造仓房、罩棚、硬化地面等，增加储粮量2.7万吨。争取省级专项资金105万元，用于改造铁力粮库高大平房仓。制定《铁力市对口合作工作方案》《对口合作2022年度重点工作计划》，邀请广东省茂名市茂南区参加市招商签约仪式等活动。铁力市金海粮米业有限公司与广东金信农业科技有限公司签订大米购销协议1.64亿元，入驻广东省茂名市大中型商场30余家。全年销售大米1万吨，销售金额4600万元。

（高庆文）

【粮食企业】 2022年，铁力市按照黑龙江省、伊春市关于粮食企业有关要求，加强对粮食企业的督导检查力度，对粮食购销领域仓储、销售、经营管理、安全生产等环节进行全面排查；对粮食进行扦样，称容重；检查《仓储管理制度》《安全生产制度》《财务管理制度》等制度是否健全；对粮食企业仓储环节、安全生产环节、统计台账等方面进行检查，确保铁力市粮食数量真实、质量良好、储存安全。全市有入统民营粮食企业29家，其中水稻加工企业23家、制酒1家、大豆加工企业1家、粮食购销企业4家。

（高庆文）

【粮食加工】 2022年，铁力市入统粮食加工企业建立优质原粮基地面积359.8公顷，关联农户102户。民营粮食加工企业加工原料付出折合原粮21721吨，加工成品收回实际粮14566.8吨。全年实现粮食加工业总产值12361.3万元，主营业务收入11265.4万元，销售收入1.11亿元，互联网销售收入78万元。

（高庆文）

【粮食安全】 2022年，市发展和改革局建立粮食安全考核工作联席会议制度，落实粮食安全责任制考核，被评为粮食安全责任制考核“优秀单位”称号。确定铁力地区粮食应急保障企业20家。其中，供应网点10家、加工企业4家、储运企业3家、配送中心2家、应急保障中心1家。与金海粮米业有限公司签订社会责任储备协议，每月确定社会责任储备15吨，确保地域粮食市场有效供给和价格稳定。联合中央储备粮鹤岗直属库有限公司、铁力市市场监督管理局、铁力市财政局、农业发展银行对企业进行监督检查，确保国家储备粮食数量真实、账账相符、账实相符。采取抽检的方式，聘请第三方检测公司对2家国有粮食企业粮食各类指标进行化验，合格率100%。全年未发生坏粮和其他粮食安全事故。

（高庆文）

【国有粮食企业仓储能力提升】 2022年，铁力市实施绿色仓储能力提升项目，争取产粮（油）大县奖励资金486万元，用于国有粮食企业储粮设施维修改造。开展监督检查，规范国有企业经营，通过改革等手段提升国有粮食企业“造血”能力。在2022年度粮食安全责任制考核中获得优秀单位称号，实现“五连冠”。

（高庆文）

【粮食流通监管】 2022年，铁力市加强粮食领域流通监管，做到粮食职能、编制、人员、经费“四到位”。以《粮食流通管理条例》等法规为根本，完善各类管理制度27项。全年对铁力市秋粮收购、安全储粮、安全生产、流通统计等方面进行检查70余次，全年粮食领域无违法犯罪行为。

（高庆文）

## 供销合作

【概况】 2022年，铁力市供销合作联合社（以下简称市供销社）推进基层社开放办社，领办农民专业合作社16家，恢复重建乡镇基层社11家，新建村级服务网点71家，组织8家农民专业合作社成立1个联合社。成立铁力市双丰镇为农服务中心，建筑面积300余平方米，托管土地面积4333公顷，有农机具92台（套）。

（张楠楠）

【基层供销社建设】 2022年，供销社开展测土配方、农技服务、专业培训等业务，构建“三位一体”为农服务综合体系。建立基层社、村级服务社与工商银行合作关系，打通金融服务“最后一公里”。争取伊春市供销社合作发展基金6万元，用于骊福元谷物种植合作社基层社建设。

（张楠楠）

【基层社经营业务】 2022年，供销社与黑龙江省供销社社有企业倍丰集

2022年3月24日，铁力市供销社联合多部门到铁力市红博农资大市场开展“强监管·保春耕·促生产”专项行动

（铁力市供销社供图）

2022 年 3 月 16 日，铁力市供销社工作人员到基层供销社调研经营状况、农资储备、农产品销售等情况

（铁力市供销社供图）

团联合开展农技培训活动，10 家农民专业合作社、3 家基层社 60 余人参与培训，活动围绕“测土配方”施肥技术、作物高产施肥技术等相关内容进行讲解。

（张楠楠）

【农民专业合作社】 2022 年，供销社领办、创办农民专业合作社 16 家，成员 7560 人，土地经营权流转面积 7333 公顷。通过社员带地入社，或土地托管的方式流转，以签署“社务指导协议”的形式提供配方施肥、统防统治、农机作业等服务。

（张楠楠）

【企业监管】 2022 年，供销社贯彻《中华人民共和国安全生产法》，对基层服务网点、农民专业合作社进行安全知识教育和检查，确保无安全生产隐患。与铁力市市场监督管理局、市农业农村局等部门联合对农药、化肥等生产资料进行检查，打击假冒伪劣产品。

（张楠楠）

【“为农服务中心”建设】 2022 年，供销社提升全市农业社会化服务水平，拓展农产品销售渠道，以铁力市骊福源谷物种植农民专业合作社为载体，给予相应资金扶持，成立铁力市双丰镇为农服务中心（伊春地区首家）。负责资源整合、农业服务、农业生产资料、农产品、闲置物品、闲置农机具交易、农业种植技术服务指导、信息推广、养殖、水产、畜牧交流、粮食晾晒、存放、仓储、物流与销售、金融、信贷等。通过线下布点，线上微信小程序等，实现农村经营服务网点、农业生产经营过程服务、农民生活服务功能全覆盖，解决为农服务“最后一公里”问题，践行“为农、务农、姓农”宗旨。

（张楠楠）

## 烟草专卖

【卷烟营销】 2022 年，铁力市烟草专卖局贯彻黑龙江烟草专卖局（公司）和伊春市烟草专卖局（公司）工作会议精神，运用现代化的管理经营手段，按照“一流的服务、一流的手段、一流的管理、一流的素质”的工作目标和要求，夯实网络基础，推进网络建设快速发展。全年铁力市累计销售卷烟 7447 箱，销售收入 2.17 亿元。上缴增值税 635 万元，地方城建 44.45 万元，教育附加费 19 万元，地方教育附加费 12.7 万元，其他税收 1.43 万元，企业所得税 793.5 万元，累计各种税收 1506.1 万元。

（王春雨）

【烟草专卖监管】 2022 年，铁力市烟草专卖局按照伊春市烟草专卖局“创新工作年”要求，贯彻执行真烟治理监管模式，创新专卖管理，甄别违法违规大户和异常户，纳入重点监管，规范卷烟市场经营秩序，打击真烟异常流通以及销售假私烟违法行为。全年铁力市查处违法案件 26 起，查获违法卷烟价值 16.6 万元，非税罚款 1.99 万元。

（王春雨）

## 盐业管理

【概况】 铁力市盛鑫盐业公司属国有独资企业，主营业务为食用盐、工业用盐、畜牧用盐、预包装食品、日用品、融雪剂（不含危险化学品、剧毒品）批发兼零售。公司下设双丰、朗乡两个盐业站。

（刘　佳）

【食盐专营】 2022 年，铁力市盛鑫盐业公司资产总额为 507 万元。实现营业收入 99.9 万元，净利润为亏损 6.3 万元，比上年减少亏损 306.7 万元，上缴财政利润 2 万元。百元营业收入支付的成本费用 120.9 元，比上年减少 3.5 元。全年公司购进食盐 620 吨，销售食盐 633 吨，库存食盐 1163 吨，其中，商品盐 72 吨、储备盐 1046 吨。

（刘　佳）

【食盐质量安全监管】 2022 年，铁力市市场监督管理局开展食盐市场专项检查，规范经营者食盐经营行为，保障人民群众用盐安全。检查超市、零售店、批发店销售食盐是否符合国家标准，是否按照规定从食盐定点批发单位购进食盐，是否准确标注碘含量标识，是否落实食盐经营国家有关法规、文件等内容。督促食盐经营单位建立健全购销记录制度，留存出厂检验合格证明，保证进销途径可追溯。全年检查食盐经营单位 207 家。

（刘　佳）

## 油气经营

【成品油经营】　铁力市有加油站 27 家，其中，国有制 10 家（中国石油天然气股份有限公司 9 家，其他国有石油公司 1 家）、民营 17 家（经营模式均为自营）。从年经营规模看，年销售量在 3000 吨以下 23 家、年销售量 3000—5000 吨 2 家、年销售量 5000 吨以上 2 家；从分布情况看，农村有 4 家，城区有 6 家，在县乡道 5 家，省道国道 13 家。2022 年，销售量共 3.59 万吨，其中，汽油 1.36 万吨，柴油 2.23 万吨；销售收入共 31358.63 万元，其中，汽油 12530.57 万元，柴油 18828.07 万元。非油品销售收入共 416.21 万元，均为便利店形式。中国石油伊春铁力分公司全称为中国石油天然气股份有限公司黑龙江伊春销售公司铁力分公司（以下简称铁力分公司）。下属 12 座加油站（包括伊春市大箐山县 3 座），在职员工 42 人。2022 年，运营加油站 12 座，年销售成品油 2.38 万吨，其中，汽油 1.07 万吨，柴油 1.31 万吨，是铁力市成品油主渠道供应商。2022 年，铁力分公司严防严守保安全，做好红线管控，所属各站正常运营，成品油供应充足，没有发生一起油品断档事件；加油站内非油商品货品齐全数量充足，没有发生一起哄抬物价投诉。严阵以待守住“三条红线”，强化 QHSE 责任落实，签订安全生产责任状 12 份，安全监督责任状 12 份，安全环保责任书 12 份，实现全员主动作为。分公司突出日常检查督导工作，加大各类安全检查频次和力度，强化站级管理人员安全隐患排查意识，全年组织开展加油站综合自查 10 次、专项检查 6 次，发现问题 21 项，均整改完毕。强化计量、质量管控管理工作，对加油站油品进行全覆盖抽检，质量合格率 100%。2022 年，铁力中心加油站、铁力正阳加油站被伊春公司授予“诚信示范站”。

（刘　佳　李春福）

【燃气经营】　铁力中裕燃气有限公司是铁力市唯一管道燃气经营企业，拥有铁力市行政区域内管输燃气项目特许经营权。公司主要从事天然气管网设计与建设；项目的支线管网与下游用户城市管网的建设与经营；L—CNG 天然气加气站建设及经营与管理；相关燃气材料设备的生产经营，并为用户提供相关的燃气配套服务。铁力中裕燃气有限公司是中裕燃气控股有限公司的全资子公司，注册资金为 2000 万元人民币。2022 年末，铁力中裕燃气有限公司累计建设投资 1.6 亿元，居民用户安装覆盖 65 个小区、覆盖 2 万余户，其中，使用燃气居民用户数量为 6516 户、工商业用户为 205 户。2022 年，公司实现考核净利润 235.41 万元，较全年预算 231 万元的目标超额完成 4.41 万元。天然气销气量预算指标 518 万方，完成 438.87 万方，完成预算指标的 84.72%。居民入账户数预算指标 4010 户，完成 4005 户，完成预算指标的 99.87%。收购原铁力市嘉华燃气有限公司后，中裕燃气有限公司对 CNG 储配站改建 LNG 气化站，占地面积 1 万平方米，建设完成 CNG 储配站和 LNG 气化站合建站一座，实现 CNG 和 LNG 两种气源供气格局。其中，CNG 配备 2 台撬车，储供气能力 1 万立方米 / 日；LNG 建成两座 50 立方米储罐，储供气规模 8 万立方米 / 日。建设城区中压管网 60 余千米，覆盖铁力市区主要道路，整体框架以五一街、西二路、城南街、团结路形成供气环网，并从建设大街铺管线至铁力经济开发区，实现为园区用气企业供气。在管道建设方面遵循政府行业规范要求，每条管线施工前均向铁力市自然资源局申请批示后施工，施工后由伊春市检验检测中心检验出具《公用压力管道安装安全质量监督检验报告》。公司本着安全生产

2022 年 6 月 3 日，铁力中裕燃气公司工作人员对 CNG 罐车做常规安全检查
（铁力中裕燃气公司供图）

是运营的首要目标，安全生产大于盈利为目的的工作目标，着力打造一支精英安全队伍。公司负责人、各部门负责人均持有黑龙江省住房和城乡建设厅组织的燃气安全管理专业培训考核证书，并由公司负责人每周组织公司例会后进行燃气安全知识培训，为管理层积极赋能，相互监督共同提升。公司一线员工由黑龙江省住房和城乡建设厅组织的专业培训考核合格后上岗，且全员每月安全培训、技能培训均大于12学时。每年组织多次消防安全演练，真正做到让每个员工“全副武装”上岗，成为安全运营的卫士。自2013年投入运营至2022年，铁力市天然气生产运营实现连续9年安全生产“零”事故。公司一直执行每年对居民用户免费入户安全检查工作，到访率100%，对工商用户进行每季度安全检查及安全知识培训。公司内部严格执行抢险值班制度，抢险电话保持24小时畅通接听，配备专业抢险人员，发现故障及时处理，将安全隐患在萌芽中消灭。为方便广大用户缴费，公司提供多样化的收费模式，实现Pos机、微信、支付宝、银行卡、现金等多项收费方式。有服务网点1处，客服中心1处，为用户提供报装、缴费、办卡、增值业务、咨询一站式服务。2022年2月，铁力中裕燃气有限公司被铁力市住房和城乡建设局授予先进单位及安全生产先进单位。

（梁　爽）

## 居民服务

【家政服务】　2022年，铁力市有家政服务机构10家，从业人数134人，年营业收入310万元。铁力市建立多层次家政服务业培训体系，强化对文化技能水平较低学员的培训。针对学员实际情况，制定教学计划，提高学员就业能力。全年培训学员117人，兑现职业技能培训补贴7.01万元。协调经办银行、担保公司，降低贷款门槛、简化办理程序、缩短办理时限，为家政服务创业人员提供贷款扶持，1家家政服务公司兑现小额担保贷款10万元。

（唐宏洋）

【理发沐浴美容服务】　2022年末，铁力市有理发沐浴美容服务业从业户392户，资金总额5028万元，从业人数2774人。其中，理发行业有191户，资金总额1520万元，从业人数1050人；洗浴行业有27户，资金总额1680万元，从业人数680人；美容行业有174户，资金总额1828万元，从业人数1044人。

（林洪洋）

## 中介服务业

【广告服务】　2022年，全市共有广告经营市场主体98家，其中，企业15家，个体工商户83户。铁力市市场监督管理部门在日常监督检查过程中，坚持向经营者宣传《中华人民共和国广告法》《互联网广告管理办法》和《医疗广告管理办法》等法律法规。坚持开展食品类广告、药品类广告、医疗美容类广告、互联网广告等重点领域广告专项整治工作，全年市场监管部门发现广告违法线索20余条，整改相关市场主体13户。

（高铁俊）

【人力资源服务】　2022年，全市有人力资源服务机构7家，从业人员402人。铁力市发挥人力资源服务机构匹配供需优势，通过线上线下相结合的方式，联合退役军人事务局、工商业联合会等部门在全市集中开展了“就业援助月”“春风行动云聘会”“稳增长稳市场主体保就业”等公共就业服务活动14场，为150家企业提供岗位600余个。发挥“铁力人社”微信公众号平台作用，提供就业创业政策宣传讲解、企业岗位信息发布等公共就业服务，并开展基层劳动保障工作人员业务培训，提升基层公共就业服务质量。

（唐宏洋）

【律师服务】　2022年，铁力市有律师事务所2家，均为普通合伙所。全市有专职执业律师10人，其中，女执业律师3人。全年办理刑事辩护及代理40件，民事诉讼代理260件，行政诉讼代理1件，非诉讼代理7件，代理法律援助案件31件，解答法律咨询750人次。聘请担任常年法律顾问的单位13个，其中，担任政府法律顾问2个；全年律师行业业务收费151万元。铁力市注重加强对律师队伍思想政治教育、执业道德教育和执业纪律教育，组织律师学习习近平法治思想及《中华人民共和国律师法》和司法部、全国律师协会制定的规范性文件，提升律师队伍整体素质。铁力市组建律师公益法律服务团，开展“法治体检”活动5次。为信访工作建言献策，参与疑难复杂矛盾纠纷化解7件，参与法治宣传教育活动6次。通过日常检查和专项检查相结合的方式，加强对律所工作的检查和律师的监管，引导律师依法、规范执业。

（朱红梅）

# 金融业

Financial Industry

编辑：张力维

# 银行业

【概况】 2022年，铁力市银行业机构加大货币信贷投放，优化信贷结构，保障金融支持新冠疫情防控和复工复产、金融支持保市场主体等重点攻坚任务，各项贷款余额37.9亿元，较上年同期增长4.8亿元，增幅达14.49%，货币政策传导效果全面增强。2022年末，铁力市各项存款余额239.08亿元。人民银行总行发布支持外贸新业态跨境人民币结算政策，境内银行可与支付机构、清算机构合作，为市场交易主体及个人提供经常项下跨境人民币结算服务。铁力市支行按照上级行相关要求，不断强化配套支撑服务，鼓励跨境电商企业扩大人民币跨境结算，支持银行丰富人民币投融资产品，便利企业在跨境电商经贸活动中使用人民币，为跨境电商企业提供国际通行且适配的资金结算、保险、融资等完备便捷、风险可控的一站式金融服务。铁力市邮储银行“信易贷”平台累计注册200余家，实现信用型放款17笔，金额2395.8万元，解决中小微企业因无法提供抵押物而导致的融资难问题。农业发展银行铁力市支行为铁力市成秋现代农机农民专业合作社投放贷款300万元。4月15日，完成对铁力市金新农生态农牧有限公司新投放贷款952万元，帮助企业度过发展困难时期。农业银行铁力支行与宇翔热电公司联合开展代收热费业务，利用农行卡手机银行开展线上缴费业务，与供热公司享同等优惠，抽取微信支付立减金优惠政策，方便铁力市民生活缴费需求。邮储银行铁力市支行利用1个月时间营销意向客户20余笔，金额2000万元。

（朱子墨）

【中国人民银行铁力支行】 2022年，中国人民银行铁力市支行（以下简称铁力市支行）提升政策落实效果，为4户普惠小微企业办理延期还本1135万元，发放普惠小微企业贷款48674万元，撬动普惠小微贷款新增15828万元。依托铁力市产业结构体系，持续加大对三农领域金融扶持力度，为铁力市农村商业银行申请支农再贷款1.7亿元，惠及市场主体379户。提高金融服务质量和水平。2022年末，办理留抵退税业务218笔，累计退库金额5094.7万元，惠及全市中小微企业142家。出口创汇企业提供贷款539.66万元。推动农发行、农村商业银行等银行机构，开发个性化、差异化、定制化的畜牧养殖金融产品，满足资金周转需求。铁力市支行为11户养殖企业提供15234.16万元贷款。组织邮政储蓄、工商银行等银行依托“乡村振兴金融惠农服务站”点多面广的优势，建立集宣传、咨询、预约、提醒兑付等功能于一体的乡村振兴“国债服务联络点”，缓解乡村地区国债销售信息掌握不及时、国债知识匮乏、承销银行网点少等难题。铁力市支行涉农贷款余额266122万元，比2021年增长41.61%。引导铁力市农发行加大生态经济发展的金融支持力度，为铁力市国有林业资源特许经营权转让项目提供融资9亿元，投放贷款4.2亿元，促进绿水青山的价值体现，为辖区乡村振兴发展再添新动力。金融风险防控能力不断增强。组织铁力农商行开展流动性风险应急演练，提高防范和化解金融风险能力。关注龙江银行等银行机构不良资产指标快速提升情况，预防金融风险发生。联合财政局、公安局、市场监管局等部门，在全市范围内开展防范打击非法集资专题宣传活动，强化社会公众风险意识和防范能力。制定《铁力市金融领域失信问题专项治理工作实施方案》，深化金融领域失信问题专项治理工作，优化金融生态环境。加强支农再贷款运用，解决涉农新型农业经营主体及农户春耕生产资金需求问题。年内下发铁力农村商业银行支农再贷款1.7亿元，受益涉农企业及农户396户。完善农村金融服务体制机制，发挥金融在乡村振兴中的要素保障、资源配置等功能，在支持传统产业的基础上进行信贷资金支持。

（朱子墨）

【中国农业发展银行铁力支行】 2022年末，贷款余额97126.96万元，累计投放贷款65798.99万元，累计收回贷款5477.47万元，无不良贷款。农发行铁力市支行存款余额75963.63万元，存贷比为127.86%。业务经营情况：农发行铁力市支行立足主责主业，做好秋粮收购工作。2022年末，完成2户委托收购库点的认定工作，可用仓容181755吨，累计收购水稻11362.6吨。生鲜玉米加工行业累计投放贷款1920万元，生物质燃料开发行业投放农业科技贷款500万元，投放农地贷款300万元，铁力市米业加工企业累计投放贷款1600万元。2022年，铁力支行支持生猪养殖、湖羊养殖实体经济产业发展，累计向生猪养殖重点企业投放贷款8500万元，向湖羊养殖3家重点企业投放贷款10548.88万元。全年累计投放普惠小微企业贷款4020万元，实现净增1274万元。投放产业化龙头企业贷款19048.88万元，实现净增19048.88万元。全年累计投放帮扶贷款68148.88万元。投放72898.99万元小微企业贷款，占铁力市小微企业贷款总额的40%以上。完成生态银行建设项目42000万元的贷款投放，推动政府资产的有效盘活利用。金融服务：全年累计农业小企业贷款4216万元，净增1274万元。创新发展寻突破，支行实现农发行伊春市辖区内首笔农地贷款投放，全年累计贷款投放金额4.23亿元。实现首笔农业科技贷款投放，累计贷款投放金额500万元。全年累计投放贷款65798.99万元，占农发行伊春市辖区贷款投放总量的85%。

（狄　昂）

【中国银行铁力支行】　2022年末，各项存款时点余额89197万元，较年初增长4957万元，其中，对公存款减少3185万元、个人存款增长8142万元。各项存款日均余额87092万元，日均增长10514万元，其中，公司存款日均增长4001万元、个人存款日均增长6513万元。各项贷款余额2862万元，较年初增长1935万元，其中，公司贷款余额增长740万元、个人贷款余额增长1195万元，实现营业净收入1081万元，经济利润（EVA）876万元。年内贷款业务结束连续4年贷款投放低迷局面。累计投放各类贷款2887万元，总体实现提速增效目标。推动普惠贷款业务，全年实现普惠贷款新增投放1814万元。通过精准对接和基础维护，在分行公司部主推下，向康育嘉医药连锁投放240万元、向帝圣矿业投放流贷700万元，对公普惠得到实质性推进。通过农担模式和质押产品，主动对接有实力、有信誉、有潜质的农村合作社、家庭农场、商铺等对私实体，对私普惠新增投放874万元。抢抓时点和齐头推进各类对私贷款业务，对私非普惠投放1073万元，其中，个人农贷640万元（含农场线上21万元）、随心智贷29笔383万元，抵押贷款50万元。推进信用卡分期业务，全年投放36笔503万元。存款业务有效遏制对公存款下滑趋势，拓展有效账户提升基础客户，2022年末，日均保持增长4001万元。

（黄　晶）

【中国工商银行铁力支行】　2022年，铁力支行经营利润实现账面净利润5619万元，较上年同期增加1751万元。中间业务收入899万元，较上年同期略有提高。两项存款余额为525488万元，其中，储蓄存款居同业第一位。代发工资金额276729万元，比上年净增32225万元。2022年，新增代发单位累计代发69991万元，金融资产267997万元，较年初增量43453万元。保险销售1182.41万元。“农e贷”贷款发放235笔，累计发放金额7237万元。普惠贷款计划增量480万元，铁力支行新增533万元，完成计划的111%。夯实内控安防工作，加强各营业网点及自助银行安全保卫工作，提高安全防范处理突发事件的能力。

（杨德舜）

【中国农业银行铁力支行】　2022年末，各项存款余额485456万元，较年初上升79101万元，其中，储蓄存款余额469779万元，较年初上升72687万元。对公存款余额15665万元，较年初上升6402万元。各项贷款余额33087万元，其中，个人贷款7866万元、法人贷款25221万元。拓展中间业务。中间业务品种主要有代理保险、代理基金、代销贵金属、代理债券、代收代付、代理发放金融社保卡等业务。通过拓展中间业务，扩大盈利收入，服务实体经济，实现利润与社会责任双赢。金融业务。铁力农行将金融科技创新作为新发展的投入重点，重点围绕渠道建设、大数据应用、业务基础、科技支撑领域，推进数字化转型。“惠农e贷”是农业银行依托互联网大数据技术，专门为农民设计的一款线上化、批量化、便捷化、普惠化的贷款产品。采取线上线下相结合方式办理贷款，系统自动审查审批，贷款快速到账，主要采取信用方式发放贷款，支持政府增信、法人保证、抵质押等担保方式。资产e贷、纳税e贷、药商e贷、抵押e贷等系列普惠型小微企业线上融资产品，企业通过网上银行、手机银行等电子渠道在线申请，贷款额度一次核定，循环使用，实现科技赋能一点即贷。农行依托创新产品优势，主动面向实体经济体，提供有针对性的融资产品支持。推进数字乡村工程，搭建“惠农通”村级智慧金融服务平台，支持转账、支付、缴费、小额取现等金融业务。

（陈美双）

【中国建设银行铁力支行】　2022年末，一般性存款余额为119073.09万元，其中，对公存款余额16685.39万元。个人存款余额102387.7万元。贷款业务：2022年末，各项贷款余额为10303.18万元。对公贷款余额501.52万元。个人类贷款余额9801.66万元。普惠型小微企业贷款余额936.89万元。中间业务：收入为71.5万元，利润为475.36万元。不良贷款：2022年末，不良贷款为40户，余额526.3万元。主要产品：对公账户开户55户、龙商户128户、CTS 257户、龙智赢签约33户，其中，有效户31户。新增第三代社保卡3000余张，累计完成4158张，实现分行新增第一。通过三代社保卡的发放，宣传银行的农贷政策及相关产品有：裕农通的营销、农村合作社的经营情况、国债、反假币的宣传等业务。发展大中型企业信贷业务。支行为企业金新农新增综合授信1.5亿元。伊春分行与广东越秀支行签订银团贷款合作协议，银行占9000万元额度。铁力支行信贷以加大惠农振兴工作为主，拓展裕农信贷业务的同时支行分别与伊春森工铁力有限责任公司、伊春森工双丰有限责任公司签订“龙林快贷”“垦区快贷”协议，拓展林区信贷业务。支行农贷在11月至12月完成404户，授信6033万元，完成计划的121%。

（高　雷）

【中国邮政储蓄银行铁力支行】　2022年末，邮政储蓄银行铁力支行累计完成收入3525.4万元。储蓄余额118040万元，年增10735万元。放款30512万元，备耕春耕贷款放款1.4亿元，小企业贷款放款2786万元，消费类贷款放款799万元。信贷余额24769万元，存贷比25.42%。公司拓户全年累计开户73户，账户共计244户，公司存款余额20281万元。面向中小微企业，精准推送宣传“信易贷”政策，全年累计放款2524万元，有27户企业得到金融支持。聚焦涉农领域主体，优化信贷资源供给，围绕农民合作社、家庭农场、种植养殖大户等新型农业经营主体，服务粮食收储、加工、贸易类主体、农业产业化龙头企业及上下游客户，加大产品创新、实施科技赋能。同时持续深耕粮食加工、乳品制造企业、山特产品加工，加大综合化、专业化金融服务。邮政储蓄银行优化信贷结构，推动线上贷款发展，累计发放线上化小微贷款产品2户，金额660万元。支行加大对制造业领域设备更新改造的支持，发挥邮储银行信贷政策和资源优势，为铁力市重点项目规模以上企业实现放款2笔，金额460万元。

（赵泓冰）

【龙江银行伊春铁力支行】　2022年，龙江支行实现各项存款时点余额18亿元，各项贷款余额3.86亿元。主营业务：龙江银行伊春铁力支行落实推进普惠金融政策，对接农业和中小微企业及重点客户，支持农户备春耕生产。加强助企纾困，加大普惠贷款投放。2022年末，累计投放各项贷款9000余万元。金融服务：加强科技赋能，有序搭建业务平台，聚焦铁力市现代化农业产业和工业振兴、数字经济、生物经济、冰雪经济、创意设计等重点产业，找准切入点、契合点，于变局中开新局。做好金融服务工作，强化创新链、服务链、资金链有效对接，服务铁力市农业、农村和农民，以及小微企业发展，提高金融服务实体经济水平。

（王　娇）

【黑龙江省铁力农村商业银行股份有限公司】　2022年，铁力农村商业银行各项存款余额38.31亿元，较年初增加3亿元。拓展信贷市场，结合市场情况和客户需求，适时推出“畜禽养殖贷”“北药种植贷”“粮食质押贷”多款产品。参与地方政府和人民银行组织的融资服务等银企对接活动，推动铁力农商行信贷业务多渠道拓展。全年累计投放贷款11.93亿元，贷款余额及纯增额均位列辖内金融机构前列。开展不良清收专项行动，全年累计压降不良贷款1789万元，不良率2.17%。抓好资金运营配置，加强资金头寸管理，实现运营净收入5770万元。通过线上线下结合方式，处置抵债、闲置资产903.31万元。深挖利润增长点，实现中间业务121.72万元。精准施策推动金融服务水平，将整村授信模式推广至城市社区，将域内20个社区划分为31个网格，以网格化营销为抓手，实施渠道创新营销，采集信息总户数2210户。创新三农贷款产品，重点支持新型农业经营主体、粮食收储加工企业、畜牧业经营主体，全年累计投放粮食收购贷款7148万元。

（张　政）

【哈尔滨银行伊春铁力支行】　哈尔滨银行铁力支行调整信贷结构，突出贷款投向，加大信贷资金向农业、农村、农民领域的倾斜力度，确保春耕备耕、金融服务乡村振兴有序开展。2022年，铁力支行完善网点服务功能，优化产品结构。完善基础金融服务、个人结算业务、理财业务、对公业务等。2022年末，一般性存款余额76548.84万元。其中，对公存款余额4301.42万元，零售存款余额72247.42万元。贷款余额11496.79万元。铁力支行围绕普惠金融，服务实体经济、防控金融风险等工作任务，主动适应经济新常态，以金融开放创新为动力、服务实体经济为宗旨、普惠金融和绿色金融为突破点，稳中求进保障普惠金融工作，全方位助力铁力市经济发展。

（徐　鹏）

## 保险业

【概况】　2022年末，铁力市保险公司中介机构共有27家，其中，支公司有14家（财产险7家），营业部2家（财产险2家），营销服务部8家（7家人身险营销服务部，1家财产险营销服务部）。保险保费收入4.37亿元，保险从业人员972人。

（刘德林）

【中国人民财产保险股份有限公司铁力支公司】　2022年，铁力支公司实现保费收入5216.79万元，完成保费年计划的97.7%，比2021年增速7.88%，综合赔付率61.77%，实现利润1038.16万元。全险种市场份额为51.28%，居区域同业市场份额第一位。公司推进车险有效益高质量发展，同时高度重视商非发展。遵循市场规律发展业务，灵活制订、调整车险承保政策与费用政策。突出送修资源精细管控，强化送修资源整合，加强监控、分析、督导和考核，提升送修覆盖率和资源投放效能，把控合作主动权。加大修理厂、二手车市场拓展力度，加强送修资源管控分配。在巩固车商、电商、农网、交叉销售、团单等基础上，深化渠道队伍建设和增员，确保渠道业务获取能力快速提升。抓好农网建设，车险、商非混业经营，提高产能，整合农网队伍，提升农网人员劳动效率，提高产能。加快商非业务发展，强化政企互动，贯彻省、市公司“惠民保”产品推广工作部署。12月20日，公司签署铁力市乡村振兴局、伊春森工铁力林业局有限责任公司团单业务，合计签单人数4656人，实现保费收入69.84万元。

（李晓艳）

【中国人寿保险股份有限公司铁力支公司】 2022年，铁力支公司个险渠道：关键绩效指标首年新单期交保费完成1360.27万元，标保完成442.52万元，10年期完成615.44万元，保障型完成222.07万元，短期险完成234.99万元。银保渠道：全年期交目标117万元，完成98.27万元。趸交目标126万元，完成241万元。团险渠道：全年大短险计划目标840万元，完成554.2万元，其中，个短险完成234.99万元、团短险完成319.21万元。6月智能陪体检在铁力支公司推广上线。技术防范体检各环节中人为道德风险，并在风险可控前提下替代现有人力工作，大幅降低陪同体检环节的运营成本。全年理赔长险469件，金额约1139.4万元。短险2728件，金额593.53万元。全年受理投诉件20件，监管转办17件，其中，重复投诉16次。处理小额快处8件，金额为9.47万元。

（孙　杰）

【中国太平洋保险股份有限公司铁力支公司】 2022年，中国太平洋保险股份有限公司铁力支公司销售标准保费1508.68万元，理赔件数338件，理赔金额960万元。太平洋保险把握高质量发展主线，形成一流业务经营能力。产险不断巩固续航能力，应对车险综改，推进个人客户经营。养老产业布局持续推进，养老社区落地10个项目，为助推保险主业提供支持。在互联网医疗、康复医疗、高端医疗等专业领域，建立全生命周期健康态保险服务。

（刘东雪）

【中国平安人寿保险股份有限公司铁力支公司】 2022年，中国平安人寿保险股份有限公司铁力支公司实现保费收入802万元，新销售业务所创造的价值326万元，实现保费健康稳定增长。渠道队伍结构稳步优化，产能明显提升。保险公司铁力支公司聚焦增优和绩优，代理人渠道队伍结构稳步优化，持续提升队伍产能。保险公司在平安集团新价值文化引领下，以客户需求为导向，为客户提供优质的服务，依托数字化赋能，为客户提供简单、高效、温暖的体验，为经济社会发展作出贡献。

（陈延梹）

## 证券业

【概况】 2022年，铁力市有证券机构1家，为江海证券有限公司伊春铁力文化街证券营业部。营业部有证券经纪、证券投资咨询、证券资产管理、融资融券、证券投资基金代销业务。营业部在2001年5月至2007年6月期间，名称为天元证券伊春通河路营业部铁力中心路服务部。2007年6月至2009年4月，更名为江海证券经纪有限责任公司伊春繁荣路证券营业部铁力中心路服务部。2009年4月至2013年9月，更名为江海证券有限公司伊春铁力正阳大街证券营业部。2013年9月后，更名为江海证券有限公司伊春铁力文化街证券营业部。

（纪晓宇）

【营业部业务开展】 2022年，铁力营业部有投资顾问1人。营业部将社会责任理念融入工作环节，完善服务体系，提高客户服务质量，践行企业责任助力员工发展，创造社会价值，促进经济社会协调发展。营业部按照《江海证券有限公司投资者教育工作制度》《江海证券有限公司投资者适当性管理制度》开展投资者教育工作6次。证券公司作为国家级投教基地，开展投教与各类培训、宣传工作，提高投资者金融素养。全年铁力市证券业开户490户，全年收入443.22万元，比2021年下降12.59%；交易量达967219.9万元，比2021年增长1.7%。

（纪晓宇）

# 旅游业

Tourism

编辑：张力维

# 综　述

2022年7月30日，铁力市在铁力林业局广场举办“奔跑的啤酒节”夏季狂欢活动
（铁力市文体广电和旅游局供图）

【旅游行业发展】　2022年，铁力市涉及旅游产业有旅行社8家、旅游包车公司1家、三星级饭店1家。可容纳100余人的大型餐饮店10家，市区住宿宾馆244家，全年市域旅游收入7亿元，接待游客156.2万人。特色旅游文化产品有木制工艺品、玉石工艺品、根雕工艺品等。美食产品有玉双黏豆包、益灵山猪肉、铁力冷面等。工艺产品有铁力陶、植物画制作、兴安版画等。铁力市先后获得国家级生态示范区、中国优秀旅游城市、中国优秀生态旅游城市、中国最佳生态旅游城市、最佳生态旅游目的地、中国特色魅力城市、中国最具投资价值旅游城市、最值得向世界推荐的旅游城市、中国县域旅游品牌百强县（区）等称号。铁力市域AAAA级景区2处：伊春小兴安岭桃山景区（悬羊峰）、伊春桃山桃源湖旅游区。AAA级景区3处：透龙山景区、映山湖景区、伊春桃山小东沟景区。国家级森林公园2个：黑龙江日月峡国家森林公园、黑龙江桃山国家森林公园。SSSS级滑雪场1个：日月峡滑雪场。

（刘晓影）

【特色旅游】　2022年，铁力市践行“绿水青山就是金山银山”理念，把握“生态立市、旅游强市、产业兴市”发展定位，坚持生态优先、聚力绿色发展、推动产业融合。推进乡村民宿、渔村、水果采摘、农家乐、林区特色旅游产业，全域旅游作为推动乡村振兴的载体。通过休闲度假、旅游观光、休闲垂钓、农家风味餐饮、特色民宿等旅游项目，发展休闲农业和乡村旅游，利用得天独厚的自然资源，将乡村旅游产业、文创产业、农林产业相结合，做好规划完善设施，打造铁力特色旅游景点，推动生态旅游与特色产业融合发展。

（刘晓影）

【旅游业媒体推介与宣传合作】　2022年，铁力市文体广电和旅游局通过“铁力文旅官网”公众号、视频号、抖音等方式宣传推广景区景点、旅游精品线路、旅游节庆和事件活动等，在高速路旁设置2块广告牌，宣传铁力旅游。聘请第三方宣传推广铁力市整体文化旅游资源。组织区域内旅游企业参加省、伊春市旅游产品推介会。铁力市日月峡滑雪场参加黑龙江省冬季旅游产品推介会。景区景点通过新媒体资源对外推广景区旅游产品特色、旅游优惠措施等内容，提升铁力文化旅游的知名度和影响力。

（刘晓影）

【第五届区域旅游文化节】　2022年8月13日，由中共铁力市委、铁力市人民政府主办，铁力文体广电和旅游局、铁力市日月峡镇政府承办的第五届区域旅游文化节开幕。文化节举办“依吉密狂欢夜活动”“兴安铁力杯”系列赛事。同时组织各协会、俱乐部、徒步爱好者参加“红色初心体验”全民穿越抗联路徒步走活动，以重走抗联路徒步行等方式，弘扬爱国主义为核心的民族精神。

（刘晓影）

2022年7月9日，铁力市在悬羊峰国家地质公园举办篝火露营晚会
（铁力市文体广电和旅游局供图）

# 旅游景区

【铁力日月峡国家森林公园】 铁力日月峡国家森林公园是国家级森林公园。占地面积29708公顷。公园以得天独厚的森林动植物资源、四季景观、自然地理景观、森林生态养生旅游观念为特色。景区的游客接待中心设备齐全，有住宿、餐饮及贵宾餐厅等休闲娱乐设施，并增设景区主播配套设施。景区景点主楼增加先进的演播大厅、影视厅、智能化管理监控室、同声传译室等现代化设备。大楼西侧是1.7万平方米智能停车场，东侧是1.5万平方米休闲健身文化娱乐广场，是集休闲、健康、养生于一体的景区。2022年，日月峡森林公园举办“日月峡森林公园首届烧烤节”，举办期间，设置了农副商品售卖区，售卖特产蜂蜜、鸡蛋、蘑菇、木耳、蓝莓等农副产品。

（刘晓影）

【铁力日月峡滑雪场】 铁力日月峡滑雪场是SSSS级滑雪场，是伊春地区运动休闲型滑雪场，可承办各类专业赛事。雪场拥有初级、中级、高级3条雪道，总长度5000米，备有长达1400米的双人吊椅索道、2条400米的上山魔毯运送游客。初中级雪道可供不同层级的滑雪爱好者雪上练习，高级雪道可满足专业滑雪运动员雪上训练比赛的要求。为填补春秋两季旅游的空白，滑雪场增设七彩滑草场、婚礼基地、越野登山赛道、铁人三项赛道、汽车自驾游营地、青少年拓展训练基地、真人CS场地等项目。2022年，日月峡滑雪场扩建项目，总投资560万元。雪具大厅、新建特种设备库、重新铺设地暖，增设雪场接待中心高标准客房6间，同时升级收银验票系统。

（刘晓影）

【铁力日月峡水伊方水上乐园】 日月峡水伊方水上乐园占地面积8.6公顷，建筑面积2.93万平方米。日月峡水伊方乐园是大型室内水上乐园，整体外形设计具有浓郁的加勒比风情，水上乐园内建有9个娱乐项目，乐园四彩滑道、巨兽碗、大喇叭滑道、儿童戏水池、水疗池、235米长漂流河、1025平方米水寨池、7000平方米海浪池、1250平方米嬉戏游泳池。2022年，日月峡水伊方水上乐园接待各地游客，有很多慕名而来的外地游客在此欢乐戏水，尽情享受“清凉一夏”的酷爽乐趣。

（刘晓影）

2022年12月，省内外游客在铁力市日月峡滑雪场体验冰雪乐趣

（铁力市文体广电和旅游局供图）

【铁力透龙山景区】 透龙山是国家AAA级旅游景区，占地300公顷，为伊春森工铁力局公司所有产权。透龙山有中共北满省委铁力依吉密临时会议遗址和抗联密营。透龙山景区山势平缓林木茂盛，具有典型的花岗岩地貌，极具观赏游玩价值。主要景点有鸳鸯树、卧虎峰、迎客松、杜鹃峰、金蟾石等。透龙山是餐饮、娱乐为一体的旅游度假区。透龙山景区重新进行改造面积748平方米，可同时容纳150人用餐，游客可品尝特色餐饮、体验真人CS装备。2022年，伊春森工铁力局公司开展“我游我家乡”自行车骑行活动，邀请铁力域内骑友骑游透龙山景区，重走抗联路。

（刘晓影）

【铁力映山湖景区】 映山湖景区是国家AAA级旅游景区，在哈伊公路铁力段27千米处，景区占地300.08公顷，投资1500万元。景区内设有漂流区、烧烤区、演艺广场、蔬菜园、天然垂钓鱼池、生态鱼庄、中心岛、水上乐园，景区进行各景点建设，增加了住宿区、别墅区、餐饮娱乐区、真人CS野战区、接待中心等区域的服务设施。可同时接待就餐、住宿游客700余人。映山湖生态园林木葱郁、鸟语花香、湖波荡漾、景区内针叶林和阔叶林混交，生态环境质量保持优良。2022年，映山湖景区参与“我游我家乡”自行车旅游骑行节活动，邀请铁力域内骑友骑游映山湖，体验映山湖竞技漂流。

（刘晓影）

【铁力香草河花溪谷景区】 铁力香草河花溪谷景区，耕地面积149公顷，自然生态环境保护完整。景区花卉总面积73.33公顷，可在不同的季节欣赏不同的花卉。形成多个品种的花世界，夏季有玫瑰花、大花萱草、肥皂草、月见草，秋季有荷兰菊等陆续开放，是游客花海观光的旅游目的地。园区内设有餐饮区、摄影区、林下特产采购区等功能区域，让游客在观花之余，享受香草河花溪谷景区的其他服务。2022 年，香草河花溪谷举办“百家旅行社进铁力”活动，旅行社同仁品花茶、饮花醋、尝花宴，并举办了篝火晚会。

（刘晓影）

【桃山悬羊峰景区】　小兴安岭国家地质公园桃山园区（悬羊峰景区），是国家 AAAA 级旅游景区，隶属于伊春森工集团国有企业，景区核心面积 707 公顷，规划面积 2.16 万公顷，投资近亿元规划建设。景区内有 20 余座山峰，主要景点有一棵松、一线天、莲花石、狮面山、鹰嘴岩、悬羊峰、悬羊壁、石塔青松等知名景观。景区不定期举办风车节、帐篷节、篝火晚会、摩托车越野赛、射击赛、穿越赛等活动，并为游客提供住宿餐饮服务，年均接待省内外游客 10 万余人次。悬羊峰景区智慧化提升，在门区闸机上安装人脸识别等设备。陆续推进公益景观小品、母婴室、微型消防站工作。2022 年，悬羊峰景区举办“伊春森工·桃山第七届悬羊峰美食帐篷节”，获伊春“2022 年度诚信旅游示范企业”称号。

（刘晓影）

【桃山桃源湖旅游区】　伊春桃山桃源湖旅游区，是国家 AAAA 级旅游景区，总面积 4105 公顷，投资 3 亿元打造。桃源湖是一家集酒店住宿、餐饮、温泉为一体的旅游度假景区。景区有玉石为汤池原材料的森林玉温泉、四星级桃源湖度假宾馆、豪华房车营地、高端湖畔度假别墅群、中草药花海园、冰雪乐园、逍遥八仙湖戏水区、摩托车赛车场、环湖栈道、八仙岭品山步道、湿地观赏区等旅游度假设施。2022 年，桃源湖旅游区倡导诚信文明旅游，建设公益景观小品、无障碍停车位 10 处。

（刘晓影）

【桃山国家森林公园小东沟景区】　伊春桃山国家森林公园（小东沟），是国家 AAA 级旅游景区，面积 2260 公顷，投资 3500 万元打造属于伊春森工国有企业景区，景区内可登山观景、体验漂流。景区主要树种有红松，平均树龄约 300 年。间杂冷杉、榆、椴、水曲柳等小兴安岭珍贵树种。原始森林内群山起伏，幽谷鸟鸣浓荫蔽日，颇具林区特色的林中木屋吸引了游客观光。山顶瞭望铁塔高 29 米，可览众山奇险观松涛起伏。蝴蝶谷漂流可同时接待 800 人，漂流游程 5.16 千米。2022 年，小东沟景区举办夏季蝴蝶谷漂流活动，让游客感受亲水戏水的乐趣。

（刘晓影）

## 冰雪旅游

【概况】　2022 年，铁力市贯彻落实“冰天雪地也是金山银山”的理念，加速推动冰雪经济创新发展，拓展冰天雪地向金山银山转化路径，科学布局拓展冰雪经济发展空间。具备接待游客能力的冰雪旅游资源有铁力日月峡滑雪场、桃山桃源湖、成子冰雪乐园。旅游产品搭配乡村民宿、抗联纪念馆等场所，形成区域冬季冰雪旅游顶层谋划、冰雪项目建设、综合服务能力提升、市场主体服务、体育旅游路线。铁力市冰雪经济专班聚焦冰雪深度融合、冰雪体育教育等内容，多措并举推进冰雪经济的发展。

（刘晓影）

【冰雪景区建设】　铁力市强化冰雪产品，稳步落实冰雪项目建设。推进日月峡滑雪场改扩建项目建设，计划投资 560 万元，建设内容包括雪具大厅扩建、新建滑雪场特种设备库、雪场接待中心改造、增设相关配套设施等。2022 年，一期工程完成投入 460 万元，完成雪具大厅扩建、特种设备库建设、收银验票系统升级、新增滑雪用具 300 套，同时重新铺设地暖等。冰雪乐园，冰雪乐园项目利用冰封河段打造，占地面积 6 万平方米，建有大型冰上滑梯、冰雪艺术景观、观光长廊等各种网红打卡地，新增儿童滑梯、闯关游戏、马拉爬犁，同时提供儿童娱乐项目 30 余种。

（刘晓影）

【冰雪旅游产品开发】　铁力市响应黑龙江省、伊春市有关冰雪经济工作部署，结合区域冰雪经济发展实际，统筹推进冰雪经济工作。制定《铁力市冰雪经济发展实施方案（2022—2030 年）》推进冰雪经济相关产业高质量发展。2022 年，继续推动冰雪旅游景区的建设，其中，有日月峡滑雪场改扩建项目建设、桃源湖景区各项设施的更新改造。同时签订日月峡滑雪场、桃源湖景区诚信经营承诺书，并设立志愿者服务站点，引导游客文明旅游、诚信旅游，并组织从业人员参与安全生产培训活动 14 次，提升景区整体服务能力。通过基础设施服务提升，打造滑雪戏雪、冰雪游乐、森林冰雪温泉、住民宿赏雪景冬季旅游产品。

（刘晓影）

【精品冰雪旅游线路培育】　2022 年，铁力市利用冷资源打造热产业，推动冰雪运动和冰雪旅游融合发展新模式新体验，逐步完善冰雪主题旅游精品线路，打造冰雪项目全链条产业资源

2022年12月22日，全市各单位职工在西河公园南侧冰面上参加“赏冰乐雪·冻感铁力”活动

（铁力市文体广电和旅游局供图）

供给。完善特色民宿、滑雪场、温泉酒店、展馆等服务设施，提升服务接待能力，丰富冬季冰雪旅游产品供给。推进冰雪运动的普及和发展，促进体育运动和旅游产业深度融合。景区景点推出惠游活动，通过铁力文旅公众号和官方视频号宣传铁力冬季冰雪景色。成功培育冰雪旅游线路有：日月峡滑雪场—萌宠部民宿—冰雪乐园。日月峡滑雪场—桃源湖景区—冰雪乐园—抗联陈列馆。

（刘晓影）

## “旅游+”产业融合

【“旅游+文化”】 2022年，铁力市在文旅融合过程中将文化和旅游相结合，举办铁力市首届民俗文化节进景区活动。利用透龙山景区、马永顺纪念馆、成子民宿景区旅游优势，以铁力市儿童公园内少儿图书馆、美术馆、骊城书院发挥旅游产业融合。按照市委、市政府“生态立市、旅游强市”的发展定位，以日月峡小镇为核心整合旅游资源，探索公司化经营发展模式。集中打造透龙山风景区，还原中共北满省委伊吉密会议遗址，制作抗联人物雕像。打造森林图书馆、陶艺制作坊、弘文馆书法教室、俄罗斯油画创作基地，完善丰富旅游产品和游客体验。年丰朝鲜族乡长山村，利用闲置房屋发展旅游民宿，打造成子渔村旅游景点，主要经营以休闲、度假、旅游观光、垂钓和农家风味餐饮为主，并将文化元素融入景区，提升民宿整体文化内涵。

（刘晓影）

【“旅游+体育”】 2022年，铁力市发挥区域旅游资源，利用体育场馆和景区景点，发展“旅游+体育”融合发展新格局。实现从单一游览观光到体验体育运动、融入当地生活、追求健康养生、开阔视野等多样需求。形成登山探险、滑雪戏雪、水上漂流、真人CS、徒步等多元旅游体育融合业态。悬羊峰景区、透龙山景区、小东沟景区、日月峡国家森林公园，为游客提供登山探险、徒步、郊游等森林体育旅游产品。日月峡滑雪场推出高山滑雪、冬令营等冬季旅游产品。依吉密漂流、蝴蝶谷漂流、映山湖景区提供夏日漂流休闲避暑旅游。日月峡水伊方提供水上体育娱乐项目，满足旅游体育市场需求。推动体育、旅游公共服务体系的融合互通。同时开拓体育旅游品牌，透龙山景区在夏季举办“骑行节”体育旅游活动，实现“旅游+体育”的融合。

（刘晓影）

【“旅游+农业”】 2022年，铁力市获得省级乡村旅游重点乡1个（年丰朝鲜族乡），全国乡村旅游重点村2个（长山村、北星村），省级乡村旅游重点村5个（长山村、北星村、前进村、爱国村、年丰村）。工农乡北星村投入资金318.95万元，围绕北星村的核心文化，设计村标景观角、建设稻田休闲观光区、文化核心区展示口袋公园、建设露营基地、改造升级民房外立面和房盖，北星村逐步实现特色产业、宜居生活、美丽乡村的融合发展。

2022年8月4日，省内外游客在依吉密河铁力段漂流

（铁力市文体广电和旅游局供图）

丰富乡村旅游业态，投资300万元打造双丰镇建国村红色旅游村，面向全市企事业单位开展研学抗联大讲堂活动。酒章文创园投资2988万元，建设酒章文化博物馆、酒道体验馆、古法酿造技艺展厅、酒神广场等，完善基础设施及相关配套景观建设。萌宠部落民宿建设各类民宿16栋，配套村史文化墙、绿化、亮化等基础设施。年丰朝鲜族乡爱国村春伊小筑投资1500万元，景点内设稻田林语观景客房、音乐餐厅、木屋主题民宿等服务。

（刘晓影）

【“旅游＋康养”】 2022年，铁力市依托生态环境优势，利用森林资源推动森林康养生态旅游产业开发，逐步构建绿色经济增长新引擎，有效实现生态效益与经济效益的双向转换。依托丰富的森林资源、优良的生态环境、深厚的人文底蕴，按照产业生态化和生态产业化的发展导向，以日月峡国家森林公园、桃源湖景区、透龙山景区、悬羊峰景区、小东沟景区、映山湖景区、依吉密漂流、成子民宿等景区景点为主线，因地制宜打造温泉洗浴、度假养老、运动体验、中医药养生、乡村休闲等森林康养产品，形成集养生、文化、休闲、体育、康养为特点的森林康养业态。

（刘晓影）

## 旅游管理

【旅游市场管理】 2022年，铁力市文体广电和旅游局开展旅游市场监管、安全检查、旅游秩序整顿工作。要求旅游景区、旅行社等涉旅市场主体开业前报备，严格景区安全规章制度、景区从业人员培训、娱乐设施设备检修、旅行社安全运营制度、包车合同、突发事故处理和应急演练等。全年累计出动执法人员1200余人次，累计检查涉旅经营场所210余家次。督促涉旅市场主体按照上级文件精神，采取巡回检查和驻点督导。集中检查景区景点旅行社等场所。

（刘晓影）

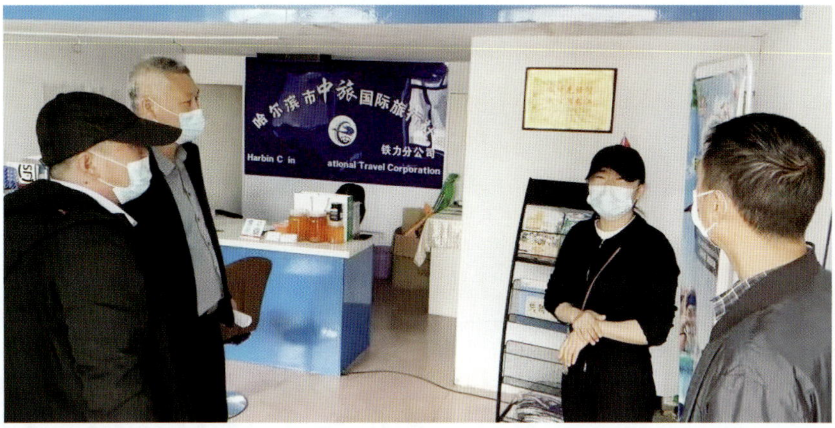


2022年6月14日，铁力市文体广电和旅游局工作人员到哈尔滨市中旅国际旅行社铁力分公司开展诚信旅游方面督导检查

（铁力市文体广电和旅游局供图）

【景区安全管理】 2022年，铁力市文旅局执法大队加强各景区检查，在重大节日期间开展联合安全生产检查工作，筑牢景区安全保障屏障。铁力市景区景点制定景区安全生产方案、突发事故应急预案、景区规范管理规章制度等保障景区安全运行规章制度。相关部门成立工作小组，按照各项规章制度及方案，开展景区疫情防控驻点检查、景区自建房排查、景区城镇燃气隐患排查、景区防汛期间对涉水项目专项检查、景区安全生产检查204次。各景区加强从业人员安全培训工作，共培训26次，掌握了解摔伤、溺水等急救知识。

（刘晓影）

【旅游从业人员管理】 旅游局组织景区、旅行社负责人召开区域旅游座谈会1次，督促景区加强从业人员管理，依法诚信经营，自觉规范经营行为。组织旅行社、景区景点、星级宾馆等市场主体参加省、伊春市各类旅游管理及从业人员培训。强化从业人员职业道德、服务礼仪、行业规范和专项技能。

（刘晓影）

【旅行社管理】 2022年，铁力市共有8家旅行社，其中，总社4家、分社4家。旅行社规范经营行为，落实团队旅游管理各项制度和规范，依法投保旅行社责任保险，提高防范和化解旅游安全事故的能力，保障游客人身安全及合法权益。旅游管理部门督促旅行社选择具有相应资质的供应商、合作商，做好线路设计和产品对接。严禁私设景点作为旅游产品销售或推荐，加强旅游团队用餐管理，避免发生食品卫生安全事故。同时做好文明旅游宣传，倡导文明和绿色旅游，普及文明礼仪知识，强化文物和生态保护意识。加大旅游市场监督检查力度，治理旅游市场违法违规问题，未查找出市场违法违规问题。铁力市派人维持涉及安全的旅游项目，设立提示牌，发放宣传单1700份。对涉及高风险的潜水、冲浪、探险、热气球、高山索道等旅游项目，在宣传销售环节加强安全风险提示。

（刘晓影）

# 铁力经济开发区

Tieli Economic Development Zone

编辑：李瑞卿

## 综　述

【经济开发区规划修编】 2022年，铁力经开区坚持规划先行，结合发展实际，开展控制性详细规划、原有总体规划、规划环评、规划水资源论证、污水处理厂排污口论证的编制和修编工作，协助市自然资源部门完成“三区三线”规划边界核准工作，完成规划水资源论证和污水处理厂排污口论证工作。

（齐钟奇）

【经济开发区发展政策】 2019年，铁力市根据国家、省、伊春市的有关法律、法规和政策，制定《铁力市产业项目发展规定》十八条，有效期限定为5年（2019年11月至2024年10月）。2022年，又相继制定《铁力市支持数字经济加快发展政策措施》《铁力市推动工业振兴若干政策措施》和《铁力市推进科技创新发展和成果转化若干措施》；修订《进一步支持民营经济发展若干政策的意见》《铁力市发展产业项目激励政策》。帮助35户企业申报省、伊春市及铁力市惠企政策，共涉及85项政策措施，享受政策资金共计3833万元。

（齐钟奇）

【经济开发区发展规模】 黑龙江铁力经济开发区（以下简称铁力经开区）始建于2011年7月，2016年5月9日经省政府批准正式升级为省级经济开发区。2022年，铁力市经开区有企业41家（其中，规上企业10家），完成工业总产值70921万元，营业收入73786万元，税收收入1846万元。完成基础设施投资4770万元，完成招商到位资金71505万元，落户产业项目3个。

（齐钟奇）

【重点项目集中开工仪式】 2022年，全省重点项目集中开工仪式结束后，伊春市在4月7日举行全市重点项目集中开工仪式。集中开工仪式采取“1个主会场+9个分会场”视频连线、云端同步形式进行。主会场设在铁力市经开区松风食品项目建设现场，在其他9个县（市）区设分会场。全市共确定重点项目132个，总投资406亿元，年度计划投资103.2亿元。

（齐钟奇）

【实训基地工程】 2022年，铁力市投资4900万元，建设铁力经开区实训基地工程项目，实训基地总建筑面积6216.84平方米，主要建设集实地培训和专家食宿为一体的综合楼1栋。其中，包括可容纳396人的报告厅，调研室、电教室、宿舍以及餐厅等，并配套场区管网、绿化、道路硬化等建设工程。2021年8月开工建设，2022年9月末完工并投入使用。

（齐钟奇）

黑龙江省铁力经济开发区

（铁力经济开发区供图）

【经济开发区安全生产】 2022年，铁力经开区对东部产业园及双丰产业园区内生产企业开展安全检查36次，对检查中发现的问题督促整改，对整改结果跟踪处理。邀请市消防部门进行消防演练1次，协助电力部门排查解决电力系统安全隐患1项。9月30日，联合市应急局、公安局、消防中队等相关单位组成联合检查组，重点对东部产业园和双丰产业园安全生产及消防安全情况开展联合大检查。联合检查组查看企业的灭火器等消防设施，并对企业负责人讲解消防设施的使用及更换方式，讲解消防相关知识，宣传安全生产的重要性及发生火灾的严重危害性。联合检查组要求企业加强安全生产管理，增强企业员工安全生产意识，确保每日开展安全巡察，时刻保持警惕性。对检查中发现的部分企业存在电线杂乱、外露，缺少室外水源（消防水鹤）等安全隐患问题，要求企业限期整改，共整改问题4个。全年没有安全事故发生。

（齐钟奇）

## 东部产业园

【概况】 2022年，铁力经开区东部产业重点发展农林绿色食品加工业（含畜禽产业）、医药制造业、矿产精深加工业三大产业，以森林食品、农副产品规模化精深加工为主，发展具有林都特色的农林绿色食品加工产

2022年5月16日，铁力经济开发区工作人员帮助企业进行菌包挂袋
（铁力经济开发区供图）

业。围绕伊春地区优势北药品种，发展集种植、研发、加工为一体的医药制造产业。依托小兴安岭丰富的矿产资源，发展支撑和带动伊春矿业发展的矿产精深加工产业。全年完成工业总产值61614万元，营业收入66618万元，税收收入1828万元。完成基础设施项目投资4752万元。谋划招商项目32个，形成招商线索31条，完成招商任务4181万元。完成续建复工项目5个，共计投资58847万元。

（齐钟奇）

【基础设施建设】 2022年，铁力经开区东部产业园投资522.88万元，建设消防救援站工程项目。项目于2021年开工建设，2022年12月项目竣工并交付使用，工程项目总建筑面积818平方米。建设包括二层消防救援综合楼1栋、门卫室1栋，配套建设4层训练塔等附属设施。总投资4569万元，建设工业蒸汽站工程项目。项目建设过程中调研周边开发区蒸汽售价，并结合铁力实际进行相关调整。2022年12月19日，铁力瀚达公司（隶属于铁力经开区）聘请铁力宇祥热电公司运行团队开展蒸汽站运行工作，并暂定收费230元/吨。铁力经开区将根据蒸汽站运行情况、企业使用情况进行灵活调整。

（齐钟奇）

【招商引资推进实施】 2022年，铁力经开区东部产业园先后考察哈尔滨兽医研究所生物制剂项目、吉林梅河口高新技术开发区医药产业项目、黑龙江龙源集团光伏项目、北京卫泉科技发展有限公司文旅等项目。接待金刚石加工项目、黄金腕表加工项目、中药材加工项目、绿色有机食品加工项目等客商50余人次洽谈。开展“招商之冬”活动，共计谋划招商项目32个，形成招商线索31条，外出招商活动11次，完成招商任务4181万元。在宣传推介方面，协同住建局、电业局等相关部门将2022年基础设施费用收取情况制成一览表，结合全市环境禀赋和资源优势，制作完善《招商项目手册》。根据招商政策调整，结合市场变化及企业情况，制作完成铁力经开区东部产业园平面图、基础设施配套线路图、用地及项目平面图、停产停建企业示意图等宣传图板。

【招商项目落地】 2022年，铁力经开区东部产业园共有招商落地项目3个，项目计划总投资64840万元，全年完成投资2300万元。HTHP高温高压法系统研发及高品质金刚石规模化生产项目，改造厂房面积2.16万平方米，建造智能制造生产车间，购买安装配套生产设备，项目总投资4.4亿元，五年内分3期投入。主要采用公司内部技术人员设计；零部件外委加工，厂内组装生产的模式进行运营。其中，包括新型金刚石合成腔体的数值仿真模拟、自动控制系统的研发制造等。黄金智能电子腕表项目，总投资1.1亿元；其中，设备投资2500万元，改造投资1500万元，其他投资及其流动资金7000万元。项目盘活原润丰生物工程科技有限公司闲置厂房，改造装修闲置资产面积7592.43平方米；其中，装修办公用房2173.68平方米，改造厂房5418.75平方米，主要建设起模生产线、注蜡车间生产线、熔金车间等手表精密设备配套生产线。年产30万吨化肥建设项目，计划总投资9840万元；其中，工程建设费用4015万元，工程建设及其他费用78.09万元，预备费用204.65万元，流动资金5542.26万元。项目总占地43211.6平方米；其中，建设2000平方米保暖厂房；建设罩棚硬化发酵场地6000平方米；建设原料储存罩棚场地4000平方米；建设菌剂生产车间、有机肥生产车间、堆肥二次发酵、配套库房等总面积800平方米；建设办公与生活用房4000平方米；建设1万平方米厂房和3000平方米库房。

（齐钟奇）

【土地清理】 2022年，铁力市按照省、伊春市关于经济开发区闲置土地、闲置资产清理整顿工作要求，组织专项工作小组，制定工作方案，强化责任落实。建立并完善“一企一档”和“招商盘活项目包”，更新总体规划、产业项目分布平面图、基础设施管线分布图，为招商引资提供直观的参考依据。针对闲置土地、低效用地、停产企业重点围绕投资、建设、债权债务、涉法涉诉等情况进行梳理，开展闲置土地、闲置资产清理整顿工作。以盘活历史存量为主、新增建设用地为辅的招商原则，通过招商引资、民事诉讼、行政诉讼、资产评估等方式，引进新中兽药加工、鸿源谷稻、高品质金刚石、黄金智能腕表、种子深加工 5 个项目，意向洽谈项目 2 个，盘活“僵尸”企业 1 个、低效用地项目 2 个。

（齐钟奇）

【闲置资产盘活】 2022 年，铁力经开区东部产业园加强与闲置资产企业的沟通联系，开展盘活项目用地情况、建设情况、债权债务关系等基础数据收集整理工作，摸清盘活项目基础数据，完善“一企一档”，做好“招商项目包”。与招商公司对接，通过多渠道招商引资方式，盘活剩余低效用地项目，并做好项目落地前管理及服务工作。原“僵尸”企业战火神龙由中兽药项目盘活；原半截子项目三角翼飞机由年产 30 万吨化肥项目盘活；原半截子项目润丰饮品由高品质金刚石和黄金智能腕表项目盘活。三个项目均入场进行施工建设。

（齐钟奇）

【营商环境优化】 2022 年，铁力经开区东部产业园为区内企业争取优惠政策，向市政府提交《关于延长经开区企业燃气补贴政策的请示》，并经政府常务会议讨论通过，暂定延长园区内企业燃气补贴期限一年，即 2022 年 8 月 1 日至 2023 年 7 月 31 日，降低企业生产成本。全年为安嘉乳业兑现锅炉补贴资金 28.8 万元，兑现 2021 年至 2022 年燃气补贴资金 104 万元，申请拨付 2022 年至 2023 年燃气预付款 35 万元。全年共解决“12345”便民政务服务热线反馈问题 33 个，解决信访问题 1 个。

（齐钟奇）

【项目建设】 2022 年，铁力经开区东部产业园共落户企业项目 41 个，其中生产企业 24 户，完成销售收入 73786 万元，税收收入 1846 万元。

铁力宇祥热电有限责任公司　注册资本 5000 万元，完成固定资产投资 4.36 亿元。主要经营范围发电和供热，年生产能力可实现供热 700 余万平方米、供电 3.6 万千瓦。2022 年实现销售收入 28048 万元，利润 3865 万元，工业总产值 25076 万元。

葵花药业集团（伊春）有限公司　注册资本 6000 万元，完成固定资产投资 17433 万元。主营产品为海洋胃药、小儿咳喘灵颗粒、康妇消炎栓补虚通瘀颗粒等，产品商标为“葵花”牌。2022 年企业实现销售收入 9610 万元，利润 2859 万元，工业总产值 9515 万元。

上海皇象铁力蓝天制药有限公司　注册资本 7249 万元，完成固定资产投资 6184 万元。2022 年投资 2184 万元，进行生产车间扩建，新增加湿法混合制粒机、沸腾干燥机等设备，累计拥有生产加工设备 100 台（套）。主要经营范围片剂、胶囊剂和颗粒剂等，年生产各种中西成药 30 亿片（粒），主要产品有护肝片、胃康灵胶囊、诺氟沙星胶囊、乙酰螺旋霉素片等。2022 年实现销售收入 3801 万元，利润 –724 万元，工业总产值 3579 万元。

黑龙江喜人药业集团有限公司　注册资本 3400 万元，完成固定资产投资 1.28 亿元。拥有铝塑包装线、带式干燥机、口服液生产线、胶囊生产线等设备 7 台（套），主营产品为阿莫西林胶囊、双黄连口服液、清开灵泡腾片等，年生产注射剂 1 亿支、片剂 2 亿片。2022 年企业实现销售收入 9019 万元，利润 98 万元，工业总产值 8981 万元。

黑龙江省铁力市九河泉米业有限责任公司　注册资本 3550 万元，完成固定资产投资 1.03 亿元。主要经营范围稻谷、豆类种植，谷物磨制，粮食收购，谷物、豆及薯类批发，谷物仓储，淡水鱼、家禽养殖，农业科学研究和试验。2022 年实现销售收入 847 万元，利润 –634 万元，工业总产值 502 万元。

铁力市艾眸医疗器械制造有限公司　注册资本 1000 万元，完成固定资产投资 5500 万元。眼罩生产能力为日生产 5000 个。2022 年企业实现销售收入 2796 万元，利润 1051 万元，工业总产值 2257.3 万元。

铁力市福生冷冻食品有限公司　注册资本 1000 万元，完成固定资产投资 1.1 亿元。主营产品为速冻黏玉米，在 25 个省市自治区设有销售网点，产品辐射全国 230 余个城市。2022 年企业实现销售收入 2380 万元，利润 24 万元，工业总产值 2217.1 万元。

伊春伊林菌脉生物科技有限公司　注册资本 8600 万元，完成固定资产投资 8600 万元。主营业务为黑木耳菌包加工。拥有生产设备 78 台（套），生产季节为当年 10 月至次年 4 月，年生产加工木耳菌包 1200 万袋。2022 年企业实现销售收入 840 万元，利润 –565 万元，工业总产值 919.7 万元。

黑龙江玉双食品有限公司　注册资本 2000 万元，完成固定资产投资 8000 万元。主营产品为速冻食品、山特产品及农副产品，拥有全套制冷设备，年生产黏豆包1000吨、黏玉米1000万穗，并通过国家QS食品许可证，获得“农副产品加工龙头企业”称号，“玉双食品”品牌获得省级著名商标、市级重点龙头企业、省级重点龙头加工企业等荣誉称号。2022年企业实现销售收入251.3万元，利润21.9万元，工业总产值285.2万元。

铁力市鸿舜纸业有限公司 注册资本150万元，完成固定资产投资4000万元。企业日加工纸箱2万件，主要产品包括各种规格的纸板和纸箱，拥有1800型纸板生产线、2600型五色水墨印刷机、D2X—1200型钉箱机等生产设备13台（套）。2022年企业实现销售收入185.2万元，利润–196万元，工业总产值185.2万元。

铁力市澳骊源食品加工有限公司 注册资本3678万元，完成固定资产投资6900万元。主营产品有“金牛3.2”巴氏杀菌鲜牛奶、“澳恋”酸奶、“新感觉”系列冰淇淋，拥有巴氏杀菌奶、酸奶、冰淇淋生产线各1条，日处理鲜奶量达1.5吨。2022年企业实现销售收入188万元，利润–44万元，工业总产值190万元。

铁力市瑞祥公共交通有限责任公司 注册资本100万元，完成固定资产投资6150万元。主要经营铁力市城区及近郊公共交通客运，车体及站牌广告，新能源汽车充电服务、汽车修理。2022年企业实现经营收入1051万元，利润–662万元。

黑龙江省松涛物流有限公司 注册资本2000万元，完成固定资产投资25702万元。由北京天通苑建筑公司投资建设，属于铁力经济开发区配套项目，是依托哈伊公路、铁路网络，建设成集商流、物流、信息流和资金流为一体现代流通产业，建有4个功能区、车库及其他附属设施，入驻物流、快递、商贸、汽车销售4S店、二手车交易、修理、餐饮等各类企业30余户。2022年企业实现销售收入1174万元，利润–311万元。

黑龙江省张玉梅农机装备有限责任公司 注册资本1000万元，完成固定资产投资1.15亿元。主营产品为组装插秧机，是区内集研发、生产制造、销售服务于一体的农业机械生产制造企业。拥有两条插秧机生产线，三式机台架、螺杆式空气压缩机、气动打标机、加油机、电焊机等设备25台（套），具有日组装水稻插秧机40台（套）生产能力，产品商标“柳菱”，拥有6项专利，产品主要销往东三省及内蒙古自治区、宁夏回族自治区等地，下设100余家销售商，服务网络覆盖主要水稻产区。2022年企业实现销售收入278.6万元，利润8.7万元，工业总产值840万元。

黑龙江浩富农业科技有限公司 注册资本3000万元，完成固定资产投资6010万元。拥有设备28台（套），2022年实现销售收入1215万元，利润152万元，工业总产值1433万元。

铁力市东岗佳森木材加工厂 该企业盘活恒辉木业，主要经营木质制品批发和进出口。2022年实现销售收入254万元，利润3.7万元，工业总产值256万元。

铁力市金新农生态农牧有限公司（饲料加工项目） 注册资本1.5亿元，完成固定资产投资6000万元。生产经营范围为饲料批发，玉米、稻谷、豆类、薯类种植，粮食收购等，月生产成品饲料可实现1000吨。

（齐钟奇）

【续建复工项目】 2022年，铁力经开区东部产业园续建复工项目5个，共计完成投资58847万元。

黑龙江省小兴安岭农林北药批发市场有限公司完成投资3000万元，主要购置制冷机组一套，购置冷库及速冻间的配套设施，建设3000平方米的速冻玉米标准化加工车间一座。2022年末，该项目全部建设完成并投入运营。

铁力市金新农生态农牧有限公司（屠宰加工项目）完成投资51347万元，主体设施全部完工，污水处理设备完成安装，牛羊、禽类设备完成80%。

铁力市综合性屠宰厂项目完成投资2947万元，项目厂房、附属用房及道路围墙完成施工，猪屠宰设备、污水处理设备完成安装，牛羊、禽类设备安装完成80%。

黑龙江滨力农业科技发展有限公司完成投资53万元，完成场地平整及办理临时用水、用电、用地及厂房主体建设和审图工作，启动研发楼施工筹备各项工作。

黑龙江英博安嘉乳业有限公司完成投资1500万元，完成厂房建设及设备安装，进入试生产阶段。

（齐钟奇）

## 双丰产业园

【概况】 双丰产业园是铁力经济开发区重要组成部分。双丰产业园前身为双丰镇木材小区，曾是国内第二大木材批发集散地。双丰产业园聘请哈尔滨工业大学设计院及黑龙江博宇测绘有限公司专家设计土地利用规划和产业项目规划。一期规划面积0.7平方千米，二期规划1.32平方千米，重点孵化现代家具生产加工、绿色农林食品精深加工中小企业。双丰产业园公路距铁力市中心25千米，直通哈伊高速公路，222国道贯通产业园区。区域内的伊春营港物流有限公司与中铁集团实现集装箱铁海联运，每年可满足发货量42万吨，满足各类产业物流需求。2022年，园区内有企业10家，木材粗加工户41家。企业营业收入实现6000余万元，利润700余万元，实现利税17.93万元。

（刘长宝）

【双丰产业园基础设施建设】 2022年，双丰产业园累计投入1500余万元用于园区道路、水电等基础设施建设。园区内实现硬化道路3条（规划3路、规划4路、规划9路），共计1300余延长米、15600平方米。全年投资18.7万元对木材小区主路进行维修，方便木材粗加工户运输。道路雨污排水管网工程全面竣工，全长1100米。重新架设线杆、改造线路，共计架设线杆55根、改造线路8500米。完成园区自来水引进安装工程（哈伊公路南侧引进双丰林业局自来水厂水源、哈伊公路北侧，中小企业创业基地引进前进村水源）。实现通水、通电、通信、道路、燃气、雨污排、土地平整，达到“六通一平”。同时打造中小企业创业基地。项目占地面积1.4万平方米，总投资2300万元，建设标准化厂房4栋及相关附属设施，扶持食品类中小企业，延伸绿色食品产业链条。

（刘长宝）

【双丰产业园招商引资】 2022年，双丰产业园把招商引资作为产业项目建设的源头，转变工作理念，创新招商思维，以商招商、以会招商、以智招商、以情招商、人脉招商、网络招商、靶向招商、敲门招商等多种招商方式相互结合。同时，与东部产业园区、专业招商机构和市直部门保持沟通联络，做好跟踪对接。引进食品精深加工、家具和木制品等产业，做好中小企业创业基地4号厂房玉米精深加工项目推进工作。

（刘长宝）

【双丰产业园营商环境优化】 2022年，双丰产业园在招商和项目建设过程中为落地企业开辟绿色通道，执行首问负责、“一表制”式告知、领办代办等制度，简化办事程序，提高办事效率，为企业提供方便、快捷、优质、高效的服务。全年为区内企业解决停水问题、解决用地手续办理问题共计2个。

（刘长宝）

【双丰产业园项目建设】 芗禾（伊春）农业科技有限公司 投资1.05亿元，占地面积3.8公顷，年收储能力20万吨，所收粮食种植区域主要分布在吉林省、黑龙江省鸡东县、铁力市双丰镇区域内。种植面积230公顷，其中，曙光村120公顷、前进村80公顷、双丰林业局茂林林场30公顷，当年企业实现销售收入3023万元。

铁力市禾甜玉米加工有限公司 用地面积8679.88平方米，建筑面积4757.50平方米。2022年，种植玉米500公顷，收入400万元。生产加工期每天用农民工200余人，夏天日常用工每天60余人，年支付农民工工资200余万元。生产加工玉米1200万穗，销售至上海、石家庄、贵阳、广州等地，售价每穗玉米特等1.7元、一等1.6元、二等1.5元、三等1.4元，2022年企业实现销售收入2000万元。

铁力市同济米业有限责任公司 投资2700万元，项目总建筑面积8000平方米，建设两栋生产厂房和两栋办公用房，年加工粮食3万吨、仓储5万吨，2022年企业实现销售收入350万元。

（刘长宝）

【中小企业创业基地】 园区投资2300万元，建设中小企业创业基地1个，包含标准化厂房4栋及相关附属设施，招引中小企业落户使用。创业基地引进企业3家，占地面积1.4万平方米。一号厂房引进亿利达农副产品有限公司，企业投资1000万元，新上速冻食品（黏豆包、速冻黏玉米）、农副产品精深加工项目。2022年，实现销售收入60万元，带动就业30余人。二号厂房和三号厂房引进铁力市易稻食品加工项目，投资1000万元，主要生产加工东北煎饼。2022年，实现销售收入331.1万元，带动就业人数60余人。四号厂房2022年末引进东国食品有限公司，总投资1000万元。主要用于农产品初加工，水果种植、蔬菜种植、谷物种植、低温仓储。

（刘长宝）

【木材粗加工】 2022年，双丰产业园区有木材加工户41户，在园区北区有31户，东区6户，西区4户。为节约利用土地，在园区北区统一建设木材加工看护房30个，每个32平方米，结构为钢板房，园区大部分主要加工户搬至北区木材看护房内，有木材加工29户。全年加工木材10万立方米，销售额3000余万元，实现纯利润200余万元，带动就业300余人。

（刘长宝）

# 交通·邮政·通信

Transport · Post · Communication

编辑：李瑞卿
王永海

# 公 路

【概况】 2022年，铁力市推进农村公路建设项目，完成结转项目危桥改造4座、农村公路提质改造路4条、产业路1条及农村公路建设项目旅游路1条，共计投入资金4125万元。铁力市开展农村公路“香化美化工程”“道路环境治理”“公路扬尘治理”“道路环境美化治理”等多项活动，提升农村公路通行条件，种植花卉9.7万平方米，整修路肩80千米，整修边坡70千米，路树刷白1100棵。全年共开展督导检查176次，出动交通执法人员488人次，出动执法车辆186台次，排查出一般安全隐患108处，完成整改103处；处理超限超载运输车辆50台，卸载超载货物2471.63吨，罚款4.5万元。全年铁力市农村公路养护里程为829.12千米（铁力市462.36千米，铁力林业局73.27千米，双丰林业局115.02千米，桃山林业局178.48千米），其中，县道77.3千米，乡道203.5千米，村道536.93千米，专用公路11.39千米。市辖区内8个乡镇，71个行政村全部通硬化路，实现乡镇、建制村通畅率100%，质量合格率100%，线路列养率100%，行政村通客车率100%。

（张 悦）

【路桥建设】 桃南公路—神树村旅游路 位于神树镇神树村，项目总长4.6千米，总投资1205万元，其中，中央车购税投资368万元，地方配套837万元。由于神树村污水改造项目与其重合，将该项目分为两期建设，一期建设全部工程量的三分之一，2021年5月1日开工建设，公路里程为1.5千米，2022年9月完成建设。

农村公路提质改造工程 修建五一村—山头村、红光村—群英、东方红村—青林村、伊哈公路—小围子道路，共计全长9.3千米，总投资1536万元，其中，中央车购税投资372万元，地方配套1164万元。该项目2022年5月1日开工，10月末全部完工。

表12 2022年铁力市农村公路提质改造工程统计表

| 项目名称 | 建设地点 | 路面长度（千米） | 总投资（万元） | 中央车购税投资（万元） | 地方配套（万元） |
|---|---|---|---|---|---|
| 五一村—山头村 | 铁力镇 | 2.3 | 368 | 92 | 276 |
| 红光村—群英 | 王杨乡 | 2.4 | 404 | 96 | 308 |
| 东方红村—青林村 | 双丰镇 | 2.4 | 390 | 96 | 294 |
| 伊哈公路—小围子道路 | 双丰镇 | 2.2 | 374 | 88 | 286 |

（资料来源：铁力市交通运输局）

危桥改造工程项目 拆除重建危桥4座，共计94.16米，项目总投资547万元，其中，中央车购税投资281万元，地方配套266万元，该项目于2022年10月末全部建设完成。

满江红村平贝中药材基地产业项目 项目道路全长582米，总投资365万元，施工单位2022年8月入场施工，于10月末完工。

农村公路建设项目 年丰朝鲜族乡—靠山村旅游路，位于年丰朝鲜族乡靠山村，项目总长3.1千米，总投资472万元，其中，中央车购税投资248万元，地方配套224万元。哈伊公路—二道河子道路。道路总长1.4千米，总投资251万元，其中，中央车购税投资60万元，地方配套191万元，工程于2022年8月初开工，10月末建设完成。

（张 悦）

表13 2022年铁力市危桥改造项目统计表

| 项目名称 | 建设地点 | 桥梁全长（米） | 宽度（米） | 总投资（万元） | 对上争取（万元） | 地方配套（万元） |
|---|---|---|---|---|---|---|
| 无名桥四 | 铁力镇 | 20.04 | 8.5 | 116 | 60 | 56 |
| 工农桥 | 双丰镇 | 37.04 | 8.5 | 214 | 110 | 104 |
| 云山桥 | 年丰朝鲜族乡 | 20.04 | 8.5 | 117 | 60 | 57 |
| 无名桥二 | 年丰朝鲜族乡 | 17.04 | 8.5 | 100 | 51 | 49 |

（资料来源：铁力市交通运输局）

【旅客运输】 2022年，全市有铁力、双丰、桃山客运站3个。共有客运线路26条，营运客车73辆，其中，省际旅游包车37辆、县内包车客运1辆。有市际线路6条，客运车辆8辆，县际线路5条，客运车辆12辆，农村客运线路15条（含10条林企路线路），客运车辆15辆（林企路运营客车12辆）。农村客运班线公交化改造后市内公交车平均间隔5分钟，通乡村公交车最长间隔不超过40分钟。有客运企业4家，分别为：铁力市祥运道路客运有限责任公司，有营运车辆28辆（朗乡籍5辆未在铁力籍统计表内）；铁力市宇航旅游客运有限公司，有营运车辆33辆；铁力市尊隆客运公司（双丰林企路运营）有营运车辆2辆；绥化晨宇客运公司铁力分公司，有营运车辆5辆。有公交企业2家，分别为：铁力市瑞祥公交有限公司（在铁力镇、桃山镇、双丰镇运营），共有公交线路21条，公交车182辆；铁力市顺祥公交有限公司公交企业（在桃山镇、双丰镇、铁力镇运营），共有公交线路22条，公交车辆31辆。出租车总计901辆，其中，公司车辆895辆，个体出租车6辆。共有出租车企业6家：分别为铁力市鸿运出租公司202辆、顺发出租公司300辆、万通公司214辆、双丰顺达公司83辆、桃山丰达公司51辆、盛安出租公司45辆。有网络预约出租汽车客运公司2家，分别为：武汉风韵科技公司铁力分公司（6辆），蓝海科技有限公司铁力分公司（5辆）。全年客运量109105人，其中，铁力客运站58253人、桃山客运站30052人、双丰公路客运站20800人。

（张　悦）

【货物运输】 2022年，全市共有货运车辆613辆（台），其中，丰达公司14台，八达公司19台，淇傲公司2台，聚兴公司7台，利答公司10台，丰安公司6台，松涛物流6台，丽泽公司8台，个体车辆541辆（台）。按照《道路运输车辆动态监测管理办法》要求，交通运输局开展半挂牵引车以及重型载货汽车（总质量为12吨及以上的普通货运车辆）安装卫星定位仪（GPS），由中航星北斗黑龙江科技有限公司安装，年末安装336台。在物流建设方面，铁力市不断完善市、乡、村三级物流体系，创新拓展“多站合一、资源共享”的工作模式，推进农村物流服务体系建设，鼓励、支持邮政物流将经营触角延伸到农村，促进客货邮融合发展。发展城乡公交带货、小件快运，形成开放惠民、集约共享、安全高效的物流体系。铁力市71个行政村升级改造工作全部完成，年物流货物吞吐量达63.25万吨，快递件数350万件，物流快递总产值实现9800万元。在物流货物中，下行货物（由外地进入到铁力市的货物）42.7万吨；上行货物（由铁力市运往外地的货物）20.55万吨。

（张　悦）

【公路安全管理】 2022年，铁力市严格防范安全生产事故发生，落实安全生产职责制，全年交通运输领域未发生人身伤亡、火灾及其他安全事故。为提升安全生产管理人员、从业人员安全防范意识，交通运输局组织执法大队通过下发安全教育培训资料、观看事故案例视频等多种教育手段，开展学习安全生产法和“安全生产月”活动，提升安全管理人员、从业人员安全意识。共组织发放资料300余册，组织企业参加《疫情防控第五版、第八版》培训专班，组织企业集体观看安全专题教育片2次、安全视频案例分析专题教育2次，组织开展教育培训12次，参加安全生产专项工作会议12次，做到安全教育全员覆盖。从业人员每月通过“安途帮”“安运宝”App进行“互联网+安全生产”教育培训，2022年9月末，完成从业人员安全培训教育9989人次，客运从业人员网上参训率99.8%、完成合格率99.8%。

（张　悦）

【路政管理】 2022年，铁力市交通运输局按照上级主管部门的工作要求，走访货运源头企业，开展检查及宣传工作。向企业宣传治超工作法律、法规、规章等内容，要求货物源头企业填写《货运源头单位车辆装载登记表》，同高铁建设单位中铁四局、十二局等签订《货运源头企业治超工作目标责任书》。同时以维护路产、保

2022年10月17日，铁力市交通运输局联合公安部门在双丰镇开展火车超限超载违法行为联合整治行动

（铁力市交通运输局供图）

护路权为宗旨，加强对公路的巡查力度，开展公路环境整治工作，清理公路两侧堆放垃圾300处，非公路标志（牌幌、广告）100余处，占道车辆35台。开展路警联合治超共计执法227人次，其中，夜间执法96人次，检查车辆7357台，其中，处理超限超载运输车辆50台，卸载超载货物2471.63吨。加强对货物运输车辆比较集中行驶的路段进行路面巡查，对超限超载、不按规定防止货物脱落等车辆进行监管，创造安全出行的交通环境。

（张　悦）

【公路管理养护】　2022年，铁力市交通运输局在全市农村公路管辖范围内开展冬季清雪和春季养护工作，保障铁力市管养路线的安全畅通，为全年养护与管理打下坚实基础。为保证农村公路管理养护责任落实到位，交通运输局层层签订责任状，养护公司与养路员工签订用工合同，按照《养护技术规范》要求，全面下达各项任务指标。及时处理雪情，确保公路安全畅通。冬季局属公路事业发展中心做到中雪以上必清的原则，先后对铁力市铁桃南线公路、铁双公路、工农公路、双卫公路、王卫公路、王杨—爱林村、王卫公路—民主村、哈伊公路—北河村、哈伊公路—东风村、哈伊公路—建国村、哈伊公路—双河村、王杨乡—护林村、王杨乡—纪家油坊村、桃山镇兴隆村、神树村，年丰—爱民三队、桃南公路—达里村等公路进行全面清雪作业，累计清雪作业2100余千米，出动平地机60台次，共清理积雪10.5万立方米，确保农村公路安全畅通。开展公路普查，维护破损路段，安排人员对全市农村公路进行全面普查，桥梁定期检查、涵洞定期检查、标志定期检查、公路翻浆调查，并结合排查公路长陡坡、长下坡、连续急弯、临水、临崖、桥梁防护设施等进行一并排查。通过调查对灌缝量、坑槽数量、抠除碎裂板数量、破损丢失的标志牌、里程碑数量需新建维修桥梁、涵洞数量等做到心中有数，并逐项解决落实。完成对全市管养的乡村级公路进行灌缝，共使用沥青油50吨，灌缝110千米。对重点管理养护路段里程碑破损进行制作更换和全部翻新，对警示标志、警告标志和安全设施进行全部翻新和补充。开展农村公路香化美化工程、“道路环境治理”“道路清洁治理”“公路扬尘治理”“道路环境美化治理”等多项活动，共出动挖掘机10台班，翻斗车10台班，工人500余人次，清理公路两侧垃圾6000余立方米。

（张　悦）

## 铁　路

【概况】　铁力火车站位于黑龙江省伊春市铁力市铁力镇，始建于1938年，随着原绥佳铁路铺设而设站，并于1941年11月正式通车。隶属中国铁路哈尔滨局集团有限公司绥化车务段。车站设有客运车间：办理旅客运输服务；货运车间：办理整车、零担、集装箱货物运输业务。车站距离哈尔滨站227千米，距离佳木斯站280千米，是地处绥佳铁路线上的三等站，全站共有职工152名。

（单文龙）

【车站建设】　2022年，铁力站高铁施工改造，重新规划，6月29日启用临时站房。临时站房建筑面积1200平方米，可供同时发送旅客300人使用。同时新站舍施工新建车场采用与既有站并行设置高速度车场的站址方案，高速场设到发线4条。侧式站台一座450米，与普速场共用站台一座550米。改建普速场基本站台500米，站台高度按高出轨面1.25米设计，站台两端设台阶、防护栅栏、禁行标志，旅客天桥通向站台设双侧出入口，建6米宽跨线社会天桥一处。新建高铁站候车厅5000平方米，可容纳1500名旅客，站内三台九线，可同时接发高铁、普速列车。

（单文龙）

【铁路客货运输】　铁力火车站历来以人民铁路为人民的服务宗旨，强化客运服务营销，提升服务质量，严格落实国铁集团提出的安全出行、有序出

6月29日，铁力站临时过渡站房正式投入使用

（铁力市交通运输局供图）

行、温馨出行的三个出行标准，努力打造铁力市服务窗口形象。受疫情影响，2022年担当图定客车11.5对，春运暑运期间加开临客1.5对，2022年发送旅客16.56万人；客运收入1060万元。货运发送量4.37万吨，到达量58.17万吨，货运收入1633万元。

（单文龙）

【铁路货运专线运输】 铁力火车站货场现有伊春营港物流专用线、黑龙江省铁力林业石油燃料经销专用线、黑龙江省铁力林业石油燃料经销专用线（林3）三条，主要承担粮食、矿建、货物的外运业务以及铁力市发电供热企业用煤炭、农用生产资料、日用百货、工业机械产品、石油以及建筑行业用物资等货物的到达业务。货物发送品类主要以粮食、铁矿粉、木板材为主，到达货物主要品类为煤炭，主要用于铁力市宇翔热电公司对全市供暖煤炭需求。

（单文龙）

【铁路安全管理】 2022年，铁力火车站重点关注安全风险控制，夯实安全基础，提高管理水平，确保安全畅通。铁力站处于高铁施工建设关键时期，高铁建设给车站现场作业、运输生产、旅客乘降等方面工作带来影响，安全压力不断增加。车站严格落实国铁集团、集团公司安全管理的文件电报要求，健全安全生产管理制度，加强安全生产培训及考核力度，有针对性地对所有新入职员工进行全面的“三级教育”培训，将日常安全管理纳入安全风险的研判、细化、预防、解决的循环当中，做好车站干部及班组长排头兵骨干作用，以现场控制为重点降低风险指数，形成网格化层级高效管理目标。加大干部职工队伍考核力度，规范现场作业行为，防范因疏于管理、违章作业引发的风险。2022年12月31日，已实现安全运输11117天。

（单文龙）

## 高铁建设

【概况】 哈伊高铁是黑龙江省境内一条连接哈尔滨市和伊春市的高速铁路，是黑龙江省“一轴两环一边”铁路网的组成部分；是建设纬度最高、全线所处地区全年温差最大、首条穿越多年岛状冻土区的高速铁路。哈伊高铁由哈尔滨至铁力段、铁力至伊春段组成，正线全长318千米，全线设哈尔滨、哈尔滨北、呼兰北、兴隆镇西、绥化南、庆安南、铁力、日月峡、伊春西9座车站，其中，呼兰北等6座车站为新建车站；铁力站为改建车站；哈尔滨、哈尔滨北站为既有车站。

（吴　雷）

【铁力高铁站设计】 2022年，铁力市新建哈伊高速铁路铁力高铁站为原址改造项目，主要包括既有站房改建和站内普速车场改造两部分内容。改建后的站房总建筑面积5000平方米，面积扩大至原来的2倍，可容纳1000名旅客同时候车。在站房平面设计上，建设单位考虑到高铁、普速的功能定位，结合车站布置情况，站场设3站台9线，站房为地上2层地下1层结构，采用“三段式”站房平面布置形式，站房中部为进站、候车厅，右侧设置售票区，左侧设置出站厅。高速场设到发线4条，侧式站台一座450米，与普速场共用站台一座550米，改建普速场基本站台500米，站台高度按高出轨面1.25米设计，站台两端设台阶、防护栅栏、禁行标志。在车站外观设计上，以“山水交融，林海门户”为主题，大气舒展的屋顶寓意呼兰河平静宽阔的水面对铁力的滋养，抽取松树的树冠形态作为结构单元，沿建筑外檐均匀布置，使建筑形态如山下松树。

（单文龙）

【高铁资金投入】 2022年，铁力市根据龙江铁路有限责任公司、黑龙江铁路发展集团有限公司、伊春市人民政府3方签订的关于《新建哈尔滨至铁力铁路工程铁力市境内征地拆迁包干实施协议》中明确：伊春市人民政府是征地拆迁及资金筹措的责任主体，全面负责本项目铁力市境内（含森工集团、农垦集团）征地拆迁具体工作；依据初步设计批复，该项目涉及铁力市境内征拆费用共计1.21亿元，由地方包干使用并计入地方股份。11月10日，该笔资金通过伊春市城市建设投资开发有限责任公司拨付铁力市财政局国库股。

（吴　雷）

【高铁线路建设】 新建哈尔滨至铁力铁路项目。线路全长188千米，共设五个标段，其中，铁力站至庆安南站区间为五标段，正线里程为44.12千米，涉及铁力市属23千米，横跨铁力辖区4个乡镇（铁力镇、双丰镇、王杨乡、年丰朝鲜族乡），总用地面积45.93公顷。2022年10月末，项目经理部驻地、2号拌合站建设完成；3号拌合站、预制梁场完成选址工作。项目施工单位为中铁建大桥局。铁力市境内需控制工期的单体工程先行用地项目铁力呼兰河铁路特大桥，长度2.2千米、用地面积2.87公顷（其中，耕地1.12公顷），省自然资源厅已下达批复，满足先行开工条件，施工单位完成施工便道建设工作。新建铁力至伊春铁路项目。线路全长112.7千米，其中，铁力市区域线路52515米。2022年末，项目涉及房屋征收、征占林地（林木）及农村集体土地征收全部完成；路基工程完成65%、承台完成89%、涵洞完成82%、箱梁预制完成32%、架设完成17%；钻孔桩、水泥粉煤灰碎石桩全部完成。项目施工单位为中铁四局。

（吴　雷）

【高铁站房建设】　2022年，铁力及日月峡站投资额2.36亿元，完成投资0.71亿元，占比30%。铁力站主体结构完成40%，铁路派出所完成70%，信号楼及10千伏变电所主体全部完成，开始室内装修；日月峡站主体结构完成30%，职工宿舍楼完成10%。

（吴　雷）

【征地拆迁】　2022年，铁伊铁路涉及桃山镇、年丰朝鲜族乡、工农乡，共需征收集体土地22.95公顷，农户137户，各类附着物19处，各类征地补偿资金总计1198.21万元。其中，征地补偿资金1165.96万元，附属物补偿资金32.25万元，签订137户征地补偿协议，征收土地22.95公顷，占比100%。各类附着物征收14处，总计补偿款1123.14万元。其中，征地补偿款1098.01万元，地上附属物补偿资金25.13万元。

铁力市新建哈尔滨至铁力铁路项目　征占林地方面：铁力市属共需征占民有林17户，林地面积2.32公顷，补偿资金142.58万元，其中，林木总计4137株，补偿资金14.62万元，林地补偿资金102.39万元，森林植被恢复费25.57万元。与17户有林户签订《林木征收补偿协议》，并完成《使用林地可研报告》及《资产评估报告》编制工作。土地征收方面：铁力市属共需征收集体土地38.98公顷，农户602户，各类附着物126处，补偿各类资金总计2495.81万元。其中，征地补偿资金1848.33万元，附属物补偿资金647.48万元，全部完成征收。

铁力市新建铁力至伊春铁路项目　征占林地方面：铁伊铁路需征占林地65.53公顷，补偿资金总计3039.13万元，其中，林木补偿费311.99万元，林地补偿费2705万元，林木评估费19.5万元，设计费2.64万元，全部完成征收。

（吴　雷）

【设施迁改】　2022年，哈、绥、铁高铁线路“三电”及管线迁改项目（铁力段），投资额2114万元，由中移建设、省昌弘水电安装公司负责施工。哈、绥、铁高铁线路（铁力段）迁改中标单位进驻铁力市，高铁办在黑铁发公司铁力指挥部组织建设单位、施工单位及设计部门召开对接会议，对工作进行具体安排部署。各有关产权单位召开对接会议，启动迁改项目，配合中铁建大桥局在先行用地工程范围内进行迁改施工。

（吴　雷）

【回迁安置】　新建哈尔滨至铁力铁路项目，征收房屋98户，主房面积7854.86平方米，补偿各类资金总计2499.24万元，全部完成征收。其中，产权置换20户，置换资金722.14万元（按照3800元/平方米起步计算）；货币化补偿78户，补偿资金1777.09万元。新建铁力至伊春铁路项目，征收房屋425户，总面积3.5万平方米。2017年征收229户，2020年征收196户，全部完成征收，共计补偿各类资金9127.63万元。

（吴　雷）

【周边商业开发】　2022年，铁力市政府听取并讨论高铁办关于《铁力及日月峡站前广场规划设计情况的汇报》，对两个广场的规划提出有关要求。高铁办将逐项进行落实，条件成熟后提请规委会讨论通过。为保证铁力高铁站房建设符合未来城市发展规划，推动铁力站前西侧及南部地区经济发展，打造商圈经济，铁力市聘请哈工大设计院，对铁力站前广场及东西两侧，进行系统的规划设计，总占地面积15.6万平方米，经多次讨论研究，形成初步设计方案。铁力市通过提供商业区用地的方式，准备同龙江铁路有限公司开展合作，计划打造占地面积20516.57平方米的商业综合区一处，并配套建设公园及绿化区域。

（吴　雷）

## 城市交通

【城市道路建设】　2022年，铁力市交通运输局完成结转项目危桥改造4座，农村公路提质改造4条、产业路1条。完成农村公路建设项目旅游路1条、提质改造1条，全部完工。年初以来，相继开展了农村公路“香化美化工程”“道路环境治理”“道路清洁治理”“公路扬尘治理”“道路环境美化治理”等多项活动，更换里程碑40块，更新损坏道口标注120根，更新丢失标志牌180块，新增隐患路段波形护栏120米。

（张　悦）

【城市交通运营管理】　2022年，铁力市交通运输局根据上级文件要求，分别开展春运两会安全生产活动、第21个安全生产活动月活动、安全生产大检查、汛期安全、夏季维旅行动、迎接党的二十大安全生产百日攻坚、安全生产三年专项整治等专项活动。为消除铁力市道路运输行业安全生产隐患，完善安全防护措施，交通运输综合行政执法大队对铁力市道路运输企业开展督导检查176次，共出动交通执法人员488

次，出动执法车辆186台次，排查出一般安全隐患108处，完成整改103处，整改合格率95.3%，整改中5处。

（张　悦）

【集中治理超限超载车辆】 2022年，铁力市交通运输局下发《关于进一步加强治理车辆超限超载工作力度的通知》和《铁力市治理公路货车超限超载违法行为百日攻坚行动实施方案》，实行定岗、定责、定区域的管理办法，强化对重点路段、重点时段的管控力度。联合市公安交警部门，对进入铁力市的6个出入口，采取公路巡查的方式，由分管区域的交警中队和交通执法人员联合开展超限超载行动检查。铁力市交通综合执法大队共抽调执法人员24名，成立6个中队与公安交警部门开展24小时常态化联合执法。1—9月份，交通运输部门共计出动245人次，公安交警部门出动320人次，检查车辆458台次，发现超限超载车辆4台，卸载货物120.72吨，共计罚款人民币2万元。为巩固治理成果，市交通运输局联合市公安交警部门于10月10日至16日，再次开展超限超载行动检查5次，检查车辆145台，发现超限超载运输车辆5台，卸载车辆5台，卸载货物50吨，共计罚款人民币2.5万元，在此次检查中发现非法营运车辆1台，对其下达行政处罚通知书，处罚金额3万元。

（张　悦）

## 邮　政

【概况】 2022年，中国邮政集团有限公司黑龙江省铁力市邮政分公司（以下简称“铁力市邮政分公司”）从业人员169人，主要经营范围为国内、国际邮件寄递业务；邮政汇兑业务、依法经营邮政储蓄业务；机要通信业务和义务兵通信业务；邮政基础业务；邮政增值业务（含邮购商品、制作和销售旅游纪念品）；邮政附属业务（含代办电信业务、公路客票、航空客运销售代理业务）；邮票、图书、报纸、期刊、音像制品及电子出版物销售；各类邮政代理业务；邮政物流；电子邮件业务；邮政软件开发；电子商务；邮政用品及通信设备销售；邮政编码信息和经济技术业务开发、咨询与服务；自有房屋租赁、柜台出租；广告业务（设计、制作、发布、代理各类广告）；仓储服务（不含危险化学品）；会务、礼仪服务及咨询；国家邮政局批准开办的其他业务；国际货物运输代理，邮政连锁配送，农业生产资料（不含危险化学品）、农副产品、百货的销售；受集团公司委托经营保险兼业务代理；预包装食品、酒类批发、零售、乳制品（不含婴幼儿配方乳粉）批发零售；金、银、珠宝制品（不含裸钻）销售；烟草制品零售。市内有4个业务网点，乡镇有8个业务网点。全市自办汽车邮路3条（铁力—桃山—神树—朗乡—带岭—南岔、铁力—王杨—双丰、市内邮路），单程194千米。投递路段30条（其中，乡邮段17条），往返480.28千米。全市投递人员21人，日投递量1.67万余件，同上年基本持平。全市邮政累计实现业务总收入3457.2万元，完成计划的100.2%。全市邮政收支差额完成490.1万元，完成计划的175.04%。代理金融业务累计实现收入2516.45万元，完成计划的104.79%。邮务类业务累计实现收入379.15万元，完成计划的112.68%。

（石林吴晗）

表14　2022年铁力市邮政营业网点一览表

| 序号 | 网点名称 | 网点性质 |
|---|---|---|
| 1 | 中国邮政集团有限公司黑龙江省铁力市分公司综合营业厅 | 邮政 |
| 2 | 中国邮政集团有限公司黑龙江省铁力市正阳支局 | 邮政、金融 |
| 3 | 中国邮政集团有限公司黑龙江省铁力市车站支局 | 邮政、金融 |
| 4 | 中国邮政集团有限公司黑龙江省铁力市东岗支局 | 邮政、金融 |
| 5 | 中国邮政集团有限公司黑龙江省铁力市桃山支局 | 邮政、金融 |
| 6 | 中国邮政集团有限公司黑龙江省铁力市桃山站前邮政所 | 邮政、金融 |
| 7 | 中国邮政集团有限公司黑龙江省铁力市双丰支局 | 邮政、金融 |
| 8 | 中国邮政集团有限公司黑龙江省铁力市王杨邮政所 | 邮政 |
| 9 | 中国邮政集团有限公司黑龙江省铁力市神树支局 | 邮政、金融 |
| 10 | 中国邮政集团有限公司黑龙江省铁力市圣浪邮政所 | 邮政 |

（资料来源：铁力市邮政分公司）

### 表 15　2022 年铁力市自办汽车邮路一览表

| 邮路名称 | 邮运工具 | 单程（千米） | 班期（日） |
|---|---|---|---|
| 铁力—南岔 | 汽车 | 160 | 1 |
| 铁力—双丰 | 汽车 | 26 | 1 |
| 市内邮路 | 汽车 | 8 | 1 |

（资料来源：铁力市邮政分公司）

### 表 16　2022 年铁力市市区投递线路一览表

| 序号 | 发班局 | 段别 | 里程（千米） | 班期 | 运输工具 |
|---|---|---|---|---|---|
| 1 | 铁力 | 华东街 | 10 | 日 | 电动三轮 |
| 2 | 铁力 | 西城街 1 | 7 | 日 | 电动三轮 |
| 3 | 铁力 | 正阳街 1 | 8 | 日 | 电动三轮 |
| 4 | 铁力 | 向阳路 6 | 13 | 日 | 电动三轮 |
| 5 | 铁力 | 干馏厂 4 | 9 | 日 | 电动三轮 |
| 6 | 铁力 | 团结路 5 | 11 | 日 | 电动三轮 |
| 7 | 铁力 | 站前街 6 | 11 | 日 | 电动三轮 |
| 8 | 铁力 | 建设西大街 | 4 | 日 | 电动三轮 |
| 9 | 铁力 | 建设东大街 | 7 | 日 | 电动三轮 |
| 10 | 桃山 | 镇内 1 | 14 | 日 | 电动三轮 |
| 11 | 桃山 | 采石场 2 | 22 | 日 | 电动三轮 |
| 12 | 神树 | 镇内 1 | 24 | 日 | 电动三轮 |
| 13 | 双丰 | 镇内 1 | 15 | 日 | 电动三轮 |

（资料来源：铁力市邮政分公司）

### 表 17　2022 年铁力市乡村投递线路一览表

| 序号 | 发班局 | 段别（村） | 里程（千米） | 班期 | 运输工具 |
|---|---|---|---|---|---|
| 1 | 铁力 | 爱国 | 20 | 双日 | 汽车 |
| 2 | 铁力 | 新民 | 15 | 双日 | 汽车 |
| 3 | 铁力 | 长丰 | 12 | 双日 | 汽车 |
| 4 | 铁力 | 新华 | 29 | 双日 | 汽车 |
| 5 | 铁力 | 曙光 | 22 | 双日 | 汽车 |
| 6 | 铁力 | 五花 | 20 | 双日 | 汽车 |
| 7 | 铁力 | 东升 | 19 | 双日 | 汽车 |
| 8 | 铁力 | 八里川 | 34 | 双日 | 汽车 |
| 9 | 神树 | 石长 | 14.1 | 当日 | 电动三轮 |

续表 17

| 序号 | 发班局 | 段别（村） | 里程（千米） | 班期 | 运输工具 |
|---|---|---|---|---|---|
| 10 | 神树 | 鸡岭 | 22.18 | 当日 | 电动三轮 |
| 11 | 桃山 | 十六（凌云山村） | 20 | 双日 | 电动三轮 |
| 12 | 桃山 | 新丰 | 12 | 当日 | 电动三轮 |
| 13 | 王杨 | 护林 | 18 | 双日 | 自行车 |
| 14 | 王杨 | 北河 | 21 | 双日 | 自行车 |
| 15 | 双丰 | 安帮河 | 16 | 双日 | 电动三轮 |
| 16 | 双丰 | 建国 | 14 | 双日 | 电动三轮 |
| 17 | 双丰 | 稳水河 | 17 | 双日 | 电动三轮 |

（资料来源：铁力市邮政分公司）

【邮政储蓄业务】 2022年，铁力市邮政分公司各网点通过电话沟通、微信群营销、上门走访等多种方式，关注农粮尾款动态，加强村屯联络员沟通等多种方式，确保农粮尾款应收尽收。全年实现揽收农粮尾款增额2800余万元，完成跨赛计划，完成计划的153.11%。按照伊春市邮政公司下发的增额方案，铁力市邮政分公司抢前抓早开展落实农林经济走访工作，通过了解当地农林市场特性，总结以往走访经验，针对目标市场、目标客户、增额措施、管控手段等做了细致的部署。同时调整储蓄结构，向价值型存款转型，对周边小区走访营销，网点开展代发工资留存活动，定期组织节日相关主题活动，2022年末，储蓄增额20724万元，比2021年增加6767万元。

（石林吴晗）

【寄递业务】 2022年，铁力市邮政分公司以推进四大业务、整合八大市场的工作思路，加快寄递业务市场开发。国内标快业务。以政商两大市场、重点商圈、校园市场为主，进行全面深度开发与维护，与教育局、车管所、保险公司、烟草公司、银行等多家单位签订用邮协议快递包裹业务。提高包裹市场占有率，扩大农产品、山特产品寄递规模，专门成立丰收包邮团队，指导一线员工开展客户关系维护工作。全年开展“网络直播客户”营销活动16次，对全市范围内的直播客户进行查找、摸底，带动快递包裹发展。铁力市邮政分公司全体员工通过市场走访、高层营销、组建专项业务攻关团队、制定适合本地市场的揽投方案，激励揽投人员工作热情等多方面业务开发模式，累计新开发标快政务客户5户，商圈客户26户，投递员揽收特快散户业务量比2021年上升18.3%；开发快递包裹协议用户4户，电商直播客户2户；新增邮政自提点9处，加上原有民营合作驿站站点38处，城市自提点总量累计达到47处。加速邮件投递时限，加大社会自提点使用效率，提升自提点运营管理水平，增强核心竞争能力。11月份，积压邮件达到5.6万件，投递部门全员共同协作，短期内就将邮件全部完成投递，没有积压延误和投诉问题的发生。以“线上＋线下”的方式宣传国际业务，并建立国际业务收寄群，做到精准营销，实时更新资费信息，进一步提升国际业务客户满意度和客户黏合度。总结国际市场客户发寄特性，结合八大市场营销活动，以国际代理、留学、跨境电商、移民中介行业、外贸行业客户为主要走访目标，挖掘有寄递国际业务需求的客户，并对营业窗口国际业务的客户进行登记，建立国际业务客户交流群。全年实现寄递业务总收入374.34万元，比2021年增长–25.97%。国内特快累计实现业务收入103.41万元，比2021年增长37.5%。快递包裹累计实现业务收入226.5万元，比2021年增长–35.39%。国际业务累计实现业务收入7.02万元，比2021年增长–5.14%。物流业务累计实现业务收入24.22万元，比2021年增长–63.64%。

（石林吴晗）

【集邮业务】 2022年，铁力市邮政分公司在业务发展上抓新邮预订、贵金属销售，做好项目营销工作。在销售方面，不看计划看市场，紧跟省、市公司的统一发展步伐。在工作方法上，早组织、早部署，抓落实，开发市场，利用各种营销方式开展工作，仅一个项目销售240万元，贵金属销售5万元。在新邮预订工作中，主管领导下一线靠前指挥、督导，业务部门细致工作明确分工，全年完成预订收入18.95万元，完成计划的100.37%。

（石林吴晗）

【期刊发行】 2022年，铁力市邮政分公司下达2022年短期收订指导计划，从专业部门到支局网点，层层布置落实，要抓住党的二十大召开契机，拓展党建学习类产品销售市场，将党建学习教育材料营销工作做为2022年度业务新增长点。根据宣传党建政策的需要，铁力市邮政分公司和铁力市委宣传部、铁力森工集团、铁力农场等单位进行联系、沟通，销售党的二十大相关学习材料产品。2022年，累计销售期刊12.36万元。

（石林吴晗）

铁力市邮政分公司构建“邮政综合便民服务站”服务模式，图为2022年12月新建年丰朝鲜族乡爱民村邮政服务站

（铁力市邮政分公司供图）

【邮政管理】 2022年，铁力市邮政分公司在薪酬管理方面，完善绩效管理制度，形成以收入结构为中心的绩效考核体系，薪酬分配重点向基层员工、一线员工倾斜，合理调整收入结构，充分调动职工工作积极性。年初公司财务部、市场营销部制定了各专业、支局（所）业务收入考核计划，各专业、支局（所）直接与经营收入考核挂钩。在企业退休化管理方面按照市国资委发布的《关于做好2022年度国有企业退休人员社会化管理工作通知》要求，铁力市邮政分公司配合属地党委和政府做好邮政企业退休人员社会化管理移交工作，并于2022年12月底前圆满完成2021年—2022年度与属地政府档案移交工作，共计交接离退休档案10册，累计移交离退休档案共计91册。在财务管理方面按照省公司要求执行成本“月度”预算管理，促进企业经营发展提质增效，提高企业效益水平，来实现“降本增效”成果最大化，通过严格控制成本费用，围绕车辆成本集中管控、代办费的层层审核、动态掌控营销费用等关键点，管控重点成本项目。同时强化对标管理，对照标杆管理的核心指标，坚持“有保有控有压”的总体原则，合理调整成本结构，优化成本资源配置，加大对各类资金、资产的集中管理和考核力度，削减非生产性费用，严格控制发展成本，确保收入与相关支出配比。在业务培训方面主要采取线上下会议、幻灯片、理论与实践相结合的方式来提高培训工作，让职工尽快掌握相关知识。对金融从业人员进一步加强员工合规安全培训，定期组织安全工作例会，检查做好合规引导，划清合规红线，增强员工风险意识和处理能力，真正做到前置防线，前端控制，前期处理，从源头把控风险，切实做到风险不积累、不扩散、不升级，做到长鸣风险警钟，处处合规谨慎；对一线投递人员开展强化收寄安全、六项禁止等专业培训，消除员工麻痹大意思想，牢固树立管理人员和生产人员的风险意识和安全责任意识；对所有员工进行安全教育与安全生产培训，确保邮政生产安全顺畅。对管理人员及业务骨干进行邮生活、融资E、绿色邮政、汇兑业务、中邮普惠保险、旺季营销等业务专项培训，进一步启迪思维、开拓视野、转变思路、提升能力，为公司高质量发展助力。全年共举办了员工培训23期，共800余人次参加，每次培训合格率达100%。

（石林吴晗）

【邮政安全生产】 2022年，铁力市邮政分公司贯彻落实集团公司关于安全生产的决策部署，加强疫情防控常态化条件下安全生产和专项整治三年行动，树牢安全发展理念，压实安全生产。完成消防安全、生产安全检查，生产责任，传播安全知识，增强安全意识，提升职工安全素质，排查治理安全生产隐患，遏制重特大事故发生。全年共进行检查18次，发现安全隐患33处，全部进行整改。通过层层签订责任状，横向到边、纵向到底，层层落实安全责任，2022年共签订各类安全责任书70份，做到安全责任全覆盖，职责更明确。对全市网点电线线路进行检查整理，对电动车充电问题进行集中治理，降低火险隐患。对双丰支局办公楼进行电路改造，减少安全隐患。对物流园生产场地安装烟感报警器，提高生产安全指数。对全市网点ATM加钞间更换防爆灯，强化金融网点安全性。

（石林吴晗）

【企业建功立业活动】 2022年，铁力市邮政分公司着力建设“求是求实、自强不息”、问题导向、责任担当、居安思危、终身学习、系统思考、闻过则喜、高效执行的企业文化，持续提升企业核心竞争力。关心员工生产生活，统筹抓好各项工作，营造健康向上、和谐稳定的发展环境，开展建功立业活动。组织员工参加省、市多次劳动竞赛并取得良好成绩，涌现出一批先进典型，在经营发展上起到示范带头作用。在全省邮政 2022 年"年味好礼"重点营销活动中，铁力市邮政分公司获得区、县（市）组织达标奖；双丰支局、正阳支局获得创收集体奖。在全省邮政代理金融（2021—2022）跨年度专项营销活动中，铁力市正阳街营业所被评为快捷绑卡先锋网点。在 2022 年全省代理保险业务数智化转型营销活动中，铁力市正阳街营业所获得沙龙破冰奖。

（石林吴晗）

【村村通邮】 2022 年，铁力市邮政分公司推进邮快合作，实现快递进村，畅通城乡流通渠道，服务乡村振兴。完成乡镇局、所覆盖率 100%，完成乡镇网点转型覆盖率 100%，完成邮快合作建制村覆盖面 100%。创新发展农产品流通体系，按照统一规划、统一标准、统一品牌、统一系统的"四统一"原则，以"县级中心＋村级站点"为主要建设模式，改造提升农村寄递物流基础设施，构建开放共享、智能快捷的邮政县乡村三级物流体系，打通农产品下乡以及从田间地头直接直运的物流配送渠道。在聚合力、探路径、增能效上下功夫，建立分工明确、目标清晰、路径成熟、权责事相匹配的工作体系，统筹落实组织、推进、督导、激励、考核等工作，促进服务乡村振兴工作的落地实施。按照省公司《邮政综合服务标准村建设实施方案》工作要求，对接政府，加强与乡村振兴局、乡镇政府的沟通，主动与驻村工作队联系，联合推进标准村建设。完成第一批和第二批标准村建设，共打造标准村 13 个，分别与村邮站点进行协议签订，并通过邮乐 OPC 上传，全部进行标准村站点的挂牌，完成对 13 个标准村的业务全部叠加。以农产品销售为切入，带动寄递业务、协同发展对公开户、拓展融资和代发业务，各项业务进度 100%。

（石林吴晗）

【惠农合作】 2022 年，铁力市邮政分公司拓宽邮政便民服务通道，助力日用品下乡，与铁力市红丽食品批发、田雨食品批发两家批发商结成合作伙伴，为其提供调料、啤酒、方便面、矿泉水、水果、蔬菜等配送服务，同时搭载上邮政自营分销的米、面、油等商品。有效解决村民买药难问题，与康育嘉医药连锁达成药品配送下乡合作，双方业务对接后，建立起药品配送微信群，由医药公司派设业务人员在群里进行药品种类和付款流程的介绍，由村邮政服务站将药品可以配送到村屯的信息发送给村民。在新冠疫情期间，各村邮政服务站根据村民所需，通过微信"邮商合作配送群"进行商品要数下单，段道投递员根据订单去商家取货，再通过邮路进行配送。"邮快合作"项目启动后，实现快递进村，推进惠农农产品寄递工作，为农产品进城销售提供更好的寄递服务，为农户解决农产品销售难、运输难的问题，全年共计为村民邮寄大米 50 余吨，销售数额 30 余万元。通过社区团购形式，将农村的笨鸡蛋、应季的新鲜蔬菜、新米、大酱、鸡、鹅等放到邮政社区团购群，形成受欢迎的团购模式。

（石林吴晗）

## 铁力移动分公司

【概况】 2022 年，中国移动通信集团黑龙江有限公司伊春分公司铁力分公司（以下简称铁力移动分公司）主营移动通信、宽带互联网业务。铁力移动分公司共有基站 750 个，接入小区 340 个，室分小区 20 个，5 G 基站 220 个，业务收入 7813 万元。在铁力市有手机卖场 10 家，加盟手机专卖店 3 家，全市授权代理店 3 家，铁力市自营业厅 3 家，乡镇自营厅 2 家。移动通信客户数 155123 户，宽带客户数 34101 户。

（李正姚）

【移动通信市场拓展】 2022 年，铁力移动分公司在"3·15 消费日""5·17 电信日"等重要电信日推出优惠的流量、宽带优惠活动，组织全体员工微信朋友圈转发最新的资费政策，扩大宣传范围。同时实施两个 100% 行动，即规模成熟小区 100% 驻地营销和建成小区 100% 宣传覆盖。新开通 5 个村屯的农村宽带，建成端口 892 线，销售路由器 3851 台。

（李正姚）

【渠道转型】 2022 年，铁力移动分公司把集团客户作为主攻方向，新增集团客户 19 家，集团客户到达值 160 家，集团 V 网成员 10.3 万户。全年集团通信及信息化收入 400 万元，与医疗、教育、相关企业有业务合作，中标铁力财政局专网项目，为公司在"ICT"项目（"ICT"项目是指信息与通信技术项目，主要包括网络建设、软件开发、数据库设计与管理、信息安全、电子商务、信息化管理为主的项目。）的拓展奠定基础。

（李正姚）

【5G 网络建设】 2022 年，铁力移动分公司为发展 5G 客户，推动 5G 上规模。在业务营销策略以进单位推进 5G 业务渗透步伐，以进乡镇增强 5G 业务覆盖范围，以进校园提升 5G 业务新增份额。全市 5G 用户数 20485 户，

2022年5月17日，铁力联通分公司开展“5·17世界电信日”徒步进行宣传活动
（铁力联通分公司供图）

新增户数2501户。

（李正姚）

【通信应急保障】 2022年，铁力移动分公司按照公司“平时服务、急时应急、战时应战、平战结合”要求，成立应急通信保障小组，全年完成元旦、春节、元宵节、清明节、五一劳动节、端午节、中秋节和国庆节通信保障任务，在节假日前期根据历年话务增幅情况、预计突发话务区域提前进行配置调整、参数调整和天线调整，派遣骨干技术人员值守网络，确保网络稳定运行。参与鹿鸣矿业尾矿库洪水漫顶事故演练，出动员工15人，通信车保障车1台。

（李正姚）

【移动通信服务管理】 2022年，铁力移动分公司共处理客服平台投诉1500余起，处理政府平台投诉10余起，去除无效投诉，全部满足客户投诉业务需求，有效提升服务质量。

（李正姚）

## 铁力联通分公司

【概况】 2022年，中国联合网络通信有限公司铁力市分公司（以下简称铁力联通分公司）主营移动通信、宽带互联网业务。铁力联通分公司共有基站381个，接入小区950个，室分小区5个，5G基站110个，业务收入4017万元。在铁力市有授权代理店5家，铁力市自营业厅4家，乡镇自营厅2家。全市有移动通信客户数6.1万户，宽带客户数2.8万户。铁力联通分公司被伊春市分公司评为先进集体。

（张伟祥）

【联通市场拓展】 2022年，铁力联通分公司实施“1+9+3”战略规划体系（“1”是指1个战略规划纲要。“9”是指9个行动计划。新型数字信息基础设施行动计划；5G引领发展行动计划；5G应用“扬帆”行动计划；宽带及智慧家庭发展行动计划算网融合发展行动计划；大数据创新应用行动计划；坚强网络和安全产品服务行动计划；高品质服务行动计划；数字化转型行动计划。“3”是指3个指导意见。深入实施人才强企的指导意见；纵深推进激发基层责任单元活力改革的指导意见；科技创新指导意见。），组织开展宣传进机关、进企业、进农村、进小区活动，让客户了解相关政策，了解用户需求，采取户外营销与上门宣传相结合，通过现场介绍、营销和宣传，使其放心使用公司产品。全年新增通信用户1.1万户，宽带用户0.28万户。落实“137工程”（“1”是指有资源的宽带装机一日通；“3”是指有资源的政企客户电路3天开通；“7”是指政企客户无资源电路7天开通。），推进新发展用户结构和端网业协同主推金融分期、79元及以上全融合产品，新入网移网必选5G套餐，满卡满融，线上2I订单必推荐5G加油包，落实小区渗透率提升计划，拓展渠道网点和轻触点，做好千兆品牌宣传全面覆盖。全年千兆提速包累计发展3868户。打造千兆宽带和FTTR（FTTR即Fiber to the Room，指光纤到达每个房间。）发展示范小区，全年累计发展101户。

（张伟祥）

2022年7月3日，铁力联通分公司对全市各小区通信设备进行安全隐患排查整治

（铁力联通分公司供图）

【创新业务】 2022年，铁力联通分公司围绕“1168”（第一个“1”是实现公司高质量发展，到“十四五”末，收入规模突破100亿元；第二个“1”是实现员工高品质生活，收入每年有10%左右的增长，快乐工作、幸福生活；“6”是实现工业、农业、科教、生态、文化、旅游六个强省信息化领先；“8”是实现5G、大数据、云计算、人工智能、物联网、工业互联网、匠心网络、治理八个领域高质量发展。）发展目标，为广大群众服务为出发点，创新业务以“数字经济”“智慧城市”提供网络和云资源的一站式服务。全年先后开展政法委综治网格化服务平台建设项目、市应急指挥中心提档升级建设项目、伊春鹿鸣钼矿“5G＋智慧矿山”等建设项目。在自主产品智慧党建平台企业版业务上实现率先突破，带动创新业务发展。

（张伟祥）

【联通网络运营】 2022年，铁力联通分公司推广5G网的应用，共建5G高带宽中频站址20个，覆盖低频站址40个。4G优化补点14处，电信共享4G网络10处。同时为减少多网络运营成本的压力，对铁力区域内的3G退网共计33处。为推动宽带精品网络的提升，开通10台XGPON设备、更换板卡15块、割接宽带端口180个，满足高带宽、低延时用户的需求。为保障网络安全，对各通信机房安全隐患进行排查、整治，消除隐患20处，对火车站前模块局进行综合治理，共计整合光缆56条，布放尾纤2044条，整合、拆除各类通信设备34台，实现强电、弱电、信号线的分离。

（张伟祥）

【企业基础管理】 2022年，铁力联通分公司加强企业基础管理，推进绩效薪酬与经营业绩相关联最大限度保障员工福利，并做好员工关爱工作，改善员工办公环境，全年为困难员工发放福利8000元，绩效薪酬按员工积分发放，提升员工工作效率。推进5G网络建设和优化工作，网业联动，加强3G下线力度，推动用户向4G、5G网络转移。全年投入1800万元，更换48套设备。提升装移机及时率、FTTH（FTTH即Fiber to the Home，指光纤到家庭用户。）光衰劣化指标，为企业提供良好的发展环境。

（张伟祥）

## 铁力电信分公司

【概况】 2022年，中国电信股份有限公司铁力分公司（以下简称铁力电信分公司）主营移动通信、宽带互联网业务。全年业务收入为1418.8万元。全市手机卖场10家，铁力市自营业厅1家，智慧家庭服务中心6家，乡镇自营厅2家。移动通信客户数32980户；宽带客户数17246户。铁力电信分公司获得电信集团“员工之家标杆示范单位”的称号。

（韩英奎）

【电信市场拓展】 2022年，铁力电信分公司为确保市场能力快速提升，发展5G客户，推动5G上规模。在业务营销策略上以进单位推进5G业务渗透步伐，以进乡镇加大5G业务覆盖范围，以进校园提升5G业务新增份额。在“3·15消费日”和“5·17电信日”等重要电信日推出优惠的流量、宽带优惠活动。全年新增移动通信客户数3144户，新增宽带客户数2069户。

（韩英奎）

【电信运营服务】 2022年，铁力电信分公司明确投诉处理规范，提升员工处理规范性和准确性，按照“客户为上、服务为纲”的要求，将“用户至上、用心服务”的服务理念运用到工作中，立于客户视角，提供客户可感知的优质服务。围绕网络质量、营业、装维、资费、政企开展服务能力提升工作。全年投诉处理及时率99.4%，一次投诉解决率96%，投诉处理满意率98.9%。

（韩英奎）

【网络设施建设】 2022年，铁力电信分公司无线基站247个，为铁力市进行网络优化42次，建设鹿鸣矿业区信号补点，铁力一中增加室分，乡镇村屯4G频段调证。电信无线网络覆盖全市各乡镇、行政村以上区域，覆盖境内铁路、高速公路、国道和省道；宽带互联网出口带宽230G，宽带端口总数5万个，城区宽带家庭覆盖率达到98%，宽带接入速率1000M。投资建设业务区37个，宽带接入乡镇7个，建设光端口5024个，新建端口利用率28%，增加收入39万元。

（韩英奎）

# 城市建设

Urban Construction

编辑：李瑞卿
　　　王永海

## 综　述

【城乡建设规划】 从2022年5月开始铁力市“三区三线”（“三区”是指农业空间、生态空间、城镇空间三种类型的国土空间。“三线”分别对应在农业空间、生态空间、城镇空间划定的永久基本农田保护红线、生态保护红线和城镇开发边界三条控制线。）划定工作，共计进行三轮划定，成果分别于6月底、8月初、9月中旬提交，第三轮成果于9月16日提交省住建厅。根据省住建厅要求，第三轮开发边界划定以2020年国土变更调查成果、国家下发城镇用地、部系统备案等相关数据为基础进行划定。划定后铁力市城镇开发边界总面积44.27平方千米，其中，划入边界中的现状建设用地31.78平方千米；村庄建设用地4.14平方千米；国家审批平台内批而未调1.18平方千米；采矿、特殊、交通运输等用地1.42平方千米；新增开发边界面积5.75平方千米。划定永久基本农田保护面积620.304平方千米，生态保护红线面积1529.39平方千米。

（安　妮）

【城市基础设施建设】 2022年，住建系统计划投资2.6亿元，建一厂、改两房、换三网、优环境，全力以赴、攻坚克难，完成阶段性目标任务。投资1597万元建设污水处理厂污泥处置工程。投资9800万元，建设中西苑联合老旧小区楼本体改造项目，改造75栋楼楼本体；建设配套基础设施改造项目，对8个小区进行庭院改造，对11个小区进行水稳回填工作。投资1.3亿元，更换供水管网11.3千米，排水管网14.8千米，供热管网16.77千米。投资6490.9万元，分三年建设呼兰河流域可持续发展项目。

（安　妮）

【国家园林城市创建】 2022年，铁力市完成创建国家园林城市工作，实施增绿补绿工程，建成区新增绿地1.06公顷，绿地总面积达到667.82公顷；城市绿地率达40.47%，绿化覆盖率44.78%。新建口袋公园4处，提质改造绿地8公顷，城市公园绿地服务半径覆盖率88.96%。节能建筑、绿色建筑得到进一步推广应用，全年新增节能建筑16项，节能建筑总建筑面积8.13万平方米；新增绿色建筑20项，总建筑面积8万平方米。

（安　妮）

【城市绿化工程】 2022年，园林部门通过开展春秋两季绿化工作，以重点工程带动城市公共绿地建设，提质改造绿地面积8公顷。栽植五角枫、垂柳、海棠等各类乔灌木20余个品种4万余株，培育一年生及多年生花卉180万余株，养护苗圃幼苗36.6公顷。2022年末，建成区绿地面积达到667.82公顷，城市绿地率40.47%，绿化覆盖率44.78%。

（安　妮）

【亮化美化工程】 2022年，铁力市住房和城乡建设局（以下简称住建局）对城区主次干道更换高压钠灯12盏，LED光源50个，镇流器12个，交流接触器8个，更换LED球灯5000盏，LED灯板2000条，各类景观灯光源50个。新建路灯300盏、景观灯具78处、电缆分支箱10个。修复损坏电缆线路100余处，维修、更换各类新电缆4000余米。元旦、春节、国庆节等节日期间，共挂彩灯3000串，彩树200棵，红灯笼2000串，国旗、党旗、宣传彩旗2000面。开展定期排查、巡查工作，白天与夜间巡查相结合，根据季节及市里的具体要求，合理控制市区路灯的开闭灯时间，提高“节能增效”。定期对城区自备变压器、路灯控制箱进行检查清理，发现问题及时处理，提升“设施完好率”。

（安　妮）

## 城市改造

【道路设施建设】 2022年，铁力市修补城区道路破损沥青2.29万平方米。维修雨水井共计91座，其中，铸铁28座、水泥63座。维修排水井共计175座，其中，更换井盖32座。更换隐形井盖50座、雨水井盖板110座。更换雨水边石104块、板凳石198块、路边石186块。维修扶正路边石300块，维修补铺彩砖463平方米。维修火烧板386平方米，其中，正阳大街141平方米、建设大街70平方米、中心路95平方米、步行街80平方米。维修围挡93处，维修水鹤4处。设置道路标识线共计32116.99平方米，其中，刻槽标线及斑马线19894.7平方米、箭头标线6088.96平方米、岛状线1128.25平方米、黄网状线5005.08平方米。划停车位2178个。

（安　妮）

【老旧小区改造】 2022年，铁力市实施中西苑联合老旧小区改造项目，改造楼房75栋、涉及户数5081户，总建筑面积41.33万平方米。改造庭院硬化20.57万平方米、庭院绿化57224平方米，改造排水18130平方米、路灯383盏、化粪池96个、沥青罩面38972平方米、供水管网2000延长米、供热管网12558延长米。

（安　妮）

【公厕改造】 2022年，住建局环境卫生服务中心拆除市区内8座老旧公厕内部分男女蹲位，改造成方便残疾人如厕的坐便器，公厕内外增设残疾人专用通道和扶手，并在每个公厕安装了手机充电器和手机架，为市民群众提供安全、方便、人性化的如厕环境。

（安　妮）

## 城市管理

【服务行业管理】 供热行业服务管理　2022年，铁力市有供热企业3家，分别为宇祥热电、桃园热力、丰安供热公司，总供热面积900.5万平方米，其中，铁力市城区供热面积708万平方米、桃山镇供热面积91万平方米、双丰镇供热面积94万平方米、日月峡镇供热面积7.5万平方米。按照伊春市迎峰度夏及2022年至2023年供暖季煤炭保供工作方案要求，住建局督促供热企业加大热源、换热站设施设备、供热管网的巡查检查力度，发现问题及时整改，确保供热系统运行安全稳定。设立24小时值守热线，及时解决妥善处理市民关于供热需求及维修、抢修问题。持续开展“访民问暖”活动，重点排查居民反应强烈的低温小区、低温楼和低温户问题，建立问题整改台账，逐户确定整改措施，加大供热投诉调处力度。做好冬季极端灾害天气应急防范工作，完善相关应急预案，增加应急物及设备，遇到持续低温、冰冻等极端天气时，及时启动应急预案，保障室内温度达标，确保不出现大面积长时间停供。

供水行业服务管理　2022年，铁力市仅有铁力市多元水务有限公司1家供水企业，2007年以BOT形式与市政府签订《铁力市城区供水特许服务协议》，期限30年。公司现有四座水厂，分别为一水厂、二水厂、三水厂、圣泉水厂，总设计日供水能力2.5万吨，供水面积10.3平方千米，服务人口9万人，居民户数8.1万户，企业以及商业用户7700户。住建局指导企业安全生产及应急预案等的制定和实施，对企业在一些重点区域，如事故频发的密闭空间作业，相关制度的制定和人员培训等工作进行督促；对企业水质检测、供水设施、设备运行检修情况进行监督检查。按照《黑龙江省城镇供水规范化管理考核指标及评分方法》对水厂进行考核，对存在的问题及时指出并督促改正。

燃气行业服务管理　2022年，铁力市区域内有5家燃气企业，其中，管道燃气企业1家（铁力中裕燃气控股有限公司），储气能力6万立方米，居民用户已安装覆盖60个小区；汽车加气站1家（铁力市远达天然气有限责任公司），最大储量50吨，服务车辆110台；液化气站3家（双丰益民、西河站、力鸟），最大储量分别为50立方米、100立方米、100立方米。按照省、伊春《关于城镇燃气安全排查整治工作方案的通知》《关于进一步做好燃气行业安全工作的通知》等文件要求，市住建局联合城管大队、公安部门、消防部门、应急局、市监局、工信局、民政局和中裕燃气等单位开展多次燃气安全专项执法检查，针对1家管道燃气企业及3家液化气站进行全面安全检查，采取企业自查自纠、城管大队全面排查、各部门联合检查等方式，查找隐患，开展整治，确保全市城镇燃气行业安全平稳工作。

（安　妮）

【市容市貌管理】 2022年，铁力市城市管理行政执法大队统筹安排流动摊贩集中规范整治行动，严格按照规划依法整治。将原早市、大集流动摊贩1000余户全部规范到铁力市创业再就业基地统一经营，实现退路入市。整顿治理正阳街生资市场商户22家，在商户门前划定2米标线，允许商户按季节在线内有序摆放生资商品。对站前新华路24家塑钢门窗商户乱摆乱放的问题集中进行了清理规范整治。集中清理商户门前搭建临时大棚79处，拆除居民私拉在树木上的晾衣绳、清除占用绿地的车辆和杂物400余处。统一进行清理整顿沿街商户门前堆放的杂物500余处，规范公园小吃车夜市50余家，解决了占道经营、露天烧烤油烟扰民问题。对全市30家餐饮企业开展餐饮油烟专项整治行动，对发现的问题及时完成整改。为西一路临时商贩统一制作设置货架，整齐摆放，规范了临时摊点经营秩序。规范清理一批问题牌匾，共排查户外广告、招牌设施4632个，整改有安全隐患广告2个，督促整改破旧损坏广告、招牌62处，拆除废弃牌匾70块。对全市街道两侧停车位内商户私自摆放的停车桩清理整顿，共清理停车桩102处。清理占用公共资源大型车辆16台，对24家二手车商户车辆占道经营问题，告知并现场督促立即整改，共清理车辆148辆。整合利用城区空地和闲置用地，提高城市停车位供给和服务管理水平，在智诚公寓楼下原有停车位上专门设置35个三轮车临时停放处，解决了三轮车乱停乱放问题。

（安　妮）

【生活污水处理】 铁力市城区唯一一家集中污水处理企业铁力市依吉污水处理有限公司，2009年以BOT形式与政府签订《铁力市城区污水处理项目特许经营协议》，运营铁力市污水厂30年。公司成立于2009年9月，下辖铁力市依吉污水处理厂1家，处理厂于2012年11月开始试运行，经2020年提标改造，日处理污水能力为4万吨。2022年，铁力市投资1597万元，在污水处理厂内新建污泥处理设备，年处理脱水污泥1.08万吨。

（安　妮）

【生活垃圾处理】　2022年，铁力市区域有生活垃圾处理场（压缩转运站）1处，日转运能力80吨至120吨；垃圾中转站23处，其中，城区内7处，各乡镇16处，分别承担市区内和各乡镇的垃圾收集中转任务。全市生活垃圾的收集、清运和处理，做到日产日清，全年共清运生活垃圾4万余吨，全部经转运站运往伊春中科环保电力有限公司垃圾焚烧场进行无害化处理。在147个小区和主要街道投放分类垃圾桶2353个，在市区中心路、步行街、公园和广场等投放分类果皮箱720个。2辆餐厨垃圾专用车负责运输城区餐厨垃圾每年1800余吨。

（安　妮）

【环境卫生整治】　2022年，住建局在“爱国卫生月”活动和“春风春绿”专项行动中，进行环境卫生整治，重点对市内街道、城乡接合部的卫生进行整治，清除卫生死角，清理和整治积存垃圾、残土和白色污染等工作。共计出动各工种工作人员800人次、各种作业车辆400台次，解决群众反映环境卫生问题15起，清洗各类公共设施2000余处。打造示范公厕2个、打造示范街路2条，清理死角生活垃圾4000余吨、清理建筑垃圾210余吨。

（安　妮）

【专项整治三大安全隐患】　2022年，铁力市在燃气隐患排查方面：按照省、伊春市《关于城镇燃气安全排查整治工作方案的通知》《关于进一步做好燃气行业安全工作的通知》的要求，铁力市成立燃气安全隐患专项排查整治工作领导小组，检查燃气企业4家，餐饮企业851家，居民1000余户，共排查出各类隐患和问题180个，已全部整改完成。全市使用燃气的餐饮用户851户及居民用户3555户已全部安装燃气泄漏报警器。在房屋安全专项整治方面：按照省、市安排部署，各县（市、区）开展城乡自建房屋安全排查整治工作，取得阶段性成效，经营性自建房整治任务和非经营性自建房排查任务如期完成。已排查农村房屋20268户，其中，农村非经营性自建房20118户、非自建房150户。鉴定为危险房屋90栋，其中，C级房屋43栋，D级房屋45栋，已全部进行整治。在建筑施工安全整治方面：住建局对全市建筑工地质量安全进行执法检查，共检查在建工程项目18个，下发安全隐患整改通知单35份，发现安全生产一般隐患问题71个，立行立改隐患问题36个，限期整改35个，检查中发现的隐患问题，建设单位、监理单位、施工单位均已完成整改。

（安　妮）

## 市政设施

【城市供电】　2022年，铁力市供电辖区内有10千伏配电线路38条，其中，公司产权线路32条、用户产权线路6条。有高压配电线路1049.93千米，低压配电线路1016.48千米，公共配电变压器2180台。担负着铁力市5镇3乡71个行政村和铁力林业局、桃山林业局的供电服务任务，辖区供电户数152204户。全年供电量3.3亿千瓦时，售电量3亿千瓦时。2022年末，国网铁力供电公司未发生人身、电网、设备事故，安全稳定运行4193天。铁力供电公司排查发现配电线路森林草原防火隐患22处，通过清理配电线路通道8.5千米、接地杆塔54基，加装智能开关3台、更换横担32根，采取在10千伏配电线路电杆和柱上开关上安装监控，使线路本质安全水平稳步提升，治理完成率100%。根据省、市供电公司检查组要求，高损台区线损治理工作，针对低压台区线损率波动比较大的问题，采用现场巡视与采集监控监察相结合的方式，对低压台区各类异常台区数据分析、检查，完成高损台区治理11台、负损台区治理18台、闭环异常台区治理30台。结合上级公司“开展排灌台区供电风险排查工作的通知”，组织人员对用户产权线路存在的安全隐患，及时告知产权用户，并签订安全隐患通知书。共计排查高压机井用户1501户，低压用户143户，发现隐患已及时进行整改消除。铁力供电公司出动人员120人次，出动车辆32台次，为高速路口、5个乡镇等16处进城入口的检疫卡点安装临时电源，购置电力电缆4800米、进户开关48个。完成各种重大节日、活动、政府会议、高考、百大项目等重要活动保电工作。共计出动保电车辆52台次，对辖区线路进行特巡26次，出动人员89人次，制定科学、详细的保电预案，对辖区内配变电进行三相电流测量，使用红外测温仪对各设备主要接点进行测温，发现并消除隐患7处，更换高压隔离2组、空气开关5个、设备线夹6个、高压熔断器2支。利用台区智能管理单元和采集运维现场作业终端设备，对时钟

2022 年 5 月，铁力供电公司进行村屯线路施工

（铁力供电公司供图）

超差的窄带电能表和系统校时失败的电能表进行批量和现场校时，更换采集失败电能表 512 块，更换采集模块 365 块，处理采集失败集中器 71 台，更换 MIS 卡 67 张。为加快推进营销普查进度，供电公司要求各供电所按照轻重缓急，由远及近，先高压后低压进行普查工作，完成高压用户普查 3449 户，高压普查率 87.6%；完成低压非居民用户现场普查 12585 户，低压非居民普查率 78.6%。围绕“遵守安全生产法当好第一责任人”安全月活动主题，推动“安全生产月”活动开展，组织安全大讲堂活动 4 次、专项安全日活动 8 次，讲安全课 2 次。

（张　彬）

【燃煤供应】 2022 年，铁力市政府将供热保障工作纳入重要议事日程，进入供热期以来，组织召开市政府常务会议等各类会议 3 次，市政府主要领导及分管领导先后 10 余次深入供热企业开展调查研究，及时破解供热工作存在的问题与难点。按照黑龙江省《推进供热领域突出问题整治确保群众温暖过冬专项行动方案》和伊春市 2022—2023 年供暖季煤炭保供工作方案要求，第一时间研究制定本级方案，组织工作专班，细化分解各项重点任务，统筹推进各项工作，全面保证燃煤供应。铁力宇祥热电有限责任公司负责承担铁力市居民及其他企事业单位供热面积 700 余万平方米、8 万余用户的供热任务。使用伊春市营港物流有限公司专用线运输，购入煤炭 40.7 万吨，消耗煤炭 37 万吨，确保了燃煤的及时供应和充分利用。

（高庆文）

【城市供水】 2022 年，铁力市共实施两个供水管网改造项目。老旧小区供水管网及二次加压改造项目，项目中标金额 1088.6 万元，改造 29 个小区供水管线 8.4 千米及 12 座加压泵站；铁力林业局二水厂输水管线改造工程项目，项目中标金额 1167.5 万元，改造老旧 DN400 铸铁供水管线为 DN600PE 供水管线，改造二水厂至火车站东道口供水管线 2.9 千米。

（安　妮）

【城市供热】 2022 年，铁力市共实施两个供热管网改造项目。供热老旧管网改造工程项目，改造供热管网 12.47 千米涉及 48 栋楼房供热改造，9 月 26 日竣工；铁力市城区供热管网及设施改造工程项目，改造供热一级管网 4.3 千米，8 月 22 日完成施工招标，中标单位中地寅岗建设集团有限公司，中标金额 2989.5 万元，完成供热一级网 DN500 管线 0.9 千米、DN1200 管线 3.4 千米。

（安　妮）

【“四网”排查】 2022 年，铁力市根据省住建厅《关于迅速启动“四网”排查工作的通知》文件要求，对城区供水、供热、燃气、排水管网进行排查，并建立地理信息系统。工作分两部分进行：聘请第三方专业机构开展污水管网排查工作，7 月 15 日完成招标，中标金额 368 万元，完成城市主管网排查 122.18 千米，并形成排水管网“一张图”上报省住建厅；进行供热、燃气、供水管网排查，聘请第三方专业机构开展排查工作，10 月 19 日完成招标，中标金额 279.98 万元，完成供热管网排查 158 千米，燃气管网排查 56.7 千米，供水管网排查 156 千米。

（安　妮）

## 园林绿化

【铁甲河带状公园】 2022 年，铁力市依托铁甲河可持续发展项目，投资 3796 万元，改造铁甲河市区段，因地制宜建设凸显城市历史文化特色的滨水空间。遵循规划先行的原则，严格按照规划适时修编《铁力市绿地系统规划》，按照规划目标有序实施城市蓝绿空间建设，串联整合城市公共空间中的“蓝色”生态资源，启动调节和可持续发展工程，合理利用铁甲河沿岸滨水绿地空间构建与城市结构相契合的生态绿廊。因地制宜、合理规划布局打通城市内河沿线 5.67 千米蓝绿空间，建设贯穿城区的绿色廊道，修复沿岸滨水绿地近 60 公顷，拓宽河道，栽植净水植物，营造鱼类栖息地，配合鸟类的繁衍地，建成小型的生物多样性保护区。通过清理河道垃

2022 年 7 月，铁甲河带状公园景观

（铁力市住房和城乡建设局供图）

坝，改善河道水质，建设生态拦蓄林，涵养水源，改善城市小气候。修筑生态护岸，保持水土，保护生物多样性，建设人工湿地，形成天然蓄水池。修建绿色步道，结合海绵城市建设理念，保证雨水有效回补地下水。栽植乡土树种，合理分布景观节点，提升公园服务半径覆盖率，实现“三百米见绿、五百米见园”的目标。挖掘城市记忆，提升公园文化内涵，将铁力历史文化融入景观营造中，还原《东北古代史文札》《高丽史》《铁骊国史梗概》等著作、文献及期刊中所描绘的“铁骊”。以西环桥为起点，自西向东按叙事逻辑规划四个关联景园，主要体现铁力区域的金源文化、五大营史实、闯关东史实、林区创业史实以及生态可持续教育，利用雕塑等景观元素具体抽象化自“铁骊”国时期以来的水墨农耕、朝堂争位、女真牧马、五营抗倭等历史故事。四个关联景园按照叙事顺序分别命名为瞻古园、畅想园、奋进园、智慧园，叙述铁力自辽以来的盛衰变迁。提升城市海绵调蓄功能，在河道蓝线范围内，采用拓宽河道、放缓岸坡的改造方式，发挥河道雨洪调节的功能，同步起到提高污染物沉淀效率的作用。利用液压坝保证景观用水，实现小流域内水位的有效控制。在强降雨季节，河道为城市排水系统分担雨洪压力，防止城区内涝。在干旱季节，河道内的河水可回补地下水资源，同时调节城市小气候。

（安　妮）

【左营公园】　2022 年，铁力市左营公园位于原铁力市第一中学旧址，此处原为清代“铁骊”地区五大营左营遗址。为纪念甲午战争期间牺牲在辽东抗日前线的“五大营”官兵，市政府投资 200 万元修建左营公园，公园占地 7.2 公顷。同时利用市政广场修建一处五大营纪念馆，突出纪念性专类公园的主题。采用坡硬增绿的方式，在广场上增设树池座椅。在景观营造方面，借鉴生态节约型园林建设理念，延续海绵城市建设，在原有地貌的基础上，充分利用基地内原有湿地和建筑基坑修建人工湖和人工湿地，栽植芦苇等净水植物，丰富湿地环境生物多样性，沿湖修建生态步道 400 延长米，布置了景观亭及瞭望塔。

（安　妮）

【滨河健康主题公园】　2022 年，铁力市为保护母亲河，恢复呼兰河岸沿线生态环境，铁力市政府投资 2600 万元修建完成滨河景观公园。公园坐落于铁力市城南的呼兰河畔，全长 1600 延长米，占地 14 公顷。滨河健康主题公园以“健康运动”为主题，将体育运动的元素融入景观营造当中，旨在倡导全民养成“合理膳食、适量运动”的健康生活方式。公园按照使用功能，分为运动体验区、河滩野趣区、亲水游乐区、儿童活动区、植物康养区以及植物专类区 6 个分区。公园内自西向东贯穿一条 2000 延长米的健康步道，串联 6 大分区，沿途分布景观节点。

（安　妮）

【儿童公园】　2022 年，铁力市儿童公园占地 6.9 万平方米，其中，绿化面积占地 3.9 万平方米，绿地率达 50% 以上。公园以“自然生态、科普文化、亲子交流、体验参与”为主题，按照

2022 年，铁力儿童公园俯瞰图

（铁力市住房和城乡建设局供图）

不同年龄段的儿童分别设置了花园宝宝之家、森林里的小红帽、森林秘境、豆豆乐园等7个各具特色的游乐区域。公园按照使用功能分为共享景观区、儿童游乐区、森林秘境植物认知区以及配套服务区四大功能分区。配套建筑占地880平方米，分别为好少儿图书馆、宝贝能量站以及园厅卫生间。建筑的整体空间布局成树枝状展开，意为铁力的“成长森林”，让孩子们在此茁壮成长。共享景观区及主园路共同形成树枝状的空间，成为公园的主要骨架，7个特色游乐区散布其中。

（安 妮）

【口袋公园】 2022年，铁力市以市民实际需求为出发点和落脚点，启动铁力市口袋公园建设项目，将建成区闲置土地作为公园建设用地，投资260万元修建完成4处占地1.4公顷的“口袋公园”。围绕“城市公园绿地十分钟服务圈全覆盖”的目标，统筹考虑公园选址，解决大型公园覆盖“盲区”的问题。采用共谋共建的模式，坚持问需于民、问计于民，邀请市民参与公园主题立意。形成“口袋公园”的初步设计方案后，在公众平台发布设计初稿，广泛征求市民意见，确定方案后进行公示。进一步优化“口袋公园”的使用功能，拓展街区空间的复合利用，因地制宜改造市第二小学街角、出城口沿线绿地以及城市拆迁预留地等地点，融合节约型绿地、海绵城市建设等理念，先后打造铁嫩公司遗址口袋公园、干馏口袋公园、农场路口袋公园以及哈伊路沿线口袋公园。坚持园林绿化“三分建七分管”的理念，全面实施精细化管理。加强公园巡查和绿地养护，联合执法部门对社会治安隐患、不文明游园、偷钓偷捕等不文明行为进行综合整治，为广大市民创造安全、放心的游园环境。

（安 妮）

## 建筑业管理

【概况】 2022年，铁力市开工建设的房屋建筑和市政基础设施工程项目共计44个。其中，政府投资36项，企业投资项目8项，房地产开发项目5项。全市完成建筑业总产值3.42亿元，全年提供建筑行业务工人员就业岗位1000余个。

（安 妮）

【勘察设计】 2022年，住建局加强勘察设计对企业工程数字化成果的应用能力，推动全市2家勘察设计企业应用电子印章和电子勘察设计文件，做到交付成果到申请审批“0转换”，全年开展新发布标准规范宣贯活动4次，宣贯新标准规范12部。动态核查勘察设计企业资质2次，核查合格率100%。

（安 妮）

【建筑市场管理】 2022年，铁力市严格执行省厅最新发布《黑龙江省房屋建筑和市政基础设施工程招投标管理办法》及《黑龙江省房屋建筑和市政基础设施工程招投标投诉处理办法》，将《办法》中规定融入招投标监督管理工作中。开展建筑市场专项整治三年行动，在承发包行为管理、合同履约管理、人员履职等方面加大整治力度，全年开展建筑市场专项检查20次，检查工程项目25个，下发建筑市场整改通知书8份，整治建筑市场突出问题20余项，运用黑龙江省工程建设项目施工现场信息化管理平台实现互联网+监管，工程项目平台应用率100%，项目管理人员平台平均考勤率均在70%。

（安 妮）

【项目审批服务】 2022年，铁力市推进优化营商环境，重点从简化流程、压缩时限、提高质量、优化服务等方面抓好各项工作落实。全年共审批核发建筑工程施工许可证36个，其中，房屋建筑工程项目21个，市政基础设施工程项目15个；共核发建设工程竣工验收备案证书6个，其中，政府投资项目3个，社会投资项目3个。建设工程消防审验方面，落实上级文件要求，依据省住建厅《关于进一步完善建设工程消防设计审查验收管理工作的通知》，调整工改系统建设工程消防验收或备案的申报要件，消防验收阶段不再要求提供涉及消防的建设工程竣工图纸，以审查合格的消防设计文件和消防设计审查意见为依据开展消防验收，并在全市范围内率先完成该项任务。全年共核发建设工程消防设计审查意见书8个，其中，国家机关办公楼6个，中小学校教学楼1个，医院病房楼1个，总建筑面积1.91万平方米；核发建设工程消防验收意见书2个，其中，幼儿园1个，国家机关办公楼1个，总建筑面积7590平方米；核发建设工程消防验收备案凭证5个，总建筑面积3.8万平方米。

（安 妮）

【工程建设管理】 2022年，铁力市开展工程质量监督执法检查15次，检查项目17项，下发工程质量整改通知单12份。对重点隐蔽工程、分部工程验收进行现场监督，对混凝土、钢筋及砌体等工程关键部位，现场抽样检测15次，平均检测合格率93%，杜绝质量通病的发生，提升了建筑工程质量。先后印发《关于做好铁力市房屋市政工程开复工质量安全和疫情防控工作的通知》《关于进一步加强建筑施工领域重点时段安全生产及疫情防控风险排查整治工作的通知》等强化工程建设项目安全生产管理工作文件10余份。常态化开展安全生产“四大行动”，全年开展安全生产大检查、“迎二十大安全生产百日攻坚战”等专项行动及日常监督执法检查36次，下发安全隐患整改通知书26份，发现各类安全隐患71项，并及时督促整改，对于发现的安全隐患，做到发现一处、落实一处、整改一处，责令停工整改项目4项，行政处罚施工企业1家，处罚金额3000元。持续开展工程项目安全生产标准化建设，创建标准化“优良”项目2项，项目综合考评合格率100%。减少了一般及重大隐患，规范了建筑企业安全生产行为，确保全年无一般及以上事故发生，保障了人民的生命财产安全。

（安 妮）

【工程建设监理】 2022年，住建局共进行36次建设工程项目监督执法检查，检查项目35个，对企业下发责令整改通知书40份，检查发现工程质量、安全、建筑市场各类隐患80余项，均已整改完毕。责令局部停工整改项目4个，行政处罚施工企业2家，处罚金额11234.63元。

（安 妮）

【工程项目招投标】 2022年，铁力市在“伊春市公共资源交易中心”组织招投标项目共43项，中标金额达4.097亿元，其中，公开招标27项，直接发包项目7项，合同金额1.016亿元，无省外企业中标及直接发包项目。

（安 妮）

【项目风险排查】 2022年3月，铁力市共排查发现涉及消防设计历史遗留问题项目141个，均已纳入消防历史遗留问题整治范围，完成平台确认登记，并建立全市消防历史遗留问题整治台账，推进整治工作。4月，铁力市进入普查数据质检核查阶段，先后通过伊春市级、省级数据质检，7月，将铁力市承灾体普查数据汇交至住建部。开展全市房屋安全排查整治专项行动。长沙“4·29”事故发生后，按照上级工作部署，建设工程中心对铁力市城镇房屋安全开展排查整治，共排查城镇房屋24795栋，完成率100%。排查发现疑似存在安全隐患城镇房屋82栋，均进行了安全鉴定，其中，经营性自建房屋3栋，鉴定为D级，并全部停止使用，经市政府同意列入拆迁计划进行解危；其他自建房屋79栋，经鉴定，确定C级房屋77栋，D级房屋2栋，C级房屋观察使用，要求住户自行维护维修措施，定期检查，已完成解危79栋。

（安 妮）

【建筑业企业选介】 黑龙江嘉建建筑安装工程有限公司 注册资金4000万元，是集房屋建筑业、市政道路工程建筑、公路建筑，管道和设备安装服务为一体的综合型三级施工企业。公司承接各种大型工业与民用建筑公路建筑的施工安装任务及公路施工任务。公司有工程技术和经济管理人员65余人，其中，二级建造师18人、中级职称8人，现场管理人员20人，技术工人30人。公司承建铁力市丁香园小区二期工程、铁力市老旧楼房屋面及外立面改造工程项目第二标段项目、伊哈路至卫东（卫东生态园红松种子基地）公路建设项目等，各项目验收合格率100%。

铁力市路桥工程股份有限公司 有在册人员77人，注册资金5800万元，其中，政府投资4640元（占股80%），职工投资入股1160万元（匹配804万元，购买356万元，占股20%）；国有持股80%，职工持股20%。2022年，公司承揽的项目包括黑龙江省伊春市铁力市东西苑联合老旧小区配套基础设施改造项目（一、二、三、四标段）、黑龙江省伊春市铁力市老旧小区供水管网及二次加压改造项目、黑龙江省伊春市铁力市呼兰河流域可持续发展项目（第一标段）等。全年建筑业产值19801万元，上交国家税金1975.3万元。

（安 妮）

# 房地产业管理

【房地产开发】 2022年，铁力市有房地产开发企业30家，有房地产开发项目的企业2家。林东新城房地产开发项目，建设单位铁力市宝诚房地产开发有限公司，建设面积2.27万平方米，用地面积15221平方米，工程造价3258万元。铁力市丰润国际广场豪景B区2号楼项目，建设单位铁力市丰润房地产开发有限责任公司，位置在铁力市保健街北侧、东八路东侧，建设面积5161.22平方米，用地面积3881.1平方米，工程造价670万元。

（安 妮）

【房地产市场监管】 2022年，住建局联合市场监督管理局对铁力市恒信房地产开发公司进行检查，对企业开发资质是否过期、是否存在开发资质出借、涂改、转让等进行检查。对铁力市丰润房地产开发公司、铁力市宝城房地产开发公司的开发项目进行检查，检查开发公司是否存在在没有取得商品房预售许可证的情况下进行商品房预售，给开发企业下发《未取得商品房预售许可证不得进行商品房预售的通知》。对铁力市商品房预售项目进行检查，检查企业是否存在以养老名义进行虚假宣传、欺诈行为进行商品房销售，并给开发企业下发《不得以养老名义进行虚假宣传、欺诈行为进行商品房销售的通知》。

（安　妮）

【房地产经营】　2022年，铁力市已纳入统计名录库有资质的房产开发企业11家。商品房销售731套，面积55105.34平方米，金额10165.81万元。其中，住宅581套，面积47353.73平方米，金额8170.16万元；非住宅145套，面积7651.61平方米，金额1995.63万元。房屋销售总面积35398平方米。

（安　妮）

【房屋征收】　2022年，铁力市老房产储备地块征收。自9月6日发出征收补偿公告（征求意见稿）。至11月，已签署预征收协议10户，住房面积1449.22平方米，被征收户均选择产权调换方式，原址回迁17套住宅，面积1835.12平方米。广场东侧铁甲河沿线地段征收。征收总户数61户，已完成征收24户，剩余未征收户数37户。城南街地块征收总户数601户，已完成征收591户，剩余未征收户数10户。高铁项目征收（2017—2022年）总户数520户，已完成征收519户。全年新增地块征收（铁力经济开发区基础设施扩建）总户数11户，已全部完成征收任务。铁力市城市口袋公园建设项目征收总户数3户，已完成征收2户，剩余1户涉及违建，违建拆除后进行征收程序。铁力市满江红村平贝药材基地产业路工程项目征收。征收户数1户，已完成征收任务。

（安　妮）

2022年2月，铁力市骊民物业公司组织铲车、滚刷机等大型机械和员工对小区内的积雪进行清理

（刘青山供图）

【物业管理】　2022年，铁力市排查规划小区健身器材的范围布置，对惠民小区进行阳台加固，楼体改造，工程现场施工，居民协调管理等工作。解决处理“12345”信访有关物业纠纷问题上百余件，业主基本满意。为确保人民群众人身、财产安全不受冰雪的损害，对全市28家物业公司管理的103个小区的屋面、庭院进行冰雪清理和督促检查。

（安　妮）

【保障性安居工程】　2022年，铁力市没有城镇棚户区改造项目和公租房、公共租赁住房建设计划。年初，铁力市计划发放公租房租赁补贴1200户，给每户每年发放补贴资金1440元，实际发放租赁补贴1242户，发放租赁补贴资金172.26万元。

（安　妮）

【房地产业企业选介】　铁力市恒信房地产开发有限责任公司　是一家以房地产开发为主，兼营房屋销售、物业管理等业务的房地产开发企业。公司注册资金2000万元，完成铁力市龙悦新城小区、铁力市恒信嘉园小区、铁力市仁和嘉园小区等十六项保障性安居工程建设任务。2022年末，完成32万平方米工程建设，拆除危旧房屋10万平方米。

铁力市龙兴建筑安装工程有限责任公司　是集建筑、安装、装饰、市政、机械化施工于一体的建筑工程施工总承包二级企业和市政公用工程施工总承包三级企业。公司注册资本2000万元，净资产4300万元，在册职工中有职称的管理人员42人，其中，二级注册建造师9人、高级工程师2人、工程师15人。公司有大小施工机械及试验检测设备100余台（套），年施工能力10万平方米。公司获得“黑龙江省建筑业先进企业”“黑龙江省全面质量管理优秀企业——银屋奖”“全省用户满意企业”“黑龙江省光彩企业”“黑龙江省建筑业诚实守信企业”“伊春市建设工程质量管理先进单位”和“伊春市建设安全管理先进单位”等称号。2022年，公司承揽铁力市第六小学整体改造项目（教学楼维修）、工农乡二屯村道路硬化项目、铁力市龙玺茗悦郡小区项目、抚远市城乡街路牌设立工程等项目。全年主营业务收入1165.34万元，净利润15.55万元，税金55.98万元。

（安　妮）

2022年6月27日，铁力市智慧城市建设指导中心在东二路进行政务外网修复
（铁力市智慧城市建设指导中心供图）

## 智慧城市建设

【基础设施建设】 2022年，铁力市智慧城市建设指导中心新接通铁力市职教中心、第四幼儿园、新党校和10个社区及8个乡镇综合便民服务中心的政务网络链接，结合实际为各单位制定支线引申接入铁力市光纤主干网络建设方案，确保政务网省、市、县纵向互联互通。

（胡文涛）

【政务外网覆盖】 2022年，铁力市智慧城市建设指导中心研究制订市直部门及下辖乡镇全面开通政务外网工作计划。做好铁力市电子政务外网建设和推进“互联网+”政务服务模式应用工作，实现各级政务部门互联互通，并按照各部门实际需求，完成市直各部门、8个乡镇和10个社区政务网络的实际拓铺工作。

（胡文涛）

【智慧物业试点】 2022年，铁力市智慧城市建设指导中心在新冠疫情防控常态化下规划智慧物业试点建设，经实地调研勘验，将试点应用扩大覆盖至8个小区，对格林春天、丁香园小区各安装人脸识别立柱门禁1个、安装10路充电桩2个，对北府华庭、格林世家等6个小区安装微信门禁和10路充电桩设备，各试点小区设备均平稳运行。同时配合住建局对弃管小区和弃管楼监管情况进行摸底排查，适时开展智慧物业监管平台建设。

（胡文涛）

【综合管理体系】 2022年，铁力市智慧城市建设指导中心通过综合运用城市地理信息系统、天地图、阿里云等管理平台，详细标注各类型防控信息，通过图形直观显示到调度大屏上辅助决策，凸显智能化、大数据等新基建项目在城市整体治理上的效能提升。新建铁力市城市一体化指挥平台项目——铁力市数字指挥中心，11月20日建成，12月10日投入试运行，全面提升铁力的城市综合管理、社会治理能力和应急处理能力。

（胡文涛）

【督查督办系统】 2022年，铁力市智慧城市建设指导中心与市政府督查室研究对接，升级铁力市数字督查系统，系统通过改进督察督办流程，改变原有的督查督办模式，健全和完善重大项目、重点工作、督办交办、公车申请、请假报备等环节的规范化、精细化、科学化管理。

（胡文涛）

【乡镇政务外网】 2022年，铁力市智慧城市建设指导中心借助政务外网升级和“全省事”App应用拓展的有利时机，在已实现铁力市周边8个乡镇的政务网络全覆盖的基础上，完成对铁力镇8个乡镇综合便民服务中心的政务外网覆盖工作，并扩大乡镇政务外网使用范围，普及政务外网日常使用知识。并派出多名人员深入各乡镇，通过视频会议交换机和授权VPN，实地教授乡镇人员政务外网的连接和调试方法，让各乡镇逐步将已开通的政务外网利用起来，提升乡镇政务服务能力。

（胡文涛）

【数据安全保障】 2022年，铁力市智慧城市建设指导中心始终把数据安全放在首位，成立安全检查专班，以主要负责人为第一责任人的安全生产自检自查专项工作组，重点对数据中心机房、钢瓶间、UPS蓄电池组控制室等管辖区域内开展安全生产大排查。同时为保障数据中心机房设备的正常运行，安排2名管理人员每日查看恒温恒湿通风系统，定期和不定期对钢瓶间和UPS蓄电池组控制室进行巡查，并认真做好巡查记录。通过安排专人巡查，有效防范因设备线路老化以及突然停电等带来的安全隐患。

（胡文涛）

# 乡村振兴

Rural Revitalization

编辑：刘玉鑫

# 综　述

【脱贫成果】　2022年，是铁力市巩固拓展脱贫攻坚成果同乡村振兴有效衔接之年，脱贫成果显著。全年没有发生规模性返贫现象；脱贫劳动力就业形势保持稳定；脱贫地区和脱贫人口收入增长较快。全年全市脱贫人口人均年收入达到12639元，比2021年增长11.3%。

（陈浩男）

【乡村振兴推进会议】　2022年，铁力市乡村振兴局严格落实“五级书记抓乡村振兴”要求，建立乡村振兴联系点制度，明确13名处级干部牵头负责11个专项工作组，实施“任务提示+工作督办+调度协调会议”机制。组织召开市委农村工作领导小组会议7次，会议主题聚焦做好“乡村振兴重点工作任务一体推进”“当前重点工作一体推进”两个推进，抓好“产业兴旺”“增收致富”两项重点工作；强化人才队伍建设和项目建设，做好资金使用和监管工作；做好防止返贫监测帮扶集中排查工作；持续做好问题整改工作；做好巩固脱贫成果后评估工作等重点任务。组织召开专题调度会议15次，下发工作提示14期，纵深推进143项年度重点任务。乡村振兴相关会议要求坚持规划先行，确保乡村振兴沿正确方向发展。要压实落靠工作责任，健全完善保障机制，形成整体合力，提高领导农村工作的能力和水平，为做好新时期“三农”工作提供坚强保障。

（陈浩男）

【村干部队伍建设】　2022年，铁力市调整乡镇干部36人，调整补选农村干部6名。实施“双培双带”工程，将65名致富带头人选为村“两委”成员，“双带”型村干部达到78.7%；制定《关于实施村党组织书记备案管理的实施意见》，建立71个村支部书记档案，提升规范化管理水平。实施“星火计划”，储备农村后备干部263人、招聘到村任职大学生21人、发展35岁以下农村党员16人、轮换驻村帮扶干部22人，为乡村振兴提供人才支撑；制定《关于从优秀村（社区）党组织书记中招聘乡镇事业编制人员的实施方案》，从优秀村（社区）书记中招聘乡镇事业编制人员3名，激发村（社区）干部干事创业热情；结合“双百典型示范工程”，选树全省乡村振兴担当作为村党组织书记1名。

（张静怡）

【村干部教育培训】　2022年，铁力市构建“县级重点训、乡镇兜底训、支部跟进学”培训体系，采取赴外培训、现场观摩、政策解读、座谈研讨、视频教学等方式，围绕农业技术技能、基层组织建设等内容，先后举办赴四川成都、山东胶州考察学习班2期，铁力市级培训班4期，乡镇培训班21期，培训219人次。实施“村干部学历提升工程”，报名参加50人，其中，村支部书记11名，全面提升村干部学历层次。

（张静怡）

【农村社区综合服务】　2022年，铁力市统筹推进农村社区综合服务设施建设，促进基层治理体系和治理能力现代化。村级服务站有专门且能满足服务需要的场所。2022年末，铁力市村级综合服务设施已达标74.6%。

（王云博）

# 农村改革

【农村集体产权制度改革】　2022年，铁力市不断推进农村产权交易市场建设，搭建农村产权流转交易平台。全市有资源、资产发包的村50个，共成交664件，成交面积1241.26公顷，成交总价609.1167万元，资产和资源溢价26.565万元，溢价率5.18%。

（刘　赫）

【农村集体经济组织“清化收”工作】　2022年，铁力市注重农村集体“三资”问题整治。全市完成清理合同1082份，涉及金额589.39万元，清理收回债权131.63万元，化解债务148万元，新增资产收入42.83万元，新增资源收费入账金额1504.84万元。各乡镇、村级分别制定《新增资产资源指导意见》和《新增资产资源收费办法》，同时上报市农业农村局备案。全市“三资”专项整治工作中，共清理出问题1028个，涉及资金5167.29万元，并全部整改完毕。回收资源1340公顷，回收资金4240.8652万元，剩余部分不涉及资金回收，通过账务核销进行处理。

（刘　赫）

【农村宅基地制度改革试点】　2022年，铁力市不断强化农村地区宅基地审批管理。全面开展农村宅基地调查摸底，完成全市农村房地一体确权共20434宗。建立农村宅基地联合联办机制，全市各乡镇设立“一站式”农村宅基地审批窗口，加强农村宅基地审批管理。开展北星民宿、酒章文创园、长山民宿、萌宠部落试点，利用闲置宅基地和农房3.2万平方米，打造民宿55家。

（刘　赫）

【国家级绿色食品原料标准化基地建设】 2022年，铁力市召开2万公顷国家级绿色水稻原料标准化基地续报工作推进会议，指导各乡镇完善基地建设组织管理文件和生产单元分布图及投入品管护制度。指导企业严格按照绿色食品技术规程操作，定期开展绿色食品检查，开展绿色食品基地建设与管理技能提升培训。开办“两品一标”品牌建设培训班，培训企业12家。完成新增绿色有机标识1个，全市绿色有机食品标识达到46个。叫响“铁力森鲜”“铁力大米”“铁力平贝母”等区域公用品牌。推进组织全市7家大米企业参加首届中国（黑龙江）国际绿色食品产业博览会和黑龙江大米节。

（刘　赫）

【农业托管项目建设】 2022年，铁力市共有24家托管服务组织与农户达成服务协议，共签订托管作业合同1424份，包含脱贫户68户。建立资金监管专户服务组织24家，安装GPS监控设备农机具518台，可通过智能监测平台采集作业数据。

（刘　赫）

【农业数字化转型升级】 2022年，铁力市依托中药材数字化示范基地平台，不断推动数字农业示范县建设工作，整合“互联网+”农业高标准基地资源。中药材数字化示范项目通过网络安全系统建设、大数据平台建设、大屏展示系统设备、农业物联网设备（土壤墒情监测、虫情测报、小型气象站）等，实现农业生产远程监控，提升了中药材种植科技化、管理标准化体系水平。同时建成中草药产业大数据管理平台、分析与决策平台和质量安全溯源监管平台的建设。

（刘　赫）

## 乡村产业

【乡村产业项目建设】 2022年，铁力市利用2022年度中央、省级财政衔接资金4898万元实施分布式屋顶光伏、萌宠部落二期、金海粮米业等产业类项目7个，累计发放收益资金331.99万元，带动脱贫户和监测户2559户次3245人次，人均增收1230元。

（陈浩男）

【乡村产业发展规模】 2022年，铁力市有稻米加工企业16家，年加工稻米能力50万吨，稻米产品有雪花米、珍珠米等。有“铁力大米”1个国家地理标志保护产品和地理标志证明商标，有“伊铁金海粮”“雪晶源”“匠禾”等绿色有机稻米认证产品39个。全市有鲜食玉米加工企业12家，年加工量3万吨，产品有速冻甜糯玉米、真空包装甜糯玉米等，有“天翔”“罗锅子”“玉双”等主要品牌，拥有绿色食品标识3个。全市中药材种植品种以平贝、人参、刺五加等为主。有中药材加工企业24家，年加工能力8300吨以上。有“铁力平贝母”“铁力北五味子”“中国铁力林蛙油”3个国家地理标志保护产品和地理标志证明商标。铁力市引进金新农和新望2家国内生猪龙头企业，全市生猪饲养量达31.7万头，畜牧产业成为拉动县域经济发展新引擎。

（刘　赫）

【壮大村集体经济】 2022年，铁力市召开联席会议2次，专题推进会议1次，通过发展“四型经济”，拓宽集体经济增收渠道，2022年全市集体经济收入20万元以上村达71个，占比100%。整合中央和省级财政专项扶持资金970万元，扶持建设特色产业项目，推进21个扶持项目投产达效，带动村集体增收115.13万元。实施“党支部+合作社”发展模式，盘活利用村闲置资源，投资2080万元，实施爱民村金海粮米业、长山村家乡米业、云山村粮食仓储项目，采取公建民营方式，平均每年可带动村集体增收40万元。发挥资源优势、区位优势，以开展合作经营等形式进行招商引企。按照“党支部引领+合作社承托+农户规模种植+企业订单购销”的思路，整合资金550万元，爱国村、庆丰村等7个村，通过入股特色种植养殖、农产品加工等8个合作社“抱团”创收，带动增收109万元。

（张静怡）

【休闲观光农业】 2022年，铁力市以景区旅游、农旅结合带动乡村旅游为重点，引导和鼓励乡村发展休闲农业特色旅游。辖区内共有景区景点32个，有“中国美丽休闲乡村”1个，全国乡村旅游重点乡（镇）1个（年丰朝鲜族乡）、全国乡村旅游重点村2个（长山村、北星村）、省级乡村旅游重点乡（镇）1个（年丰朝鲜族乡）、省级乡村旅游重点村5个（长山村、北星村、爱国村、前进村、年丰村），并先后获得国家级生态示范区、中国优秀旅游城市、中国优秀生态旅游城市、中国最佳生态旅游城市、最佳生态旅游目的地、中国特色魅力城市、中国最具投资价值旅游城市、最值得向世界推荐的旅游城市、中国县域旅游品牌百强县（区）等称号。

（刘　赫）

## 乡村建设

【概况】 2022年，铁力市坚持围绕“改善人居环境，建设美丽乡村”总目标，坚持把改善农村人居环境作为乡村振兴的重要内容，按照“整治村庄环境为重点、改善农民生活环境为底线、建设美丽宜居村庄为目标”的思路，以“政府主导、农民主体、市场化运作”为原则，聚焦“4+2”重点任务，通过“政府补一点、村级筹一点、村民干一点”模式，推动农村人居环境质量得到全面提升。

（陈浩男）

【村庄规划编制】 2022 年，铁力市推进村庄规划编制，实施《黑龙江省村庄规划编制指南》，完成 12 个美丽宜居示范村的“多规合一”村庄（林场）规划编制工作，即铁力镇满江红村，桃山镇兴旺村、先锋村、新建村、福兴村、庆丰村，双丰镇前进村、建国村、卫华村，神树镇神树村、王杨乡长富、林草局东升林场。

（宋 洋）

【美丽乡村建设】 2022 年，铁力市研究制定《铁力市乡村建设行动实施方案》，明确 13 项重点建设任务，同时下发《美丽宜居村庄（林场）建设工作方案》《铁力市乡村（林场）建设八个机制》，按照“以点穿线、环线提升”的思路，累计投资 8316 万元，推进 19 个村屯和 1 个林场所基础设施改造升级、规模以下养殖场（户）粪污贮存设施建设、农村卫生厕所改造等工程，重点打造 2 个示范乡镇、12 个示范村、120 个示范庭院，持续提升乡村颜值。铁力市成功获得“全国村庄清洁行动先进县”“全国绿化先进集体”“全省农村人居环境整治擂台赛第一名”等称号。持续实施文化惠民工程，实现农家书屋、综合文化站和村级文化活动广场全覆盖，开展“骊马放歌”等系列文化惠民活动 104 场次。铁力市坚持“一村一主题、一村一文化”，突出乡村文化与红色文化、廉洁文化相融合，先后形成一批以福、礼、和、孝等文化为主题的特色乡村，县级及以上文明村和文明乡镇分别达到 75% 和 80%。以“积分制”“清单制”为抓手，探索“道德银行”机制，全面完成“一约四会”（即村规民约、红白理事会、道德评议会、村民议事会、禁赌禁毒会）建设，持续整治婚庆、殡葬、赌博等陋习。平均每村配有 4 名法律明白人，多元化解矛盾纠纷，提升乡村治理水平，伊春市级民主法治示范村创建率 60%。铁力市被评为“全省乡村治理体系建设试点”，2 个村被评为“全国乡村治理示范村”。

（陈浩男）

2022 年 7 月，“第三批全国乡村旅游重点村”“中国美丽休闲乡村”——北星村
（铁力市乡村振兴局供图）

【农村危房改造】 2022 年，铁力市继续开展全市城乡房屋排查及农村危房排查工作。共排查集体土地房屋 20582 处，鉴定为危房的 90 户，其中，经营性自建房 2 户鉴定均为 C 级（1 户拆除翻建，1 户加固维修），其他自建房 88 户，43 户 C 级（5 户维修加固，38 户观察使用、定期巡护）45 户 D 级（1 户拆除，44 户人员撤离、停止使用）。制定印发《铁力市关于解决农村危房的实施办法》，根据上级政策标准，铁力市农村危房全部解危。对铁力市农村低收入农户房屋维修进行核验。2022 年，全市各乡镇计划维修低收入农户房屋 102 户，维修完成 89 户，其中，工农乡 9 户完成维修及核验工作，神树镇 14 户维修完成，年丰朝鲜族乡 20 户中有 9 户完成维修，铁力镇 9 户维修完成，双丰镇 15 户维修完成，桃山镇 35 户中 33 户维修完成。铁力市制定印发《铁力市农村低收入农户住房保障预警机制》《铁力市巩固拓展脱贫攻坚住房安全保障成果同乡村振兴有效衔接工作方案的通知》《关于保障低收入住房保障工作实施方案》《铁力市农村六类人群房屋长效管护机制及监测机制》等相关措施文件，为全市低收入农户房屋安全提供制度保障。

（陈浩男）

【农村垃圾处理】 2022 年，铁力市住房和城乡建设局（简称：“住建局”）持续推进农村垃圾治理及收转运体系运转工作。全市有 7 个乡镇、71 个行政村完成农村生活垃圾收运体系建设，覆盖 185 个自然屯。配备各类垃圾桶 6.76 万个、收集转运车辆 135 台（套），农村生活垃圾中转站 16 个、村级垃圾分拣堆肥中心 70 座。为确保农村生活垃圾治理有效收转运体系正常运转，铁力市印发《2022 年铁力市农村生活垃圾治理提升实施方案》，将农村生活垃圾“五有”（指有人员、有设备设施、有技术、有管理制度、有资金支持）标准下放到乡镇，绘制农村生活垃圾收转运流程图，组织各乡镇学习观摩。指导各乡镇组建保洁队伍、制定保洁制度，建立垃圾清运工作群，完善辖区管理模式。根据全市农村生活垃圾处理情况，增加农村生活垃圾治理工作检查频次，不定点检查乡镇村屯，发现问题及时反馈到所涉及的乡镇要求整改，同时组织乡镇“三局一场”参与“春风行动”“秋冬季村庄清洁行动战役”两次专项行动。按照黑龙江省农村生活垃圾治理乡级评价表相关要求，对7个乡镇农村生活垃圾收转运处置体系稳定运行、农村生活垃圾二次分类、农村生活垃圾散乱堆放整治等三方面内容进行季度考核、排名，奖优罚劣。通过召开会议、印发文件、成效考核、组织培训、实地走访等方式，检查督促各乡镇、林草局、三局一场承担农村生活垃圾收转运体系运行主体责任，逐步补齐农垦、森工集团改革后移交的农、牧、林场生活垃圾治理设施设备短板，推进铁力市农村生活垃圾二次分类活动有序开展。

（陈浩男）

## 乡村治理

【概况】 2022年，铁力市以“积分制”“清单制”为重点，探索“道德银行”机制，完成“一约四会”建设，持续整治婚庆、殡葬、赌博等陋习。平均每个村配有4名法律明白人，多元化解矛盾纠纷。铁力市被评为“全省乡村治理体系建设试点”。

（陈浩男）

【法治乡村建设】 2022年，铁力市执法司法部门通过线上线下等形式开展“法律进乡村”等主题宣传活动360余次，发放各类宣传资料12.9万份，利用微信公众号等平台推送普法图文信息965条，点击量36.3万人次。在8个乡镇和农场以及村（社区）设立了法治宣传栏和法律图书角，遴选并动态调整法律明白人305名，实现村和社区法律明白人全覆盖。建立99个公共法律服务微信群，为村民提供法律咨询服务924件次，代办法律服务事项178件次。增补双丰镇光明村等7个村为“铁力市民主法治示范村”。全市已创建国家级民主法治示范村1个、省级民主法治示范村3个、伊春市级民主法治示范村31个、铁力市级民主法治示范村63个。成功通过了省级法治政府建设示范县（区）评审，并被推荐参加“全国法治政府建设示范县（区）”评审。

（秦宏萌）

【平安乡村建设】 2022年，铁力市划分农村网络111个，配备农村网络员116人（全市划分基础网络460个，专职网络员470人），在畅通群众诉求解决渠道、化解矛盾纠纷、排查安全隐患、服务基层群众、疫情防控等工作中发挥了重要作用。市乡村三级网格化服务中心（服务站）实体化运行，常住人口等基础信息录入率100%。围绕提升基层治理能力，开展“三上三下三公开”“信访代办制”“村级管理清单制”等试点工作，双丰镇前进村被确定为全国第二批乡村治理示范村镇，工农乡被省农业农村厅确定为乡村治理体系建设试点乡镇。以常态化开展扫黑除恶专项斗争为重点，持续开展了打击“黄赌毒”、缉枪治爆、护秋保收等一系列专项行动，农村社会治安形势保持稳定。为五个乡镇配备专职护路员14名。

（秦宏萌）

【乡村矛盾纠纷化解】 铁力市已建立145个人民调解组织，并在省内率先探索设立56个行政机关事业单位、社会团体的人民调解组织和行政调解组织。2022年，铁力市基层调解组织受理纠纷785件，调解成功率93%。“铁力市诉前人民调解委员会”成立并调解成功案件675件，达成调解协议金额5000余万元，司法确认的比例达到85%。9月27日，铁力市化解农村矛盾纠纷的做法在全省乡村治理工作推进会议上作了典型经验交流。全市共有人民调解员499人，其中，乡镇54人，村屯273人，林场所137人和农场72人。

（秦宏萌）

【村规民约】 2022年，铁力市已规范制定并完善村规民约、红白理事会、道德评议会、村民议事会和禁毒禁赌会制度，发挥农村自治组织作用。各乡镇村务监督委员引导村民自我管理、自我教育、自我约束；通过推行“村民议事”，实现民主议事、民主决策、民主管理、民主监督，保障村民的知情权、参与权、表达权。建立禁毒赌会制度，加大对毒品危害的宣传；成立“红白喜事理事会”“道德评议委员会”等自治组织，修缮出台禁止大操大办红白喜事的村规民约，引导村民抵制婚丧嫁娶大操大办等陈规陋习。

（王云博）

## 农村经济经营管理

【农村三资管理】 2022年，为加强村级资源管理，铁力市建立市、乡、村三级农村产权交易平台，明确各级职能，并要求各村集体经济组织对农村集体资源发包、项目招标采购和县级农业农村行政主管部门确定的较大数额的资产处置，通过农村集体产权交易平台进行交易。为规范村级财务管理，围绕村集体股份合作社财务管理、会计核算电算化、农村产权交易平台等工作，组织开展乡村两级农村经营管理人员培训班，培训股份经济合作社理事长、监事长和财务人员 350 人。

（梁于森）

【农村经济统计】 2022 年，铁力市村级集体经济年收入达到 2338.42 万元（不含征地补偿费），较 2021 年村集体收入的 1803.35 万元增长了 29.67%。

（梁于森）

【农民专业合作社建设】 2022 年，铁力市有农民专业合作社 397 个，其中，种植业 284 个、畜牧业 60 个、服务业 43 个、林业 3 个、其他合作社 7 个；有示范农民专业合作社 22 家，其中，省级示范农民专业合作社 4 家、市级示范农民专业合作社 4 家、县级示范农民专业合作社 14 家。2022 年末，全市运营合作社 113 家，其中，谷物蔬菜类种植合作社 58 家、中草药合作社 28 家、农机合作社 13 家、养殖类合作社 13 家；家庭农场 4439 家，经营土地面积 3.4 万公顷，经营总收入 6.51 亿元。种植业家庭农场 4407 家、畜牧业家庭农场 19 家、种养结合家庭农场 6 家。

（梁于森）

【农业产业化经营】 2022 年，为促进农业适度规模经营发展，铁力市通过支持农业生产关键和薄弱环节，补齐发展现代农业的短板；通过培育壮大多元服务组织，形成适应现代农业发展需要的生产经营服务体系。着重培育主体多元、竞争充分的农业生产社会化服务市场，集中连片地推进机械化、规模化、集约化的绿色高效现代农业生产方式，促进农业绿色发展和资源可持续利用。全年共完成社会化服务面积 1.41 万公顷。

（梁于森）

【农业生产社会化服务培训】 2022 年 10 月，铁力市举办农业生产社会化服务培训会议。培训人员包括农民专业合作社、家庭农场、新型农业经营主体带头人，参与农业生产托管服务组织负责人及相关部门业务骨干等 160 人。培训涉及完善各项制度，新型经营主体运营管理、农业生产社会化服务政策解读等内容。

（梁于森）

## 脱贫攻坚成果巩固与拓展

【概况】 2022 年，铁力市认真学习贯彻中央、省、市有关会议精神，严格落实“四个不摘”要求，推进巩固拓展脱贫攻坚成果同乡村振兴有效衔接工作。健全完善分工负责机制，制定《关于做好 2022 年推进乡村振兴重点工作责任分工方案》《2022 年巩固拓展脱贫攻坚成果同乡村振兴有效衔接工作责任分工方案》，研究出台 10 余个涉及监测帮扶、产业发展等相关文件。同时将脱贫人口，特别是年人均纯收入低于 1 万元的脱贫户作为重点关注对象，将丧失劳动能力且无法通过产业就业获得稳定收入的 1248 户 1877 人全部纳入最低生活保障范畴，累计发放低保金 686.73 万元，发放救助资金 30.48 万元，临时救助 274 人。

（陈浩男）

【巩固脱贫攻坚成果问题整改】 2022 年，铁力市采取条块结合、部门联动的方式对“两不愁三保障”巩固情况、“四个不摘”政策落实、动态监测等方面开展督查整改，对排查无问题的方面建立防范台账，对存在的问题建立整改台账、制定整改期限和整改措施。针对 2022 年度各级考核点对点反馈铁力市及铁力市对照排查认领的 73 个问题，研究制定 4 个问题排查整改工作通知及方案。11 月，完成全部问题整改，并对整改效果持续跟踪问效。

（陈浩男）

【巩固脱贫攻坚成果动态监测】 2022 年，铁力市全面构建“部门联动、线上线下联动、预警帮扶联动”的动态监测体系，开展巩固脱贫成果推进乡村振兴年度重点工作“回头看”，以及防范化解返贫风险专项行动，排查化

2022 年，桃山镇福兴村村部宣传乡村振兴

（铁力市乡村振兴局供图）

解风险隐患30个。定期开展专题调度研判，对脱贫不稳定户、边缘易致贫户及突发严重困难户进行动态监测。2022年，累计推送预警信息4959条，建立重点人群管理台账，对出现返贫致贫风险的脱贫户，落实针对性帮扶措施，及时消除风险。年度监测对象风险消除2户7人、对整户无劳动能力仅依靠低保救助政策兜底的4户4人进行回退。

（陈浩男）

【乡村振兴宣传工作】 2022年，铁力市通过乡村振兴工坊促进就业、增收的方式被《人民日报》、中国新闻网、东北网、今日头条，极光新闻等多家媒体报道。同时通过广泛宣传报道，提高广大村民群众参与乡村振兴建设的积极性，提高农业政策、知识的传播范围和知晓率，从政府行动上和群众思想上为助力乡村振兴注入活力。

（陈浩男）

【产业帮扶】 2022年，铁力市利用中央、省级财政衔接资金4898万元投资分布式屋顶光伏、萌宠部落二期、金海粮米业等产业类项目7个，累计发放收益资金331.99万元，带动脱贫户和监测户2559户次3245人次，人均增收1230元。坚持以党建引领乡村振兴，着力建强村级党组织，鼓励引导村党支部书记带头组建合作社，并与农户建立利益联接机制，助力稳定增收。在推进市级乡村产业发展的同时引导各乡镇、村屯发挥乡贤和致富能手作用，因地制宜发展小微产业，推动大产业搭配小产业，助力乡村振兴。

（陈浩男）

【金融帮扶】 2022年，铁力市全面摸排脱贫人口和监测对象小额贷款需求，确保符合条件、有意愿的脱贫人口及监测对象应贷尽贷。新增脱贫人口小额信贷347笔178.54万元，比2021年增长820.87%，助力17户脱贫人口增收7.2万元。创新制定《防返贫防致贫促增收实施办法》，通过落实生产奖补、小额信贷、低收入人口增收激励等政策，推动帮扶方式由“输血”向“造血”转变，累计发放奖励补助资金88.8万元。

（陈浩男）

【就业帮扶】 2022年，铁力市坚持“政府主导、企业主体、因地制宜、扶企带贫”原则，推动乡村振兴工坊建设，制定《鼓励支持乡村振兴工坊建设工作意见》，通过送项目到村、送就业到户、送技术到人，吸纳农村剩余劳动力和低收入群体实现“家门口”就业。首批8家乡村振兴工坊吸纳低收入人口25人就业，促进增收19.21万元。开发公益岗和涉农项目，实现就业1222人，发放各类补助资金335.5万元。

（陈浩男）

**表18 2022年铁力市乡村振兴工坊奖补材料一览表**

| 补贴奖励类型 | 补贴、奖励条件 | 补贴、奖励标准 | 资金来源 | 备注 |
| --- | --- | --- | --- | --- |
| 企业培训补贴 | 一是企业组织职工开展工匠精神、安全消防、疫病防控等通用职业素质培训的 | 给予企业500元/人的培训补贴，原则上不低于15课时 | 资金来源为省级职业技能提升资金 | 就业培训补助项目由企业按人社局政策要求进行申报 |
| | 二是对企业、农民专业合作社和帮扶工坊等各类生产经营主体吸纳脱贫劳动力就业并开展以工代训的 | 给予上述生产经营主体和参保企业每人每月500元培训补贴，最长不超过6个月 | | |
| | 三是对企业职工参加初级工、中级工、高级工、技师、高级技师及急需紧缺职业（工种）培训的 | 分别按照培训目录给予企业补贴 | | |
| | 四是对脱贫劳动力在线下培训期间 | 人社部门通过就业补助资金给预算个人25元/天生活费（含交通费）补贴 | | |
| 创业贴息贷款 | 加大对参与乡村振兴工坊建设运营的企业、合作社和个人的支持力度。根据企业实际吸纳安置人数、经营状况、经营项目、信用情况和还贷能力合理确定贷款规模 | 给予小额担保贷款和贴息支持 | | |
| 考核评估奖励 | 每年底对乡村振兴工坊的运营情况进行考核评估。对带动就业成效显著的工坊，经成员单位考核，划分为优秀、良好、合格3个等次 | 对带动就业成效显著的工坊，经相关成员单位考核，划分为优秀、良好、合格3个等次，对于考核取得优秀、良好、合格的分别给予5000元、3000元、2000元奖励，考核不合格的，撤销乡村振兴工坊称号，取消相应优惠待遇。奖金由建龙集团入股农商银行收益给予奖励支持 | 奖金由建龙集团入股农商银行收益给予支持 | 上述奖补政策执行期限自授牌之日起至第二年的一个周期内。其中，申报奖补资金的“乡村振兴工坊”吸纳帮扶人口数必须达到3人以上（含3人） |
| 稳定增收奖励 | 对通过在乡村振兴工坊就业，且带动全家实现稳定增收效果明显的，经乡镇、驻村第一书记（帮扶联络组）、村两委认定 | 给予所在工坊带动帮扶人口支出工资总额10%的奖励 | | |

（资料来源：铁力市乡村振兴局）

表19　2022年铁力市第一批乡村振兴工坊一览表（8家）

| 序号 | 申报乡镇 | 申报时间 | 乡村工坊名称 | 工坊建设地点 | 总面积（平方米） | 工坊面积（平方米） | 工坊项目及规模 | 工坊建设形式 | 吸纳就业人数（人） | 在工坊就业的帮扶家庭劳动力人数（人） |
|---|---|---|---|---|---|---|---|---|---|---|
| 1 | 工农乡 | 2022年5月 | 铁力市意诚平贝种植农民专业合作社 | 工农乡兴隆村 | 8500 | 2500 | 中药材初加工年产500吨 | 工厂式工坊 | 10 | 3 |
| 2 | 双丰镇 | 2022年5月 | 黑龙江易稻食品有限公司 | 双丰镇产业园区 | 5000 | 5000 | 主要生产煎饼 | 厂房式工坊 | 43 | 1 |
| 3 | 双丰镇 | 2022年5月 | 铁力市双丰镇芽豆种植农场 | 双丰镇红星村3组 | 500 | 430 | 蔬菜种植、食用农产品初加工、技术服务、新鲜蔬菜零售和批发 | 厂房式工坊 | 3 | 1 |
| 4 | 王杨乡 | 2022年5月 | 铁力市海雯商贸有限公司 | 铁力市红博农资销售院内展厅三楼 | 1700 | 1700 | 服装、鞋帽销售 | 贸易流通式工坊 | 22 | 9 |
| 5 | 王杨乡 | 2022年5月 | 铁力市春运草制品有限公司 | 铁力市王杨乡绿缘中心32号 | 4000 | 1000 | 草制品、秸秆制品制造、天然植物纤维编织工艺品 | 工厂式工坊 | 16 | 5 |
| 6 | 桃山镇 | 2022年5月 | 铁力市桃山黑丰木耳种植农民专业合作社 | 桃山镇道北桃山七中 | 2400 | 2400 | 木耳种植，厂房2400平方米 | 种养式工坊 | 3 | 1 |
| 7 | 桃山镇 | 2022年5月 | 铁力市齐原工艺品经销有限公司 | 铁力市桃山镇长丰村一组 | 2000 | 235 | 北沉香加工，厂房2000平方米，工坊面积235平方米 | 厂房式工坊 | 5 | 3 |
| 8 | 日月峡镇 | 2022年5月 | 铁力市日月峡酒伊坊白酒小作坊 | 明月峡马永顺林场新区 | 360 | 240 | 白酒制造，销售 | 厂房式工坊 | 10 | 2 |

（资料来源：铁力市乡村振兴局）

【教育帮扶】　2022年，铁力市利用学籍管理系统，对学生转入、转出、休学、复学等进行监测，建立台账，实施动态管理，防止学生在流转中辍学，对学生在校情况进行实时监测，确保义务教育阶段无辍学学生。同时发放困难家庭学生各类补助资金，完成脱贫家庭学生教育资助452人次34.6万元，开展送教上学2人，资助脱贫家庭就读中高职教育阶段学生46人次，发放“雨露计划”补助资金6.9万元。

（陈浩男）

【医疗帮扶】　2022年，铁力市注重简化门诊慢特病办理流程，压缩办理时限，将门诊慢特病待遇资格申报审批由每季度审批一次压缩到即申请、即办理、即认定。同时加强对定点医疗机构的管理，严格执行“先诊疗后付费”政策，确保出院时“一站式”受理，实现基本医疗保险、大病救助、医疗救助“一单制”结算，只需支付个人负担部分，最大程度解决困难群众的就医需求。2022年，投入医保补贴资金75.14万元，实现脱贫户及监测对象基本医疗保险全覆盖，累计核销医药费用2270.2万元，并且成立社会救助资金池，防止因病、因灾致贫返贫。

（陈浩男）

# 骊城乡贤工作

Tieli Rural Elite Work

编辑：王金辉

## 综 述

【乡贤工作组织领导】 2022年3月，铁力市正式启动乡贤工作。建立由市委、市人大、市人民政府、市政协主要领导任组长的铁力市乡贤工作领导小组，制定铁力市关于乡贤工作的实施方案，建立领导小组会议、处级领导联系重点乡贤等工作制度，并把乡贤工作列为乡镇、部门的年度目标考核内容，形成市委统一领导、“三局一场”协调配合、其他部门各司其职的区域乡贤工作格局。

（赵 蕾）

【乡贤宣传】 2022年，铁力市乡贤工作领导小组办公室创建“铁力贤达”微信公众号，在电视端和“关注铁力”微信公众号同步开设乡贤专栏，多角度宣传铁力和招商政策，“铁力贤达”微信公众号发布信息64条。在省级媒体和伊春市级媒体播发乡贤信息6条。利用端午、中秋等节日契机，制发《致在外乡友的一封信》，号召在外乡友为家乡发展牵线搭桥、献计出力。同时，制作乡贤返乡主题电子海报，利用火车站、中心路大型电子屏滚动播放以乡贤返乡为主题的宣传视频。

（赵 蕾）

【考核督导】 2022年，铁力市定期召开乡贤工作领导小组办公室会议，听取工作推进落实情况，对《乡贤工作任务分工表》跟踪问效，压实各乡镇和成员单位的工作责任和工作进度，确保乡贤工作任务推进。乡贤工作领导小组负责人采取召开专项工作推进会、座谈会、下沉乡镇等形式，督促检查乡贤招商引资、乡贤联谊组织建设、乡贤工作队伍建设等工作，推进乡贤工作任务落实到位。

（赵 蕾）

## 乡贤服务平台

【乡贤参事组织】 2022年，铁力市乡贤工作领导小组办公室制定下发《铁力市乡（镇）、村（社区）成立新乡贤组织的指导意见》，各乡镇相继成立乡贤联谊会，审议通过《乡贤联谊会章程》，选举产生乡贤联谊会会长、副会长、秘书长。实地走访北京、哈尔滨乡贤企业家代表，了解域外乡贤人士在外的工作情况，收集乡贤人士对家乡经济社会发展的意见建议，并向域外乡贤推介家乡资源禀赋，鼓励乡贤人才返乡创业发展，密切在外乡贤与家乡的情感联系。

（赵 蕾）

2022年5月9日，铁力市乡贤工作领导小组办公室召开协调会

（铁力市乡贤工作领导小组办公室供图）

【建立乡贤工作站】 2022年，铁力市乡贤工作在“三局一场”、各乡镇均建立乡贤工作领导小组，明确专人负责乡贤工作，常态化落实各项乡贤工作任务。

（赵 蕾）

【乡贤数据库建设】 2022年，铁力市乡贤工作领导小组办公室制定乡贤推荐标准和范围，组建80人的“乡音使者”队伍，开展摸排统计、信息反馈等工作，并在前期部门推荐、团体对接的基础上，及时动态调整乡贤资源信息库，全市建档入库乡贤1100人。

（赵 蕾）

## 惠贤政策与服务

【概况】 2022年，铁力市乡贤工作领导小组办公室制定四部分54条内容的《政策惠企要点》，从企业创立前、企业成立后、人才服务保障、新经济产业（生物经济）等方面，提炼和索引创办乡贤企业涉及的政策，明确奖补政策的依据和出处、政策具体执行部门和具体联系人、联系方式等，便于乡贤清晰了解各项惠企政策。

（赵 蕾）

【保障与激励政策】 2022年，铁力市乡贤工作领导小组办公室梳理《铁力市企业全周期生命树清单》《铁力市自然人全周期生命树清单》《固定资产投资事项材料清单》，设计制定铁力市投资服务中心名片，为乡贤企业提供“保姆式”领办、帮办服务，创造便利条件。同时制定《铁力市鼓励扶持全民创业实施意见》和《铁力市急需紧缺人才引进办法》，汇总“聚才强市”“引才归乡”“纳才助企”人才需求目录，优先对符合条件的优

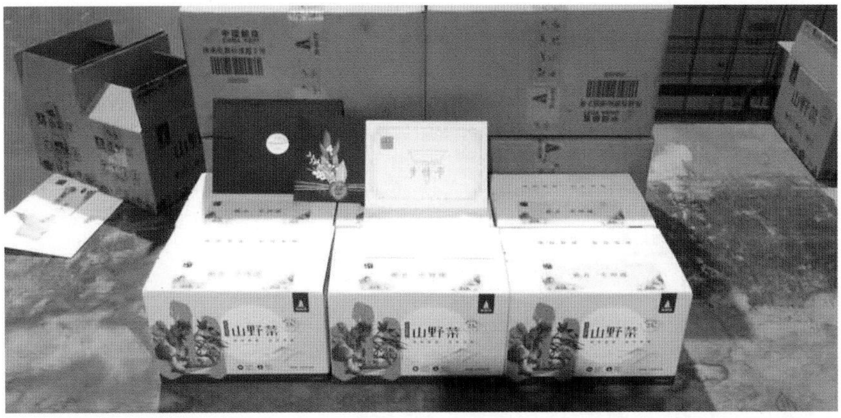

2022年5月30日，铁力市乡贤工作领导小组办公室为在外的铁力乡贤寄送“家乡礼”

（铁力市乡贤工作领导小组办公室供图）

秀乡贤落实人才引进政策，鼓励支持乡贤返乡创业发展。

（赵　蕾）

【结对帮扶机制】　2022年，铁力市乡贤工作领导小组把78户乡贤企业全部纳入处级领导干部走访联系范围，为每户乡贤企业配备1名处级领导和责任单位，及时协调解决企业生产经营遇到的困难和问题，全年共调研走访企业234次，收集问题、意见建议74个，帮助企业解决问题74个。

（赵　蕾）

【乡贤服务机制】　2022年，铁力市乡贤工作领导小组办公室制定《铁力市乡贤企业项目服务套餐》，为乡贤企业项目单位提供“点餐式”服务，共与20个企业项目签订“服务套餐”。组织开展企业家恳谈会、现场会办会、“营商下午茶”等活动16次，征求市场主体对铁力市营商环境的意见建议1次，帮助企业解决问题46次。

（赵　蕾）

【提升服务乡贤能力】　2022年，铁力市乡贤工作领导小组借助春节、端午节等节日契机，组织开展“家乡礼遇”活动，向北京、天津、广州等地乡贤们寄送家乡土特产品、本土作家签名作品等“家乡礼”97份，发送铁力市招商产业链图谱及重点项目招商手册200余套，加强与在外乡贤与家乡的情感联系。同时，举办“生态文化”主题摄影展，依托线上平台转发38幅优秀摄影作品，用相机镜头展示家乡发展变化、生态之美，唤醒在外乡贤的家乡记忆。并在双丰镇曙光村建立“乡愁馆”，以本村农耕文化发展为脉络，陈列展示百年老犁、煤油灯、老旧年画等老物件百余件，让乡土文化触手可及。全年组织15名乡贤参加乡村振兴有我座谈会、端午包爱心粽子等活动。

（赵　蕾）

## 发挥乡贤作用

【招贤引智】　2022年，铁力市乡贤工作领导小组引导乡贤返乡投资兴业，组织召开乡贤企业家项目招商引资专班工作推进会议，加强返乡创业乡贤的跟踪服务，与7个外埠龙商会建立沟通机制，招引投资项目25个，计划投资6.07亿元，实际到位资金5060万元。鼓励乡贤企业入统升规，兑现相关奖励扶助政策，黑臻食用菌、益木枋木业2户乡贤企业年营业收入突破2000万元，均被纳为规模以上工业企业。同时，支持乡贤企业加强产品研发和技术创新，玉成农机制造厂获得国家专利6项，年销售农机2000台，年利润实现80万元；芽豆种植农场年净收益30万元；易稻食品、隆泰食品等企业产品远销全国各地、市场供不应求。

（赵　蕾）

【乡贤共治】　2022年，铁力市面对新冠疫情，发动乡贤人士合力抗击疫情，乡贤企业共捐赠款物500余万元。组织乡贤力量参与捐资助学、稳岗就业等社会公益活动，涌现出许志杰、战庆忠、高金龙等一批热心公益的优秀乡贤人士。利用“道德讲堂”活动载体，组织开展“身边乡贤进讲堂”活动，教育引导群众形成崇尚节俭、文明健康的生活方式，全年共举办乡贤道德讲堂27场次。组织本土乡贤开展乡风文明新行动，发挥乡贤在移风易俗、矛盾调处、乡风文明等方面的示范引领作用，全市共评选出“十星级文明户”28户、“身边好人星”122人。

（赵　蕾）

【乡贤宣传引领】　2022年，铁力市乡贤工作领导小组以“新时代·新铁力”为主题，组织开展摄影、书画、诗歌等文艺采风创作活动，共征集文艺界乡贤人士的摄影作品320幅、诗歌作品55篇、书画作品270幅，全方位展示抗联文化、农耕文化、少数民族文化等地域特色文化元素。以林业老英雄马永顺为原型，本土乡贤作家创作长篇小说《绿水青山》，讲述马永顺在小兴安岭林区开发、建设、转型不同时期的故事。

（赵　蕾）

# 生态环境保护

Ecological Environment Protection

编辑：李瑞卿

## 综　述

【生态环境规划】　2022年，铁力市编制《黑龙江省铁力市国家生态文明建设示范县规划（2021—2025年）》。严防严控各类环境风险，加大生态环境保护力度，提高生态环境治理水平，建立健全环境风险防控和应急管理体系，对全市企业开展环境风险隐患排查工作，完善环境应急管理制度，提高突发环境事故应急处置能力。

（杨旭丹）

【生态环境宣传】　2022年，“六五世界环境日”期间，生态环境局联合铁力市河湖长制办公室及各相关单位志愿者开展了“保护母亲河我们在行动”（2022季）主题活动。铁力市副处级以上领导干部及全市各机关单位参加，向过往市民和周边商家发放宣传资料，讲解保护环境的重要性。共发放环保纸抽500盒，环保购物袋500个，宣传折页1000份，并沿呼兰河、铁甲河两岸进行垃圾清理。铁力市开展环保“六进”活动，联合市各小学开展环保进校园活动，同时制作环保宣传纸抽及环保购物袋，发往各机关事业单位，宣传生态环境保护知识。制作生态环境保护条幅、图板进行宣传。在新媒体网站、公众号上发布环境日倡议书及宣传海报，志愿者转发朋友圈，增加环境宣传覆盖面。发布环境日宣传活动通知及《排污许可管理条例》学习课件至各相关部门及重点企业，开展环境日宣传活动。

（杨旭丹）

【环保工作能力作风建设】　2022年，铁力市生态环境局开展能力作风建设年活动，组织党员干部集中学习28次，开展主题党日1次，局长讲党课2次，“业务大讲堂”开展3次。在全体党员干部中开展“经典精读”专题读书活动。开展各类业务知识培训活动，参加省市各类培训14次，制作典型案例汇编2册。参加伊春市生态环境执法大练兵竞赛比武活动，获得一等奖。开展基本业务竞赛活动3次，全局人员参加答题。累计派出执法人员9人次参加国家帮扶执法和省内交叉执法练兵。

（杨旭丹）

## 环境质量

【概况】　2022年，铁力市环境空气质量优良天数比例达到88%，环境空气质量优良，无酸雨发生。呼兰河水体达到《地表水环境质量标准》三类水体标准。城市集中式饮用水源水质达标率100%。主要污染物排放指标均控制在省下达的考核目标内。

（杨旭丹）

2022年6月5日，铁力市举办“世界环境日”宣传活动

（伊春市铁力生态环境局供图）

【空气环境质量】　2022年，铁力市区年环境空气质量监测结果，优良以上天数312天，主要污染物为细颗粒物（$PM_{2.5}$）。采暖期与非采暖期污染物来源略有不同，采暖期污染源主要为供热锅炉产生的燃煤排放、汽车尾气排放等，非采暖期污染源以秸秆焚烧、汽车尾气、地面扬尘为主。

（杨旭丹）

【水环境质量】　2022年，伊春市生态环境监控中心铁力分中心在铁力市呼兰河鸡岭大桥断面、呼兰河双河断面取样检测。呼兰河鸡岭大桥处断面监测指标pH在7.0—7.2，化学需氧量浓度值在13—19mg/L，生化需氧量浓度值在3.2—3.8mg/L之间，氨氮浓度值0.121—0.410mg/L。呼兰河双河断面监测指标pH值在7.0—7.4，化学需氧量浓度值在9—18mg/L之间，生化需氧量浓度值在—3.7mg/L，氨氮浓度值0.332mg/L—0.670mg/L之间，达到GB3838—2002《地表水环境质量标准》三类水体标准（pH值在6—9，化学需氧量标准为20mg/L，生化需氧量标准为4mg/L，氨氮标准为1.0mg/L）。

（杨旭丹）

【声环境质量】　2022年，铁力镇内区域环境噪声监测点142个，交通噪声监测点116个，区域环境噪声平均值为50.2分贝，交通干线噪声平均值为65.6分贝。低于国家环境噪声标准区域环境噪声平均值小于55分贝，交通噪声平均值小于70分

2022年6月5日，铁力市举行生态环境保护整治动员大会

（伊春市铁力生态环境局供图）

贝。噪声监测执行标准为《声环境质量标准》（GB 3096—2008）。区域环境噪声为面源污染，主要来源是工业集中区、居民文教区、商业中心区、交通干线道路两侧等。交通环境噪声监测地点为正阳街，新华街，五一街等25条街路，道路总长41323米，测得噪声平均值65.6分贝，最高值78.9分贝，交通环境噪声监测范围包括所有的交通干线。

（杨旭丹）

## 污染防治

【水污染防治】 2022年，铁力市推进河湖长制建设，各级河湖长、河段长累计开展巡河5500余次，对流域面积50平方千米以上河流20条编制《“一河（湖）一策”方案（2021—2023年）》，为河湖长制落实提供基本遵循。推进河湖“清四乱”及妨碍河道行洪突出问题整治，完成问题整改39处。推进市场化河道保洁，清运河道垃圾3000余立方米。委托省水利勘测设计研究院编制2021—2025年呼兰河干流河道采砂管理规划，严格按照规划地点和采砂量开展作业。推进依吉密河生态环境治理恢复工程建设，投资3857万元实施铁力市依吉密河治理二期工程，最大程度降低伊春鹿鸣矿业尾矿库泄漏事件后续影响。开展饮用水水源水质监测及水源地执法检查工作，完成城镇集中式饮用水水源水质一、二季度监测。开展全市黑臭水体排查，制定《铁力市农村黑臭水体集中整治专项行动方案》，并按要求开展农村黑臭水体排查整治。规范河流冲洗平贝行为，对平贝冲洗点进行统一监管，平贝烘干炉使用燃煤作为燃料且没有污染防治设施的，下达限期整改通知。

（杨旭丹）

【大气污染防治】 2022年，铁力市完成空气自动监测站设备更新及上报工作，由省监测中心统一管理，取得有效数据50000个，主要超标因子为PM2.5。加强对碳排放企业的监管力度，严格按照《产业结构调整指导目录》及《市场准入负面清单》开展审批，把控好环评审批关，建成区不再新建每小时35蒸吨以下的燃煤锅炉，其他地区原则上不再新建每小时10蒸吨以下的燃煤锅炉，开展扬尘面源等空气污染治理，要求工程施工企业严格落实扬尘治理措施，对全市在建工程项目施工现场的围挡进行规范化设置。

（杨旭丹）

【土壤污染防治】 2022年，铁力市强化土壤污染风险管控，下发《关于做好2022年土壤污染重点监管企业管理工作的通知》，督促企业严格落实主体责任，严格执行一企一档制度。制定《铁力市黑土耕地保护利用“田长制”工作方案（试行）》，压实落实黑土耕地保护利用责任，巩固提升粮食综合产能。加强耕地土壤环境分类管理，制定《2022年铁力市受污染耕地安全利用实施方案》，并下发至相关单位。加强对用地性质变更为“一住两公”及其他重点建设用地供地前需进行土壤环境调查的监督管理。实施畜禽污染管制行动，对规模化畜禽养殖场进行粪污资源化利用计划备案管理，组织开展畜禽粪污资源化利用电视讲座1期，各乡镇及养殖场户参加省、市资源化利用技术培训4次。投资2000余万元，在全市7个乡镇村屯，根据各村屯养殖业发展情况合理布局，建设规模以下养殖场户畜禽粪污集中收集点41处、容积2.2万立方米，主要用于收集散户畜禽粪污。

（杨旭丹）

【固体废物污染防治】 2022年，铁力市各级各类医疗机构在黑龙江省固废信息管理系统里已完成注册申报，并全部签订医疗废物处理协议。全市辖区内修配厂均与第三方持证单位签订危险废物回收协议，并严格执行危险废物转移联单制度，从源头上控制危险废物。定期开展危险废物专项检查，出动执法人员62人次，检查企业31家，重点检查是否存在违法堆放、乱设临时渣场、违法处置危险废物等各种环境违法行为，同时督促企事业单位和个体经营者严格落实主体责任，提高固体废物污染防治意识，依法依规处置固体废物。

（杨旭丹）

2022年11月2日，双丰镇曙光村农民严格遵守秸秆禁烧工作，将秸秆团打包装车，运送至秸秆加工企业，生产秸秆再生产品，实现秸秆资源的回收再利用。

（伊春市铁力生态环境局供图）

【秸秆禁烧】 2022年，铁力市全面完成2022年春秋两季秸秆禁烧管控工作，实现“全域、全时段、全面禁烧”目标。根据人员变动情况，更新完善各级网格化管理及“市领导包乡镇、乡镇干部包村屯、市级各部门驻村”的逐级包保帮扶制度体系。制定《2022—2023年有效解决农作物秸秆露天焚烧督查工作方案》《铁力市禁止农作物秸秆露天焚烧工作联席会议制度》等相关文件，并通过电视台、微信公众号等方式发布公告，明确禁烧管控时间。制定《铁力市禁止秸秆露天焚烧工作奖惩暂行规定（修订）》。

（杨旭丹）

【农村黑臭水体治理】 2022年7月6日，铁力市召开农村黑臭水体集中整治专项工作推进会议，并制定《铁力市农村黑臭水体集中整治专项行动方案》，会后对全市范围内农村黑臭水体摸底调查，出动车辆45台，人员122人次，填写调查问卷84份。排查出农村黑臭水体1处，位于王杨乡火车站南侧，水体面积约1800平方米，主要污染来源为生活垃圾和生产废弃物。制定《王杨乡农村黑臭水体“一水一策”整治方案》，通过以机械为主、人力为辅的方式对黑臭水体进行彻底清理，抽干污水，铲除杂草，对水体内的漂浮物以及岸边的白色垃圾进行打捞、清理。并修复附属排水沟800延长米。10月26日，铁力市委托黑龙江泓泽检测评价有限公司对王杨乡火车站南侧治理后的黑臭水体进行取样检测，检测项目为透明度、溶解氧、氨氮及pH四项结果显示达标。同时对该水体周边居民随机展开治理效果评议，发放调查问卷30份，居民满意度100%。

（杨旭丹）

## 环境质量监测

【大气环境质量监测】 2022年，伊春市生态环境监控中心铁力分中心设有大气自动监测系统1套，每天24小时监测，监测项目为二氧化硫、二氧化氮、可吸入颗粒物（$PM_{10}$）、细颗粒物（$PM_{2.5}$）、臭氧和一氧化碳。

（杨旭丹）

【重点污染源监测】 2022年，铁力市完成对依吉密污水处理厂、葵花药业、国控污染源宇翔热电等铁力市重点污染源进行监测。重点监控企业全部实现了污染源在线自动监控，重点排污单位污染源自动监控数据传输有效率达95%以上。重点监控企业建立配套污水设施，配套率92.6%。

（杨旭丹）

【饮用水环境质量监测】 铁力市城市集中式饮用水水源地为依吉密河水源地和铁力第二水厂。2022年，依吉密河水源地为地表水源，监测四次；第二水厂为地下水源，监测两次，监测结果表明两个集中式饮用水源地水质全部达到国家规定标准，依吉密河水源地地表水和第二水厂地下水水质达到率为100%。

（杨旭丹）

【农村环境质量监测】 2022年，铁力市农村环境质量监测点位设在神树镇神树村，监测项目为空气环境质量和地表水环境质量，每季度监测一次，监测结果表明空气质量和地表水环境质量全部达标。

（杨旭丹）

【农业面源污染监测】 2022年，铁力市农业面源污染监测点位设在呼兰河神树断面和双河断面，每季度监测一次，监测结果表明水质较好，达到国家《地表水环境质量标准》（GB 3838—2002）Ⅲ类水质标准。

（杨旭丹）

## 环境质量管理

【水环境管理】 2022年，铁力市完成入河排污口排查及溯源工作，全市排查入河排污口39个，相关信息已全部录入至入河排污口排查整治App，需整治的3个排污口全部完成整治工作，并统一建立“一口一档”制度。

（杨旭丹）

【大气环境管理】 2022年，铁力市开展非建成区燃煤锅炉淘汰改造工作，共计排查非建成区10蒸吨及以下燃煤锅炉50台，已完成淘汰改造非建成区锅炉4台。全市23家加油站油气回收治理全部完成。全年有3家热电联产企业全部完成脱硫、脱硝改造。全市累计淘汰黄标车及老旧车辆3750台。

（杨旭丹）

【土壤环境管理】 2022年，铁力市制定《铁力市农用地土壤镉等重金属污染源头防治行动工作方案》，开展农用地涉镉等重金属行业企业排查整治“回头看”工作，严控耕地土壤污染源头防控，降低粮食等农产品中镉等重金属超标风险。铁力市有两家土壤环境重点监管企业，即伊春鹿鸣矿业有限公司、铁力市垃圾处理场。两家重点监管企业均已签订土壤污染防治责任书，开展土壤、地下水自行监测，并向社会公开。同时实施一企一档管理制度，定期开展隐患排查，与市农业农村局联合发文制定《2022年铁力市受污染耕地安全利用实施方案》，并下发至相关单位。加强耕地土壤环境分类管理工作，按照上级文件要求，开展涉镉等重金属行业企业排查整治工作，已将涉镉等重金属企业排查记录表进行了上报。

（杨旭丹）

【矿山管理】 2022年，铁力市矿山企业按照《矿山地质环境恢复治理与土地复垦方案》进行恢复治理。开展矿山企业动态监管。对越界开采，以探代采，无证开采、乱采滥挖，未按照矿山地质环境保护与土地复垦方案实施地质环境保护等进行监督检查，同时成立地质灾害领导小组，实行领导负责制，把具体灾害隐患点防治工作落实到专人。对全市4处地质灾害隐患点实行汛前排查、汛中巡查、汛后复查，设立警示牌，实行汛期24小时领导带班，确保24小时通信畅通。5月，铁力市历史遗留矿山生态修复项目立项，批复项目建议书、可行性研究报告，编制完成规划设计和预算，完成项目施工及监理招标。10月10日，黑龙江宝顺建设工程有限责任公司中标施工单位。10月27日，黑龙江迅恒地质环境工程咨询有限公司中标监理单位。项目区位于铁力市神树镇桃南公路两侧，治理面积39.11公顷。项目工期为2022年11月至2023年12月，资金来源为中央环保督察一般债券资金。2022年11月，申请到位一般债券资金1000万元，完成历史遗留矿山生态修复20.02公顷。

（宋　洋）

【中央环保督察组反馈问题整改落实】 2022年，铁力市在第二轮中央生态环境保护督察反馈问题提出以后，制定《铁力市贯彻落实第二轮中央生态环境保护督察整改方案》，明确整改时限、整改目标及措施，推进问题整改。

*非农用地表土剥离问题* 自然资源部门与农业农村部门对全市2017年以来实施的非农业建设项目占用耕地表土剥离情况进行现场核实，铁力市共涉及19个项目，其中，11个项目均在开工建设前已开展表土剥离工作，但未编制表土剥离利用方案，剥离土壤均用于就近还田，部分用于城市绿化，经现场核实已无再次剥离空间。5个设施农业项目，已编制土地复垦方案，均在开工建设前已开展表土剥离工作，但未编制表土剥离利用方案，剥离土壤均用于就近还田，部分用于城市绿化，经现场核实已无再次剥离空间。1个单独选址项目，为边剥离边建设，已经编制表土剥离方案，剥离土方量249473立方米，储存在黑土存放场，经现场核实已无再次剥离空间。2个未动工建设项目，占用耕地面积10.932公顷，暂未编制表土剥离方案。铁力市建立长效机制，编制《关于进一步加强建设占用耕地耕作层土壤剥离利用管理工作的通知》，自然资源部门协同农业农村部门对于新开工的建设项目严格审核把关，按照专家审核表土剥离方案开展表土剥离工作。该问题已完成整改。

*湿地保护存在薄弱环节* 6月10日，铁力市开展以“珍爱湿地人与自然和谐共生”为主题的宣传活动，加强湿地生态系统保护，提升公众湿地保护意识，同时启动《铁力市湿地保护“十四五”规划》编制工作，并于2022年7月15日完成招标，7月16日签订编制合同，并经市委常委会、市政府常务会讨论通过，11月8日颁布实施。该问题已完成整改。

*规模化畜禽养殖问题* 铁力市有规模化养殖户12家（其中，生猪养殖场户8家，肉牛养殖场户1家，蛋鸡养殖场户3家），12家规模化养殖户通过自建粪污贮存设施收集畜禽粪污，粪肥通过就地就近还田实现了资源化利用，并建立资源化利用台账，设施配套率100%。铁力市规模化养殖场全部完成2022年度资源化利用计划备案。铁力市组织开展畜禽粪污资源化利用电视讲座1期，组织各乡镇及养殖户参加省和伊春市资源化利用技术培训9次。同时加强对规模化畜禽养殖场的监管力度，以“双随机、一公开”执法检查为契机，对全市规模以上畜禽养殖企业环境影响评价及“三同时”制度执行、污染防治设施运行、排污许可等情况开展现场检查，全年累计开展“双随机、一公开”执法检查10次，行政指导6次。该问题已完成整改。

工业园区环境问题　2022年，铁力市对照反馈问题开展自检自查，未发现铁力经济开发区存在违法开发建设，企业废气、废水超标排放污染周边环境问题。园区企业（项目）全部完成10蒸吨及以下燃煤锅炉淘汰改造工作，采用生物质和燃气等清洁能源。园区现雨污分流，企业（项目）污水统一汇入园区排水管网，由市政污水处理厂进行集中处理，不存在废水超标排放问题。

侵蚀沟治理　2022年，铁力市投资2205万元，用于侵蚀沟治理，资金全部到位。其中，第一批投资1185万元，资金来源为省级资金，建设内容为治理侵蚀沟75条；第二批投资1020万元，资金来源为政府一般债券资金，建设内容为治理侵蚀沟65条。两批项目全部完成建设，完成侵蚀沟治理140条。

污水管网建设和改造　2022年，铁力市研究制定《铁力市2022年—2025年污水管网新建改造计划》，并建立城镇建成区污水管网新建改造计划台账，计划于2025年末前新建排水管网（污水及雨污）6.8千米，改造排水管网22.1千米。全年投资6000万元，改造老旧污水管网8.1千米，改造雨污合流制管网6.8千米，项目8月10日开工建设，11月末结束，完成2022年度改造任务。铁力市聘请第三方专业机构开展污水管网排查工作，全部完成管网排查工作，共排查管网222.18千米，其中，主管网122.18千米、毛细管网100千米。初步形成排水管网“一张图”上报省住建厅，按照整改计划落实污水管网周期性检测，2022年10月20日完成管网评估，建立管网GIS系统，确保实现污水管网信息动态更新。

（杨旭丹）

【生态环境执法】　2022年，铁力市按照“双随机、一公开”行政执法工作年度计划，抽取6个单位的14名执法人员参与抽查事项检查。“双随机”共抽取12次，执法检查650家，出动1300人次，检查过程中切实履行监管职责，公平、有效地进行事后监管，按照法定权限和程序行使职权。每次抽查结束后，按月上报检查结果，并将随机抽查情况公布在国家企业信用公示平台及铁力市政府网站，做到信息全公开，接受社会监督。全年开展各类专项执法检查16项，共出动人员560人次，检查企业320家。2022年末，“12345”热线已办结信访案件179件，“12369”平台办结8件，全年共办理行政处罚案件4起，移交公安机关行政拘留案件4起，共4人受到拘留处理，累计行政处罚270.48万元。

（杨旭丹）

## 自然资源保护

【自然生态保护】　2022年，铁力市共建有各级各类受保护地区6个。其中，自然保护区2个，呼兰河源头自然保护区（县级）面积2000公顷，依吉密河源头自然保护区（县级）面积9000公顷。国家森林公园2个，即日月峡国家森林公园，面积29708公顷，桃山国家森林公园，面积10万公顷。国家地质公园1个，即悬羊峰国家地质公园，面积707公顷。省级森林公园1个，即皇经楼省级森林公园，面积2466公顷。铁力市开展自然保护地监督管理工作，按照“网格化”管理制度，分片分点深入皇经楼森林公园、日月峡国家森林公园、桃山国家森林公园、桃山地质公园及桃山风景名胜区5个自然保护地开展排查，加强自然保护地保护执法力度，维护生态环境安全。

（杨旭丹）

【节能减排】　2022年，铁力市淘汰改造非建成区10蒸吨以下燃煤锅炉4台，分别是：年丰朝鲜族乡年丰卫生院1.2t/h锅炉1台，减少燃煤量60吨；王杨乡王杨卫生院1.5t/h锅炉1台，减少燃煤量80吨；铁力镇武警中队2t/h锅炉1台，减少燃煤量100吨；桃山镇政府2t/h锅炉1台，减少燃煤量100吨。共计减少燃煤量340吨。供电部门推动电能替代燃煤，结合伊春供电公司、《铁力市政府关于推进冬季清洁供暖》的相关要求，铁力辖区新装电采暖用户两百余户，设备容量2358千瓦，减少碳排量317.8吨。

（杨旭丹）

【基本农田保护】　2022年，铁力市域内耕地总面积10.62万公顷，划定粮食生产功能区和重要农产品生产保护区，保护面积41080公顷，粮食播种面积完成10.43万公顷。铁力市耕地保护责任目标纳入政府年度绩效考核，制定印发《铁力市人民政府办公室关于印发铁力市县级政府耕地保护责任目标考核办法的通知》，全年签订耕地保护责任状70份，设立基本农田保护标志牌70个。6月25日，组织市、乡、村开展以“节约集约用地严守耕地红线”为主题的耕地保护宣传周活动，设立咨询台、悬挂宣传标语、宣传展板。发放宣传单1000余份，悬挂条幅100条，接受咨询200余人次。

（宋　洋）

# 黑土地保护

## Black Soil Conservation

编辑：刘玉鑫

## 综　述

【保护成果】　2022年，铁力市划定黑土地保护示范区3万公顷，建立耕地质量监测点45个，完成45个监测点土样采集。2022年落实示范区面积15333.33公顷，并实施保护性耕作全覆盖，统筹推进秸秆综合利用以及有机肥施用等各项工作。2022年末，示范区内完成免耕播种面积757公顷，其中，玉米保护性耕作面积636公顷，大豆保护性耕作面积121公顷；水稻秸秆还田完成14576公顷；完成生物有机肥施用46吨，施用面积467公顷。

（韩庆姝）

【黑土地保护责任体系】　2022年，全市落实市级田长1人，乡级田长8人，村级田长80人，网格田长194人，户田长17007人，全部登记到册并履职。在市、乡、村醒目位置，制作安装“田长制”公示牌284块，对市、乡、村、网格田长进行公示，接受群众监督。同时召开“田长制”工作会议1次，市“田长制”办公室会议2次，乡级田长会议7次，印发工作专报1期，下发工作提示、通知16期，工作调度5次。五级田长累计巡田26万余次，15家责任单位和7个乡镇按照工作要求，根据各自职责和任务分工，全面开展黑土地保护利用各项工作，推深做实“田长制”。

（韩庆姝）

【黑土地保护宣传】　2022年，铁力市开展黑土地保护宣传周活动，制作了一图读懂“田长制”、短视频、音频等宣传资料。累计悬挂条幅5000余条，发放宣传单2万余份、技术手册2000余份，印发“田长制”工作专报1期，在龙头新闻、东北网等媒体宣传报道5期。

（韩庆姝）

【黑土地保护规划】　2022年，铁力市组织制定《铁力市黑土地保护工程实施方案（2021—2025年）》《2022年度铁力市黑土地保护工程实施方案》。根据《黑龙江省“十四五”黑土地保护规划》《伊春市“十四五”黑土地保护规划》要求，起草《铁力市“十四五”黑土地保护规划》，并通过下发《征求意见函》的方式向14个相关单位征求了意见。其中，11家单位无意见，3家单位提出修改意见，采纳相关意见并进行了修改。

（韩庆姝）

【多方协同】　2022年，铁力市发挥黑土地保护工作专班作用，建立铁力市黑土地保护利用工作联席会议制度，加强黑土地保护组织协调指导。全面落实“田长制”，统筹推动黑土地保护政策落实，建立黑土地保护利用长效机制和耕地质量监测评价机制，压实乡镇政府和部门黑土地保护利用责任。将黑土地保护纳入粮食安全责任制考核和乡村振兴目标考核中。

（韩庆姝）

【黑土地制度建设】　2022年，铁力市制定“田长制”会议制度、信息共享制度、信息报送制度、督导检查制度、考核制度、巡查制度、督办制度、举报受理制度共8项工作配套制度，明确黑土地保护工作重点，为“田长制”工作规范化、制度化、常态化开展提供了根本遵循。

（韩庆姝）

## 保护与修复

【坡耕地治理】　2022年，全市有耕地面积10.61万公顷和永久基本农田保护4.1万公顷，划定粮食生产功能区和重要农产品生产保护区“两区”保护面积41080公顷，粮食播种面积完成10.43万公顷。建立市、乡、村三级农药废弃包装物回收网点97个，农资经营门店回收网点86个，回收废弃物97.75吨，回收处置率97.19%；畜禽粪污综合利用率84%。

（韩庆姝）

【侵蚀沟治理】　2022年，铁力市将2023年治理任务纳入2022年项目实施计划，加大对上争取力度，共投入资金2205万元，分批治理140条侵蚀沟。第一批侵蚀沟治理工程投资1185万元，治理桃山林业局柳河林场、新兴林场侵蚀沟75条；第二批侵蚀沟治理工程投资1020万元，治理桃山林业局南河林场、双丰镇侵蚀沟65条。提前超额完成上级下达任务目标，有效改善水土流失，确保黑土地的长期持续高效利用。

（张起峰）

## 农田基础设施建设

【概况】　2022年，铁力市水利灌溉总站下设五个中型灌区分别为王杨灌区、桃山灌区、北关灌区、安邦河灌区、东方红水库灌区，灌区农业灌溉供水水源为流经铁力市境内的呼兰河、依吉密河、安邦河三条河流及其附属支流。水源工程类型为坐落在三条河流上的五座堰闸式拦河渠首枢纽工程和一座小型水库工程，负责铁力市桃山镇、铁力镇、双丰镇、年丰朝鲜族乡、工农乡、王杨乡六个乡镇36个行政村9866.7公顷的水田灌溉任务。

（张起峰）

【农田灌溉体系建设】　为确保农田灌溉供水，铁力市水务局积极对上争

2022年8月，铁力市南关灌区第六支渠灌溉用水监测

（铁力市水务局供图）

取资金，2022年，实施北关灌区续建配套与节水改造项目，项目总投资2852万元，衬砌干渠2条，支渠3条，衬砌总长14.42千米；新建排水沟3条，总长4.92千米；有配套渠系建筑物33座以及信息化和标准化工程。灌溉面积达到2000公顷，年增供水能力178万立方米，灌区总节水量344万立方米。同时在“数字化水利”应用平台开发自动化农业灌溉供水系统等功能。累计清淤疏通骨干渠道47千米、骨干沟道35千米，应急维修骨干渠道65处、骨干工程建筑物83座，保证设施安全运行和渠道行水通畅。同时建立健全工程日常管理、工程巡查及维修养护制度，落实工程设施及设备的管理与维修养护责任主体，加强巡护检查，确保工程设施与设备状态完好，效益持续发挥。共保障9866.7公顷农田灌溉用水及秋季农田排涝防淹。

（张起峰）

【高标准农田项目建设】 2022年，铁力市有1个续建高标准农田建设项目，建设面积6046.67公顷，建设资金10884万元，2022年完成工程建设和竣工验收。落实铁力市中央预算内高标准农田建设项目，建设任务为5000公顷，项目总投资10019万元。项目于8月5日开工建设，已完成建设项目工程总量的84%。实施铁力市2022年财政补助类高标准农田建设项目，建设任务为7906.67公顷，实际建设任务为7300公顷已完成建设项目工程总量的83%。

（韩庆姝）

【田间道路建设】 铁力市2022年中央预算内高标准农田建设项目规划田间道路128.7千米，其中，生产路（砂石）78.4千米，机耕路（水泥）50.3千米。2022年末，完成道路建设69.2千米，其中，生产路（砂石）完成54.2千米，机耕路（水泥）完成25.0千米；铁力市2022年高标准农田建设项目规划田间道路195.37千米，其中，生产路（砂石）146.85千米，机耕路（水泥）48.52千米，2022年末，完成道路建设125.5千米，其中，生产路（砂石）完成101.3千米，机耕路（水泥）完成24.2千米。

（韩庆姝）

## 耕地质量提升

【概况】 2022年，铁力市以高标准农田建设为重点，奠定粮食和农业可持续发展的基础。2022年完成秸秆还田5.82万公顷，落实免耕播种757公顷，测土配方施肥13333公顷，有机肥施用467公顷，建成病虫害监测网点20个，开展水稻航化作业4800公顷，投资2.42亿元，新建高标准农田12907公顷。

（韩庆姝）

【耕地深松轮作】 2022年，铁力市完成深松整地作业面积28667公顷。省下达铁力市耕地轮作试点面积6127公顷，补贴资金1378.5万元。铁力市在11个单位、101个村、2447户落实耕地轮作试点面积6127公顷，发放轮作资金1378.5万元。

（韩庆姝）

2022年9月5日，铁力市桃山镇先锋村改造后田间道路

（铁力市农业农村局供图）

【保护性耕作】 铁力市完成保护性耕作项目免耕播种面积757公顷，其中，玉米保护性耕作面积636公顷，大豆保护性耕作面积121公顷。

（韩庆姝）

【有机肥还田】 2022年，铁力市黑土地保护示范区467公顷土地施用有机肥，施用数量46吨，有机肥名称为德强生物有机肥。通过有机肥的使用，不但提升了土壤有机质，促进微生物繁殖，改良土壤理化性质，同时提高了化肥利用率，改善了农产品品质。2022年黑土地保护示范区施用467公顷有机肥，增加和更新土壤有机质，促进微生物繁殖，改良土壤理化性质。

（韩庆姝）

## 绿色生产

【节约化肥投入】 2022年，铁力市实施微生物菌剂示范推广项目，完成大豆根瘤菌剂示范推广面积1606公顷，共节肥6.02吨。

（张起峰）

【节约农药使用】 2022年，铁力市设立二化螟、黏虫、草地螟等监测点25个，布设二化螟诱捕器666.67公顷，杀虫灯40台。全市实施绿色高质高效病虫防控1.13万公顷，推广应用短稳杆菌、井冈蜡芽菌等生物农药30余吨。农药使用利用率47%、统防统治率58%以上、绿色防控覆盖率59%以上，化学农药用量比去年下降1%。

（张起峰）

【节约利用水资源】 2022年，铁力市开展“世界水日、中国水周”进企业、进学校、进社区和进机关主题宣传教育活动，宣传节水和水资源管理的相关知识，巩固市民的保护水环境的意识。为深入贯彻落实《2022年“节水中国你我同行——节水龙江一起行动”专项联合行动省级活动方案》及伊春市“生态日”宣传相关要求，5月23日，省级文明单位铁力市水务局组织开展以“节水龙江一起行动”为主题的节水宣传活动。6月5日，铁力市水政监察大队依托“保护母亲河我们在行动”主题活动开展节水宣传。

（张起峰）

## 监测与评价

【概况】 2022年，根据《铁力市黑土地保护工程实施方案》要求，铁力市委托哈尔滨万图信息技术开发有限公司根据铁力市黑土耕地保护示范区（高标准农田）矢量数据及其黑土类型、土地利用、耕地质量、管理水平和种植制度等因素，确定监测点位置并形成监测点分布图。2022年春耕前完成采集、调查监测点土样45个，年末前委托第三方开展监测点土样耕层厚度、容重、有机质、pH等指标的测试工作并及时填报有关表格。

（韩庆姝）

【黑土耕地监测网点建设】 2022年，按照平均每666.67公顷布设1个耕地质量调查评价点的要求，铁力市由第三方机构确定监测点位置并形成监测点分布图，共设置45个监测点，其中，工农乡13个，年丰朝鲜族乡4个，桃山镇5个，神树镇3个，双丰镇14个，王杨乡6个。

（韩庆姝）

【黑土耕地保护监测体系建设】 2022年，铁力市开展线上网络交易整治，持续做好网上贩卖黑土排查工作。通过对辖区内网络交易平台经营者、自建交易网站搜索“黑土”“泥土”等关键词进行排查，未发现铁力市辖区内有通过网络贩卖黑土行为。持续开展违规广告整治行动，对辖区内户外广告、商家店内广告、网络交易平台、自建网站涉土经营行为广告宣传进行检查，未发现违规发布的销售黑土信息和违规广告宣传行为。

（韩庆姝）

【效果评价制度实施】 2022年，铁力市完成春耕前第三方机构土样采集、调查工作。2022年末，铁力市委托第三方开展监测点土样耕层厚度、容重、有机质、pH等指标的测试工作并及时填报有关表格，由伊春市农业部门委托第三方进行评价。

（韩庆姝）

# 教 育

Education

编辑：刘玉鑫

# 综 述

【域内学校】 2022年，铁力市域内有幼儿园16所（公办4所、民办12所）、小学11所、初中5所、普通高中学校2所、中等职业教育学校1所、特殊教育学校1所、教师进修学校1所，另有研学基地、学生资助中心各1个。

（国占山）

【“县管校聘”改革】 2022年7月20日，全市中小学教师“县管校聘”管理体制改革收官。“县管校聘”管理体制改革立足于全市中小学教师队伍实际情况，着力破解制约教师队伍建设的体制机制障碍，创新出台《铁力市中小学教师“县管校聘”管理体制改革实施方案》《铁力市中小学教职工岗位选聘实施方案》等系列改革文件。坚持效益为先，科学调整编制，减少资源浪费。全市28所中小学（幼儿园）的2229名教职工全员参与改革，改革后核定岗位数量2102个。调整岗位比例，降低用工成本。改革后，工勤技能岗位由原来的156人增至324人。减少临时用工费用支出合计359万元。建立完善“联盟联聘”，化解人员转岗难题。同时为高中补充宿管112人、更夫34人、幼儿园保育员46人。创新提出“退长入委”（退休的副校级管理岗位人员可以以校委会委员身份参与分工，保留原有待遇，不占管理岗位职数）。化解干部更新难题。改革中免职副校级干部22人，新提职12人，两轮跨校补聘53人，为学校管理注入新鲜血液。坚持全员竞聘上岗，优化队伍素质。全市中小学组织实施“三轮”校内竞聘，从校级副职到工勤技能岗位，公正公开，全员参与，双向选择，层层竞聘。中层以上管理干部由308人压缩至276人，免去职务71人，新提职39人，平均年龄由44.75岁降至42.05岁，实现了“能者上、庸者让，年轻上、年老让”的目标。专任教师数量由1822个压减至1625个，校内竞聘132名专任教师转岗工勤技能岗位，实现“优化队伍、激活动力”的预期目标。通过“县管校聘”改革，实现铁力域内教师由“学校人”向“系统人”转变，促进教师队伍合理有序流动，推进城乡教师队伍一体化发展。

（田 琳）

【督导体制机制改革】 2022年末，铁力市基本建成全面覆盖、运转高效、结果权威、问责有力的教育督导体制机制。按照1∶5责任督学配比，通过“铁力市教育系统教师阳光交流平台”公开遴选，配齐专兼职责任督学16名，实现全市各级各类学校督导挂牌全覆盖；坚持标准引领，推进教育督导科学化。建立健全督导管理机制，制定15项相关文件，为教育督导工作提供基本遵循。健全督导运行机制，强化中小学、幼儿园常规督导检查，实现“督与查”“督与导”相结合。2022年，铁力市被确定为“校（园）长任期结束综合督导评估”省级试点县，并代表黑龙江省在国务院教育督导委员会工作视频推进会上做典型发言。12月末，教育局对全市校（园）长进行综合督导评估，其中，有7名校（园）长考核为优秀，16名校（园）长考核为良好。

（田 琳）

【办学条件改善】 2022年，铁力市教育系统围绕“保基本、补短板、强基础”的发展思路，将优质资源和教育投入向薄弱学校倾斜，申请一般债券资金2492万元，用于铁力市第六小学、铁力市第六中学的整体改造和铁力市第一中学标准化考场建设；申请专项资金1168万元，用于维修铁力市第五中学等学校校舍，并补充教学设备，硬化、绿化铁力市第七中学操场，续建铁力市第一中学食宿楼、实验楼和铁力市第四幼儿园园舍，并完成附属工程；申请地方资金846.32万元，用于校服采购、加装安全防护设施、房屋安全鉴定和神树研学实践基地的设备采购、校舍维修改造、操场硬化等项目。

（田 琳）

【控辍保学】 2022年，制定《铁力市义务教育阶段控辍保学工作实施方案》《铁力市义务教育控辍保学专项行动方案》常态化开展控辍保学工作。全市各义务教育阶段学校通过班会、家长微信群、微信公众号等方式宣传《中华人民共和国义务教育法》和《中华人民共和国未成年人保护法》，增强全体师生、监护人、用工单位法人的法律意识。加大教育执法力度，对经过教育仍不送子女入学或返校就读的家长或监护人，提请司法部门依法强制其履行义务。定期开展控辍保学摸排，建立控辍保学台账，采取月报形式进行动态管理，确保除因身体原因不具备学习条件外的脱贫家庭义务教育阶段适龄儿童少年不失学辍学。各中小学校每月报送《控辍保学情况月报表》。对出现厌学、辍学倾向的学生及时进行干预，必要时进行劝返。重点关注家庭困难、学习困难学生以及随迁子女、留守儿童、残疾儿童等特殊群体，严防辍学新增反弹。指导各校落实“一人一案”，做好残疾儿童义务教育安置，保障残疾儿童接受义务教育的权利。铁力市未发生适龄儿童少年失学辍学现象，义务教育学校控辍保学实现动态清零。

（田　琳）

# 教育管理

【教育督导】　2022年，教育督导室采用“四不两直”（即不发通知、不打招呼、不听汇报、不用陪同接待、直奔基层、直插现场）方式，到全市各义务教育学校进行“双减”“五项管理”专项督导4次。通过实地查看，与教师、家长、学生面对面座谈，开展问卷调查等方式，征求工作意见和建议，了解学校工作落实情况与亟待解决问题。

（田　琳）

【校外教育培训监管】　2022年，铁力市教育系统全面贯彻落实国家、省、伊春市及铁力市“双减”工作目标要求，开展减轻学生校外培训负担工作。2022年末，铁力市义务教育阶段无学科类培训机构，全市非学科类培训机构共21所，全部为营利性培训机构。全市21家非学科类校外培训机构预收费情况全部纳入银行资金监管。根据省“双减”文件要求，艺术类培训机构（美术、舞蹈等）由文旅部门进行监管，科技类培训机构（乐高、计算机编程等）由科技部门进行监管。7月18日，铁力市教育局将全市19家文化艺术类培训机构管理职责移交市文体广电和旅游局。12月15日，将全市2所科技类培训机构管理权限移交市工业信息科技局。

（田　琳）

【校园安全管理】　2022年，铁力市教育局贯彻落实《铁力市教育局安全生产专项整治三年行动实施方案》文件要求，建章立制持续投入，筑牢铁力市中小学校园安全防线。铁力市教育局对照《校车安全管理条例》，制定《铁力市校车公司运营工作考核办法》和《铁力市校车安全考核细则》，在2022年末联合市交通运输局、市卫生健康局、市交警大队，对平安校车公司车辆状况、行车路线、驾驶员及照管员配备等情况进行年终考核，发放补助资金32万元。铁力市教育局联合铁力市公安局对全市中小学校、幼儿园及民办幼儿园的79名保安进行培训并发放保安证书，专职保安员配备达到100%；投入22.8万元，为全市12所民办幼儿园安装“一键式报警”、视频监控系统，覆盖率100%；投入31.2万元，为全市学校加装安全防护设施，安装限位器9041个，校园封闭化管理规模达到100%；各校“护学岗”制度普及达到100%，全市24所中小学校、幼儿园均与公安部门建立联动协调机制。

（田　琳）

【教育资助】　2022年，铁力市家庭经济困难学生通过免、助、补、贷等方式从学前阶段到大学教育阶段得到精准资助，教育系统确保实现“应助尽助、不漏一人”的目标。全年为家庭经济困难学生发放各类补助资金223.14万元，资助贫困学生（幼儿）6972人次；为脱贫户家庭学生（含边缘易致贫得病发家庭学生）发放资助资金34.6万元，资助学生（幼儿）452人次；为103名符合贷款条件的在校大学生办理生源地助学贷款，贷款金额119.42万元，确保家庭经济困难学生顺利入学。

（田　琳）

【教学研究】　2022年，铁力市教育局实施以“厚德强体、乐读善思、培育骊才”为目标的“骊才”教育计划，坚持“五育并举”，深入推进全员、全过程、全方位协同育人，实现学生养成教育全面发展的局面。依托“骊才计划”，开展“十项育人行动”，通过千人研学游、万人上冰雪、骊城好少年评选、“百首诗词进家庭，百部名著进课堂”、读书汇报会、读书小达人评选、中小学生三球比赛、核心素养大赛、习惯养成红黑榜、家庭教育大讲堂等系列活动，促进中小学生全面健康发展。铁力市将全部学校纳入智慧教育云平台，实现教学应用覆盖全体教师、学习应用覆盖全体学生、数字校园建设覆盖全体学校。全年有近500名教师参加年度课题研究。其中，黑龙江省教育学会课题立项21项，黑龙江省规划办专项课题立项11项，省规划办重点立项课题2项，铁力市课题立项14项。在黑龙江省教育学会第30届科研成果中，铁力市有3篇论文获得一等奖，22项获二等奖，18项获三等奖。

（田　琳）

【教育经费投入】　2022年，铁力市一般公共预算教育经费收入1976万元，一般公用预算教育经费支出1976万元，其中，工资福利支出1281万元，对个人和家庭的补助支出1万元，商品和服务支出259万元，资本性支出435万元。铁力市义务教育阶段一般公共预算教育经费收入21995万元，一般公用预算教育经费支出21995万元，其中，工资福利支出17648万元，对个人和家庭的补助支出140万元，商品和服务支出2610万元，资本性支出1597万元。铁力市高中阶段一般公共预算教育经费收入6702万元，一般公用预算教育经费支出6702万元，其中，工资福利支出3953万元，对个人和家庭的补助支出69万元，商品和服务支出1260万元，资本性支出

1420万元。2022年一般公共预算教育经费收入1134万元，其中工资福利支出675万元，对个人和家庭的补助支出44万元，商品和服务支出321万元，资本性支出94万元。

（田 琳）

## 教师队伍建设

【教师职称评聘】 2022年，铁力市教育系统不断完善教师评价方式，将评价结果与年末考核、评先晋优挂钩。强化教师职称评定导向作用，重新修订《铁力市2022年度中小学中高级教师职称评审推荐评价指导细则（试行）》，突出师德师风、课堂教学质量和育人实效，引导教师提升质量意识。将进课堂和承担相应教育教学工作量作为教师职称晋升和聘任的必备条件，优化职称管理，提高工作效能。加大人才引进力度，加强教师教育培训力度，促进教师队伍素质整体提高。严格落实“一个不低于、两个只增不减”（指保证国家财政性教育经费支出占国内生产总值的比例一般不低于4%，确保财政一般公共预算教育支出逐年只增不减，确保按在校学生人数平均的一般公共预算教育支出逐年只增不减）要求，确保教师平均工资不低于或高于当地公务员平均工资。加大对农村教师工作支持力度，改善农村教师工作条件，保证相应补贴及时发放，评优晋级向农村一线教师倾斜。落实农村教龄满30年破格晋升“基层高级职称”政策。注重完善幼儿园教师职称评审标准，畅通职称评审通道，幼儿教师晋升比例与中小学教师一致。全市公办幼儿园与各类民办幼儿园共有教职工504人，专任教师243人。24所公办园与各类民办园全部达到“两教一保”（指在幼儿园中每个班配两名专任教师和一名保育员）标准。铁力市的“县管校聘”改革解决了师资配置“总体富余、局部不足、既多又少、队伍老化”等现实问题，实现教师由“学校人”向“系统人”的转变，落实了中小学校用人自主权，建立起全市统筹调配、中小学自主选用、按岗聘用、有序流动的用人机制，形成了结构合理、配置均衡的师资队伍。铁力市有专任教师1279人。铁力市注重加强高中师资队伍建设，完善教师队伍优化与补充长效机制。根据人员编制情况、教师队伍结构和新课改推进情况，制定教师招聘计划，简化程序，开辟绿色通道，拓宽人才引进渠道。注重评优评先的激励作用，把评优评先、晋职晋级与教师的工作业绩挂钩，评优评先向一线教师倾斜，进修学习、校际交流等优先安排优秀教师，提高教师的获得感和成就感。改进绩效工资分配办法，把教育教学实绩作为绩效评价的主要指标，在绩效工资分配上适当拉开收入差距，发挥绩效工资的激励导向作用。

（田 琳）

【师德师风建设】 铁力市教育系统坚持师德师风作为评价教师队伍素质的第一标准，深化师德建设主体责任落实，完善师德师风建设长效机制，突出全员全方位全过程师德养成。明确教师红线和底线，做实做细日常监督，把握教师节等重大节日时间节点，开展师德师风专项整治行动，遏制教师有偿补课、家教家养、违规征订教辅资料等“微腐败”行为，鼓励教师不断提升自身素质和业务水平，做到教书和育人相统一，言传和身教相统一。

（田 琳）

【教师配置】 2022年9月，铁力市公开招聘22名学前教师，分配到4所公办幼儿园，提升学前教师队伍活力。公办幼儿园教职工依法全员纳入社保体系，依法依规足额足项为教职工缴纳社会保险，教师享受“五险一金”待遇。铁力市有普通高中2所，专任教师481名（其中，“联盟联聘”教师97人）。落实特殊教育学校教师编制标准，实施特教教师全员培训，落实并完善特教工资待遇政策。加强康复医生、康复治疗师、康复训练人员及其他专业技术人员的配备，为招收残疾学生的普通学校配备兼职资源教师。全市有特殊教育学校1所，有专任教师24人，其中，高级教师10人、一级教师9人、二级教师5人。加强职业教育的振兴和发展建立一支“教学名师+能工巧匠”引领、结构合理、专兼结合的高水平“双师型”教师队伍。以专业建设为中心，将优秀人才培养、引进和稳定置于人才工作的中心和主导地位。以人才推动教改和创新，以教改和创新驱动内涵发展。通过引进专任教师和管理人才，形成衔接有序、分层分类、梯次配备的人才引进与培养体系。学校以“县管校聘”为契机，充实职业教育师资队伍，采取“固定岗+流动岗”的方式补充师资需求。现在职教职工82人，其中，专任教师52人，专业课教师24人，“双师型”教师24人。高级教师22名，市级骨干教师21人名。教师队伍本科以上学历100%，其中，研究生3名。科学制订并组织实施成人教育人才队伍培养专项规划，培养一专多能的复合型教师，专兼职教师队伍的学历、职称、年龄结构合理。铁力电大专兼职教师共计16人；社区教育学院专任教师6人，外聘教师15人，志愿者30名。

（田 琳）

【教师培训】 2022年，是铁力市贯彻落实《伊春市基础教育教师五年培训规划（2021—2025年）》开局之年，铁力市教育局全面启动中小学教师“十四五”期间全员培训。按照分级落实培训任务、自主选择培训方式的要求，全市确定了7个培训项目。参训教师通过本地、校本培训与自我研修、网络研修等多种途径实现信息共享、交流学习，提高中小学教师师德水平和专业素养，实现教师专业化发展的培训目标。铁力市“信息技术提升工程2.0”构建了教育局负总责、教师进修校组织实施、学校自主研修、教师全员参与的“四位一体”协同培训机制和教师信息技术应用能力校本考核机制。推广了适用于教师教育教学、简单易用的技术工具和考核工具。构建“校本研修、应用驱动、精准测评、整校推进”的管理机制，形成“线上线下培训内容一致”“培训与研修主题一致”“研修与应用一致”“应用与考核一致”的“培—研—用—测”一体化研培策略，对全市随机抽取的教师进行“信息技术提升工程2.0”考核、个人能力素质考核和课堂教学质量考核，全部达到整校提升应用的能力目标。2022年，铁力市组织教师参加省、市、县能力素质提升竞赛。铁力市任课教师共1522人，校级获奖人数为761人；铁力市级参赛教师（校长）有653人，获奖教师（校长）有392人；晋级伊春级参赛教师（校长）有320人，获得地级比赛名次的有279人；获得省级赛名次的有90人。

（田　琳）

【教师交流】 2022年，铁力市教育系统持续开展教师交流合作与校长轮岗交流活动。加大城乡间校长、教师交流轮岗力度，健全和完善校长、教师交流激励保障机制和考核机制，实行轮岗交流制度与共享优质校长教师资源相结合。鼓励采取校际联盟、教师走教等办学模式，扩大教师交流轮岗智力交流的覆盖范围。在岗位设置、职务（职称）晋升、聘用考核、薪酬待遇、评优评先等方面实行系列优惠政策，鼓励校长、教师到农村学校、薄弱学校工作或任教。实现中小学校长教师“区域轮岗”，弱化教师的校籍，打破名校对教师资源的垄断，让更多学生分享到优质教育资源。

（田　琳）

2022年6月1日，铁力市第二幼儿园开展“乐趣童年快乐六一”趣味活动

（铁力市教育局供图）

## 学前教育

【概况】 2022年，铁力市区域内有16所幼儿园，公办幼儿园4所，民办幼儿园12所。全市适龄幼儿2505人，在园幼儿2359人，学前三年入园率94.17%。公办幼儿园在园幼儿1657人，占比70.24%；民办幼儿园在园人数684人，其中，民办普惠性幼儿园4所，在园幼儿472人，普惠性幼儿园覆盖率90.25%。

（田　琳）

【教育教学】 2022年，铁力市教育系统严格落实幼儿园园长定期培训和全员轮训制度，通过开展集中学习与个人自学、专项培训与座谈讨论、案例分析、游戏分享交流、同课异构和教师基本功竞赛等形式进行轮训及专项培训。2022年，全市180余名学前教师参与培训，定期培训达到230人次，全员培训超过500人次。通过组建幼小衔接教研共同体，开展幼小衔接调研会和幼小衔接同课异构等系列教研活动，强化教研为教师专业成长和幼儿园保育教育实践服务。完善动态监管机制，强化对幼儿园办园条件、教师资格与配备、安全防护、收费行为、卫生保健、保育教育、财务管理等方面的动态监管。完善幼儿园信息备案及公示制度，加强民办园财务监管，严禁非营利性民办幼儿园通过任何方式取得办学收益、分配或转移办学结余。

（田　琳）

【铁力市第四幼儿园开园】 铁力市第四幼儿园于2020年筹建，2022年9月21日正式开园。幼儿园占地5000平方米，总建筑面积3266.07平方米。新建幼儿用房3212.07平方米，建筑高度13.05米；新建门卫室、消防控制室54平方米，建筑高度3.9米。幼儿园各班级配有1台钢琴、1台电

2022 年 9 月 21 日，铁力市第四幼儿园举行开园典礼

（铁力市教育局供图）

脑，每间办公室配有 1 台打印机。设有陶泥室、美工室、体能室、益智探索室、会议室、校医室等专用功能教室。第四幼儿园设有 12 个教学班，已开设 4 个教学班，在籍幼儿 37 人。

（田　琳）

## 义务教育

【概况】　2022 年，铁力市共有义务教育学校 17 所，其中，初中 5 所、小学 11 所（城区 5 所、乡镇 6 所）、特殊教育学校 1 所。在校学生总数 10753 人，其中，初中 3796 人、小学 6957 人。义务教育阶段学生入学率 100%，义务教育阶段接纳随迁子女 232 人，占在读学生的 2.1%，其中，全市新招收一年级随迁子女 54 人。

（田　琳）

【义务教育优质均衡发展】　2022 年，为了实现教育资源优质均衡配备，铁力市充分考虑人口分布特点、学龄人口变化趋势，对部分学校进行整合、撤并。2022 年末，完成铁力市第六中学与铁力市第三中学、铁力市第六小学与铁力市第十小学的合并工作，并完成铁力市第十一学校的撤并工作。全市义务教育学校办学条件逐步改善，资源短板逐渐补齐，城乡一体化发展格局逐步构建。

（田　琳）

【学校基础设施建设】　2022 年，铁力市完成义务教育部分学校整体改造，从操场到校舍、从仪器到设备，办学条件得到优化。有铁力市第七中学绿化硬化操场改造项目；铁力市第六中学教室改卫生间项目；铁力市第八小学教学楼暖气改造、安装消防指示牌、应急灯及其线路项目；铁力市第二小学改供热循环，加装优质铜阀门项目；铁力市第五中学卫生间改造项目；铁力市第七中学新建电动大门及门库项目；铁力市第四中学校卫生间外墙保温及粉刷项目；铁力市第六中学、铁力市第六小学、铁力市第一小学、铁力市第二小学、铁力市第四小学、铁力市双丰镇中心学校、铁力市第五中学、铁力市年丰朝鲜族乡中心学校、铁力市工农乡中心校设备采购项目；铁力市第八小学监控设备采购项目；全市各校体质检测设备采购项目等。

（田　琳）

【德育教育】　2022 年，铁力市教育系统以爱国主义教育为核心，以龙江“四大精神”（即东北抗联精神、北大荒精神、大庆精神、铁人精神）为重点，以德育常规活动和特色活动为载体，组织开展“开学第一课”“骊城好少年”“中华经典诵读”、全民阅读等活动 60 余次。

（田　琳）

【课后服务】　2022 年，铁力市全面落实“双减”政策，为学生“五育并举”（指通过重视并实施德育、智育、体育、美育、劳动教育，促进人的全面发展）赋能。铁力市全面推进“5+2”课后服务模式，义务教育各级、各类学校做到两个“全覆盖”，即义务教育学校全覆盖、有需求学生的全覆

2022 年 5 月 27 日，铁力市第八小学举办美术社团作品展

（铁力市教育局供图）

盖。指导学校为学有困难的学生进行个性化辅导，为学有余力的学生进行综合素质拓展。2022年，全市中小学校共有社团183个，内容涵盖体育、艺术、阅读、实践等各个领域，共有27个社团引入第三方资源为学生提供专业化、个性化辅导。

（田 琳）

【落实“双减”政策】 2022年，铁力市教育局坚持“减负、治乱、提质”工作主线，多向发力，持续减轻学生课业负担。拟定《铁力市数学、语文、英语作业设计指导意见》《铁力市中小学阅读工作指导意见》，并召开“双减”工作推进会议暨经验交流及指导意见解读会议，帮助学校解决“减负把脉不准，提质路径不明”等问题。2022年，教育督导室采取“四不两直”方式，到各学校进行“双减”专项督导，聚焦“作业总量超时、挤占体育课时”等多项问题，下发32次整改清单，累计整改内容95项，减轻学生课业负担，促进学生全面发展、健康成长。

（田 琳）

【2022年中考】 2022年，铁力市以“课堂教学改革必须促进学生全面发展、促进教师专业水平提升、促进全市教育质量提高”基本原则作为课堂改革的出发点和落脚点。2022年，铁力市共有1264名考生参加中考，达到伊春市录取分数线309人，进段率24.44%。其中，700分以上22人，650—700分段163人；考入伊春市一中187人，考入铁力市一中555人，考入马永顺中学429人。

（田 琳）

【铁力市第一小学社团建设】 铁力市第一小学以课程彰显特色，打造学校文化核心，构建“卓雅”课程体系，全面夯实育人载体。学校健全高效、全面的社团管理体系，优化学校教学资源。确立“让社团成为每个孩子张扬个性的炫丽舞台”的课程理念，以及“把社团活动打造成为学生热爱学习、获取知识、发展能力和提升教育质量的新的增长点”的社团活动目标。按育人方向归整为“启智、雅行、乡韵、健体、修艺”五大社团课程群组，组建合唱、舞蹈、管乐、电钢琴、腰鼓、足球、排球、跳绳、篮球、手工制作、黏土、书法、科学探索、无人机、编程、梦想课堂等38个社团课程。开展社团活动成为助力学校多元质量提升的载体，助力铁力市第一小学将“卓学雅行，知行至善”的育人目标落到实处。

（田 琳）

【铁力市第二小学红色文化传承】 铁力市第二小学作为国家级红军小学，在办学中深耕红色资源、厚植红色底蕴，着重打造“扬红润德”的德育品牌。学校依托“唱红色歌曲、讲红色故事、走红色基地”等主题教育活动，实现红色文化从“点缀”到“实践”的跃升。2022年6月6日，省人大常委会主任赵万山与铁力市委书记陈岩到铁力市第二小学检查指导红色文化和民族团结工作，并对第二小学开展红色革命教育表示肯定，鼓励学生培养爱国情怀。

（田 琳）

【铁力市第四小学象棋特色教学】 铁力市第四小学作为全国中小学棋类教学课题研究实验基地、省级青少年象棋培训基地、伊春市青少年棋类活动教育基地。学校培养的棋手多次获得国家级、省级和伊春市级奖励。1999年，铁力市第四小学将中国象棋引入课堂，开发棋类校本课程。2005年，第四小学将象棋课程的章义提炼成“全局、细节、智勇、果断”八字棋魂和“以棋养德、以棋启智、以棋砺志”十二字育人功效，制定了棋类教学目标检测方案。第四小学象棋选手在国家级、省级、地市级的赛事中获奖500余次，其中，3名学生被省棋院定为签约队员，3人获得中国象棋大师的称号。

（田 琳）

2022年5月26日，铁力市第四小学举办庆“六一”象棋晋级赛

（铁力市教育局供图）

【铁力市第五小学打造足球校园品牌】 铁力市第五小学秉承“以球润德、以球健体、以球启智、以球育美”的理念，打造足球校园品牌。铁力市第五小学在课程安排上，采取课上练内功、社团强技能的方式，满足学生课

上学习足球热情，同时选拔培养有足球运动天赋的学生。在师资方面，采取向内培优、向外选聘的方式，组建技术硬、耐心足、干劲强的足球教师队伍。学校每年举办足球节、运动会等活动，培养一批批优秀运动员。2022年第19届亚运会组委会任命铁力市第五小学为“亚运足球梦想学校”；在“奔跑吧少年”伊春市第二届青少年足球联赛中，铁力市第五小学获得南部战区第一名、总决赛第一名；2022年铁力市教育局举办的中小学生足球比赛中，获得小学低段技能组团体总分第一名、小学男子组第二名、女子组第三名。

（田 琳）

【铁力市第六小学花样跳绳特色课程】 铁力市第六小学在“博·健”文化引领下，秉持“博观约取，健体修身”的校训，坚持“办有温度的教育，做有情怀的教师，育有素养的学生”的办学思想，确立以花样跳绳为代表的体育特色活动。第六小学在开合跳、勾脚点地跳、并脚左右跳等简单跳法的基础上，创编出绳操、集体速度跳、长绳、变换队形等花样动作。作为学校特色课程品牌，“花样跳绳”已融入课堂、课间、社团活动之中，提高学生身体素养。

（田 琳）

【年丰朝鲜族乡中心学校传承剪纸艺术】 年丰朝鲜族乡中心学校为弘扬和传承传统文化，浸润民族精神的基因，挖掘学校资源优势，开设“剪纸社团”。学生在社团教师指导下，从图稿创作开始学习，最后在制作、涂鸦、装裱等方面融会贯通。社团成立后，有近千幅师生剪纸作品分别在省级、地市级评比中获奖，剪纸校本课程曾受到黑龙江日报社、《教书育人》杂志社等媒体的报道。2022年6月，年丰朝鲜族乡中心学校在铁力市美术馆举办“不忘来时路 砥砺新征程”喜迎二十大师生剪纸作品展，突出学校剪纸课程特色，促进学生全面发展。

（田 琳）

2022年6月18日，铁力市年丰朝鲜族乡中心学校举办剪纸展览
（铁力市年丰朝鲜族乡中心学校供图）

【铁力市第六中学设置速度滑冰课堂】 铁力市第六中学聚焦“教、学、练、赛”一体化的速滑课堂，为学生全面发展注入动力。冰上运动的速度与激情带动了第六中学体育特色教学的形成。2022年，有116名考生报名参加中考体育速滑考试，其中，108名考生过关；在《国家学生体质健康标准》测试中，合格率96%。铁力市第六中学在伊春市全运会速滑比赛中获得青年男子组500米第一名；在铁力市第二届速滑比赛中获得团体总分第一名，并获得初中男子组、初中女子组第一名；在铁力市项目评比中，第六中学《以冰雪特色课程为引领，促进学校内涵发展》获得一等奖。

（田 琳）

## 普通高中教育

【概况】 2022年，铁力市高中学校有2所，学生3324人，教职员工573人。铁力市第一中学为伊春市重点高中、黑龙江省示范性普通高级中学。铁力市马永顺中学以林业老英雄马永顺名字命名，以科研强校，以实施课程改革为重点，以艺体特长培养为特色、提高二本进段率为目标的办学体系，提高学生课业成绩，促进学生全面发展。

（田 琳）

【高中阶段办学条件改善】 2022年，铁力市第一中学新建高三食宿楼、实验楼竣工并投入使用，完成实验室设备、食堂设备及宿舍设备采购；体育馆维修改造及设备更新完成并投入使用；完成校园整体消防改造；完成桃李舍、食堂暖气及食堂厨房排烟设备改造；更换校园甬道彩砖，并对沥青路面修补。完成马永顺中学部分自来水管道、宿舍卫生间、化粪池、污水处理排放及校门改造，办学条件得到改善。

（田 琳）

【2022年高考】 2022年，铁力市共有考生1492人参加高考。铁力市第一中学有337人进入一本段，进段率52%，比2021年提升7%，高出全省进段率27.06%。铁力市第一中学建校后重本首次突破300人，重本率超出50%。普通本科进段率99.4%，比2021

年提升0.1%，进段率实现“五连增”。马永顺中学有本科线以上考生113人，其中，文化课一本上线3人，二本上线56人；特长生上线59人。有1名学生在美术统考中获得全省理科第三名，有1名学生被中央美术学院录取。

（田　琳）

【铁力市第一中学女子排球队】　2022年，铁力市第一中学女排优秀毕业生王艺竹代表国家队出征世界女排联赛并首发上场，作为主力接应出战。铁力市第一中学排球队在2022年度黑龙江省排球锦标赛中，获得女子组冠军；在黑龙江省第十五届省运会中，获得女子甲、乙组冠军；在黑龙江省中学生排球锦标赛中，获得高中女子组冠军；在第十八届中国中学生排球联赛中，获得女子组亚军；在第十届全国体育传统项目学校联赛排球项目中，获得高中组第四名。铁力市第一中学校被命名为“全国排球高水平后备人才基地”。

（田　琳）

## 特殊教育

【特殊教育谋划】　2022年，为加快推进特殊教育改革发展，铁力市把特殊教育作为一项重要工作纳入工作日程，与其他工作统筹规划，协调发展。坚持把提高残疾儿童少年义务教育普及水平作为义务教育巩固提高的重要内容予以落实。明确卫健、民政、残联、乡镇等部门职责，保障适龄残疾儿童少年入学。坚持因材施教，根据残疾学生身心特点和发展需要，深化教育教学改革工作，提高特殊教育的针对性。培养残疾学生乐观面对人生、全面融入社会的意识和自尊、自信、自立、自强精神，注重提高其生活自理、与人交往、劳动和就业等能力的培养。

（田　琳）

【教育教学】　2022年，铁力市坚持推进课程改革，推进融合教育，以“送教上门”为教学补充，增大教育辐射面。铁力市特殊教育学校秉承“以学生个性发展为目标、以教师专业发展为重点、以学校特色发展为方向”的办学理念和“坚持口语教学传统，融合医教结合理念，运用开放教学模式，培养生存发展能力”的办学特色，在教学方法上进行探索和尝试。在教学改革中，探索分类教学和个别化教学相结合的模式。在教学实践中选择适合学生身心发展特点的教育和康复内容，建立“康复补偿和潜能开发相结合、文化学习和生活教育相结合、学习活动和操作活动相结合”的课程体系。让所有残疾学生能够获得充分的发展，得到学生及学生家长的肯定，取得良好社会效益。

（田　琳）

## 中等职业教育

【概况】　铁力市职业技术教育中心学校，是一所经铁力市人民政府批准、黑龙江省教育厅备案的公办综合性普通中等职业学校。2022年1月搬迁至原马永顺中学（铁力市铁力镇团结社区永顺路宇翔大街21号），占地2.4万平方米，建筑面积1.3万平方米。全日制在校学生484人，2022年秋季招生235人，较2019年扩增10倍。学校多措并举，开展多元化办学，2022年与黑龙江职业学院合作，针对乡村振兴定向人才培养；加入佳木斯职教集团、哈尔滨技师学院、黑龙江旅游职业学院等高职院校牵头的职教集团，挖掘高教科研资源；与全省排位前六位的“双优”高职签订联合办学贯通协议，与大连外国语大学等省内外高校中联合办学；与日本亚细亚教育集团苏州总部联合，签订战略联盟协议，将办学视野拓宽至国际范畴；与市内金新农、新希望、长城电脑等公司开展企业合作办学，开展培训。

（田　琳）

【办学形式多样化】　职业技术教育中心学校以专业模块教学改革为驱动，完善“互助课堂”教学改革，打造特色有效课堂。由督导组、教研组、教务处成立课堂改革评价小组，多维度深入课堂进行听评课，使课堂教学改革进阶成功。学校利用职业规划、企业思维提前熏陶，做好第二课堂、学生社团的特长挖掘，拓展专业技能动手活动，扎实开展心育活动，非竞赛类活动，提高学生团队意识、取得可喜成绩。2022年，获得伊春市师德建设先进集体；获得铁力市中小学生篮球中学男子组团体第一名；铁力市中小学生篮球高中男子组团体第三名；全省中职生“互联网+”创新创业大赛银奖。学校采取团队立项和协同立项方式，推进科研兴校，2022年省级课题《中职学校互助课堂教学模式的探究》和《职教多元化1+3美术课堂纵横教学策略研究》正在研究中；省级课题《线上线下混合教学课程中融入思政元素的建设路径研究与实践》成功立项；伊春市中等职业学校公共基础课教师赛课活动分获一、二等奖。

（田　琳）

【校企合作】　2022年，铁力市教育局与省内前六位“双优”高职签订贯通协议，加入了黑龙江省商贸旅游等职业教育集团，并与黑龙江八一农垦大学等省内高校开展了中高职联合办学。与市内金新农、新望、长城电脑等公司开展企业合作办学。市政府投入25万元，建立职教电商媒体中心，并与“龙威国际宠物公司”进行校企合作共建宠物实践基地。与区域内12家农民专业合作社开展合作办学，建立实训基地6个。与规模化畜禽养殖场及专业大户开展合作，为畜牧兽医专业毕业生提供实习岗位44个，培养了应用型、实用型技术技能人才。

（田 琳）

## 成人教育

【概况】 铁力市成人教育部隶属于铁力市职业技术教育中心学校，是其内设机构，由铁力开放学院（铁力市广播电视大学，简称铁力电大）和铁力市社区教育学院两部分组成。

（田 琳）

【办学成果】 铁力电大致力于加强信息化基础设施建设，具备实训基地或合作实训基地；校园网、云教室、标准机房、智能化教室等基本设施齐全，全员配备电脑。铁力社区教育学院开设钢琴、瑜伽、非洲鼓等12个专业，涵盖技能培训、老年休闲、健康养护、幼儿成长、心理疏导等社区教育的多个领域。现阶段，学院设置东林、正阳、向阳三个社区学校；设置市群众艺术馆、老年大学、儿童公园、DJ健身中心四个社区教育学习站；设置二个村级学习站，完成“三级办学网络”教育格局。2022年，铁力电大招生267人，比2021年增长78%，铁力电大分校学历教育在籍人数538人；社区教育学院学员共546人；开展成人培训班19期，培训人数836人。社区教育学院，在基层设立乡镇成人文化技术学校8所、村成人文化技术学校4所、教学点12个。在区域内建立社区学校6所、教学点10个，开办专业22个，引进开发培训包50个。铁力市社区教育学院获得2022年优质老年大学；正阳社区学校歌舞团获得2022年黑龙江省终身学习品牌项目。

（田 琳）

【铁力市广播电视大学】 铁力电大分校，于2007年7月资源整合从市委党校撤并至铁力市职业技术教育中心学校，它是由职业高中、社区教育学院、成人中专、老年教育、成人培训于一体的学校，至今一直隶属于黑龙江广播电视大学，实行多块牌子、一套班子、一个法人的管理体制和资源共享、协调发展的运行机制，与铁力市职业技术教育中心学校合并办学。

（田 琳）

【铁力市社区教育学院】 铁力市社区教育学院于2016年5月经铁力市委、市政府批准，学院隶属于铁力市教育局管理，业务由铁力市职业技术教育中心指导。2021年1月已经通过省实验区社区教育学院的申报。学院总部设在铁力市职业技术教育中心学校，下设多个乡镇社区和村屯办学点。

（田 琳）

## 民办教育

【概况】 铁力市区域内民办幼儿园12所，民办幼儿园在园人数684人，其中，认定为民办普惠性幼儿园4所，在园幼儿472人。

（国占山）

【校园安全管理】 2022年，铁力市落实幼儿园安全主体责任和安全监管责任，建立全覆盖的安全风险防控体系。全年投入22.8万元，为全市12所民办幼儿园安装“一键式报警”、视频监控系统，全市“一键式报警”、视频监控系统覆盖率100%。投入31.2万元，为全市23所学校加装安全防护设施，安装限位器9041个。

（国占山）

【普惠性民办园】 2022年，铁力市加大民办普惠性财政投入，统筹规划全市城镇幼儿园建设，扶持普惠性民办园。根据《黑龙江省财政厅黑龙江省教育厅关于完善学前教育经费保障机制的通知》《黑龙江省财政厅黑龙江省教育厅关于下达2022年支持学前教育发展资金的通知》及《黑龙江省财政厅黑龙江省教育厅关于下达2022年支持学前教育发展资金的通知》文件要求，统筹财政专项资金，按年生均200元的标准针对普惠性民办幼儿园进行奖补支持，全年共补助13.34万元。

（国占山）

【民办教育管理】 2022年，铁力市落实幼儿园园长、定期培训和全员轮训制度，通过开展集中学习与个人自学、专项培训与座谈讨论、案例分析、游戏分享交流、同课异构和教师基本功竞赛等形式进行轮训及专项培训。全市180余名学前教师参与培训，定期培训达230人次，全员培训超过500人次。按照《幼儿园办园行为督导评估办法》，铁力市教育局督导组通过查看现场、观摩半日活动、园长汇报、随机访谈、查看资料等形式，就办园条件、安全卫生、保教工作、教职工队伍、内部管理5个方面进行督导检查。

（国占山）

# 科学技术

Science and Technology

编辑：张　威

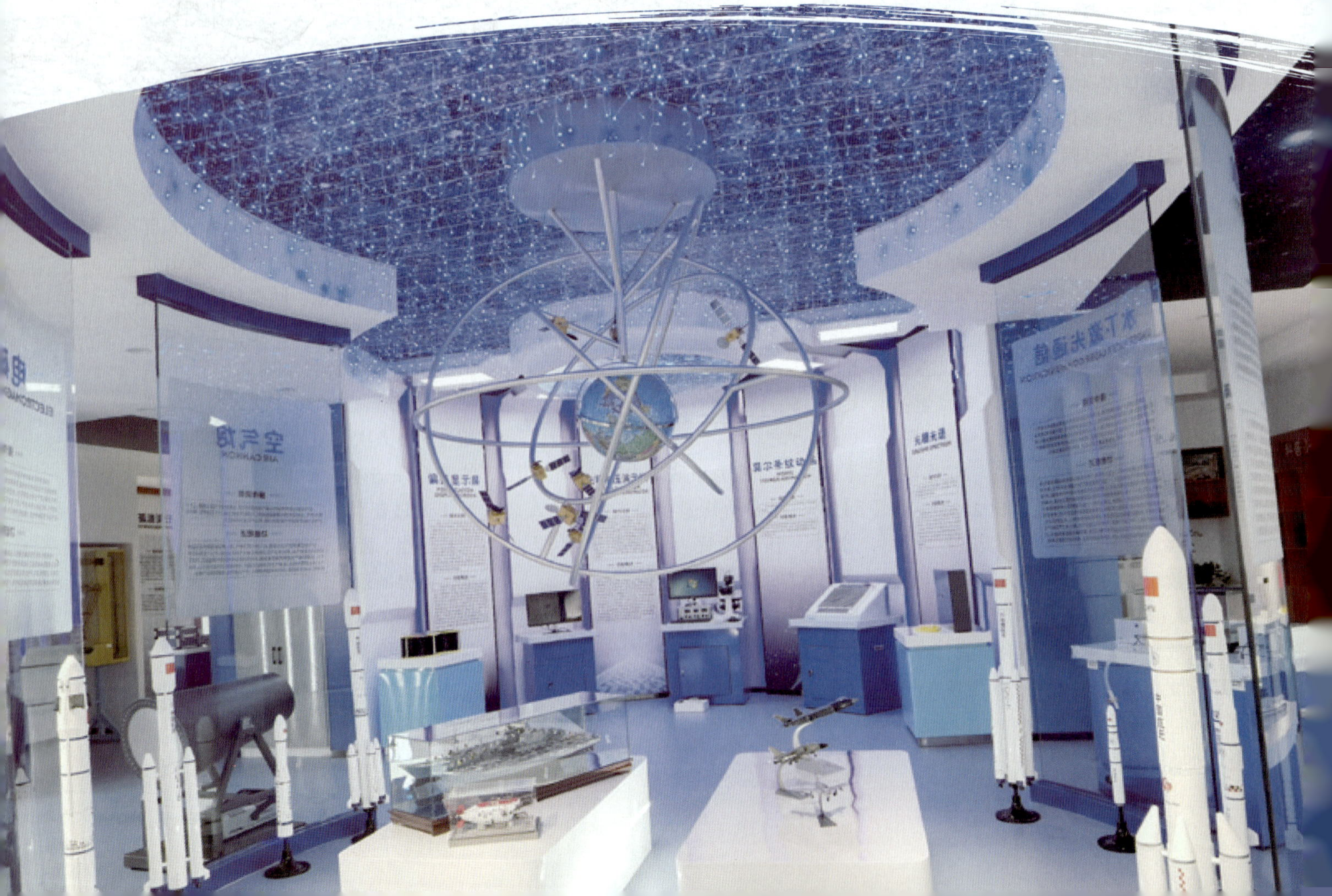

## 综　述

【概况】　2022年，铁力市制定《铁力市推进科技创新发展和成果转化若干措施》。申请并获批3项外观设计专利、3项实用新型专利以及4项软件注册权。全年新增培育科技型中小企业5户（黑龙江亿达鸿药业有限公司、上海皇象铁力蓝天制药有限公司、黑龙江滨力农业科技发展有限公司、黑龙江安嘉乳业有限公司、铁力市大普软件技术有限公司），已入库科技型中小企业13户。全市有高新技术企业9户，其中，新增培育高新技术企业5户（伊春鹿鸣矿业有限责任公司、黑龙江省四宝生物科技股份有限公司、上海皇象铁力蓝天制药有限公司、黑龙江安嘉乳业有限公司、铁力市大普软件技术有限公司）。

【创建全国科普示范县】　2022年6月，铁力市开展黑龙江省2021—2025年度第二批全国科普示范县（市、区）创建工作，市科协对照《2021—2025年度第二批全国科普示范县（市、区）测评标准》起草《创建全国科普示范县评分标准及任务分解清单》，组织相关单位上报创建材料，按照测评体系进行自我评分。9月27日，铁力市通过省科协专家组评审，成功入选推荐单位。

（刘　佳）

## 科技普及

【科普活动】　2022年5月21—28日，铁力市开展以“走进科技你我同行”为主题的科技活动周，在启动仪式上发放科普知识传单2000余张、赠送书籍200余本、发放资料1000余份。活动期间开展提升公众科学素质、科技为民服务、科技进校园、走访科技工作者、“科技兴警奋勇担当”等科技活动。到企业宣传《中华人民共和国科学技术进步法》《中华人民共和国科学技术普及法》10余次，宣传科技规划和政策，组织企业线上科普知识答题并分发小奖品。9月16日，组织中小学生开展以“月满中秋童绘未来”为主题的科普教育实践活动，联合铁力市图书馆开展“我和妈妈学科学”普实践活动。11月2日，开展“科普之冬”活动，发放防范灾害风险常识、应急避险技能、防灾减灾、交通安全知识宣传手册及科普生活常识、辟谣等宣传册5000余册，提升公众防灾减灾意识和预防应对各类突发事件的能力。

（刘　佳　刘　爽）

【科技宣传】　2022年，工信局发挥科普大篷车作用，播放新冠感染防控个人防护知识，发放宣传资料1000余册，更新全市31个村的科普宣传栏。实施“科技特派员”制度，解决企业、林业职工和农民生产经营活动中的现实科技难题，为铁力市经济质量转型发展提供科技支撑。由铁力市政府搭建平台，按照专业对口、双向选择、优中选优、精准对接的原则，从高校、科研院所、科技服务机构和农业龙头企业中选派科技人员到基层开展工作。动员本地人才参与，拓展“科技特派员”的选派渠道、专业领域，构建“科技特派员”全产业链服务新格局。全年选派33名省市县三级“科技特派员”到8个乡镇开展科技服务工作。为当地农户讲解农业、水稻等种植技术，解答农户关心的问题。开展技术座谈、培训30余次，受益3000余人次。为铁力镇、王杨乡等引进番茄、香瓜、豆角等9个新品种，建立水稻秸秆还田示范地1处、水果萝卜示范田2处，推广水稻秸秆还田轮耕新技术1项。9月10日，铁力市科学技术协会联合桃山镇政府到丰收村开展科技文化卫生“三下乡”科普宣传活动，通过农业科技咨询、健康义诊、科普知识竞答、文艺演出等形式进行科普宣传。

（刘　佳　刘　爽）

## 科技成果及转化

【概况】　2022年，黑龙江桃工科技有限公司转化道路破冰、除雪机生产成果，成产机器10台，销售6台，同时申请滚刷式除雪机专利证书。林之蛙生物科技有限公司转化林蛙油罐头成果。金稞生物质能源开发有限公司转化新型破冰除雪机成果，销售2

2022年9月27日，铁力市成功创建“全国科普示范县（市、区）”

（铁力市科学技术协会供图）

台，同时申请破冰除雪机及工作方法、多辊间隔式组刀振动破冰除雪机、震动除雪装置等4项成果专利证书。全年铁力市技术交易合同成交额3360万元，100%完成了伊春下达的指标，突破了2021年零交易合同的瓶颈。

（任林静　刘　佳）

【科技成果】　2022年，蓝天制药申请并获批复方龙胆碳酸氢钠片、甲硝唑B6片、护肝片3项外观设计专利；申请并获批一种螺杆式空气压缩机、一种中药材超声萃取设备、一种中药材有效成分提取设备3项实用新型专利。普吉科技自主研发智慧课堂会员营销中心系统、日富小课堂知识付费系统，受让获得普吉智慧课堂在线题库录入系统、普吉SCRM管理系统、普吉智慧课堂PC数据同步系统、普吉智慧餐厅管理系统4项软件注册权。

（刘　佳）

【技术市场】　2022年1月，黑龙江省张玉梅农机装备有限责任公司与永吉县众星农机经销有限公司签订钵体插秧机三包技术服务合同，成交额1500万元。6月，铁力市普吉科技有限责任公司与哈尔滨市泓远网络科技有限公司签订一站式电商选品平台开发合同，成交额120万元。8月，伊春新望农牧有限公司与通辽新好农牧有限公司签订仔猪优良品种选育技术服务合同，成交额1600万元。铁力市大普软件技术有限公司与铁力市普吉科技有限责任公司签订SAAS产品自动交付平台合同，成交额140万元。2022年4月，黑龙江省张玉梅农机装备有限责任公司与黑龙江省农垦科学院研究合作，开发高效钵苗移栽机项目，项目生产样机1台，试验1次。

（任林静）

## 科技创新平台

【科技型企业建设】　2022年，铁力市实施科技创新驱动发展战略，以提高企业自主创新能力为核心，以服务科技企业自立自强为导向，强化企业创新主体地位，全面推动科技创新发展。突出培育重点，引导企业发展，着力培育企业发展梯队，根据企业实际情况将符合条件的企业纳入高新技术企业、科技型中小企业培育库，做好时时跟踪，推进科技型企业培育，助推高新技术产业发展。强化组织领导，加大政策宣传。通过开展培训、政策宣传、上门服务、分类指导等措施，提高企业申报积极性，并做好企业梳理，选择符合高新技术产业领域、创新能力强的科技型中小企业重点扶持培养，提升创新水平。完善政策体系，把创新意愿做活，兑现各类科技创新奖补资金，增强企业自主创新活力。全年为伊春鹿鸣矿业有限公司、葵花药业集团（伊春）有限公司、黑龙江省张玉梅农机装备有限责任公司等12户企业对上争取奖补资金980万元。

（刘　佳）

**表20　2022年铁力市科技型企业一览表**

| 序号 | 类型 | 企业名称 |
|---|---|---|
| 1 | 科技型企业 | 黑龙江省张玉梅农机装备有限责任公司 |
| 2 | 科技型企业 | 黑龙江省四宝生物科技股份有限公司 |
| 3 | 科技型企业 | 铁力市普吉科技有限责任公司 |
| 4 | 科技型企业 | 铁力市永鑫科技有限公司 |
| 5 | 科技型企业 | 上海皇象铁力蓝天制药有限公司 |
| 6 | 科技型企业 | 铁力市大普软件技术有限公司 |
| 7 | 科技型企业 | 黑龙江安嘉乳业有限公司 |
| 8 | 科技型企业 | 黑龙江亿达鸿药业有限公司 |
| 9 | 科技型企业 | 伊春东鹿药业有限公司 |
| 10 | 科技型企业 | 黑龙江滨力农业科技发展有限公司 |
| 11 | 科技型企业 | 金稞生物质能源开发有限公司 |
| 12 | 科技型企业 | 黑龙江桃工科技有限公司 |
| 13 | 科技型企业 | 铁力市瑞禾农业科技有限公司 |

（资料来源：铁力市工业信息科技局）

【高新技术企业】 2022年，铁力市深入实施创新驱动发展战略，把培育高新技术企业作为推动企业技术创新、产业升级的突破口，增强企业实现高质量发展的内生动力，使传统产业重新焕发“新活力”。加强政策扶持，助力高新技术企业提高创新能力，为葵花药业集团（伊春）有限公司和伊春鹿鸣矿业有限责任公司兑现省级研发投入奖补政策563万元；为铁力市普吉科技有限责任公司、上海皇象铁力蓝天制药有限公司、铁力市大普软件技术有限公司等11户企业兑现《中共伊春市委伊春市人民政府支持民营经济高质量发展的21条》奖补政策资金307余万元；为黑龙江安嘉乳业有限公司、黑龙江省四宝生物科技股份有限公司、上海皇象铁力蓝天制药有限公司等5户企业兑现省高新技术企业奖补155万元。

（刘　佳）

## 气象测报

【概况】 2022年，铁力市气象局有国家基本气象站1个、国家级无人站1个、四要素区域站2个、六要素气象站1个、土壤湿度自动站1个、GPS/Met水汽观测站1个。全年完成地面观测、预报预警服务、为农服务、人工影响天气等工作，发布气象信息369期、重大气象信息专报12期、预警信号187期。7月5日，铁力市气象局参加伊春鹿鸣矿业有限公司承办的尾矿库洪水漫顶事故政企联动综合应急救援演练。9月30日，参加“中国天然氧吧”线上复核复查视频会议，铁力市通过复查继续保持“中国天然氧吧”城市称号。12月24日，铁力市政府印发贯彻气象高质量发展纲要（2022—2035年）实施方案，升级改造14个单要素雨量站点和2个负氧离子监测站点。

（王海宁）

2022年5月10日，铁力市气象局人工影响天气作业

（铁力市气象局供图）

【防雷监管】 2022年，伊春市气象局行政执法支队铁力大队负责全市辖区内油库、气库、弹药库、化学品仓库、烟花爆竹、石化等易燃易爆建设工程、场所的防雷安全监管。气象部门负责防雷装置设计审核和竣工验收许可。组织雷电灾害防御工作，做好雷电监测、预报预警、雷电灾害调查鉴定和防雷科普宣传，根据本地雷电监测历史资料划分雷电易发区域及其防范等级。加强防雷执法监督检查，开展防雷隐患排查和整治督查。全年行业监管企业36家，在春秋两季对企业进行2次安全检查和指导，检查数量不低于20%。

（王海宁）

【气象服务】 2022年，铁力市气象局发挥气象防灾减灾第一道防线作用，完善预警信息发布平台，及时发布应急响应、重大气象信息服务、气象灾害预警信号等信息。开展重大活动气象服务保障工作，为中高考、成人高考、黑龙江省中学生排球赛、省重点项目开工仪式等活动提供气象服务保障。完成乡村振兴气象服务专项建设工作，围绕粮食生产和重要农产品供给，提供分区域、分作物、分灾种的精细化农业气象服务，巩固乡村振兴气象服务专项建设成果，提升气象为农服务能力。完善铁力市第一小学校园科普气象站建设，建立室内气象文化长廊，开展3次气象防灾减灾知识进校园宣传活动。完成人工影响天气专项建设任务，全年开展人工防雹作业3次。建立健全安全生产管理规定，按季度开展安全生产隐患排查，每月开展一次消防安全巡查，依法履行防雷安全社会管理职责。

（王海宁）

# 文 化

Culture

编辑：张力维

## 公共文化

【概况】 铁力市文化生活丰富多彩，公共文化服务功能完善。2022年，开设线上公益培训课，利用微信群开展舞蹈、声乐、合唱、钢琴等学科的日常训练。加强全市文艺工作者思想政治、意识形态、文艺界核心价值观引领，组织编辑了铁力文化系列丛书等优秀文学作品。举办美术、书法、摄影、图片展览展览15次，展出各类作品867件。铁力市提高城市公共文化品位，建有彰显城市文化特色的场馆。市群众艺术馆为国家二级馆，举办了省内外各级美术展览。图书馆藏有图书20.57万册。博物馆藏品1368件。2022年，美术馆展出兴安版画作品56件、“铁力陶”作品45件、美术作品208件、书法作品100件。

（迟春玉）

【文化市场监管】 2022年，铁力市文化市场综合行政执法大队行使文化、文物、考古、广播电视、电影、版权、新闻出版、体育、旅游市场方面的综合行政执法职责。2022年，铁力市各类文化市场经营场所134家，行政执法大队开展文化市场专项整治行动16次，出动执法人员45人次，检查各类文化企业310家次，发现问题并责令改正企业3家，有效规范市场经营秩序。开展安全生产检查，地面卫星接收设施、旅行社、文物保护单位专项整治行动。行政执法大队开展反电信诈骗、消防安全知识的宣传工作。经行政审批，文化市场准入娱乐场所2家、娱乐场所到期延续2家、体育舞蹈场所备案1家、受理艺术类培训机构备案2家。同时与乡镇对接，梳理涉及乡镇职责清单事项8项，对行政大厅综合窗口受理人员培训3次。完成省级部门和本级部门联合随机抽查任务。

（迟春玉）

【文艺社团】 2022年，铁力市有文艺社团19个，总人数400余人。每个社团（班）配备一名指导教师，协助并配合团队（班）管理和活动，文艺社团成立“蒲公英”文艺小分队，活跃在社区、广场和田间地头。

（迟春玉）

【文化惠民】 2022年，铁力市群众艺术馆开办写意画班、书法班、工笔花鸟班、写意花鸟班、陶艺班、版画班、非洲鼓班、萨克斯班、钢琴等形式多样、内容丰富的文化培训，满足了全市艺术爱好者的需求。组织文化志愿者开展“送文化进万家”活动。群艺馆组建陶艺、工笔画、国画、书法等4支文化志愿者服务小分队，深入桃山镇神树村、工农乡五花村、铁力镇满天红村等村屯开展专项培训，在乡镇村屯举办各种创作辅导13期，培训农村文化志愿者340人，捐赠书画作品240余幅。引导动员农民农闲时参加市群艺馆的系统培训，举办声乐、器乐、舞蹈、戏曲、模特、版画、国画、工笔画、书法、摄影、陶艺等20余个公益性培训班，免费培训城乡文化志愿者。全年举办各种培训班26期，免费培训文化志愿者700余人次。

（迟春玉）

【文化下乡】 2022年，铁力市开展全市村屯文化工作调查，创新文化志愿者的服务模式，了解和掌握农村文化状况和农村居民需求，开展各种形式的文化下乡活动，加强农村精神文明建设，提高农村居民的文化水平。文旅局组织了送文化进社区活动、送文化进景区活动、送文化进乡村活动。深入乡镇村屯文艺演出38场次，观看人数8000余人次。组建“蒲公英”文艺小分队，送文化下乡文艺演出6场，为乡村居民演出70余个文艺节目。把公共文化资源送到乡村，丰富了乡村居民的文化生活。

（迟春玉）

【文学创作】 2022年，铁力市为展示铁力文化建设实力，聚拢了一支文学创作队伍。在中共铁力市委、市政府、文联以及相关部门的领导支持下，编辑出版《卫士的赞歌》《铁山包逸事》《文化铁力读本》，文化系

2022年8月12日，铁力市图书馆少儿分馆开展“开启数字阅读——AR炫酷阅读‘点’开智慧人生”阅读活动

（铁力市文体广电和旅游局供图）

列丛书《骊之韵》散文小说集、摄影集。邹本栋创作的《铁力抗日斗争史录》，黑龙江人民出版社出版。王跃斌创作的长篇小说《坚守》，北方文艺出版社出版。

（迟春玉）

【主题展览】 2022年，铁力市举办美术、书法、摄影、图片展览15次，展出各类作品共867件，其中，美术作品467件、书法和篆刻作品242件，陶术作品87件、摄影作品68件。美术馆展出兴安版画作品56件，“铁力陶”作品45件，书法作品100件。博物馆举办“庆新春·迎冬奥冰雪画展”等线下展览7场，同时利用微信公众号推送“中国人民解放军发展史图片展”“赫哲族社会发展辉煌历程图片展”等特色专题展览。

（迟春玉）

【图书馆】 2022年，铁力市图书馆馆藏书20.57万册。全年接待读者46225人次，文献外借量36245册次，外借量23156人次。开设馆外图书流动服务点48个，建立9个分馆。2022年，图书馆开展丰富多彩、形式多样的读者活动。开展地方文献、古籍收集工作，加大对本地文献和古籍的发掘与保护。采用现代化文献采访、编目、流通、书目查询等功能的计算机集成管理和服务系统。在全市范围内，建成以铁力市公共图书馆为总馆，直属运营的少儿分馆、骊城书苑、中心步行街、健康主题公园的24小时城市街区自助图书馆，以及乡镇分馆、森林书房分馆。骊城书苑和少年儿童图书馆位于东四路与五一街交叉路口，两馆按照“综合型、开放性、现代化、多功能”的建设要求，着力打造多元化、复合现代图书馆。少年儿童图书馆位于铁力市儿童公园入口，馆内藏书1.1万余册，期刊报纸40余种。根据少儿读者的年龄构成进行立体化服务，馆内设置亲子共读区、绘本阅读区、科普区、星空馆、多功能厅、手工制作区、影音体验区、螺旋楼梯等多个阅读空间。骊城书苑藏书1万册，涵盖常规借阅区、国学区、历史馆、培训室、阳光厅等区域，同时融入数字、音乐、智能等新元素。两馆均设有电子图书借阅机、少儿数字一体机、多媒体电视机等新媒体数字阅读设备设施。

（迟春玉）

2022年9月26日，铁力市博物馆开展“童心颂祖国，欢乐迎国庆”主题社教活动
（铁力市文体广电和旅游局供图）

【博物馆】 铁力市博物馆是展示、收藏、宣传铁力自然资源、历史文化、社会发展的综合性博物馆。2022年，博物馆藏品1364件（套），其中，珍贵文物106件（套）。博物馆获评省级“关心下一代教育基地”和伊春市级“文明单位”称号。博物馆创新展览形式和展览内容，采取多种形式举办各类主题展览活动，送展览进校园、进社区、进乡镇6场，全年接待观众2万人次。强化博物馆教育职能，做好青少年教育工作。建立馆校合作模式，根据青少年的发展和学习特点，结合馆内自身特色和资源优势，策划组织开展“文博知识进校园”“弘扬马永顺精神”主题宣讲等各类体验活动50场。2022年，铁力市为更好发挥博物馆的社会功能，让更多人了解博物馆，走进博物馆，围绕“博物馆的力量”这一主题，在铁力市域内精心策划“5·18国际博物馆日”系列宣传活动。活动期间向市

2022年1月28日，铁力市博物馆举办“庆新春·迎冬奥”冰雪画展览
（铁力市文体广电和旅游局供图）

民提供现场讲解、答疑、悬挂宣传条幅及开展“文博知识”进校园、进乡村宣讲等形式，讲述博物馆日的由来及博物馆的社会功能，讲述藏品背后的历史故事。

（迟春玉）

【美术馆】 铁力市美术馆坐落于铁力市儿童公园于2021年3月正式对外开放。美术馆主要功能是提供学术交流研讨的平台；承办省内外艺术家的美术展览；收藏反映铁力历史文化、具有时代标志的美术作品；举办全市机关企事业单位、中小学美术作品展览。2022年，美术馆举办美术、书法等各项展览活动6次，参观人次5万人次。举办弘扬社会主旋律作品展，其中，有冰雪兴安版画汇报展、“永远跟党走”首届教师美术书画展、范宝峰书法展、铁力市工笔画学友会汇报展、年丰中心校剪纸作品展等。美术馆同时拓展服务功能，开办创作园地、美术鉴赏大讲堂、美术公开课堂。在创作园地举办主题工笔画、版画创作讲评、书法创作讲评活动，举办书法精品展创作讲评活动。美术馆定期举办少儿和成人书画、摄影等专业公开课。

（迟春玉）

【群众艺术馆】 铁力市群众艺术馆位于铁力市体育场南侧，2005年新馆建成并投入使用。铁力市群众艺术馆为“国家二级馆”，设有创评研究部、美术摄影部、文艺部。艺术馆立足城镇面向农村组织群众文艺作品创作、辅导，培训文艺骨干和社会文艺团队。搜集、整理、研究、开发民间优秀文化，挖掘继承本土传统文化，发现和培养民间艺术人才。组织开展群众文化理论研究、业务文化创作，开展对外文化交流等工作。全年开展美术创作园地、美术公开课堂、美术鉴赏大讲堂等美术教育活动，根据乡镇需要开展“结对子、种文化”文艺辅导，送文化进乡村活动。年活动量1000人次。

（迟春玉）

【抗联陈列馆】 铁力市抗联陈列馆位于儿童公园广场，陈列区以铁力抗联重要历史事件、历史人物、历史战役为线索，通过史料、照片、图表、文物以及抗联浮雕、场景复原等多种陈列形式，全面反映了铁力抗日军民艰苦斗争历史。抗联陈列馆发挥特色优势，组织开展有针对性的主题活动，主动对接机关单位、中小学校、社区乡镇，充分发挥爱国主义教育基地功能作用。2022年，陈列馆接待参观学习人数1.2万人次，展厅讲解130余场。

（迟春玉）

【马永顺纪念馆】 伊春森工铁力林业局有限责任公司马永顺纪念馆（以下简称纪念馆）位于铁力马永顺林场展厅分4个部分。“苦难岁月，迎来新生”部分记录马永顺从1914年出生至新中国成立前遭受日本侵略者凌辱和“把头”欺压的苦难历史。“艰苦创业、赤诚奉献”部分记录马永顺新中国第一代伐木工人为祖国建设伐木的情况。“生命不息、育林不止”部分记录马永顺退休后关注生态环境建设，植树造林绿化山川的先进事迹。“精神永存、光照后人”部分记录各地学习弘扬马永顺精神的情景。2022年，纪念馆内藏品共计4000件，有马永顺获得的荣誉证书、奖牌、奖杯、生前衣物用品及周恩来、江泽民、李鹏、朱镕基等党和国家领导人接见马永顺时的珍贵历史照片。纪念馆提升爱国主义教育基地党史学习教育功能，开展中共党史、爱国主义和革命传统教育工作，利用红色资源、发扬红色传统、传承红色基因，弘扬民族精神和时代精神。马永顺纪念馆被命名为“黑龙江省爱国主义教育基地”“黑龙江省中共党史教育基地”“全国关心下一代党史国史教育基地”“黑龙江省军区革命传统教育基地”“全国优秀人文社科普及基地”“全省关心下一代教育基地”“黑龙江省青少年实践体验基地”“黑龙江省科普教育基地”“黑龙江省社会科学普及基地”“黑龙江省中小学生研学实践教育基地”“黑龙江新华研学实践基地”“伊春市未成年人思想道德建设爱国主义教育基地”“伊春市优秀社科普及示范基地”“伊春市委党校、伊春行政学院教学基地”“伊春市文明旅游景区”“伊春市中小学生研学实践教育基地”。2022年，马永顺纪念馆参观人数达3万余人。

（薛　颖）

## 群众文化

【概况】 2022年，铁力市为满足群众日益增长的文化需求，开展了各类文化娱乐活动，组织举办了舞蹈、音乐会、曲艺等形式的文艺演出。通过线上、线下结合的方式，举办文艺演出20次，书画、摄影展览16期，公益培训10余次。

（迟春玉）

【“红色故事进校园”活动】 2022年，铁力市开展“红色故事进校园活动”，增加了青少年对铁力历史文化的了解和热爱，发挥了红色历史、红色资源的思想道德教育。4月28日，铁力市第二小学开展“讲好红色故事，传承革命精神”红色故事小讲解员培训班，有110余名学生参加培训。7月31日，由市教育局、文体广电和旅游局主办，博物馆承办的铁力市首届“心中的旗帜”红色故事小讲解员大赛，有1000余名学生参与活动。通过红色故事系列活动，引导广大青少年厚植爱党、爱国、爱社会主义的情感，教育青少年铭记历史，发扬革命传统和优良作风，弘扬革命精神，传承红色基因和爱国情怀。

（迟春玉）

【“欢乐闹元宵，巧手做花灯”亲子主题活动】 2022年2月15日，市博物馆举办了“欢乐闹元宵，巧手做花灯”亲子主题社教活动，有200余名学生参加。活动设计了文博小讲堂、参观虎年新春生肖文物图片联展。在主题灯笼制作环节中，孩子和父母共同协作，感受亲子合作的乐趣，体验元宵佳节传统文化的魅力。

（迟春玉）

【“探秘·自然童趣四季”——二十四节气课堂活动】 铁力市围绕“科学规范、健康成长、开启快乐人生”的少儿教育理念。以二十四节气活动丰盈“启智蒙学浸润传统文化”课程体系。2022年，铁力市少儿图书馆开展“探秘自然童趣四季——二十四节气”课堂活动，结合少年儿童教育的特点和实际，运用科学的儿童观、教育观对二十四节气文化予以选择，甄选适宜图书馆教育内容。二十四节气课程内容分为“春之蛰动”“夏之蝉鸣”“秋之韵歌”“冬之暖阳”主题教育活动，充分发挥综合教育功能，使图书馆成为少年儿童学习与成才的摇篮。二十四节气课堂成为少年儿童开阔视野的窗口，学习知识的乐园和全面开展的平台。

（迟春玉）

## 文化遗产保护

【概况】 2022年，铁力市有文物保护单位118处，省级文物保护单位有桃山遗址、小龙山遗址、神仙摞东北抗日联军三军密营遗址，市县级文物保护单位59处，一般文物保护单位56处。省级非物质文化遗产2项，市级非物质文化遗产6项。

（迟春玉）

【文物保护】 2022年，铁力市文物保护部门持续加大文物管护力度，全市118处文物保护单位全部设立文物保护标志碑、界桩和警示标牌并落实文物安全责任人。全年开展文物建筑消防安全专项检查及文物巡查，配合省文旅厅完成桃山遗址、小龙山遗址、青林神仙摞东北抗联三军密营遗址3处省级文保单位“两线”划定，筑牢文物保护安全网。

（迟春玉）

【非物质文化遗产】 2022年，铁力市为辅助传承人实现非物质文化遗产的正常传承，科学研究和决策非遗未来发展，建立了非遗传承人档案资料目录。省级非物质文化遗产2项：赵氏正骨、植物画制作技艺。市级非物质文化遗产6项：旭恩堂中医药正骨、玉双黏豆包制作技艺、兴安冰雪版画、桃山玉雕、万台东烧锅、益灵山年猪会。2022年，铁力市文旅局做好非遗传承常态化工作，收集整理文字资料7000字，录音录像资料60分钟，图片资料80张，筑牢了非遗文化传承根基。同时以文化和自然遗产日为契机，组织开展“李伟木雕展”等非物质文化遗产宣传展示活动3场次，非遗传承宣传活动惠及群众万余人。

（迟春玉）

## 广播电视

【概况】 铁力市融媒体中心（以下简称融媒体中心）高质量引导舆论，开设栏目有《铁力新闻》《铁力行》《一周要闻》《生活一点通》《科技进乡村》《今天我是小明星》《生活新干线》《融媒助农》。2022年，外宣网络持续拓展，在黑龙江省新闻联播发稿32条，在省级媒体平台《极光新闻》发稿96条，在“学习强国”学习平台发稿112条，在中央级媒体发稿6条。《铁力好故事》在上级主流媒体大放异彩，专题《青山不墨》里的记忆在央视新闻频道播发，稻花香里拍丰年在央视农业频道播出。2022年末，网络公司经过网络建设实现了铁力市城区、村屯有线电视网络全覆盖，全部实现数字化。实现采取有线覆盖方式网内传输电视节目70余套，广播节目10套。

（孙旭明）

【新闻舆论宣传】 2022年，铁力市电视端全年累计播出电视新闻2130余条。新媒体平台“关注铁力”发布图文7630余条。抖音快手平台播出短视频835条。融媒体中心围绕铁力市中心工作，发挥融媒优势，做好疫情防控宣传报道，全年发布各类疫情信息3000余条。精准服务中心工作，做好《我为群众办实事》《重点项目跟踪报道》《创文在行动》《聚焦能力作风建设》等重点栏目。开展“习近平新时代中国特色社会主义思想”“奋进新征程、建功新时代”“党的二十大”等重大主题宣传。在“关注铁力”新媒体平台精心组织推出《我们的新时代》《新时代新龙江》《二十大时光》20余个新专栏。播发“迎庆二十大”宣传信息100余条。突出宣传报道铁力市成功入选国家乡村振兴示范县创建名单，铁力市获得2021年度全省农村人居环境整治擂台赛第一名，市融媒体中心入选新华社“全国县融中心互动传播优秀案例”。

（孙旭明）

【电视文艺宣传】 铁力综合广播于2022年5月20日恢复播出，每天播音时长18个小时。自办栏目七档:《铁力新闻》《骊城夜语》《骊城警事》《新农视野》《成长故事会》《音乐早班车》《音乐留声机》。铁力综合频道每天播出时长20小时，日播各类公益广告140条，全年播出电视剧100余部，约4380集，电影360部。

（孙旭明）

【新媒体发展】 2022年，铁力市融合发展传媒产业，坚持事业促进产业、产业反哺事业的原则。铁力市智融共创文化传媒有限公司在原传统广告投放、活动承办、专题制作等业务的基础上，拓展其他文化领域，承接大型活动推广策划、直播、短视频拍摄、专题片制作、户外广告等线上线下业务。全年公司上缴利润30万元，新闻事业和传媒产业实现“两翼齐飞”，在经济效益和社会效益上取得了双丰收。“关注铁力”公众号全年新增用户3.1万户，用户总数达到7.8万户。抖音、快手、视频号用户数达49万人。

（孙旭明）

【基础设施建设】 2022年，铁力市融媒体中心为了完善设备功能保障安全播出，播控发射中心新增天线设备一套，价值4.8万元。监测报警存储系统设备一套，价值9.98万元。信号备份传输系统设备1套，价值7.95万元。功放单元设备2台，价值9.9万元。卫星接收机设备1台，价值0.5万元。

（孙旭明）

【有线电视网络建设】 2022年，铁力市对城乡接合部及部分村屯的老化线路进行改造维护。网络改造情况：制订方案计划，充分做好前期准备工作。网络公司深入村屯对有线电视光缆线路进行摸底调查，制订线路维护改造方案，规划维护改造时间，准备所需材料。公司抽调技术人员对老化线路进行踏查、检测，全面检测杆路、线路及设备，测试终端传输信号。公司组成维护改造小组，维护5个村屯的线路，将有隐患的部位和线路重新连接梳理，使线路连接畅通，信号传输稳定。同时改造2个村屯的老化线路，将老化线路和设备全部更换。线路改造解决了线路老化问题，传输信号达正常值，提高了有线电视节目质量，用户可以收看到清晰、稳定、高质量的数字电视节目。铁力市加强农村线路改造，将电缆传输变为光缆传输。投入资金5万余元改造村屯3个，重新架设光缆、电缆、更换光接机等设备。改造后农网故障问题显著减少，信号传输质量有所提升。2022年，铁力市城区、村屯有线电视网络实现100%全覆盖，并全部实现数字化。全市城区、农村居民可以收看到清晰稳定的有线数字电视。

（赵洪亮）

【有线电视网格化管理】 2022年，铁力市落实网格化管理工作，制订网格化管理实施方案，划分网格区域分配网格管理人员，不定期召开网格工作总结会议，及时改进工作中发现的问题。网格情况：科学划分、建立网格化管理体系。划分网格、配置人员，在划分网格时踏查全市小区，了解各小区不同地域及用户层次特点，划分时做到因地制宜、公平公正。配置网格管理人员，做到网格区域人员配置均衡全面。同时成立干线维护队，负责市区内线路改造和光接收以上的线路维护工作。规范程序，网格化管理落实人员、职责、任务，采用层级分析梳理，逐级解决回馈，现场处理等办法推进工作落实。多措并举营造网格化管理氛围，使网格化管理更加完善。利用微信平台进行宣传，建立“龙江广电网络”微信公众号，及时宣传公司业务、优惠政策及开展的各项活动内容，便于网格员开展各项业务。

（赵洪亮）

## 档案工作

【概况】 铁力市档案馆负责全市文书等档案资料保管利用、铁力市地方志、铁力市年鉴、党史资料的编纂出版工作。档案馆建筑面积2224平方米，设立永久、长期、财会、资料室4个档案库房。2022年末，馆藏档案资料178个全宗，包含文书档案、会计档案、扶贫档案、疫情防控档案、科技（图纸）档案、照片、实物等10余种门类，共计170211万余卷（件、册），年均为社会提供服务利用1万余卷（册）。

（李晓凤）

【档案接收】 2022年，铁力市档案馆挖掘潜力提高库容承载能力，继续强化归档意识，规范立卷归档程序。馆藏档案资料总量从2021年147102卷（件、册）增至170211卷（件、册），增比为15.7%，实现馆藏总量逐年增加的工作目标。常态化开展文书档案接收工作，接收22家单位文

2022年，铁力市档案馆开展疫情档案接收工作

（铁力市档案馆供图）

书档案3153件。按照《关于做好脱贫攻坚档案移交进馆工作的通知》要求，完成市23家单位、7个乡镇、71个行政村的精准扶贫档案接收进馆工作，接收市、乡、村三级扶贫档案1.68万件（张）。档案馆发挥部门职能优势，挖掘铁力市红色档案资源，面向社会发布了公开征集“红色档案”公告。2022年，档案馆加大铁力市红色档案挖掘、整理、利用力度，深入基层开展有针对性的征集工作。征集红色档案211件（册），其中，包括纸质档案35件、实物档案4件、红色资料24册、电子视频7个、电子照片141张。

（李晓凤）

【档案利用】　铁力市档案馆秉承以人民为中心的服务理念，结合馆内工作实际及服务对象需求，在传统查档方式基础上，开设电话预约、休息日预约等查档服务方式，全年接待电话、上门咨询210余人次。采取微信接龙、电话预约等形式，错时错峰安排查档，为全市各部门、各单位及社会个人提供利用档案1万余卷（册），提供查档利用服务945人次。支持各级巡视巡察、纪检监察、审计机关办案，维护公民切身利益提供有效服务。同时为群众提供婚姻档案、死亡干部档案等各类档案服务，帮助群众在房产买卖、经济纠纷、民事诉讼等方面解决困难和问题。2022年，档案馆收到感谢锦旗3面。

（李晓凤）

【档案信息化建设】　2022年3月，铁力市启动档案信息化建设工作，制定《铁力市档案信息化建设三年攻坚行动方案》《数字化档案馆项目建设方案》。结合实际情况开展清库统计工作，依据案卷目录、归档文件目录对馆藏档案进行清查核对，建立数字化加工台账，做好数字化加工准备。梳理馆藏存量档案84551卷、应数字化档案41907卷，组织专人对10370卷文书档案进行解密划控鉴定。市委分管领导开展市场调研，设计系统功能需求、工程量清单及资金概算。项目分三期建设，总投资554万元，项目一期资金投入196.6万元，实施软硬件集成及档案数字化加工。2022年末，完成扫描15571卷，占馆藏应数字化档案比率37.16%，完成年度档案数字化既定目标。

（李晓凤）

【安全管理】　2022年，铁力市召开全市档案工作会议，部署全市档案安全自检自查工作，制发《关于开展全市档案安全风险隐患排查自检自查工作的通知》，就全市档案安全风险隐患排查治理工作，提出总体要求，明确排查要点及排查方法步骤，要求各部门各乡镇逐项排查问题，制定整改台账，明确整改措施、整改时限、整改责任人。在全市31家档案室，开展档案安全风险隐患自检自查工作的基础上，对全市10个重点单位和部门开展档案安全风险隐患抽查检查，对抽检单位的档案室安全、档案实体安全等方面全方位检查，根据存在的实际问题，针对性进行现场培训和疑难问题解答。

（徐　晗）

【档案执法】　2022年，铁力市制订年度档案执法工作计划，档案局馆联合开展铁力市年度档案行政执法检查，下达整改通知书10份，被检查单位全部制订问题清单、整改台账，确保问题整改到位。

（徐　晗）

【档案宣传】　2022年，铁力市发挥档案服务中心、服务大局、服务民生的政治属性和文化属性，组织召开国际档案日宣传工作联席会议，研究部署宣传活动有关事项，落实保障经费。组织“6·9国际档案日”线上专题讲座，《中华人民共和国档案法》及档案基础知识答题，举办红色档案查、宣传教育活动以及社会宣传等宣传活动。加大档案知识宣传力度，搭建档案与公众交流的桥梁。组织开展“档案法知识”线上答题活动，馆藏红色档案资源主题展播活动，彰显档案资源的丰富性、历史性和文化性。组织开展主题征文活动，以档案视角生动展现党的重大成就、历史经验，展现新时代党和国家事业的新变化、新面貌、新气象。组织开展“6·9国际档案日”现场宣传活动，向广大群众宣传档案相关知识，让群众近距离了解档案工作、感受档案价值与文化魅力。活动期间累计发放档案知识手册600余份，宣传单1000余张，发放环保袋、一次性纸杯等宣传资料2500余个。

（徐　晗）

【红色档案留存】　2022年，市档案馆将市老促会从1998年至2022年有价值的211件资料作为红色档案永久性留存，发挥其永久性宣传作用。

（高　宽）

## 地方志工作

【概况】　2022年，铁力市委史志研究室落实史志工作各项目标任务，按照地方综合年鉴编纂工作的要求，全面、系统、准确、科学地记述铁力市的新面貌、新成就、新经验，集中反映铁力市中心工作的发展脉络。为党政机关科学决策资政辅治，为繁荣促进铁力市社会发展服务。2022年末，史志研究室累计出版发行志书2部、年鉴（年录）13部。1987年出版首卷年鉴，1997—1998年出版综合卷，2014年后逐年连续出版，《铁力年鉴（2022）》为第13卷。

（李晓凤）

2022年11月，铁力市方志馆展厅一角

（中共铁力市委史志研究室供图）

【铁力市方志馆】　2022年，铁力市方志馆有3个展示区域，分别为书籍类、地方特色资源类、动植物标本类。馆藏志书、年鉴、地方志资料书籍1200余册，地方特色资源、矿产物品、动植物标本300余种。其中，有铁力市地理标志展品“铁力平贝母”“铁力·中国林蛙油”“铁力北五味子”“铁力大米”。矿石类展品有钼矿石、钼精粉、铜矿石、金矿石。奇石类展品有玛瑙、树化石、骨化石、桃山玉石、花岗岩等。

（李晓凤）

2022年7月，《铁力年鉴（2022）》出版

（中共铁力市委史志研究室供图）

【《铁力年鉴（2022）》出版发行】　2022年，由中共铁力市委、市政府主办，中共铁力市委史志研究室编纂的《铁力年鉴（2022）》出版发行。该书系统记述铁力市政治、经济、文化、社会、生态等方面情况的年度资料性文献；是集信息、资料、数据于一体具有权威性、综合性、实效性的地情工具书。2021年12月，市委史志研究室制定印发《〈铁力年鉴（2022）〉编纂工作方案》，并召开年鉴编纂工作启动会议，高标准推进年鉴编纂工作。《铁力年鉴（2022）》共计87万字，设类目26个、分目和次分目208个、条目1053个，图片125幅，表格42张，并采用双重检索系统，在书末新增索引，以主题词为款目，方便读者查阅。

（李晓凤）

# 卫生健康

## Health and Hygiene

编辑：张　威

# 综　述

【基层医疗卫生】　2022年，全市设置乡镇卫生院7个，社区卫生服务中心4个，农村卫生室71个。2022年，铁力市出台《铁力市农村基本公共卫生服务提升行动实施方案》，明确乡村基层医疗机构公共基础设施管护主体、管护责任、管护方式、管护经费来源等。铁力市铁力镇益康社区卫生服务中心在“优质服务基层行”活动中被国家卫生健康委、黑龙江省卫生健康委通报表扬。加强基层卫生机构人才能力培养，依托“黑龙江省基层卫生人才能力提升培训项目”，选派3名基层医疗机构骨干和19名乡村医生参加基层适宜技术和实践操作技能培训。

（林洪洋）

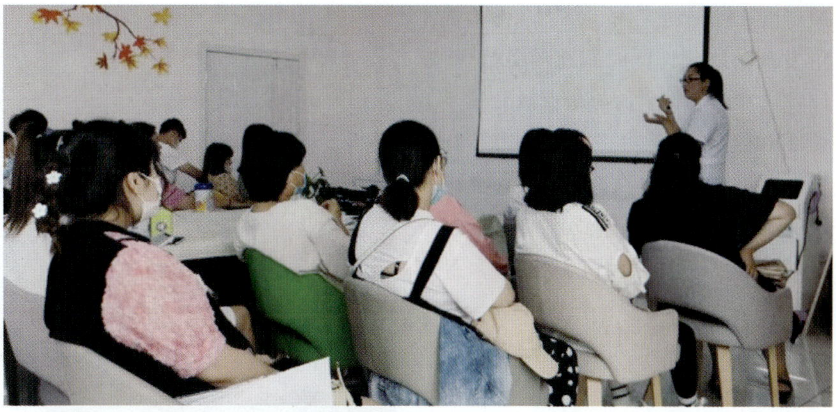

2022年8月17日，铁力市孕妇学校举办“最佳分娩方式”讲座

（铁力市卫生健康局供图）

【医政医改】　2022年，铁力市印发《铁力市新冠病毒感染者分层分类加强重症救治工作方案》，按照“及时发现、快速处置、有效救治”目标要求，防范、救治新冠病毒感染，组织专家指导医疗救治工作，保障人民群众生命安全和身体健康。组织全市各医疗机构开展院感防控、医疗废物处理相关知识培训，明确医疗机构加强医疗质量安全管理，杜绝院内感染问题发生，提高医疗质量，满足群众就医需求。卫生健康综合监督执法大队对全市医疗机构院感防控和发挥哨点作用情况进行督导检查，督促各医疗机构做好新冠感染防控和医务人员防护工作，严把预检分诊关口。要求医疗机构健全院感工作制度，落实一把手责任制，配备院感专业人员。印发《铁力市应对新冠病毒感染高峰医疗救治资源准备工作预案》，转发《关于印发〈关于加强短缺医疗卫生资源建设的实施方案〉的通知》《关于印发做好医疗资源准备工作方案的通知》等文件，要求各医疗机构严格按照方案、通知要求储备救治所需物资，确保新冠感染救治工作顺利开展。要求各医疗机构落实预检分诊和首诊负责制，及时发现、快速处置、有效救治。做好全国统一组织的医师、护士资格考试报名工作，受理审核各医疗卫生单位参加考试人员的报名材料，实现不错报、不漏报。全年完成107人医师资格考试、28人护士资格考试的报名审核工作。印发《铁力市关于深入推广福建省三明市经验深化医药卫生体制改革的若干措施》《铁力市推动公立医院高质量发展实施方案》等文件，推进医疗共同体建设，促进优质医疗资源下沉和有序就医。

（林洪洋）

【基本药物工作】　2022年，铁力市各级公立医疗机构在药品、医用耗材及检验试剂集中采购、管理和使用方面严格贯彻执行上级有关政策，国家基本药物制度实施。铁力市卫生健康局（以下简称卫健局）以基本药物配备使用为重点，强化基本药物主导地位，提升全市各公立医疗机构基本药物配备使用水平。加强基本药物使用督导，强化对基层医疗卫生机构在基本药物配备使用方面的监测、监督与指导，促进优先合理使用基本药物。加强对基本药物的认知，正确引导居民合理、科学、安全用药。规范机构信息，按《医疗卫生机构许可证》名称正确规范填写“黑龙江省药品集中采购网”上医疗卫生机构信息。2022年度基层公立医疗卫生机构基药配备使用金额铁力市王杨乡卫生院占比54.86%，铁力市工农乡卫生院占比39.13%，铁力市年丰朝鲜族乡卫生院35.05%，铁力市桃山镇卫生院34.23%。2022年度非基层公立医院卫生机构基药配备使用金额铁力市人民医院占比25.42%。2022年度非基层公立医疗卫生机构基药配备使用品种铁力市人民医院占比41.13%。

（林洪洋）

【妇幼卫生】　2022年3—12月，铁力市对辖区内各托幼园所进行儿童健康体检，体检儿童1083人次。4—7月，组织人员参加辖区内各幼儿园“手足口病专项督导工作”，进行手足口病主题宣讲。提高幼儿园老师发现疾病、处理疾病的能力及儿童家长防病意识。实施全市妇女宫颈癌、乳腺癌免费检查项目，全年检查妇女1714人。加强高危病例管理，做好阳性病患者的追踪随访工作。登记建档检查中发现的疾病，同时跟踪随访治疗，印发《宫颈癌、乳腺癌健康教育》手册2000余份。举办“孕妇学校”28场次，参加718人次，免费测量血压700余人次，发放宣传资料800余份。2022年，全市有孕产妇496人，早孕建卡458人，建卡率92.34%，孕产妇系统管理456人。出生人口527人，孕产妇产前检查率98.80%，产后访视率96.61%，无孕产妇死亡。免费发放叶酸523人次，妊娠风险评估橙色风险115人、紫色风险8人，无危重症孕产妇及新生儿。新冠感染防控期间，制定专案管理制度，建立孕产妇管理台账、高危孕产妇台账、孕37周及以上高危孕产妇台账及孕产妇排查明细表。高危管理首诊负责，专人专管，追踪随访至产后42天。全市全年结婚登记1117对，免费婚检537对，婚检率48.07%。

（林洪洋）

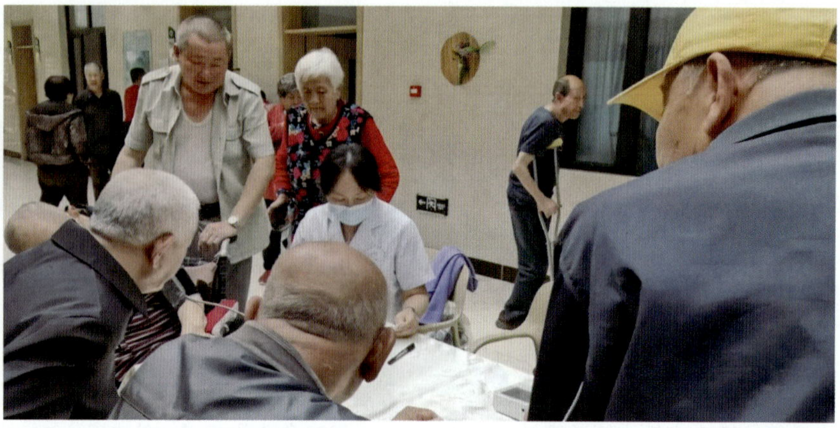

2022年6月14日，益康社区卫生服务中心颜婷婷家庭医生团队到群英社区爱心养护中心为老年人免费体检

（铁力市卫生健康局供图）

【卫生监督】 2022年，卫健局加强对全市卫生健康综合监督执法人员法律知识培训，组织执法人员在全国卫生计生监督信息平台在线学习30学时以上，参加省、市举办线上、线下培训15次。对各卫生监督协管站开展4次培训、考核，对非法行医、饮用水卫生安全巡查、公共场所卫生安全巡查、学校卫生服务、食源性疾病及相关信息报告等进行检查评估督导。综合整治全市（含农场）住宿、美容美发、浴池、歌厅等670余户公共场所，下达监督意见书1300余份。开展监督检查非法行医活动，检查机构76家，出动监督人员248人次，下达监督意见书132份。开展“蓝盾行动”和打击非法医疗美容专项活动各1次，查处2起无证行医案件，办结行政案件2起。对1家集中供水单位和4家二次供水单位进行4次日常监督，完成国家“双随机”抽查专项检查60家，提出监督整改意见500余条，出动执法车辆50台次，执法人员180人次。对1家餐饮具集中消毒服务单位进行2次专项监督检查，出动人员8人次，提出监督意见12条。监督检查全市中、小学校教室、生活环境、学校传染病防控、疫情防控、常见病与多发病防治、生活饮用水、公共场所及突发公共卫生事件卫生管理等情况32次。组织法律法规宣传、咨询活动8次，出动人员32人次，车辆8台次，印刷展板8块，条幅8条，宣传单5000张。

（林洪洋）

【信息化平台建设】 2022年，卫健局推动统计信息公开建设，成立统计信息公开建设领导小组，制定《保密管理制度》，上网用户严格遵守国家平安保密制度，建设保密室1间，内设2台保密电脑。加强办公室日常防盗管理，配备消防设备，定期检查电路，计算机配备防病毒软件和防火墙。完成局域网连接、内网接入工作，共享统计资源。完善局域网络，实现网络办公自动化。为专业统计报表数据处理提供技术支持，定期维护网络设备和单机，升级杀毒软件，确保各专业统计工作数据处理能力，做到上报数据文件无毒上载。定期整理备份专业数据资料和各项调查数据，确保全局统计数据资料完整、安全。

（林洪洋）

【健康铁力】 2022年，卫健局开展健康铁力行动，普及健康素养、新冠感染防控知识。全年开展健康知识讲座12期，发布健康教育知识游走字幕360条次。发放宣传手册2万余册、宣传单14.2万余份、制作宣传条幅12条、更换破损的健康教育宣传栏135块、在电子大屏幕播放健康教育知识12期、发布微信公众号220期。开展健康巡讲活动，在铁力市第四中学宣讲科学就医、烟草控制知识、《中国公民健康素养66条》《全民健康生活方式》等内容，提高全市居民健康素养水平，取得良好宣传效果。

（林洪洋）

## 疾病预防控制

【概况】 2022年，铁力市采取疾病预防控制规划、计划免疫规划和严重危害人民健康的公共卫生问题的干预措施，协调有关部门对重大疾病实施综合防控与干预，制定卫生应急和紧急医疗救援预案、突发公共卫生事件监测和风险评估计划，组织和指导实施突发公共卫生事件预防控制与医疗应急处置；发布法定报告传染病疫情信息、突发公共卫生事件应急处置信息。

（林洪洋）

【计划免疫】 2022年，卫健局按照黑龙江省卫生健康委员会要求，制定下发《关于在全市开展麻疹查漏补种工作方案的通知》，组织开展8月龄至6周岁儿童麻疹类疫苗查漏补种工作。开展16周岁至60周岁人群出血热疫苗接种工作，接种13920人。2022年3月，举办由各医疗单位预防接种人员、中小学校校医、中心校主管学校卫生人员参加的培训班，提高从业人员知识水平。扩大国家免疫规划疫苗应种13842人，实种13835人，报告接种率均为99.9%以上，乙肝疫苗首针及时率100%，11种疫苗预防13种传染病。开展免疫规划知识和相关工作培训，培训400余人次。按照《铁力市基本公共卫生服务项目考核办法》开展对各预防接种单位的考核工作。

（林洪洋）

【传染病防控】 2022年12月31日，卫健局审核传染病发病数364例（发病数只统计甲、乙、丙类传染病，其他传染病不计算在发病数内），发病率100.46/10万。乙类传染病报告354例，发病率96.04/10万，其中，新冠感染138例（按照甲类管理）；肝炎46例，分别是乙肝32例、丙肝13例、戊肝1例；细菌性痢疾1例；肺结核122例，分别是利福平耐药2例、病原学阳60例、病原学阴性55例、无病原学结果5例；布病9例；梅毒31例，分别是Ⅰ期梅毒6例、Ⅱ期梅毒3例、隐性梅毒22例；艾滋病2例、HIV3例（HIV不计入发病统计）；猩红热3例；淋病1例；百日咳1例。丙类传染病报告10例，发病率4.42/10万。其中，流行性腮腺炎4例、其他感染性腹泻病2例、手足口1例，流感3例。其他传染性疾病21例，发病率9.29/10万。其中，尖锐湿疣3例、水痘16例、生殖道沙眼衣原体感染1例、森林脑炎1例。性传播疾病报告34例，发病率15.05/10万。其中，艾滋病2例、HIV3例、梅毒31例、淋病1例。乙类血源及性传播疾病报告79例，其中，乙肝32例、丙肝13例、梅毒31例、淋病1例、艾滋病2例、HIV3例（不计入发病统计）。乙类中肠道传染病报告2例，分别是戊肝1例、细菌性痢疾1例。乙类中呼吸道传染病报告127例，其中，肺结核122例、猩红热3例、百日咳1例。乙类中自然疫源及虫媒传染病报告9例、布病9例。2022年，乙类传染病（除新冠外217例）发病同期下降19.03%，乙类传染病无死亡病例。丙类传染病（10例）发病同期比下降52.38%。

（林洪洋）

【慢性病防治】 2022年末，铁力市辖区上报心脑血管病例736人，高血压患者建档16260人，健康管理8482人，规范管理率52.76%。建档2型糖尿病患者4997人，健康管理2586人，规范管理率53.71%。在册严重精神障碍患者1196人，规范管理1179人，面对面随访1184人，体检653人，指导各乡镇辖区内有肇事、肇祸及倾向的患者及时上报。开展全国高血压日、联合国糖尿病日等主题宣传活动，树立健康生活理念，提高居民健康素养，居民慢性病知识知晓率89%。

（林洪洋）

【地方病防治】 2022年，卫健局完成布病防治、碘缺乏病防治、大骨节病病人筛查和治疗、克山病筛查等。碘缺乏病防治：王杨乡、桃山镇、双丰镇、年丰朝鲜族乡、工农乡每个乡镇随机抽取50名8—10周岁儿童进行盐碘监测，检测尿样和家中食用盐样各200份，合格率100%。5个乡镇各随机抽取20名孕妇，检测尿样和孕妇家中食用盐样各100份，合格率100%。布病防治：全年新发病散发病例9例，全部进行流行病学调查。大骨节病防治：完成全市1107名大骨节病患者药物发放治疗工作，签写大骨节病人服药知情同意书、随访记录表。克山病监测：2022年9—10月，监测疑似心肌病患者9例，诊断为冠心病，未监测到克山病疑似病例。74个村监测9人，临床查体和心电图检查9人，心电图异常6人，异常率67%。拍摄X线胸片9份，心脏轻度增大3例，中度增大2例，心脏显著增大1例。

（林洪洋）

【艾滋病防治】 铁力市是国家级艾滋病监测哨点，卫健局开展高危人群艾滋病病毒抗体免费筛查工作，新报告艾滋病感染者1例。开展VCT咨询检测，咨询、检测14人，均为阴性。完成患者CD4和病毒载量检测，开展艾滋病高危行为干预，发放宣传资料和安全套，开展外展服务和同伴教育，讲解相关防治知识，全年干预60人。12月1日，开展世界艾滋病日宣传活动。

（林洪洋）

【结核病防治】 2022年，卫健局建立新型结核病防治服务体系，疾病预防控制机构负责规划管理，非定点医疗机构负责初筛转诊，定点医疗机构负责确诊治疗，基层医疗卫生机构负责患者督导管理。主要工作指标为初诊患者查痰率90%以上，非结防机构报告肺结核患者和疑似肺结核患者总体到位率95%以上，肺结核患者病原学阳性率50%以上，病原学阳性肺结核患者的密切接触者筛查率95%，肺结核患者成功治疗率90%以上，病原学阳性肺结核患者耐药筛查率90%以上，肺结核患者规范管理率90%。全年发现活动性肺结核患者114人，新发涂阳病人48例，按照规划要求落实督导和随访。3月24日，铁力市疾病预防控制中心以“生命至上、全民行动、共享健康、终结结核”为主题开展第27个“世界防治结核病日”宣传活动，制作电子版致全市老师、学生及家长的一封信和结核病防治知识视频，全市21所中小学校、3所幼儿园参与活动，参与班级319个，师生11300人，家长9000余人。

（林洪洋）

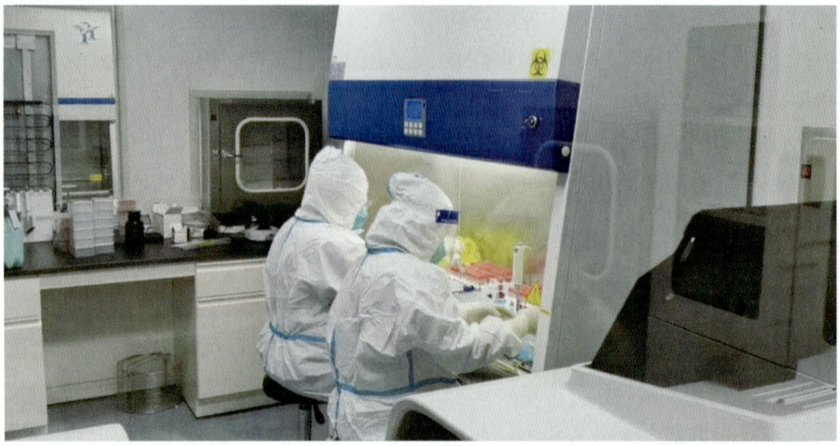

铁力市医疗服务共同体中心医院核酸检测室

（铁力市医疗服务共同体供图）

## 新冠感染防治

【概况】 2022年，铁力市认真落实新冠病毒感染防控方案（第九版）、国务院优化疫情防控“二十条”措施、关于进一步优化落实新冠疫情防控措施的通知，科学精准调整防控策略。打造疫情防控期间返乡务农的“铁力样板”。128名医护人员支援并完成黑河、大庆、绥化等地援助任务，实施“归雁行动”，开通省内高校返乡专线，849名学生安全回家。2022年，铁力市对新冠疫情防控工作内容进行梳理、细化、分解形成新的工作任务；开展采样检测和消毒等工作；核酸检测实验室人员参与开展环境样本采集等工作。

（林洪洋）

【院感培训工作】 2022年，铁力市按照《医院感染管理办法》《消毒技术规范》《医疗废物管理条例》等法律法规和卫生健康委新颁布的行业标准，排查安全隐患。加强医疗废物管理，完善规章制度，明确医疗废物管理人员职责，加强清洁消毒管理工作。开展全员培训和分层培训，组织院感防控知识及技能培训84次，应急演练12次，全年未发生医院感染。

（林洪洋）

【防疫救治】 2022年，铁力市成立医共体防疫救治领导小组，下设工作专班、工作小组8个，实行集中办公、24小时值守。修订方案预案31份，接收上级文件381份，转发、下发工作提示364条，制定、完善防疫救治相关方案、制度、流程58个。医共体中心医院抽调医生30名，护士85名，组成6个医疗救治组。市医共体各单位按区域落实“双包保”责任制，执行发热门诊管理及预检分诊规范化管理，组织应急演练8次，开展相关培训66次。成立多学科医疗团队为急危重症患者量身定制诊疗方案，提供“一站式”的精准诊疗服务。医共体中心医院按院分区、按科分层、按层分房实施新冠感染医疗救治。组建诊疗关联科室，轻症在外科住院治疗，内科负责指导治疗。优化接诊流程、合理扩增病房对患者实施分类管理，分区救治。医共体中心医院优化发热门诊和急诊就诊流程，扩充发热门诊诊疗能力，原有核定床位499张，实际开放床位700张，扩容至819张。外科科室预留80%住院床位收治呼吸道疾病患者，西院区增设综合内科病区，缓解急诊病区医疗挤兑。做好120急救转运能力的配置和调度，医共体中心医院有负压救护车3台，急救转运车9台，有创呼吸机13台，无创呼吸机12台，除颤仪15台，床旁监护仪80台，注射泵209台，便携彩超2台，排痰机6台，移动DR机（移动数字化X光机）1台，日出车频次最高35次。设立员工AB角排班，确保医院正常诊疗和防止患者交叉感染。对专科ICU、内科、儿科、急诊科医务人员进行综合ICU专业技术培训，建立由重症医学专业医护人员和其他专科经培训医护人员组成的混合编组工作模式。保障重型、危重型病例治疗，按三级医院标准化ICU设置医共体中心医院综合ICU，以ICU床位总数为基数，1张ICU床位配备1名医生和3名护士，每班次 8—12 小时，设有 20 张重症床位。在常规配置医护人员的基础上，增加 30% 医护人员做为后备力量。创新优化医疗废物处置流程，保障医院、生物安全。对医疗垃圾实行“三定”转运处置（指定时收集、定时转运、定点处置），减少医疗垃圾暂存时间；医院等地点医疗垃圾转运执行双人管理，形成“一看一干”工作模式（指一人负责医疗转运处置操作，一人负责指导监督操作人员规范操作）；医疗垃圾转运人员实行“三单独”封闭管理，即单独居住、单独生活物资供应、单独管理。建立重点人群管理台账。市医共体调集 70 位执业医师和村医，成立 15 个发热巡诊组，完成辖区居民重点人群巡诊。中心医院对乡镇分院加强指导，完成各分院发热门诊统一设置。市医共体开展对各乡镇卫生院工作人员防护、就诊救治和主动就诊等培训 479 次，培训 12475 人次，开展应急演练 71 次，参与人数 557 人次。医共体各乡镇分院组建由全科医生、护士、乡村医生和公卫工作人员组成的家庭医生服务团队，乡镇分院 13 名全科医生和 53 名村医服务 62 个行政村 95454 人。

（张晓利）

【抗疫援助】 2022 年，医共体中心医院派出支援队伍 5 支，包含医生、护士和检验人员，共计 106 人援助黑河、哈尔滨、大庆、佳木斯和绥化。派出驻哈尔滨工作组 1 个，由 5 名医护人员和 1 台 120 急救车组成，队员们分成 4 组，分别驻扎在哈尔滨办事处、哈尔滨东站、哈尔滨西站、哈尔滨太平国际机场，同时进行消杀与防护，顺利完成救治任务，市医共体支援人员零感染。

（张晓利）

## 中医药事业

【概况】 2022 年，铁力市按照《黑龙江省基层中医药服务能力提升工程“十三五”行动计划》总体部署，完成辖区内 7 个乡镇卫生院、4 家社区卫生服务中心中医馆建设。每家中医馆配备至少一名中医师。建立相对独立的中医服务区，开展常见病多发病基本医疗和预防保健，熟练针灸、推拿、拔罐、刮痧、敷贴、诊脉等中医药技术方法。

（林洪洋）

【中医药服务】 2022 年，铁力市中医院推广中医适宜技术，利用中医药为患者服务。定期派中医人员到伊春市中医院学习中医业务技术，全年派出 8 名中医医生参加学习。伊春市中医院中医专家定期到铁力市中医院开展义诊，接诊 263 人次。定期指派专业医生及护士到铁力市年丰朝鲜族乡、桃山镇义诊，接诊 745 人次，发放宣传手册 864 份，讲解地产中医药知识的应用，高血压、糖尿病的中医养生。

（林洪洋）

【中医药传承创新】 2022 年，卫健局指导制定中医药中长期发展规划，并纳入卫生和计划生育事业发展总体规划和战略目标；促进中医药和民族医药事业发展，继承和发展中医药文化；组织开展中医药人才培养、中医药师承教育；组织开展中医药科技项目的实施及成果推广应用。铁力市中医院推动中医药学术传承创新，提升中医药服务能力，优化中医药队伍素质，开展全省名中医学术经验继承工作，推荐黑龙江省名中医继承人 3 名，继承中医学术经验和技术专长的基础上发展、创新中医药学术。注重重点学科建设，以治疗颈、肩、腰、腿痛病为基础，创建省重点中医专科——疼痛科；以康复、理疗为基础，创建重点中医专科——康复科；以中医适宜技术为基础，创建重点中医专科——治未病科。

（林洪洋）

【中医药健康管理工作】 2022 年，铁力市有 65 周岁及以上常住居民 20195 人，接受中医药健康管理服务 9905 人；应管理的 0—36 个月儿童 2030 人，接受中医药健康管理服务 1522 人。卫健局做好全国统一组织的中医（师承）确有专长考试报名工作，受理审核报名材料，实现不错报、不漏报。全年完成考试报名审核 6 人。

（林洪洋）

【中医药文化传播】 2022 年，铁力市中医院发挥中医药特色服务优势，满足基层群众“简、便、廉、验”就医需求。全年开展中医药文化教育 6 次，参加活动 148 人。讲解老年人 9 种中医体质特征以及常见的临床表现、诊断，各种病态特征的情志调节、饮食调养及简单的饮食疗法。

（林洪洋）

## 医疗服务共同体

【概况】 铁力市医疗服务共同体（以下简称医共体）由铁力市人民医院、铁力市中医分院、双丰镇分院、桃山镇分院、神树镇分院、日月峡镇分院、王杨乡分院、年丰朝鲜族乡分院和工农乡分院为成员单位，实行统一管理。铁力市医疗服务共同体中心医院（以下简称医共体中心医院）为隶属铁力市人民政府的公益二类事业单位，机构规格正科级，加挂铁力市人民医院牌子，归口铁力市卫生健康局管理。医共体以铁力市人民医院作为牵头单位，依托其技术、人才和设备优势，形成规模效应，促进共同发展。通过整合市乡村三级医疗卫生服务资源，统筹现有人员、技术、设备，发挥各自特长，实现优势互补、资源共享。医共体7个乡镇卫生院有62个村卫生所，55名村医。2022年3月8日，铁力市人民医院护理部主任王丹名列国家县域卫生主办的“秀巾帼风采，点赞她力量”榜单。铁力市人民医院肿瘤内科主任王暘名列国家健康县域传播平台主办的“县域巾帼·专业担当，致敬县域健康守护女神”榜单。5月12日，铁力市人民医院在莎罗雅第二届世界手卫生日作品大赛中，获得一等奖。5月，铁力市人民医院案例“厕所革命”从细微处提升患者就医服务感受在首届全省“暖心医疗服务”主题活动中获得优秀案例证书和奖牌。7月，医共体桃山分院院长贾通宇被中国农村卫生协会评为2021—2022年度优秀乡镇卫生院院长。7月17日，铁力市人民医院普外科副主任王指峰在第二届“迈瑞杯”腔镜疝手术视频大赛全国总决赛上，以总分89.33分获得全国总冠军。8月19日，铁力市人民医院普外科主任李国彬在黑龙江省庆祝第五个中国医师节暨第二届“龙江名医”表彰大会上，获得“龙江名医”称号。8月26日，在第四届中国健康县域大会上，医共体中心医院获得“中国县域医院影响力价值奖”。8月，在第四届“健康县域卓越建设者”系列评选中，铁力市人民医院被授予“中国县域医院影响力价值奖”。10月31日，铁力市人民医院感染监控科在莎罗雅2022年全球洗手日作品大赛中，获得特等奖。铁力市人民医院被授予“2020—2021年度全国平安医院建设表现突出集体称号”。

（张晓利）

【医共体建设】 2022年，医共体贯彻落实《黑龙江省乡镇卫生院机构设置和编制配置指导意见》文件要求，每个乡镇设置一所政府举办的乡镇卫生院。按照中共铁力市委机构编制委员会《关于市医共体中心医院机构调整事宜》要求，完成乡镇分院法人变更手续及人员编制调整。按照中共铁力市委办公室关于《铁力市医疗服务共同体中心医院机构职能编制规定》通知精神，医共体中心医院设置九大中心，明确职能责任，医共体运行更规范。3月，新建医共体神树镇、日月峡镇卫生院2000平方米，为辖区居民提供诊疗服务；完成其他5个乡镇卫生院新建和改扩建，7个乡镇分院合计新增建筑面积7112平方米。2022年，医共体中心医院成为伊春市唯一一家国家千县工程试点单位，参与“千县工程”临床服务类中心建设指南部分内容编写。6月，召开医共体高质量发展推进会，落实四个体系、千县工程20大管理中心建设工作，明确牵头领导和责任科室，补齐中心医院医疗服务和管理能力短板。医共体中心医院投资1100万元，完成传染病区智能通风和消杀及医用气体系统建设项目。医共体修定《农村卫生所基本药物绩效考核办法》《基本药物绩效考核细则》，完善医共体村卫生所管理制度，对村所基药进行绩效考核，健全村卫生所（室）工作机制，构建完善市医共体制度体系。7月27—29日，医共体副理事长杨洪华带队到山东临沂凯旋医养健康产业集团实地考察，谋划爱颐、怡心养老服务中心发展方向。邀请长友养老服务集团到铁力进行为期两天的实地考察，就推动爱颐、怡心养老服务中心启动达成初步意向性协议。

（张晓利）

2022年8月26日，铁力市医疗服务共同体中心医院获得第四届中国健康县域大会“中国县域医院影响力价值奖”

（铁力市医疗服务共同体供图）

【医疗资源共享】 2022年，医共体执行“名医下沉”制度，开展“下午医院”“专家义诊”“流动医院”“专科培训”等活动，组织各科专家成立医疗团队到乡镇卫生院及偏远乡村，开展诊疗、查房和业务培训。做到“大病不出县”“小病不出村”，减轻群众就医压力，形成县乡医疗机构由“多家人”向“一家人”转变的格局。“流动医院”为桃山镇、双丰镇、铁力镇和神树镇派出医生、护士591人次，诊疗患者2005人次，查房84

次。6月17日，铁力市人民医院派出15名专家到年丰朝鲜族乡爱国村义诊，诊疗服务67人，免费送药72盒。以工农乡卫生院为试点，由医共体中心医院派出专业医生，成立康复科、检验科和老年病科。依托日月峡镇分院医疗资源，在鹿鸣钼矿公司设置医务室。铁力市人民医院六大诊疗支持中心：影像诊断中心、检验中心、心电诊断中心、病理诊断中心和两个消毒供应中心，服务于医共体各成员单位，医共体内实现同城检查结果互认、远程影像会诊和远程会诊，完成远程心电会诊和放射线会诊3304例，远程会诊135例。

（张晓利）

【药品管理】 2022年，铁力市医疗服务共同体（以下简称医共体）规范乡镇药品购进与使用，发挥“中心药房”全盘统筹的优势，统一集采储备新冠感染治疗药品和检测试剂，通过内部调节和调配满足基层医疗机构药品和检测试剂需求。乡镇分院可将同类近效期药品与“中心药房”进行等量置换，解决乡镇卫生单位药品不足、效期不好和药品的管理问题，确保乡镇患者用药及时和安全。医共体修定《农村卫生所基本药物绩效考核办法》《基本药物绩效考核细则》，提高农村防疫药品储备，乡镇分院为村卫生室提供中药和抗原检测试剂盒，加强乡村医生培训。医共体辖区内62个村所储备退热、止咳等五大类药品923盒，医共体中心医院在全市发放“便民小药包”2550份。

（张晓利）

【分级诊疗】 2022年，医共体完善管理体制及运行机制，建立基层首诊、接诊、双向转诊流程，构建分级诊疗新格局。建立“一对一”对口帮扶机制，以一科室对应一乡镇模式实行“一对一”帮扶，做好分级诊疗衔接，中心医院科室与乡镇分院科室对接，实现重症上转，轻症需康复病人下转，中间省去病人排队、挂号、预约等环节，确保诊疗链条清晰，责任人员明确，实现普通病患的基层首诊、有序逐级转诊。医共体通过“名医下沉”“下午医院”“流动医院”“专家义诊”等形式，实现“基层首诊、双向转诊、小病在基层、大病在医院、康复回基层”就医秩序目标，引导群众首诊需求到基层医疗卫生机构。医共体分批调动村医到医共体中心医院急诊科、120急救中心和内科挂职培训，每个村医参加学习培训时间不能低于2个月。医共体各分院有开放床位440张，每日在院患者400余人。全年乡镇分院诊疗总量18150人次，住院量2334人次。乡镇分院上转患者823人次，医共体中心医院下转患者656人次。

【医疗人才培养】 2022年，铁力市医共体深化“县为乡用、乡为县用、乡为村用、村为县用、村为乡用”改革，建立市医共体下沉人才库，包含医生、护士、药学、临床医技等医务人员，提升乡镇应急处置能力。将基层服务工作年限作为下沉人员职称晋级的重要考核指标，对下沉人员给予绩效倾斜支持。为各乡镇专业人员开展包括常见病诊疗、院感防控、护理知识等方面内容培训35次，培训医护人员146人次。医共体组织全市村医进行中医药培训，完成村医中医专项培训53人。医共体中心医院制定《2022年基层卫生人才能力提升培训计划》，完成辖区乡镇19名乡村医生培训任务。“村医挂职”到医共体中心医院急诊科、120急救中心和内科挂职培训19人次。

（张晓利）

【腔镜疝手术视频大赛获全国总冠军】 第二届“迈瑞杯”腔镜疝手术视频大赛由中华疝与腹壁外科杂志社主办，参赛面覆盖全国卫企协疝与腹壁外科各学组单位，比赛历时三年进行四轮。2020年12月19日，第一轮比赛，医共体中心医院普外科副主任王指峰以89.64分位列第二名。2021年7月6日，北方四省（黑龙江、吉林、辽宁、内蒙古）第二轮比赛，王指峰以总分87.9分获得第一名。2022年5月14日，北中国区半决赛，王指峰以88.47分位列第四。2022年7月17日，全国总决赛，王指峰是唯一一名利用单孔腔镜进行比赛的选手，在规定8分钟的手术病例视频展示中，王指峰沉着应对，以总分89.33分获得全国总冠军。

（张晓利）

## 爱国卫生

【概况】 2022年，卫健局组织开展“迎新春”爱国卫生专项活动，对城乡人居环境进行综合整治。开展“倡导文明健康绿色环保生活方式”活动，发放调查问卷200余份。组织全市各乡镇、机关企事业单位等开展春季爱国卫生集中清冰雪活动。开展铁力市第34个“爱国卫生月”活动，通过“关注铁力”公众号发起“爱国卫生月”活动倡议书。开展科普宣传活动14场（次），发放宣传材料7000余份。组织全市各乡镇、机关、团体、企事业单位开展“集中环境整洁”行动2次。开展农村室外户厕全面排查整改工作，排查7200户农村户厕3次，督促各乡镇政府组织立行立改、建立户厕长效管护机制。

（林洪洋）

【病媒生物防制】 2022年，卫健局开展秋季灭鼠等“除四害”防治活动，减少相关传染病的发生和流行。开展“四害”密度监测，农贸市场、公园、抽查小区符合病媒生物C级标准。到部分饭店、浴池、旅店进行除“四害”工作指导。开展病媒生物防制知识培训，印制除“四害”知识宣传手册、宣传单，全年发放宣传材料7000余份。

（林洪洋）

【控烟履约】 2022年，卫健局推进无烟党政机关建设，实施履约工作，创建无烟单位57个、无烟学校8所。营造无烟环境，结合“世界无烟日”主题，发放宣传材料1万余份，悬挂宣传条幅5条。坚持“政府主导、多部门协作、全社会参与”工作模式，制定控烟政策，建设控烟支持性环境，加强控烟健康教育，营造有利于青少年控烟的社会氛围。

（林洪洋）

## 医疗机构

【概况】 2022年，铁力市有公立医疗卫生机构13家，分别是铁力市人民医院、铁力市中医院、铁力市妇幼保健计划生育服务中心、铁力市卫生健康综合监督执法大队、铁力市疾病预防控制中心、铁力市铁力镇益康社区卫生服务中心，桃山镇卫生院、双丰镇卫生院、神树镇卫生院、日月峡镇卫生院、王杨乡卫生院、年丰朝鲜族乡卫生院、工农乡卫生院。其中，铁力市人民医院为二级甲等综合医院、铁力市中医院为二级甲等中医医院。铁力市卫生健康局（以下简称卫健局）行业监管4家企业医疗卫生机构，分别是铁力林业局职工医院、桃山林业局职工医院、双丰林业局职工医院和黑龙江省铁力农场医院。其中，铁力林业局职工医院为二级乙等综合医疗机构。民营医院8家，分别是铁力市仁爱医院、铁力市广德医院、铁力市精神病康复医院、铁力市骊城医院、通州口腔医院、铁力市林城医院、世医堂中医院、维尔康中医院。民营机构2家，分别是维尔康透析中心、派斯菲科单采血浆站。

（林洪洋）

【铁力市人民医院】 铁力市人民医院是一所集医疗、预防、教学、科研于一体的综合性二级甲等医院，是铁力区域规模最大、设计最先进、技术力量最雄厚的综合医院，占地面积49295平方米，建筑面积46841.63平方米。2022年，门诊诊疗总量291027人次，患者住院19997人次，出院19872人次，手术总量3320台次，实现医疗收入3.4亿元。铁力市人民医院内设科室19个：内一科（心血管血液内分泌等）、内二科（神经呼吸内科）、内三科（消化肿瘤肾内）、内四科（急诊内科急救中心）、内五科（感染性疾病老年病传染病）、内六科（肿瘤）、内七科（血液）、外一科（普外泌尿）、外二科（骨外肛肠创伤）、外三科（脑外胸外）、妇科、产科、儿科（普通儿科新生儿科）、五官科（眼耳鼻咽喉）、中医科、口腔科、麻醉科（麻醉疼痛）、手术室、皮肤性病美容等。内设医技及其他业务科室17个：药剂科、CT室、X线、MRI、检验科、病理室、超声室、乳腺检查室、心电脑电室、输血科、腔镜室、血液透析室、康复中心、碎石科、预防保健科、消毒供应室、病案统计室等。设有体检中心，在相关临床科室内设置ICU、CCU、介入中心等细化的临床业务科室，全年完成各类体检35636人次。铁力市人民医院注重重点学科的建设和新技术的应用。医院腹腔镜单孔手术技术填补省内的空白，涵盖疝、胆囊、阑尾、甲状腺、胃癌、结肠癌等多种腹腔脏器疾病，全年手术400余例。内一科为634人完成介入手术，对277人进行冠脉介入手术治疗，其中，急诊手术128台。在伊春地区首先开展冠脉内光学相关断层扫描技术（简称OCT技术），全年完成OCT手术20台。完成风湿血液病科（内七科）建设工作，初步建立诊疗制度和流程，全年接待门诊病人5000余人，收治急性白血病、多发骨髓瘤、淋巴瘤及系统性红斑狼疮、类风湿性关节炎、多发性肌炎等病人住院266例。首次开展80余项检查项目和基因检

2022年6月18日，铁力市人民医院前景

（铁力市医疗服务共同体供图）

测指导血液恶性肿瘤靶向治疗，为血液系统疾病、风湿免疫系统疾病的患者解除了痛苦，改写了铁力市人民医院没有血液、风湿免疫科专业的历史，填补了铁力市人民医院在此专业的空白。检验科新开展结核分枝杆菌抗体检测和白介素—6（IL—6）检测两项检验项目，有助于结核病的辅助诊断，对于新冠阳性降低病死率有重要意义。肿瘤科与超声和CT（电子计算机断层扫描）合作完成20例穿刺活检术。日均普通门诊量维持在1100至1400人次，急诊和发热门诊日接诊量400至600人次，CT室接诊量日维持在400至500人次。铁力市制氧点每日为中心医院提供200至220桶氧气，各科室急采200余个流量表，保证需吸氧患者氧气供应。中心医院畅通绿色通道，严格落实首诊负责制，把“抢救生命、治疗疾病”放在第一位，实现急诊患者“应收尽收”。

（张晓利）

【铁力市中医院】 铁力市中医院始建于1984年，占地面积8985平方米，建筑面积10877平方米。是一所以中医为主，集医疗、预防和保健于一体的非营利公立医疗机构，属于中医二级甲等医疗机构。设有内一、内二、普外、妇产科四个治疗区。以特色中医、肿瘤内科、乳甲外科、医疗美容、治未病中心、健康体检中心、康复科、妇产科、血液透析为特色专科。其中，中医康复科是国家重点专科，康复设施居全省县级医院领先地位。住院部设有病床220张。2022年，铁力市中医院门诊接诊患者36053人次，住院患者3005人次，实现营业收入3252.71万元。新建综合楼1672平方米，改建发热门诊500平方米。黑龙江省伊春市铁力市中医院设备购置更新改造项目和黑龙江省伊春市铁力市中医院促进中医药传承创新加强中医院高质量发展提升诊疗能力设备采购项目报批进入国家项目库。注重重点学科建设，以治疗颈、肩、腰、腿痛病为基础，创建省重点中医专科——疼痛科；以康复、理疗为基础，创建重点中医专科——康复科；以中医适宜技术为基础，创建重点中医专科——治未病科。以《新型冠状病毒肺炎诊疗方案（试行第九版）》为指导，经中医院中医专家团队结合黑龙江地域气候及人群体质和病例临床特点研讨，推出预防和治疗新冠感染的中药汤剂配送服务。指导市医共体各乡镇分院开设康复科，提供医疗、康复、护理等技术指导。开展健康教育讲座315人次，院内设12块健康宣传栏，在门诊前设置宣传板每月定期更新内容，制作宣传横幅5条、发放宣传单120余份。确定乡村两级医疗机构推广应用中医药适宜技术的具体指标，指导基层医疗卫生机构工作的中医人员学习和掌握至少6项中医药适宜技术，全乡农村中医药适宜技术推广应用覆盖面达85%以上。注重医疗人员的技术培养，派出2名医生外出学习，提升专业诊疗能力。中医分院提升医疗服务功能，为周边居民建立健康档案44份。贯彻执行《中华人民共和国传染病防治法》，组织传染病培训会20次。开展新冠健康教育讲座20次，预检分诊36053人次。妇产科实施全生命周期进行健康管理，全年出生107人，无死亡案例，建档率100%。护理部制定中医理论与操作考核计划，每半年举行一次中医理论与技术操作考核，提高中医护理水平。完成53名村医中医专项培训，建立动态联系，推广中医诊疗技术，满足基层群众的中医诊疗需求。执行“先诊疗、后付费”和“一站式结算服务”工作制度，开通绿色通道，实行“先诊疗、后付费”和“一站式”结算，方便贫困人口就医。有414人次建档立卡贫困人口享受“先诊疗、后付费”政策，发生医疗费用309万元。

（张晓利）

【铁力市铁力镇益康社区卫生服务中心】 铁力市铁力镇益康社区卫生服务中心（以下简称益康中心）始建于2009年，辖区面积16.19平方千米，下辖8个社区、6个行政村。2022年，辖区有常住人口112991人、户籍人口102267人、户数52583户、65周岁以上老年人17920人、早孕建册387人、0—6岁儿童4002人。有高血压患者8253人，糖尿病患者2815人，严重精神障碍患者544人，全年预防接种针剂2.6万剂次。益康中心编制床位50张，开放床位39张。设有全科、中医科、口腔科、中医康复科、孕保科、儿保科、预防接种门诊、住院处等临床科室。设有月子公寓、儿童早期行为发展、乳腺病防治中心、盆底康复中心、孕妇学校、瑜伽室等特色科室。益康中心推进乡村卫生服务一体化管理，负责村卫生室的技术指导和乡村医生培训等工作。村卫生所诊室、药房、治疗室、公卫室、观察室独立设置，业务用房均达60平方米以上，益康中心为村卫生室配置了中频治疗仪、神灯和拔罐器。益康中心以全科医师、全科护士为主要成员组成9个家庭医生服务团队，优先与辖区内重点人群签订家庭医生式服务协议书，建立健康档案，按居民需求制定个性化医疗服务包，全年签订有偿家庭医生签约服务包1468个，签约服务费455302.82元。执行国家基本药物制度、药品集中采购和统一配送政策，实行药品零差率销售。开展门急诊及住院、康复理疗业务，增设儿童早期行为发展中心、孕妇学校、营养指导中心、盆底康复中心、乳腺病治疗中心、月子公寓等科室。2022年，益康中心对上争取改善基础设施和医疗设备条件，引进CT、超声、全自动生化分析仪、威伐光、冲击波等设备。全年完成居民电子健康档案建立114307人，建档率90.62%。开展个性化健康教育和健康促进活动，建立49个微信管理群，开展重点人群健康管理服务，对行动不便、失能失智的老年人、残疾人等提供预约上门体检和随访管理服务。

（林洪洋）

【铁力市疾病预防控制中心】 铁力市疾病预防控制中心（以下简称市疾控中心）建筑面积2036平方米。疾控中心设有传染病控制科、免疫规划科、地方病科、慢病科、健康教育所、检验科、病媒生物科、卫生监测科、职业病科、学校卫生科、结防科等。2022年，疾控中心实施重大疾病控制“十四五”规划，贯彻落实省、市疾病预防控制工作精神，坚持“预防为主”方针，应用预防医学理论和技术，开展新冠疫情防控、其他传染病预防控制、免疫规划、地方病、慢病、卫生监测和检验、健康教育与健康促进、突发公共卫生事件处理等工作。开展出血热疫苗免费接种工作、两轮脊髓灰质炎补充免疫工作，加强艾滋病、结核病、水痘等传染病的防控工作。开展碘缺乏病、大骨节病、克山病监测工作，对重点地区的大骨节病人进行治疗和随访，完成碘缺乏病的调查和检测，开展布病筛查。完成高血压、糖尿病的报告与处理，完成全市精神病人的排查定级工作。完成尿碘和盐碘的检测，对监狱在押人员开展HIV检测，完成生活饮用水的样本采集和送检，完成“四害”密度监测和除“四害”工作。开展学校学生常见病监测工作，完成企业职工职业病的筛查和职业病危害因素调查。开展食品安全风险监测和食源性疾病监测工作，开展冷饮食品的抽检和医疗机构食源性疾病的报告和处理，调查处理1起疑似食物中毒事件。完成对医疗机构基本公共卫生服务工作督导考核工作。开展营养健康餐饮单位试点建设工作，建设营养健康食堂1个，营养健康学校1个。完成伊春市下达的食源性疾病监测任务，完成哨点医院医共体中心医院监测任务62例，无死亡病例，监测检验60份食源性病例样本，无阳性病例。按照伊春市及铁力市《关于开展2022年铁力市学生常见病和健康影响因素监测与干预技术培训会议的通知》工作要求，对5所中小学和2所幼儿园的开展学生常见病的监测。检查视力、脊柱弯曲、口腔、血压、身高、体重等。每所小学抽取480名学生，每所初中、高中各抽取240名学生。各学校针对不同年龄段学生近视发病情况和健康影响因素特点，用眼情况，吸烟、饮酒等物质滥用行为，网络成瘾和心理健康等，综合评估学生身心健康状况。并对近视学生过近用眼、坐姿等进行干预。对参加学生常见病监测的学校进行饮水、食堂、厕所、宿舍等环境卫生状况实地调查，了解环境卫生设施的配备情况和各项规章制度的落实情况。每所学校选择6间监测班级教室，对教室人均面积、课桌椅、黑板、采光、照明及噪声等方面开展现场测量，评估学校教学环境卫生状况，对未达到国家标准要求的内容提出整改建议。疾控中心对市直中小学校进行检查，重点检查学校开展的晨检及学生视力、坐姿、黑板与第一排课桌的距离，照明及学生使用的厕所蹲位数等。在全市抽查5家饭店、5家旅店、1个粮库和10户居民开展监测工作。准确掌握本辖区蚊、蝇、蟑螂和老鼠等物种群、病媒生物密度及消长规律，为媒介疾病的流行病学分析和控制蚊、蝇、蟑螂、鼠等病媒生物的危害提供依据，四害监测结果上报伊春市疾控中心虫媒科和市爱卫会。消除疫源地传染源排出的病原微生物，杀灭病媒生物，清洁被污染的环境，控制传染病的扩张和蔓延。全年居民食用盐抽样检测200份，学生尿碘、孕妇尿碘检测300份，在押人员HIV筛查67人，通过盐典、尿典、艾滋病盲样考核。通过电视、广播、板报、宣传单、宣传栏、宣传画、公众号等网络进行宣传，采取在科普大集、街道、社区、学校、医院等公共场所宣传疾病预防常识。《健康之窗》栏目在电视台每月开展1期，全年共12期。以电视讲座的形式，由市直各医疗卫生单位、教育、公安、畜牧、药监、计生委等部门选派专业技术人员开展讲座。根据相应季节易发病种、流行病和常见病讲解健康及预防保健知识。内容涵盖流行病、传染病、常见病、多发病、食品卫生与安全、合理膳食、合理使用农药、安全防火、学生心理等方面。《疾病预防预报》每月编印2期，全年共24期。以电视游走形式进行，主要内容为结合天气变化、相应季节多发疾病和疫情报告等，适时做出疾病的预防预报，让群众提前认识易发疾病，对疾病的基本症状、发病原因和预防措施进行分析，对发生疾病如何应急处理做出科学指导，增强人民群众健康意识、防病意识和自我保健意识。疾控中心组织实施控烟工作宣传，组织专业人员在电视台开展讲座。全市有无烟单位50家，其中，健康学校8家。2022年，疾控中心开展12个卫生日宣传活动，开展 12 期健康知识讲座，电视台健康知识游走字幕 360 条次，发放宣传手册 20000 册，宣传单 142000 张，制作宣传条幅 12 条，电子屏 12 期，公众号 220 期。居民卫生保健知识知晓率 90% 以上，居民健康教育行为形成率 75% 以上，医院住院患者受教育率 100%，中小学校健康教育开课率 100%。全年完成 13 起突发公共卫生事件调查处理并形成报告。完成每季度对乡镇卫生院和社区卫生服务中心的基本公共卫生服务工作的考核和指导。主要内容为传染病和突发公共卫生事件报告、免疫规划、慢病管理、健康教育、结核病防治等工作。对乡镇卫生院和社区卫生服务中心防保人员进行重点工作安排，传达上级文件及工作精神。开展传染病、慢病、免疫规划等专项培训。

（林洪洋）

【铁力市双丰镇卫生院】 铁力市双丰镇卫生院始建于 1958 年，占地面积 5000 平方米，建筑面积 4200 平方米。是一所集医疗、预防和保健为一体的非营利性公立医疗机构，承担辖区内基本医疗、基本公共场所卫生服务等任务，是新农合定点医院、城镇居民医保定点医院。2022 年，双丰镇有常住人口 35819 人，其中，65 周岁以上老年人 3116 人。设有预防保健科、全科医疗科、内科、外科、妇产科、儿科、口腔科、麻醉科、医学检验科、医学影像科、中医科、康复医学专业、中西医结合科等。住院部设有病床 96 张，门诊静点座椅 20 张，医养结合病房 1 间（床 3 张），全年向上转诊患者 420 人。乡镇辖区内有 22 个行政村，下设 22 个村卫生所。全年双丰镇卫生院门诊接诊患者 1.3 万人次，比 2021 年增长 33.6%；住院患者 1800 人次，比 2021 年增长 20%；实现营业收入 800 万元，比 2021 年增长 17%。新建发热诊室面积 1311 平方米；庭院新铺沥青路面，新建预检分诊、核酸检测室、康复大厅连廊；室外安全步梯即医生通道、电梯即患者通道正常使用；中医康复科及中医馆重新扩建搬至一楼大厅。与医共体中心医院信息共享，远程会诊 79 例。建立健康档案 35551 份，电子档案 35551 份，电子建档率 99.25%。辖区内有 0—6 岁儿童 470 人，新出生儿童 35 人，全部纳入计划免疫管理，建卡建记，卡证符合率 100%。卫生院组建 3 个家庭医生团队，签约 15044 人，签约覆盖率 42%。其中，建档立卡贫困户和失独特扶家庭签约率 90%，重点人群签约率 84.5% 以上。贯彻执行《中华人民共和国传染病防治法》，督导卫生院各科室 12 次，村卫生室 12 次，组织传染病漏报调查，对卫生院各科室和各村卫生所在传染病管理工作中存在的问题当场进行指正。开展健康教育讲座 500 人次。讲座主要针对慢性病居民、育龄妇女、中老年人、儿童家长及重症精神病患者家属等重点人群。加强辖区内乡医的基础服务水平，更好地服务广大群众。在卫生院内设 2 块健康宣传栏，在门诊前设置宣传板每月定期更新内容，制作宣传横幅 98 条、发放宣传单 1 万余份。开展新冠感染健康教育讲座 16 次，预检分诊 1 万人次。全镇（乡）出生 35 人，无死亡案例，孕产妇健康档案建档率 100%。为建档立卡贫困人口及慢病人员患者提供“送药制”服务，为贫困人口 2 人送药 2 盒。实行化验和影像费用减免，减轻就诊压力，免费体检 1279 人次，其中，贫困人口 97 人。开通绿色通道，实行“先诊疗、后付费”和“一站式”结算制度，方便贫困人口就医。有 182 人次建档立卡贫困人口享受“先诊疗、后付费”政策，发生医疗费用 75.32 万元。完成贫困人口慢性病签约 947 人次。配置专职感控人员 2 名，各科室均有 1 名医务人员作为本科室的兼职感控人员，派出 1 人支援绥化方舱医院新冠感染防控工作，完成各项工作任务。

（张晓利）

【铁力市桃山镇卫生院】 铁力市桃山镇卫生院始建于 1972 年，医院占地面积 4000 平方米，建筑面积 3525 平方米。是一所集医疗、预防和保健为一体的非营利性公立医疗机构，承担辖区内基本医疗、基本公共场所卫生服务等任务，是新农合定点医院、城镇居民医保定点医院。2022 年，桃山镇有常住人口 23126 人，其中，65 周岁以上老年人 4551 人。业务建筑面积 3125 平方米，设有预防保健科、全科医疗科、内科、外科、妇产科、儿科、口腔科、麻醉科、医学检验科、医学影像科、中医科、康复医学专业、中西医结合科等。住院部设有病床 50 张，门诊静点座椅 5 张，医养结合病房间 1 间（2 张床），全年向上转诊患者 310 人。乡镇辖区内有 10 个行政村，下设 9 个村卫生所。全年桃山镇卫生院门诊接诊患者 2277 人次，比 2021 年增长 37.5%；住院患者 322 人次，比 2021 年增长 1%；实现营业收入 290 万元，比 2021 年增长 0.1%。新建发热诊室建筑面积 600 平方米，投资 7 万元新建建筑面积 40 平方米的标准化核酸检测室。与医共体中心医院信息共享，远程会诊 56 例。建立健康档案 20998 份，电子档案 22733 份，电子建档率 98.3%。辖区内有 0—6 岁儿童 377 人，新出生儿童 32 人，全部纳入计划免疫管理，建卡建记，卡证符合率100%。卫生院组建由全科医生、护士及乡医构成的3个家庭医生团队，签约12143人，签约覆盖率53.37%。其中，建档立卡贫困户和失独特扶家庭签约率100%，重点人群签约率在84%以上。贯彻执行《中华人民共和国传染病防治法》，督导卫生院各科室12次，村卫生室10次，组织传染病漏报调查，对卫生院各科室和各村卫生所在传染病管理工作中存在的问题当场进行指正。全年开展健康教育讲座4500人次。在院内设2块健康宣传栏，在门诊处设置宣传板每月定期更新内容，制作宣传横幅160条、发放宣传单15000余份。开展新冠健康教育讲座2次，预检分诊5600人次。2022年，全镇（乡）出生32人，无死亡案例，全镇（乡）孕产妇健康档案建档率100%。免费体检2760人次，其中，贫困人口114人。开通绿色通道，有113人次建档立卡贫困人口享受“先诊疗、后付费”政策，发生医疗费用67.75万元。完成贫困人口慢性病签约308人次。2022年7月，医共体桃山分院院长贾通宇被中国农村卫生协会评为2021—2022年度优秀乡镇卫生院院长。

（张晓利）

**【铁力市神树镇卫生院】** 铁力市神树镇卫生院是一所以预防和保健为一体的非营利性公立医疗机构，承担辖区内基本公共卫生服务等任务。神树镇有常住人口5769人，其中，65周岁以上老年人1101人。新建卫生院业务用房面积2000平方米，设有外科、内科、预防保健科等。住院部设有病床8张。神树镇辖区内有4个行政村，下设4个村卫生所。建立健康档案5526份，电子档案4358份，电子建档率95%。卫生院组建家庭医生团队，签约1650人，签约覆盖率35%，其中，建档立卡贫困户和失独特扶家庭签约率100%，重点人群签约率在35%以上。贯彻执行《中华人民共和国传染病防治法》，督导卫生院各科室4次，村卫生室16次，组织传染病漏报调查，对卫生院各科室和各村卫生所在传染病管理工作中存在的问题当场进行指正。全年开展健康肺炎教育讲座12人次。在卫生院内设2块健康宣传栏，每月定期更新内容，制作宣传横幅32条、发放宣传单2800余份。开展突发公共卫生事件应急预案的演练工作。开展新冠感染健康教育讲座12次，预检分诊252人次。为建档立卡贫困人口及慢病人员患者提供“送药制”服务，为贫困人口75人送药1500盒，实行化验和影像费用减免，减轻就诊压力，免费体检420人次，其中，贫困人口189人。完成贫困人口166人次的慢病签约服务。

（张晓利）

**【铁力市日月峡镇卫生院】** 铁力市日月峡镇卫生院始建于2022年，卫生院是一所以预防和保健为一体的非营利性公立医疗机构，承担辖区内基本公共卫生服务等任务。日月峡镇有常住人口5828人，其中，65周岁以上老年人920人。卫生院建筑面积2000平方米，设有预防保健科、内科、外科、妇科、儿科、口腔科、中医科、医学检验科、医学影像科等。住院部设有病床20张，医养结合病房间（6张床）。2022年，日月峡镇卫生院新上6种大型医疗设备，五分类血球分析仪、全自动生化分析仪、尿液分析仪、医用冷藏冰箱、医用冷藏冰柜和肺功能仪。建立健康档案5445份，电子档案5445份，电子建档率93.43%；规范档案4728份，规范建档率81.13%。卫生院组建1个家庭医生团队，签约2973人，签约覆盖率51%，其中，建档立卡贫困户和失独特扶家庭签约率100%，重点人群签约率在80%以上。开展健康教育讲座12人次。在卫生院院内设2块健康宣传栏，在门诊前设置宣传板每月定期更新内容，制作宣传横幅12条、发放宣传单6000余份。开展新冠感染健康教育讲座2次。

（张晓利）

**【铁力市王杨乡卫生院】** 铁力市王杨乡卫生院始建于1979年，医院占地面积3700平方米，建筑面积1800平方米。是一所集医疗、预防和保健为一体的非营利性公立医疗机构，承担辖区内基本医疗、基本公共场所卫生服务等任务，是新农合定点医院、城镇居民医保定点医院。2022年，王杨乡有常住人口12275人，其中，65周岁以上老年人1758人。业务建筑面积1810平方米，设有全科诊室、检验科、医保科、公卫科、妇保科、儿保科等。住院部设有病床14张，门诊静点座椅2张，医养结合病房间（8张床）。王杨乡辖区内有9个行政村，下设10个村卫生所。全年王杨乡卫生院门诊接诊患者1184人次，住院患者38人次，实现营业收入32.4万元。全年上转患者45人。建立健康档案12275份，电子档案11953份，电子建档率97.38%。辖区内0—6岁儿童24人，全部纳入计划免疫管理，建卡建记，卡证符合率100%。组建3个家庭医生团队，签约6375人，签约覆盖率51.93%。其中，建档立卡贫困户和失独特扶家庭签约率100%，重点人群签约率在85%以上。督导卫生院各科室12次，村卫生室12次，组织传染病漏报调查，对卫生院各科室和各村卫生所在传染病管理工作中存在的问题当场进行指正。开展健康教育讲座1500人次。在卫生院内设2块健康宣传栏定期更新内容，制作宣传横幅15条、发放宣传单1.2万余份。开展新冠感染健康教育讲座20次，预检分诊550人次。为建档立卡贫困人口及慢病人员患者提供“送药制”服务，为贫困人口12人送药47盒，实行化验和影像费用减免，减轻就诊压力，免费体检1034人次，其中，贫困人口88人。执行“先诊疗、后付费”和“一站式”结算制度，方便贫困人口就医，有7人次建档立卡贫困人口享受“先诊疗、后付费”政策，发生医疗费用18885.1元。完成贫困人口慢性病签约81人次。

（张晓利）

【铁力市工农乡卫生院】 铁力市工农乡卫生院占地面积2785.4平方米，建筑面积2000平方米。是一所集医疗、预防和保健为一体的非营利性公立医疗机构，承担辖区内基本医疗、基本公共场所卫生服务等任务，是新农合定点医院、城镇居民医保定点医院。2022年，工农乡有常住人口5337人，其中，65周岁以上老年人665人。设有公共卫生科、内科、检验科、彩超室、医保科、财务室、办公室和人事科等。住院部设有病床12张，门诊静点座椅10张，医养结合病房间（6张床）。工农乡辖区内有10个行政村，下设7个村卫生所。全年工农乡卫生院门诊接诊患者134人次，住院患者26人次，实现营业收入150万元。全年上转患者15人。建立健康档案5337份，电子档案5337份，电子建档率100%。辖内有0—6岁儿童8人，全部纳入计划免疫管理，建卡建记，卡证符合率100%。组建2个家庭医生团队，签约2725人，签约覆盖率51.1%，其中，建档立卡贫困户和失独特扶家庭签约率100%，重点人群签约率在80%以上。督导卫生院各科室12次，村卫生室4次，组织传染病漏报调查，对卫生院各科室和各村卫生所在传染病管理工作中存在的问题当场进行指正。开展健康教育讲座102人次。在院内设2块健康宣传栏每月定期更新内容，制作宣传横幅5条、发放宣传单1.05万余份。开展新冠感染健康教育讲座5次，预检分诊300人次。为建档立卡贫困人口及慢病人员患者提供“送药制”服务，为贫困人口6人送药12盒，实行化验和影像费用减免，减轻就诊压力，免费体检352人次，其中，贫困人口90人。执行“先诊疗、后付费”和“一站式”结算制度，开通绿色通道，有10人次建档立卡贫困人口享受“先诊疗、后付费”政策，发生医疗费用2.3万元。完成贫困人口慢性病签约90人次。

（张晓利）

【铁力市年丰朝鲜族乡卫生院】 铁力市年丰朝鲜族乡朝鲜族卫生院始建于1969年，医院占地面积2000平方米，建筑面积1672平方米。是一所集医疗、预防和保健为一体的非营利性公立医疗机构，承担辖区内基本医疗、基本公共场所卫生服务等任务，是新农合定点医院、城镇居民医保定点医院。2022年，年丰朝鲜族乡有常住人口7300人，其中，65周岁以上人口1027人。卫生院设内科、外科、内科、妇科、妇幼保健、儿童保健、中医科、康复科等。住院部设有病床20张，医养结合病房间（8张床）。年丰朝鲜族乡辖区内有10个行政村，下设10个村卫生所。全年年丰朝鲜族乡卫生院门诊接诊患者1555人次，住院患者138人次，实现营业收入60万元。全年上转患者33人。建立健康档案7299份，电子档案7126份，电子建档率97.62%。卫生院辖区内有0—6岁儿童8人，全部纳入计划免疫管理，建卡建记，卡证符合率100%。组建2个家庭医生团队，签约3723人，签约覆盖率51%；其中，建档立卡贫困户和失独特扶家庭签约率100%，重点人群签约率在95%以上。督导卫生院各科室4次，村卫生室4次，组织传染病漏报调查，对卫生院各科室和各村卫生所在传染病管理工作中存在的问题当场进行指正。开展健康教育讲座12人次，制作宣传横幅8条、发放宣传单6000余份。开展新冠感染健康教育讲座6次，预检分诊1862人次。为建档立卡贫困人口及慢病人员患者提供“送药制”服务，为贫困人口33人送药149盒，实行化验和影像费用减免，减轻就诊压力，免费体检78人次，其中，贫困人口62人。执行“先诊疗、后付费”和“一站式”结算制度，开通绿色通道，方便贫困人口就医。有74人次建档立卡贫困人口享受“先诊疗、后付费”政策，发生医疗费用23万元。完成贫困人口慢性病签约356人次。

（张晓利）

# 体育

Sports

编辑：张力维

# 体育设施

【概况】 2022年，铁力市加强全民健身场地设施建设，提升群众健身公共服务水平，全市人均体育场地面积达1.8平方米。有1个综合性体育场所市民健身中心，3个标准11人制足球场。全市80%的街道、乡镇、社区、行政村建设有便捷、实用的体育健身设施。有条件的公园、绿地和广场，配备了体育健身设施，形成了全民健身公共服务体系，增强了城乡居民体育健身意识。

（付政歆）

【市民健身中心】 铁力市市民健身中心具有运动健身、休闲娱乐、大型集会、培养运动人才等多功能的综合性场所，占地面积7300平方米。室外运动区包括器械健身广场、休闲广场。室内设篮球场、排球场、羽毛球场、乒乓球馆及相关配套设施，为各类比赛训练提供专业服务。健身中心承办各类体育赛事，专门设置可移动座椅，能容纳980人同时观看比赛。日均接待量200人次以上，年接待7万余人次，全年承办球类比赛30余场。

（付政歆）

# 全民健身

【概况】 2022年，铁力市全面贯彻落实《黑龙江省全民健身实施计划（2021—2025年）》，实现《“健康中国2030”规划纲要》，结合铁力市实际情况，发动社会各界参与全民健身，推进全市群众体育活动开展。铁力市有国家级社会体育指导员12人，一级社会体育指导员54人、二级社会体育指导员174人、三级社会体育指导员535人。

（付政歆）

2022年8月19日，铁力市举办“爱上铁力的夏天”第三届全民健身操（舞）大赛

（铁力市文体广电和旅游局供图）

【社区体育】 铁力市有21个社区，社区体育多以老年人为主，各社区健身场地配备健身体育器材。铁力镇东林社区、群英社区等各社区，自发活动体育组织有老年秧歌队、健身操队、健身棒队、健身舞蹈队。市民健身中心为大型室内健身场所，内设篮球、排球、羽毛球、乒乓球等健身场地及相关配套设施。健身中心是运动健身、休闲娱乐、大型集会、培养运动人才等多种功能的综合性场所。健身中心开展全民健身政策、法规、科普知识宣传，对各类人群体育运动的普及与提高提供指导和服务，举办各类运动项目培训工作。同时负责青少年体育人才的选拔和培训工作，为社会培养合格的专业竞技体育人才。

（付政歆）

【轮滑运动】 铁力市开展全民健身活动，倡导科学健身提高全民身体素质。铁力市轮滑滑冰协会有217名会员，协会坚持轮滑会员的技能培养、科学锻炼、提高滑轮运动水平。2022年8月8日，铁力市举办了全民轮滑比赛，40余名轮滑爱好者参加比赛。比赛设置4个比赛组别，各组别决出冠军、亚军、季军各1名。

（付政歆）

【群众体育设施建设】 2022年，铁力市扩大健身场地和基础设施建设，建立健全场地设施的使用要求及规范，完善相关基础设施修缮，增加健身器材的种类和数量，满足铁力市群众日益增长的健身需求。2022年，为推动铁力市体育文化建设及体育运动产业发展，对上争取1套13件的健身器材。检查铁力市内14个小区的健身器材等基础设施，调查统计辖区健身器材种类、数量和破损程度。

（付政歆）

【体育彩票】 2022年，体育彩票销售2889.23万元，比2021年提升35.66%。销售电脑型体育彩票2611.55万元。2022年末，铁力市在售终端35家。

（付政歆）

# 竞技体育

【体育人才培养】 铁力市强化体育人才队伍培养，加强青少年运动员队伍建设，体教结合，联合教育定期举办青少年、成人体育竞赛。2022年12月，全市有排球协会、足球协会、滑轮协会等体育协会和群众体育辅导站36个。同时提升社会体育指导员素质，全市社会体育指导员775人。文体广电和旅游局负责体育业务指导，邀请社会体育指导员进行健身及运动知识培训，培训共2场，累计参与培训人员1000余人。

（付政歆）

【长跑赛事】 2022年6月15日，铁力市开展纪念毛泽东“发展体育运动，增强人民体质”题词70周年全民健身长跑。长跑比赛在铁力农场有限公司中草药种植基地举行。铁力市各乡镇、企事业单位、社会团体参与了活动，参加人数80余人。活动设有成年男女组、老年男女组4个组别。各组别决出冠军、亚军、季军各1名。

（付政歆）

【冰壶赛事】 2022年6月20日，铁力市第五中学代表铁力市参加伊春市青少年陆地冰壶比赛，女子一队获得伊春市第二名，女子二队获伊春市第七名，男子一队获伊春市第七名，男子二队获伊春市第六名。

（付政歆）

【足球赛事】 7月6日，铁力市第五中学代表伊春参加黑龙江省青少年校园足球四级联赛——佳木斯赛区，获得中学男子第六名，中学女子第六名。7月23日，伊春市第二届青少年足球联赛，铁力市第五小学男子足球代表队获得小学男子第一名，铁力第五中学男子足球代表队获得中学男子组第二名。

（付政歆）

【乒乓球赛事】 2022年，铁力市乒乓球队曾获得全国青少年乒乓球精英赛女单季军。黑龙江省第十五届全运会女双冠军、男团季军、女团亚军。黑龙江省乒乓球锦标赛男单第六名。黑龙江省乒乓球锦标赛女单冠军、女单亚军、女双冠军。黑龙江哈尔滨青少年乒乓球冠军赛U13组女单冠军。黑龙江伊春少儿乒乓球比赛男单冠军、男单季军、女单冠军、女单季军、男团亚军、女团冠军。黑龙江齐齐哈尔东三省邀请赛男单季军、男团季军、女团亚军、女团季军。黑龙江大庆乐星杯青少年公开赛男团季军、女团冠军。

（田 琳 付政歆）

2022年8月8日，铁力市举办全民健身轮滑比赛

（铁力市文体广电和旅游局供图）

【速度滑冰比赛】 2022年12月28日，铁力市举办“赏冰乐雪·冻感铁力”全民健身速度滑冰比赛，全市30余名滑冰爱好者参加比赛。比赛设老年组、中年组、学生组3个组别，各组别决出冠军、亚军、季军各1名。

（付政歆）

【第五届区域旅游文化节之“兴安铁力杯”系列赛事】 2022年7月23日，铁力市开展“兴安铁力杯”第二届乒乓球邀请赛。比赛设男子团体、女子团体、男子双打、女子双打、混双、男子单打、女子单打7个项目，21支代表队130余名运动员参加比赛。7月30日，开展“兴安铁力杯”第二届羽毛球邀请赛，比赛设男子双打、女子双打、混合双打、男子单打、女子单打5个项目比赛，铁力区域内有70余名运动员参加比赛。

（付政歆）

## 排球运动

【概况】 铁力市推动全民健身多元化发展，调整体育发展结构，以排球为重点发展体育事业。市第一中学排球队代表黑龙江省、伊春市、铁力市参加国际、国内等各类赛事64次，获得国际级大赛亚军1次、季军1次，国家级大赛冠军2次、亚军3次，省级比赛冠军28次的优异成绩。铁力市以市第一中学排球队建设为着力点，促进排球运动的发展，完善基础设施，优化政策措施，组建各乡镇、企事业单位、社会团体排球队，提升了铁力市“排球之乡”的品牌影响力。

（付政歆）

【排球赛事】 2022年7月25日，铁力市第一中学参加了第十八届中国中学生排球联赛，高中女子组获得亚军。8月21日，文体广电和旅游局主办铁力市第五届区域旅游文化节之“兴安铁力杯”第二届排球邀请赛，比赛场地设在市全民健身中心，共设男子团体，女子团体2个项目，哈尔滨、庆安、绥化、大箐山等16支队伍参加了比赛。铁力排球队在比赛中取得了良好成绩，中达同舟、骊风、卓称建筑，获得男子组前3名，狼牙风、七色光获得女子组前3名。排球赛事活动，营造了铁力市全民健身浓厚氛围。8月22日，开展“兴安铁力杯”第二届排球邀请赛，比赛设男子团体，女子团体2个项目，哈尔滨、庆安、绥化、大箐山等16支队伍参加了比赛。

（田　琳）

【青少年排球人才培养】　铁力市第一中学排球队有专职教练员2人、兼职教练2人、体能教练1人、外聘招生教练1人，队员50余人。2022年，采取多种方法，注重对排球队员培养工作。根据排球专业课程不同发展时期，为队员量身定制精细化课程，建成小学、初中、高中一体化培养体系。根据队员身体条件，灵活安排训练内容，打造一支实力强大的队伍。为保证队员文化课学习，提供优质体育资源，学校组建教师团队，保障队员的文化学习。通过系统化培养，70余人以国家一级运动员身份考入高校。

（田　琳　付政歆）

## 青少年体育

【学校体育】　铁力市以“厚德强体、乐思善读、追求卓越”的骊城英才为培养目标，开展各项体育运动。全年举办全市中小学排球比赛、篮球比赛、足球比赛，赛事活动80余场（次），有2377余名学生参与。加大体育教师培训，通过运动梦想课程及陆地冰壶培训，促进教师专业提升。组织开展青少年冰雪活动，全市浇注冰块突破1.66万平方米。

2022年12月，铁力市第五小学继续开设速度滑冰课程

（铁力市教育局供图）

推进了冰雪进校园活动，全市各中小学开设冰雪课程，参加人数13394余人次；组建冰雪兴趣活动小组16个，参加人数2301人次；组建冰雪运动队22支，参加人数589余人次。

（田　琳　付政歆）

【体育社团】　铁力市有24所中小学校，所有学校均设体育社团，分为5大类9小项。学校充分发挥办学条件、师资资源和办学特色的作用，挖掘教师特长，开设了篮球、足球、排球、乒乓球、羽毛球、田径、跳绳、轮滑、陆地冰壶九大体育社团。2022年，通过开设体育社团，铁力市学生在省、市级比赛中取得优异成绩。

（田　琳　付政歆）

## 冰雪体育

【概况】　铁力市围绕黑龙江省2000万人参与冰雪运动的目标，将冰雪体育健身活动列入全市全民健身工作，打造大众冰雪系列比赛。依托铁力市森林冰雪的生态资源优势，以“旅游＋冰雪＋竞技＋民俗”相结合的方式，开展形式多样、喜闻乐见、健康有趣的冰雪健身休闲项目，打造品牌冰雪运动，感受北国冰雪的无限魅力。全面掀起全民参与冰雪运动、冰雪健身、冰雪旅游的新热潮。

（付政歆）

【“筑梦冰雪、相约冬奥、舞动激情”健身活动】　2022年2月，铁力市为献礼北京冬奥，推动冬季全民健身运动的开展，由市文体广电和旅游局组织，在体育休闲广场举办了“筑梦冰雪、相约冬奥、舞动激情”健身活动。共有10支健身队伍，300余名健身爱好者参加了活动。各团体进行了健身操、健身舞、曳步舞、舞龙等健身表演。

（付政歆）

【“冰雪嘉年华”系列活动】　2022年12月22日，“赏冰乐雪　冻感铁力”2022中国·铁力森林冰雪欢乐季暨“团结聚力　共创未来”冰雪嘉年华系列活动开幕。活动期间，文艺团体表演了舞蹈和东北大秧歌。全市各乡镇、市直机关、企事业单位的参赛选手，共同参加了职工冰上趣味运动会。分10支队伍，120余名职工参与。运动会以提升团队凝聚力和向心力为目的，比赛未进行排名。各地游客参与了雪滑梯、雪地摩托、坦克、卡丁车、雪地转转、旋转木马等冰雪项目。

（付政歆）

# 社会生活

Social Life

编辑：张馨元

# 人口与家庭

【人口规模与结构】 2022年，铁力市出生人口535人，死亡人口2475人，铁力市人口出生率1.91‰，人口死亡率8.85‰，人口自然增长率-6.94‰。出生政策符合率100‰，出生人口性别比90.39，全市人口性别比均下降到103以下。一孩出生比较2021年下降0.75%，二孩出生占比较2021年上升0.36%，三孩出生占比较2021年上升0.39%。铁力市总户籍人口274666人。其中，城镇人口190479人，乡村人口84187人；男性135474人，女性139192人。

（林洪洋）

【家庭发展】 2022年，铁力市家庭户128476户，家庭户人口265286人，家庭户规模为2人，比2021年减少3590人，家庭户规模基本保持不变。

（陈肖林）

【婚姻登记】 2022年，办理婚姻登记3460件。其中，结婚1338对，受理离婚申请945对，离婚502对，补领结婚证1215对，补领离婚证405件。

（姜雪涵）

【优生优育服务】 2022年，铁力市落实优生优育工作，增补叶酸预防神经管缺陷项目，发放叶酸523人，任务完成率74.7%。同时为537对市民提供免费的婚前医学检查和健康咨询服务，对45人提出医学意见，婚检率达到48%。孕前优生项目。全年参加孕前优生健康检查夫妇478对。其中，评估为高风险98人，指标完成率80%。对全市农村育龄妇女进行免费技术服务，同时发放优生优育宣传指导手册1.3万册。

（林洪洋）

【生育支持政策落实】 通过健康铁力公众号发布《中共中央、国务院关于优化生育政策促进人口长期均衡发展的决定》等优化生育政策文件精神。制定《优化生育政策促进人口均衡发展的实施方案》《铁力市托育机构资金补贴制度（试行）》《铁力市育儿补贴金发放制度（试行）》，明确托育服务机构用电、用水、用气实行居民价格，对托育服务机构按照年度累计入托3个月及以上婴幼儿总数给予500元/人/年的日常运营补贴，对夫妻按政策生育第二、第三个子女的家庭每孩每月分别发放500元、1000元育儿补贴金，直至子女3周岁。同时对铁力市23家托育机构进行调研，宣传托育服务优惠政策。

（林洪洋）

【殡葬管理】 2022年，铁力市按照市政府十五届七次常务会议要求，民政局、财政局联合制定并印发《铁力市免除殡葬基本服务费用实施方案》，1月1日起对低保户、特困户等困难群众实行殡葬基本服务费用全免政策，9月10日起实行全市居民四项殡葬基本服务费用全免政策。9—12月免除群众殡葬基本服务费用52万元。12月中下旬，殡仪馆遗体存放量及火化量比2021年增加，同时做好各项应急处置工作，增加应急设施设备，购置60张遗体停放床，将告别大厅改为临时遗体存放场地。提升遗体火化能力，劝导群众简化治丧程序，摒弃迷信习俗，做通家属思想工作，预约错时火化，分解集中火化压力，进而减少遗体存放数量。加强工作人员保障，特殊时期合理安排工作人员轮岗值班，延长服务时间，确保遗体接运、遗体存放、业务办理、遗体火化等关键岗位全天24小时工作。2022年，铁力市殡仪馆火化遗体2272具。

（姜雪涵）

# 收入与消费

【居民收入】 2022年，铁力市居民人均可支配收入24143元，比2021年增长5%，其中，城镇常住居民人均可支配收入26075元，比2021年增长5%；农村常住居民人均可支配收入19483元，比2021年增长3.9%。2022年，铁力市从业人员平均工资45877元，比2021年增长18.95%。

（陈肖林）

【居民消费】 2022年，铁力市居民人均消费支出17295元，比2021年增长0.5%，其中，城镇常住居民人均消费支出20339元，比2021年增长0.7%；农村常住居民人均消费支出14850元，比2021年增长0.3%。

（陈肖林）

【市场物价】 2022年，铁力市九大类60个居民生活必需品种类丰富、供应充足，价格总体平稳。从监测大类看，呈“7升2降”态势。其中，粮食类（7种）平均价格同比下降2.84%；水产品（4种）平均价格同比下降0.49%；肉蛋禽（10种）平均价格同比上涨1.54%；奶制品（4种）平均价格同比上涨12.03%；植物油（2种）平均价格同比上涨7.89%；蔬菜（18种）平均价格同比上涨1.54%；水果（5种）平均价格同比上涨44.11%；调味品（9种）平均价格同比上涨6.96%；天然气（1种）平均价格同比上涨14.71%。受季节、节日消费、运输因素影响，水果、奶制品、天然气涨幅居前。从监测品种看，总体呈“30升5平25降”态势。其中，皇冠梨、生姜、架豆角3

个品种，受季节、气候、运输、节日等因素影响波动较大。从运行态势看，呈“两头高、中间低”走势，第一季度、第四季度平均价格较高，地域性、节日性消费特征明显。

（高庆文）

# 劳动就业

【概况】 2022年，铁力市城镇新增就业2612人，完成指标任务的120.36%；城镇失业人员实现再就业2183人，完成指标任务185%；就业困难人员实现就业836人，完成指标任务190%。

（唐宏洋）

【就业创业扶持政策】 2022年，铁力市研究制定《铁力市鼓励扶持全民创业若干措施》，增强铁力市经济活力，发挥就业倍增效应。协调经办银行、担保公司，降低贷款门槛、简化办理程序、缩短办理时限。结合企业、就业人员需求，合理利用创业担保贷款、灵活就业社保补贴、小微企业吸纳高校毕业生社保补贴等各项就业创业扶持政策，确保各类市场主体充分享受政策红利。发放创业担保贷款1115.6万元、公益性岗位补贴2331万元、灵活就业社保补贴498万元、小微企业吸纳高校毕业生社会保险补贴1.9万元、一次性创业补贴1万元、技能提升培训生活费（含交通费）补贴0.5万元、发放外出务工交通补助11.82万元。

（唐宏洋）

【重点群体就业】 2022年，铁力市加强困难人员就业援助，确保零就业家庭动态清零。为重点群体提供更好的就业服务，拓宽重点群体就业渠道，促进重点群体市场化社会化就业。城镇失业人员实现再就业2183人，就业困难人员实现就业836人，通过公益性岗位安置就业困难人员142人，其中，包括退役军人17人。

（唐宏洋）

【高校毕业生就业】 2022年，铁力市开展“就业援助月”“春风行动”等公共就业服务活动，发挥“铁力人社”微信公众号平台作用，提供就业创业政策宣传讲解，引导企业提供高校毕业生就业岗位，为企业提供岗位信息发布等公共就业服务，促进高校毕业生返乡、留乡就业，实现高校毕业生就业76人。

（唐宏洋）

【困难群体就业】 2022年，铁力市依托各乡镇劳动保障工作站、村屯劳动保障兼职协理员，对脱贫人口和监测对象逐一登记，按月采集就业失业信息，发现问题及时更新、反馈，具备劳动能力有就业意愿的通过“涉农项目”带动、公益性岗位安置帮助其实现就业。通过开发临时公益性岗位、光伏公益性岗位以及其他各类村级公益性岗位、落实灵活务工政策，“涉农项目”带动，累计实现脱贫人口和监测对象转移就业1222人。

（唐宏洋）

【职业技能培训】 2022年，铁力市统筹利用全市多种培训资源，建立职业技能培训“三单”工作制，采取“学培结合、贴合实际、灵活多样”的方式，以市场需求为导向开展“订单式”职业技能培训，全年累计开办电子商务、育婴员、保健按摩等专项培训25场次，培训各类重点群体1914人次。

（唐宏洋）

【农民工工资保障】 2022年，铁力市依法维护劳动者合法权益和社会稳定。有计划地对建筑市场进行全面性的专项检查，重点检查企业农民工工资保障金缴纳情况和农民工工资支付情况，对欠薪行为形成有效监管。全年开展各类检查101户，收缴农民工工资保障金项目99个，收缴农民工工资保障金7188万元，农民工工资保障金专户余额5223万元，启动保障金25万元。办理网上线索及投诉举报工作，受理全国欠薪线索核处管理系统线索反馈线索50条，涉及人员53名，经过协调已全部解决完毕，涉及的50.32万元工资全部发放到位。受理“12345”市长热线反馈的工资拖欠等劳动纠纷问题104余条，已全部调解解决完毕。全年调解达成率为100%。提高“两网化”信息采集率、覆盖率，细化网格，遏制违法欠薪行为发生。

（唐宏洋）

【就业再就业】 2022年，铁力市城镇新增就业2612人，完成指标任务120.36%；开展“个十百千万”（锁定一“个”稳就业促就业目标，完善一“个”长效机制。针对“十”类群体，开展“十”项攻坚行动。深入“百”个街道社区林场所，走进“百”户各类企业。入户“千”个就业困难人员家庭，提供“千”余个就业岗位。开展“万”人职业技能培训，实现“万”人新增就业。）专项活动。针对高校毕业生、退役军人等10类群体开展攻坚行动。通过攻坚行动，到企业、村屯开展就业创业政策宣讲等一系列活动。举办“春风行动”“民营企业招聘月”“稳增长稳市场主体保就业”等公共就业服务活动14场，为150家企业提供岗位800个。以政策落实带动发挥就业创业政策扶持作用。研究制定《铁力市鼓励扶持全民创业若干措施》，增强铁力市经济活力，发挥就业倍增效应。协调经办银行、担保公司，降低贷款门槛、简化办理程序、缩短办理时限。

（唐宏洋）

【劳动仲裁】 2022年，铁力市开展劳动人事争议调解仲裁工作。通过完善制度建设、提升能力素质、以点带面、聚集合力方式，先后推出了“五聚焦促三度”（指聚焦稳岗留工、多元协调、智慧调解、部门联动、政策宣传五个方面，力促人社服务“有温度、有速度、有力度”）“一站受理”“云调解室”等便民惠民举措。全年受理各类劳动争议案件317件，已全部结案，结案率100%，其中，调解成功269件，调解成功率84.85%，涉案金额407.27万元。普法宣传活动方面，到葵花药业集团（伊春）有限公司等重点企业，组织开展普法讲座，通过“以案释法”“送法入企”“问卷调查”“风险排查”等方式，为企业精准提供法律、法规、政策宣传咨询，加强劳动用工指导，建立劳动争议预防调解工作机制。研究制定《“打造金牌劳动人事争议调解组织”活动细化方案》，按照“统筹规划、合理布局、实际需要”原则，鼓励企业建立基层调解组织，将矛盾化解在用人单位。同时2022年在宇翔热电公司、葵花药业集团（伊春）有限公司等企业分别建立调解组织。

（唐宏洋）

【劳动监察】 2022年，铁力市劳动保障监察大队利用线上线下同时受理投诉举报线索。线上受理全国欠薪线索核处管理系统线索反馈线索50条，涉及人员53名。受理12345市长热线反馈的工资拖欠等劳动纠纷问题104条，涉及人员110人次，累计金额60余万元。线下受理解决群体欠薪案件3起，涉及人员95人，涉案金额150余万元，12月末全部解决完成。农民工工资保障金的收缴管理工作方面。严格办理农民工工资保障金收缴、退还手续，加强监督管理，保障农民工工资保障金安全，全年收缴农民工工资保障金项目99个，收缴农民工工资保障金7188万元；原农民工工资保障金专户余额5223万元，1月启动保障金25万元。组织开展工时制度专项检查、根治欠薪冬季攻坚战等专项活动，针对拖欠农民工工资问题组织召开3次根治欠薪联席会议，制定《根治拖欠农民工工资问题联席会议工作制度》。坚持“在执法中服务、在服务中执法”的理念，搭建政企双向沟通平台，畅通企业表达渠道，收集企业对劳动保障监察工作的意见建议和劳动用工服务指导需求，开启“互联网+劳动监察”智慧执法新模式。宣传引导方面。将业务工作与人社法治宣传教育有机结合，利用监察执法检查、就业线下招聘等多种途径开展人社法治知识宣传，向企业、职工、群众宣讲劳动领域法律法规和惠民政策，累计开展各类集中普法宣传、入企宣传等活动10余次，发放劳动保障普法宣传资料1300余份。

（唐宏洋）

## 社会保险

【养老保险】 2022年，铁力市企业养老保险参保企业1351家，企业参保职工65432人，离退休76364人，收缴4.28亿元，拨付养老金23.4亿元。企业养老保险全国统筹上线运行工作按期完成，多层次、多支柱养老保险体系逐步完善，基本可实现“掌上办”“一网办”“跨省办”等便民服务方式。城乡居民社会养老保险16—59周岁参保人员共27571人，实际缴费划扣12507人，收缴养老保险费973万元；60周岁以上享受待遇15115人，发放养老金1868万元。2022年，城乡居民保险扩面336人，新审批退休1060人，享受城居保丧葬补助金待遇420人，金额16.8亿元。建立实行城乡居民基本养老保险丧葬补助金制度。为全市3167名参加城乡居民基本养老保险的困难群体代缴养老保险费31.67万元。机关事业养老保险参保9371人。其中，在职人员4551人，享受退休待遇人员4820人，征缴养老保险费7819.2万元，职业年金1600.1万元，发放养老金24312万元。

（唐宏洋）

【医疗保险】 2022年，铁力市落实城乡居民和城镇职工基本医疗保险待遇，做好参保及待遇核销工作，加强参保扩面，构建和谐统一的城乡医保体系。全年城乡居民参保14.35万人，基金收入16219万元，支出13056万元；城镇职工参保6.52万人，基金收入17677万元，支出15333万元。

（李佳欣）

【工伤保险】 2022年，铁力市工伤保险共参保380户23015人。其中，企业127户14150人，机关事业单位216户8109人，建筑项目37户356人。全年收缴工伤保险费468.5万元。其中，企业收缴工伤保险费320万元，机关事业单位收缴工伤保险费105.4万元，建筑项目收缴工伤保险费43.1万元。每月监管并发放老工伤享受固定待遇人员111人。整理并报送伊春市核销工伤待遇，门诊药费及住院医疗药费共计53笔、一次性伤残补助金 23 笔、一次性医疗补助金 1 笔、工亡抚恤金 3 笔、工亡遗属费 1 笔。

（唐宏洋）

【失业保险】 2022 年，铁力市失业保险参保单位 302 户 18073 人。受理审核并发放失业金 69 人次 49.6 万元；受理审核并发放失业补助金 91 人次 14.9 万元；受理审核并发放稳岗返还补贴 49 户 569.5 万元；受理审核并发放物价补贴 180 人次 0.45 万元；受理审核并发放扩岗补助 29 人 4.35 万元；受理审核并发放留工补助 15 户 11 万元；受理审核并发放技能提升补贴 38 人 7.5 万元。

（唐宏洋）

【生育保险】 2022 年，铁力市将生育保险政策落到实处，按规及时、足额给付生育医疗费用和生育津贴待遇，全年生育保险参保 11611 人，基金收入 669.46 万元，生育医疗费用支出 116.72 万元，生育津贴支出 76.02 万元。

（李佳欣）

【社保服务】 2022 年，铁力市推行“就近办”，打造家门口的社保中心。与各大银行协调，在银行放置并启用“智能柜员机”，退休人员在银行办理金融业务时可直接办理待遇领取认证。推进“线上办”，打造互联网的社保中心。推进“龙江人社”App 使用力度，发挥“互联网 +”优势。通过基层社区、乡镇、村屯工作人员引导，发挥各类媒体宣传作用，采用在银行发放网点、乡镇、社区、村屯张贴认证海报等方式，扩大“龙江人社”App 等平台的知悉覆盖范围。实施“上门办”，打造进万家的社保中心。结合全市“能力作风建设年”活动，转变工作作风，建立 80 周岁以上老人、久病卧床人员、智障、孤寡老人等特殊群体台账，为困难的特殊人群提供上门服务。

（唐宏洋）

2022 年 4 月 29 日，铁力市医保局到市中医院开展区域点数法总额预付和按病种分值付费（DIP）调研工作

（铁力市医疗保障局供图）

## 医疗保障

【概况】 2022 年，铁力市医疗保障局（以下简称医保局）坚持以人民为中心的理念，结合机构职能定位，解决群众“急难愁盼”问题，确保医保基金安全。2022 年，铁力市参保人数达 20.87 万人。其中，城乡居民参保 14.35 万人，城镇职工参保 6.52 万人。医保基金收入 52815 万元，支出 28389 万元。其中，城乡居民收入 36469 万元，支出 15199 万元；城镇职工收入 16346 万元，支出 13190 万元。

（李佳欣）

【医保支付改革】 2022 年，医保局落实区域点数法总额预算和按病种分值付费（DIP 付费）、按床日付费等政策，收集并及时向上级部门反馈试点医疗机构在政策执行过程中的观点建议。组织试点医疗机构参加省、市业务培训 20 余次，组织试点医疗机构赴市局与 DIP 支付改革负责科室开展座谈交流 7 次，邀请 DIP 支付改革负责科室及三方运营工程师到铁力市指导工作 1 次。2022 年铁力市 DIP 试点医院结算实际支付 9632 万元。

（李佳欣）

【药品、耗材集中带量采购】 2022 年，铁力市按照伊春市统一部署，通过采取深入各医疗机构实地查看等方式，完成铁力市辖区内 8 家涉及第三批结余资金留用考核工作的公立医疗机构。其中，二级公立医疗机构 4 家，一级公立医疗机构 4 家。并将集采工作纳入医疗机构绩效考核，督促医疗机构按时间节点进行集采报量、合同签订、配送企业选择等工作，并按协议进度如期完成采购任务。全年 8 家公立医疗机构全部完成集中带量采购，已执行 11 批次国家组织药品集中带量采购，覆盖品种 300 余个，药品集中带量采购金额累计 779.26 万元。医用耗材集中带量采购金额累计 142.77 万元。

（李佳欣）

【医保基金监管】 2022 年，铁力市打击欺诈骗保行为，保障参保人员合法权益。全年完成异地零星手工药费稽核1148笔；完成意外受伤药费核查985笔；完成定点医药机构验资127家；完成定点零售药店考核107家，定点医疗机构考核21家；对医保服务中心开展医保基金安全检查工作1次；与卫生健康局执法部门联合检查工作1次；与民政部门数据互通1次，筛查检查排查冒用死亡人员参保信息骗取医保基金等违法违规行为检查工作；完成定点零售药店和定点医疗机构年度全覆盖检查工作，追回定点医药机构违规、违约费用金额3348583.72元，行政处罚金额628995.49元，同时取消定点医药机构协议1家。

（李佳欣）

【大病保险】 2022年，铁力市落实城乡居民大病保险制度，定期对核销情况进行排查，督促保险公司及时对符合大病保险报销条件的参保群众进行报销。全年大病保险参保143004人，大病保险待遇享受12025人次，大病保险基金支付1947.74万元，减轻参保群众就医负担。

（李佳欣）

【医保服务】 2022年，推动铁力市“六进”（医保服务进定点医药机构、进机关企事业单位、进银行网点、进学校、进乡村、进社区）工作，打造铁力市“15分钟”医保服务圈，优化医保服务，简化办理流程，在工商银行开设参保服务窗口，为铁力市71个行政村甲级卫生室安装医保服务站标识牌、灯箱和医保形象墙，17个社区、3个居民委安装医保专线并配备医保专用办公电脑，下沉服务事项对乡镇和社区医保工作人员开展医保业务培训，累计培训12次，培训人数80余人次。推行“服务前台不分险种、不分事项一窗受理，后台分办联办快办”的医保经办服务窗口综合柜员制。服务窗口年度办理业务量约5万笔，服务热线接听9750余次。开展零星手工药费结算动态清零工作，引入OCR智能识别录入系统，优化零星手工医药费结算方式。2022年，完成零星手工药费结算9340余笔，同时医保中心完成定点医药机构网上结算约3576家次。建立防范因病返贫致贫动态监测预警筛查情况月报告制度，定期对住院信息进行排查，经过“三重保障”报销之后，个人自付超过1万元的人员，向民政局、乡村振兴局推送预警监测信息，2022年末，累计推送预警监测数据4344条。

（李佳欣）

【医保宣传】 2022年，医保局对于群众对医保政策知晓率低问题，转变工作方式，增加“线上线下”宣传力度，提高医保政策知晓率。线上通过微信公众号、铁力融媒、医保直通车等渠道以视频、漫画等形式发布医保政策，2022年推送图文116条。同时安排业务干部职工组成“政策宣传小分队”，到社区、村屯、百姓家中开展政策讲解，讲解医保政策。

（李佳欣）

## 住房保障

【人才安居保障】 铁力市为创建集聚人才、留住人才的优良环境，吸引更多优秀人才落户，2021年，在城南街标准化回迁小区，瑞景骊城小区以商品房配建模式预留50套房源，推动人才公寓建设，同时实施人才安居工程，建立多渠道保障的分层次广覆盖人才安居体系，出台《铁力市人才公寓管理暂行办法》《铁力市人才公寓使用分配暂行办法》《铁力市人才购房支持实施办法》，为人才安居工作提供制度保障。2022年末，全市有人才公寓50套，其中，临时居住公寓25套，已入住18套；人才安居住房25套，以低于市场价格销售给人才10套。

（白　睿）

【住房补贴发放】 2022年，铁力市制定《铁力市城镇公共租赁住房实物配租和租赁补贴管理实施细则》推进铁力市公共租赁住房实物配租和租赁补贴管理、运营维护、租赁补贴发放和档案管理，健全动态核查退出机制。铁力市每户每年发放公租房租赁补贴1440元，按季度发放每户每季度发放360元，2021年发放住房补贴1338户，发放资金1267250元，2022年发放租赁补贴1242户1722600元。

（赵　曼）

【住房公积金管理】 2022年，铁力市新开立单位账户9家，新开户缴存人772人，实缴单位196家，实缴人数1.3万人，年归集额2.29亿元；年提取人数8599人，提取金额6343万元；年发放贷款99人，发放金额2252.9万元；集中调整住房公积金缴存基数2次。其中，1月份为正常调整，8月份因市政府集体调资。调整住房公积金互助政策。缴存人购房，其配偶、同一户籍父母、子女均可提取公积金，还可作为共同借款人偿还贷款。贷款方面，下调首套个人住房公积金贷款年利率，5年以下（含）由2.75%降至2.60%，5年以上由3.25%降至3.10%，第二套个人住房公积金贷款利率政策保持不变。放宽人才贷款额度限制，高层次、急需紧缺人才和定向选调生首次购买自住房申请公积金贷款的，最高贷款额度从60万元提高到78万元。提高生育二孩、三孩家庭的贷款额度，生育二孩家庭最高贷款额度由60万元放宽至70万元，三孩家庭放宽至80万元。

（赵　曼）

## 社会救助

【最低生活保障】　2022年，铁力市完善分层分类的社会救助体系。统筹各项救助政策，做好低收入人口动态监测，对已经纳入最低生活保障、特困人员救助供养、临时救助等救助范围的低收入人口，重点监测相关社会救助政策是否落实到位，以及是否还存在其他方面的生活困难。对未纳入社会救助范围的低收入人口，重点监测是否符合相关救助条件，符合救助条件的开展救助申请、家庭经济状况核对、审核确认、待遇发放等救助工作。加强社会救助审核确权下放的监督指导。通过加强社会救助资金管理使用各环节经办人员的廉政教育及法律法规和业务培训，增强社会救助各项工作的政治意识、法纪意识和廉政意识。政策宣传方面。通过微信公众号等多媒体平台加强最低生活保障政策的宣传，拓宽政策的宣传渠道，提升政策的知晓率。城乡最低生活保障及特困提标方面和最低生活保障方面。2022年末，城镇最低生活保障有5286户6920人，累计发放城镇低保金4712.46万元，新增120户146人，取消823户1190人；农村最低生活保障有2910户4286人，累计发放农村低保金1285.76万元，新增108户158人，取消235户330人；农村低保户中建档立卡贫困户1356户2064人，累计发放低保金617.92万元。购买社会救助服务方面。按照《伊春市乡镇（街道）社会工作服务站建设试点工作方案》相关要求，在铁力镇、双丰镇、神树镇、桃山镇、日月峡镇设立5个社工站，统筹关爱儿童和残障服务等社会服务。铁力镇社工站开展救助服务24次，走访入户5个村，2个社区，服务人员达到1500余人，入户走访217户，救助物品大米7袋、白面7袋。

（王云博）

【特困人员供养】　2022年，铁力市的城乡特困供养人员共有349人，累计发放城乡特困供养人员补助金434.13万元。城乡特困供养人员中建档立卡贫困户73人，累计发放救助金66.8万元

（王云博）

【临时救助】　2022年末，铁力市民政局临时救助1426人，发放救助资金216.19万元。按照省、伊春市民政部门要求，铁力市对低保家庭中的重度残疾人（含1—4级伤残军人）、重病患者、老年人、未成年人、军烈属、在乡老复员军人，按照当地低保标准的15%予以加发低保金。低保边缘家庭落实“单人户”，将低收入家庭无法单独立户的重度残疾人、重病患者对符合“单人户”政策要求的及时纳入农村低保范围，2022年累计纳入重度残疾人“单人户”29人。

（王云博）

【慈善救助】　2022年，铁力市民政局协助企业完成定向捐赠活动，协助艾眸医疗器械制造有限公司、中国建设银行伊春分行、中国建设银行铁力支行等企业完成定向捐赠活动。铁力市艾眸医疗器械制造有限公司通过铁力市慈善会资助谢某俊等5名贫困大学生。同时组织开展社会救助，扶助困难群体，发展慈善事业，全年给困难群众发放慈善临时救助，救助34户，发放15.25万元。

（王云博）

【医疗救助】　2022年，铁力市发挥医疗救助民生工程的救急救难作用，减轻困难群体的医疗支出负担，对特困供养人员、低保对象、脱贫人口等门诊、住院实现“一站式服务、一窗口办理、一单制结算”，方便困难群众就医，减少垫付医疗资金压力。全年医疗救助参保资助12655人，基金收入959.3万元，基金支出1148.59万元。

（李佳欣）

【救助管理】　2022年，铁力市累计救助流浪乞讨人员16人，并给予妥善安置。组织开展6.19全国救助管理“开放日”宣传活动，向市民发放救助宣传资料600份、救助服务联系卡600张和宣传单600张，介绍救助管理工作服务对象、服务方式和流程等形式，向社会宣传救助管理政策。在夏季送清凉及冬季送温暖等专项救助活动中，全年开展街面巡查900余次。同时与铁力市公安局、铁力市城管大队等部门，针对商业区、24小时自助取款机房、客运站、火车站、桥梁涵洞、废弃房屋等地点作为重点排查范围开展冬季夜间巡查工作，防止冻死冻伤事件的发生。

（王云博）

## 社会福利

【老年人福利】　2022年，铁力市为57个失能老人发放失能补贴98950元，为1462个高龄老人发放高龄津180.82万元。谋划城乡社区配建居家养老服务用房，已建成小区全部配备养老服务用房，共17处7121平方米。

（王云博）

【未成年人福利】 2022年，铁力市把未成年人保护工作作为保障民生、促进社会稳定的重要工作，创建全国未成年人保护示范县方面。铁力市顺利通过创建全国未成年人保护示范县（市）验收工作，被国务院未成年人保护工作领导小组办公室拟命名为全国未成年人保护示范县。全面落实孤儿、事实无人抚养儿童、艾滋病儿童的基本生活费保障制度方面。2022年末，铁力市有孤儿39人，事实无人抚养儿童6人，已发放基本生活保障金730350元。全年有6人享受孤儿助学工程，每年补助学费1万元，2022年5月为全市孤儿、事实无人抚养儿童免费进行体检。宣传力度方面。将《中华人民共和国未成年人保护法》《中华人民共和国预防未成年人犯罪法》《中华人民共和国家庭教育促进法》以进社区、进村居、进校园等多种方式宣传，保障未成年人合法权益及健康成长。加强未成年人保护方面。在全市五镇三乡配备儿童督导员，为17个社区居民委，71个行政村配备儿童主任，开展全市儿童督导员、儿童主任培训工作2次。与检察机关联合推行检察官担任乡镇、社区法制辅导员的工作模式，依法保护未成年人合法权益，协助帮扶受到违法犯罪侵害的未成年人，协调开展司法救助、心理疏导、身体健康、生活安置等多元综合救助。开展关心、关爱活动方面。2022年，组织开展“读一本书、读一本好书”“饺果腹、教暖心”“家庭教育促进法宣传”“喜迎二十大童心向党”“粽情端午”“宣传强制报告制度”“未成年人保护政策宣讲进村居”等慰问留守儿童和困境儿童等关心关爱活动13次。为孤儿、留守儿童、困境儿童送去慰问品及慰问金6万余元。

（王云博）

【妇女儿童福利】 2022年，铁力市秉持“面向社会、服务妇女、关爱儿童”的发展理念，对上争取省级妇女专项补助资金打造妇女儿童活动中心。项目定位目标为“妇女活动阵地、儿童成长乐园、妇儿交流平台”。投入室内活动场地260平方米，建造包括幸福驿站、姐妹港湾、儿童乐园3个功能区。幸福驿站涵盖教育培训多功能室，开展妇女儿童综合素质及实用技能培训、巾帼大宣讲、帮扶助困、读书沙龙、书法绘画等学习工作交流及休闲娱乐活动。姐妹港湾涵盖维权保护、家庭教育、婚恋指导、心理咨询、普法宣传等功能，为女性职业发展、婚姻生活、身心健康、家庭教育提供服务。儿童乐园涵盖图书角、益智玩具区，为儿童启迪智慧、培养能力、提高素质提供服务。2022年，妇女儿童活动阵地在试运行阶段期间，组织开展“巾帼心向党”、未成年人保护、妇女素质提升活动、特殊群体的关心关爱活动、家庭文明建设等活动18场次，受益妇女儿童300余人次。

（吕雪菲）

【残疾人福利】 2022年，铁力市与黑龙江省社会康复医院联系救助项目，为全市80名患有股骨头坏死和骨关节病的贫困肢体残疾人提供救助，救助资金320万元。为8名残疾人免费安装假肢，救助资金2.4万元。对贫困白内障患者的救助方面，与铁力市医共体中心医院联合开展白内障复明手术活动，为25名白内障患者进行复明免费手术，救助资金2.5万元。解决残疾人评残困难，组织残疾评定医师开展上门鉴定，服务120人次。发放残疾人评定补贴0.15万元，发放燃油补贴约1.87万元。为铁力市区内残疾人提供公交车卡优惠政策，投入资金6.05万元，覆盖1050人次。困难残疾人生活补贴项目。2022年末，按照原渠道（非社保卡）方式累计发放困难残疾人生活补贴资金45538人次、364.31万元。重度残疾人护理补贴项目。2022年末，按照原渠道（非社保卡）方式累计发放重度残疾人护理补贴资金41387人次、413.87万元。

（慈瑞雪　王云博）

【福彩公益】 铁力市有福利彩票站45个，2022年总销售额1745万元。其中，电脑票1309万元，刮刮乐即开票275万元，公益金161万元。2022年，开展为老服务活动、未成年人保护工作活动94次，孤寡老人、留守儿童等个案跟踪53次，入户走访1251户，活动惠及群众6500人。同时为孤儿、事实无人抚养的儿童捐赠眼镜45副价值6750元，捐赠儿童衣物200余件、图书200本、矿泉水20提、文具40余套。综合利用未保中心、儿童公园、儿童图书馆等平台载体，开展宣传、读书、心理慰藉、关心关爱活动，向孤儿、留守儿童、困境儿童发放慰问品及慰问金6万余元，为100多名未成年人提供心理辅导，发放宣传资料1000余份。

（王云博）

## 残疾人事业

【概况】 2022年，铁力市科学编制《铁力市“十四五”残疾人保障和发展规划》，精准落实助残惠残政策，简化残疾人证办理流程，开通残疾人综合服务平台，将残疾人多项业务从“线下办”转为“线上办”，在全省率先推行残疾人证网上办理工作。残疾人“两项补贴”、托养服务、家庭无障碍改造等惠残政策全面落实，组织开展多项扶残助残服务，为残疾群众节省相关费用200余万元、服务覆盖2000余人。铁力市有残疾人9660人，占全市总人口的4.3%。农村残疾人2901人，占残疾人总数的30%。其中，多重残疾46人，精神残疾255人，视力残疾378人，听力残疾152人，言语残疾20人，肢体残疾1881人，智力残疾169人，一级残疾221人，二级残疾612人，三级残疾874人，四级残疾1194人。

（慈瑞雪）

【康复服务】 2022年，铁力市完善残疾人康复中心、“残疾人康复之家”建设，落实残疾儿童康复救助制度，推进0—6岁儿童残疾筛查行动。提升与广大残疾人需求密切相关的服务能力和服务水平，实施精准康复服务行动，满足残疾人基本康复服务需求。完成残疾人辅助器具发放。益康社区挂牌成立残疾人康复之家，依托铁力市中医院成立“铁力市残疾人康复中心”，为180名有康复需求的残疾人开展康复服务，有需求的残疾人基本康复服务覆盖率100%。加大儿童康复救助力度，0—6岁残疾儿童康复实现一体化保障，成立儿童康复定点机构1个。累计救助0—6岁残疾儿童10人次，发放救助资金18万元。

（慈瑞雪）

【就业服务】 2022年，铁力市根据《残疾人就业条例》《黑龙江省促进残疾人就业三年行动方案（2022—2024年）》，制定《铁力市“十四五”残疾人保障和发展规划》，明确促进残疾人就业创业、多形式推进残疾人就业服务等4个方面工作举措。健全残疾人就业服务体系，注重残疾人就业全方位布局，与机关、企事业单位协调对接，推动用人单位按比例安置残疾人就业96人。实施扶持盲人按摩机构就业补贴项目。并协调人社、乡村振兴等部门，通过零就业家庭、公益性岗位安置残疾人8人。开展残疾人职业技术培训，对农村困难残疾人实用技术培训累计97人。

（慈瑞雪）

【扶残助残】 2022年，铁力市为残疾人提供免费手术救助、免费安装假肢，贫困白内障患者救助等多项助残惠残福利，为残疾群众节省325万元，发放各种惠残资金18万余元，投入残疾人事业发展资金98.3万元。推进“免费理发进家庭”活动常态化，义务理发200余人。拓展残疾人脱贫攻坚成果，同乡村振兴有效衔接，建立残疾人跟踪访视和预警机制，报送预警信息90条。

（慈瑞雪）

【无障碍改造】 2022年，铁力市实施“阳光家园计划”，对贫困重度残疾人实行生活照料和护理、生活自理能力、社会适应能力、运动功能等专业训练力度，为20名重度残疾人提供居家托养服务。打造“爱得其所”残疾人家庭无障碍改造服务品牌，按照贫困重度残疾人家庭无障碍改造的总体要求，根据不同残疾类别、等级、残疾人状况、需求与居住环境，科学制定个性化“一户一策”改造方案，实施家庭无障碍改造，完成残疾人家庭无障碍改造540户。

（慈瑞雪）

【“互联网＋残联”】 2022年，铁力市推进助残服务“最多跑一次”，全面推行“线上办事”实现服务“智能化”。实现黑龙江省县级市残疾人证和残疾人业务“网上办”，受理网上办证等业务累计450人。以“铁力市残疾人联合会”微信公众号，抖音号为宣传载体，围绕惠残政策、残联工作经验、志愿服务活动等进行宣传，发布公众号和抖音200条，总阅读量5万次，总转发量近1万次。

（慈瑞雪）

【基层残疾人组织建设】 2022年，铁力市基层残疾人组织网络普遍建立，形成以市、镇、社区、村屯残协为依托的残疾人组织网络。全面建立村（社区）残协，8个乡镇成立残疾人协会91个。

（慈瑞雪）

## 老龄事务

【敬老助老】 2022年，铁力市调整老龄委组成人员，明确成员单位工作职责。开展“改善老年营养，促进老年健康”宣传周活动，宣传老年健康政策31场、健康科普知识41场、营养健康知识11场，受益1037人。开展应急救护知识技能培训，提高突发事件中自救、互救能力。创建老年医学科3家，老年友善医疗机构21家。开展“反诈防骗，敬老助老”为主题的敬老月活动，免费义诊3次，受益300余人。开展“涉老反诈防骗”宣传普及活动，制作宣传涉老反诈防骗横幅10条，宣传展板12个，显示屏循环播放宣传标语50条次，发放防养老诈骗宣传材料200余份，通过微信公众号发布反诈防骗内容36条。2022年，铁力市老龄工作委员会办公室被授予“全省老龄工作先进集体”称号，被人力资源和社会保障部、全国老龄工作委员会授予“全国老龄工作先进集体”称号。

（林洪洋）

【关爱老龄人口】 2022年，铁力市开展“科学健身，助力老年健康”为主题的老年健康宣传周活动。宣传老年营养健康知识，引导老年人形成营养健康的生活方式。全年开展健康教育知识讲座56次，发放指氧仪216个。为提高慢病人群自我管理的能力、提高生活质量、减少并发症，开展老年人慢病自我管理知识技能培训，学习掌握心肺复苏、气道梗阻等应急救护知识技能。开展关爱阳康老年人“守护夕阳”活动，加强对签约老年人的健康宣传和教育。创建老年医学科、老年友善医疗机构、老年友好社区及敬老文明号。全市医疗机构24家，创建老年友善医疗机构21家。全市二级医疗机构4家，已创建老年医学科3家。开展“智慧助老”活动。为提升老年人养老诈骗的防骗意识，微信公众号发布反诈防骗内容40余条。

（林洪洋）

【老年人权益管理】 2022年，铁力市贯彻落实《中华人民共和国老年人权益保障法》和中华人民共和国民政部《养老机构管理办法》，坚持履行兜底保障职责，加强地方财政投入保障，逐步增加养老服务投入，提升全市养老机构服务保障能力。全年铁力市有养老机构36家，其中，民非机构22家，工商机构12家，公办机构2家，床位1931张。

（王云博）

【养老机构】 2022年，铁力市有注册登记备案的养老机构35家，其中，有公办2家（铁力市中心敬老院、铁力市爱心养护中心），有民办养老机构33家，床位1902张，有村级幸福院2处。

（王云博）

## 关心下一代工作

【概况】 2022年，铁力市关心下一代工作委员会（以下简称关工委）组织开展爱国凝心铸魂和展传承红色基因教育活动，重点在青少年中开展党史、新中国史、改革开放史、社会主义发展史教育，同时加强“基地”建设，扩大青少年教育场所，2022年在铁力市博物馆和双丰镇建国村抗联红色广场分别建成省级和市级关心下一代教育基地各一处，全年累计2000余名学生和青少年到教育基地参观学习。

（杨文凯）

【组织建设】 铁力市建立关工委1个，乡镇关工委8个，市直相关部门关工委9个，企业关工委1个。村、社区、学校、企业关工小组共计122个。同时开展年轻“五老”入列工作。采取派、聘、借、兼等多种途径，动员更多新退休的乡镇和机关干部、学校领导和教师加入“五老”队伍，队伍人数1224人。

（杨文凯）

【帮扶救助】 2022年，关工委开展留守困境青少年帮扶救助活动。对于青少年存在的困难问题，登记造册，制定帮扶救助措施。发挥学校、村屯、社区和关工组织“五老”作用，开展弱势和特殊青少年群体的关爱帮扶救助工作。开展助学、助困、助孤、助残、助业等公益服务，同时组织开展创建爱心企业活动，为贫困和“五失”青少年解决困难问题。

（杨文凯）

【青少年教育】 2022年，铁力市对青少年开展中共党史、新中国史、改革开放史和社会主义发展史教育。发挥家庭的启蒙教育作用，把“四史”（中共党史、新中国史、改革开放史、社会主义发展史）教育纳入教育教学计划。采取讲党史故事会、绘画、手抄报、诗歌朗诵、知识竞赛等形式进行宣讲，推进学校社会主义核心价值观教育进校园、进课堂、进教材。以弘扬“三大革命精神”（井冈山精神、延安精神、西柏坡精神）为载体，组织师生和青少年到铁力市爱国主义教育基地、铁力市烈士陵园、马永顺林场和纪念馆、桃山林业局博物馆（抗日史馆）和铁力市雷锋事迹展馆参观学习，利用抗联史研究成果，开展爱国主义教育活动。

（杨文凯）

【网络宣传】 2022年，铁力市在市委组织部“先锋网”网站建立“关工之窗”网页。设置《上级精神》《工作动态》《五老队伍》《读书活动》《佳文选编》五个栏目。同时实现微信、QQ网络全覆盖。全市建立关工委级微信群9个，关工领导小组级微信群25个，QQ群10个。形成“互联网＋关工”网络体系。同时向教育全面延伸，“互联网＋关工”向青少年教育主阵地、主课堂延伸融合发展，做到在宣传对象上从“五老”向青少年延伸，在宣传范围上从关工组织自身向中小学延伸，使“互联网＋关工”成为沟通互动的平台。

（杨文凯）

## 基层治理

【社区建设】 2022年，铁力市按照省和伊春市关于加强网格化管理的工作要求，完成全市460个网格确立代码编号工作。提高社区工作者待遇情况方面。铁力市按照《中共伊春市委组织部、伊春市民政局关于推进落实社区工作者有关工作要求的通知》《中共铁力市委办公室、铁力市人民政府办公室关于印发〈铁力市城市社区工作者管理办法〉的通知》的有关要求，为138位在岗社区工作者提高生活补贴。伊春市2022年最低工资标准1450元，依照此标准的2.5倍计算，将铁力市社区工作者的人均生活补贴标准由3175元提高到3625元，人均提高450元。其中，计入岗位补贴360元、计入绩效补贴90元。按照黑龙江省实施的《中华人民共和国城市居民委员会组织法》中的第二十二条规定计算退休委主任的生活补贴，按照比例计算，退休委主任在居民委连续工作满10年不足15年的，生活费每月提高180元，提高后每月补贴1450元；连续工作满15年不足20年的每月提高216元，提高后每月补贴1740元；连续工作满20年以上的，每月提高252元，提高后每月补贴2030元。

（姜雪涵　王云博）

【社工队伍建设】　2022年，铁力市在五镇三乡成立社工站5个，由两家服务机构承接，各站秉承“以人为本，助人自助”的服务宗旨，主要重点服务“一老一小”（“独居老人和孤残、留守困境儿童”）等特殊困难群体在生活照料、健康管理、文化娱乐、心理支持、心理辅导、学业指导、家庭关系协调、社会实践等方面开展工作，合理整理资源，在各乡镇发展志愿者团队，形成“社工＋社区＋志愿者”的工作模式。

（王云博）

【基层群众自治】　2022年，铁力市各乡镇按照伊春市文件要求，梳理完成填报依法自治事项（建议）目录，指导所辖村（居）民委员会及其自治组织依法自治，提高其自我管理、自我教育、自我服务和自我监督能力；同时铁力市民政局与各乡镇共同研究对各乡镇上报的依法自治事项（建议）目录进行归纳整合，确定最终目录事项8项。选定铁力镇、双丰镇和年丰朝鲜族乡作为试点，开展调研对基层群众性组织依法协助政府工作事项。征求各乡镇意见，梳理出基层群众性自治组织依法协助政府工作事项清单。根据《中华人民共和国城市居民委员会组织法》第六条规定：“居民委员会根据居民居住状况，按照便于居民自治的原则，一般在一百至七百户的范围内设立。”由于人口过少的原因，经过王杨乡、工农乡、年丰朝鲜族乡申请，不再单独设立社区居民委员会，社区居民委员会撤销后，城镇居民的管理和服务职能由乡镇综合便民服务中心承担。

（姜雪涵　王云博）

【社会组织管理】　2022年，铁力市按照执法监督工作安排部署对社会组织开展执法工作。6月进行“双随机、一公开”抽查任务，对行业协会3家进行抽查，抽查结果符合标准。开展打击整治非法社会组织工作，不定时抽查社会组织87家。推动建立社会组织资金管理机制，抽查民办非企业养老机构5家。其中，3家财务账务不合格并于12月末全部整改完成。同时将社会组织登记（含成立、变更、注销）数据、章程核准数据、信用管理（含社会组织活动异常名录、严重违法失信名单列入及移出）数据等实时录入国家系统，频度不低于数据变更后1个工作日。全市在民政部门依法登记和备案的社会组织87个。其中，社会团体32个，民办非企业单位55个，主要分布在慈善、社会公益、教育等行（事）业中，对国家社会组织法人库数据进行比对、分析、核查，计算本地社会组织数据精确度，精准度90%。

（姜雪涵　王云博）

【地名管理】　2022年，铁力市按照《民政部办公厅关于开展中国国家地名信息库数据质量建设行动的通知》和《关于印发2022年全省民政工作要点的通知》《关于更新完善黑龙江省地名数据的通知》，依托第二次地名普查结果，对铁力市国家地名信息库的地名信息进行完善更新，建立铁力市地名数据库，完成行政区域类、群众自治组织、居民点、交通运输设施类地名信息、铁力市非行政区域类、纪念地和旅游景点、铁力市建筑物、铁力市水利类、铁力市自然地理实体、道路街巷的地名信息的录入共计1718条。其中，陆地水系类49条，陆地地形类169条，行政区域类10条，群众自治组织类102条，非行政区域类9条，居民点类423条，交通设施类357条，水利、电力、通信设施类28条，纪念地、景点类26条，建筑物类32条，单位类513条。同时组织开展对新修订的《地名管理条例》学习宣传工作，宣传发放《地名管理条例》折册500余份，引导市民合理规范使用地名。

（王云博）

## 老区建设

【概况】　铁力市作为二类革命老区，有革命老区村9个，分别是双丰镇建国村、解放村、卫国村、春光村；年丰朝鲜族乡东河村、凌云山村；神树镇神树村、石长村、鸡岭村。2022年，铁力市老区建设促进会（以下简称老促会），围绕老区经济建设和社会发展，对革命老区开展调查研究，了解革命老区现状，并与有关部门沟通协调，帮助老区引进人才、技术、资金和项目，推动老区健康发展。

（高 宽）

【老区调查研究】 2022年，老促会到双丰镇建国村、年丰朝鲜族乡东河村和神树镇神树村3个老区村进行"关于空巢现象的分析与对策建议"为课题调研活动，形成"空巢化对建国老区村的影响及对策"等3篇调查报告；编写"深入推进新时代老区精神学习宣传和践行"论文，被伊春市老促会推荐到省老促会；在国家级刊物《中国老区建设》发表文章《老区村建立抗联历史文化学习基地》《老区村建立抗联图书室》；在《黑龙江革命老区》发表《立碑建馆慰英烈·红色家谱遗后人》《赓续抗联精神，勇担时代重任》等文章。

（高 宽）

【老区发展致富项目】 2022年，铁力市对上争取老区致富项目23个，资金2007.9万元。项目包括道路桥4座131万元，人畜饮水井6眼149.9万元，道路5条12.46千米352.1万元，英烈纪念设施3处239万元，水利设施2处651.4万元，文明林建设3处484.5万元。向伊春市老促会推荐双丰镇建国村、卫国村、春光村、年丰朝鲜族乡东河村和凌云山村等老区村参与"百企兴百村"活动，5个老区村成为"百企兴百村"包兴对象。

（高 宽）

【红色基因示范基地】 铁力市分别在双丰镇建国村建立"铁力市抗联精神红色教育基地"，神树镇建成"抗联红色文化之乡"大型雕塑，年丰朝鲜族乡东河村修建"年丰朝鲜族乡东河村抗联文化长廊"。结合老区文明村建设，依托红色文化推动乡村振兴，用抗联命名固定标识15处，抗联英雄事迹墙体画50余幅。2022年，老促会整理和申报"铁力市革命烈士纪念园——大型浮雕墙""铁力市抗联陈列馆""铁力市抗联精神红色教育基地"为国家级"弘扬老区精神、传承红色基因示范基地"。向伊春市老促会推荐"铁力市革命烈士纪念园——大型浮雕墙""铁力市抗联陈列馆""铁力市抗联精神红色教育基地""庆铁特支""北关出河场"5处红色景区景点图片31张，参加伊春市老促会举办的"小兴安岭红色旅游景区景点图片展"。

（高 宽）

2022年4月，中共铁力市委宣传部在双丰镇建国村抗联展览馆展厅展览红色抗联图片

（铁力市老促会供图）

## 民族宗教事务

【民族事务管理】 2022年，铁力市制定《关于全面深入持久开展民族团结进步创建工作铸牢中华民族共同体意识实施方案》等文件，健全完善民族工作机制。设立576名专兼职民族工作人员，形成主体在市、延伸到乡、落实到村、规范到点的基层民族工作网络。铁力市依法治理民族事务方面。加强清真食品监管工作，制定《关于加强全市清真食品生产经营管理工作的方案》，将《黑龙江省城市民族工作条例》《黑龙江省清真食品生产经营管理条例》纳入普法宣传计划和干部培训计划，对全市清真食品生产经营企业的监管纳入"双随机、一公开"随机抽查年度工作计划。同时联合全市18家单位，对民族领域风险隐患进行排查，修订完善《铁力市涉及民族方面的突发群体性事件应急预案》等专项工作预案。各相关单位定期会商研判，在重大活动和敏感节点时期做到预警和防范，全年开展民族领域风险隐患排查16次，化解风险隐患2起，制定整改措施方案1件。

（王 琦）

【民族团结进步宣传】 2022年，铁力市组织开展中华民族多元一体、中国特色社会主义和中国梦的宣传教育；以全市中小学校为主阵地，开展"扣好人生第一粒扣子"、明德守礼"六个一"等形式的民族团结进步宣传教育活动，开展"民族团结进步宣传月"活动，以"线上录播"的方式创新开展铸牢中华民族共同体意识民族团结进步宣传月启动仪式。推行“石榴籽铸魂”工程，开展“喜迎党的二十大革命薪火代代传”红色经典影片展播活动、“文博知识进校园”活动、“讲好红色故事，传承革命精神”小小讲解员培训班活动等，展播红色经典电影6场。同时铁力市再就业创业基地内设立民族团结进步宣传展板，设立“石榴籽民俗美食展销区”，增进各民族交往交流交融。全年参观红色教育基地累计62场次，人数达1600余人次。

（王 琦）

【乡村民族特色】 铁力市在各乡镇创建少数民族文化馆和文化站、文化活动室、少数民族活动室等，按“一站五室”标准建成朝鲜族乡新时代文明实践所1个，朝鲜族村新时代文明实践站8个。开展“民族剪纸节”“人居环境整治”“爱心义诊”等多项主题活动，立足民族乡、村资源禀赋、发展条件、比较优势等实际，打造乡村振兴试点村建设，依托年丰朝鲜族乡特色村寨、年丰朝鲜族乡“全国、全省乡村旅游重点乡村”金字招牌，引导和支持少数民族地区发展“食养游居”相融合的田园康养新业态。

（王 琦）

【宗教领域思想引领】 2022年，铁力市组织召开铁力市宗教界学习贯彻中央统战工作会议精神会议、“崇俭戒奢”教育活动部署会议暨反宗教极端思想宣传会议，传达学习中央统战工作会精神，进行反宗教极端思想和坚持总体国家安全观宣讲。在全市开展中华人民共和国国旗、宪法和法律法规、社会主义核心价值观、中华优秀传统文化进宗教活动场所，推进宗教中国化方向。

（王 琦）

【宗教场所管理】 2022年，铁力市加强宗教场所规范化建设，强化制度建设，修订各宗教团体、宗教活动场所、宗教教职人员管理制度，开展宗教场所检查，妥善处理宗教领域重点难点问题，规范宗教组织管理，推动全面从严治教，建立健全宗教联防联控工作机制，保障宗教领域防控安全。

（王 琦）

## 精神文明建设

【概况】 2022年，铁力市统筹推进群众性精神文明建设、乡风文明建设、精神文明先进集体创建、未成年人思想道德建设等重点任务，制发工作方案、打造活动品牌、建立长效机制，组织开展“打卡铁力 遇见美好”短视频大赛、“喜迎二十大 共创森林城 文明伴我行”知识竞赛、“童心向党 喜迎二十大”未成年人美术书法摄影大赛等特色活动，常态化开展“我们的节日”“典型选树宣传”“文明风尚行动”等主题活动1090次。

（苏永红）

【精神文明创建先进集体动态管理】 2022年，铁力市成功创建县级及以上文明单位72家。其中，省级文明单位（标兵）3家、省级文明单位3家。通过召开会议、制发文件、实地指导等方式构建工作格局，召开文明委会议、常委会会议3次，印发《铁力市2022年精神文明建设工作要点》等文件6个、工作通知50期，采取“日常指导、动态考核、不定期抽查”的方式开展督导110次。以“立足岗位培育践行核心价值观”为主题，组织全市机关、企事业单位对标对表《文明单位测评体系》，按照创建思路，开展特色创建活动。全市各单位开展理论学习宣讲活动2500余次，录制展示党的创新理论学习宣传视频40个，开展志愿服务活动2900余次。同时以树立良好形象为根本，在机关单位显要位置粘贴核心价值观标语，通过电子屏播放社会主义核心价值观、文明行为促进等主流内容，组织窗口单位严格落实首问负责制、“一站式服务”等制度。实行动态管理制度，由铁力市委宣传部、铁力市纪委监委、铁力市公安局等部门联合对获得或申报文明单位荣誉的单位进行资格审查，发现存在测评体系内所列负面清单问题的单位，一律撤销所获荣誉。2022年度内开展部门联合审查1次，未发现负面清单问题。

（王祎婷）

【新时代文明实践中心建设】 2022年，铁力市融合群众艺术馆、博物馆、图书馆等资源建立新时代文明实践中心，中心面积9394平方米，整体布局为“一中心、六平台”。“一中心”指的是志愿者服务指导中心，下设志愿者服务总队，志愿者服务中队和志愿者服务小队；“六平台”指的是理论宣讲平台、教育服务平台、文化体育服务平台、科技科普服务平台、卫生健康服务平台、法律法规服务平台。中心以“我们的讲堂、我们的榜样、我们的节日、我们的朋友、我们的集体、我们的创建”6项主题实践活动为主，设置“志愿服务总中小队活动”“习近平总书记这样说”“爱撒骊城服务品牌和志愿者誓词”“优秀志愿服务团队展示区”“讲中国故事、做中国好人”“宣传、教育、关心、服务志愿活动”“身边好人星和最美铁力人”“让骊城更有温度”8个板块，从多维度、多角度弘扬志愿服务精神、传承志愿服务理念、展现志愿服务风采、树立身边榜样力量。

（王祎婷）

【“爱撒骊城”志愿服务品牌建设】2022年，铁力市逐步构建完善“中心、所、站”3级全覆盖的文明实践体系，对接群众需求开展志愿服务，打造“爱撒骊城”志愿服务品牌，15个志愿服务项目主要包括“爱绿护绿”“低碳生活”“呵花护花”“环境整治”“法律宣传”“科普宣传”“文明交通”“文明上网”“生态旅游”“文化惠民”“关老爱老”“帮扶助困”“扶残助残”“健康医疗”“文明过节”等。

（王祎婷）

【学习雷锋主题活动】 2022年，组织开展“3·5”学雷锋志愿服务主题活动。铁力市各志愿服务中小队、民间志愿服务组织和各文明实践所、站组织志愿者在辖区内到村屯、社区、中小学，组织开展“爱撒骊城”15个志愿服务项目和6个主题实践活动。2022年度雷锋月组织开展法律宣传、科技科普、文化惠民等各类志愿服务活动430余次。

（王祎婷）

【骊城宣讲主题活动】 2022年，制定《铁力市学习宣传贯彻黑龙江省第十三次党代会精神宣讲工作方案》和《党的二十大精神宣讲通知》，确定工作责任和工作任务。发挥融媒矩阵传播优势，在“掌上铁力”App和“关注铁力”微信公众号开设《学习贯彻黑龙江省第十三次党代会精神》《伊春市第十三次党代会报告解读》《学习宣传贯彻党的二十大精神》《新时代新征程新伟业》等专栏，累计播发电视专栏64条、微信公众号68条；发布学习内容155条，转发15.2万次；制作短视频14个，转发2.4万次。发挥市乡两级宣讲员作用，将中国共产党精神谱系、党的十九届六中全会精神、党的二十大精神、黑龙江省第十三次党代会精神、《习近平谈治国理政》第四卷等相关内容纳入课程体系。通过邀请伊春市委宣讲团宣讲、市委党校录制微视频宣讲、基层宣讲小分队分众化宣讲等方式，到企业、农村、社区、机关、学校、军营、网络开展宣讲活动。全年录制微党课80余期，宣讲670余场，受众人数达2.9万余人次。

（王祎婷）

【“蒲公英”系列文化惠民活动】 2022年，铁力市组织文艺工作者、文艺爱好者成立4支“蒲公英”文艺小分队，开展亲子阅读、采风创作、农民文化艺术节、手工制作、主题展览等系列文化惠民活动94场次，创作摄影、书画、诗词等优秀文艺作品共800余幅（首）。

（王祎婷）

【“全民阅读·共享书香”阅读顾问聘任仪式】 2022年5月31日，铁力市开展“全民阅读·共享书香”阅读顾问聘任仪式，通过基层推荐选拔出17名阅读顾问，以解读经典书籍、推荐优秀图书、分享阅读技巧等多种形式带动全民阅读，在“书香铁力”专栏播发21期。

（王祎婷）

【“书香铁力·全民阅读”系列阅读推广活动】 2022年，铁力市组织开展“书香铁力·全民阅读”系列阅读活动，采用重点主题活动和自主策划活动相结合的方式，推动全民阅读活动。结合第27个“世界读书日”，举办线上全民阅读活动启动仪式。同时组织全市70余家单位围绕“阅读新时代奋进新征程”主题，同步启动各单位全民阅读活动。依托“关注铁力”微信公众号，开设“书香铁力”专栏，发布全民阅读读书分享、好书推荐、各单位读书活动启动仪式及全市各层面阅读活动开展情况等信息88条。同时围绕经典绘本、传统节日、科普教育、创建文明城市等主题，组织开展“跟着总书记读好书”“阅读新时代奋进新征程”“传承五四薪火热血筑梦青春”“悦读书友会”“第六届读书汇报会”等阅读活动100余场次。

（王祎婷）

【“乡音乡情·爱上铁力的新年”社宣活动】 2022年，铁力市利用社会宣传阵地，在微信公众号开设“网络中国年”专栏，按时更新发布节日风俗、节庆寓意等内容信息25期，转载转发“年味”电子海报15版。同时在春节期间利用站前大型电子屏，380块临街单位、商户电子屏、各乡镇（村屯）广播喇叭循环播放春节祝福、新春倡议等内容宣传标语和音频。发挥文化文艺志愿服务效能，组织文化文艺志愿者、机关干部等群体录制铁力市网络春晚，内容涵盖歌舞表演、快板说唱、诗歌朗诵等精彩内容。铁力乡贤拜新年、各单位拜新年系列视频20条。

（王祎婷）

【“打卡铁力·遇见美好”抖音短视频大赛】 2022年，铁力市组织开展“打卡铁力遇见美好”抖音短视频大赛活动，从城市风貌、文明风尚、发展成就、社会温情等角度出发，用视频记录铁力故事。发布《关于开展“打卡铁力·遇见美好”短视频大赛的通知》《关于“打卡铁力·遇见美好”短视频大赛作品媒体展播的公告》等通知13次、短视频2个，“#打卡铁力·遇见美好#”抖音话题播放量达204.1万次。同时建立“打卡铁力·遇见美好”短视频大赛微信群发布赛事进程、活动参与情况等消息，为参赛者答疑解惑，参赛作品140个。同时按照参赛作品在个人抖音账号的点赞量，对参赛作品名次进行降序排列，并利用“铁力融媒”官方抖音账号、视频号对前70名参赛作品进行集中展播，组织专业评委对展播作品进行评审打分，公示参赛作品得分情况，举办大赛颁奖典礼，为获奖选手颁发价值3.6万元的物质奖励。

（王祎婷）

**【各级各类道德模范典型选树宣传】** 2022年，铁力市建立“评好人、树典型、学模范”示范引领机制。坚持群众主体原则，采取“高低结合”的工作方法，既选树重大先进典型，也逐级选树各类示范榜样。建立“广发动”“基层推”“群众找”的推荐链条及纪检、公安、法院、税务同步征求意见的征信机制，组织全市各行政村、社区、市直各单位从日常工作、学习、生活中发掘身边典型。2022年，铁力市人民法院铁林人民法庭庭长张淑霞获得全国“人民满意的公务员”荣誉称号。同时在伊春市级层面成功获评“新时代星级文明户”12户、“身边好人”5人、“美德少年暨新时代好少年”5名，乡镇层面评选出“十星级文明户”30户、“身边好人星”168人。组织全市各单位采取集中学习、主题党日、观看道德模范故事等形式学习道德模范事迹，累计开展活动百余场，参加学习4000余人次。统筹各部门政务新媒体、个人自媒体和微信工作群微矩阵刊发转载典型宣传报道文章，总浏览量达2万余次。在图书馆、学校等场所巡回展示道德模范宣传展板，在全市各层面电子屏上常态播放道德模范事迹宣传片、公益广告等110余条，在社区、村镇、学校宣传栏内刊登道德模范先进事迹，在春节、元宵等传统节日期间，组织走访慰问“中国好人”、劳动模范等典型55次。建立先进典型数据库，由社区、村屯或所在单位常态化全面开展跟踪服务工作，对生活困难的，采取志愿帮扶、就业帮扶和社会帮扶等给予实际帮助，帮助解决问题310余次。

（王祎婷）

**【全国文明城市创建】** 2022年，铁力市将创建全国文明城市工作纳入全市年度重点工作，处级领导包保9个社区，推进113家包保单位开展工作。建立“单位负责小区、楼道长负责单元”的网格化管理机制。组织召开文明委会议、推进会议、调度会议、办公会议等16次专题会议研究安排部署推进创文工作，印发《测评体系操作手册责任分解》《实地考察点位实际建设项目明细清单》。同时铁力市组织开展“骊城志愿行共创文明城”创文志愿服务活动启动仪式。设置公益广告440余处，发布简报24期、信息150余条，印发创文宣传单（品）6.2万份，拍摄创文公益广告2期，开展线上线下文化宣传活动662次，开展志愿服务活动2900余次。同时建立健全群众参与机制，收集调查问卷31749份，征集建议150条。建立“督考问”一体的检查督促机制，实地考察重要点位121个，排查反馈重难点问题41个，开展实地督导综合整治活动125次，严格落实包保责任。对建成区9个社区的244个小区（单体楼）和45个平房区进行长效综合治理。规划停车位2178个，缆线集束管理楼栋212个，投放分类垃圾桶（果皮箱）1293个，建成公益广告景观小品19个，改造完善无障碍卫生设施公共卫生间25个。

（王祎婷）

**【“强国复兴有我”——新时代爱国强军谱新篇系列宣教活动】** 2022年，铁力市在省国防教育月期间，围绕“强国复兴有我——新时代爱国强军谱新篇”主题，以普及教育与集中教育相结合，组织全市各单位开展专题讲座、观看红色电影、参与黑龙江省干部教育网络学院国防教育知识答题等活动70余场次。将国防教育纳入教学培训计划，融入学生军训，采取课堂教学与课外活动相结合的方式，开展主题班（队）会、主题实践教育、主题征文、主题绘画等系列宣教活动400余场次。铁力市遴选《建党伟业》《我和我的祖国》等20余部优秀经典影片，开展“红色经典影片”公益展播活动，共放映36场次。开展“纪念中国人民抗日战争胜利77周年”文艺演出和“铭记历史振兴中华”主题诵读会。同时各乡镇组织志愿者们通过挂设横幅、设置国防教育宣传栏、发放宣传单等方式，引导群众自觉履行国防义务。运用新媒体平台，推送国防知识、宣传视频以及活动信息等内容20余条，并利用电视端在铁力综合频道播放《长津湖》等红色影视剧12部。同时以“互联网+国防”的形式，举办书画作品展、原创诗词朗诵展播和革命故事“云展播”等活动。

（王祎婷）

# 应急管理

## Emergency Management

编辑：赵志刚

## 综　述

【应急预案编修】　2022年，铁力市应急管理局健全基层应急预案体系，加强对全市乡镇专项预案编修、发布工作的指导工作，确保乡镇应急预案实用性和可操作性。各乡镇根据本乡镇应急防范实际工作，先后编制自然灾害类、安全生产类应急预案48部。

（梁　帅）

【应急管理信息化建设】　2022年，铁力市应急管理局依靠科技信息化提升防范化解重大安全风险能力，创新预测预警技术，提升监测预警能力。通过加强应急指挥中心建设项目，实现与省市应急指挥中心信息系统实时对接；实现与消防、森防、气象、水务等系统互联互通，并对各乡镇、“三局一场”公司、林场所进行实时指挥调度，有效满足视频会议、应急调度。

（梁　帅）

【应急管理科普宣传】　2022年，铁力市通过电视、微信公众号等媒介开展宣传活动，结合“5·12”防灾减灾日、“安全生产月”主题，宣传安全生产法律法规。在“铁力应急”微信公众号开设专栏专题，发布安全生产知识常识，在各媒体平台发布信息400余条。组织各乡镇、各部门300余人次收看了《生命重于泰山》专题片，组织开展《中华人民共和国安全生产法》“防灾减灾进家庭”等宣讲活动43场。

（梁　帅）

【应急执法监察】　2022年，铁力市安委办全面贯彻省安委会“四十六条”、伊春市安委会“五十二条”硬措施和安全生产“十五条硬措施”，并结合铁力市实际，细化分解为“五十六条”工作措施，有序推进安全生产专项整治三年行动巩固提升阶段任务和安全生产“迎二十大安全生产百日攻坚战”工作，紧盯重点行业、重点部位、重点时段开展安全生产大检查。全市累计派出各类检查组145个、检查人员455人次，检查企业454家次，发现并整改一般隐患257项，行政处罚8.3万元。

（梁　帅）

## 安全生产监督管理

【概况】　2022年，铁力市应急管理局强化监管执法，创新监管模式，压实各方责任，筑牢安全生产防线，确保全市安全生产稳定。全年铁力市应急管理局直管非煤矿山、危险化学品和烟花爆竹、工贸重点行业领域未发生任何生产安全事故。

（梁　帅）

【安全生产责任落实】　2022年，铁力市应急管理局提请市政府召开安委会3次，安全生产安排部署6次专题会议，定期研究部署安全生产、应急管理重点工作。市安委办制定印发《关于切实做好当前安全生产工作的通知》《关于切实加强中秋节期间安全防范工作的通知》等68个文件。对“党政同责、一岗双责、齐抓共管、失职追责”中的党委和政府领导责任、行业部门监管责任、企业主体责任以及责任考核和责任追究机制等逐一明确，落到实处。

（梁　帅）

【重点行业安全监管】　2022年，铁力市应急管理局在非煤矿山领域，先后开展打击盗采矿产资源违法活动和矿山严重违法违规生产建设行为专项行动、矿山领域安全生产“打非治违”专项整治行动、非煤矿山重点县区和重点企业安全生产综合整治3个专项整治行动。成立2个专项整治工作小组，对全市7户非煤矿山企业开展安全生产专项检查和汛期督查检查，累计检查企业11家次，下达文书10份，发现问题隐患16个，行政处罚6万元，2022年末，全部整改完毕，全市各非煤矿山企业未存在“三超”组织生产停产矿山擅自生产等违法违规行为。在危险化学品领域，先后开展危险化学品安全集中整治行动、油气储存基地安全风险管控、危险化学品生产使用企业老旧装置安全风险防控专项治理3个专项整治行动。百日攻坚期间，派出6个检查组，检查危化企业31家，

2022年春节前夕，铁力市应急管理局工作人员到东四路烟花爆竹销售点进行安全检查

（铁力市应急管理局供图）

发现一般隐患问题93项；并全部整改完毕，下达责令整改指令书17份，行政处罚1万元。在工商贸易领域，聚焦粉尘涉爆、涉氨制冷、有限空间3大重点行业领域，围绕粉尘涉爆企业6条执法检查重点事项清单、有限空间4条检查事项清单，按照存在的重大生产安全事故隐患判定标准，对企业开展安全生产督导检查。派出6个检查组，检查企业41家次，其中，涉氨制冷企业6家，发现隐患问题28项；有限空间企业3家，发现隐患问题5项；粉尘涉爆企业5家，发现隐患问题15项；人员密集场所3家，发现隐患3项，行政处罚0.3万元，并对1家企业进行警示约谈教育。

（梁　帅）

## 防灾减灾救灾

【概况】　2022年，铁力市完成全国第一次自然灾害综合风险普查任务。完善更新150人的“县乡村”三级灾害信息员队伍，做到了社区、村、林场分公司全覆盖。组织“5·12全国防灾减灾日”系列活动和纪念唐山大地震46周年防震减灾宣传活动。对上争取冬春救助资金17万元，救助因灾导致生活困难群众335人。加强气象、水务、农业等部门信息共享机制，发挥灾害信息员作用，切实做到有灾必报、有灾必查、有灾必救，发布各类灾害预警信息1000余条。

（梁　帅）

【应急避难场所和避灾点建设管理】　2022年，铁力市加强对避难场所的监督检查和日常管理。设立应急避难场所26处，其中，城镇应急避难场所9处、农村应急避难场所17处，总面积30.78万平方米，可容纳10.73万人，应急避难场所设置明显标志牌。

（梁　帅）

【灾害救助物资保障】　2022年，铁力市健全应急物资调拨、统计制度，完善全市应急物资共用共享和协调机制，组织协调全市重要应急物资的储备、调拨和紧急配送，监督检查应急物资储备情况，为铁力市应急救援工作提供了物资保障。全年增加帐篷65顶、折叠床50张、棉被褥200床，救助准备资金10万元，能够满足200人转移安置的基本生活保障。

（梁　帅）

【防汛抗旱】　2022年，铁力市针对汛情和雨情变化，组织召开5次工作会议安排部署防汛工作，印发17条通知和工作提示，明确市防汛指组成成员职责和防汛重点工作。建立防汛隐患排查整改清单制度，并对辖区内的水库、堤防、山洪灾害危险区、地质灾害易发区、在建工程施工区开展全方位、多层次的安全检查和隐患排查。出动检查组35个，检查人员84人，检查重点部位64处，发现并整改一般隐患12处。组织开展“龙威2022”山洪灾害防御应急演练和鹿鸣矿业尾矿库洪水漫顶事故政企联动综合应急救援等10次演练。

（梁　帅）

【自然灾害隐患排查】　2022年，铁力市完成第一次全国自然灾害综合风险普查工作。完成承灾体、减灾能力、历史灾害3大类、8中类、27个小类共2095条调查数据填报与质检工作。通过国家、省、伊春市三级数据审核；开展3次评估与区划培训工作，完成铁力市1979—2020年间历史灾害评估中94项地区生产总值数据与直接经济损失值的对比工作。全市各级灾害信息员通过自然灾害隐患上报系统共上报灾害隐患13处，并联系相关责任单位及时排除灾害隐患。

（梁　帅）

## 消　防

【概况】　2022年，铁力市消防救援大队共接警出动212次，火灾扑救63起，抢险救援13起，社会救助5起，公务执勤131起。出动车辆471辆次，出动力量2473人次，抢救被困人员12人，抢救和保护财产价值680余万元。

（史北辰）

【消防日常管理】　2022年，铁力市消防救援大队组织开展队容风纪、内务卫生或办公秩序检查，定期举办队列会操、知识竞赛、表册评比，做到“年有条令月、月有条令周、周有条令日”。开展正规化建设达标和创建活动，抓好“软件”（文创设计、各类本册、内务设置）、“硬件”（营房库室、外观标识）统型规范，持续规范“四个秩序”，高标准建设“五类库室”。投入30余万元完成训练塔喷涂、安装新式车库门、更换库室门等，实现“一体化”规范、“三合一”管理。制定《外聘驾驶员管理办法》，联合市纪检委、法院、交警建立法纪规章教育平台，实现车辆安全“零事故”、网络舆情“零漏洞”、作战训练“零伤亡”。全年开展安全教育21次，各类安全形势分析、风险评估16次，安全隐患排查18次，排查整改安全隐患26处。加强“人车酒、网舆密、黄赌毒”等重点部位、重点环节的监督管理，注重对探亲休假、调休轮休、病假事假等人员行为跟踪管理。

（史北辰）

【火灾防控】　2022年，铁力市政府召开消防工作会议6次，召开部门联席会议3次，市委书记陈岩、市长吕晓光带队开展消防安全大检查10余次，各级领导带队开展消防安全检查20余次，召开消安委联席会议2次。同时针对各类专项行动内容，沟通行业部门推动“管行业必须管消防安全，管部门必须管消防安全”理念，及时对检查情况函告相关部门，有序推进电动自行车、校外培训机构、养老场所、高层、地下等突出风险隐患，对各类场所进行起底摸排，并针对疫情防控期间防疫需要，采取实地指导、微信检查、电话告知和短信提醒多种形式监督检查和消防宣传，开展多部门联合检查60余次，检查单位190余家次，指导整改火灾隐患220余处。联合应急、卫计和公安等部门进行涉疫隔离点进行消防检查，累计检查60余家次，落实“一对一”服务指导，帮助解决火灾隐患120余处。

（史北辰）

【自建房排查整治】　2022年，铁力市消防救援大队结合辖区实际，制定印发《铁力市生产经营租住村（居）民、林场所自建房重大火灾风险合力攻坚治理工作方案》，开展自建房排查整治工作，推动全市各乡镇明确专班、专人对各自领域自建房情况进行排查，共排查生产经营租住村居民自建房1073户，发现火灾隐患124处，督促整改火灾隐患124处。创新开展建立自建房“一户一档”信息档案卡1073份，并在伊春全市进行推广。

（史北辰）

【燃气信息卡】　2022年，铁力市消防救援大队按照燃气专班工作要求，创新开展《燃气信息卡》“一户一卡”标识张贴工作，先后被“中新网”和新闻夜航等多家媒体报道。针对乡镇、社区、物业、小区、居民分五级进行告知，全面建立燃气档案，按照行业特点针对沿街商铺及燃气使用单位进行重点“督防”，全面开展“地下室使用液化气钢瓶清理战”，集中整治各类燃气隐患问题。联合住建、应急、市监、公安等部门对全市燃气企业及使用燃气经营性场所开展全面排查整治，共排查燃气企业4家，使用燃气经营性场所700余家，发现火灾隐患220余处，下发《责令改正通知书》90余份，全程跟踪督办，确保问题隐患整改完毕。

（史北辰）

【消防安全专项整治】　2022年，铁力市消防救援大队提请政府对辖区全部经营性场所开展逃生窗口及牌匾遮挡专项整治，联合公安、城管、自然资源等多部门进行联动执法，对辖区经营性场所进行“大排查，大整治”，推动整改逃生窗90余个，整治各类牌匾遮挡隐患200余处。铁力市消防救援大队制定落实《铁力市消防安全专项整治三年行动2022年重点项目清单》《全市“防风险、保安全、迎二十大”消防安全集中攻坚行动方案》《铁力市国庆节期间消防安全保卫工作实施方案》等工作内容，设立专班实施挂图作战，按照党的二十大召开安保整体及专项工作方案，落实到人，压实责任，按照“一地一清单”，认真分析研判本地区风险隐患，紧盯人员密集、易燃易爆等场所，坚持“每日一查”与“错时检查”相结合，建立隐患清单，分类施策，确保隐患整改到位。全年抽查检查单位779家，联合各行业部门检查500余家次，发现火灾隐患或违法行为1451处，督促整改火灾隐患或违法行为1436处，下发责令改正通知书892份，下发行政处罚决定书11份，临时查封6家，责令“三停”单位5家。

（史北辰）

【消防宣传】　2022年，铁力市消防救援大队开展“119宣传月”“消防开学第一课”“消防知识进警营”等活动，组织中小学、幼儿园、民办教育等教育机构到消防队进行参观见学，全年累计开展各类宣传活动20余次。与融媒体单位，开展线上网络培训3次，电视滚动播放各类宣传内容10余条，累计千余人接受消防培训，2万余人接受消防知识教育。

（史北辰）

【实战实训】　2022年，铁力市消防救援大队完成全国“两会”、黑龙江省中学生排球比赛、庆党的二十大召开活动等一系列消防安保任务，成功处置桃山林业局17千米处春莲橡胶公司厂房火灾，“3·20”鸡讷公路桃山至铁力段7千米处挂车起火等多起警情任务，全年接到各类感谢锦旗12面。全年开展灭火救援演练55次，六熟悉演练90次，修订完成3D数字化预案30份。开展典型灾害事故战例研讨和战评活动40次，制定随战随评机制，将多形式消防队伍纳入联勤联调体系，全面建立信息共享机制，组建作战指挥中心工作群。投入6万余元率先购买VR全景指挥平台软硬件并完成3名指战员制作培训。铁力市消防救援大队坚持“科学、刻苦、安全”练兵原则，细化练兵方案和考评机制，形成“科学训、严格考、正确用、促训促战”的工作闭环，将训练成绩、日常表现与评先评优、晋职晋级等挂钩并记录备案，全面激发练兵内在动力。大队为支队输送集训人才，并代表支队在总队比武竞赛中取得优异成绩。推动队伍从“一专”向“多能”转型，成立“高、低、大、化、水、震”专业班组6支，与公安、应急、交通、住建等12个部门联合制定木材加工、地下建筑、水域救援等11类应急处置力量调派机制，召开专家联席会议2次。日常将安全行进、紧急撤离、逃生避险等作战安全基础训练纳入重点训练内容，把各种救援技能、战术练精、练过硬，强化体能储备，提升指战员安全素养和临机应对处置能力。

（史北辰）

## 应急救援

【概况】 2022年，铁力市应急管理局推进应急预案体系建设，配备各类抢险救灾物资和巡查、抗灾、救援力量，落实防灾减灾救灾和安全生产各项应急处置措施，加强预报、预警、预防，健全应急协调联动机制。严格执行24小时领导干部带班制度，做好值班备勤工作，确保发生险情时能够及时到位、迅速化解。同时强化应急救援队伍建设，加大应急管理干部队伍业务培训力度，保障人民群众财产安全。

（梁 帅）

【应急指挥】 2022年，铁力市应急管理局牵头实施应急指挥中心提档升级建设项目，将Ⅲ级应急指挥系统升级为Ⅰ级应急指挥系统，指挥中心依托黑龙江省应急管理综合应用平台电子政务网，综合应急管理、防汛抗旱、森林防火、防灾减灾等系统指挥职能，设置应用指挥救援、决策支持、监测预警、政务管理、监督管理和基础支撑6大模块，构建应急管理“一张网”调度指挥信息保障体系。

（梁 帅）

【应急值守】 2022年，铁力市应急管理局坚持全年365天、全天24小时应急值守，严格落实领导带班、专人值班制度，坚持应急值守常态化，提高应急处置能力，及时应对处置各类灾害事故同时应急值班车辆随时待命，值班电话24小时保持畅通，做到反应灵敏，行动迅速，处置有力，减少事故伤亡和财产损失。全年接到应急求救电话5个，出动救援车辆10辆次、救援人员25人次。

（梁 帅）

【应急保供】 2022年，铁力市建立并完善以政府储备为主、社会储备为辅，协议储备、企业代储和家庭储备相结合的应急物资储备机制，与3家大型连锁超市签订突发事件应急物资保供协议，其中，包括生活必需品、食品、粮油三大类100余种。

（梁 帅）

【基层应急队伍】 2022年，铁力市按在前期应急救援队伍力量建设基础上，组建社会救援队伍1129人。其中，铁力市8个乡镇、“南三局”公司和各林场分别建立不少于20人的综合性应急救援队伍，总人数620人。组建水域专业性应急救援、电力保障专业性应急救援、通信保障专业性应急救援等专业性应急救援队伍、社会性应急救援志愿者队伍30支509人。形成以综合性救援队伍为主体，专业应急队伍为支撑，社会志愿者应急队伍协同作战的应急救援体系。能够及时有效应对全市气象灾害、地质灾害、森林火灾、非煤矿山事故、危险化学品事故、供水供电等突发事件，全面提升应急处置能力。

（梁 帅）

## 危险化学品安全监管

【概况】 2022年，全市危险化学品企业共计32家，其中，危险化学品经营企业1家、加油站27家、气体经销企业4家，无危险化学品生产企业。市应急管理局围绕“一防三提升”思路，以危险化学品安全专项整治三年行动为契机开展不间断安全检查，提高安全管理本质水平。针对企业主体责任不落实导致管理滑坡、违法行为屡禁不止等重点难点问题，采取现场推进会、提示警示、督查检查、降低标准化等级、公开曝光、上限处罚等措施，加大各专项整治力度，跟进隐患问题动态“清零”。

（梁 帅）

【危险化学品生产经营监管】 2022年，铁力市应急管理局开展危险化学品安全集中整治行动、油气储存基地安全风险管控、危险化学品生产使用企业老旧装置安全风险防控专项治理共3个专项整治行动。百日攻坚期间，共派出6个检查组，检查危化企业31家，发现一般隐患问题93项并已全部整改完毕，下达责令整改指令书17份，行政处罚1万元。

（梁 帅）

【危险化学品储存监管】 2022年，铁力市采取“市局＋乡镇”模式，紧密配合，双管齐下，对辖区内使用、储存危险化学品的企业开展全面摸排。对排查工作中的问题及时答疑解惑，审核企业清单，对使用危险化学品的化工（危化）、工贸企业全面起底，登记造册，确保无遗漏、无盲区。针对危险化学品储存场所特点，提炼危险化学品仓库整治重点5条和危险化学品储存柜整治重点7条，从储存要求、安全设施、技术标准、应急处置等方面明确安全管理要求，编制危险化学品仓库和危险化学品储存柜安全检查“两张表”，将检查内容条目式、清单式罗列出来，提升专项整治的针对性和可操作性。

（梁 帅）

# 乡镇

Towns and Villages

编辑：刘玉鑫

# 铁力镇

【概况】 铁力镇位于铁力市西部、小兴安岭山脉西南平原区，为铁力市人民政府所在地，占地面积24平方千米，下辖9个社区和6个行政村，分别为宏伟社区、向阳社区、正阳社区、团结社区、西城社区、站前社区、东岗社区、东林社区、农场社区；满江红村、满天红村、东胜村、东兴村、五一村、山头村。全镇户籍户数为51032户，户籍人口131555人。全镇工农业生产总值实现22.01亿元，比2021年增长6%。

（张 姗）

【农业】 种植业方面，铁力镇围绕产业、生产、经营“三大体系”建设，以新型农业经营主体为牵动，打造现代农业产业链，促进农业增效、农民增收。铁力镇辖区玉米、水稻、大豆三大作物种植面积分别为322.76公顷、467.86公顷、505.45公顷。2022年铁力镇水稻总产量4425吨，产值1123.95万元；玉米总产量3065吨，产值643.65万元；大豆总产量1438吨，产值805.28万元。铁力镇平贝种植面积65.94公顷，棚菜种植面积10万平方米。满江红村以村党支部为主导，因地施策，引导农户参与菜园开发利用，精细管护，优产增收，有207户村民在自家园田地种植共6.73公顷平贝。全镇有大型机械18台，中型机械124台，可以满足春耕和秋收的需求，为农业农村现代化的发展提供物质保障。全镇共有养牛户35户，黄肉牛饲养量397头，其中，存栏323头，出栏74头；生猪养殖户81户，生猪饲养量8870头，其中，存栏3691头，出栏5179头；养羊户51户，山绵羊饲养量1629只，其中，存栏1255只，出栏374只；家禽饲养量63145只，其中，蛋鸡存栏6.25万只，鸭存栏289只，鹅存栏356只；特种养殖业中狐狸存栏300只，貉子存栏306只，梅花鹿存栏31只。

（张 姗）

【工商业】 2022年，铁力镇加强招商引资企业跟踪服务，为签约项目落地提供服务保障，落实主管领导代办、帮办工作。作为城关镇，铁力镇生产加工业依托于铁力市生产加工业，辖区内有九河泉米业、利源堂中药材企业、伊春禾田白桦林植物饮品有限公司、铁力市站前久和商务宾馆、铁力市骊民物业公司、铁力市和宸物业公司、铁力市金海晟隆精翠商务宾馆有限公司、铁力市众得服务有限责任公司等，促进辖区内经济社会的发展。铁力镇有农贸大集1处，位于团结路西侧，有百年历史，始终保留“杂、俗、新、奇、廉、泛”的赶集内容。

（张 姗）

【乡镇面貌管理】 铁力镇通村公路做到了“村村通”，道路整洁干净，辖区居民出行方便，生活便利。人居环境不断改善，铁力镇为6个行政村配备18名保洁员，通过签订责任书开展农村人居环境“门前三包”整治行动。2022年初开始实施村庄清洁集中整治活动，发动机关干部及群众投工投劳390余人次，出动车辆111台次，共清理农村生活垃圾1739立方米，清理村内沟渠40千米。发动农民群众投工投劳452人次，出动车辆126台次。为有效改善铁力市老旧小区居民居住条件，加强老旧小区的监管和服务，深化“暖心”工程，年初开始，为辖区多处住宅楼清理屋顶积雪24次、解决部分小区供水、供热及疏通下水道等民生问题70余次，保障居民正常生活秩序。

（张 姗）

【文明村屯建设】 铁力镇发挥志愿服务的作用，依托新时代文明实践站，将文明新风送入千家万户，将“除陋习、树新风”专项整治行动与爱国卫生月紧密结合，深入小区、城乡接合部开展“清洁家园、美化环境”志愿服务活动，组织各村开展环境卫生清扫，营造良好生活环境。铁力镇各村规范村规民约、文明公约制定或修订程序，纳入“婚事新办、丧事简办、余事不办”和孝老爱亲、粮食节约、村庄环境卫生等内容。对红白喜事大操大办、不赡养老人、环境“脏、乱、差”等行为进行治理。注重挖掘全镇助人为乐、孝敬父母、勤劳致富等模范典型，用身边人讲身边事，用身边事教育身边人。采取宣传移风易俗小知识等方式，倡导文明生活新风尚，发动群众进行庭院卫生清扫，普及个人卫生常识，传播健康生活理念，弘扬孝老敬亲传统美德。

（张 姗）

【生态环境建设】 2022年，为改善生态环境质量，铁力镇持续推进秸秆禁烧和秸秆综合利用工作。实行周调度制和日调度制，以入户宣传和田间巡查相结合的方式，定期对铁力镇内各村工作开展情况进行汇总。同时推进深翻地工作，加快秸秆粉碎还田，从源头上控制大气环境污染。在满江红村清洗平贝期间，铁力镇与市直有关部门联合进行检查，并配合市生态环境部门进行检查验收，对不合格的平贝种植户的清理机器进行监督管理。坚决执行三级排放，禁止污水排入河流，保持河流清澈。同时加强村屯农药包装物的管理和处置。要求所有种地农户将使用完的农药瓶清洗后统一放到指定地点，由镇政府派专人回收，交给回收公司销毁处理以减轻土壤污染。

（张　姗）

【党建服务群众】　铁力镇充分发挥基层党组织战斗堡垒作用，以社区党组织为“轴”，辐射带动区域内各领域、各类型党组织，按照地域相邻、行业相近、规模适当、便于管理的原则，打造“党建+”品牌，成立27个城市党建分联盟，全年共开展活动29次，解决132个群众实际困难。同时以试点先行带动整体推进，建设3个超1000平方社区党群服务中心，不断优化党建服务、政务服务、基层治理等“六大功能”建设。推动非公企业党的建设，成立36个联合党支部，选派149名优秀党员担任党建工作指导员，建设9个新业态劳动者“爱心驿站”，形成全区域统筹、多方面联动、各领域融合的城市基层治理格局。2022年，铁力镇将“初心工程”与“党建联建”、党员下沉社区报到服务有机融合，健全网格哨点工作机制，成立10个哨点，受理2000余件群众诉求；1200余名在职党员下沉社区报到，打造16支志愿服务队，为群众解决263件实际问题；建设9个“心愿墙”，广泛收集社区居民心愿，点亮45个“微心愿”。同时在网格上建立党小组，成立260个网格党小组，全年累计服务群众800余人，解决民生问题489件。铁力镇全年招录乡村振兴青年人才15名，为基层党组织输送“新鲜血液”。充分挖掘各村产业优势，以土地入股、土地租赁、土地流转等方式盘活资源，拓宽增收渠道。各村集体经济收入均达20万元以上。开展“党建主题文化墙”创建活动，在各村选址17处墙面绘制主题相关内容，影响带动村风、民风转变，助推“一村一特色”党建文化景观形成。

（张　姗）

【民生保障】　2022年，铁力镇落实落靠社会救助和优抚优待政策，全年为全镇2718户低保户、共3477人发放低保金救助，保障重点人群基本生活。全年全镇脱贫户人均收入11823.47元，比2021年增幅11.26%。持续加大全镇常住农户集中排查力度，组织动员排查人员600余人次，排查户数2000余户次，实施数据动态管理。铁力镇安置光伏公益岗位34人，灵活务工岗位1人，签订“一分田”项目147户，共增收7.35万元。投入衔接资金1000万元建设的2兆瓦分布式光伏电站进入运行阶段并产生收益。铁力镇整合乡镇内部及市直部门派驻机构审批、服务资源，以乡镇政府名义统一受理、办理各类依申请政务服务事项，实行“一枚印章管审批”。刻制“铁力市铁力镇人民政府行政审批专用章”，用于办理全镇政务服务事项（行政权力和公共服务事项）审批。为推动服务模式由“分散受理”向“综合受理”转变，在镇综合便民服务中心设置“综合行政审批窗口”“公共服务综合窗口”，实行“前台综合受理、后台分类审批、综合窗口出件”模式。制定规范的事项办理流程和办事指南（内容应包括事项名称、事项类别、审批部门、办理依据及条件、申请材料、办理流程、法定时限、承诺时限、收费依据标准及咨询、监督、投诉电话等），执行一次告知、首问负责、限时办结等工作制度，落实信用承诺制和容缺受理等改革要求。

（张　姗）

【满村红贝产业】　铁力镇满江红村的气候、土壤、水资源及森林覆盖率对平贝种植有突出优势，在国内外有较高知名度。平贝产业是铁力镇脱贫户实现增收的产业，也是实现满江红村振兴发展的主导产业。铁力镇满江红村种植平贝始于1953年，是小兴安岭及周边地区平贝种植的发源地、集散地。2016年铁力镇满江红村注册了“满村红贝”的特色商标。铁力镇在2018年被农业农村部认定为第八批“一村一品”示范乡镇。申报北药种植及加工特色小镇顺利通过。2022年，铁力镇满江红村采取“公司+合作社+农户”的经营模式，秉承产、加、

2022年，铁力镇“满村红贝”产品

（铁力市铁力镇供图）

销一体化发展的经营理念，发挥烘干窑、冷库加工保鲜的作用、挖掘平贝产业潜能，壮大北药产业、持续巩固脱贫攻坚成果，实现脱贫攻坚与乡村振兴有效衔接。全年平贝种植面积达到65.94公顷，棚菜面积10万平方米。满江红村以村党支部为主导，因地施策，引导农户参与菜园开发利用，精细管护，优产增收，有207户村民参与平贝种植，种植面积6.73公顷。

（张　姗）

【网格化管理服务】　2022年，铁力镇建立健全网格员管理制度，制定并印发《铁力镇网格员队伍管理办法》，梳理细化工作任务，明确260名网格员工作职责，创新制作网格长工作吊牌、网格员日事日记录、月份考核评分表及公示信息栏，发挥网格员在基层社会治理方面的重要作用。不断完善网格信息采集方式方法，依托伊春市域社会治理信息化平台，遵循“应采尽采、全面覆盖”工作原则，采取上门登记、入户核查、日常巡查等方式，掌握网格内居民基本情况，不断完善网格信息，做到底数清、情况明、动态准。为加强铁力镇网格化建设，依据《社会治安综合治理综治中心建设与管理规范》《城乡社区网格化服务管理规范》标准，对镇级网格中心和2个社区网格服务站进行提档升级，并全部投入使用。

（张　姗）

【推进乡村诚信建设】　铁力镇把诚信建设作为提升乡村文明水平的关键，注重提升村民诚信意识。2022年，铁力镇各村结合实际，列出诚信建设工作的时间表、任务书，着力加强基础设施建设，打造美丽乡村。充分运用村广播、村民微信群、红黑名单等方式，向村民宣传诚信建设的重要意义，同时采取召开村民大会、入户发放宣传单等方式，宣传守信践诺的重要性，营造良好舆论氛围。铁力镇在乡风文明建设方面，着重把社会主义核心价值观融入乡村发展、乡村建设、乡村治理中，用社会主义核心价值观引领美丽乡村新风尚，促进村民诚信思想的培养。

（张　姗）

【“创建全国文明城市”系列视频展】　2022年，铁力镇拓展创建全国文明城市主题宣传，调动社区居民参与创建的积极性。发挥线上平台和线下资源协调作用，线下开展创建全国文明城市系列宣传活动，入户发放模拟问卷，在全镇范围内补充增加社会主义核心价值观、市民文明公约等主题宣传图板；线上发挥网格员作用，加大创建全国文明城市相关信息向社区网格的推送力度，引导市民文明出行，摒弃乱扔乱画、乱停乱放等不文明行为，提高社区群众的创建知晓率、参与度和满意度。创作“创建文明城市　禁止乱扔垃圾”“祝福我们伟大的祖国繁荣昌盛”“文明城市　你我共建”“创建文明城市　你我共同参与”“我的城市我的家　文明创建靠大家”“铁力　小兴安岭上的绿色宝库”“养成良好小习惯　你与文明零距离”“凝聚文明正能量　塑造铁力新形象”“共赴文明之约　感受美丽铁力”系列短视频。铁力镇坚持方式创新，通过群众喜闻乐见的方式，以推进移风易俗和树立农村文明风尚为主要内容，以文化人，成风化俗，创作出情景短剧“携手抵制天价彩礼文明铁力‘众’在有你”，快板“快板声声说乡风　移风易俗新面貌”，通过融媒体作品将文明新风送入千家万户。充分发动群众、依靠群众，形成人人奋勇、个个建功的创建氛围，凝聚创建全国文明城市的合力。

（张　姗）

【“爱撒骊城”文明村镇创建活动】　铁力镇新时代文明实践所成立于2020年11月，下辖9个社区6个行政村，设置15个新时代文明实践站，注册志愿者68人。铁力镇新时代文明实践所发挥党建示范引领作用，探索宣传群众、教育群众、关心群众、服务群众的新路径。全镇各社区、各小区设置社会主义核心价值观宣传图板，达到社会主义核心价值观、市民文明公约全覆盖。全镇6个村设置村规民约，开展“除陋习、树新风”专项志愿活动，倡导文明新风尚。铁力镇新时代文明实践所开展基层宣讲员进社区、支部党员进社区、进村屯开展主题党日活动、形势政策宣讲、“四史”（即党史、新中国史、改革开放史、社会主义发展史）学习、党的二十大宣讲等活动。通过线上线下相结合的方式，利用新媒体平台，围绕除陋习树新风、文明城市创建、民族团结进步等主题，创作“抵制天价彩礼‘众’在有你”“文明城市　你我共建”“中华民族一家亲”等创意视频。铁力镇新时代文明实践所结合“我们的节日”“我们的榜样”等主题，开展“心理援助进社区”“心系桑榆晚　情暖夕阳红”“电子商务进农村　服务群众零距离”“清洁家园　美化环境”“学雷锋　献爱心”“浓情端午　情暖人心”等主题志愿服务活动。深入小区、城乡接合部开展“清洁家园　美化环境”志愿服务活动，拉近与群众之间距离，打通为民服务的“最后一公里”。

（张　姗）

【推出“便民服务信息卡”】　2022年，铁力镇各社区开展发放“便民服务信息卡”工作。“便民服务信息卡”是新推出的一项便民举措，便民服务卡上按照社区划分的网格，印有铁力镇政府电话、社区工作人员联系方式、网格长联系方式以及突发需求民生保障电话。社区居民随时可以通过拨打电话咨询和反映问题，有效节省办事时间，有利于更好地为居民服务。同“便民服务信息卡”一同发放的，还有一张印有社区网格化管理的微信群二维码，居民可以通过扫码加入网格群中，及时了解最新的信息以及相关政策。便民服务卡畅通了社区和居民的联系渠道，使社区各项服务工作更加贴近居民。

（张　姗）

# 双丰镇

【概况】　双丰镇位于铁力市最西端，距铁力市区25千米。镇域面积788平方千米，中心镇面积3.5平方千米。双丰镇下辖22个行政村、55个自然屯，有2个社区、26个居民组。全镇户籍人口44583人，常住人口20147人，外出务工人口3684人。

（王宝男）

【农业】　双丰镇三大作物播种面积1.64万公顷，其中，水稻种植1.33万公顷、大豆种植1900公顷、玉米种植1200公顷。2022年，全镇粮食总产量10万吨以上。稳粮扩豆种植面积1900公顷，超额30%完成计划。新建高标准农田约3300公顷，绿色有机食品监控面积1.1万公顷。全镇1375个家庭农场名录逐步完善，4个省级、3个市级、30个县级家庭农场信息复核全部完成并正常运营。2022年，双丰镇生猪出栏1206头、肉牛养殖量1443头、家禽养殖量3万只、

2022年11月，双丰镇前进村夜景

（铁力市双丰镇供图）

梅花鹿存栏494头、肉羊养殖量1067只、水产品养殖总产量820吨。双丰镇深入实施畜禽污染管制行动，建设4处粪污集中点、15个移动粪污罐体，满足22个行政村粪污收储需求，综合利用率84%。3家规模化养殖场粪污处理设施配套率100%。

（王宝男）

【工商业】　双丰镇工业以木材加工和家具制造业为主，化妆品加工、食品加工以及新型能源业等为补充，共涉及102户，是乡镇经济主体。镇内有1家出租车公司，运输业主要以个体货运为主，涉及52户，另有3家建筑安装企业。双丰镇商业以食品、服装鞋帽、日用百货、农业生产资料经营为主，共235户；92户从事餐饮业，142户从事服务业。双丰镇服务业空间位置分配合理，确保全镇居民能够享受到相关服务。双丰镇有农贸市场1个、早市1处，共7个摊位，主要经营鸡鱼肉蛋、米面粮油和面食制品。农贸市场与早市的设立，为双丰居民提供便利，同时增加农民的农产品销售渠道。双丰镇着力引进与本土产业相关的上下游产业，实现全链条、集群化发展。利用产业优势、资源优势、园区优势和地理位置优势，发挥辖区内4个重点农业产业和5家大型农机农民专业合作社作用，引导乡贤、在外创业者返乡创业，创新线上招商、上门招商、以商招商、乡贤招商的发展模式。2022年，双丰镇实现招商引资落地资金6000万元，比2021年增长10%以上。同时，双丰镇开展招商之冬系列活动，举行招商引资项目“云视频”推介会暨战略合作协议签约仪式，与哈尔滨亚威科技发展有限公司签订战略合作协议，发挥在外双丰企业家信息优势、资金优势、市场优势、人脉优势。

（王宝男）

【基础设施建设】　为保证全镇乡村公路建设的科学性、合理性和实用性，双丰镇制定全镇乡村公路建设的规划。坚持“与全镇经济发展战略规划结合”的原则，把乡村公路建设作为经济发展的一部分。坚持“轻重缓急与统筹兼顾结合”的原则。根据乡村公路现有布局、交通流量，以及对地方经济发展促进作用和方便群众程度的大小，划分为先期建设和后期建设、重要路段和一般路段等阶段，分步实施，稳步推进。坚持“党政推动与市场运作结合”的原则。严格按照上级总体安排部署，把公路建设初期

规划分解到各个路段、各个单位，征询群众意见和建设建议后，以任务清单形式下发至各单位。双丰镇22个村实现村村通柏油路，居民出行更便利。双丰镇使用省级衔接资金106.6万元用于道路提升工程；实施朝阳村、卫华村文化广场项目，满足群众文化需求；开展春季绿化行动，新植、补植树木7240株。

（王宝男）

【文明村屯建设】 双丰镇以文明创建工作为重点，乡村环境卫生交叉督查与宣传办公室常态化督查双管齐下，围绕各村屯主次干道交通环境、村办公室、村容村貌等实地测评项目，对农村环境卫生进行督查，发现问题及时督办，并提出整改时限。2022年，双丰镇创建星级文明户28户，新建村风文明理事会17个，组织村干部签订《文明节俭操办婚丧事宜承诺书》66份，发放《摒弃婚丧陈规陋习弘扬时代文明新风尚倡议书》200余份，发放“除陋习、树新风”宣传海报300余份。以“我们的节日”为契机，开展各类节日活动，如元宵节做花灯、送元宵；妇女节开展普法宣传；母亲节插花活动；端午节送粽子；“七一”开展象棋和书画比赛；国庆节开展云视频大赛，在其他节日开展各类帮扶慰问活动等。双丰镇全年共开展文明实践活动50余场，发放宣传册2000余份，张贴宣传标语、海报共1300余张，利用新时代文明实践所（站）开展乡风文明建设政策宣讲25场，制定宣传图版36个，发放《乡风文明倡议书》600余份。依托“生态双丰”公众号宣传，全年共发布原创信息187条，其中，涉及乡风文明村镇试点村镇建设工作信息26条，在国家级媒体发布2条、省级媒体发布27条、伊春市级媒体发布12条。

（王宝男）

【生态环境建设】 双丰镇成立农村环境卫生整治工作领导小组，并全面负责环境卫生整治的督促检查、考核验收等工作，建立了包片领导、包村干部、村两委班子“三位一体”的责任体系。全镇22个行政村村内卫生全部实行自主化管理，从治理“五乱”（柴草乱放、粪土乱堆、垃圾乱倒、污水乱泼和禽畜乱跑）入手，以村容整洁为目标，以治理农村脏、乱、差为重点，以“五清”（清柴草、清垃圾、清粪肥、清沟渠、清路障）为突破口，向农户庭院卫生整治延伸。2022年，全镇派出机关干部400余人次，出动大型机具382台次，清理绿化带2.51万余延米，清理边沟5.2万余延米，清理垃圾堆和垃圾死角50余处。

（王宝男）

【乡村治理】 双丰镇贯彻落实中央和省委、市委乡村振兴战略部署，以试点村建设为契机，探索实践“四张清单”（即自治清单、协助清单、负面清单、证明清单）村域治理模式，提升乡村治理制度化规范化水平。前进村被确定为“国家级乡村治理试点村”。

（王宝男）

【双丰镇便民服务】 2022年，双丰镇便民服务中心进驻业务窗口，线下办件3032件。设置政务公开专区，加强社区、村屯政务服务体系建设，办理城乡居民养老保险业务1611件。推广使用“龙江人社”App待遇领取认证，城镇累计新就业人员456人。

（王宝男）

【民生保障】 2022年，双丰镇脱贫人口（含监测对象）公益类岗位工资与2021年度持平，保障增收工作达成全市规定目标，系统内人均收入11494.98元，比2021年增长12.01%。签订“一分田”协议210份。新纳入低保22户、26人，分散供养人员57户、57人，能够保障城镇低保702户955人和农村低保866户1335人的基本生活。2022年，全镇共救助144人，发放救助资金25.83万元，有效缓解困难户基本生产生活问题。开展《中华人民共和国未成年人保护法》集中学习和病残儿童医学鉴定核实调查排查工作。完善各社区（村）妇女、未成年人保护体系，组建妇女儿童工作委员会，全年开展9次关于儿童方面的党建联盟活动。

（王宝男）

【农业强镇建设】 双丰镇以高效农业生产、精品农业生产分区划带；以龙头企业订单模式、合作社调节模式推进农业供给侧结构性改革。围绕绿色有机水稻、黏玉米主导产业，重点培育农产品精深加工企业，建立集绿色有机水稻、黏玉米种植、加工、营销于一体的现代农业产业体系，以“企业+合作社+农户”的运作方式，拓宽农民增收渠道，推动一二三产业融合发展。2022年，全镇培育省级农业化龙头企业2家、伊春市级农业化龙头企业1家；省级现代农机合作社示范社3家；国家级种植合作社示范社1家、省级种植合作社示范社1家、县级种植合作社示范社3家；省级家庭农场4家、伊春市级3家、县级30家。龙头企业示范带动作用良好，本地农产品原料就地采购率70%以上。通过发展绿色有机水稻和黏玉米产业；全镇参与农业生产总数达2.01万人，其中，贫困户187户、561人，拉动全镇农民人均增收220元。

（王宝男）

【建国村红色文化工程】 双丰镇建国村位于铁力市双丰镇北5千米处，下辖4个自然屯（前薛屯、张成礼屯、兰家屯、伊南屯）。建国村是民政部于1979年批准的“二类革命老区村”之一，作为抗联斗争的主战场，有丰富的抗联事迹和文化史料。2021年10月末，双丰镇由中组部和财政部投入项目资金300万元，在建国村建成党建教育学习基地，接待游客约5000人。项目主体包括抗联文化广场、百年红色记忆文化长廊、主题雕塑、党建学习基地、双河口遗址5个主要部分。

（王宝男）

【创优种业发展】 2019年2月，双丰镇曙光村成立铁力市骊福源谷物种植农民专业合作社，固定资产800万元，流转土地240公顷，入社成员50户，净利润233万元。2020年，铁力市政府对上争取的“产业强镇”项目落户双丰镇，骊福源合作社是该项目的试验者、获益者，为合作社向精优特新方向发展奠定基础。同时，市政府带领合作社稻米加工企业树品牌，转方式，获评国家地理标志——“铁力大米”。骊福源合作社获得“省食品流通领域优秀会员单位”称号，汝稻九成品牌连续三年获得“龙江特产食品”称号。合作社在海南陵水县、吉阳镇、南滨农场等地设立水稻育种基地，培育试验汝稻1—7号等试验品种15个，累计在合作社精品示范区内试播试种30公顷，并探索出繁育品种的3个方向，即“节本增效”的直播品种、“增产增收”的高产品种、“观感俱佳”的优质品种。2022年，直播品种汝稻5号每公顷产量超9吨；高产品种汝稻6号每公顷产量达12吨；优质品种汝稻4号加工成品后进驻北京、上海等中心城市，市场反馈良好。

（王宝男）

双丰镇建国村红色抗联广场雕塑

（铁力市双丰镇供图）

## 桃山镇

【概况】 桃山镇位于铁力市中东部、小兴安岭西麓呼兰河畔。行政辖区面积943平方千米，全镇户籍人口3.27万人，其中农村人口9545人。境内有3个社区（政通社区、振兴社区、人和社区）、10个行政村（福兴村、兴旺村、庆丰村、桃山村、新建村、长丰村、三合村、新丰村、先锋村、丰收村）、1个良种场和1个桃南农场。桃山镇属第三积温带下限、第四积温带上限气候，山区气候明显。境域内的小呼兰河是呼兰河的源头，河流全长67.5千米，并设有小型水库1座。耕地总面积4932.9公顷，种植业主要以水稻、玉米、大豆为主，另有黑木耳、蔬菜产业及平贝等北药产业；畜牧业主要以奶牛、肉牛、生猪、羊、肉（蛋）鸡等常规养殖为主，另有少量鹿、狐狸等特殊养殖种类。矿产资源主要有玉石、石灰石、大理岩、花岗岩等，山特产品资源丰富。

（崔曈肸）

【农业】 2022年，桃山镇播种水稻3089.77公顷、玉米486.12公顷、大豆1357.01公顷、北药（平贝）69.18公顷、蔬菜10.17公顷。桃山镇与九河泉米业对接打造绿色水稻生产基地，涉及542个农户，总面积1313.47公顷。畜牧产业是桃山镇的重点产业，全镇有4户奶牛养殖户，奶牛存栏45头；53户肉牛养殖户，肉牛存栏580头；96户生猪养殖户，生猪存栏4000头；57户山绵羊养殖户，山绵羊存栏610只；8户蛋鸡养殖户，蛋鸡存栏5.8万只；2户肉鸡养殖户，肉鸡出栏1.5万只；3户养鹿户，鹿存栏127只；1户养貉子户，貉子存栏40只；3户养马户，马存栏28匹；2户养蜂户，蜜蜂存栏70箱；1户肉驴养殖户，驴存栏17只。桃山镇在全镇范围内组织开展春秋两季重大动物疫病强制免疫工作，落实防疫责任制，确保免疫工作村不漏户，户不漏畜禽。同时排查监测非洲猪瘟、高致病性禽流感、牲畜口蹄疫、牛羊布病、炭疽等疫病。桃山镇以市场为导向，以农民增收为核心，对农业产业结构进行调整。在北部福兴村和桃山村分别建立大豆、玉米科技示范区，在西部新丰村建立水稻百公顷高产核心区，在三合村建立水稻千公顷高产示范区，并建设中药材规范化、规模化、产业化种植基地。桃山镇在全镇范围内开展《中华人民共和国农产品质量安全法》及《中华人民共和国食品安全法》的宣传与培训工作。全年分别在镇政府、标准化基地、合作社培训12次，培训突出对农业投入品的使用、无公害农产品标准化生产操作规程等知识进行普及，指导合作社规范填写田间生产记录，建立农产品质量安全档案。2022年，桃山镇开展镇村两级河湖长巡河工作，共巡查276次，清理3处河流沿岸村屯卫生，回收农药包装废弃物19.85万瓶。在春耕农业机械方面，增加拖拉机52台、联合收割机8台、插秧机31台、打浆机1台、筑埂机3台，培训驾驶人员30名。

（崔曈肸）

【工商业】 桃山镇域内有280户企业，有730户个体工商户，1处农贸市场。桃山镇通过服务企业，解决临时用工、手续办理、协调维稳、安全指导、征地拆迁等各类问题，推进镇域内高铁和嘉临公路施工建设。2022年，桃山镇推进落地项目2个，青岛爱氏集团投资1560万元，主要生产桔香白酒；魏纯钢家庭农场投资650万元进行冷库建造，用于黏玉米、豆角、毛豆等食品速冻加工。

（崔曈肸）

【基础设施建设】 2022年，桃山镇完成改建、新建硬化道路9440平方米，边沟硬化6484平方米，安装路灯16盏，改善农民群众的生产生活环境。全镇10个行政村均实施文化共享工程，各村设有文化活动广场，并配有健身器材、篮球架、乒乓球、排球、户外移动音箱等文体器材数十套。新建多功能晾晒场2个、农机具停放场5处。10个村屯全部设立农家书屋，并在社区打造免费开放的室内活动室、图书阅览室，配备图书、棋牌等各类文体活动设施，免费供居民在社区活动使用，为居民丰富精神文化生活搭建交流互动平台。

（崔曈肸）

【文明村屯建设】 4月，桃山镇举行“阅读新时代，奋进新征程”2022年全民阅读活动；7月，黑龙江省文联在铁力市桃山镇启动2022年文化科技卫生“三下乡”集中示范活动；8月，桃山镇举办“喜迎二十大 奋进新征程”骊马放歌专场文艺演出。桃山镇以文化活动常态化、典型选树人文化、村规民约制度化、志愿服务精细化、卫生评定标准化为重点，制定《文明村镇创建活动实施方案》，打造乡风文明主题广场1个，乡风文明试点村村标10个、景观2处、宣传牌100余个，引导村民树立正确的道德意识，推动乡风文明建设与精神文明建设。2022年，桃山镇兴旺村、长丰村获得“黑龙江省级文明村”称号，福兴村、新建村、庆丰村获得“伊春市级文明标兵”称号，其余5村（桃山村、三合村、先锋村、新丰村、丰收村）获得“伊春市文明村”称号。

（崔曈肸）

【生态环境建设】 2022年，桃山镇真贯彻落实上级政府关于秸秆禁烧和秸秆综合利用工作的有关要求，全年签订《防火责任状》12份，发放宣传旗300面，确保秸秆得到有效利用，实现全镇“零火点”。桃山镇全年多次开展全镇范围内卫生大清洁活动，栽植多类树种72711株、绿篱1万延米，绿化面积10.54公顷，打造和谐宜居的生态环境。启动10个垃圾分拣中心，清理河道垃圾3处，促进防污治污工作取得成效。

（崔曈肸）

【社会治理】 2022年，桃山镇出动执法138次，加大城管执法力度，整治流动摊点、出店经营、车辆乱停乱放等乱象。同时，推进社会治理现代化，推进“八五”普法工作，完善社会矛盾多元调处机制；持续深化排查化解信访隐患，调处各类矛盾纠纷45件。创新网格工作机制，以“钉钉+网格治理”为切入口，用数字技术赋能网格化建设提高工作效率。打造服务型政府，将桃山镇各包片领导、村支部书记、社区支部书记等22人的联系方式通过刊发公众号、转发居民群等方式，确保镇域内所有居民知晓；主动公开政务信息118条，提升便民服务大厅功能，推行“一枚印章管审批”工作，全年为群众办理各类业务7000余件，行政效能持续提升。

（崔曈肸）

【民生保障】 距桃山镇政府500米处有桃山火车站，是跟随绥佳铁路铺设建立的三级站，1941年正式通车，是哈佳铁路线的中间站，距离哈尔滨站247千米。桃山镇通往铁力市区有一线往返公交车（9号线），镇内外交通便利。桃山镇内有1个邮政分局和2处邮政储蓄所，主要经营邮政、储蓄、邮递、集邮和报刊发行业务。2022年，桃山镇为全镇1134名低保户发放城乡低保金及取暖补贴827.82万元；救助各类突发困难群众125户，发放临时救助资金26.01万元；为享受高龄补贴的224人发放27.82万元补贴金；特困供养45人，发放48.61万元特困供养金；孤儿11人，发放16.68万元生活补贴。严格落实精准纳入原则，全年纳入低保21户29人，走访困难家庭952户，并发放慰问金49.89万元；发放米、面、油等生活物资201套。桃山镇对1673户农村户厕开展三轮全面排查，做到“户户到、家家查”。建立问题厕所台账并全部整改销号，有效完善桃山镇农厕管护维修机制。桃山镇全面开展饮水管道改造工作，全镇共铺设自来水管网188621米（其中，庆丰村铺设管网7816米、福兴村铺设管网9405米、兴旺村铺设管网11025米、先锋村一组、二组共铺设管网24150米、先锋村三组铺设管网8621米、新丰村一组铺设管网5451米、新丰村二组铺设管网6433米、长丰村铺设管网18113米、三合村铺设管网4706米、丰收村丰收组铺设管网6280米、丰收村丰产组铺设管网9783米、桃山村一组铺设管网4710米、桃山村二组铺设管网9076米、新建村铺设管网20960米、良种场铺设管网6885米、政通社区铺设管网30807米、地质二队铺设管网4400米），实现全镇使用上自来水的目标，居民（村民）饮水质量得到保障。完成高铁征地、资金发放等工作，与179户农户签订征地补偿协议，签订率100%，永征地补偿款共计355.45万元。

（崔曈肸）

【盘活壮大村集体经济】 2022年桃山镇根据新经济发展要求，为增加村级经济收入，壮大发展村级经济，着力挖掘镇内经济发展潜力，创新投资方式，增加营收渠道，组织长丰村、新丰村、桃山村、三合村共同出资，联合成立建筑公司——桃晟建筑工程有限责任公司。9月29日，桃山镇举行桃晟建筑工程有限责任公司揭牌仪式。镇有关领导、村党支部书记及相关工作人参加仪式。2022年，公司围绕“壮大村集体经济、发展乡镇经济、助推乡村振兴”的目标，获得收益35万元，有效促进桃山镇经济发展。

（崔曈肸）

【第七届“悬羊峰美食帐篷节”】 桃山镇悬羊峰景区占地面积707公顷，

2022年7月9日，铁力市文体广电和旅游局在桃山镇举办第七届“悬羊峰美食帐篷节”

（铁力市桃山镇供图）

共有27座山峰，最高峰是海拔909米的悬羊峰，有“北国小黄山”之称。景区内另有大石门、佛窟石、金龟卧顶、大石壁、悬桥、石塔青松等景观。桃山镇践行“绿水青山就是金山银山”“让老林区焕发新活力”发展理念，2022年7月9—10日，举办了以“唱响自然激情、畅游大美森工、感受清凉一夏”为主题的桃山露营大会暨“第七届悬羊峰美食帐篷节”，吸引哈尔滨、大庆、绥化、佳木斯、鹤岗、伊春、五大连池、铁力等地30余家旅行社和户外团队、3500余名游客集聚桃山，品尝林区绿色美食，感受铁力“天然氧吧”的纯净与惬意。

（崔曈肸）

## 神树镇

【概况】 神树镇位于铁力市东部，距铁力市区41千米，行政区划面积721平方千米，下辖4个村（神树村、石长村、鸡岭村、五龙山村）、13个自然屯和1个社区（为神树社区，原鸡岭社区、石长社区并入而设）。境内有桃山林业局神树林场、石长林场、圣浪林场（原鸡岭林场并入圣浪林场）。全镇户籍人口7216户13496人。

（代馨慧）

【农业】 全镇有农民专业合作社17家、家庭农场295家。2022年，神树镇播种粮食作物3046.7公顷，其中，大豆1126.7公顷、玉米240公顷、水稻1646.7公顷、红小豆40公顷。全年种植北药25.4公顷，其中，平贝21.4公顷、返魂草2公顷、寒葱2公顷。神树镇全年粮食总产量18631吨，其中，水稻13805吨、玉米2098吨、大豆2522吨、红小豆72吨。全镇共有生猪养殖户42户，2022年末，生猪存栏2221头。神树镇全年投入4000余万元购买各类防疫物品、消毒药品。为1万头次的养殖猪进行猪瘟、口蹄疫的免疫工作，为2000头次牛和羊进行口蹄疫、布病的免疫，为4.5万只次畜禽进行禽流感免疫。神树镇组织养殖户线上收听收看畜禽养殖直播课堂6次，观看人数150人次，转发养殖业通知和技术文件30余次。神树镇结合种植业特点及消费者需求，推进鲜食黏玉米产业发展。2022年，神树镇种植106.7公顷鲜食黏玉米，与黏玉米加工销售企业签订37份种植合同，实现每公顷均增收4498.59元。鸡岭村红小豆种植面积达38.8公顷，与传统大豆种植相比，实现每公顷均增收3000元。全镇有农机大户81户，农机械2008台，其中，大中型拖拉机220台、小型拖拉机364台、收割机61台、插秧机522台、旋耕机313台、播种机170台、秸秆还田机73台、打包机22台、打浆机282台，能够满足春耕及秋收的机械需求。

（代馨慧）

2022年8月27日，“喜迎二十大 奋进新征程”神树镇举办骊马放歌专场文艺演出

（铁力市神树镇供图）

【工商业】 神树镇为镇内企业提供全方位服务，助力企业技术改造和规模扩大。湖羊养殖项目厂房设施建设完成，完成种羊配备。神树镇有214家农村合作社、个体和私营企业，其中，农村合作社29家、个体工商户139家、企业46家。境内有1个大型农贸市场。2022年，神树镇与古戈尔集团达成初步合作意向，计划引进肉牛养殖企业，促进村集体经济收入，带动村民增收；与海南省魔幻投资集团达成初步合作意向，《神树梦幻康养文旅小镇项目建议书》和《神树梦幻康养文旅项目计划书》编制完毕，着力打造集交流、欣赏、休闲、娱乐、度假、观光、养生于一体的旅游小镇。

（代馨慧）

【基础设施建设】 神树镇以“村庄清洁行动日活动”“爱国卫生月活动”为契机，开展清理积存垃圾的专项行动。出动人员400余人次，出动车辆机械47台次，清理积存垃圾1500立方米，清理卫生死角70余处。实施生活污水治理项目，建设污水处理厂1座，设计铺设污水管线8315米，并完成铺设8275米。2022年，神树镇对已有管线和饮水工程设施进行改造升级、维护保养，更换易损易坏设备，确保居民用水安全稳定。根据镇内有五龙山水库和1860米护岸的情况，制定《神树镇防汛实施方案》，落实遇险撤离包保责任制，明确到包保人，具体到转移户。完成水库升级，实现预警信息村级即时发布。

（代馨慧）

【文明村屯建设】 2022年，神树镇开展5次“百姓讲堂”、3次省第十三次党代会专题宣讲；评选星级文明户4户，“好人星”9名；开展“除陋习、树新风”专项整治活动9次，引导广大群众形成科学、健康、文明的生活方式。评选出优秀乡贤人士30余人。依托“道德讲堂”活动，开展乡风文明宣讲活动，开设2课时群众课堂等培训、3场宣讲活动，受众150余人次。落实普法宣传常态化，对神树镇6家生产企业、11家餐饮企业、12家商店开展法治宣传教育活动，发放《中华人民共和国民法典》《“八五”普法手册》30份，增强群众的法治观念。

（代馨慧）

【生态环境建设】 2022年，神树镇在石长村、新立村种植470棵糖槭树。石长村被评为“省级绿化示范村”，获得省级拨款40万元，作为石长村、五龙山村绿化专项资金。神树镇持续推进“林长制”“河长制”“田长制”落实，加强秸秆禁烧工作宣传引导，实行24小时值守制度和定期巡护制度，保护生态环境。

（代馨慧）

【社会治理】 全镇划分基础网格11个，配备专职网格员21人，2927人完成村居民群迁移，完成率131%；3061人完成网格居民基础信息采集，完成率134%。神树镇网格化服务中心软件、硬件调试完成，神树社区、石长村、鸡岭村网格化服务站硬件设备安装完成。2022年，神树镇构建镇、村、组“三级联动”，人民调解、司法调解、行政调解“三条对接”的矛盾纠纷大调解工作格局。定期对网格内相关涉农、涉法、涉家庭矛盾等方面开展排查，维护社会和谐稳定。全年化解矛盾纠纷10余起。推行行政执法全过程记录制度、“双随机、一公开”（即在监管过程中随机抽取检查对象，随机选派执法检查人员，抽查情况及查处结果及时向社会公开）行政执法监管工作。加强执法监督，开展30余次餐饮、生产企业等专项执法检查活动，涉及120余家各类经营主体。处理“12345”政府服务热线工单131件，并100%按时办结。全年无行政诉讼、行政复议案件。

（代馨慧）

【民生保障】 2022年，神树镇安置就业岗位124个，发放岗位工资48万元；灵活务工49人，发放岗位工资12万元。落实产业增收，6个帮扶产业项目实现资金分红66.43万元，户均增收1810元。落实教育资助政策惠及24人，维修住房问题14处、饮水改造解决问题22处、发放小额贷款8户24万元、临时救助24户，发放救助金4.9万元。加强农村低保及各项补贴发放工作动态管理，做到低保对象有进有出，补差标准有升有降。2022年，新办理城镇低保2户2人、农村低保8户9人。完成自建房屋排查整治工作，对无人居住、不符合标准的自建房屋张贴危险警示标识，对2户D级危房采取人员撤离风控区域停止使用等管护措施。加强对重点行业领域监督检查力度，8家餐饮经营单位、53户使用燃气居民均安装报警器及切断装置。镇内组建30人抢险队伍，各村组建15人救援队。全年开展联合防火演练1次、防山洪应急演练1次、与铁力市水务局联合开展五龙山水库防洪抗汛实战演练1次，参练人数130余人次。2022年，神树镇逐户逐人、拉网式开展镇域内常住人口摸底调查工作，针对新冠病毒感染、基础疾病及疫苗接种情况，建立信息台账并及时更新，动态管理。对返乡人员情况、新冠感染情况、住院购药和危重症等情况做到日排查。对独居、高龄、有基础病等困难人群开展1次免费送药工作。镇政府配备3台应急转运车辆，每村配备2台应急转运车辆，共计11台。

（代馨慧）

【打造红色文化之乡】 神树镇利用域内红色文化资源，弘扬革命前辈的丰功伟绩和优良道德品质，打造红色文化之乡。神树辖区内有12处红色文化遗址，其中，有2处伊春市级文物保护单位遗址、9处铁力市级文物保护单位遗址。经过铁力市老区建设促进会、市文物管理所、市抗日斗争研究室等多方考证，确认1936—1944年，神树镇内发生过战斗15次，为争取铁力地区的抗战胜利与民族解放作出了贡献。2022年，神树镇落成总高度达8.4米、宽度3.2米的抗联红色文化之乡雕塑，代表伟大抗联精神。神树镇组织镇内党员干部群众到烈士墓前开展文明祭扫、忆革命先烈等活动3次。

（代馨慧）

【“诚信宣传进乡村，诚信理念入人心”诚信宣传活动】 为深化农村诚信体系建设，树立文明新风，提高村民整体信用水平，神树镇深入各村开展以“诚信宣传进乡村，诚信理念入人心”为主题的诚信宣传活动。通过张贴宣传海报和发放宣传单等方式，向村民讲解诚信知识，以及诚信在日常生产、生活中的重要性，倡导村民践行诚信，做到“讲诚信话、办诚信事，做诚信人”。树立“诚信文明、从我做起、从点滴做起、从现在做起”的理念，提高村民诚信意识为构筑全民诚信的和谐社会注入动力，助力乡村振兴。

（代馨慧）

【“全民阅读·送书进家庭”全民阅读活动】 为2022年4月，营造良好书香氛围，激发全民读书兴趣，神树镇在第27个“世界读书日”前夕，举行“全民阅读·送书进家庭”全民阅读活动启动仪式。镇机关干部、镇妇联干部、新时代巾帼文明学习驿站志愿者为全镇各村30户贫困家庭送去150余册文学经典、红色故事、儿童文学、农村种植养殖实用技术等书刊。机关干部与巾帼志愿者为村民介绍图书内容、宣传科普知识，引导农民群众多读书、读好书，从读书中汲取力量和智慧。

（代馨慧）

## 日月峡镇

【概况】 2019年，经省政府批准，铁力市设立日月峡镇。日月峡镇地处小兴安岭南麓，呼兰河上游的依吉密河区段，西起四道河注入依吉密河的入口处，东北至庆安县、铁力市、乌翠区三地界线交会处，东南与工农乡、神树镇、大箐山县交界，西与神树镇交界，西南沿原工农乡与神树镇界线至三道河交会，镇政府驻地在马永顺林场。日月峡镇自然资源、动植物资源、旅游资源丰富，具有发展生态经济的天然优势。

（林书宇）

【工商业】 镇内有恒硕集团黑龙江桦之源饮品有限公司和乌苏里江生物科技有限责任公司两户生产加工企业。恒硕集团黑龙江桦之源饮品有限公司项目建设总投资130029万元，项目规划用地21.03公顷，建筑面积35831平方米，其中，啤酒厂占地面积7.37万平方米，建筑面积49338平方米。一期项目包含景区接待中心、冬季药浴区、啤酒温泉区、啤酒冰屋、啤酒博物馆、湿地温泉区、森林温泉区、森林养生馆、企业家庄园、桦树汁论坛。黑龙江乌苏里江生物科技有限公司是国内领先的农副产品、山产品加工企业。公司主营业务为农副产品、山产品收购、销售、技术开发、技术服务、咨询服务。日月峡镇辖区内有营业性商户 140 户，其中，在业 65 户，暂缓营业 75 户。在业商户中食杂店 33 户、旅店 12 户、洗衣店 1 户、汽车修理 3 户、餐饮 16 户。

（林书宇）

【基础设施建设】 镇址所在地马永顺林场原名为二股营林所，1947 年建场，施业区总面积 16197 公顷，森林蓄积 229 万立方米。场区建有自来水厂 1 处、集中供暖公司 1 处、污水处理厂 1 处、林业局消防中队 1 处、日月峡镇卫生院 1 处、文化休闲广场 1 处（占地 2700 平方米）。镇内建成标准化平房 97 栋，占地 1.18 万平方米；住宅楼 10 栋，占地 2.84 万平方米。自来水入户率、集中供热率、场区道路硬化率均达到 100%。小镇内建有度假民宿 91 栋、共 7 万平方米，其中，独栋 54 栋、共 31199.98 平方米。

（林书宇）

【文明村镇建设】 2022 年，日月峡镇持续发挥主流价值观引领作用，向铁力市推荐“伊春好人”“最美家庭”“百户千星”典型人物，开展“过好我们的节日”系列活动和“除陋习 · 树新风”活动。定期开展理论宣讲、政策宣传和技能培训，在微信公众号进行“时代楷模”先进人物展播、刊发文明新风宣传海报、设立“移风易俗”专栏，利用微信群和腾讯课堂进行线上教学。通过线上线下联动，把新时代文明实践所建成为融合思想引领、道德教化、文化传承等多种功能于一体的便民基层综合平台。日月峡镇举办弘扬马永顺精神故事会、《习近平谈治国理政》第四卷读书交流会、党的二十大精神诗歌朗诵展播、“品读好书金句，锤炼党性修养”主题阅读活动等，丰富了居民群众精神文化生活。日月峡镇相继组织志愿者开展环境卫生整治、送医入户免费体检、疫情防控、免费理发、文明祭祀、植绿护绿、创建文明城宣传、文明礼仪宣传、口罩行动等志愿服务活动 35 次，增强广大居民群众获得感、幸福感、安全感。

（林书宇）

透龙山中共北满省委临时会议会址

（铁力市日月峡镇供图）

【生态环境建设】 日月峡镇地层复杂多样，跨越张广才岭分区的伊春玉泉小区和松嫩平原的孙吴小区两个边缘地带，境内分布元古界、古生界、中生界、新生界地层。日月峡镇有小兴安岭南部低山丘陵区、山地山麓冲积洪积平原区及松嫩平原区三部分地貌。按地貌特征，可分为中低山区、丘陵区和平原区。日月峡镇属北寒温带大陆性季风气候区，长年主导风向是东南风，冬季严寒干燥，夏季温和多雨。日月峡镇有地带性土壤（黑土）、非地带性土壤（河淤土、沼泽土）、水成土壤（泥炭土）、半水成土壤（草甸土），也有人为形成土壤（水稻土）。在土地利用中，林业用地比重大，镇内自然、人工次生林分布广泛，草地、水域及其他土地分布零散，宜农后备资源数量较少。镇内有经济价值野生植物 380 余种，有国家级和地方级保护野生动物 145 种，其中，国家一级重点保护野生动物 16 种，国家二级重点保护野生动物 67 种，地方重点保护野生动物 62 种。

（林书宇）

【社会治理】 2022 年，日月峡镇在马永顺社区成立了铁力市首个在乡镇设立的法官工作室——张淑霞法官工作室，旨在将更多矛盾纠纷化解在萌芽阶段，方便群众诉讼，拓展诉调衔接渠道，健全完善了多元化矛盾纠纷解决机制，真正做到为群众排忧解难。全年工作室共调解邻里纠纷、家庭纠纷 10 件。日月峡镇每月开展法治讲座、提供法律咨询 50 余次，及时为群众矛盾纠纷化解提供法律指引。为加强法治文化宣传阵地建设，推动“八五”普法和依法治理工作向纵深开展，日月峡镇打造全市首个法治文化主题长廊。法治长廊依托原有马永顺林场文化休闲长廊设计建设，悬挂包含依法治国理念、“八五”普法宣传、《中华人民共和国民法典》、基层人民调解、公共法律服务、禁毒等各类法治宣传元素在内的 32 块宣传图板和 2 块独立法治宣传栏。全年开展普法宣传活动 100 余次，为群众创造了出门见法、抬头看法、休闲学法的良好环境。日月峡镇对辖区所有刑满释放人员、精神障碍、吸毒人员建立台账，并确定专人进行网格化管理，采用分时段分批次走访、慰问等方式，全面了解特殊群体的思想动态、社会关系、经济状况以及存在的实际困难。全年为刑满释放人员解决实际生活困难4次，帮助申请救助金2000元，帮助重度精神障碍患者及时就医3次。日月峡镇社会治安综合治理体系不断健全完善，网格化服务中心和2个网格化服务站实体化运行，实现“综合治理+网格化+信息化”的工作模式。全镇区域划分基础网格17个，专属网格15个，配备专职网格员17人，配备公安、司法、民政等专业网格员16人。共摸排矛盾纠纷105起，调处成功率100%，通过线上、线下开展各类宣传活动4000次；参与配合疫情防控工作500余人次；排查交通、卫生、环境等各类安全隐患300次，参与便民服务50次。

（林书宇）

【民生保障】 2022年末，日月峡镇有城镇低保户543户、746人；享受残疾人生活补贴263人，享受残疾人护理补贴220人；享受高龄补贴人员77人；特困供养人员10人。全年累计发放低保金4656267元，残疾人生活补贴21.53万元，残疾人护理补贴21.02万元，高龄津贴8.77万元，特困供养金120637元，低保、特困人员取暖补贴576090元。在临时救助方面，救助32户因病、因残、因灾等各种特殊原因造成基本生活出现暂时困难的家庭，发放救助金77682元。

（林书宇）

【康养旅游】 日月峡镇生态环境良好，旅游资源丰富，景点众多，在旅游发展方面有天然优势。日月峡镇境内森林面积468.5平方千米，森林覆盖率94.1%，全年空气质量优良天数超过350天，空气中负氧离子含量高，是夏季绝佳避暑纳凉之地。镇域内拥有透龙山景区和映山湖景区2个AAA级景区、日月峡国家森林公园、SSSS级日月峡滑雪场和马永顺纪念馆等精品旅游景区10余处，森林漂流、民俗风情、研学观光、冰雪运动等精品旅游项目参与者众多。日月峡镇景区全年旅游收入达369.57万元。

（林书宇）

【实施“五老”工程】 2022年，日月峡镇聚焦党的基层建设，推动“‘五老’联建”。实施“五老”（关心、扶助、保护、优待和慰问老年人）议事工程，邀请老党员干部列席参加社区支部会议，促进党组织建设和各项工作开展。探索建设儿童教育辅导和“老党干连心”机制，利用老党员干部在群众中的地位及威望，加强儿童思想政治教育和基层社会治理。组织开展走访慰问留守困境儿童3次，为困境儿童提供到芳草小主持人学校学习的机会，提升儿童沟通能力和自信心。组织镇域内50余名老党员干部担任义务普法宣传员、疫情防控监督员，开展普法宣传260余次、疫情防控知识宣传500余次，切实发挥党员先锋模范作用。

（林书宇）

【林蛙、冷水鱼养殖基地建设】 日月峡镇渔业龙头企业铁力市忠宝林蛙养殖农民专业合作社位于铁力市铁力林业局鹿鸣林场，企业注册资金200万元，总承包面积约1.7万公顷，有9处养殖场，以伊春市铁力林业局公司丰林分公司青溪沟为主要水产养殖基地。基地主要养殖冷水鱼和东北林蛙，基地总面积约2973公顷，建有冷水鱼养殖鱼池19个，净水面积约20公顷。有东北林蛙孵化池、越冬池、变态池共82个，净水面积约2.67公顷，承包沟系15千米，水质清澈，常年通流。基地年孵化蝌蚪2000万只，细鳞鱼鱼卵100万粒，培育细鳞鱼鱼苗50万尾，年产水产品约50吨，年营业收入500万元。另外引进吉林省白山市金鳟鱼鱼苗2万尾，年产量5吨；引进辽宁省本溪市虹鳟鱼鱼苗2万尾，年产量10吨；从牡丹江市水产研究所引进柳根鱼鱼苗，自繁自育，年产量5吨。铁力市忠宝林蛙养殖农民专业合作社申请注册“忠宝”“岫灵”“蛤林”3个品牌，用于销售黑龙江省冷水鱼及其产品，“忠宝”品牌主要在淘宝、京东、小红书平台销售，“岫灵”品牌在京东商城销售。

（林书宇）

## 工农乡

【概况】 工农乡位于铁力市境西部，东北与伊春市毗连，北以依吉密河与庆安县分界。乡政府驻地距市区2千米。原属铁骊县田升区管辖，1951年9月改隶第二区。1956年1月，并村划乡，设置工农乡。1958年7月，将同盟乡并入工农乡，同年9月成立工农人民公社。1964年10月，将田升街及工农大队划出，设置田升镇。1971年1月，将南部的6个生产大队划出，成立卫国公社；将东部的8个生产大队划出与年丰公社划出的两个生产大队合并，成立红旗公社。1984年5月，将工农公社改为工农乡。工农乡有10个行政村，辖区内4050户、8602人。2022年，农村集体收入4492987.83元。工农乡被评为“第六届全国文明村镇”“黑龙江省乡村治理体系建设试点”。工农乡北星村被评为省级文明村、龙江民居省级试点村，新华村被评为县级文明村。

（王　琳）

【农业】　2022年，工农乡粮食种植面积7066.67公顷，粮食产量48420吨。完成扩种大豆种植面积1886.67公顷，大豆产量4240吨；玉米产量5750吨；水稻产量38430吨。7个行政村完成耕地轮作任务198.2公顷，3个村配合推进高标准农田建设593.33公顷，有效提升了耕地质量。工农乡党委、乡政府坚持把畜牧业作为发展农村经济的优势产业和主导产业，畜牧业已成为工农乡农村经济增长和农民增收的亮点。在防疫工作中，工农乡贯彻执行《中华人民共和国动物防疫法》；在培训工作中，推广青贮技术，宣传科学饲养和科学管理知识，巩固养殖业基础。全乡有2处畜牧业养殖场，分别是：铁力市大广畜禽养殖场和铁力市工农宏昕养殖场，存栏1241头猪、691头肉牛、677只山绵羊、79969只禽类。工农乡引导农民群众规范化养殖，建设化粪池6处，共1300立方米，其中，贮粪池720立方米、污水池580立方米。应用有机肥面积440.41公顷，其中，粮食作物320.77公顷，经济作物（中药材）119.63公顷，达到总播种面积的6.1%。全年投入资金721.76万元，在北星村实施美丽宜居村庄建设项目，打造露营基地、稻田观光区、主题文化口袋公园等景观，收入较2021年增加10万元。工农乡根据黑土耕地的地形特征、自然条件及农业生产实际等因素，将黑土耕地划分为旱田和水田2个类型区，推广科学耕作制度，耕地轮作试点由村级逐级上报并根据实际情况调整。土地轮作面积198.2公顷，涉及7个行政村，共111户，发放补贴资金445950元；稻改豆面积617.77公顷，涉及10个行政村，共283户，发放补贴资金926662元。2022年，制定《工农乡2022—2025年农药包装废弃物回收处置工作实施方案》，回收农药包装废弃物16050千克，争取奖补资金6.42万元。以网络培训与线上咨询为主要方式开展农业技术指导工作，网上培训咨询2000余人次，线上培训8课时。工农乡有中药材在田面积159.27公顷，其中，平贝119.27公顷、赤芍38公顷、白鲜皮2公顷，规模化（6.67公顷）以上种植户1户。2022年末，工农乡组织河长开展常态化巡河400余次，并沿河设立禁止倾倒垃圾警示牌，提高村民维护河道卫生的思想意识。加强农村自来水管理工作，每半年开展一次7个村出厂水末梢水送检工作，确保检测水达到用水标准，保证村民用水安全。全年完成农机购置补贴申报工作，深松作业任务数733.33公顷，实际作业1200公顷，超额完成市级任务指标；完成深松、深翻、水田旋耕、玉米翻埋秋季作业补贴发放，共计162户、7573.22公顷；开展拖拉机及驾驶员的年检年审工作，参与驾驶证考试的农户120人，检验车辆160台。

（王　琳）

【工商业】　2022年，工农乡实施项目建设攻坚行动，酒章文创园完成投资2988万元，入统2988万元；新一精神病医院完成投资1299万元，入统1299万元。推进酒章诗酒田园特色民宿项目，建设书屋、咖啡厅、儿童活动室、健身房、字画间、研学廊及其他民宿配套设施。不断深化领导干部联系企业机制，强化部门协作，主动帮助企业解决发展瓶颈，为企业发展保驾护航。工农乡生产加工业有28家，探索“村集体＋企业”发展模式，全年村级集体经济收入447万元。12月末，有45人办理个体工商户，辖区内有65家商贸服务业企业（其中，有30家食品销售店、3家餐饮店、15家农机修理部、1家理发店、16家商贸公司）。2022年，工农乡赴成都、茂名、珠海等地开展2次招商活动，拜访企业10余家，接待客商考察10余批次。

（王　琳）

【基础设施建设】　2022年，工农乡强化公路网络建设，投入资金721.76万元，对北星村、五花村、兴隆村和新华村进行硬件升级，实施硬化道路、边沟，安装路灯，村屯主要街道两侧实现绿化全覆盖。完成排查全部4811户房屋数据录入、排查135户经营性自建房；修缮脱贫户、低保

工农乡“礼”文化宣传墙

（铁力市工农乡供图）

户、检测户及低收入家庭维修房屋8户，花费资金4.92万元。全乡所有村屯生活垃圾实现日产日清，实现各行政村垃圾桶、运输车全覆盖，9座垃圾分拣堆肥房投入使用，垃圾处理利用率得到提升。完成988户厕所改造，其中，431户为室外卫生厕所改造，557户为室内水冲厕所改造，全乡改厕户信息全部录入系统。通过三轮排查和一轮回头看，对177户农厕进行维修，并健全完善管护机制，农户满意度得到提升。2022年，工农乡被赋予"全省乡村治理体系建设试点乡镇"称号。

（王　琳）

【文明村屯建设】　2022年，工农乡开展志愿服务队春节走访慰问活动、爱国卫生志愿服务活动、文明行为劝导志愿服务活动等系列志愿服务活动20余次。常态化组织开展助力备春耕、村屯环境卫生整治、除陋习树新风等系列志愿服务活动50余次。工农乡注重推进乡风文明试点村镇建设，创建全国文明村镇3个、省级文明村1个、市级文明村3个、县级文明村1个，挖掘星级文明户9户、身边好人星143人。利用"工农香"微信公众号累计发布信息530篇，其中，工作类信息199篇。创建"工农故事"抖音号，发布作品58个，累计获赞2934个，播放量22万次。2022年，工农乡举办农民文化艺术节、骊马放歌文艺汇演、农民春晚、"酒章杯"篮球比赛等特色文化活动，丰富农民群众业余文化生活。

（王　琳）

【生态环境建设】　2022年，工农乡投入资金561.9万元，实施美丽宜居村庄项目，对北星村、兴隆村、新华村进行硬件升级；开展村屯绿化，栽植各类绿化乔木466株、灌木2360株、三叶草3400平方米，村屯庭院及主要街道两侧实现绿化全覆盖；组织70余次集中清扫道路活动，清运垃圾1123余立方米，完成农药包装废弃物回收量15.6吨。11月，工农乡北星村被评为"龙江民居省级试点村"。在全面完成2022年度的绿化任务的基础上，工农乡补栽绿化树3827余株，核查疑似图斑21处。围绕重点领域开展安全生产监督检查85次，出动人员237人次，排查并整改安全隐患27处，全乡10个村实现秸秆禁烧零火点的工作目标。

（王　琳）

【社会治理】　工农乡交通运输网络较发达，距铁力市区2千米，通乡公交车为6路和16路，设有乡政府、新兴村2个站点。2022年，工农乡落实"放管服"改革要求，推动基层服务更加便捷高效，规范低保申报程序，强化民主评议，创新民政专干评议模式，实施分类施保、三榜公示制度。组织村"两委"及包村领导、包村干部、民政工作人员深入村屯，及时准确宣传临时救助政策，对符合条件群众及时发放救助资金，解决群众困难。工农乡贯彻落实孤儿及残疾人基本生活保障制度，做好全乡孤儿、残疾人的摸底、救助，全乡孤儿、残疾人生活稳定。开展低保家庭动态核查工作，对全乡低保家庭进行动态管理，保证低保资金用到实处。

（王　琳）

【民生保障】　2022年，为提升农村危房改造精准化管理水平，工农乡对全乡所有房屋进行隐患排查，每月不定期入村，选取至少20户脱贫及监测户进行入户走访。发现房屋漏风、门窗破损等问题进行及时维修，全年共对9户脱贫及监测人口进行住房维修，对铁力市住房和城乡建设局鉴定的隐患房屋进行安装警示牌提示，并对D级不安全住房居民进行劝离，巩固"三保障"成果。工农乡通过各村微信、村广播、发放宣传单、公示栏等宣传方式将《铁力市城乡居民医疗保险2023年度参保缴费通知》告知全乡村民，提高农民群众参保意识和参保率，减轻大病困难群众医疗负担，居民参保缴费比例达到95%以上。全年聘用生态护林员13人，发放工资112866元；灵活务工47人，发放工资10.53万元；光伏公益岗13人，发放工资3.44万元。2022年，工农乡开展"关心下一代"活动。全乡脱贫及监测户家中在校学生22人（义务教育阶段13人、高中2人、中专2人、大学5人），春季"雨露计划"共（每人每学期1500元）共资助脱贫学生3人，发放补助4500元。秋季"雨露计划"资助脱贫学生3人，全乡义务教育阶段无因贫辍学学生。工农乡在兴隆村意诚平贝农民种植专业合作社挂牌"乡村振兴工坊"，带动脱贫人口3人参与务工，带动低收入人口10人，收入4.04万元。外出务工脱贫人口及监测人口有9人，享受交通奖补3600元。工农乡脱贫村新华村"三通三有"指标全部达标。在"三通"方面，乡政府通往新华村公路为黑色路面，接入宽带和有线电视，节目源及信号传输质量均符合要求。在"三有"方面，新华村有2处文化活动广场和1处文化活动室，文化活动室内配有农家书屋、健身器材和文化共享设施。工农乡成立了工农乡党委农村工作领导小组暨巩固拓展脱贫攻坚成果同乡村振兴有效衔接工作领导小组，制定《工农乡关于巩固拓展脱贫攻坚成果同乡村振兴有效衔接的实施方案》，逐项明确责任落实、稳定增收、防返贫监测、产业发展等工作任务。召开党委会议19次、专题会议6次，研究解决脱贫攻坚突出问题。推行“三级联动工作法”，逐级夯实包村领导、包村干部、村“两委”成员责任，实现脱贫户监测户跟踪服务100%全覆盖。发挥考核作用，将脱贫攻坚成果巩固工作作为年度考核的重要内容，促进各项任务落实。全年全乡共有市级产业带动脱贫户、监测户101户，发放分红16.7万元；光伏电站带动脱贫户（原有无劳动能力人口每人分红1000元）57人，发放分红5.75万元；兴隆村冷库项目带动脱贫户及监测户56户，发放分红8.4万元；宏欣养殖场项目带动脱贫户及监测户120户，发放分红23.1万元，签订“一分田”协议110份。2022年（周期为2021年10月1日至2022年9月30日）全乡脱贫户及监测户户均收入22586元，人均收入13282元，较2021年全市人均纯收入增长17%。

（王 琳）

【北星村打造田园生态民宿品牌】 北星村位于铁力市东部，北邻依吉密河，距市区18千米。有人口1360人，全村耕地面积1120公顷（以水稻种植为主）。曾获得国家级“第三批全国乡村旅游重点村”“中国美丽休闲乡村”和省级“美丽家园示范村”等称号。北星村以“品味多彩北星、乐享田园生活”为主题，利用丰富的自然资源，整洁的人居环境，完善的基础设施等优势发展乡村民宿经济，推进农业与旅游、教育、文化、健康养老等产业融合发展，打造具有乡村特色的旅游名片。2022年，投入资金318.95万元，围绕北星村的核心文化“礼”文化，设计村标景观角、建设稻田休闲观光区、打造“礼”文化核心展示口袋公园、建设露营基地，并对整村民房外立面和房盖进行改造升级。北星村成为集休闲、宣教、游览于一体，富有文化特色的田园民宿集合地。

（王 琳）

工农乡北星村田园生态民宿

（铁力市工农乡供图）

【酒章文旅园项目建设】 酒章文旅园区项目是由铁力市酒章文艺创作有限公司投资建设的集酒章文化、农耕文化、红色文化、康养民宿、传统民俗手工艺展示等于一体的文旅项目。项目占地面积23172.8平方米。项目分三期建设，其中，一期建设酒章文化博物馆、游客服务中心、传统酿造技艺展厅等基础设施及相关配套景观，打造集休闲观光农业、传统酿酒工艺观摩体验、餐饮于一体的特色旅游园区；二期建设诗酒田园特色民宿及配套设施，探索“企业+村集体+农户”运营方式，打造要素集聚、彰显北方民俗文化的民宿村落；三期依据北关现有抗联遗址，建设抗联营房、作战室、抗联文物等陈列馆，打造北关“大山不会忘记”红色旅游景区，塑造本土红色旅游品牌。

（王 琳）

【“庆七一·喜迎二十大”活动暨“酒章杯”篮球赛】 为庆祝中国共产党成立101周年，喜迎党的二十大胜利召开，2022年6月27—28日，铁力市工农乡在乡文化广场举行了“庆七一·喜迎二十大”活动暨“酒章杯”篮球赛，铁力市酒章文艺创作有限公司为活动赞助了酒类奖品。乡机关和8支村代表队参加比赛，新一村

工农乡北星村酒章文创园展柜

（铁力市工农乡供图）

代表队获得第一名。篮球赛的举办不仅丰富了全乡干部群众的业余文化生活，还提高了共同竞争和相互合作的团队精神，增强集体荣誉感和凝聚力，为乡村精神文明建设奠定基础。

（王　琳）

**【“繁荣乡村文化，助推乡村振兴”农民文化艺术节】** 7月5日，在工农乡新华村村委会，开展喜迎党的二十大“繁荣乡村文化，助推乡村振兴”农民文化艺术节。表演旨将“勤”文化融入演出，丰富农村文化活动，搭建农民艺术展示交流平台。有节奏欢快的《农耕秀》、新华村“勤劳致富”代表演唱的《走进新农村》、乡机关干部演唱的歌曲《可可托海的牧羊人》、工农乡中心校学生表演的《童心向党》、原创音乐快板《喜看工农新面貌》等特色文艺节目。举办农民艺术文化节，为工农乡的农民群众搭建了享受文化、追求快乐的文化平台，彰显了新时代农民的独特风采。

（王　琳）

## 年丰朝鲜族乡

**【概况】** 年丰朝鲜族乡是伊春地区唯一朝鲜民族乡，位于铁力市区南3千米处，区域面积226平方千米。1946年6月，隶属铁骊县铁骊区管辖。1951年9月，分属第二区和第四区管辖。1956年1月，设置新建乡。1958年9月，成立年丰公社。1984年10月，正式更名年丰朝鲜族乡。年丰朝鲜族乡有10个行政村、35个村民组，其中，有4个朝鲜族村（年丰村、吉松村、靠山村、云山村）。2022年，全乡户籍人口4476户、1.03万人，其中，朝鲜族人口884户、2078人。年丰朝鲜族乡有耕地6272.93公顷，其中，水田5182.52公顷，旱田1090.41公顷（大豆811.83公顷、玉米278.58公顷），年丰朝鲜族乡是中国水稻旱育稀植、大棚育秧生产技术发源地。

（王仲尧）

**【农业】** 年丰朝鲜族乡坚持以市场为导向，发展绿色有机农作物和订单农业，以绿色水稻种植为主并扩大合作经营。以凌云山村、爱民村、爱国村等水质和土壤条件好的村屯为重点，发展绿色水稻和有机水稻种植。在合作社建设集循环农业、创意农业、农事体验于一体的田园综合项目，多途径增加农民收入。2022年，全乡完成农作物总播种面积6430.48公顷，其中，玉米278.58公顷、大豆811.83公顷、水稻5182.52公顷，其他作物面积157.55公顷。三大作物生产者补贴统计面积9272.93公顷，发放补贴约1294万元。全乡生猪饲养量2880头，其中，存栏1176头、出栏1716头；肉牛饲养量579头，其中，存栏431头、出栏187头；羊饲养量943只，其中，存栏475头、出栏571头；家禽饲养量138195只，其中，存栏53465只、出栏84730只。位于年丰朝鲜族乡东河村的铁力市贵森蜂业有限责任公司为铁力市绿色食品基地，公司的“贵森牌”系列蜂蜜产品远销全国多个省市，为铁力市电商产业开创先河，有效带动铁力市养蜂业的发展。年丰朝鲜族乡加强重大动物强制免疫工作。全年禽流感、牲畜口蹄疫、猪瘟、布氏菌病等免疫注射密度达100%，有效保证全乡畜牧业健康稳定发展。年丰朝鲜族乡定期开展非洲猪瘟、牛结节病、炭疽病、禽流感等疫情监测与排查工作。5月，在村屯主要路口及所有养殖场户中，开展为期1个月的清洗消毒活动，确保全乡畜牧业安全健康发展。全乡有畜禽粪污集中贮存设施4个，辐射全乡10个村规模以下养殖散户。建立村级粪污集中收集点管护制度及粪污资源化利用台账，同时规范养殖行为，严禁畜禽粪污乱排、直排现象，杜绝农业面源污染。年丰朝鲜族乡在养殖场户中开展生猪标准化养殖技术、肉牛育肥技术、蛋鸡高产综合技术、羔羊育肥技术、畜禽粪污资源化利用技术等技术推广与服务工作，提高养殖科技水平。2022年初，年丰朝鲜族乡与各村农机合作社签订《农机安全生产责任书》16份；与全乡运行312台各类农机驾驶员签订责任书320份；开展农机安全教育培训12次，培训人员460人，发放农机安全宣传手册620本、农机安全宣传单1210份，宣传教育覆盖率98%。全年组织开展田间道路检查20次，悬挂安全生产条幅15条，发放反光贴870台次。2022年末，全乡购置各种机型补贴机具176台（套）；受益农户数达350户，共享受农业机械购置补贴资金约181万元，带动农机市场销售总额达711余万元。

（王仲尧）

**【基础设施建设】** 2022年，全乡美化墙头画130户共2613平方米，道路硬化6800平方米，绿化1400平方米（种植花木铺设草坪）。年丰朝鲜族乡坚持对上争取与内部挖潜相结合、加强金融支农与撬动社会资本相结合，加快推动财力支持与补上农业农村工作短板相适应。落实“三农”经费监管保障，确保资金物尽其用。同时采取“市级拨一点、乡级补一点、村级筹一点”的工作思路，补齐农业农村工作短板。全乡实施改厕工程等重点项目8个，共计投入1380万元。

（王仲尧）

**【文明村屯建设】** 年丰朝鲜族乡新建爱民村综合文化广场1处，面积

1000平方米；安设新时代文明实践站宣传图板44处；新建图书馆年丰分馆1处，面积为40平方米，添增图书2000册。新增社会主义核心价值观宣传图板21块，墙体彩绘2539平方米，墙体维修12230平方米，鼓励居民培育和践行社会主义核心价值观，为乡风文明建设、丰润道德滋养创造良好文化条件。年丰朝鲜族乡通过微信群转发文明创建类信息，采取公众号、抖音、快手进行同步宣传，扩大受众范围。2022年发布文明创建类公众号信息326条、短视频类信息20条。依托新时代文明实践所（站）、农家书屋、道德讲堂等文化宣传阵地，开展各类创建活动27次。开展“十星级文明户”和“身边好人星”宣传评比工作，挖掘身边好人好事典型，养成孝老爱亲、互帮互助、诚信友善的淳朴民风。共评选乡级文明户6户、“身边好人星”29人。全年动员全乡机关干部深入基层开展农技讲解、技术培训、文体活动、免费体检、走访慰问等活动50余次。年丰朝鲜族乡被评为“黑龙江省乡村旅游重点镇”。

（王仲尧）

【生态环境建设】 2022年，年丰朝鲜族乡着重对单位院内、建筑工地、居民区和门前的积雪、冰包进行清除，确保清雪工作全覆盖、无缝隙。推进美丽宜居乡村建设，达到干净整洁有序标准的村屯有34个。村庄清洁行动自筹资金27.09万元，清理农村生活垃圾454吨、清理乱贴乱画58处、清理村内沟渠数量103千米、清理畜禽养殖粪污等农业生产废弃物数量66立方米、清理柴草垛15堆、清理拆除残垣断壁1处、修整杖墙栅栏2千米，发动农民群众投工投劳数量1553人次，出动车辆数量633台次。

（王仲尧）

【社会事业】 年丰朝鲜族乡交通便利，公交车线路通达各村。有通乡公路1条，全长58千米，全乡道路总长160千米，其中，乡内街道102千米，通村公路58千米。年丰朝鲜族乡政府所在地位于年丰朝鲜族乡东河村二组与三组交界，公交车自年丰朝鲜族乡政府通往铁力市区。年丰朝鲜族乡爱民村有通往铁力市区的客车班次，途经长山村、爱国村等靠近鸡讷公路的村民组，居民出行便利。年丰朝鲜族乡设有农村电子商务服务中心。作为年丰朝鲜族乡和各村三级电子商务网络中间环节，电子商务服务中心发挥各种物品和农产品供求流通中转站作用，帮助农民实现网上代购业务。

（王仲尧）

【民生保障】 年丰朝鲜族乡文化站实行对外免费开放、按时开放，鼓励村民到文化站跑步、唱歌、跳舞、看书，组织民间文艺表演团体创办群众喜闻乐见的文艺节目，丰富全乡精神物质文化生活。年丰朝鲜族乡定期开展文化市场整顿行动。对全乡范围内的图书、印刷、零售等文化市场进行排查，杜绝文化垃圾的泛滥，阻止“黄非”事件发生，净化文化市场。2022年12月，年丰朝鲜族乡修建了“年丰朝鲜族乡职工之家”，安装了乒乓球台与各类健身设备，配备军棋、象棋、围棋等棋类，为职工业余时间提供乐趣。年丰朝鲜族乡完成低保、特困、高龄、残补、失能、孤儿等资金发放工作，完成发放初审审批，实现人员动态管理，保证资金发放及时、公开、公正。2022年末，年丰朝鲜族乡共275户、410人享受农村最低生活保障。有82户、101人享受城镇最低生活保障，102人领取农村高龄津贴，10人领取城镇高龄津贴，有特困供养27人，有168人领取残疾人生活补贴，有112人领取残疾人护理补贴，失能卧床老人3人，孤儿生活费补助5人。年丰朝鲜族乡全年发放临时救助金114950元。全年全乡贫困劳动力向外省转移人数达34人，建档立卡公益岗位贫困劳动力就业有71人。年丰朝鲜族乡为辖区内68位下岗职工发放补贴，其中，续保41人、退休27人、新增1人。通过政府担保，农村商业银行铁力支行对年丰朝鲜族乡符合标准的59户脱贫户放出每户5000元的免息帮扶贷款，共29.5万元。脱贫户通过贷款与年丰朝鲜族乡金海粮合作社签订种植水稻合同，每年获取300元的分红。

（王仲尧）

【招商引资助力乡村振兴】 2022年，年丰朝鲜族乡招商3家企业入驻，分别是铁力永枫食品有限公司、年丰浩源水泥制品厂和铁力王林家庭农场，引资3000万元。其中，铁力永枫食品有限公司落户永丰村，租赁永丰村集体资产厂房作为厂址，为永丰村的剩余劳动力提供就业岗位，增加村集体收益。浩源水泥制品厂在东河村落户，厂址在东河村北部，主要生产销售水泥预制件。王林家庭农场落户凌云山村四组，租赁村内场地，每年向凌云山村上交租金，主要业务为养殖肉牛。2022年末，共有肉牛103头。

（王仲尧）

【“萌宠部落”旅游项目】 萌宠部落项目距铁力市区6千米，占地面积7260平方米，总投资2345万元。项目分两期进行建设，一期投资945万元，二期投资1400万元。项目于2021年9月24日竣工并正式投入使用。2022年末，项目整体装配15套民宿，其中，可供住宿13处（另有接待中心、餐厅各1处），共有22个床位（8张大床、14张单人床），最多可同时入住30余

2022年8月，铁力市年丰朝鲜族乡萌宠部落

（铁力市年丰朝鲜族乡供图）

人。房间内设有卫生间，提供24小时热水沐浴。萌宠部落项目配套建设网红桥、光影蹦蹦云、3D投影、水幕秋千、荧光跷跷板、动感光波等娱乐设施。项目运营后累计接待游客10万余人。线上途礼商城铁力模块提供售卖商品4种，分别为老谷头长白山五味子茶、九鑫山珍蓝莓干、黑龙江铁力大米和蒲公英根茶。项目二期于2022年12月竣工，占地面积11000平方米，投资1400万元，建设内容为装配式民宿房屋7栋、改造民房7栋以及其他旅游配套设施。

（王仲尧）

【春伊小筑特色民宿】 春伊小筑民宿项目总投资800万元，年利润达100万元。春伊小筑民宿总面积8万平方米，有客房20间，可容纳60人同时居住；有餐饮区1处，总面积1000平方米，可容纳200人同时就餐。春伊小筑民宿是集餐饮住宿、休闲娱乐、商业洽谈、商品销售于一体的多功能旅游度假胜地。内设休闲垂钓区，并会定期举行篝火晚会。

（王仲尧）

【年丰朝鲜族乡仓储库项目】 年丰朝鲜族乡云山村粮食仓储建设项目总投资755万元。新建水稻烘干塔（500吨）、占地4500平方米的9米高钢结构仓储库用房和1万平方米的硬化场地。2022年末，完成基础施工和仓储库地面完成。年丰朝鲜族乡爱民村金海粮米业建设项目总投资875万元，新建9米高钢结构仓储库用房6000平方米；专业水稻烘干塔（500吨）1处；硬化场地9000平方米。年丰朝鲜族乡长山村家乡米业建设项目总投资450万元，新建占地4000平方米的9米高钢结构仓储厂房1处，硬化场地6000平方米。

（王仲尧）

【铁力首家手撕大火腿厂投产运营】 2022年9月30日，铁力永枫食品有限公司即铁力市第一家手撕大火腿厂正式投产运营。公司以租赁村级帮扶资产的方式落户永丰村，每年可增加村集体收益3万元，雇用永丰村村民6人，每人月工资3000元以上。同时以临时用工等方式带动脱贫户，每年可增加工资收入5万元以上，永枫食品项目为村民提供劳动收入，有效巩固脱贫成果，助力乡村振兴。

（王仲尧）

2022年9月30日，铁力永枫食品有限公司正式投产运营，图为铁力市生产的手撕大火腿

（铁力市年丰朝鲜族乡供图）

## 王杨乡

【概况】 王杨乡位于铁力市区西9千米处，辖区面积264平方千米，下辖9个村、25个自然屯、16个村集体合作经济组织和1个居民委。2022年全乡农业总产值达6026万元，耕地面积8179.31公顷（旱田955.41公顷、水田7223.89公顷），林地面积405.74公顷，养殖水面262.07公顷，绿色水稻面积4000公顷、有机水稻100公顷，平贝种植面积59.67公顷。境内有1所春光林场。2022年王杨乡落实能力作风建设，开展8次“解放思想、振兴发展”专项研讨，撰写、收集研讨材料70篇，开展相关学习、宣讲55次；开展领导干部“走流

程”“四最”活动，深入脱贫户、普通农户家中进行各类政策宣讲37次。

（倪繁泽）

【农业】 王杨乡种植业以水稻、大豆、玉米为主。2022年，种植面积共8180公顷，其中，大豆种植面积660公顷、玉米种植面积293.33公顷、水稻种植面积7226.67公顷。绿色水稻、有机水稻种植面积分别达到4000公顷和100公顷，占水稻种植面积的56.7%。平贝种植面积59.67公顷、人参种植面积64公顷。全乡生猪存栏1571头、牛存栏468头、羊存栏545只、蛋鸡存栏2.4万只；生猪出栏2271头、牛出栏260头、羊出栏561只、鸡出栏1.7万只。农村宅基地总宗数4068宗，面积460.93万平方米；新增市县级示范合作社1家，省市县级示范家庭农场7家；颁发土地确权登记证书3429本，完成率94.4%。根据王杨乡黑土耕地的地形特征、自然条件及农业生产实际等因素，将黑土耕地划分为旱田和水田2个类型区。旱田类型区重点推广“一翻两免”（“一翻”：秋季玉米收获后，秸秆粉碎长度不超过10厘米，均匀抛撒田间，用大型拖拉机带翻转犁进行全量秸秆翻埋还田，耙后起垄，春季垄上精量播种作业；“两免”是在前茬玉米秸秆全量还田基础上，采取连续两年免耕原垄卡种，从第四年开始循环耕种）为核心的保护性耕作制度，提倡“三三制”轮作（指一块耕地上平均种植3种作物，不同年份会采用轮作制，交换种植作物，以培养土地肥力和减少病虫害），允许实行“二二制”轮作，形成合理的轮作模式，基本改变以玉米为主的连作、重迎茬状况。对水田类型区采取秸秆翻埋、秸秆还田、施用有机肥、农田防护林建设等综合措施，有效保护黑土地。在农民农业培训方面，王杨乡采取网络培训与线上咨询的方式，网上培训咨询2000余人次，线上培训8课时，培训900人次。2022年，王杨乡有收割机623台、拖拉机1787台、抛洒器372台、旋耕机1015台、打浆机413台、插秧机572台、播种机、犁142台、小犁106台。

（倪繁泽）

【工商业】 王杨乡坚持一二三产业融合发展，因地制宜发展特色产业和乡村服务业。红旗村粮食仓储、红光村烘干仓储米业加工等产业项目获得上级资金支持。谋划储备了红旗村水稻催芽车间、建设村秸秆秧盘制造、爱林村冷藏保鲜、宏伟村肉牛养殖等项目，王杨乡发展后劲得到增强。2022年，开展务实招商和精准招商，成功引进铁力市王杨特淳酱菜厂，对接建设村秸秆秧盘厂、红光村智远二手车交易市场、红光村新能源汽车销售等招商线索，帮助企业办理相关审批手续。铁力市佳驰新能源汽车销售有限公司投资290.7万元销售新能源汽车；铁力市王杨乡特淳酱菜厂投资939.5万元，生产销售东北酸菜、农家大酱；铁力市宏桥人参种植农民专业合作社投资1867.5万元，利用41.5公顷土地种植人参。

（倪繁泽）

【基础设施建设】 2022年，王杨乡完成农村自来水集中供水建设工程，可同时满足全乡9个村用水需求；合理划分黑土耕地类型区，推进高标准农田工程、晾晒场工程等配套设施建设。结合实际，投资81.18万元完善王杨乡基础设施建设。实施爱林村、护林村水库移民建设项目，修建1690延长米砂石路；实施黑臭水体治理项目，完成火车站西侧3941.66平方米黑臭水体治理工作，并对周边排水涵管进行更换；实施护林村文化广场建设项目，建设1000平方米广场及30平方米小舞台；实施户厕维修改造工程，对辖区95户问题厕所进行整改完善。9个行政村中有2463户完成农村户厕改造，其中，水厕215户、旱厕2248户，户厕档案完成建立，全部录入户厕改造系统，验收合格率100%。对全乡共计2463户厕所进行4次“回头看”排查，组织召开乡、村两级专题会议研究落实户厕问题整改推进工作10余次，成立10组以乡主要领导为组长，分管副职为副组长的乡、村两级排查组，进行排查整改。

（倪繁泽）

【文明村屯建设】 2022年，王杨乡持续开展“除陋习树新风”主题宣讲活动，以群众喜闻乐见的形式普及文明理念，引导群众崇尚节俭、喜事新办、厚养薄葬、丧事简办、文明行事，提高群众文化素养和技能素质，推进全乡形成健康向上的社会文明新风尚。王杨乡按照有场所、有机制、有项目、有队伍、有活动的“五有”建设标准，加强新时代文明实践中心建设，盘活阵地资源，打造实践平台，组织开展农村人居环境卫生整治活动，引导村民积极参与美丽乡村建设，实现村屯环境干净、整洁、有序，村民清洁卫生文明意识得到提高。王杨乡发挥村规民约在创新基层社会治理中的重要作用，创新乡村治理新模式，建立完善村级矛盾纠纷多元化解体系，打造治理有效平安乡村。发挥党员、乡贤、志愿者模范带头作用，引导村民从乡村治理的“旁观者”变为“当事人”，逐步形成“村民事、村民议、村民管”的局面，助推乡风文明、助力乡村振兴。王杨乡坚持深度挖掘、正面引导和广泛参与的原则，发挥典型示范作用，弘扬传统美德，引导农民群众见贤思齐，营造崇德向善、文明和谐的氛围。稳步推进农家书屋、村屯文化活动室、文化活动广场等公共文化建设，常态化开展象棋赛、乒乓球赛、篮球赛和农村春晚等各类文体活动，丰富村民的精神文化生活，提高乡村文明程度，增强村民群众的幸福感、获得感和安全感。

（倪縈泽）

王杨乡长富村人居环境

（铁力市王杨乡供图）

【生态环境建设】 2022 年，王杨乡推进“河湖长制”为“河湖长治”，开展乡、村两级河湖长巡查 290 余次，河湖“清四乱”、河道采砂综合整治行动 5 次；深入实施“藏粮于地”战略，持续开展农业“三减”（指农业“减肥、减药、减水”方针）行动，开展测土配方施肥和有机肥替代化肥试验示范，加快实现畜禽粪污整治及资源化利用，粪污处理设施装备配套达到目标要求，综合利用率 85% 以上。更新更换施药机械，加强废旧农膜回收和农药包装废弃物回收处理与资源化利用。推进环境整治，常态化开展农村治理，乡村面貌颜值更高、生态环境气质更佳。严格落实“六清一修一改一建”（指清理农村积存垃圾、清理村内柴草垛、清理残垣断壁、清理村内沟塘、清理农户庭院、清理畜禽养殖粪污等农业生产废弃物、修兴参收践根培科西剂奏听复杖墙栅栏、改变影响农村人居环境的不良习惯、建立村庄清洁制度同步进行）要求，健全完善村屯环境卫生管理工作长效机制，推进村庄清洁。王杨乡建立绿化长效管护机制，完成春季绿化补植补造树木 1096 棵。以“爱国卫生月”“村庄清洁行动春季战役”为契机，组织开展集中整治活动，集中清除非正规垃圾堆放点 25 个，发放农村环境卫生整治宣传倡议书和垃圾分类指导单 4000 余份，农村生活垃圾收集率和处理率均达到目标要求。推进粪污资源化利用，对产生的粪污统一堆放，统一清理，实现粪污处理全覆盖，加强粪污分离技术指导和还田利用，改善人居环境。利用大型机械全面清理河道淤泥，平整池床，改善水域周边生态环境。清除黑臭水体淤泥后，重新注入了清水，并修复附属排水沟 800 延长米，避免雨天积水过大影响居民生命财产安全。

（倪縈泽）

【社会治理】 王杨乡建成综治中心 1 处、长富村和建设村综治工作站 2 处，12 名专业网格员全部配齐，网格管理更加规范。2022 年，开展法治宣传活动 6 次，发放宣传单 180 余份，宣传手册 90 余本，排查矛盾纠纷 18 次。实施“黑恶必除，除恶务尽”，开展扫黑、禁毒、反诈宣传活动 10 余次。坚持在重大节日、重大活动期间开展安全生产大检查，完成全乡农机具检修保养工作，排除安全隐患 18 处，实现农机安全生产“零事故”；开展 3 次对全乡 256 栋泥草房以及经营性房屋、长期无人居住房的房屋安全隐患整治排查，开展 4 次针对 2463 户水旱厕的“回头看”排查，并解决全部问题；持续落实防汛抗旱各项措施，组织开展北河村防汛应急演练。落实森林防火责任制，辖区范围内无火情火警。

（倪縈泽）

【民生保障】 2022 年，王杨乡持续关注残疾人、高龄、低保、特困、失独等弱势群体的生活情况，全年发放低保金 141.88 万元、特困金 26.10 万元、临时救助金 15.32 万元、残疾补贴 29.12 万元。完善医疗、住房等保障措施，全乡医保参保率达到 95% 以上，脱贫户全部完成参保，并为 21 名重度残疾人申请无障碍改造需要，为 44 人办理计划生育奖励扶助。王杨乡成立村未成年人保护工作站，建立“六位一体”（家庭保护、学校保护、社会保护、网络保护、政府保护、司法保护）的关爱体系，为未成年人健康成长营造良好社会环境；推进“一枚印章管审批”，承接两个批次 20 个审批事项，便民服务大厅办件量达到 2024 件。王杨乡建档立卡脱贫户 77 户 145 人、监测户 4 户 11 人，全年为脱贫户提供光伏公益性岗位 29 个，护林员岗位 11 个，户均增收1000元以上；“两不愁三保障”和饮水安全等政策均得到有效落实，农村医疗救助保障政策全覆盖，全乡未发生因病、因灾等返贫、致贫情况，脱贫成效得到巩固。

（倪櫜泽）

**【建设村获“全国先进基层自治组织”】** 建设村于2017年起探索村民自治有效形式，创新乡村治理新模式，引导动员群众参与到村级事务管理中。建立完善村级矛盾纠纷多元化解体系，打造治理有效平安乡村，2018年，被评为“黑龙江省级民主法制示范村”。建设村探索归纳出“三个一”工作法，即一张网格，建立健全网格化管理体系；一支队伍，形成党员干部、乡贤能人、志愿队伍强大合力；一个平台，充分利用微信网络平台畅通交流渠道。2022年11月28日，中华人民共和国民政部发布关于表彰全国先进基层群众性自治组织、全国优秀城乡社区工作者的决定。铁力市王杨乡建设村村民委员会获得“全国先进基层群众性自治组织”称号。

（倪櫜泽）

**【“青年之家”3·15消费者权益宣传志愿服务活动】** 为提高农户在备春耕消费当中的警惕意识，王杨乡团委组织青年志愿者在“3·15消费者权益日”开展“青年之家”3·15消费者权益宣传志愿服务活动。青年志愿者深入农户家中，对《中华人民共和国消费者权益保护法》等消费者权益保护相关知识进行宣传，通过发放消费维权宣传材料、现场解答群众消费维权问题等方式，宣传消费维权常识，倡导村民信用消费模式。共发放宣传材料200余份，接受现场问题咨询10余件。

（倪櫜泽）

**【“5·20”中国学生营业日宣传志愿服务活动】** 为引导学生建立科学的生活方式和良好的饮食习惯，增强学生体质，5月20日，王杨乡新时代文明实践所组织志愿者深入王杨乡中心学校开展“5·20”中国学生营养日宣传志愿服务活动。活动通过电子屏、向学生们分发志愿手册等多种形式，宣传营养健康对青少年身心发育的益处，提高学生食品安全知识、营养健康知识的知晓率。教师志愿者通过宣讲向学生们科普不健康食品的危害，提醒学生保持有规律的身体运动和充足的睡眠，倡导学生养成良好的生活习惯。

（倪櫜泽）

**【“我们的节日——七夕”专题读书分享交流活动】** 2022年8月4日，王杨乡红旗村发挥新时代文明实践站作用，开展“我们的节日——七夕”专题读书分享交流活动，营造书香传递、全民阅读的氛围。志愿者在红旗村农家书屋交流会上，组织村民阅读经典诗文和书籍，以及尊老爱幼、家庭和睦等典型事例，让村民们领略坚贞不渝的婚姻爱情观和优秀传统文化的魅力。读书交流活动最后，志愿者向村民分享了七夕节的由来。同时邀请村民分享经营幸福家庭的妙招，以及婚姻、家庭中容易出现的问题和解决经验。活动的开展，加深了村民对中国传统节日文化的理解，促进了家庭生活的和谐。

（倪櫜泽）

**【“禁种铲毒”联合宣传活动】** 3月16日，为做好禁种铲毒工作，打击非法种植毒品原植物行为，王杨乡禁毒工作人员联合司法所、红旗派出所和志愿者开展“禁种铲毒”联合宣传活动。宣传人员到王杨乡便民服务大厅、王杨乡重点商户、铁力市农商银行王杨支行以及公交车站点等重要场所，通过张贴海报、发放宣传单、签署承诺书等方式进行宣传。并结合实际，从毒品种类、毒品危害性、如何防御和抵制毒品等方面对群众进行讲解，让群众了解禁毒相关知识，参与全民禁毒社会化宣传工作，提升广大人民群众的识毒、防毒、反毒意识，同时鼓励群众举报非法种植毒品原植物行为。

（倪櫜泽）

# 人物·荣誉

Characters · Honors

编辑：王金辉

## 林业英雄

【马永顺】 于1914年12月8日，出生在天津市宝坻县沟头庄的一户贫苦农民家里，父母都是普通农民。1914年，正是军阀混战、民不聊生的年月，马永顺经常挨饿受冻，3岁时就和母亲沿街乞讨，8岁给地主放猪，12岁时给小业主打杂，15岁马永顺就到柳江煤矿当童工。

1932年冬天，18岁的马永顺和同庄的17名青年走上闯关东之路。他先到吉林省汪清县修林区铁路，后到黑龙江省的浩浪河、朗乡等林区当伐木工。那时候东北林区在日本侵略者的统治下，林区被称为“绿色监狱”，工人们住地窨子，穿更生布，吃橡子面。马永顺面对欺压，常常带头反抗。1934年，马永顺来到铁力南河伐木。日本侵略者注意到小兴安岭的优质红松，搞“拔大毛”式采伐，用这种选好留孬的采伐方式，严重地破坏了植被和生态。并且推行了产业扩展、国土开拓的政策，大举侵占黑龙江，1933年至1937年修通了小兴安岭南麓的绥佳铁路。仅仅五年时间，掠夺红松217万立方米。1948年，东北解放，马永顺绝处逢生，来到铁力林业局，成为第一代林业工人。

新中国成立初期，百废待兴。伊春林区成为国家建设的重要物资基地。当时，伊春林区满目洪荒，生存环境艰苦恶劣。马永顺，一心投入到林区建设中，以一把斧子一把锯转战在茫茫林海之间，为了支援国家建设。当时，伐木工使用两个人一起拉的快马子锯。这种锯笨重、费时耗力、效率低，还常常出事故。马永顺心灵手巧，把快马子锯从中间弄断，分成两截，改成一个人用的弯把子锯，提高了工作效率。试验几天，不仅不窝工，还很安全。马永顺为此干劲十足，为了按时完成任务，他在天刚放亮时就上山，天不黑不下山。当时，普通伐木工冬季采伐将近200立方米，而1948年一个冬天，马永顺采伐木材达1200立方米。马永顺1人完成6个人的工作量，创造了全国手工伐木之最。人们赞扬他“一把弯把锯，威震兴安岭”。

1949年，马永顺被选为黑龙江省林业特等劳动模范。他还是共和国的第一代伐木劳模！从这以后，他的劳动积极性更高了。在他的带动下，1949年9月15日马永顺工组成立。1951年2月26日，马永顺光荣地加入了中国共产党。

马永顺是个有英雄气概的人，加入中国共产党让他有了更大的动力，一心扑在伐木工作上。当时，新工人多，伐木方法简单，伐木场秩序也很混乱，工伤事故不断发生。马永顺就利用休息时间研究改进的方法，对自己用过的“元宝楂”“月牙楂”“对口楂”等10多种放树方法，逐个进行试验、比较，总结出一种人安全、树保险、效率高的放树方法——“安全伐木法”，很快在林区推广。1951年，马永顺又创造了“四季锉锯法”。这是根据四季的变化，木质的软硬度锉锯，使弯把锯一年四季保持锋利。马永顺创造的“安全伐木法”“四季锉锯法”“伐根降低法”促进劳动生产效率提高了35%以上，成为全国手工采伐作业的教科书。

1958年林区改变作业方式，大举向机械化迈进，集材用拖拉机，伐木使用油锯。油锯都是苏联进口，没人看得懂，没人会用。领导让马永顺做出示范，带头研究使用油锯。马永顺听说有个专家孟昭贵会用，就立即拜师学艺，很快掌握了油锯使用技术。马永顺成为了油锯伐木能手，林业局举办油锯手培训班，马永顺作为老师，又培养了大批技术熟练的伐木工人。

1954年，马永顺当选东北森林工业系统一等劳动模范，1956年出席全国先进生产者代表大会，1959年代表马永顺工组出席全国群英盛会。马永顺从此以后，担任过全国政协第二届特邀委员、全国人大第二届代表等，曾四次和毛主席握手。

20世纪50年代，马永顺为林业工人讲解“安全伐木法”

在1959年的群英会上，马永顺还受到了周恩来总理的亲切接见。当时周总理握着马永顺的手说：“你今年多大了？”马永顺说：“总理我今年46了。”总理说：“哦，46岁还是个小伙子嘛”。总理还说：“你们林业工人非常辛苦，毛主席非常关心你们。你们林业工人不仅要多采树，采好树，你们还要植树造林，争取越采越多，越采越好，青山常在，永续利用。”马永顺激动地说：“请总理放心，我一定做到。”周总理“青山常在，永续利用”的重托，成为马永顺一生不懈的追求。

从北京回来，马永顺昼思夜想的是如何实现总理的教诲，当时，他就想明白一个道理，要一边砍树，一边植树，不然小兴安岭就成了荒山。于是他计算了一下，自己在手工伐木期间，大约砍伐木材36000多棵。马永顺发誓，一定要在有生之年栽上这些树，栽的树一定要超过砍伐的树，马永顺就这样边砍边栽，也算是向大山“还债”。在春季造林的时候，他是最积极的，不仅在山场里大面积栽树，在林场前后的空地上也栽树。他说：“我伐了多少树，我就要栽上多少苗。”从此，马永顺就利用业余时间把自己砍伐的树补上。

20世纪80年代末，马永顺在建设营林所苗圃参加育苗生产

由于长期的不间断的采伐，20世纪80年代中后期，小兴安岭林区，包括伊春林区出现了两危——资源危机、经济危。当时，也正是1982年，马永顺退休，可是他看到森林资源日益枯竭，林区经济陷入危困，就心痛不已，坐立不安。他又开始计算，还差8000棵树没栽。于是，他退休不退岗，还是年年坚持上山栽树。

1991年春节，马永顺全家19口人吃团圆饭，他望着满堂儿女乐呵呵地说：“今天人全，咱们开个家庭会议。”大家都围着饭桌坐下，他说：“我上山栽树，你们心疼我，怕我累倒了，我知道你们想帮我一把。今天，咱们就把这事儿落实了，除了两个最小的孩子让你妈在家看着外，你们都跟我上山造林，不过有一条，谁也不能耽误工作，咱们利用节假日去。”儿女们都很懂事，知道栽树是父亲心中头等大事，都想尽快帮老父亲还上心愿。当年，全家老少三代16口人都跟着他上山栽树，总共栽落叶松树苗1500多株，帮马永顺在一年内把这笔“账”还完了。马永顺的愿望实现了，但他依然造林不止。他说：“我和大山许了愿，只要我身子骨不散花，就要上山造林！”他是这样说的，也是这样做的。

几年来，马永顺栽树的事，传遍了伊春林区，传遍了小兴安岭，也传向了全国。马永顺在平凡的岗位上，以非凡业绩，实现了他人生的真正价值。各级组织、各地邀请他去参加会议、作报告。各大媒体也纷纷报道马永顺的事迹，马永顺社会活动多了，名气大了，邀请他参加的活动也越来越多了，但他在栽树的季节，从不外出参加活动，从未因为外出参加活动而耽误造林。马永顺出了名之后，也从没有用自己的劳模身份，要求组织、要求领导为子女求一次情，办一件事，在林业局面临两危，深化企业改革，职工纷纷下岗的年月，他的6个子女有4个下岗，离开了工作单位。马永顺参加的活动很多，但是要借他名气搞商业活动，马永顺从来不答应，也不参加。但是，凡是有关生态环保的公益活动，马永顺常常是积极主动参加，他教育孩子们爱护野生动物，领着学生们上山挂鸟巢。他还把自己栽树编的顺口溜交给孩子们：“刨大坑、栽当中，培好土、踩实成。”马永顺总是念叨：“我们不能吃祖宗饭，造子孙孽！”今天，我们应该把马永顺的这种精神定格在现代生态文明意识。这是他的高尚灵魂的充分体现，也是一个林业工人对国家大任勇于担当的具体体现。

1991年，马永顺带领一家三代16口人上山植树造林

2000年2月10日，正值春节放假，马永顺一家人团圆在一起，正满腔热情地跟孩子们筹划当年的造林计划，一向自称身体硬朗没有毛病的马老却突患心肌梗塞，孩子们立即将他送到铁力林业局职工医院，却因抢救无效病逝，享年87岁。

时任国务院总理朱镕基、全国政协主席李瑞环、全国总工会主席魏健行打来电话表示哀悼。并向马永顺的家属表示问候。各级党组织和社会各界发来了唁电，人们纷纷怀着无比沉痛的心情挥泪送别这位敬爱的老英雄。按照老英雄的遗愿，要将骨灰埋在他日夜惦念的大山里，埋在他亲手栽下的小树旁。为此，铁力林业局在马永顺林建了马永顺陵园，造墓安葬实现了老英雄生前和大山同在的愿望。

2000年2月24日，也就是马老逝世的14天后，中共中央宣传部、全国绿化委员会、国家林业局、中共黑龙江省委在首都人民大会堂隆重举行了马永顺先进事迹报告会。时任中共中央政治局委员、国务院副总理温家宝同志作讲话，号召大力弘扬马永顺精神。全国绿化委员会、人事部、国家林业局作出“关于追授马永顺同志为林业英雄称号”的决定。

铁力林业局把马永顺营造的落叶松林命名为“马永顺林”。1998年10月，为了纪念和弘扬马永顺精神，经铁力局申报，二股营林所经伊春市批准，更名为“马永顺林场”，将铁力林业局第二中学更名为马永顺中学。

1999年5月，马永顺获得全国“五一劳动奖章”，1999年7月，获得全国十大绿化标兵。1999年，马永顺应中华全国总工会的邀请同全国百名劳模赴首都北京参加中华人民共和国50周年庆典。2009年，在庆祝新中国成立60周年期间，中央宣传部、中央组织部、中央统战部等11个部门联合开展了评选“100位为新中国成立作出突出贡献的英雄模范人物和100位新中国成立以来感动中国人物”活动，马永顺光荣当选为新中国成立以来百位感动中国人物。同时，马永顺还被中华全国总工会评选为“时代领跑者——中华人民共和国成立六十年最具影响的劳动模范”、黑龙江省60位新中国成立以来“感动龙江英才”、林都伊春杰出劳动模范等称号。伊春市委、市政府也将马永顺精神进行了高度凝练和概括：以国家需要和民族大业为己任的祖国至上精神；生命不息，植树不止，世代相传的新愚公精神；不计报酬，不为名利，埋头苦干的无私奉献精神；全心全意，尽忠竭志投身祖国林区建设的爱岗敬业精神。这就是马永顺留给我们林区儿女的一笔宝贵的精神财富。

今天，我们的绿色化转型发展如日中天，如火如荼，在这个伟大进程中，依然需要马永顺那种爱国、创业、创新、奉献的精神。因为马永顺精神既不是一个人创造的精神，也不仅仅是一个英雄创造的精神，他所体现的是一个时代的精神和价值观。在新的历史时期，我们在继承和弘扬马永顺精神的同时，要不断赋予其崭新的时代内涵，进一步激励百万林区人民敢为人先，革故鼎新，以特别能吃苦，特别能担当，特别能创新，特别能奉献的实际行动，投身到林区转型发展和创业当中，让马永顺精神一直成为推动加快林区发展、全面振兴的强大力量，也成为在座各位年轻人以及后辈代代相传的共同精神追求。

（铁力林业局公司马永顺纪念馆　张道廷）

## 全国先进个人

**【张淑霞】**　女，1975年4月出生，中共党员，铁力市人民法院铁林人民法庭庭长、审判委员会委员，一级法官。1999年9月到法院参加工作。参加工作24年以来，张淑霞始终扎根基层，工作在人民法庭，战斗在为民司法服务第一线。为充分运用张淑霞的口碑效应与人格魅力，发挥全国优秀法官的示范引领作用，把“无形的荣誉”转变为“有形的力量”，打造出立得住、叫得响、受好评的法院文化品牌。2021年6月1日，铁力市人民法院筹建成立“张淑霞法官工作室”。2022年6月1日，创新“网格+法官”

工作模式，“张淑霞法官工作室”正式进驻日月峡镇，构建“基层调解组织+法官工作室”的矛盾纠纷化解体系，为百姓解决纠纷，化解矛盾。张淑霞从事审判工作15年来，审理各类民商案件2300余件，年均办案170余件，结案率、调撤率、自动履行率、群众满意率连年位居铁力市人民法院之首。2013年7月，张淑霞担任铁力市人民法院郊区人民法庭副庭长，在工作量大幅增加的情况下，年均结案始终保持在150余件之上，远高于其他法官办案数，2019年结案259件、2020年结案180件、2022年结案323件。张淑霞曾2次荣立个人三等功，先后多次被评为优秀共产党员、全市法院系统优秀书记员、全省法院办案标兵、全省法院先进个人等称号。2018年1月，张淑霞被最高人民法院授予“全国法院先进个人”称号。2020年12月，张淑霞被最高人民法院授予的“全国优秀法官”称号。2022年5月，张淑霞获得黑龙江省高级人民法院颁发的“全省审判业务专家”和“学习型干警”称号。同年8月，张淑霞被中共中央、国务院授予“人民满意的公务员”称号。同年10月，获得黑龙江省高级人民法院颁发的“优秀机关工匠”称号。

（杨　阳）

【高建军】　男，1973年10月出生，中共党员，铁力市水务局党组书记、局长。高建军参加水务工作以来，全身心投入铁力市水利事业，通过实施重点水利工程项目，逐步完善水利基础设施建设。并在鹿鸣钼矿尾矿泄漏期间，第一时间冲在防灾第一线，立即组织人工和机械抢修，有效地阻止污水快速下泄，降低水土流失风险，获得伊春鹿鸣矿业尾矿砂泄漏应急处置先进个人。同时创新建设铁力市数字化水利平台，成为全省第一家运用水利数字化平台开展水利工作的县（市）。将水土保持监管纳入平台管理，提升水土保持遥感智能化、数字化水平。为做到有法可依，依法办事，提高执法的可操作性，河道采砂工作中谋划采用“系数招标法”和“错季采砂”方式，在规范砂石资源开采秩序，科学采砂的同时保障河流岸线生态功能。开展铁力市“水润骊城”骨干水网规划，构建防洪减灾网、供水保障网、河湖生态网、智能调控网四张网，打通国家水网“最后一公里”活动。主动与公安、检察院等部门对接，与相邻县市开展联合执法，制定联防联控协议，采用无人机航拍等方式实地开展水土保持、水域岸线联合检查，成为全省第一家开展联防联控的县（市）。创新开展市场化河道保洁工作，通过向社会购买专业化服务的方式对辖区内河流沿线河坎、河岸及河床内的垃圾进行清理。结合数字化水利平台对信息进行分层处置，推动水土保持工作向专业化、精细化、科学化迈进。同时开展“保护母亲河，我们在行动”等主题活动，增强公众对河湖保护的责任意识与参与意识，推动形成政府主导、部门联动、社会各界广泛参与的全民治水新格局。2022年，高建军带领铁力市水务局获得省级文明单位、王杨灌区获评省级标准化规范化灌区、呼兰河水利风景区获评国家级水利风景区。个人先后获得“全国水利系统‘七五’普法先进个人”和“水土保持工作先进个人”称号。

（张起峰）

【王指峰】　男，1982年出生，铁力市人民医院外一科副主任、副主任医师。2006年6月，毕业于黑龙江省佳木斯大学临床医学专业。7月入职铁力市人民医院外科。发表过国家级、省级论文9篇，分别发表于腔镜外科杂志等刊物。铁力市医疗服务共同体中心医院外一科于2010年开始有腹腔镜手术，开展的手术有腹腔镜胆囊切除术；腹腔镜疝手术；腹腔镜结、直肠癌根治术；腹腔镜胃癌根治术；腹腔镜肝囊肿去顶术和腹腔镜甲状腺癌根治术。其中，王指峰个人填补伊春地区空白技术有：重症坏死性胰腺炎经腹膜后单孔腔镜下胰腺坏死组织清除，乳腺、甲状腺、甲状舌管囊肿、大隐静脉曲张射频消融技术，普外科常见病的单孔腔镜技术应用。第二届“迈瑞杯”由中华疝与腹壁外科杂志社主办，参赛面覆盖全国卫企协疝与腹壁外科各学组单位，是一次官方发起促进青年医师交流和手技切磋的活动。腔镜疝手术视频大赛历时三年，共进行四轮比赛，在2020年12月19日进行的第一轮比赛中，王指峰与省内各大医院的腔镜高手展开了激烈的对决，最终以89.64分位列第二名。在2021年7月6日举行的北方四省（黑龙江省、吉林省、辽宁省、内蒙古自治区）的第二轮比赛当中，王指峰以总分87.9分获得第一名。2022年5月14日，在第三轮北中国区半决赛中，王指峰以88.47分位列第四。2022年7月17日，在第二届“迈瑞杯”腔镜疝手术视频大赛全国总决赛上，王指峰是唯一一名利用单孔腔镜进行比赛的选手，在规定8分钟的手术病例视频展示中，以总分89.33分的好成绩获得全国总决赛冠军。

（张晓利）

## 黑龙江省先进个人

【徐永江】　男，1964年10月出生，黑龙江省铁力市年丰朝鲜族乡爱国村生人，中共党员，大专文化。铁力市年丰朝鲜族乡爱国村党支部书记、爱国米业有限责任公司总经理、铁力市山泉农民农机农民专业合作社理事长。2000年，随着粮食市场的放开，村民出现卖粮难的问题，为解决村民卖粮难问题，经过和家人商量，借了几十万元钱成立爱国村米业加工厂，收购农民余粮。加工厂一成立后，由于加工的大米米质低、销路差，不但没有从根本上解决农民卖粮难的问题，反而影响了自己的收入，加工厂难以维持，但是徐永江没有放弃，2001年在总结经验的基础上，联系种田能手和承包大户发展订单农业，并与农业技术推广部门沟通合作，引进适合本地区生长又具有醇香口味的绿色水稻进行试验种植。同时徐永江联系农技推广部门举办科普教育培训，发放学习资料，让村民掌握科学种田知识，提升粮食产量，并逐步实现“三统一”的生产模式。即统一种植品种、统一种植模式、统一加工销售，有效提升大米品质。经过几年的努力，爱国村的水稻产业逐步向良性轨道发展，徐永东没有安于现状，又扩大经营范围，发展稻米深加工项目，订单农户遍布周边村屯。2005年，爱国米业加工厂升级为爱国米业有限责任公司。2011年，投入资金1000余万元，在原有1000平方米厂房的基础上，新建1300平方米厂房，引进新型日产150吨大米加工设备一套，新建晾晒场地6000平方米，年加工水稻达1.5万吨，年创造产值4000余万元，解决了当地2000公顷水稻的销售问题，拉动1300户农民增收致富，有力地推动了本地区水稻产业向良性轨道发展。通过创办稻米加工企业，为村里的50余位农民提供了就业岗位。2014年，徐永江组建铁力市年丰朝鲜族乡山泉农机农民专业合作社，实现大机械、规模化、合作化的农业生产，吸纳更多的村民入社分红，让农民的收入有了更加稳定的保障。铁力市年丰朝鲜族乡山泉农机农民专业合作社共集约经营水稻总面积5220公顷，吸收农民入社168户，年生产水稻6264吨，确保合作社当年组建、当年见效益。经过几年发展壮大，合作社已集约经营土地面积1万余公顷，配套建有3万公顷浸种催芽基地、200栋水稻大棚育苗基地、粮食仓储能力2万吨的仓储库和日加工能力300吨的水稻烘干塔，并配备各类大型农业机械设备71台（套），辐射作业面积3万公顷。2014年实现利润204万元。二次分红每公顷地分384.9元，每公顷土地比不入社的农民多挣1084.9元，2015年、2016年合作社实现收入超千万元，实现二次分红3000余元，实现盈余633万元，使入社农民得到实惠。2016年，合作社响应政府号召，吸纳贫困户帮扶入社，在享受合作社便利耕种条件的同时还能获得分红增加收入，合作社带动贫困户50人，每人分红2000元，共计增收10万元。2017年带动贫困户125人，每人分红2000元，共计增收25万元。2018年带动贫困户125人，每人分红2000元，共计增收25万元。2019年带动贫困户75人，每人分红1800元，共计增收13.5万元。2020年带动贫困户75人，分红10.5万元。5年以来，累计带动贫困户450人次，共为贫困户分红84万元。同时合作社还招收从土地中解放出来的贫困户到合作社打工增加收入，几年来累计带动务工人员203人，实现增收40余万元。在做好合作社工作的同时徐永江更加热心公益事业，积极参与救灾、修路、助困、助学、医疗等爱心活动及公益事业。村里的路受损出钱请人运来价值千元的石料，将路面铺平；汛期雨水冲毁农田路，徐永江就出资4000元抢修；邻村村民孩子生病，徐永江捐出4000元治病；邻村贫困村民孩子上大学，徐永江资助其2000元学费；村里的孤寡老人没人照顾，徐永江自己出资送到敬老院，让这位老人安度晚年；在新冠病毒疫情防控工作中，带头为没有及时购买春耕物资的村民代购农资，带头捐款捐物2万余元。1998年徐永江被授予铁力市劳动模范称号；并连续多年评为优秀共产党员和优秀村干部称号；2002年被授予“尊师重教好村长（书记）”称号；2011年12月被评为“黑龙江省农民创业之星”；2015年4月被评为黑龙江省五一劳动奖章；2019年9月，获得十大脱贫致富农民带头人称号；2020年1月，获得全省发展集体经济带头人；2020年12月，在2020年度全省脱贫攻坚工作中获得“奋进奖”；2022年黑龙江省第十三届劳动模范。

（王仲尧）

**【陈晓东】** 男，1974年5月出生，中共党员，专科学历。1995年毕业后到铁力市热力总公司工作。2009年6月，经企业并购，到铁力宇祥热电有限责任公司工作，陈晓东来到热电厂的核心部门运行部集控室，经过刻苦学习，虚心向老师傅请教，从基层一线做起，很快就成为全面掌握汽机、锅炉、电气专业的全能值班员，并很快地提拔为锅炉专业主任。在工作中，陈晓东对待热电工作十分善于开动脑筋，为锅炉的安全运行和节能降耗出谋划策，提出许多切实可行的合理化建议，为企业取得了很好的经济效益，是铁力宇祥热电有限责任公司的安全标兵和节能模范。在陈晓东的带领下，铁力宇祥热电有限责任公司锅炉运行部开发“机组经济运行指标竞赛”管理程序和竞赛办法，提高各班组工作的积极性，降低发电煤耗，取得了显著的经济效益。陈晓东在生产一线积累了丰富的工作经验，编写了大量的工作规程、生产案例和学习资料，指导锅炉安全生产和经济运行工作，并多次发现设备安全隐患和果断处理异常事故，避免设备损坏和异常事故的扩大，为铁力宇祥热电有限责任公司锅炉及发电机组的稳定运行发挥重要作用。备件采购周期长是个老大难问题。陈晓东就带着大家向周边热电厂交流学习，建立备件共享机制，防止发生锅炉设备无备用件可换的情况，最大限度保证供热锅炉不因没有备件长时间停炉。2021年，铁力宇祥热电有限责任公司累计供热面积达650万平方米，创历史最高纪录。为提高供热效率，陈晓东做好运行管理，带领团队精细拟合各台锅炉的功率，绘制理论供热数据图表，通过集控单炉能效分析，对单炉各性能指标进行逐月对比，掌握每台锅炉性能、健康水平，实现单台锅炉效益最大化。2011年，铁力宇祥热电有限责任公司建设二热源分厂，公司员工连续四个多月没有休息，陈晓东自掏腰包请员工吃烧烤、看电影，帮着大家缓解压力。逢年过节，陈晓东都主动提出值班，让离家远的同事回家过节。陈晓东先后获得铁力宇祥热电有限责任公司“杰出员工”“先进车间”“劳动模范”；伊春市劳动模范等诸多称号；2022年获得黑龙江省第十三届劳动模范。

（铁力宇祥热电有限责任公司）

【赵建佳】 男，1988年出生，中共党员，铁力市法院司法警察大队大队长。2015年1月参加工作。2016年，赵建佳代表黑龙江高级人民法院法警总队参加首届全国司法警察技能大比武，在全国320名参赛选手中取得个人1000米全装跑第六名的好成绩，被省高院荣立个人二等功，被伊春中院荣立个人三等功。2017年9月，代表铁力市人民法院到北京首都机场接受安检职业技能资格考试，并顺利通过考试，回到单位后，将所学内容倾囊相授，为伊春地区各法院的安检技能水平提高作出贡献。2018年11月，在全国法院司法警察教练员教学技能竞赛中，获得警务技能组二等奖。几年来，在省高院司法警察总队组织的司法警察首授培训班、安全检查管理人员培训班、教练员骨干培训班担任指挥员、教练员、讲师，为全省法院司法警察警务技能的提升做出重大贡献。赵建佳先后被最高人民法院授予全国法院先进个人称号；全国司法警察教练员教学技能竞赛二等奖；被黑龙江省高级人民法院记个人二等功1次；授予“优秀机关工匠”称号；被伊春市中级人民法院记个人三等功2次；授予优秀司法警察称号；“践行‘两学一做’，做合格司法警察”演讲比赛中获二等奖；2020年、2021年、2022年连续3年被评为全市优秀公务员；2021年被铁力市授予政法队伍教育整顿“最美政法干警”称号；2022年被黑龙江省高级人民法院授予“优秀机关工匠”称号。

（杨　阳）

【韩玲玲】 女，1975年出生，大学本科学历，铁力市人民法院立案庭庭长。韩玲玲自参加工作以来，以高度负责的态度认真对待每位当事人的诉求，对他们反映的问题及时处理和答复。经常利用自己的休息时间撰写法律文书等。在新冠疫情时期，韩玲玲能够积极主动提出到小区值班，在串休时又回到单位开展网上办案，做到防疫与审判工作两不误。2021年7月份自民一庭调入立案庭工作，深知自己在立案方面的业务能力还有所欠缺，于是努力学习相关业务知识，使自己能够尽快进入角色。韩玲玲对每一位来立案、咨询的当事人都会严肃认真地对待，以为民、便民、利民作为工作的出发点和落脚点，在立案工作中为当事人提供优质的诉讼服务。韩玲玲自2018年至2022年共审理各类民事案件610件，审结案件数量在铁力市法院名列前茅。2015年2月，韩玲玲被伊春中院评为办案能手；2016年2月，被伊春中院评为调解能手；2017年2月，被伊春中院评为办案能手；2018年2月，被伊春中院评为调解能手；2019年2月，被伊春中院评为调解能手；2020年5月，被伊春中院评为调解标兵；2021年3月，被伊春中院评为调解能手；2022年2月，被黑龙江省高级人民法院表彰为全省法院办案质效百强法官。

（杨　阳）

【李国彬】 男，1968年出生，中共党员，铁力市人民医院外一科主任。同时李国彬是中国医师协会微无创专业委员会单孔腹腔镜委员会委员、中华全科医师学会黑龙江内镜微创保胆专业委员会常务委员、第四届中西结合普外专业委员会副主任委员、黑龙江省医学会外科学分会疝和腹壁外科学组副主任委员、黑龙江省抗癌协会肿瘤心理学专业委员、黑龙江省医师协会肛肠外科专业委员会秘书和伊春市医学会肿瘤外科学分会副主任委员。1989年毕业于牡丹江医学院放射医学专业，2001年5月入职铁力市人民医院外科医生。李国彬作为伊春区域内普外科专家，年均主刀手术1000余例，并定期参与各种疑难病例会诊，同时还会参与大型义诊活动。先后在国家级、省级发表论文18篇，论著2部。从医33年期间，潜心研究，积极探索，积累丰富临床经验，能够熟练掌握普外科诊疗常规，擅长肝癌肝段切除术；肝血管瘤切除术；能独立完成胰头十二指肠切除术；甲状腺癌扩大根治术，胃癌根治全胃切除术，膜后巨大肿瘤切除术；胆囊小切口切除术；门脉高压门奇断流术；重症胰腺炎被膜切开坏死组织清除引流术。在微创领域取得非凡成就，尤其是单孔腹腔镜手术，得到国内、省内专家普遍认可，有多项新技术填补中心医院、伊春地区乃至省内空白。开展项目有单孔腹腔镜胆囊切除术；单孔腹腔镜疝手术；单孔腹腔镜结直肠癌根治术；单孔腹腔镜胃癌根治全胃切除术；单孔腹腔镜肝囊肿去顶术；单孔腹腔镜肝癌肝段切除术；单孔腹腔镜甲状腺癌根治术和单孔腹腔镜门体断流术等。2018 年 12 月，去往中国“台湾中山大学”进行讲学。于 2019 年 9 月，去往吉尔吉斯斯坦，在上海合作组织医院合作联盟成员（第二届）受邀分享单孔腹腔镜手术在普外科的应用进行讲学。分别在大连、沈阳、长春及哈尔滨进行讲学及手术演示。在黑龙江省率先推广单孔腹腔镜技术，多次、多地域进行讲学及手术演示。李国彬带领的单孔腹腔镜团队在全国性腹腔镜手术视频大赛上屡屡获奖。2022 年，李国彬两次作为主讲嘉宾参加单孔腹腔镜腹股沟疝手术—争议与共识学术论坛；参与编制由中华医学会外科学分会疝与腹壁外科学组、中华医学会外科学分会腹腔镜与内镜外科学组主导，主任医师吴卫东牵头执笔《单孔腹腔镜腹股沟疝手术专家共识》，李国彬也是参编专家中唯一的一位二级医院医生。同年 8 月 19 日，李国彬在黑龙江省庆祝第五个中国医师节暨第二届“龙江名医”表彰大会上，获得“龙江名医”称号。

（张晓利）

【孙启成】 男，1988 年出生，中共党员，铁力大众广告传媒有限公司业务经理、黑龙江省伊春市铁力市爱心志愿者家园服务队队长。2014 年 5 月，孙启成组建铁力市爱心志愿者家园志愿服务队，服务队是一支由民间爱心人士自发组建成立的公益性社会组织，其下设预备组、正式组、党员先锋志愿服务队、青年志愿服务队、爱心车队。服务队累计开展志愿服务活动 6800 余小时，注册志愿者人数 390 人。作为铁力市爱心志愿者家园志愿服务队队长，多年来组织参与阳光助学、环保公益、关爱老人、爱心募捐和资助特困家庭等 1100 余次义务志愿活动，组织参加志愿者 3 万余人次，累计服务群众 10 万余人，个人累计志愿服务时长达 1600 小时，在龙江志愿平台获 5 星级志愿者称号。孙启成长期组织爱心志愿者帮助、关爱社区的孤寡老人和残障人士，每逢节日，组织团队志愿者为老人们送去节日慰问品，帮助他们打扫卫生、洗衣服、包饺子，为老人免费理发、测量血压，用心用情与老人们度过每一个重要的节日。从 2014 年开始，孙启成还建立“爱心助考服务站”，组织爱心车队免费接送高考学子，在高考现场设立服务站，免费为高考学子提供饮用水和临时入场休息点。在每年的国际儿童节这天，都会组织团队的爱心商家前往铁力市年丰朝鲜族乡中心学校、工农乡中心校等乡村学校，开展关爱贫困留守儿童志愿服务活动，为留守儿童免费理发、捐赠衣物、课外读物、文化学习用品等。自 2021 年开始，每年冬季都组织爱心商家来到铁力市特殊教育学校为孩子们捐赠过冬的棉衣棉鞋和学习用品，多年来共帮助特殊学生、贫困留守儿童近千名，累计捐赠物资 10 万余元。2021 年 8 月，带领团队志愿者与铁力市检察院共同签署观护帮教协议，加强对涉罪未成年人的教育、感化和挽救，使其在家庭、社会、司法机关的共同关心帮助下，增强法治观念，提高遵纪守法、遵守社会公德的意识，自觉接受教育矫正。为改善的家乡卫生环境，孙启成多次组织团队志愿者齐聚广场、公园等地，开展“健康出行”“爱护环境，从我做起”街道治理等环保服务活动。孙启成先后获得 2018 年伊春市“志愿服务贡献个人”、2019 年度伊春市“岗位学雷锋标兵”、2019 年最美铁力人、2022 年“第十届黑龙江省优秀青年志愿者”、2022 年度全省志愿服务“五个 100”先进典型宣传活动中，被评为优秀志愿者。

（铁力市爱心志愿者家园服务队）

## 先进集体

【全国先进集体】 2022 年，铁力市推进各项事业高质量发展，全年获得国家级先进集体称号 26 个，标志着铁力市在全各项领域取得的突出成绩。

表 21　2022 年铁力市获得国家级先进集体一览表

| 序号 | 荣誉名称 | 颁发部门 |
|---|---|---|
| 1 | 国家现代农业产业园 | 农业农村部、财政部 |
| 2 | 第三批国家农业绿色发展先行区 | 农业农村部 |

续表21

| 序号 | 荣誉名称 | 颁发部门 |
| --- | --- | --- |
| 3 | 2022年国家乡村振兴示范县 | 国家乡村振兴局、农业农村部 |
| 4 | 全国精神文明创建先进集体（工农乡） | 中央文明委 |
| 5 | 全国文明村镇（工农乡新兴村、工农乡兴隆村） | 中央文明委 |
| 6 | 全国文明校园（六小学） | 中央文明委 |
| 7 | 河长制湖长制工作拟激励市县 | 水利部 |
| 8 | 第二十批国家水利风景区 | 水利部 |
| 9 | 三北工程科学绿化试点县 | 国家林草局 |
| 10 | 全国绿化先进集体（林草局） | 人社部、国家林草局 |
| 11 | 全国林业草原防火先进集体（林草局） | 国家林草局 |
| 12 | 全国农产品成本调查工作先进集体（发改局） | 国家发改委 |
| 13 | 全国第一批农技协科普教育基地（科协） | 国家农技协 |
| 14 | 中国流动科技馆项目优秀单位（科协） | 中国科协 |
| 15 | 第二批全国科普示范县 | 中国科协 |
| 16 | 交警大队全国优秀公安基层单位（公安局） | 公安部 |
| 17 | 全国县域共青团基层组织改革扩大试点 | 团中央 |
| 18 | 全国未成年人保护示范县 | 民政部 |
| 19 | 全国先进基层群众性自治组织（王杨乡建设村） | 民政部 |
| 20 | 全国城市一刻钟便民生活圈第二批试点 | 商务部 |
| 21 | 国家知识产权强县建设试点示范县 | 国家知识产权局 |
| 22 | 全国老龄系统先进集体（市卫健局） | 人社部、国家老龄委 |
| 23 | 全国乡村治理示范村（王杨乡建设村） | 省农村工作领导小组办公室 |
| 24 | 第二批全国乡村治理示范村（双丰镇前进村） | 省农村工作领导小组办公室 |
| 25 | 2022年全国水稻绿色高质高效行动示范县 | 省农业农村厅 |
| 26 | 2022年全国秸秆综合利用试点县 | 省农业农村厅 |

（资料来源：中共铁力市委办公室）

**【黑龙江省先进集体】** 2022年，铁力市在农业、经济、文化、教育、科技等方面在黑龙江省取得突出成绩，获得黑龙江省级县级集体称号31个。

### 表22　2022年铁力市获得黑龙江省级先进集体一览表

| 序号 | 荣誉名称 | 颁发部门 |
| --- | --- | --- |
| 1 | 2022年全省稳粮扩豆行动县 | 省农业农村厅 |
| 2 | 全省乡村治理体系建设试点县 | 省农村工作领导小组办公室 |
| 3 | 全省乡村治理体系建设试点乡镇（工农乡） | 省农村工作领导小组办公室 |
| 4 | 全省乡村治理体系建设试点村（双丰镇前进村） | 省农村工作领导小组办公室 |

续表 22

| 序号 | 荣誉名称 | 颁发部门 |
|---|---|---|
| 5 | 全省农村人居环境整治提升先行县 | 省农村工作领导小组办公室 |
| 6 | 2022 年全省耕地轮作试点县 | 省农业农村厅、省财政厅 |
| 7 | 省农产品质量安全星级监管站创建试点（桃山镇、年丰朝鲜族乡、王杨乡） | 省财政厅 |
| 8 | 龙江居民省级试点村（工农乡北星村） | 省农村人居环境整治办公室 |
| 9 | 第五批省级现代农业产业园 | 省农业农村厅 |
| 10 | 省级文明校园标兵（市一中、马永顺中学、五小学）、省级文明校园（一小学、四小学、十小学） | 省文明委 |
| 11 | 省级文明单位标兵(检察院、税务局、市监局)、省级文明单位(水务局、住建局、民政局) | 省文明委 |
| 12 | 省级文明村标兵（双丰镇光明村）、省级文明村（桃山镇长丰村、工农乡北星村） | 省文明委 |
| 13 | 省级文明家庭（铁力镇向阳社区张学堂家庭、王杨乡红旗村李凤玲家庭） | 省文明委 |
| 14 | 全省志愿服务“五个100”先进典型优秀志愿服务社区(桃山镇振兴社区、桃山镇政通社区) | 省精神文明办 |
| 15 | 全省党建引领“强乡赋能”改革试点乡镇（双丰镇） | 省委组织部 |
| 16 | 全省党建引领乡村治理试点县 | 省委组织部 |
| 17 | 全省基层党建示范点（公安局、司法局、骊安客运有限公司、四小学） | 省委组织部 |
| 18 | 省级标准化规范化灌区 | 省水利厅 |
| 19 | 全省 2022 年度村庄绿化示范村（神树镇石长村、神树镇五龙山村） | 省林草局 |
| 20 | 增补全省 2022 年度村庄绿化示范村（双丰镇东方红村） | 省林草局 |
| 21 | 省乡村旅游重点镇（年丰朝鲜族乡） | 省文化和旅游厅、省发展改革委 |
| 22 | 博物馆第四批全省关心下一代教育基地 | 省关工委 |
| 23 | 政工督查大队全省公安政治工作先进集体（公安局） | 省公安厅 |
| 24 | 全省青年发展型城市试点县 | 团省委 |
| 25 | 全省“暖心医疗服务”优秀医院（医共体） | 省卫生健康委 |
| 26 | 省实施妇女儿童发展规划先进集体（妇联） | 省妇联 |
| 27 | 全省未成年人保护示范县 | 省民政厅 |
| 28 | 县域商业建设行动支持示范县 | 省商务厅 |
| 29 | 省知识产权铁力维权援助先进工作站 | 省知识产权局 |
| 30 | 全省第七次人口普查先进集体（统计局） | 省政府 |
| 31 | 创建省级民族团结进步示范乡镇（年丰朝鲜族乡） | 省民宗委 |

（资料来源：中共铁力市委办公室）

# 附　录

Appendixes

# 2022年铁力市组织机构及负责人名单

## 中国共产党铁力市委员会

书 记 陈 岩
副书记 吕晓光
王东海
常 委 陈 岩
吕晓光
王东海
陈 涛
尹冬钢
刘铁力
李 严（挂任）（8月任）
栾 皓
杜 微（女）（任至7月）
张淑琳（女）（7月任）
姚佳宇
黄 亮
郝立国

**市委办公室**
主 任 孟维东

**市委组织部**
部 长 尹冬钢
副部长 刘明辉
高 刚
刘晓燕（女）

**市委宣传部**
部 长 杜 微
（女）（任至7月）
张淑琳（女）（7月任）
常务副部长
肖民弼
副部长 王甲男（女）
孙向东
（挂任）（任至12月）
陈丹丹（女）（12月任）

**市委政法委员会**
书 记 姚佳宇
常务副书记
计 岩（任至7月）
副书记 任 利
裴海军
刘治鹏
王春莉（女）

**市委统战部**
部 长 郝立国
副部长 杨伟明
田祥龙（任至4月）
朱心慧（女）（7月任）
赵 蕾（女）（挂任）

**市直属机关工作委员会**
书 记 高 宇

**市委机构编制委员会办公室**
主 任 董铁松（任至12月）
韩淑艳（女）（12月任）

**市委网络安全和信息化委员会办公室**
主 任 孙向东

**市信访局**
局 长 赵金良（任至2月）
主持工作
罗永欣（2月任）

**市委党校**
常务副校长
张青春

**市档案馆**
馆 长 仇文静（女）

**市老干部服务中心**
主 任 衡 雪（女）（满）

## 铁力市人民代表大会

党组书记、主 任
郭春光
副主任 孙力艳（女）
党组副书记、副主任
赵 亮
王跃军
史家明
党组成员
程 亮
常 委 于 敏（女）
王存海
吕 众
多向宇
刘振生
孙晨丹（女）
李凤波
李 君
李 松
杨洪华
肖民弼
张洪海
张宪玲（女）
秦红梅（女）
铁金凤（女）
徐垚鑫（女）
韩 斐（女）
程 亮
任志勇（任至3月）
杜继红（女）（任至9月）
陈丹丹（女）（任至3月）
周靖欣（女）（任至12月）

**人大常委会办公室**
主 任 程 亮

**人事工作委员会**
主 任 于 敏

**财政经济工作委员会**
主 任 李凤波

**法制工作委员会**
主 任 吕 众

**社会建设委员会**
主任委员
韩　斐
**教育科学文化卫生工作委员会**
主　任　李树光（3月任）

## 铁力市人民政府

党组书记、市长
吕晓光
党组副书记、副市长
刘铁力
副市长　栾　皓
党组成员、副市长
任　利
李宏杰
许志坚（任至7月）
李　兵（女）
王卿江
赵晓光（7月任）
副市长　李　严（挂任）（8月任）
**市政府办公室**
党组书记、主　任
刘鑫宇
**机关事务服务中心**
主　任　刘喜勇（任至12月）
**市公安局**
党委书记、局　长
任　利
党委副书记、政　委
徐进军（2月任）
党委委员、副局长
李司农（任至2月）
姜文浩
徐进军（任至2月）
吴　琼（女）（2月任）
李为才（2月任）
王子涛（9月任）
党委委员、政工监督室主任
吴　琼（女）（任至2月）
党委委员
马玉滨
孙永强
副局长　刘宏新（3月任）
政工监督室主任
宋立君（2月任）
反恐专员
李司农（2月任）
**市发展和改革局**
党组书记、局　长
王　宇
**市工业信息科技局**
党组书记
汪吉坤（任至7月）
计　岩（7月任）
局　长　娄春阁（任至7月）
计　岩（7月任）
**市财政局**
党组书记、局　长
刘士东
**市自然资源局**
党组书记、局　长
高　阳（女）
**市林业和草原局**
党组书记、局　长
谭宏建
**市人力资源和社会保障局**
党组书记、局　长
张超众
**市教育局**
党组书记
裴　昊
局　长　代铁欧（女）
**市文体广电和旅游局**
党组书记、局　长
张秋慧（女）（任至2月）
周兆君（2月任）
**市司法局**
党组书记、局　长
陈利军
**市住房和城乡建设局**
党组书记、局　长
赵　月（任至10月）
田　玲（女）（10月任）
**市交通运输局**
党组书记、局　长
张正刚
**市农业农村局**
党组书记、局　长
赵晓光（任至8月）
律国峰（8月任）
**市乡村振兴局**
局　长　田　玲（女）（任至10月）
律国峰（10月任）
**市审计局**
党组书记、局　长
付景玉
**市统计局**
党组书记、局　长
石绍发（任至2月）
刘文涛（2月任）
**市水务局**
党组书记、局　长
高建军
**市民政局**
党组书记、局　长
邹绩鑫（女）
**市退役军人事务局**
党组书记、局　长
那伟斌（满）
**市医疗保障局**
党组书记、局　长
于兴桃（女）
**市卫生健康局**
党组书记、局　长
康恒鹏
**市医共体中心医院**
党组书记
史家明
主持工作
刘国安（任至12月）
院　长　杨洪华（12月任）
**市应急管理局**
党委书记、局　长
王跃成

**市市场监督管理局**

党组书记、局　长

赵金良（2月任）

**市营商环境建设监督局**

党组书记、局　长

黄　亮

**市国有资产投资工程代建服务中心**

党组书记、主　任

冯乃斌

**广播电视服务中心（融媒体中心）**

主任、广播电视台台长

金憬鹏

**市招商引资服务中心**

主　任　赵　华（女）

**市供销合作社联合社**

党组书记、主　任

李　莹（女）

**市智慧城市建设指导中心**

党组书记、主　任

张　伟

**黑龙江铁力经济开发区管理委员会**

党（工）委书记、主　任

郝立国

## 中国人民政治协商会议铁力市委员会

党组书记、主　席

徐利明

党组副书记

郝立国

副主席　娄春阁（任至7月）

代铁欧（女）（任至12月）

党组副书记、副主席

赵　月

徐海英（女）（10月任）

常　委　于永丰

万宝华（女）

马洪斌（回）

王国瑛

卢　金

史祖林

朱　严

朱雅芳（女）

刘　鑫

刘月明

刘国安

孙　丽（女）

李　伟

李楠楠（女）

辛　勇（女）

汪　淳（女）（满）

张楚嘉（女）

陈光辉

金　玲（女）（朝鲜）

赵　蕾（女）

徐建新

高　刚

郭秀梅（女）

彭　菊（女）（回）

臧春莲（女）

衡　雪（女）（满）

**政协办公室**

秘书长　李沛龙

主　任　苏艳杰（女）（任至2月）

徐海英（女）（10月任）

**提案和文化文史学习委员会**

主　任　卢　金

**社会法制民族宗教委员会**

主　任　万宝华（女）

**科教卫体委员会**

主　任　王国瑛（任至9月）

吴　迪（9月任）

**农业农村委员会**

主　任　祖立柱

**经济对外联络委员会**

主　任　张成宇

## 纪委　监委　法院　检察院

**中国共产党铁力市纪律检查委员会**

书　记　陈　涛

副书记　赵振雷

荣　刚

常　委、委　员

李　铁

于文宇

张海峰

委　员　李志达（任至8月）

孙力双（8月任）

王子侨

**铁力市监察委员会**

主　任　陈　涛

副主任　赵振雷

荣　刚

委　员　李　铁

于文宇

张海峰

李志达（任至8月）

孙力双（8月任）

王子侨

**铁力市人民法院**

党组书记、院　长

刘治鹏

党组成员、副院长

王　雷

王兆涛

党组成员

冯丽萍（女）（任至2月）

高振兴（2月任）

赵雪伟（2月任）

党组成员、审判委员会专职委员

刘铁军（2月任）

魏学宇（3月任）

副院长　陈　威（女）

**铁力市人民检察院**

党组书记、检察长

裴海军

党组成员、副检察长

刘宏新（任至3月）

党组副书记、副检察长

孟凡颖（满）（4月任）

那　勇（满）

党组成员

王伟业

检委会专职委员、副科级检察员

王学英

党组成员、政治部主任

郭　东

检委会专职委员

王　丽（女）

## 群众团体　民主党派

**市总工会**

党组书记

赵文宇

主　席　王跃军

**中国共产主义青年团铁力市委员会**

书　记　丁恺琦（女）

**市妇女联合会**

主　席　周靖欣（女）（任至8月）

李　睿（女）（8月任）

**市残疾人联合会**

理事长　刁红丽（女）

**市工商业联合会**

党组书记

赵　蕾（女）

主　席　孙力艳（女）

**市科学技术协会**

主　席　孙　丽（女）

**市计划生育协会**

常务副会长

张俊杰（任至2月）

石绍发（2月任）

**市红十字会**

常务副会长

李永春

**市文学艺术界联合会**

主　席　孙秀荣（女）（任至2月）

李倩影（女）（2月任）

**民盟铁力支部委员会**

主任委员

张昶龙

**民建铁力支部委员会**

副主任委员

卢　金

**民进铁力支部委员会**

主任委员

代轶欧（女）

## 中直、省直、伊春市直单位

**铁力火车站**

书　记　李东波

**市消防救援大队**

大队长　李荣宝

**市邮政分公司**

总经理　巴德刚

**中国联合网络通信有限公司铁力市分公司**

总经理　吴锦元

**中国移动通信有限公司铁力分公司**

总经理　陈　艳（女）

**中国电信集团有限公司铁力分公司**

总经理　李贵滨

**国网黑龙江省电力有限公司铁力供电公司**

经　理　杨洪森

**中国石油天然气股份有限公司铁力经销处**

经　理　周　明

**铁力中裕燃气有限公司**

经　理　张习睿

**市烟草专卖局**

局　长（经　理）　王海利

**市税务局**

党委书记、局　长

解付华

**市气象局**

局　长　南极月

**伊春市铁力生态环境局**

党组书记、局　长

于新海

**中国人民银行铁力支行**

党组书记、行　长

曹立全

**中国银行铁力支行**

行　长　李全芝（女）

**中国工商银行铁力支行**

行　长　张陆鹏

**中国农业银行铁力支行**

行　长　刘大民

**中国农业发展银行铁力支行**

行　长　崔洪友

**中国建设银行铁力支行**

行　长　冯立平

**中国邮政储蓄银行铁力支行**

行　长　王云霞（女）

**龙江银行铁力支行**

行　长　马海英（女）

**黑龙江省铁力农村商业银行股份有限公司**

理事长　任大志

**哈尔滨银行铁力支行**

行　长　陈向玮（女）

**中国人民财产保险股份有限公司铁力支公司**

经　理　李　凯

**中国人寿保险股份有限公司铁力支公司**

经　理　李海涛

**中国太平洋人寿保险股份有限公司铁力支公司**

行政副经理

马　英

**中国平安保险（集团）股份有限公司铁力支公司**

经　理　张宗宇

**江海证券有限公司铁力营业部**

负责人　任玉双

**黑龙江广播电视网络股份有限公司铁力分公司**

总经理　周成友

## 乡　镇

**铁力镇**

党委书记

孙　强

镇　长　刘建微

**双丰镇**

党委书记

律国峰（任至8月）

王　鑫（满）（8月任）
镇　长　施晓明（2月任）

**桃山镇**

党委书记
高明达（3月任）
镇　长　高明达（任至3月）
龚兴波（6月任）

**神树镇**

党委书记
方　宁
镇　长　梁先宝

**日月峡镇**

党委书记
王东海
镇　长　李　兵（女）（任至8月）
周靖欣（女）（8月任）

**王杨乡**

党委书记
刘海宽（任至12月）
张秋慧（女）（12月任）
乡　长　张秋慧（女）（2—12月）
刘　洋（12月任）

**年丰朝鲜族乡**

党委书记
王存海
乡　长　金洪刚（朝鲜）

**工农乡**

党委书记
王　鑫（满）（任至8月）
李　兵（女）（8月任）
乡　长　郑　岩

（资料来源：中共铁力市委组织部）

# 重要文件辑目

**表23　2022年中共铁力市委发文一览表**

| 文　号 | 标　题 | 印发日期 |
|---|---|---|
| 铁发〔2022〕1号 | 中共铁力市委铁力市人民政府关于贯彻落实《中共黑龙江省委黑龙江省人民政府关于做好2022年全面推进乡村振兴重点工作的实施意见》责任分工方案 | 3月21日 |
| 铁发〔2022〕4号 | 中共铁力市委关于印发中国共产党铁力市第十三届委员会第二次全体（扩大）会议四个重要文件的通知 | 1月25日 |
| 铁发〔2022〕5号 | 中共铁力市委关于印发《中共铁力市委关于贯彻落实〈中共伊春市委关于贯彻落实《中共黑龙江省委关于深入学习贯彻党的十九届六中全会精神的决定》的实施意见〉的实施方案》的通知 | 1月25日 |
| 铁发〔2022〕6号 | 中共铁力市委铁力市人民政府关于表彰奖励经济发展突出贡献先进单位和企业的决定 | 2月22日 |
| 铁发〔2022〕7号 | 中共铁力市委关于印发《中共铁力市第十三届委员会关于加强市委常委班子政治建设的意见》的通知 | 3月10日 |
| 铁发〔2022〕9号 | 中共铁力市委关于《关于开展十三届市委第一轮巡察工作的请示》的批复 | 3月18日 |
| 铁发〔2022〕10号 | 中共铁力市委关于《市人大常委会党组关于召开市九届人大常委会第三次会议的请示》的批复 | 3月23日 |
| 铁发〔2022〕13号 | 中共铁力市委关于全市党员干部和公职人员严格遵守疫情防控“九带头、九严禁”的通知 | 4月15日 |
| 铁发〔2022〕14号 | 中共铁力市委印发《关于进一步关心关爱和激励激发党员、干部、职工在疫情防控一线担当作为的实施意见》的通知 | 4月15日 |
| 铁发〔2022〕17号 | 中共铁力市委铁力市人民政府印发《关于全面加强新时代公共安全工作的实施方案》的通知 | 4月27日 |
| 铁发〔2022〕19号 | 中共铁力市委关于《市人大常委会党组关于召开市九届人大常委会第四次会议的请示》的批复 | 5月16日 |

续表 23

| 文　号 | 标　题 | 印发日期 |
| --- | --- | --- |
| 铁发〔2022〕21 号 | 中共铁力市委　铁力市人民政府关于 2021 年度乡镇、市直部门、社区、行政村四个层面考核结果的通报 | 6 月 7 日 |
| 铁发〔2022〕22 号 | 中共铁力市委关于《市人大常委会党组关于召开市九届人大常委会第五次会议的请示》的批复 | 6 月 22 日 |
| 铁发〔2022〕23 号 | 中共铁力市委　铁力市人民政府关于印发《铁力市法治政府建设实施方案（2021—2025 年）》的通知 | 6 月 22 日 |
| 铁发〔2022〕25 号 | 中共铁力市委铁力市人民政府关于印发《铁力市贯彻落实〈黑龙江省深化新时代教育评价改革实施方案〉责任分工方案》的通知 | 8 月 4 日 |
| 铁发〔2022〕26 号 | 中共铁力市委关于《市人大常委会党组关于召开市九届人大常委会第六次会议的请示》的批复 | 8 月 31 日 |
| 铁发〔2022〕27 号 | 中共铁力市委　铁力市人民政府关于修订《进一步支持民营经济发展若干政策的意见》的通知 | 9 月 15 日 |
| 铁发〔2022〕28 号 | 中共铁力市委关于《市人大常委会党组关于召开市九届人大常委会第七次会议的请示》的批复 | 10 月 18 日 |
| 铁发〔2022〕30 号 | 中共铁力市委《关于召开铁力市残联第六次代表大会的请示》的批复 | 10 月 26 日 |
| 铁发〔2022〕31 号 | 中共铁力市委　铁力市人民政府印发《关于优化生育政策促进人口长期均衡发展的工作方案》的通知 | 11 月 8 日 |
| 铁发〔2022〕33 号 | 中共铁力市委关于印发《中共铁力市委关于认真学习宣传贯彻党的二十大精神奋力谱写社会主义现代化新铁力建设新篇章的实施意见》的通知 | 11 月 29 日 |
| 铁发〔2022〕34 号 | 中共铁力市委　铁力市人民政府关于印发《铁力市贯彻落实第二轮中央生态环境保护督察报告整改方案》的通知 | 11 月 29 日 |
| 铁发〔2022〕36 号 | 中共铁力市委关于《市人大常委会党组关于召开市九届人大常委会第八次会议的请示》的批复 | 12 月 26 日 |

（资料来源：中共铁力市委办公室）

## 表 24　2022 年中共铁力市委办公室发文一览表

| 文　号 | 标　题 | 印发日期 |
| --- | --- | --- |
| 铁办发〔2022〕2 号 | 中共铁力市委办公室关于进一步规范领导干部外出请假报批报备工作的通知 | 1 月 5 日 |
| 铁办发〔2022〕3 号 | 中共铁力市委办公室　铁力市人民政府办公室关于在春节前开展“走基层、送温暖、献爱心”走访慰问活动的通知 | 1 月 10 日 |
| 铁办发〔2022〕5 号 | 中共铁力市委办公室关于印发《中共铁力市委常委会议事规则》的通知 | 2 月 14 日 |
| 铁办发〔2022〕6 号 | 中共铁力市委办公室　铁力市人民政府办公室关于印发《铁力市招商专班工作实施方案》的通知 | 2 月 17 日 |
| 铁办发〔2022〕7 号 | 中共铁力市委办公室　铁力市人民政府办公室关于印发《铁力市 2022 年度招商引资考核管理办法》的通知 | 2 月 17 日 |

续表 24

| 文 号 | 标 题 | 印发日期 |
|---|---|---|
| 铁办发〔2022〕8 号 | 中共铁力市委办公室　铁力市人民政府办公室关于 2021 年度新冠肺炎疫情防控档案归档移交工作的通知 | 2 月 27 日 |
| 铁办发〔2022〕9 号 | 中共铁力市委办公室　铁力市人民政府办公室关于印发《铁力市基本建设项目税费清欠专项整治工作方案》的通知 | 3 月 4 日 |
| 铁办发〔2022〕11 号 | 中共铁力市委办公室　铁力市人民政府办公室印发《铁力市关于推行落实年度重点工作“四个体系”的实施方案（试行）》的通知 | 3 月 8 日 |
| 铁办发〔2022〕12 号 | 中共铁力市委办公室　铁力市人民政府办公室关于印发《铁力市黑土耕地保护利用“田长制”工作方案（试行）》的通知 | 3 月 8 日 |
| 铁办发〔2022〕13 号 | 中共铁力市委办公室关于印发《铁力市法学会职能配置、内设机构和人员编制规定》的通知 | 3 月 28 日 |
| 铁办发〔2022〕14 号 | 中共铁力市委办公室印发《关于加强和改进新时代政协工作的实施方案》的通知 | 4 月 1 日 |
| 铁办发〔2022〕18 号 | 中共铁力市委办公室　铁力市人民政府办公室印发《关于推行铁力市乡镇职责任务清单建设实施方案（试行）》的通知 | 4 月 18 日 |
| 铁办发〔2022〕19 号 | 中共铁力市委办公室　铁力市人民政府办公室关于印发《铁力市事业单位管理岗位职员等级晋升制度工作实施方案》的通知 | 4 月 18 日 |
| 铁办发〔2022〕20 号 | 中共铁力市委办公室　铁力市人民政府办公室关于印发《铁力市 2022 年度重点工作任务考核评价实施办法（试行）》的通知 | 4 月 20 日 |
| 铁办发〔2022〕21 号 | 中共铁力市委办公室　铁力市人民政府办公室关于全市各级领导干部下沉一线工作的通知 | 4 月 23 日 |
| 铁办发〔2022〕22 号 | 中共铁力市委办公室　铁力市人民政府办公室印发《关于深入开展乡贤工作的实施方案》的通知 | 4 月 25 日 |
| 铁办发〔2022〕23 号 | 中共铁力市委办公室关于印发《铁力市乡村振兴领导联系点制度》的通知 | 4 月 27 日 |
| 铁办发〔2022〕24 号 | 中共铁力市委办公室印发《关于加强新时代廉洁文化建设的实施方案》的通知 | 4 月 27 日 |
| 铁办发〔2022〕25 号 | 中共铁力市委办公室　铁力市人民政府办公室关于印发《2022 年铁力市国家重点生态功能区县域生态环境质量监测与评价考核工作实施方案》的通知 | 4 月 28 日 |
| 铁办发〔2022〕26 号 | 中共铁力市委办公室　铁力市人民政府办公室关于印发《铁力市旅游产业高质量发展行动方案（2022—2025 年）》的通知 | 5 月 9 日 |
| 铁办发〔2022〕27 号 | 中共铁力市委办公室关于在全市开展学习宣传贯彻省第十三次党代会精神的通知 | 5 月 9 日 |
| 铁办发〔2022〕29 号 | 中共铁力市委办公室　铁力市人民政府办公室关于印发《铁力市 2022 年优化营商环境工作实施方案》的通知 | 5 月 18 日 |
| 铁办发〔2022〕31 号 | 中共铁力市委办公室　铁力市人民政府办公室关于印发《铁力市急需紧缺人才引进办法》的通知 | 5 月 26 日 |
| 铁办发〔2022〕32 号 | 中共铁力市委办公室关于印发《政协铁力市委员会 2022 年度协商计划》的通知 | 6 月 5 日 |
| 铁办发〔2022〕33 号 | 中共铁力市委办公室　铁力市人民政府办公室关于印发《铁力市乡（镇）、村（社区）成立新乡贤组织的指导意见》的通知 | 6 月 7 日 |

续表 24

| 文号 | 标题 | 印发日期 |
|---|---|---|
| 铁办发〔2022〕34 号 | 中共铁力市委办公室　铁力市人民政府办公室关于印发《铁力市招商引资行动方案（2022—2024 年）（试行）》的通知 | 6 月 9 日 |
| 铁办发〔2022〕35 号 | 中共铁力市委办公室　铁力市人民政府办公室关于印发《铁力市处级领导包保招商引资工作实施方案（试行）》的通知 | 6 月 9 日 |
| 铁办发〔2022〕38 号 | 中共铁力市委办公室　铁力市人民政府办公室关于印发《铁力市文体广电和旅游局职能配置、内设机构和人员编制规定》的通知 | 6 月 29 日 |
| 铁办发〔2022〕39 号 | 中共铁力市委办公室　铁力市人民政府办公室印发《关于进一步规范事业单位联合体运行的指导意见》的通知 | 7 月 18 日 |
| 铁办发〔2022〕40 号 | 中共铁力市委办公室　铁力市人民政府办公室关于印发《铁力市营商环境建设监督局职能配置、内设机构和人员编制规定》的通知 | 7 月 20 日 |
| 铁办发〔2022〕42 号 | 中共铁力市委办公室　铁力市人民政府办公室印发《关于贯彻落实〈粮食节约行动方案〉的责任分工方案》的通知 | 7 月 27 日 |
| 铁办发〔2022〕43 号 | 中共铁力市委办公室　铁力市人民政府办公室关于印发《铁力市统计督察反馈意见整改工作方案》的通知 | 8 月 8 日 |
| 铁办发〔2022〕44 号 | 中共铁力市委办公室　铁力市人民政府办公室印发《关于贯彻落实〈贯彻落实省第十三次党代会报告责任分工方案〉的具体落实方案》的通知 | 8 月 16 日 |
| 铁办发〔2022〕45 号 | 中共铁力市委办公室　铁力市人民政府办公室关于印发《铁力市乡镇职责任务清单管理工作联席会议制度（试行）》等 5 个文件的通知 | 8 月 16 日 |
| 铁办发〔2022〕46 号 | 中共铁力市委办公室关于印发《中共铁力市委 2021 年度政治生态建设成效考核存在问题整改方案》的通知 | 8 月 31 日 |
| 铁办发〔2022〕48 号 | 中共铁力市委办公室　铁力市人民政府办公室关于印发《铁力市鼓励扶持全民创业若干措施》的通知 | 8 月 31 日 |
| 铁办发〔2022〕49 号 | 中共铁力市委办公室　铁力市人民政府办公室关于修订《铁力市发展产业项目激励政策》的通知 | 9 月 7 日 |
| 铁办发〔2022〕50 号 | 中共铁力市委办公室关于调整市委常务委员会委员工作分工的通知 | 9 月 11 日 |
| 铁办发〔2022〕55 号 | 中共铁力市委办公室　铁力市人民政府办公室关于调整铁力市文体广电和旅游局（铁力市文物局）主要职责和内设机构职责的通知 | 10 月 31 日 |
| 铁办发〔2022〕56 号 | 中共铁力市委办公室　铁力市人民政府办公室关于印发铁力市乡镇职责任务清单的通知 | 10 月 31 日 |
| 铁办发〔2022〕58 号 | 中共铁力市委办公室　铁力市人民政府办公室关于印发 2022 年度乡（镇）、市直部门（单位）、社区、行政村四个层面考核评价办法的通知 | 11 月 7 日 |
| 铁办发〔2022〕59 号 | 中共铁力市委办公室　铁力市人民政府办公室关于印发《铁力市禁止秸秆露天焚烧及秸秆综合利用工作奖惩暂行规定》的通知 | 11 月 23 日 |
| 铁办发〔2022〕60 号 | 中共铁力市委办公室关于印发《铁力市关于深化网格化建设进一步畅通群众诉求解决渠道的实施方案（试行）》的通知 | 11 月 23 日 |
| 铁办发〔2022〕61 号 | 中共铁力市委办公室　铁力市人民政府办公室关于确保疫情期间全市党政机关指挥体系安全运转有关要求的通知 | 11 月 29 日 |
| 铁办发〔2022〕62 号 | 中共铁力市委办公室　铁力市人民政府办公室关于印发《铁力市与属地林业局公司职责任务清单建设工作实施方案（试行）》的通知 | 12 月 21 日 |

续表 24

| 文 号 | 标 题 | 印发日期 |
| --- | --- | --- |
| 铁办发〔2022〕64 号 | 中共铁力市委办公室 铁力市人民政府办公室关于印发《铁力市医疗服务共同体中心医院机构职能编制规定》的通知 | 12 月 21 日 |
| 铁办发〔2022〕65 号 | 中共铁力市委办公室 铁力市人民政府办公室关于在春节前开展“走基层、送温暖”走访慰问活动的通知 | 12 月 29 日 |
| 铁办发〔2022〕66 号 | 中共铁力市委办公室 铁力市人民政府办公室关于做好 2023 年元旦春节期间有关工作的通知 | 12 月 29 日 |
| 铁办发〔2022〕67 号 | 中共铁力市委办公室 铁力市人民政府办公室关于印发铁力市与属地林业局公司职责任务清单的通知 | 12 月 29 日 |

（资料来源：中共铁力市委办公室）

## 表 25 2022 年铁力市人民政府发文一览表

| 文号 | 文件标题 | 签发日期 |
| --- | --- | --- |
| 铁政发〔2022〕1 号 | 铁力市人民政府关于印发 2022 年政府工作报告重点任务分解方案的通知 | 2022 年 1 月 4 日 |
| 铁政发〔2022〕2 号 | 铁力市人民政府关于印发 2021—2022 铁力市冬季招商引资活动方案的通知 | 2022 年 1 月 5 日 |
| 铁政发〔2022〕3 号 | 铁力市人民政府关于调整铁力市城镇土地使用税征收范围及税额等级标准的通知 | 2022 年 1 月 11 日 |
| 铁政发〔2022〕4 号 | 关于同意使用中央、省级财政衔接推进乡村振兴补助资金的批复 | 2022 年 2 月 25 日 |
| 铁政发〔2022〕5 号 | 铁力市人民政府关于印发《铁力市人民政府重点工作推进落实工作制度》的通知 | 2022 年 2 月 25 日 |
| 铁政发〔2022〕6 号 | 铁力市人民政府关于同意铁力镇村屯建设规划的批复 | 2022 年 2 月 28 日 |
| 铁政发〔2022〕7 号 | 铁力市人民政府关于同意双丰镇村屯建设规划的批复 | 2022 年 2 月 28 日 |
| 铁政发〔2022〕8 号 | 铁力市人民政府关于同意桃山镇村屯建设规划的批复 | 2022 年 2 月 28 日 |
| 铁政发〔2022〕9 号 | 铁力市人民政府关于同意神树镇村屯建设规划的批复 | 2022 年 2 月 28 日 |
| 铁政发〔2022〕10 号 | 铁力市人民政府关于同意王杨乡村屯建设规划的批复 | 2022 年 2 月 28 日 |
| 铁政发〔2022〕11 号 | 铁力市人民政府关于同意工农乡村屯建设规划的批复 | 2022 年 2 月 28 日 |
| 铁政发〔2022〕12 号 | 铁力市人民政府关于同意年丰朝鲜族乡村屯建设规划的批复 | 2022 年 2 月 28 日 |
| 铁政发〔2022〕13 号 | 铁力市人民政府关于责令排除伊春新望农牧有限公司氧化塘坝体泄漏隐患的决定 | 2022 年 3 月 11 日 |
| 铁政发〔2022〕14 号 | 铁力市人民政府关于责令排除伊春新望农牧有限公司氧化塘坝体泄漏隐患的决定 | 2022 年 3 月 11 日 |

续表 25

| 文号 | 文件标题 | 签发日期 |
|---|---|---|
| 铁政发〔2022〕15 号 | 关于同意铁力市依吉密河等 19 条河流岸线保护与利用规划的批复 | 2022 年 3 月 16 日 |
| 铁政发〔2022〕16 号 | 铁力市人民政府关于同意变更铁力市瑞景骊城一期 B 区工程建设项目建设主体的批复 | 2022 年 3 月 12 日 |
| 铁政发〔2022〕17 号 | 铁力市人民政府关于同意铁伊铁路二标管段使用炸药的批复 | 2022 年 3 月 16 日 |
| 铁政发〔2022〕18 号 | 铁力市人民政府关于同意铁力市城镇燃气专项规划（2022—2035）的批复 | 2022 年 4 月 8 日 |
| 铁政发〔2022〕19 号 | 关于同意铁力市国家级水利风景区规划范围的批复 | 2022 年 4 月 18 日 |
| 铁政发〔2022〕20 号 | 铁力市人民政府关于同意划定铁力市城关镇及建制镇建成区范围的批复 | 2022 年 4 月 15 日 |
| 铁政发〔2022〕21 号 | 铁力市人民政府关于同意调整铁力市城市规划区内部分地块控制性详细规划的批复 | 2022 年 4 月 15 日 |
| 铁政发〔2022〕22 号 | 关于同意黑龙江省铁力市现代农业产业园建设规划实施的批复 | 2022 年 4 月 21 日 |
| 铁政发〔2022〕23 号 | 铁力市人民政府关于印发《铁力市县域商业网点规划》的通知 | 2022 年 4 月 23 日 |
| 铁政发〔2022〕24 号 | 关于铁力市呼兰河水利风景区总体规划的批复 | 2022 年 4 月 28 日 |
| 铁政发〔2022〕25 号 | 铁力市人民政府关于印发铁力市义务教育优质均衡发展规划的通知 | 2022 年 4 月 29 日 |
| 铁政发〔2022〕26 号 | 关于同意关于铁力市 2022 年度省级衔接资金用于非贫困村比例高于 60% 请示的批复 | 2022 年 5 月 30 日 |
| 铁政发〔2022〕27 号 | 铁力市人民政府关于印发铁力市城乡房屋建筑安全专项整治行动工作方案的通知 | 2022 年 6 月 3 日 |
| 铁政发〔2022〕28 号 | 关于同意使用中央、省级财政衔接推进乡村振兴补助资金的批复 | 2022 年 6 月 6 日 |
| 铁政发〔2022〕29 号 | 关于同意伊春森工铁力林业局有限责任公司鹿鸣工业示范区林场建设规划的批复 | 2022 年 7 月 1 日 |
| 铁政发〔2022〕30 号 | 铁力市人民政府关于同意《铁储地 TC2022—02 号地块土地储备项目收储实施方案》的批复 | 2022 年 7 月 12 日 |
| 铁政发〔2022〕31 号 | 铁力市人民政府关于印发铁力市“十四五”教育事业发展规划的通知 | 2022 年 7 月 18 日 |
| 铁政发〔2022〕32 号 | 关于中铁四局铁伊铁路二标项目爆破作业的通知 | 2022 年 7 月 25 日 |
| 铁政发〔2022〕33 号 | 关于同意铁力市 2022 年度国有建设用地供应计划的批复 | 2022 年 9 月 1 日 |
| 铁政发〔2022〕34 号 | 铁力市人民政府关于印发《铁力市冰雪经济发展实施方案（2022—2030 年）》的通知 | 2022 年 9 月 1 日 |
| 铁政发〔2022〕35 号 | 铁力市人民政府关于撤销工农乡社区居民委的批复 | 2022 年 10 月 31 日 |

续表 25

| 文号 | 文件标题 | 签发日期 |
| --- | --- | --- |
| 铁政发〔2022〕36 号 | 铁力市人民政府关于撤销年丰朝鲜族乡社区居民委的批复 | 2022 年 10 月 31 日 |
| 铁政发〔2022〕37 号 | 铁力市人民政府关于撤销王杨乡社区居民委的批复 | 2022 年 10 月 31 日 |
| 铁政发〔2022〕38 号 | 铁力市人民政府关于印《发铁力市湿地保护“十四五”规划的通知》 | 2022 年 11 月 8 日 |
| 铁政发〔2022〕39 号 | 关于启动新建哈尔滨至铁力铁路工程铁力段三电及管线迁改项目施工总承包招标工作的通知 | 2022 年 12 月 1 日 |
| 铁政发〔2022〕40 号 | 铁力市人民政府关于《关于铁力市国有林业资源特许经营权项目挂牌转让的报告》的批复 | 2022 年 12 月 2 日 |
| 铁政发〔2022〕41 号 | 铁力市人民政府关于给予铁力市消防救援大队记集体三等功和翟锐等 3 人记个人三等功的决定 | 2022 年 12 月 7 日 |
| 铁政发〔2022〕42 号 | 铁力市人民政府关于同意注册铁力人参地理标志证明商标的批复 | 2022 年 12 月 14 日 |
| 铁政发〔2022〕43 号 | 铁力市人民政府关于同意注册铁力刺五加地理标志证明商标的批复 | 2022 年 12 月 14 日 |
| 铁政发〔2022〕44 号 | 铁力市人民政府关于同意注册铁力黏玉米地理标志证明商标的批复 | 2022 年 12 月 14 日 |
| 铁政发〔2022〕45 号 | 铁力市人民政府关于同意划定铁力人参地理标志证明商标地域保护范围的批复 | 2022 年 12 月 14 日 |
| 铁政发〔2022〕46 号 | 铁力市人民政府关于同意划定铁力刺五加地理标志证明商标地域保护范围的批复 | 2022 年 12 月 14 日 |
| 铁政发〔2022〕47 号 | 铁力市人民政府关于同意划定铁力黏玉米地理标志证明商标地域保护范围的批复 | 2022 年 12 月 14 日 |
| 铁政发〔2022〕49 号 | 铁力市人民政府关于同意黑龙江翔远矿业有限公司分期缴纳矿山地质环境恢复治理保证基金的批复 | 2022 年 12 月 16 日 |
| 铁政发〔2022〕50 号 | 铁力市人民政府关于同意 2023 年度土地储备计划的批复 | 2022 年 12 月 31 日 |

（资料来源：铁力市人民政府办公室）

## 表 26　2022 年铁力市人民政府办公室发文一览表

| 文　号 | 文件标题 | 签发日期 |
| --- | --- | --- |
| 铁政办发〔2022〕1 号 | 铁力市人民政府办公室关于铁力市日月峡镇人民政府启用公章的通知 | 2022 年 1 月 24 日 |
| 铁政办发〔2022〕2 号 | 铁力市人民政府办公室关于印发铁力市金融稳定发展工作议事协调机制（试行）的通知 | 2022 年 1 月 24 日 |
| 铁政办发〔2022〕3 号 | 铁力市人民政府办公室关于铁力市铁力镇人民政府启用公章的通知 | 2022 年 1 月 25 日 |
| 铁政办发〔2022〕4 号 | 铁力市人民政府办公室关于印发铁力市 2022 年度河道采砂工作实施方案的通知 | 2022 年 1 月 26 日 |

续表 26

| 文　号 | 文件标题 | 签发日期 |
|---|---|---|
| 铁政办发〔2022〕5 号 | 铁力市人民政府办公室关于印发铁力市全面实行库长制实施方案的通知 | 2022 年 1 月 26 日 |
| 铁政办发〔2022〕6 号 | 铁力市人民政府办公室关于严格禁止新建办公用房的通知 | 2022 年 1 月 26 日 |
| 铁政办发〔2022〕7 号 | 关于印发 2022 年铁力市扩种大豆工作方案的通知 | 2022 年 1 月 29 日 |
| 铁政办发〔2022〕8 号 | 铁力市人民政府办公室关于实行政务信息报送情况季度通报的通知 | 2022 年 2 月 18 日 |
| 铁政办发〔2022〕9 号 | 铁力市人民政府办公室关于印发 2021 年度铁力市秸秆综合利用工作考核办法的通知 | 2022 年 2 月 18 日 |
| 铁政办发〔2022〕10 号 | 铁力市人民政府办公室关于铁力市民政局、铁力市未成年人保护工作领导小组办公室启用公章的通知 | 2022 年 2 月 21 日 |
| 铁政办发〔2022〕11 号 | 铁力市人民政府办公室关于印发铁力市严厉打击非法采矿采砂行为专项整治百日行动工作方案的通知 | 2022 年 2 月 16 日 |
| 铁政办发〔2022〕12 号 | 铁力市人民政府办公室关于印发铁力市农民专业合作社质量提升整县推进试点实施方案的通知 | 2022 年 2 月 25 日 |
| 铁政办发〔2022〕13 号 | 铁力市人民政府办公室关于印发铁力市国家知识产权强县建设试点县实施方案的通知 | 2022 年 2 月 28 日 |
| 铁政办发〔2022〕15 号 | 铁力市人民政府办公室关于铁力市智慧城市建设指导中心启用公章的通知 | 2022 年 3 月 9 日 |
| 铁政办发〔2022〕16 号 | 铁力市人民政府办公室关于印发铁力市 12345 政务服务便民热线实施方案的通知 | 2022 年 3 月 16 日 |
| 铁政办发〔2022〕18 号 | 铁力市人民政府办公室关于印发《全市经济运行监测调度专班工作方案》的通知 | 2022 年 3 月 1 日 |
| 铁政办发〔2022〕19 号 | 铁力市人民政府办公室关于印发铁力市 12345 政务服务便民热线实施方案的通知 | 2022 年 3 月 16 日 |
| 铁政办发〔2022〕20 号 | 关于印发铁力市 2022 年农村户厕问题整改回头看实施方案的通知 | 2022 年 4 月 2 日 |
| 铁政办发〔2022〕21 号 | 关于印发《铁力市农村人居环境整治提升五年行动方案（2021—2025 年）》的通知 | 2022 年 4 月 2 日 |
| 铁政办发〔2022〕22 号 | 铁力市人民政府办公室关于全市一季度政务信息报送工作情况的通报 | 2022 年 4 月 6 日 |
| 铁政办发〔2022〕23 号 | 关于印发《铁力市防返贫防致贫促增收实施办法（试行）》的通知 | 2022 年 4 月 8 日 |
| 铁政办发〔2022〕24 号 | 关于印发《铁力市光伏扶贫电站收益分配方案》的通知 | 2022 年 4 月 8 日 |
| 铁政办发〔2022〕25 号 | 关于印发《2022 年国家机关工作人员法律知识培训工作方案》的通知 | 2022 年 4 月 8 日 |
| 铁政办发〔2022〕26 号 | 关于印发《2022 年铁力市稳粮扩豆行动实施方案》的通知 | 2022 年 4 月 8 日 |
| 铁政办发〔2022〕27 号 | 关于印发《铁力市农村人居环境整治提升整县先行工作方案》的通知 | 2022 年 4 月 18 日 |

续表 26

| 文 号 | 文件标题 | 签发日期 |
| --- | --- | --- |
| 铁政办发〔2022〕28号 | 关于印发《铁力市2022年美丽宜居村庄（林场）建设工作方案》的通知 | 2022年4月18日 |
| 铁政办发〔2022〕29号 | 关于印发《铁力市新冠肺炎疫情防控期间打击非法违法经营车辆专项整治行动工作方案》的通知 | 2022年4月28日 |
| 铁政办发〔2022〕31号 | 关于印发《铁力市2022年—2025年农药包装废弃物回收治理实施方案》的通知 | 2022年5月17日 |
| 铁政办发〔2022〕32号 | 铁力市人民政府办公室关于印发《2022年铁力市政府投资项目年度计划》的通知 | 2022年5月24日 |
| 铁政办发〔2022〕33号 | 铁力市人民政府办公室关于印发《铁力市无小耳朵社区创建工作实施方案》的通知 | 2022年5月25日 |
| 铁政办发〔2022〕34号 | 关于印发《2022年铁力市基层农技推广体系改革与建设补助项目实施方案》的通知 | 2022年5月29日 |
| 铁政办发〔2022〕35号 | 关于公布铁力市2021年度秸秆综合利用工作考核结果的通知 | 2022年5月31日 |
| 铁政办发〔2022〕36号 | 关于印发《铁力市严厉打击破坏森林草原资源违法行为专项行动工作实施方案》的通知 | 2022年5月31日 |
| 铁政办发〔2022〕37号 | 关于印发《铁力市2022年巩固拓展脱贫攻坚成果同乡村振兴有效衔接工作责任分工方案》的通知 | 2022年6月10日 |
| 铁政办发〔2022〕38号 | 铁力市人民政府办公室关于进一步加强行政规范性文件制定监督管理和合法性审核工作的通知 | 2022年6月8日 |
| 铁政办发〔2022〕39号 | 铁力市人民政府办公室关于印发《铁力市农村黑臭水体集中整治专项行动方案》的通知 | 2022年6月30日 |
| 铁政办发〔2022〕40号 | 铁力市人民政府办公室关于加快推进和调整2022年全市重点项目的通知 | 2022年7月4日 |
| 铁政办发〔2022〕42号 | 关于下半年实行政务信息报送纳入年终考评工作的通知 | 2022年7月12日 |
| 铁政办发〔2022〕43号 | 关于印发铁力市2022年全国绿色高质高效行动示范县实施方案的通知 | 2022年7月12日 |
| 铁政办发〔2022〕44号 | 铁力市人民政府办公室关于印发《铁力市事业单位专业技术岗位等级晋升工作实施方案》的通知 | 2022年7月8日 |
| 铁政办发〔2022〕45号 | 铁力市人民政府办公室关于全市二季度政务信息报送工作情况的通报 | 2022年7月11日 |
| 铁政办发〔2022〕47号 | 铁力市人民政府办公室关于进一步严肃市政府会议活动纪律的通知 | 2022年7月27日 |
| 铁政办发〔2022〕48号 | 铁力市人民政府办公室关于印发《铁力市危险经营性自建房解危工作方案》的通知 | 2022年7月27日 |
| 铁政办发〔2022〕49号 | 关于全市7月份政务信息报送工作情况的通报 | 2022年8月3日 |
| 铁政办发〔2022〕50号 | 铁力市人民政府办公室关于调整市政府领导班子成员分工的通知 | 2022年7月22日 |
| 铁政办发〔2022〕51号 | 铁力市人民政府办公室关于调整市政府领导班子成员分工的通知 | 2022年8月11日 |

续表 26

| 文　号 | 文件标题 | 签发日期 |
|---|---|---|
| 铁政办发〔2022〕52 号 | 铁力市人民政府办公室关于印发《铁力市政务公开专区建设实施方案》的通知 | 2022 年 8 月 15 日 |
| 铁政办发〔2022〕53 号 | 关于印发《铁力市农村户厕问题整改方案》的通知 | 2022 年 8 月 26 日 |
| 铁政办发〔2022〕54 号 | 铁力市人民政府办公室关于进一步加强会纪会风的通知 | 2022 年 9 月 3 日 |
| 铁政办发〔2022〕55 号 | 铁力市人民政府办公室关于印发《铁力市农村卫生厕所长效管护机制（试行）》的通知 | 2022 年 9 月 7 日 |
| 铁政办发〔2022〕56 号 | 铁力市人民政府办公室关于印发《2022 年帮扶产业项目收益分配方案》的通知 | 2022 年 9 月 7 日 |
| 铁政办发〔2022〕57 号 | 关于 8 月份全市政务信息报送和采用情况的通报 | 2022 年 9 月 8 日 |
| 铁政办发〔2022〕59 号 | 铁力市人民政府办公室关于启用公章的通知 | 2022 年 9 月 19 日 |
| 铁政办发〔2022〕60 号 | 铁力市人民政府办公室关于印发《铁力市推行乡镇一枚印章管审批改革实施方案》的通知 | 2022 年 9 月 21 日 |
| 铁政办发〔2022〕61 号 | 铁力市人民政府办公室关于印发《铁力市 2022 年政务公开工作实施方案》的通知 | 2022 年 9 月 22 日 |
| 铁政办发〔2022〕63 号 | 铁力市人民政府办公室关于进一步规范文件报送质量的工作提示 | 2022 年 10 月 3 日 |
| 铁政办发〔2022〕64 号 | 关于印发铁力市《2022 年农业生产社会化服务项目实施方案》的通知 | 2022 年 10 月 8 日 |
| 铁政办发〔2022〕65 号 | 铁力市人民政府办公室关于印发《铁力市残疾预防行动计划（2022—2025 年）》的通知 | 2022 年 10 月 9 日 |
| 铁政办发〔2022〕66 号 | 铁力市人民政府办公室关于印发《铁力市全民科学素质行动规划纲要实施方案（2021—2025 年）》的通知 | 2022 年 10 月 8 日 |
| 铁政办发〔2022〕67 号 | 关于 9 月份全市政务信息报送和采用情况的通报 | 2022 年 10 月 11 日 |
| 铁政办发〔2022〕68 号 | 关于进一步做好政务值班工作的通知 | 2022 年 10 月 12 日 |
| 铁政办发〔2022〕70 号 | 铁力市人民政府办公室关于开展政务新媒体错敏词集中整改行动的通知 | 2022 年 10 月 18 日 |
| 铁政办发〔2022〕71 号 | 铁力市人民政府办公室关于黑龙江铁力经济开发区管理委员会启用公章的通知 | 2022 年 10 月 19 日 |
| 铁政办发〔2022〕72 号 | 铁力市人民政府办公室关于报送 2022 年工作总结和 2023 年工作计划的通知 | 2022 年 10 月 24 日 |
| 铁政办发〔2022〕73 号 | 铁力市人民政府办公室关于印发《铁力市 12345 政务服务便民热线运行管理办法（试行）》的通知 | 2022 年 10 月 24 日 |
| 铁政办发〔2022〕74 号 | 铁力市人民政府办公室关于铁力市年丰朝鲜族乡人民政府启用公章的通知 | 2022 年 10 月 27 日 |
| 铁政办发〔2022〕75 号 | 铁力市人民政府办公室关于铁力市卫生健康局启用公章的通知 | 2022 年 10 月 28 日 |

续表 26

| 文　号 | 文件标题 | 签发日期 |
| --- | --- | --- |
| 铁政办发〔2022〕77号 | 铁力市人民政府办公室关于印发《铁力市关于进一步推进学前教育深化改革规范发展的实施方案》的通知 | 2022年11月4日 |
| 铁政办发〔2022〕78号 | 铁力市人民政府办公室关于印发《铁力市关于推进产教融合校企合作工作的实施方案》的通知 | 2022年11月4日 |
| 铁政办发〔2022〕80号 | 铁力市人民政府办公室关于印发《铁力市2020年电子商务进农村综合示范项目实施方案（修订）》的通知 | 2022年11月11日 |
| 铁政办发〔2022〕81号 | 铁力市人民政府办公室关于切实加强重点单位内部治安保卫工作的通知 | 2022年11月9日 |
| 铁政办发〔2022〕82号 | 铁力市人民政府办公室关于印发《铁力市城区声环境功能区划方案》的通知 | 2022年11月23日 |
| 铁政办发〔2022〕83号 | 铁力市人民政府办公室关于印发《黑龙江省铁力市三北工程科学绿化试点县建设工作方案》的通知 | 2022年12月9日 |
| 铁政办发〔2022〕84号 | 关于印发《2022年铁力市农产品产地冷藏保鲜设施建设验收方案》的通知 | 2022年12月9日 |
| 铁政办发〔2022〕85号 | 铁力市人民政府办公室关于印发《铁力市畅购林都·乐享消费惠民消费季温暖冬日优惠补贴电子消费券发放活动实施方案》的通知 | 2022年12月13日 |
| 铁政办发〔2022〕86号 | 铁力市人民政府办公室关于印发《铁力市关于贯彻落实〈黑龙江省人民政府办公厅关于建立健全养老服务综合监管制度的实施意见〉的责任分工方案》的通知 | 2022年12月20日 |
| 铁政办发〔2022〕87号 | 铁力市人民政府办公室关于印发《铁力市贯彻气象高质量发展纲要（2022—2035年）实施方案》的通知 | 2022年12月24日 |
| 铁政办发〔2022〕88号 | 铁力市人民政府办公室关于印发《铁力市县域商业建设行动实施方案》的通知 | 2022年12月26日 |

（资料来源：铁力市人民政府办公室）

# 文件选编

## 铁力市推动工业振兴若干政策措施

为了推动我市工业振兴，实现我市工业高质量发展，特制定此政策措施。

**一、推动新兴产业发展壮大**

1. 支持绿色有机农副产品精深加工产业发展。支持我市特色农副产品“增品种、提品质、创品牌”，按市场需求设计产品包装，大力提升农副产品知名度、美誉度。企业购买创意设计服务的，按省级奖励资金总额的20%一次性奖励，最高不超过4万元；对与创意设计机构建立三年以上稳定合作关系的企业，经审核符合要求的，按省级奖励资金的20%一次性奖励，最高不超过10万元。（责任单位：市委宣传部、市农业农村局、市工信局、市财政局）

2. 支持市级重点产业项目前期策划。对市级重点产业链龙头企业聘请第三方专家机构开展产业链建设谋划、设计、跟踪服务或开展支撑新兴产业战略研究和重大项目论证的，按合同金额单次服务补助最高不超过10万元，单户企业最高补助不超过50万元。（责任单位：市工信局、市财政局）

**二、推动企业加快成长**

3. 支持企业入规。对新纳入规模以上统计的工业企业给予一次性10万元奖励。（市工信局、市统计局、市财政局）

4. 支持企业深耕细分市场。引导中小企业专注于核心业务，提升专业化生产服务、协作配套。对新认定为省级制造业“隐形冠军”的企业，在省、伊春市奖励的基础上，给予一次性奖励10万元；对新认定为国家级专精特新“小巨人”的企业，在省、伊春市奖励的基础上，给予一次性奖励10万元；对新认定为省级专精特新中小企业的企业，

给予一次性奖励2万元。（市工信局、市财政局）

5. 支持企业上市（挂牌）。鼓励支持总部和主营业务均在我市的企业，在沪、深交易所主板、创业板及科创板首发上市，给予分阶段补贴，具体标准为：对在黑龙江证监局完成上市辅导验收合格拟在境内上市的后备企业，一次性补助100万元；对企业上市申请材料已被证监会、上交所、深交所正式受理、拟在境内上市的后备企业，一次性补助200万元；对在境内成功首发上市的企业，一次性补助200万元。对在境内主板、创业板、科创板和北交所重组上市，以及在境外主板、创业板首发上市且上市融资额2亿元以上的企业，一次性补助500万元。对企业在新三板挂牌的，一次性补助200万元，对新三板挂牌企业成功在北交所公开发行并上市的，一次性补助300万元。对在哈尔滨股权交易中心“紫丁香”专板挂牌并实现直接融资的股份制企业，按照融资额的1%给予奖励，奖励最高15万元。（市工信局、市财政局）

**三、推动创新能力提升**

6. 支持企业建设创新平台。鼓励企业联合高校、科研院所、产业联盟创建制造业创新中心，提升产学研用协同创新能力。对新获得省级制造业创新中心认定及奖励资金的，再给予伊春市级资金20%额度的奖励补助，最高不超过6万元，连续支持3年；对新认定为国家级制造业创新中心的，本级财政一次性奖励10万元；对新认定的省级企业技术中心的，本级财政一次性奖励5万元。加强企业设计创新能力建设，对新认定为国家级、省级“工业设计中心”企业的，本级财政分别给予一次性奖励20万元、10万元。（市工信局、市财政局）

7. 支持企业研发新产品。对获得首台（套）产品认定及省级、伊春市级奖励的研制企业，再给予伊春市级资金20%额度的奖励补助，单户企业最高10万元；对研制企业购买首台（套）产品“综合险”的并获得省、伊春市保险补偿的，再给予伊春市级补偿资金20%额度的奖励，单户企业最高10万元。（市工信局、市财政局）

**四、推动发展环境优化**

8. 支持构建产业发展环境。支持通过资本运作，盘活闲置土地和资产，对重点引进的补链延链强链、经济和社会效益特别突出的重大招商引资产业项目，可采取“一事一议”的方式予以支持。全面对标学习先进地区服务理念、服务思路、服务举措和服务细节，为我市招商引资项目提供更优质服务保障。对企业投资备案类项目实行备案承诺制，实现不见面审批，企业自行通过全省投资项目在线审批监管平台填报基础数据，不需要提供其他任何前置要件，企业对自己填报的信息真实性负责，企业填完信息，自行通过平台打印备案承诺书，即视为备案。开通审批绿色通道，主动服务、专人服务，第一时间为工业项目办理土地、规划审批手续，为项目实施提供前期保障。（市发改局、市工信局、市招商引资服务中心、市自然资源局、市财政局、市营商局）

符合省级、伊春市级奖励政策的，由相应职能部门对口向上争取政策落实，符合本级奖励政策的，由责任单位共同研究认定做好政策落实。同时符合我市其他扶持政策规定，按照“就高、不重复”的原则予以支持，另有规定的除外。本政策措施自印发之日起施行，试用期2年。

（铁力市人民政府制定）

## 铁力市推进科技创新发展和成果转化若干措施

为深入实施创新驱动发展战略，促进科技成果转化，不断提升我市科技创新支撑社会发展能力，结合我市实际，制定本措施。

**一、支持数字经济和生物经济等研究开发。**加大科技创新项目投入，按照3年投入300万元的资金给予持续稳定支持，在产业数字化、数字产业化、生物医药、生物农业、生物能源等方面突破一批关键核心技术，开发一批创新产品，推动一批科技成果应用转化，推动数字经济和生物经济创新发展。（市工信局、市发改局、市农业农村局、市财政局、市卫健局、市生态环境局，各乡镇政府）

**二、鼓励创建省级科技创新平台。**推动科技型企业围绕我市重点产业发展需求，在优势领域创建省级科技创新平台，对新获批的新型研发机构、省重点实验室、省技术创新中心、省工程技术研究中心、省级产业研究院、省级产业技术创新联盟等创新平台，给予资金补助5万元。（市工信局、市财政局）

**三、鼓励组建一批创新联合体。**鼓励行业龙头骨干企业牵头组建产学研深度合作的创新联合体，解决制约我市产业发展的关键核心技术。对建立100万元规模以上研发先导资金或牵头承担100万元以上省科技项目的创新联合体，可通过承担科技计划项目的方式予以支持。（市工信局、市发改局、市农业农村局、市生态环境局、市卫健局，各乡镇政府）

**四、加大高新技术企业培育力度。**对首次通过认定的高新技术企业奖励10万元，对复审通过认定的高新技术企业奖励标准减半。推动销售收入亿元以上高新技术企业省级研发平台全覆盖。对高新技术企业年薪50万元以上的研发人员，纳入市级人才入选范围，对被评为省级科技人才（龙江英才、创新人才）的人选或团队，给予奖励5万元。（市工信局、市委组织部、市财政局，各乡镇政府）

**五、引导企业提高研发投入。**落实企业研究开发费用税前加计扣除等优惠政策，各类财政扶持资金优先支持有研发投入的企业。按照企业上年度研发投入的5%，给予研发投入后补助，单户企业最高不超过15万元。（市工信局、市财政局、市税务局）

**六、鼓励科技型企业创新发展。**对科技创新型企业，实现主营业务收入和年缴税金比2021年正增长，按地方新增财政贡献的10%给予奖励，单户企业最高不超过10万元。（市工信局、市财政局、市税务局）

**七、大力促进技术合同交易。**对于完成技术合同登记的企业，买卖双方按照实际到账交易额的10%进行补助，买方单户企业补助最高不超过20万元，卖方单户企业补助最高不超过10万元。达到省级、伊春市级标准的享受省级、伊春市级政策。（市工信局、市财政局，各乡镇政府）

**八、支持科技成果落地转化。**鼓励高校、科研院所科技成果落地转化新生成的高新技术企业，在土地、房屋、资金等资源方面优先给予支持。（市工信局、市教育局）

附则：符合本政策措施的企业（项目），同时符合我市其他扶持政策规定的，按照“从优、就高、不重复”原则执行，另有规定的除外。

（铁力市人民政府制定）

## 铁力市黑土地保护工程实施方案（2021—2025年）

为全面落实国家、省、市决策部署，按照农业农村部等六部委《关于印发〈东北黑土地保护规划纲要（2017—2030年）〉的通知》（农农发〔2017〕3号）、农业农村部等七部委《关于印发〈国家黑土地保护工程实施方案（2021—2025年）〉的通知》（农建发〔2021〕3号）和农业农村部等三部委办公厅《关于进一步做好东北黑土地保护工作的通知》（农办计财〔2021〕11号）、《黑龙江省黑土地保护工程实施方案（2021—2025年）》（黑政办规〔2021〕40号）、《伊春市黑土地保护工程实施方案（2021—2025年）》（伊政办规〔2022〕23号）要求，结合我市实际，制定本方案。

**一、指导思想**

以习近平新时代中国特色社会主义思想为指导，深入贯彻党的十九大和十九届历次全会精神、党的二十大精神及习近平总书记对东北地区和我省重要讲话重要指示批示精神，全面落实省委、市委十三次党代会精神，切实保护好黑土地这一“耕地中的大熊猫”。以保育培肥、提质增肥、固土保肥、改良培肥为主攻方向，以一体化综合施策为重点，推动工程与生物、农机与农艺、用地与养地相结合，逐步改善黑土区耕地内在质量、设施条件和生态环境，深入实施黑土地保护工程，实现黑土地永续利用和农业可持续发展，保障粮食安全，为全面推进乡村振兴提供有力支撑。

**二、基本原则**

（一）坚持保护优先、用养结合。统筹粮食增产、畜牧业发展、农民增收和黑土地保护之间的关系，调整优化农业结构和生产布局，推进种养循环、秸秆粪污资源化利用、合理轮作等综合治理模式，促进黑土地在保护中利用、在利用中更好地保护。

（二）坚持因地制宜、综合施策。统筹把握耕地地类，实行科学分区分类，针对水热条件、地形地貌、耕作模式等特点，以高标准农田建设为平台，突出综合治理，防治水土流失，提升耕地质量，分区分类实施黑土地保护技术措施。

（三）坚持机制创新、示范引领。以建设黑土地保护工程标准化示范区为载体，探索项目统筹、资金整合、技术集成、规模建设、评价验收等黑土地保护机制，实施集中连片一体化综合治理示范，带动大面积推广应用。

（四）坚持政府引导、社会参与。强化政府规划引导，通过市场化运作，社会资本投入，引导农村集体经济组织、农户、新型经营主体、企业积极参与。健全黑土地保护责任体系，建立黑土地质量监测网络体系，形成黑土地保护长效机制。

**三、目标任务**

2021—2025年，我市落实黑土耕地保护利用示范区面积45万公顷，其中，铁力镇0.08万公顷、神树镇1.95万公顷、桃山镇5.04万公顷、双丰镇9.85万公顷、年丰朝鲜族乡7.42万公顷、王杨乡8.32万公顷、工农乡8.34万公顷、市林草局4万公顷。

到2025年，建设黑土高标准农田累计达到75万公顷；治理侵蚀沟171条（2021年16条、2022年计划75条、2023年计划64条、2024年计划8条、2025年计划8条）；免耕少耕秸秆覆盖还田、秸秆碎混和翻埋（压）还田等保护性耕作累计达到45万公顷次。土壤有机质含量平均增加1克/千克以上，力争增加1.5克/千克；旱田平地耕作层平均达到30厘米以上，坡耕地耕作层平均达到25厘米以上，水田耕作层达到20—25厘米，有效遏制黑土耕地退化趋势，基本构建形成持续推进黑土地保护利用的长效机制。

**四、实施内容**

（一）加强耕地水土流失治理。坚持水土保持工程与耕作、生物措施相结合，实行“三治”结合，防治黑土耕地水土流失。

1. 治理坡耕地。对低山丘陵区的坡耕地，采取少免耕秸秆覆盖、等高耕作、深松等农艺措施，治理坡耕地。禁止在15度以上坡地开垦种植农作物。对15度以上已经开垦并种植农作物的坡地，制定限期退耕计划，逐步恢复植被。

2. 治理侵蚀沟。加强耕地侵蚀沟治理，在高标准农田建设中，利用生物措施工程，修复耕地中的中小型侵蚀沟，防止水土流失。

（牵头单位：市水务局，责任单位：各乡镇政府、市林草局）

（二）加快农田基础设施建设。优先实施粮食生产功能区和重要农产品生产保护区黑土高标准农田建设，巩固提升“两区”综合生产能力。

1. 推进农田灌排体系建设。加强骨干工程与田间灌排渠系末梢工程的有效衔接配套，完善田间排灌功能，形成顺畅高效的灌排体系。配套输配电设施，实现灌溉机井全部通电，大力推广节水灌溉，水田灌溉设计保证率不低于80%。

2. 推进田间道路建设。按照农机作业和运输需要，优化机耕路、生产路布局，推进路网密度、路面宽度、硬化程度、附属设施等规范化建设，使耕作田块农机通达率达到90%以上。

3. 推进田块整治建设。推进旱地格田化、水田条田化建设，合理划分和适度归并田块，确定田块的适宜耕作长度与宽度，有条件的单位，旱田网格面积一般控制在300公顷左右，水田网格面积一般控制在5公顷左右，合作社等规模生产经营主体可适当扩大网格面积。加强耕地平整，合理调整田块地表坡降，提高耕作层厚度。

（牵头单位：市水务局、市农业农村局、市发改局，责任单位：各乡镇政府、市林草局）

（三）加强耕地质量提升。坚持农机农艺融合，优化耕作制度，推进种养结合，增加秸秆、畜禽粪肥等有机物补充回归，提升土壤有机质含量和基础地力。

1. 实施耕地深松作业。推行深松（翻）整地，打破犁底层，增加土壤通透性和耕层厚度，通过深松整地，促使土壤保墒、抗倒伏能力，增加土壤有机质含量。继续推广“一主多辅”种植模式，以玉米与大豆轮作为主，大力提倡“三三制”轮作，允许实行“二二制”轮作，实现耕地用养结合和各作物均衡增产增效。

2. 实施保护性耕作。以秸秆还田利用为重点，旱田推广“龙江模式”，因地制宜推广免耕少耕秸秆覆盖还田、秸秆碎混和翻埋（压）还田；水田推广“三江模式”，采取秸秆粉碎翻埋还田、原茬旋耕和原茬搅浆整地，提升土壤有机质，培肥地力。

3. 实施有机肥还田。扎实推进黑土地保护工程，稳步实施有机肥还田利用。探索种养结合，引导畜禽粪污无害化处理或按比例与秸秆混合高温发酵生产有机肥还田。示范推广粪肥还田专用机械施用有机肥，结合秸秆粉碎实施深翻整地作业。

（牵头单位：市农业农村局，责任单位：各乡镇政府、市林草局）

（四）推行绿色生产方式。发展绿色低碳、节约集约农业，深入开展“三节”，防治农业面源污染，提高农业用水效率，推动加快形成绿色生产方式。

1. 节约化肥投入。推进科学精准施肥，全面实施测土配方施肥，改进施肥方式方法，做到有机、无机与生物肥相结合，示范推广应用配方肥、缓控释肥料、水溶肥料、生物肥料等高效新型肥料及施肥技术，促进化肥减量增效。持续推进畜禽粪污综合利用，指导养殖户按照要求完善粪污处理和资源化利用配套设施设备，制定年度畜禽粪污资源化利用计划，建立畜禽粪污资源化利用台账，及时准确记录有关信息，确保畜禽粪污去向真实可追溯。指导乡村在养殖密集区建立“三防”粪污收集点。

2. 节约农药使用。加强病虫疫情监测预警体系建设，提升末端发现能力和科学防控指导能力。更新改造植保施药器械，示范推广高效植保机械，推进重大病虫统防统治和绿色防控，推广科学规范用药技术，推进精准施药。加强农药包装废弃物及农用残膜回收处理，防治农业面源污染。

3. 节约利用水资源。旱田区因地制宜发展喷灌、滴灌等旱作节水技术；水田区通过完善田间渠系配套基础设施，减少水资源损失率。大力推广水稻节水技术，提高田间用水效率。

（牵头单位：市农业农村局、市水务局，责任单位：各乡镇政府、市林草局）

（五）加强监测评价体系建设。建立耕地质量监测评价制度，合理布设耕地质量监测调查点，完善耕地质量监测网络，建设黑土耕地质量数据库。

1. 建立黑土耕地监测网点。依托现有的耕地质量定位监测点，按要求建立完善黑土耕地质量长期定位监测点和调查点，开展黑土耕地质量监测评价。加强黑土耕地质量监测数据汇集和共享。以省级以上科研院所为依托，探索建立黑土耕地保护监测体系，完善病虫疫情监测预警体系。

2. 建立实施效果评价制度。与高标准农田建设相结合，探索建立黑土地保护利用工程实施效果评价制度。在坚持科学、公正、准确的前提下，积极探索第三方评价机制，开展执行期和任务完成时的数量和质量评价，监测黑土地保护实施效果。

（牵头单位：市农业农村局，配合单位：市自然资源局，责任单位：各乡镇政府、市林草局）

**五、分区保护技术路径**

根据地形特征、自然条件、土壤类型、存在的突出问题及农业生产实际等因素，将黑土耕地划分为平原旱田、坡耕地、水田 3 个类型区，以培育增肥、保育培肥、固土保肥、改良培肥等为主攻方向，因地制宜、分区保护、分类治理。

（一）平原旱田类型区

1. 分布：主要分布在桃山镇、神树镇、工农乡和林草局等单位。主要土壤类型为黑土、草甸土、白浆土等。

2. 保护措施。一是以有机质全耕层补给、增加耕层厚度、建立肥沃耕作层为重点，推广以秸秆翻埋（压）还田为核心技术，因地制宜实施秸秆碎混还田、少免耕秸秆覆盖还田等保护性耕作技术。二是持续推进种养结合，鼓励引导畜禽规模养殖场与家庭农场、种植大户、农民合作社等新型经营主体在合理半径内衔接，实现无害化处理后的畜禽粪肥就地利用。三是推广“一主多辅”轮作模式。四是完善灌排设施，规范化改造低洼内涝区排水系统。五是因地制宜开展田块整治，完善农田基础设施建设。

（二）坡耕地类型区

1. 分布：主要位布在双丰镇。主要土壤类型为暗棕壤和黑土。

2. 保护措施。一是坡耕地推行科学配置农田道路、防护林和沟道构建导排水体系，完善蓄水、导水、排水等水土保持配套设施，拦蓄和疏导地表径流；采用改顺坡垄为横坡垄种植。二是实施少免耕秸秆覆盖、深松、增施有机肥等措施，阻控坡耕地侵蚀退化，保水增肥。三是侵蚀沟采取修建沟头跌水等沟道工程防护设施，配合生态袋护坡、沟道削坡、生态固沟、秸秆填沟、绿色过水通道等治理措施，控制侵蚀沟进一步发展或将侵蚀沟修复为耕地。

（三）水田类型区

1. 分布。主要分布在双丰镇、王杨乡、年丰朝鲜族乡、铁力镇等乡镇，主要土壤类型为草甸土、水稻土、黑土和沼泽土等。

2. 保护措施。一是推广以水稻秸秆翻埋、旋耕、原茬搅浆为核心技术，合理配施有机肥的“三江模式”，增加土壤有机质，改善土壤结构，培肥地力。二是以地表水置换地下水，保护利用地下水资源。三是加强灌排工程建设。四是规范化改造低洼内涝区排水系统，完善农田基础设施。五是因地制宜开展条田化改造，开展田块整治，完善农田基础设施。六是推广水稻节水控灌技术，提高田间水利用率。

**六、构建保护利用长效机制**

（一）强化规划引领。编制全市“十四五”黑土地保护规划，做到规划科学合理、切实可行。坚持高位推动、科学布局、综合施策、水土保持、田间配套、地力提升、生态保护、监测信息等工作。统筹做好项目布局、资金安排、政策衔接，集中力量建设黑土地保护利用示范区，聚焦重点区域、重点任务，落实保护措施。

（二）强化政策统筹。加强行业内相关资金和行业间相关资金统筹的衔接配合。统筹实施水土流失综合治理、高标准农田建设、秸秆还田、深松整地、保护性耕作等政策，实行综合治理，形成政策合力。落实农机购置补贴政策，支持保护性耕作、精量播种、秸秆还田、有机肥抛撒等相关农用机具购置。加大有机肥还田政策支持，有机肥田间贮存和堆沤用地按设施农业用地管理。落实国家农业保险保费补贴政策。探索将黑土耕地保护措施与耕地地力补贴等发放挂钩机制。

（三）强化多方协同。强化农业农村、发改、工信、财政、水务、自然资源、生态环境、林草等多部门、多单位合作。明确政府、企业、农村集体经济组织、新型经营主体、农户等各自责任，逐步建立政府引导、多元筹资的黑土地保护投入机制。强化示范引领，开展绿色农田建设示范，以标准化示范区为重点，多主体协同、多政策协力、多技术合成，建设黑土地农田系统、资源利用、生态环境可持续的示范区。加强土壤污染防治和安全利用。

（四）强化示范带动。以黑土高标准农田建设为载体，探索开展黑土地保护典范，推进黑土地保护建设。加大家庭农场、农民合作社等新型经营主体培育力度，利用专业合作、股份合作、土地流转、土地入股、土地托管等形式，引导土地向新型经营主体流转，发展适度规模经营，促进耕地集中连片生产，为黑土地保护利用创造条件。发挥生态资源和绿色有机农产品优势，推进黑土地保护与发展高效农业、品牌农业的有机结合，提高黑土地保护利用综合效益。

（五）强化依法保护。认真贯彻落实黑土地保护利用相关法律法规，把黑土地保护与环境污染防治相结合、与保障粮食安全相结合，强化执法监督检查，形成联动工作合力，坚决遏制耕地“非农化”、防止“非粮化”，严厉打击盗采泥炭黑土等违法行为，做到依法管土、依法护土。

**七、保障措施**

（一）强化组织领导。铁力市级成立以市政府主管领导任组长，发改局、水务局、自然资源局、农业农村局、市林草局、各乡镇为成员的黑土耕地保护推进落实工作小组，财政局、发改局负责协调落实资金，相关部门按职责落实黑土地保护工程实施内容。各乡镇、林草局要成立相应的组织领导机构，制定年度黑土地保护工作计划、实施方案和任务清单并组织实施，落实治理任务到地块。各乡镇、市林草局每年底向市政府报告黑土地保护利用工作情况。

（二）强化考核评价。建立黑土地保护目标责任制和考核评价制度，将相关工作纳入我市粮食安全责任制考核和市政府耕地保护责任目标考核，增加黑土地保护考核权重。组织开展第三方评估，对各乡镇、市林草局黑土地保护工作落实、黑土地保护技术模式落地、黑土耕地保护效果等进行评价。

（三）强化资金支持。加大黑土地保护财政投入力度，积极争取中央和省级专项资金支持。以黑土高标准农田建设为平台，提高建设标准和质量，健全管护机制，多渠道筹集建设资金。整合高标准农田建设、黑土地保护利用等专项资金，一体化综合施策，确保建一块成一块，发挥示范带动效应。市政府将黑土地保护利用工作经费列入同级财政预算统筹保障。统筹用好黑土地保护利用相关政策，按照规定整合相关项目资金，落实工程、农艺等措施，推广综合治理技术模式，引导第三方服务机构、农业生产经营主体加大黑土地保护投入。

（四）强化宣传培训。加强黑土地保护利用科技人才队伍、基层农技推广队伍和高素质农民队伍建设，开展黑土地保护利用培训，提高黑土地保护利用意识。充分利用广播、电视及新媒体平台，宣传黑土地保护利用法律法规、政策措施和科学知识，推介好经验、好做法、好典型，引导和鼓励社会各界积极参与黑土地保护，提高全社会黑土地保护意识。

（铁力市人民政府办公室制定）

## 铁力市“十四五”黑土地保护规划

铁力市位于黑龙江腹地，地貌特征为“八山一水一分田”，黑土资源丰富、种类多样。为更好保护利用宝贵的黑土地，根据《东北黑土地保护规划纲要（2017—2030年）》《国家黑土地保护工程实施方案（2021—2025年）》和《黑龙江省“十四五”黑土地保护规划》（黑政办规〔2021〕40号）《伊春市“十四五”黑土地保护规划》（伊政办规〔2022〕23号），结合我市实际，制定本规划。

**一、“十三五”工作成效**

“十三五”时期，我市坚持用养结合的原则，把推进农业绿色发展摆在更加突出位置，不断改善黑土耕地设施条件、内在质量、生态环境，围绕耕地质量提升、农业面源污染防治、农机化建设和农业信息化等方面，扎实开展黑土耕地保护与质量提升工作，取得明显成效。全市黑土耕地质量等级平均为4.26等，土壤有机质平均含量55.7克/千克，秸秆翻埋还田或深松地块耕层厚度达到30厘米以上。

（一）组织推进机制不断强化。编制了《铁力市黑土耕地保护三年行动计划（2018—2020年）》《铁力市推进黑土耕地保护三年行动计划2020年度工作实施方案》《铁力市水土保持规划（2019—2030年）》，成立了铁力市黑土耕地保护推进落实领导小组，加强对全市黑土地保护监督考核，实现黑土地保护法治化、制度化和长效化。

（二）耕地数量质量不断稳固。严守耕地红线，强化国土空间规划管控和土地用途管制，坚决遏制耕地“非农化”、防止“非粮化”。严格遵守省级下达的新增建设用地指标，严格落实建设占用耕地占补平衡制度。全市耕地保有量115.791万公顷，划定永久性基本农田61.51万公顷，划定粮食生产功能区耕地面积57.41万公顷，划定重要农产品生产保护区耕地面积4.1万公顷。完成全市耕地环境质量类别划分，将安全利用措施全部落实到具体地块，安全利用率达到92%以上。全市设置耕地质量调查监测点21个，实现全市耕地质量监测全覆盖。

（三）耕作技术模式不断优化。以粮食生产功能区和重要农产品生产保护区为重点，加快高标准农田建设，2020年底，全市累计建成高标准农田39.7798万公顷。大力推进科学轮耕制度，把秸秆还田作为提升黑土耕地地力的重要措施，旱田以“翻埋还田”为重点，根据不同积温条件和土壤类型，因地制宜形成翻埋、碎混、覆盖三种秸秆还田方式；水田以“一翻两旋”为重点，形成翻埋、旋耕和原茬搅浆三种秸秆还田技术。2020年度，全市秸秆利用还田率达到61.5%以上。坚持农机农艺融合，装备100马力以上大型拖拉机417台，2020年全市深松整地面积8.1万公顷。实施耕地轮作休耕试点累计面积10.45万公顷。

（四）综合治理能力不断提高。加强重大病虫监测网络体系建设，推广现代植保装备，推进病虫害统防统治和绿色防控。持续开展化肥农药减量增效行动，大力推广测土配方施肥，改进施肥方式方法，提高化肥利用率。2020年底，全市测土配方施肥累计推广面积138万公顷，覆盖率达到90.3%，化肥施用量9111吨（折纯，不含农垦），比2015年减少3313吨，减幅26.7%；农药使用量425吨，比2015年减少69吨，减幅14%。

（五）生态建设条件不断改善。坚持耕地保护与生态建设有机结合，促进生态环境修复，有效遏制黑土地水土流失、风蚀沙化和耕地质量下降势头。全市新增水土流失综合治理面积445.05平方千米，为“十三五”规划治理面积的0.014%。加强生态功能区建设，结合防护林建设、防风固沙林建设，改善黑土地生态环境，全市累计造林0.7万公顷。

（六）土地经营规模不断扩大。积极培育农民专业合作社、农机合作社、家庭农场和种粮大户等新型经营主体，发展土地适度规模经营，提高土地集约化生产水平。全市各类新型经营主体发展到农机合作社59个，土地规模经营面积达到11.01万公顷。2020年，全市粮食总产量达到9.66亿斤。

**二、机遇和挑战**

（一）面临机遇

1. 中央、省高度重视。党中央国务院、省委省政府高度重视黑土地保护工作。中央一号文件明确提出加大东北黑土地保护力度，开展东北黑土地保护利用试点，实施国家黑土地保护工程。省委一号文件提出统筹运用工程、农艺、生物措施，对黑土地实施数量、质量、生态全面保护。

2. 保护政策支持有力。国家和省在耕地地力保护、黑土地保护利用试点、耕地休耕轮作试点、高标准农田建设以及东北黑土地保护性耕作等多方面给予支持，集中加强黑土耕地保护。

3. 扎实推进黑土地保护工作。“十三五”时期，我市把黑土地保护作为农业可持续发展的重要事项来抓，总结探索了秸秆翻埋还田、少免耕秸秆覆盖还田等保护性耕作技术模式，为进一步提升黑土耕地保护水平提供了坚实保障。

4. 发展绿色农业所需。依托生态资源优势，做大做强寒地黑土、绿色有机、非转基因农产品品牌优势，进一步提升伊春农产品影响力和竞争力。深入实施品牌强农战略，做大做强区域公用品牌和企业品牌。

（二）面临挑战

1. 耕地质量提升任务依然艰巨。重用地轻养地、重化肥轻农肥以及不合理的耕作方式还未根本改变，保护投入有限。近年来虽然持续加大秸秆等有机物料还田力度，部分地块耕地质量出现恢复性增长，但从整体上看，耕地质量提升工作任重道远。

2. 生产经营主体参与不积极。各类农业生产经营主体黑土地保护意识不强，缺乏责任约束，片面追求产量，重利用轻保护，重产出轻投入，黑土地保护措施有待加强。

3. 集中组织化有待提升。黑土地保护需要实行区域化统筹、规模化实施、系统化管理，在现行的农村家庭联产承包责任制体制下，妥善处理好黑土地整体保护与分散经营的关系，实现高标准农田建设、现代农机装备应用和先进栽培技术模式并行推进，确保黑土地保护措施落实落靠。

**三、总体要求**

（一）指导思想

以习近平新时代中国特色社会主义思想为指导，深入贯彻习近平总书记关于黑土地保护重要讲话重要指示精神，认真落实党中央、国务院和省委、省政府部署要求，加快实施“藏粮于地、藏粮于技”战略和现代农业黑土地保护利用工程，依靠科技引领带动，加大资金投入，调整优化结构，创新服务机制，综合采取工程、农艺、生物等多种措施，改善黑土区设施条件、内在质量、生态环境，切实保护好黑土地这一“耕地中的大熊猫”，促进我市黑土地保护和农业可持续发展。

（二）基本原则

1. 坚持保护优先、用养结合。统筹粮食增产、畜牧业发展、农民增收和黑土地保护之间的关系，调整优化农业结构和生产布局，推进种养循环、秸秆粪污资源化利用、合理轮作等综合治理模式，促进黑土地在保护中利用、在利用中保护。

2. 坚持因地制宜、综合施策。统筹把握耕地地类，实行科学分区分类，针对水热条件、地形地貌、耕作模式等特点，以高标准农田建设为平台，突出综合治理，防治水土流失，提升耕地质量，分区分类实施黑土地保护技术措施。

3. 坚持机制创新、示范引领。以建设黑土地保护工程标准化示范区为载体，探索项目统筹、资金整合、技术集成、规模建设、评价验收等黑土地保护机制，实施集中连片一体化综合治理示范，带动大面积推广应用。

4. 坚持政府引导、社会参与。强化政府规划引导，通过市场化运作，社会资本投入，引导农村集体经济组织、农户、新型经营主体、企业积极参与。健全黑土地保护责任体系，建立黑土地质量监测网络体系，形成黑土地保护长效机制。

（三）主要目标

1. 保护面积。到2025年，黑土地保护技术在永久基本农田和划定的“两区”实现全覆盖，黑土耕地保护利用示范区面积达到45万公顷，其中：铁力镇0.08万公顷；神树镇1.95万公顷；桃山镇5.04万公顷；双丰镇9.85万公顷；年丰朝鲜族乡7.42万公顷；王杨乡8.32万公顷；工农乡8.34万公顷；市林草局4万公顷。到2030年，实施黑土地保护利用示范区面积66万公顷，其中：铁力镇0.12万公顷；神树镇2.86万公顷；桃山镇6.39万公顷；双丰镇19.65万公顷；年丰朝鲜族乡8万公顷；王杨乡11万公顷；工农乡9万公顷；市林草局8.98万公顷。基本覆盖典型黑土区耕地。

2. 保护目标。到2025年，黑土耕地保护利用示范区耕地土壤有机质含量平均增加1克/千克以上；旱田平地耕作层平均达到30厘米以上，坡耕地耕作层平均达到25厘米以上；水田耕作层达到20—25厘米。到2030年，示范区土壤有机质平均含量比2025年提高1克/千克以上。通过土壤改良、地力培肥和治理修复，有效遏制黑土地退化，持续提升黑土耕地质量，改善黑土区生态环境。

3. 保护效果。通过加强黑土地保护，提升综合生产能力，促进粮食产量稳步增加。到2025年，全市粮食综合生产能力达到10.2亿斤。

**表27 “十四五”时期黑土地保护主要任务目标**

| 类别 | 任务 | 预期目标 | |
|---|---|---|---|
| | | 到2025年 | 到2030年 |
| 保护面积 | 黑土地保护利用示范区 | 45万公顷 | 66万公顷 |
| 保护目标 | 土壤有机质平均增量 | 比2020年平均提高1克/千克以上 | 比2025年平均提高1克/千克以上 |
| | 耕作层平均厚度 | 旱田平地：≥30厘米；坡耕地：≥25厘米；水田：20—25厘米。 | |
| 保护效果 | 全市粮食产能 | 力争达到10.2亿斤 | |

**四、重点工程及建设任务**

衔接《铁力市黑土地保护工程实施方案（2021—2025年）》实施内容，重点实施“六大工程”，保数量、提质量、改善生态环境，多措并举保护治理黑土地。

（一）数量管控工程

1. 严控耕地保护红线。持续加大耕地保护力度，强化耕地保护主体责任，严格落实占补平衡，严守耕地红线。完成耕地保护目标和永久基本农田控制线划定工作，严格落实耕地用途管制、土地复垦等相关政策，确保完成规划期内黑土耕地保护目标和永久基本农田保护任务。

2. 严格国土空间用途管制。完成国土空间规划一张图，划定城市开发边界，实行最严格的用途管制制度，依据土地利用年度计划，严格控制非农建设占用黑土耕地规模。强化对占用黑土地的管控约束，使得城镇发展等非农建设尽量避让优质黑土地。

3. 严格土地执法。履行好守土责任，保护好辖区内耕地不受侵犯，尤其是永久基本农田。全面深入核实新增农村乱占耕地建房、占用耕地挖湖造景、占用耕地超标准建设绿化带及绿色通道、占用耕地绿化造林或将耕地转为园地等其他类型农用地问题。建设项目坚决不许占用永久基本农田，无法避让耕地的，应当进行表土剥离和利用。全面加大黑土耕地违法违规问题执法力度，严肃查处破坏永久基本农田、盗采泥炭黑土、乱占耕地建房等违法行为。

表 28　耕地数量管控工程

| 类别 | 任务 | 预期目标 |
| --- | --- | --- |
| 耕地数量 | 严控耕地保护红线 | 确保完成规划期内黑土耕地保有量和永久基本农田保护任务 |
| 耕地用途 | 严格国土空间用途管制 | 严控非农建设用地规模，尽量少占优质黑土地。强化对占用黑土地的管控约束，使得城镇发展等非农建设尽量避让优质黑土地 |
| 耕地执法 | 严格土地执法 | 建设项目占用黑土地的，应按规定进行表土剥离和利用；全面加大黑土耕地违法违规问题执法力度 |

（二）水土保持工程

1. 治理坡耕地。对低山丘陵区的坡耕地，采取少免耕秸秆覆盖、等高耕作、深松等农艺措施，治理坡耕地，防治坡耕地侵蚀退化。禁止在 15 度以上坡地开垦种植农作物。对 15 度以上坡地已经开垦并种植农作物的，制定退耕计划，逐步恢复植被。

2. 治理侵蚀沟。加强耕地侵蚀沟治理，在高标准农田建设中，利用生物措施工程，修复耕地中的中小型侵蚀沟，防止水土流失。营造沟头、沟岸防护林等水土保持林；修建沟头防护、谷坊等沟道防护设施：采取填埋措施，恢复耕地。到 2025 年，治理侵蚀沟 171 条。

表 29　水土保持工程

| 类别 | 采取措施 | 预期目标 |
| --- | --- | --- |
| 坡耕地治理 | 对低山丘陵区的坡耕地，采取少免耕秸秆覆盖、等高耕作、深松等农艺措施，治理坡耕地 | 防治坡耕地侵蚀退化 |
| 侵蚀沟治理 | 营造沟头、沟岸防护林等水土保持林；修建沟头防护、谷坊等沟道防护设施：采取填埋措施，恢复耕地 | 到 2025 年，累计治理侵蚀沟 171 条 |

（三）田间配套工程

以高标准农田建设为主体，以提高农业综合生产能力为目标，围绕田、土、水、路、电、技、管等建设任务，重点实施土地平整、土壤改良、灌溉和排水、田间道路、生态环境保持、农田输配电、科技服务等工程，推动一体化综合施策，因地制宜提高建设标准和质量。建设集中连片、农业设施配套、高产稳产的高标准农田。到 2025 年，全市累计建设黑土高标准农田 75 万公顷，累计改造提升黑土高标准农田 9.8 万公顷。到 2030 年，累计改造提升黑土高标准农田 19.8 万公顷。

1. 推进农田灌排体系建设。按照区域化治理，灌溉与排水并重，渍、涝综合治理的要求，对骨干输水渠道、排水沟、渠系建筑物等进行配套完善和更新改造。加强骨干工程与田间工程的有效衔接配套，完善田间排灌渠系，配套输配电设施，实现灌溉机井全部通电。

2. 推进田间道路建设。按照农机作业和农资、粮食运输需要，优化机耕路、生产路布局，推进路网密度、路面宽度、硬化程度、附属设施等规范化建设，使耕作田块农机通达率达到 90% 以上。加强农机化建设，推广应用适于生态、高产农艺技术的农业机械，提高农机作业技术标准。

3. 推进田块整治建设。推进旱地格田化、水田条田化建设，合理划分和适度归并田块，确定田块的适宜耕作长度与宽度。有条件的地区，旱田网格面积一般控制在 300 公顷左右；水田网格面积一般控制在 5 公顷左右，各类规模生产经营主体可适当扩大网格面积。开展耕地平整，合理调整田块地表坡降，增加耕作层厚度。

## 表 30　田间配套工程

| 类别 | 采取措施 | 预期目标 | |
|---|---|---|---|
| | | 到 2025 年 | 到 2030 年 |
| 黑土高标准农田建设 | 对灌区渠首、骨干输水渠道、排水沟、渠系建筑物等进行配套完善和更新改造。加强骨干工程与田间工程的有效衔接配套，完善田间排灌渠系，配套输配电设施；推进旱地格田化、水田条田化建设。平整耕地，合理调整田块地表坡降，增加耕作层厚度；优化机耕路、生产路布局，推进路网密度、路面宽度、硬化程度、附属设施等规范化建设 | 到 2025 年，全市累计建设黑土高标准农田 75 万公顷，累计改造提升黑土高标准农田 9.8 万公顷；农田灌排体系逐步完善，灌溉机井全部通电；有条件的地区，旱田网格面积一般控制在 300 公顷左右，水田网格面积一般控制在 5 公顷左右；耕作田块农机通达率达到 90% 以上 | 2030 年，全市累计改造提升黑土高标准农田 19.8 万公顷 |
| 农机化建设 | 推广适于生态、高产农艺技术的农业机械；推广应用大马力拖拉机、秸秆还田机、翻转犁、深松机、免耕播种机、旱田高效节药喷雾机、有机肥抛洒机等先进农机装备；围绕秸秆还田、深耕整地、免耕播种、病虫草害防控施药作业等重点环节，强化各项农机技术标准 | 新增 100 马力以上拖拉机 120 台，保有量达到 650 台以上，农机总动力达到 63 万千瓦以上。主要农作物耕种收综合机械化水平稳定在 98% 以上 | |

（四）地力提升工程。

1. 实施耕地深松作业。推行深松（翻）整地，打破犁底层，增加土壤通透性和耕层厚度，通过深松整地，促使土壤保墒、抗倒伏能力，增加土壤有机质含量。继续推广“一主多辅”种植模式，以玉米与大豆轮作为主，大力提倡“三三制”轮作，允许实行“二二制”轮作，实现耕地用养结合和各作物均衡增产增效。

2. 实施保护性耕作。以秸秆还田利用为重点，旱田推广“龙江模式”，因地制宜推广免耕少耕秸秆覆盖还田、秸秆碎混和翻埋（压）还田；水田推广“三江模式”，采取秸秆粉碎翻埋还田、原茬旋耕和原茬搅浆整地，提升土壤有机质，培肥地力。到 2025 年，全市黑土耕地保护利用示范区实施免耕少耕、秸秆覆盖还田、秸秆翻埋（压）还田、秸秆碎混还田等保护性耕作面积累计达到 45 万公顷次。

3. 实施有机肥还田。扎实推进黑土地保护工程，稳步实施有机肥还田利用。探索种养结合，引导畜禽粪污无害化处理或按比例与秸秆混合高温发酵生产有机肥还田。示范推广粪肥还田专用机械施用有机肥，结合秸秆粉碎实施深翻整地作业。

## 表 31　地力提升工程

| 类别 | 采取措施 | 预期目标 |
|---|---|---|
| 深松轮作 | 推广应用大马力拖拉机带专用深松机械实施深松整地作业，作业深度 30 厘米以上，打破犁底层，加厚耕层。继续推广“一主多辅”种植模式，以玉米与大豆轮作为主，大力提倡“三三制”轮作，允许实行“二二制”轮作 | 到 2025 年，黑土耕地保护利用示范区实施少耕免耕秸秆覆盖还田、秸秆翻埋（压）还田、秸秆碎混还田等保护性耕作面积累计达 45 万公顷次 |
| 保护性耕作 | 旱田区因地制宜实施秸秆翻埋（压）、碎混、少免耕覆盖等还田技术；水田采取秸秆粉碎翻埋还田、原茬旋耕和原茬搅浆整地技术 | |
| 有机肥还田 | 探索种养结合，引导畜禽粪污无害化处理或按比例与秸秆混合高温发酵生产有机肥还田 | |

（五）生态保护工程

1. 节约化肥投入。推进科学精准施肥，全面实施测土配方施肥，改进施肥方式方法，做到有机、无机与生物肥相结合，示范推广应用配方肥、缓控释肥料、水溶肥料、生物肥料等高效新型肥料及施肥技术，促进化肥减量增效。到 2025 年，全市黑土地保护利用示范区测土配方施肥技术实现全覆盖。持续推进畜禽粪污综合利用，指导养殖户按照要求完善粪污处理和资源化利用配套设施设备，制定年度畜禽粪污资源化利用计划，建立畜禽粪污资源化利用台账，及时准确记录有关信息，确保畜禽粪污去向真实可追溯。指导乡村在养殖密集区建立“三防”粪污收集点。到2025年，全市畜禽粪污综合利用率达到85%以上。

2. 节约农药使用。加强病虫疫情监测预警体系建设，提升末端发现能力和科学防控指导能力。更新改造植保施药器械，示范推广高效植保机械，推进重大病虫统防统治和绿色防控，推广科学规范用药技术，推进精准施药。加强农药包装废弃物及农用残膜回收处理，防治农业面源污染。到2025年，全市黑土地保护利用示范区减量规范施药技术实现全覆盖，农药包装废弃物回收率达到90%，废旧农膜回收率达到88%。

3. 节约利用水资源。旱田区因地制宜发展喷灌、滴灌、坐滤水种等旱作节水技术；水田区通过完善田间渠系配套基础设施，减少水资源损失率。大力推广水稻节水技术，提高田间用水效率。

**表32 生态保护工程**

| 类别 | 采取措施 | 预期目标 |
|---|---|---|
| 科学施肥用药 | 实施测土配方施肥，推广应用机械分层、侧深施肥等科学施肥技术及高效新型肥料；更新改造高效节药施药机械，持续补贴更换节药喷头，推进规范化减量施药和绿色防控技术 | 到2025年，黑土地保护利用示范区测土配方施肥和减量规范施药作业均实现全覆盖。农药包装废弃物回收率达到90%，废旧农膜回收率达到88%，畜禽粪污综合利用率达到85% |
| 农业面源污染防治 | 开展农药包装废弃物和农用残膜回收处理；强化畜禽粪污资源化利用 | |
| 节水灌溉 | 推广旱作节水技术，因地制宜发展喷灌、滴灌，推广坐水种等抗旱保苗技术。完善水田田间渠系配套基础设施 | |

（六）监测信息工程

1. 建立黑土耕地监测网点。依托现有的耕地质量定位监测点，按要求建立完善黑土耕地质量长期定位监测点和调查点，开展黑土耕地质量监测评价。加强黑土耕地质量监测数据汇集和共享。以省级以上科研院所为依托，探索建立黑土耕地保护监测体系，完善病虫疫情监测预警体系。

2. 建立实施效果评价制度。与高标准农田建设相结合，探索建立黑土地保护利用工程实施效果评价制度。在坚持科学、公正、准确的前提下，积极探索第三方评价机制，开展执行期和任务完成时的数量和质量评价，监测黑土地保护实施效果。

**表33 监测信息工程**

| 类别 | 采取措施 | 预期目标 |
|---|---|---|
| 耕地质量调查监测体系 | 建立健全黑土耕地质量长期定位监测点和调查点。探索利用地理信息系统，空间定位技术和遥感技术等现代化手段，建立黑土耕地质量监测体系 | 建立完善黑土耕地质量监测体系 |
| 实施效果评价 | 探索建立黑土地保护利用工程实施效果评价制度；探索第三方评价机制 | 建立黑土地保护效果评价体系 |

**五、区域布局及保护措施**

根据我市自然、气候条件，地形特征，土壤类型及农业生产实际等因素，将黑土耕地划分为平原旱田、坡耕地和水田3个类型区。

（一）平原旱田类型区。主要分布在桃山镇、神树镇、工农乡和林草局等地，土壤类型以草甸土、黑土为主。以有机质全耕层补给、增加耕层厚度、建立肥沃耕作层为重点，推广以秸秆翻埋（压）还田为核心技术，因地制宜实施秸秆碎混还田、少免耕秸秆覆盖还田等保护性耕作技术。持续推进种养结合，鼓励引导畜禽规模养殖场与家庭农场、种植大户、农民合作社等新型经营主体在合理半径内衔接，实现无害化处理后的畜禽粪肥就地利用。推广“一主多辅”轮作模式。完善灌排设施，规范化改造低洼内涝区排水系统。因地制宜开展田块整治，完善农田基础设施建设。

（二）坡耕地类型区。主要分布在双丰镇，土壤类型以暗棕壤、黑土为主。坡耕地推行科学配置农田道路、防护林和沟道构建导排水体系，完善蓄水、导水、排水等水土保持配套设施，拦蓄和疏导地表径流；采用改顺坡垄为横坡垄、等高线条带种植。实施少免耕秸秆覆盖、等高耕作、深松、增施有机肥等措施，阻控坡耕地侵蚀退化，保水增肥。侵蚀沟采取修建沟头跌水等沟道工程防护设施，配合生态袋护坡、沟道削坡、生态固沟、秸秆填沟、绿色过水通道等治理措施，控制侵蚀沟进一步发展或将侵蚀沟修复为耕地。

（三）水田类型区。主要分布在双丰镇、王杨乡、年丰朝鲜族乡、铁力镇等大部分乡镇，土壤类型以黑土、草甸土、水稻土为主。推广以水稻秸秆翻埋、旋耕、原茬搅浆为核心技术，合理配施有机肥的“三江模式”，增加土壤有机质，改善土壤结构，培肥地力。以地表水置换地下水，保护利用地下水资源。加强灌排工程建设。规范化改造低洼内涝区排水系统，完善农田基础设施。因地制宜开展条田化改造，开展田块整治，完善农田基础设施。推广水稻节水控灌技术，提高田间水利用率。

**六、保障措施**

（一）加强组织领导。充分发挥黑土地保护工作专班作用，建立市黑土地保护利用工作联席会议制度，全面加强黑土地保护组织协调指导。各乡镇、市直各有关单位要把黑土地保护作为一项重要任务来抓，要成立相应的组织领导机构，全面落实“田长制”，统筹推动黑土地保护政策落实，建立黑土地保护利用长效机制和耕地质量监测评价机制，压实乡镇政府和部门黑土地保护利用责任。将黑土地保护纳入到粮食安全责任制考核和乡村振兴目标考核中。

（二）强化政策支持。以黑土高标准农田建设为载体，探索开展黑土地保护整建制创建，打造黑土地保护示范样板。落实相关农业补贴制度。加强行业内相关资金和行业间相关资金统筹的衔接配合，完善、加强灌排工程建设、水土流失综合治理、黑土高标准农田建设、畜禽粪污资源化利用、秸秆还田、深松整地、保护性耕作、黑土地保护利用等政策项目，统筹资金加大投入，实行综合治理，形成政策合力。

（三）创新服务机制。探索主体多元、形式多样、大力培育农业产业化龙头企业、农民合作社、家庭农场等新型经营主体。充分调动各类农业社会化服务组织保护黑土地的积极性，支持村集体经济组织牵头，组织引导小农户将农业生产中耕、种、防、收等环节服务托管，解决小农户规模化生产难题。

（四）加强主体培育。加大新型农业经营主体培育力度，突出抓好家庭农场和农民合作社两类经营主体，利用专业合作、股份合作、土地流转、土地入股、土地托管等形式，引导土地向新型经营主体流转，发展适度规模经营，促进耕地集中连片生产，将黑土地保护利用措施和责任落实到具体地块和实施主体。

（五）强化依法保护。认真贯彻落实《黑龙江省黑土地保护利用条例》等相关法律法规，把黑土地保护与环境污染防治相结合、与保障粮食安全相结合，加强部门协同配合，强化执法监督检查，及时研究解决黑土地保护中的重大问题，形成联动工作合力，坚决遏制耕地“非农化”、防止“非粮化”，严厉打击盗采泥炭黑土等违法行为，做到依法管土、依法护土。

（六）加强宣传培训。坚持集中宣传与日常宣传相结合、重点宣传与普及教育相结合，积极利用新闻媒体、电视台、短视频、宣传标语等多种有效宣传形式，深入乡镇、村屯，大力宣传黑土耕地保护相关法规、政策、技术措施，做到家喻户晓，人人皆知，使全社会都来重视和保护黑土耕地，营造保护利用黑土地良好氛围。

（铁力市人民政府办公室制定）

## 铁力市支持冰雪经济发展若干政策措施（试行）

为贯彻落实省、市相关文件精神，积极推动我市冰雪经济实现高质量发展，现按照省、市相关政策，结合我市实际，制定本政策措施。

**一、培育市场主体**

（一）支持世界500强企业、“中国旅游集团20强”企业以及主板、创业板、科创板和北交所上市企业来我市投资发展冰雪产业，对在我市新设立总部或区域总部，年营业收入达到3000万元以上的，按照年营业收入的5%给予一次性奖励，最高不超过300万元。（责任单位：市财政局、市文旅局、各森工林业局公司、各乡镇）

（二）新设立的开发冰雪文化、冰雪体育、冰雪旅游、冰雪度假、冰雪装备等冰雪产业企业，年营业收入达到300万元以上的，按照年营业收入的3%给予一次性奖励，最高不超过30万元。（责任单位：市文旅局、市工信局、各森工林业局公司、各乡镇）

（三）鼓励冰雪产业企业“升规入统”，对新纳入规模以上企业统计范围、正常生产经营、履行填报义务的企业，给予一次性奖励10万元。对已有正常运营的4A级以上冰雪旅游景区、S级旅游滑雪场、冰雪乐园，冬季期间（11月1日至次年3月31日）接待游客2万—4万人次、4万人次以上，每年分别一次性补助5万元、8万元。对政府举办的或社会力量举办的，室内冰雪场地面积达到1200平方米以上，向社会免费或低收费开放、达到《公共体育场馆基本公共服务规范》要求的，铁力市政府按现行相关规定给予补助。（责任单位：市文旅局、各森工林业局公司、各乡镇）

（四）新设立的冰雪产业企业，向金融机构申请固定资产贷款500万元以上的，可按照同期银行贷款市场报价利率，给予企业原则上不超过贷款利息30%的贴息，最高不超过100万元。（责任单位：市文旅局、市财政局、各乡镇、各森工林业局公司）

（五）支持新建冰雪旅游景区、冰雪旅游度假区、冰雪主题乐园、冰雪小镇等，年接待游客20万人次以上的，给予一次性奖励50万元。（责任单位：市文旅局）

（六）支持发展冰雪主题云演艺、云展览、云赛事、旅游直播、旅游带货等新经济业态企业，以及VR/AR训练+健身、全息互动投影、无人机表演、夜间光影秀等沉浸式冰雪娱乐体验产品，对新设立年营业收入达到400万元以上的企业，按照年营业收入的3%给予一次性奖励，最高不超过30万元。支持新设立冰雪产业企业充分运用动漫游戏、网络文学、网络音乐、网络视听、数字艺术等产业形态，开发冰雪题材原创数字文化内容，对获得国家优秀作品的项目，给予配套资金支持，最高不超过30万元。（责任单位：市文旅局）

（七）对旅行社组织游客在我市停留2天1夜（含）以上，且游览2个（含）以上收费A级冰雪旅游景区的，按照《伊春市招徕省外旅游客源奖励办法（2019）》规定的奖励范围和标准执行。（责任单位：市文旅局）

**二、推进项目建设**

（八）将年度计划投资规模1000万元以上的冰雪产业项目纳入市重点项目，享受市重点项目有关政策支持。（责任单位：市发改局、市自然资源局、铁力生态环境局、市住建局、市文旅局、各森工林业局公司、各乡镇）

（九）对新建固定资产投资（不含土地价款）500万—1000万元的冰雪产业项目，在项目全部竣工验收合格后，一次性奖补30万元；新建投资1000万元以上的，在项目全部竣工验收合格后，按照实际完成投资额的3%给予一次性奖补，最高不超过60万元。对4A级以上冰雪旅游景区、S级旅游滑雪场升级改造投资300万元以上的项目，在项目全部竣工验收合格后，按照实际完成投资额的3%给予一次性奖补，最高不超过30万元。（责任单位：市文旅局、各森工林业局公司、各乡镇）

（十）对符合规划要求，利用闲置工业厂房、体育场馆、仓储用房、校园建筑、商务楼宇、商业网点等房产改造新建室内滑冰场（冰壶馆），常年正常运营，且冰面面积达1200平方米以上、投资500万元以上的项目，按其实际投资额的3%给予一次性补助，最高不超过100万元。（责任单位：市文旅局、各森工林业局公司、各乡镇）

（十一）支持冰雪题材剧本创作基地、冰雪影视基地建设、影视剧（动画片、纪录片）制作，奖励标准按照《黑龙江省人民政府关于印发黑龙江省文化旅游产业招商引资若干扶持政策措施的通知》（黑政规〔2021〕21号）规定执行。鼓励影视公司利用我市冰雪资源拍摄影视剧，取景所在地提供便利条件并给予适当资金补助。（责任单位：市委宣传部、市文旅局、各森工林业局公司、各乡镇）

**三、打造品牌活动**

（十二）支持冰雪产业企业打造品牌。冰雪产业企业首次评定为国家5A级旅游景区、国家旅游度假区、国家滑雪旅游度假地、国家体育产业基地、国家体育旅游示范基地、国家夜间文化和旅游消费集聚区、全国中小学研学实践教育基地营地的，分别给予一次性奖励50万元。（责任单位：市文旅局、市教育局）

（十三）支持开展森林冰雪研学实践活动，对全年累计组织500名、1000名以上师生且每次在冰雪景区研学实践2天以上的，分别给予组织方一次性补助5万元、10万元。（责任单位：市文旅局、市教育局）

**四、开展赛事交流**

（十四）支持开展冰雪赛事交流。对举办国际、国内大型冰雪赛事活动，分别按照赛事活动场地租赁、搭建和裁判聘请等费用的30%、40%给予赛事活动举办机构补助，每次补助金额最高不超过100万元。对具有国际影响力的大型赛事可以通过“一事一议”方式确定补助标准。（责任单位：市文旅局）

（十五）对举办国际或国内知名冰雪主题论坛交流、展览展示活动，经审核符合要求的，给予活动举办机构按照活动场地租赁和搭建等费用的30%补助，每次补助金额最高不超过100万元。（责任单位：市文旅局）

**五、完善要素支撑**

（十六）支持冰雪产业教育培训。对达到国家、省、市规定标准的冰雪产业后备人才基地、体育传统项目学校等培训机构，依据相关规定，每年安排专项资金给予补助；以政府购买服务的方式，鼓励青少年接受各类冰雪运动培训：通过聘任录用等形式，将获得职业资格证书的优秀运动员，以及具备教学水平的高等院校冰雪运动专业毕业生，招收到各级各类冰雪学校任教。鼓励冰雪产业企业与高等院校、科研院所合作建立实训基地。（责任单位：市文旅局、市人社局、市教育局、市财政局）

（十七）支持冰雪产业人才引进。对引进冰雪产业创意规划、经营管理等高层次人才，国内外优秀冰雪教练，按照我市关于人才引进有关政策和程序办理，可采取“一事一议”“特事特办”方式引进；帮助新引进高层次冰雪产业复合型人才解决社会保险、医疗保险等问题；对符合条件的人才，依照我市相关人才政策，享受住房保障、子女入学等政策，吸引高水平冰雪竞技人才。（责任单位：市委组织部、市人社局、市文旅局）

（十八）支持冰雪产业金融服务创新。鼓励政府性融资担保机构为冰雪产业小微企业提供融资担保服务。鼓励金融机构结合实际，开发定制化金融产品，推行特许经营权、政府采购订单、收费权、知识产权等多种权益性质押贷款。支持具备条件的冰雪产业企业在多层次资本市场上市或挂牌，具体补贴方式和标准按照相关规定执行。执行冰雪专业运动队保险政策，开发包括意外伤害、意外医疗、紧急救援和伤病康复等内容的高危冰雪运动队专属保险产品。（责任单位：市财政局、中国人民银行铁力支行）

（十九）支持保障冰雪产业企业用地。依法依规将冰雪产业建设用地纳入国土空间规划，按照“指标跟着项目走”的原则，年度土地利用计划优先安排，结合实际安排一定比例的年度新增建设用地计划指标。创新冰雪产业项目用地方式，鼓励采取长期租赁、租让结合和弹性年期出让土地，合理确定开发强度。经铁力市政府同意，土地出让金可按国家有关规定分期缴纳，首付按不低于出让价款的50%缴纳，余款一年内缴清，在全额缴纳土地出让金后，视项目投资规模安排扶持资金，用于项目建设和企业发展需要的配套设施建设。（责任单位：市自然资源局、各森工林业局公司、各乡镇）

（二十）支持冰雪产业企业享受税收优惠。冰雪场地设施的房产土地符合体育场（馆）减免税条件的，可以享受房产税、城镇土地使用税优惠；冰雪企业缴纳房产税、城镇土地使用税确有困难的，依法依规给予减免；对冰雪文化和旅游企业的宣传促销费、冰雪文化创意和旅游商品研发费用，纳入企业成本费用，按照相关规定予以税前扣除。社会资本参与政策允许的国有冰雪产业企业重组改革，可按国家规定享受相关税收优惠。（责任单位：市税务局）

本政策措施中需铁力市政府兑现的扶持政策，铁力市级财政每年安排冰雪产业发展支持资金，符合本政策措施的项目，同时又符合上级或我市其他扶持政策规定，按照扶持金额从高不重复的原则予以支持，另有规定的除外。

本政策措施自印发之日起试行1年，由铁力市冰雪经济工作专班负责牵头组织实施，政策执行期内开展中期绩效评估，评估结果作为完善政策和改善管理的依据，到期前经评估确定是否继续实施并按程序报批。涉及的重大事项及时向铁力市委、铁力市政府请示报告。

（铁力市人民政府办公室制定）

## 2022年铁力市稳粮扩豆行动实施方案

根据《2022年黑龙江省稳粮扩豆行动实施方案》《2022年伊春市稳粮扩豆行动实施方案》的通知要求，坚决扛起维护国家粮食安全的政治责任，深入推进农业供给侧结构性改革，稳固粮食安全压舱石地位，特制定本实施方案。

**一、总体要求**

坚持稳中求进工作总基调，全面落实党政同责要求，优化种植结构，着力稳水稻、调玉米、扩大豆；推广使用良种，集成示范高质高效模式，发展农业专业化社会化服务，加强自然灾害防范，突出抓好重大病虫害防控，不断提高单产水平；加快推进粮食种植规模化、生产科技化、作业机械化、服务社会化，不断提高种粮效益，进一步稳定粮食综合生产能力和粮食总产量，全力保障国家粮食安全和重要农副产品有效供给。

**二、工作目标**

坚持稳粮扩豆，继续深入实施藏粮于地、藏粮于技战略，通过稳定面积、优化品种、集成技术、防灾减灾等举措，切实提升粮食综合生产能力。2022年全市粮食作物播种面积要达到175.45万亩（约束性指标，含农场22.39万亩），粮食总产要稳定在8.98亿斤以上（指导性指标，含农场2.25亿斤）；全市大豆播种面积达到60万亩（约束性指标），比2021年增加10万亩以上，力争总产达到1.5亿斤（指导性指标）。为保障国家粮食安全、稳定经济社会发展贡献铁力力量。

**三、主要措施**

（一）逐级落实生产目标。各乡镇、市林草局、“南三局”公司要按照市政府确定的2022年粮食生产目标、扩种大豆目标，全面落实粮食安全党政同责要求，共同担起保面积、保产量责任，把责任落实到村，把面积落实到户到田。加强粮食生产功能区和重要农产品生产保护区建设管理，严格遏制耕地“非农化”、防止“非粮化”，严守耕地和生态红线，强化惠农强农政策落实，调动农民种粮积极性，充分挖掘耕地潜力，严禁耕地撂荒，做到种满种严。

（二）优化调整种植结构。以市场为导向，加大玉米、大豆、水稻生产者补贴政策宣传力度，特别要提前释放玉米大豆差异化补贴、耕地轮作试点补贴、水稻最低收购价、稻改豆等政策信号，积极引导农民调整种植结构，稳定水稻种植面积，调减玉米种植面积，新增大豆种植面积10万亩以上，合理发展杂粮杂豆生产。积极发展高端优质水稻、高淀粉玉米、优质高油高蛋白大豆。

（三）科学合理区划布局。开展种源“卡脖子”技术攻关，选育、推广应用好新品种，特别要围绕稳产增产目标，结合不同积温区、不同土壤类型、降雨量等自然条件，引导发展适合的种植品种。水稻：山区、近山区主推品种龙粳3033、绥粳25，搭配品种龙粳47等；平原区主推品种龙粳31、龙庆稻31号，搭配品种龙庆稻8号等。大豆：山区、近山区主推品种黑河45、圣豆43，搭配品种黑河49等；平原区主推品种东升1号、东升7号，搭配品种合农69等。玉米：山区、近山区主推品种德美亚1号、东农257，搭配品种先玉1219等；平原区主推品种德美亚3号、合玉27，搭配品种益农玉12等。坚持适区种植，不越区种植，不种大满贯品种，充分利用有效积温，确保安全成熟和品质提升。

（四）推广先进栽培模式。集成组装技术模式，提高先进技术到位率，不断提高单产，增加总产。玉米重点推广“耐密品种+抗旱节水+生物防治+秸秆还田+米豆轮作+全程机械化作业”的技术模式以及“大垄双行”等通透密植栽培技术；水稻重点推广“抗逆优质品种+智能浸种催芽+大棚旱育稀植+钵育摆插+侧深施肥+生物防控病虫害+全程机械化+节水灌溉”的技术模式及推行宽窄行栽培和侧深施肥技术（侧深施肥位置距离苗侧3厘米、距离根深5厘米），兼顾稻田养鱼、稻田养蟹、稻田养鸭、稻田养蛙等稻田综合种养共育模式；大豆重点推广“大垄密植栽培、垄三栽培和45厘米双行密植栽培技术”。

（五）扎实开展科技培训。采取典型示范式、项目推动式、媒体传播式、“互联网+”式等不同类型的培育模式，聚焦现代农业发展的人才需求，加大农民教育培育力度，整体提高农民科技文化素质和经营管理水平。培养一支有文化、懂技术、善经营、会管理的高素质农民队伍，示范带动引领广大农民增收致富，促进农业产业升级、农村持续进步、农民全面发展。全市培育高素质农民150人以上。

（六）强化农资供应保障。统筹做好新冠疫情防控和粮食生产工作，及早做好种子、化肥、农药、柴油、农膜等农资调剂调运，指导企业通过网上直销、手机微信等多种方式开展种子、化肥销售，实行网上预购，并由经销企业在春耕前直接配送，确保及时到村到店到户，满足农业生产物资需求。发挥农业综合执法队伍作用，会同市场监管、公安等部门开展农资打假，严厉打击制售假劣农资、破坏市场秩序、侵害农民利益等违法行为，切实保障农资供应和质量安全。

（七）选择最佳适宜播期。严守农时标准，抢抓土壤墒情，组织农户根据土壤类型、温度、水分等条件，适时播种，确保各作物全部播在高产期。要坚持低温长根、高温生芽长苗的播种原则，地面温度稳定在6℃以上，组织播种。原则上，玉米：第三、第四积温带5月10日前完成播种。大豆：第三、第四积温带5月15日前完成播种。水稻：第三积温带5月23日左右完成插秧，第四积温带5月25日左右完成插秧，坚决不插6月秧。

（八）坚持精准施肥用药。在用肥上，全面开展测土配方施肥，根据目标产量、土壤养分丰缺状况合理确定施肥量；推广应用缓控释肥料、微生物肥料、水溶性肥料等新型肥料，减少用肥量，延长肥效期，提高肥料利用率。在用药上，进一步完善病虫监测预警网络体系，提升监测预警能力，依照防治指标用药，减少打“太平药”；通过补贴更换节药喷头、推广高功效药械，提高喷雾均匀性，减少农药浪费；优先使用“一喷多效”生物农药、环境友好型农药和植物健康型农药，推广“一喷多防”技术；推进统防统治和绿色防控，开展标准化作业，提高应急防控能力。

（九）全面加强田间管理。推行全程标准化作业，选择好机械，推广大马力智能机械，提高深松整地、精量播种、水稻机械化育（插）秧、玉米机收、大豆机收等环节标准化作业水平和效率，保质保量，减少损失。全面组织抓好中耕，力争多铲多趟，增温放寒、蓄水保墒、灭草灭虫、减轻病害、健身防病，有条件的要做到中耕三遍，促进大豆、玉米提前3—5天成熟。在做好土壤封闭除草的基础上，要强化适时苗后除草，防止草欺苗、草争肥。要科学合理追肥，及时补充营养，促进作物生长发育，提高抗逆性。

（十）发展适度规模经营。突出抓好家庭农场和农民合作社等新型经营主体，鼓励发展多种形式适度规模经营。推进农业社会化服务体系建设，壮大专业化服务组织，促进小农户与现代农业发展有机衔接。发挥专业服务公司、农民合作社、农村集体经济组织等主体作用，提升生产全过程、全环节服务水平。同时，大力发展农业生产托管服务，完善服务规范指引，加强价格监测和合同监管。全市农业生产全程托管服务面积达到23万亩以上。

（十一）加强黑土地保护利用。坚持藏粮于地，全面加强黑土地保护，推广以旱田“一翻两免”、水田“一翻两旋”为核心的秸秆还田技术，分类集成组装增施有机肥、科学轮作、良种良法、测土配方施肥、安全用药等配套技术措施，提升耕地质量。同时，以永久基本农田、粮食生产功能区、重要农产品生产保护区为重点区域，围绕稳固提升水稻、玉米、大豆等粮食作物产能，加强高标准农田建设，通过对低产田的改造提升增加粮食产量。全市新建高标准农田10.95万亩。

（十二）推动绿色有机食品发展。进一步发挥寒地黑土、绿色有机、非转基因优势，转变发展方式，推进绿色发展。做好全市绿色食品原料标准化生产基地和全市有机农产品基地建设工作，扩大绿色、有机食品原料基地规模；以生产经营主体备案为重点，抓好基地核心区建设、投入品管控、利益联结机制建立等关键环节，提升基地标准化生产水平。2022年全市绿色、有机食品监控面积稳定在45.72万亩。

（十三）推进科学防灾减灾。农业农村部门要加强与气象局、应急局、水务局等部门密切沟通会商，重点加强干旱、洪涝、台风和低温冻害等监测预警，分析研判灾害影响，及早制定完善技术预案，提前落实防御措施。根据灾害发生情况和农作物生育进程，分灾种制定抗灾救灾技术指导意见，组织专家和农技人员深入重灾区，科学调查评估灾情，开展巡回技术服务，推进科学抗灾。加大救灾支持，做好救灾物资准备，支持灾区尽快恢复生产，努力减轻灾害损失。指导强化农机防灾减灾能力建设，提高应急抢种、抢收效率。

（十四）加强重大病虫害防控。组织开展“虫口夺粮”保丰收行动，重大病虫害危害损失率控制在5%以内。继续实施植物保护能力提升工程，加强病虫监测预警能力建设，完善重大病虫田间监测网体系，强化监测预警，做到准确预报、及时预警、快速反应。突出一类农作物病虫害，兼顾其他重大病虫害，科学制定防控方案，提早做好防控准备。发挥农业生产救灾等支农资金作用，积极采取政府购买服务等方式，推进重大病虫害统防统治、联防联控和应急防治，最大限度降低病虫危害损失。

（十五）推进生产环节减损。推广适应我市的精量播种机等节种减损先进机械，抓住适时播种和高标准播种重点环节，提高种植环节节约用种关键技术水平；根据粮食作物品种特性，确定最佳收获期，指导适时收获，确保应收尽收、颗粒归仓。鼓励建立社会化服务组织名录，针对特殊气候条件，提高应急抢种抢收装备和应急服务供给能力。

**四、组织保障**

（一）压实粮食生产责任。各乡镇、市林草局、“南三局”公司要把稳粮扩豆工作作为年度重点工作进行推进落实。要建立领导责任制度，认真贯彻落实粮食安全党政负责制，压实党委、政府主体责任；要强化工作推进制度，要对粮食生产任务、扩种大豆任务实行挂图作战，结合农时季节，定期开展工作调度，督促工作落实；要严格考核评价制度，要强化粮食安全责任制考核，提高党委政府重农抓粮积极性；要实行督导问责制度，要采取情况通报、调度等形式，督导工作进度，确保如期完成目标任务。对未按时完成任务的，要严肃追责问责。市政府成立以市长为组长，主管副市长为副组长，农业农村局、发改局、财政局、水务局、工信局、自然资源局、统计局、林草局、气象局、应急局、市监局、公安局、各乡镇、“南三局”公司等相关单位为成员的稳粮扩豆行动工作领导小组，各有关部门，各司其职，通力合作，密切配合，形成稳粮扩豆的工作合力。各乡镇、市林草局、“南三局”公司也要结合实际制定具体的行动方案，成立相应的组织机构，确保稳粮扩豆任务落实落地。

（二）落实粮食生产政策措施。不折不扣落实国家支持粮食发展的各项强农惠农富农政策措施，让种粮农民有收益，充分调动农民生产积极性。扩大主要粮食作物政策性保险覆盖面，提高赔付标准，探索开展大灾保险、“价格+保险”等险种，争取大豆完全成本或种植收入保险试点，进一步防范和降低农民种植风险。各乡镇、市林草局、“南三局”公司要切实提高稳粮扩豆重要性的认识，落实好稳定粮食生产和扩大大豆种植扶持政策，努力增加粮食生产投入。金融部门要创新金融产品，简化贷款程序，增加金融服务粮食生产的贷款额度。

（三）广泛宣传营造良好氛围。充分运用广播、电视等传统媒体和微信等新媒体，宣传稳粮扩豆的好经验、好做法、好典型，为粮食生产和扩种大豆工作营造良好的氛围。加强农作物生产进度和苗情墒情调度，及时反映情况。做好粮食价格、收购进度、成本收益等市场信息监测和发布，实时掌握本地主要粮食品种生产、销售动态和市场引导。

（铁力市人民政府办公室制定）

# 统计资料

## 表 34 2022 年铁力市社会经济基本情况统计表

| 指标名称 | 计量单位 | 2022 年 |
| --- | --- | --- |
| 一、基本情况 | — | — |
| 行政区域面积 | 平方千米 | 3776.3 |
| 乡 | 个 | 3 |
| 镇 | 个 | 5 |
| 二、人口与就业 | — | — |
| 户籍户数 | 户 | 132555 |
| 户籍人口 | 人 | 274666 |
| 三、综合经济 | — | — |
| （一）地区生产总值 | 万元 | 921706 |
| 第一产业增加值 | 万元 | 395160 |
| 第二产业增加值 | 万元 | 258101 |
| 第三产业增加值 | 万元 | 268445 |
| 其中：农林牧渔专业及辅助性活动增加值 | 万元 | 9791 |
| （二）财政、金融 | — | — |
| 地方一般公共预算收入 | 万元 | 38604 |
| 地方一般公共预算支出 | 万元 | 395998 |
| 其中：教育支出 | 万元 | 33098 |
| 科学技术支出 | 万元 | 521 |
| 文化旅游体育与传媒支出 | 万元 | 2320 |
| 社会保障和就业支出 | 万元 | 128447 |
| 卫生健康支出 | 万元 | 22885 |
| 农林水支出 | 万元 | 94146 |
| 年末金融机构各项存款余额 | 万元 | 2393617 |
| 其中：住户储蓄存款余额 | 万元 | 2092709.7 |
| 年末金融机构各项贷款余额 | 万元 | 378975.9 |
| 四、农业 | — | — |
| （一）生产条件 | — | — |
| 耕地面积 | 公顷 | 105874.3 |
| 设施农业种植占地面积 | 公顷 | 248.2 |
| 设施林业经营占地面积 | 公顷 | 287 |
| 设施畜牧养殖占地面积 | 公顷 | 168 |
| 设施水产养殖占地（水面）面积 | 公顷 | 480 |
| 耕地灌溉面积 | 公顷 | 55970 |
| 高标准农田面积 | 公顷 | 45666 |
| （二）农作物播种面积 | 公顷 | 123209.8 |
| 粮食作物播种面积 | 公顷 | 118753.6 |

续表 34

| 指标名称 | 计量单位 | 2022 年 |
|---|---|---|
| 其中：稻谷 | 公顷 | 55957 |
| 玉米 | 公顷 | 17748.4 |
| 大豆 | 公顷 | 43769.7 |
| 蔬菜播种面积 | 公顷 | 184.2 |
| （三）农产品产量 | — | — |
| 粮食总产量 | 吨 | 514992.1 |
| 其中：稻谷 | 吨 | 326892.8 |
| 玉米 | 吨 | 110579.8 |
| 大豆 | 吨 | 75539.7 |
| 园林水果产量 | 吨 | 57.8 |
| 肉类总产量 | 吨 | 41188.8 |
| 其中：猪肉 | 吨 | 23036.3 |
| 牛肉 | 吨 | 4583.7 |
| 羊肉 | 吨 | 557 |
| 禽肉 | 吨 | 13011.7 |
| 禽蛋产量 | 吨 | 9935.2 |
| 奶类产量 | 吨 | 885 |
| 蔬菜产量 | 吨 | 13109.4 |
| 水产品产量 | 吨 | 3489 |
| （四）农产品质量 | — | — |
| “两品一标”农产品 | 个 | 47 |
| “两品一标”农产品基地面积 | 公顷 | 35470.4 |
| 五、工业 | — | — |
| 规模以上工业企业 | 个 | 20 |
| 规模以上工业总产值 | 万元 | 7 |
| 其中：农产品加工业产值 | 万元 | 202368 |
| 六、交通、通信 | — | — |
| 公路里程 | 千米 | 1305 |
| 固定电话用户 | 户 | 9067 |
| 移动电话用户 | 户 | 258686 |
| 互联网宽带接入用户 | 户 | 87410 |
| 七、贸易、外经 | — | — |
| 社会消费品零售总额 | 万元 | 243698 |
| 其中：限额以上消费品零售额 | 万元 | 16871.6 |
| 亿元及以上商品交易市场 | 个 | 1 |
| 出口总额 | 万美元 | 1030 |
| 当年实际使用外资额 | 万美元 | 47.2 |
| 八、固定资产投资 | — | — |

续表 34

| 指标名称 | 计量单位 | 2022 年 |
|---|---|---|
| 固定资产投资 | 万元 | 404038 |
| 房地产开发投资 | 万元 | 2577 |
| 九、教育、科技、文化、卫生 | — | — |
| 普通中学 | 所 | 11 |
| 小学校 | 所 | 15 |
| 普通中学专任教师 | 人 | 892 |
| 小学专任教师 | 人 | 705 |
| 普通中学在校学生 | 人 | 6972 |
| 小学在校学生 | 人 | 7574 |
| 全年专利授权 | 件 | 82 |
| 公共图书馆图书藏量 | 千册 | 165.5 |
| 剧场、影剧院 | 个 | 1 |
| 体育场馆 | 个 | 5 |
| 医疗卫生机构床位 | 张 | 1924 |
| 卫生技术人员 | 人 | 1397 |
| 其中：执业（助理）医师 | 人 | 543 |
| 十、居民生活 | — | — |
| 城镇居民人均可支配收入 | 元 | 26075 |
| 农村居民人均可支配收入 | 元 | 19483 |
| 十一、社会保障 | — | — |
| 提供住宿的民政服务机构 | 个 | 3 |
| 提供住宿的民政服务机构床位数 | 床 | 461 |
| 城镇职工基本养老保险参保人数 | 人 | 141796 |
| 城乡居民基本养老保险参保人数 | 人 | 42686 |
| 基本医疗保险参保人数 | 人 | 208700 |
| 其中：城乡居民基本医疗保险参保人数 | 人 | 143500 |
| 失业保险参保人数 | 人 | 18073 |
| 城市居民最低生活保障人数 | 人 | 6116 |
| 农村居民最低生活保障人数 | 人 | 4101 |
| 十二、附记指标 | — | — |
| 森林面积 | 公顷 | 240710 |
| 自然保护区面积 | 公顷 | 11000 |
| 污水处理率 | % | 97 |
| 其中：污水处理厂集中处理率 | % | 97 |
| 生活垃圾无害化处理率 | % | 100 |
| 草原综合植被盖度 | % | 1.4 |
| 畜禽粪污综合利用率 | % | 84 |
| 农田灌溉水有效利用系数 | — | 0.625 |

续表 34

| 指标名称 | 计量单位 | 2022 年 |
|---|---|---|
| 农村义务教育专任教师本科及以上学历比例 | % | 70 |
| 涉农产业园区 | 个 | 3 |

## 表 35　2022 年铁力市生产总值统计表

单位：万元、%

| 指标名称 | 现价 | 不变价 | 增速 |
|---|---|---|---|
| **地区生产总值** | 921706 | 815865 | 3.8 |
| 农、林、牧、渔业 | 404951 | 407105 | 2.3 |
| 农、林、牧、渔专业及辅助性活动 | 9791 | 3919 | −8.1 |
| 工业 | 241443 | 143042 | 4.7 |
| 采矿业 | 216229 | 117332 | 5 |
| 制造业 | 15718 | 14842 | 12.0 |
| 电力、热力燃气及水生产和供应业 | 9496 | 10868 | −7 |
| 建筑业 | 16658 | 10868 | 25.7 |
| 批发和零售业 | 44759 | 43594 | 1.1 |
| 批发业 | 3826 | 3121 | −11.6 |
| 零售业 | 40933 | 40473 | 2.2 |
| 交通运输、仓储和邮政业 | 32357 | 31149 | 7.4 |
| 铁路运输业 | 19255 | 16961 | 8.8 |
| 道路运输业 | 7027 | 7139 | 5.6 |
| 多式联运和运输代理业 | 77 | 70 | 2.9 |
| 装卸搬运和仓储业 | 769 | 1016 | −1.3 |
| 邮政业 | 5229 | 5963 | 7.1 |
| 住宿和餐饮业 | 17953 | 16730 | 1.1 |
| 住宿业 | 3106 | 3142 | 5.1 |
| 餐饮业 | 14847 | 13588 | 0.3 |
| 金融业 | 33455 | 34436 | 8.4 |
| 货币金融服务 | 25104 | 25663 | 13.9 |
| 资本市场服务 | 1489 | 1775 | −10.1 |
| 保险业 | 6862 | 6998 | −3.8 |
| 房地产业 | 39265 | 37152 | 3.2 |
| 房地产业（K 门类） | 274 | 183 | −5.7 |
| 居民自有住房服务 | 38991 | 36969 | 3.2 |
| 其他服务业 | 90865 | 91789 | 6.1 |
| 营利性服务业 | 27799 | 30659 | 5.6 |
| 信息传输、软件和信息技术服务业 | 10630 | 12132 | 14.4 |
| 租赁和商务服务业 | 8408 | 9631 | 4.9 |
| 科学研究和技术服务业 | 2000 | 1956 | −0.5 |

续表 35

| 指标名称 | 现价 | 不变价 | 增速 |
|---|---|---|---|
| 居民服务、修理和其他服务业 | 2734 | 2754 | -2.6 |
| 文化、体育和娱乐业 | 4027 | 4186 | -6.3 |
| 非营利性服务业 | 63066 | 61130 | 6.4 |
| 水利、环境和公共设施管理业 | 2773 | 2521 | 6.1 |
| 教育 | 18824 | 18520 | 3.4 |
| 卫生和社会工作 | 17170 | 17236 | 6 |
| 公共管理、社会保障和社会组织 | 24299 | 22853 | 9.4 |
| 第一产业 | 395160 | 403186 | 2.4 |
| 第二产业 | 258101 | 153910 | 5.9 |
| 第三产业 | 268445 | 258769 | 4.7 |

## 表 36 2022 年铁力市农业生产条件统计表

单位：吨、公顷

| 单位名称 | 农用化肥施用量（实物量） | | | | | 农用塑料薄膜使用量 | 其中：地膜使用量 | 地膜覆盖面积 | 农用柴油 | 农药使用量 |
|---|---|---|---|---|---|---|---|---|---|---|
| | 合计 | 氮肥 | 磷肥 | 钾肥 | 复合肥 | | | | | |
| 合计 | 38725 | 10976 | 8861 | 6152 | 12736 | 818.30 | 63.55 | 513.65 | 12274.60 | 413.15 |
| 双丰镇 | 10982 | 3455 | 2060 | 2460 | 3007 | 335 | 38.8 | 35 | 5258 | 23 |
| 铁力镇 | 933 | 323 | 100 | 91 | 419 | 0.05 | 0.05 | 2.65 | 200.6 | 4.15 |
| 桃山镇 | 9769 | 1946 | 3065 | 887 | 3871 | 84.25 | 4.2 | 208 | 1396 | 154 |
| 神树镇 | 657 | 160 | 97 | 100 | 300 | | | | 320 | 18 |
| 日月峡镇 | 3881 | 1004 | 2015 | 753 | 109 | 120 | 10 | 140 | 863 | 46 |
| 王杨乡 | 2560 | 700 | 600 | 450 | 810 | 55 | 2 | 30 | 850 | 16 |
| 工农乡 | 2295 | 560 | 530 | 290 | 915 | 43 | 4.3 | 43 | 440 | 32 |
| 年丰乡 | 1700 | 419 | 284 | 248 | 749 | 45 | 3 | 35 | 946 | 3.5 |
| 林草局 | 413 | 118 | 110 | 90 | 95 | 15 | 1.2 | 20 | 400 | 30 |
| 铁力农场 | 5535 | 2291 | | 783 | 2461 | 121 | | | 1601 | 86.5 |

## 表 37 2022 年铁力市主要畜禽存栏情况统计表

单位：头、只

| 类别 \ 县区名称 | 铁力市 | 铁力 | 桃山 | 双丰 | 神树 | 王杨 | 工农 | 年丰 | 林草局 | 日月峡 |
|---|---|---|---|---|---|---|---|---|---|---|
| 猪存栏 | 189581 | 3543 | 5204 | 5154 | 5013 | 2824 | 48819 | 3257 | 113121 | 2646 |
| 其中：能繁母猪 | 19608 | 333 | 686 | 609 | 431 | 264 | 5952 | 338 | 10736 | 259 |
| 牛存栏 | 22684 | 1287 | 4210 | 4710 | 3574 | 1416 | 2129 | 1249 | 1589 | 2520 |
| 肉牛存栏 | 22522 | 1236 | 4099 | 4710 | 3574 | 1416 | 2129 | 1249 | 1589 | 2520 |
| 奶牛存栏 | 162 | 51 | 111 | | | | | | | |

续表 37

| 类别＼县区名称 | 铁力市 | 铁力 | 桃山 | 双丰 | 神树 | 王杨 | 工农 | 年丰 | 林草局 | 日月峡 |
|---|---|---|---|---|---|---|---|---|---|---|
| 羊存栏 | 22935 | 2390 | 2626 | 2252 | 2649 | 2182 | 3855 | 2217 | 1460 | 3304 |
| 山羊存栏 | 13235 | 1130 | 1080 | 1069 | 1311 | 1328 | 2216 | 1421 | 1460 | 2220 |
| 绵羊存栏 | 9700 | 1260 | 1546 | 1183 | 1338 | 854 | 1639 | 796 |  | 1084 |
| 活家禽存栏 | 2345968 | 201285 | 385749 | 433154 | 314383 | 171837 | 238228 | 198436 | 198525 | 204371 |
| 其中：活鸡存栏 | 2254074 | 198056 | 380203 | 394146 | 313538 | 165602 | 235048 | 174065 | 195782 | 197634 |
| 肉鸡存栏 | 1577176 | 51582 | 233937 | 324286 | 276811 | 118616 | 181693 | 111166 | 160232 | 118853 |
| 蛋鸡存栏 | 676898 | 146474 | 146266 | 69860 | 36727 | 46986 | 53355 | 62899 | 35550 | 78781 |

## 表 38　2022 年铁力市主要畜禽出栏情况统计表

单位：头、只、吨

| 类别＼县区名称 | 铁力市 | 铁力 | 桃山 | 双丰 | 神树 | 王杨 | 工农 | 年丰 | 林草局 | 日月峡 |
|---|---|---|---|---|---|---|---|---|---|---|
| 猪出栏 | 277136 | 3990 | 6467 | 4393 | 3262 | 3788 | 28912 | 4030 | 218608 | 3686 |
| 牛出栏 | 26504 | 1937 | 5080 | 5288 | 1924 | 2610 | 2617 | 2124 | 2285 | 2639 |
| 羊出栏 | 32660 | 2781 | 6588 | 6145 | 3071 | 2793 | 3070 | 2621 | 2307 | 3284 |
| 山羊出栏 | 19668 | 1597 | 4767 | 3040 | 1623 | 1419 | 1606 | 1426 | 2307 | 1883 |
| 绵羊出栏 | 12992 | 1184 | 1821 | 3105 | 1448 | 1374 | 1464 | 1195 |  | 1401 |
| 活家禽出栏 | 7982266 | 778253 | 1289200 | 1442032 | 676724 | 779830 | 899079 | 654343 | 983930 | 478875 |
| 其中：活鸡出栏 | 7964502 | 776445 | 1286270 | 1438825 | 675238 | 778118 | 897105 | 652907 | 981770 | 477824 |
| 猪肉产量 | 23036 | 335 | 566 | 360 | 271 | 311 | 2381 | 339 | 18174 | 299 |
| 牛肉产量 | 4584 | 348 | 915 | 879 | 325 | 436 | 436 | 368 | 406 | 471 |
| 羊肉产量 | 557 | 43 | 104 | 99 | 49 | 56 | 52 | 52 | 49 | 53 |
| 山羊肉产量 | 342 | 28 | 75 | 49 | 26 | 28 | 27 | 29 | 49 | 31 |
| 绵羊肉产量 | 215 | 15 | 29 | 50 | 23 | 28 | 25 | 23 |  | 22 |
| 禽肉产量 | 13012 | 1272 | 2051 | 2353 | 1089 | 1294 | 1482 | 1076 | 1610 | 785 |
| 其中：鸡肉产量 | 12974 | 1266 | 2045 | 2345 | 1087 | 1292 | 1478 | 1074 | 1604 | 783 |
| 禽蛋产量 | 9935 | 1858 | 2417 | 1584 | 515 | 686 | 929 | 501 | 815 | 630 |
| 其中：鸡蛋产量 | 9905 | 1858 | 2417 | 1561 | 515 | 686 | 929 | 494 | 815 | 630 |
| 生牛奶产量 | 885 | 275 | 610 |  |  |  |  |  |  |  |

## 表 39　2022 年铁力市规模以上工业企业主要经济指标统计表（一）

单位：千元、人

| 企业名称 | 工业总产值(当年价格) | 工业销售产值 | 出口交货值 | 资产 | 流动资产合计 | 存货 | 固定资产净额 | 累计折旧 | 负债合计 |
|---|---|---|---|---|---|---|---|---|---|
| 上海皇象铁力蓝天制药有限公司 | 35795 | 37010 |  | 121151 | 58012 | 15855 | 18954 | 30385 | 51765 |

续表 39

| 企业名称 | 工业总产值(当年价格) | 工业销售产值 | 出口交货值 | 资产 | 流动资产合计 | 存货 | 固定资产净额 | 累计折旧 | 负债合计 |
|---|---|---|---|---|---|---|---|---|---|
| 黑龙江欧贝嘉营养食品有限公司 | 43358 | 42185 | | 40943 | 27802 | 11633 | 11014 | 10714 | 44520 |
| 黑龙江喜人药业集团有限公司 | 89808 | 89664 | | 88348 | 60271 | 14689 | 23757 | 24046 | 61733 |
| 黑龙江省铁力九河泉米业有限责任公司 | 5017 | 5021 | | 54291 | 40420 | 1820 | 12245 | 11384 | 34357 |
| 铁力市艾晖医疗器械制造有限公司 | 22573 | 27141 | | 33147 | 27966 | 23990 | 2417 | 2970 | 21456 |
| 铁力宇祥热电有限责任公司 | 250764 | 226550 | | 1277470 | 730914 | 39631 | 467173 | 347400 | 1268090 |
| 铁力市隆泰食品有限公司 | 23179 | 26613 | 1560 | 42790 | 21079 | 14498 | 19564 | 4462 | 31513 |
| 伊春伊林菌脉生物科技有限公司 | 8399 | 8399 | | 87374 | 13394 | 1487 | 63669 | 24232 | 25495 |
| 铁力市福生冷冻食品有限责任公司 | 22171 | 24342 | | 37794 | 21858 | 3930 | 15247 | 1146 | 16877 |
| 葵花药业集团（伊春）有限公司 | 95148 | 95685 | | 183117 | 100968 | 22781 | 68026 | 66201 | 25060 |
| 铁力市家乡米业有限公司 | 20146 | 20146 | | 16148 | 15124 | 5144 | 928 | 214 | 12987 |
| 铁力市双丰九河泉米业有限公司 | 21429 | 20028 | | 29253 | 19489 | 12067 | 7308 | 664 | 9112 |
| 铁力市森源木业有限责任公司 | 30965 | 37535 | 36458 | 25520 | 18880 | 6350 | 5321 | 10967 | 7850 |
| 伊春中基华业供热有限公司 | | | | 6083 | 4760 | 3193 | 1492 | | 5277 |
| 铁力市中豪米业有限公司 | 5303 | 5273 | | 9084 | 7399 | 614 | 1690 | 471 | 4692 |
| 铁力市桃源热力有限责任公司 | 12842 | 12842 | | 181795 | 171802 | 2417 | 9504 | 34040 | 173718 |
| 伊春森工鼎石建材有限责任公司 | 51109 | | | 69740 | 14187 | 4019 | 12834 | 3028 | 38020 |
| 黑龙江翔远矿业有限公司 | 77145 | 50019 | | 132988 | 33907 | 30817 | 56151 | 14180 | 168374 |
| 伊春鹿鸣矿业有限公司 | 3884117 | 3540972 | | 3309779 | 644686 | 160712 | 1958170 | 1500529 | 1004787 |
| 黑龙江安嘉乳业有限公司 | 34829 | 34829 | | 15524 | 12749 | 3120 | 1393 | 138 | 10077 |

## 表 40　2022 年铁力市规模以上工业企业主要经济指标统计表（二）

单位：千元、人

| 企业名称 | 流动负债合计 | 所有者权益合计 | | | | 营业收入 |
|---|---|---|---|---|---|---|
| | | | 实收资本 | 法人资本 | 个人资本 | |
| 上海皇象铁力蓝天制药有限公司 | 51765 | 69386 | 32494 | | 32494 | 38005 |
| 黑龙江欧贝嘉营养食品有限公司 | 44405 | −3577 | 10800 | 10800 | | 42309 |
| 黑龙江喜人药业集团有限公司 | 61733 | 26615 | 24000 | | 24000 | 90185 |
| 黑龙江省铁力九河泉米业有限责任公司 | 34357 | 19934 | 19000 | | 19000 | 8468 |
| 铁力市艾晖医疗器械制造有限公司 | 21456 | 11691 | 10000 | 7000 | 3000 | 27960 |
| 铁力宇祥热电有限责任公司 | 996101 | 9380 | 50000 | | 50000 | 280481 |
| 铁力市隆泰食品有限公司 | 21079 | 11277 | 6000 | | 6000 | 26693 |
| 伊春伊林菌脉生物科技有限公司 | 25495 | 61879 | 77900 | 77900 | | 8399 |
| 铁力市福生冷冻食品有限责任公司 | 16877 | 20916 | 1000 | | 1000 | 23800 |

续表 40

| 企业名称 | 流动负债合计 | 所有者权益合计 | | | | 营业收入 |
|---|---|---|---|---|---|---|
| | | | 实收资本 | 法人资本 | 个人资本 | |
| 葵花药业集团（伊春）有限公司 | 18973 | 158056 | 60000 | 57795 | 2205 | 96096 |
| 铁力市家乡米业有限公司 | 12987 | 3160 | 2000 | | 2000 | 20298 |
| 铁力市双丰九河泉米业有限公司 | 9112 | 20140 | 20000 | | 20000 | 20035 |
| 铁力市森源木业有限责任公司 | 7850 | 17670 | 11999 | | 11999 | 37535 |
| 伊春中基华业供热有限公司 | 5277 | 806 | | | | |
| 铁力市中豪米业有限公司 | 4692 | 4392 | 1000 | | 1000 | 6910 |
| 铁力市桃源热力有限责任公司 | 172259 | 8077 | 30000 | 30000 | | 54134 |
| 伊春森工鼎石建材有限责任公司 | 38020 | 31720 | 13000 | 6630 | 6370 | 48982 |
| 黑龙江翔远矿业有限公司 | 168374 | -35386 | 1000 | | 1000 | 50018 |
| 伊春鹿鸣矿业有限公司 | 833899 | 2304992 | 20000 | 20000 | | 3731822 |
| 黑龙江安嘉乳业有限公司 | 10077 | 5447 | 2250 | | 2250 | 34938 |

## 表 41 2022 年铁力市规模以上工业企业主要经济指标统计表（三）

单位：千元、人

| 企业名称 | 营业成本 | 税金及附加 | 销售费用 | 管理费用 | 财务费用 | | 利润总额 | 应付职工薪酬（本年贷方累计发生额） | 应交增值税 | 平均用工人数 |
|---|---|---|---|---|---|---|---|---|---|---|
| | | | | | | 利息费用 | | | | |
| 上海皇象铁力蓝天制药有限公司 | 29553 | 280 | 5331 | 2953 | -32 | | -7371 | 8676 | 1025 | 126 |
| 黑龙江欧贝嘉营养食品有限公司 | 39112 | 97 | | 2924 | 397 | 399 | -232 | 4578 | 748 | 57 |
| 黑龙江喜人药业集团有限公司 | 85374 | 617 | 1498 | 2061 | -7 | | 983 | 3949 | 2669 | 57 |
| 黑龙江省铁力九河泉米业有限责任公司 | 13277 | 258 | 83 | 851 | 366 | 366 | -6337 | 428 | -420 | 11 |
| 铁力市艾眸医疗器械制造有限公司 | 14389 | 149 | 92 | 2663 | -49 | | 10504 | 3043 | 2376 | 165 |
| 铁力宇祥热电有限责任公司 | 333324 | | 9276 | 17870 | 35393 | 35160 | 38650 | 20778 | | 390 |
| 铁力市隆泰食品有限公司 | 26121 | 204 | 25 | 2308 | 1227 | 1231 | -1368 | 1223 | -667 | 48 |
| 伊春伊林菌脉生物科技有限公司 | 9210 | 229 | | 5132 | -467 | -468 | -5705 | 967 | | 40 |
| 铁力市福生冷冻食品有限责任公司 | 22924 | 53 | | 107 | 479 | | 237 | 190 | 63 | 6 |
| 葵花药业集团（伊春）有限公司 | 53134 | 1892 | 73 | 11816 | -145 | 4 | 28196 | 5098 | 7882 | 201 |
| 铁力市家乡米业有限公司 | 19119 | 8 | | 377 | -1 | | 1235 | 198 | 75 | 9 |
| 铁力市双丰九河泉米业有限公司 | 19191 | 87 | | 249 | 291 | 291 | 217 | 378 | | 20 |
| 铁力市森源木业有限责任公司 | 36134 | 100 | 720 | 650 | 600 | 306 | 364 | 4855 | | 100 |
| 伊春中基华业供热有限公司 | | | | 44 | | | -44 | 40 | | 2 |
| 铁力市中豪米业有限公司 | 6467 | 2 | 30 | 96 | 57 | 51 | 258 | 274 | | 16 |
| 铁力市桃源热力有限责任公司 | 57189 | 2 | 1275 | 1243 | 5 | | -5310 | 1875 | -1 | 50 |

续表 41

| 企业名称 | 营业成本 | 税金及附加 | 销售费用 | 管理费用 | 财务费用 | 利息费用 | 利润总额 | 应付职工薪酬（本年贷方累计发生额） | 应交增值税 | 平均用工人数 |
|---|---|---|---|---|---|---|---|---|---|---|
| 伊春森工鼎石建材有限责任公司 | 13989 | 621 | | 1569 | -10 | -10 | 32802 | 660 | 4998 | 18 |
| 黑龙江翔远矿业有限公司 | 41420 | 1743 | 4345 | 3802 | -9 | 11 | -1471 | 6063 | | 112 |
| 伊春鹿鸣矿业有限公司 | 1230905 | 373506 | 2838 | 71639 | 40363 | 27675 | 1936936 | 87633 | 351565 | 281 |
| 黑龙江安嘉乳业有限公司 | 32765 | 54 | 368 | 1581 | 84 | 85 | 559 | 1380 | 466 | 42 |

## 表 42　2022 年铁力市规模以上工业综合能源消费量统计表

单位：吨标准煤

| 行业 | 户数 | 综合能源消费量 |
|---|---|---|
| 合计 | 19 | 124630 |
| 黑色金属采矿选业 | 1 | 1274 |
| 有色金属矿采选业 | 1 | 53501 |
| 农副食品加工业 | 5 | 1205 |
| 食品制造业 | 3 | 2315 |
| 家具制造业 | 1 | 146 |
| 化学原料和化学制品业 | 1 | 120 |
| 医药制造业 | 3 | 2564 |
| 其他制造业 | 1 | 15 |
| 电力、热力生产和供应业 | 3 | 63490 |

注：根据 2022 年 12 月份月报编制

## 表 43　2022 年铁力市规模以上工业企业主要产品产量统计表

| 产品名称 | 生产单位 | 计量单位 | 指标 |
|---|---|---|---|
| 钼精矿折合量（折纯钼 45%） | 伊春鹿鸣矿业有限公司 | 吨 | 34439.57 |
| 铜金属含量 | | 吨 | 1109.91 |
| | 伊春鹿鸣矿业有限公司 | 吨 | 1058.56 |
| | 黑龙江翔远矿业有限公司 | 吨 | 51.35 |
| 发电量 | 铁力市宇祥热电有限责任公司 | 万度 | 20760.04 |
| 实木家具 | 铁力市森源木业有限公司 | 件 | 53073 |
| 大米 | | 吨 | 13826.41 |
| | 铁力市中豪米业有限公司 | 吨 | 1438 |
| | 铁力市双丰九河泉米业有限公司 | 吨 | 6255.5 |
| | 黑龙江省铁力九河泉米业有限责任公司 | 吨 | 1336.14 |
| | 铁力市家乡米业有限公司 | 吨 | 4796.77 |
| 乳粉 | | 吨 | 1993.76 |
| | 黑龙江安嘉乳业有限公司 | 吨 | 543.51 |

续表 43

| 产品名称 | 生产单位 | 计量单位 | 指标 |
|---|---|---|---|
| | 黑龙江欧贝嘉营养食品有限公司 | 吨 | 1450.25 |
| 中成药 | | 吨 | 1336.1 |
| | 葵花药业集团（伊春）有限公司 | 吨 | 333.09 |
| | 上海皇象铁力蓝天制药有限公司 | 吨 | 80.33 |
| | 黑龙江喜人药业集团有限公司 | 吨 | 922.7 |
| 西药 | 上海黄象铁力蓝天制药有限公司 | 吨 | 102.41 |

注：根据 2022 年 12 月份月报编制

## 表 44　2022 年铁力市固定资产投资项目完成情况统计表

| 单位名称 | 本年完成投资（或自年初累计完成投资） | 建安工程 | 设备工器具购置 | 其他费用 | 建筑面积 | 竣工面积 |
|---|---|---|---|---|---|---|
| 总计 | 406615 | 376403 | 15348 | 14864 | 313641 | 32000 |
| 铁力市属 | 390905 | 363745 | 13241 | 13919 | | |
| 房地产开发 | 2577 | 2570 | 7 | | 313641 | 32000 |
| 三局 | 13133 | 10088 | 2100 | 945 | | |

## 表 45　2022 年铁力市社会消费品零售总额统计表

单位：%

| 指标名称 | 2022 年增幅 |
|---|---|
| 社会消费品零售总额 | −3.1 |
| 一、按销售单位所在地分组 | |
| 1. 城镇 | −5.1 |
| 其中：城区 | 5.5 |
| 2. 乡村 | 8.2 |
| 二、按行业分组 | |
| 1. 批发业 | −73 |
| 2. 零售业 | 2.5 |
| 3. 住宿业 | 5.9 |
| 4. 餐饮业 | 7.4 |

## 表 46　2022 年铁力市社会消费品零售总额分类统计表

| | 比重 % |
|---|---|
| 社会上品零售总额 | 100 |
| 一、食品类（吃） | 56.5 |
| 1、主食 | 61.9 |

续表 46

| | 比重 % |
|---|---|
| 2、副食 | 28 |
| 3、烟、酒、茶、饮料 | 10.1 |
| 二、衣着类（穿） | 13 |
| 1、针纺织品 | 45 |
| 2、服装鞋帽 | 55 |
| 三、用品类（用） | 22.8 |
| 1、日用品 | 23.6 |
| 2、生活电器 | 19 |
| 3、化妆品 | 11 |
| 4、文化体育用品 | 6 |
| 5、金银珠宝 | 6.5 |
| 6、中西药品 | 17.6 |
| 7、书报杂志 | 10.8 |
| 8、建筑材料 | 5.5 |
| 四、燃烧类（烧） | 7.7 |

## 表 47　2022 年铁力市对外经济贸易统计表

单位：万元

| 指标 | 2022 年 | 2021 年 |
|---|---|---|
| 进出口总额 | 7393 | 6320 |
| 出口总额 | 7393 | 6195 |
| 进口总额 | | 125 |

## 表 48　2022 年铁力市全市户数及人口数易统计表

单位：户、人

| | 年末总户数 | 年末总人口 | | | 城镇人口 | 乡村人口 |
|---|---|---|---|---|---|---|
| | | 合计 | 男 | 女 | | |
| 铁力市 | 132555 | 274666 | 135474 | 139192 | 190479 | 84187 |
| 铁力镇（铁力局） | 60520 | 118692 | 58326 | 60366 | 113589 | 5103 |
| 桃山镇（桃山局） | 19343 | 41064 | 19343 | 21721 | 31060 | 10004 |
| 双丰镇（双丰局） | 25151 | 54270 | 26975 | 27295 | 27441 | 26829 |
| 神树镇 | 7252 | 13574 | 7107 | 6467 | 9009 | 4565 |
| 年丰乡 | 6101 | 13416 | 6783 | 6633 | | 13416 |
| 工农乡 | 4669 | 9643 | 4964 | 4679 | | 9643 |
| 王杨乡 | 5440 | 14627 | 7493 | 7134 | | 14627 |
| 铁力农场 | 4079 | 9380 | 4483 | 4897 | 9380 | |

## 表 49 2022 年铁力市全市人口变动情况统计表

单位：户、人

| | 出生 | | | 死亡 | | | 迁入 | | 迁出 | |
|---|---|---|---|---|---|---|---|---|---|---|
| | 合计 | 男 | 女 | 合计 | 男 | 女 | 省内迁入 | 省外迁入 | 迁往省内 | 迁往省外 |
| 铁力市 | 611 | 286 | 325 | 1767 | 997 | 770 | 416 | 180 | 931 | 1987 |
| 铁力镇（铁力局） | 307 | 138 | 169 | 815 | 468 | 347 | 210 | 96 | 483 | 1134 |
| 桃山镇（桃山局） | 64 | 40 | 24 | 342 | 201 | 141 | 31 | 24 | 161 | 339 |
| 双丰镇（双丰局） | 123 | 52 | 71 | 335 | 167 | 168 | 67 | 33 | 137 | 270 |
| 神树镇 | 15 | 5 | 10 | 86 | 48 | 38 | | 3 | 78 | 72 |
| 年丰乡 | 24 | 13 | 11 | 58 | 36 | 22 | 6 | 11 | 13 | 52 |
| 工农乡 | 24 | 13 | 11 | 21 | 16 | 5 | 5 | 5 | 11 | 24 |
| 王杨乡 | 40 | 20 | 20 | 51 | 29 | 22 | 3 | 6 | 22 | 34 |
| 铁力农场 | 14 | 5 | 9 | 59 | 32 | 27 | 94 | 2 | 26 | 62 |

## 表 50 2022 年铁力市人口出生率、自然增长率统计表

| 单位 | 出生率咖 | 死亡率咖 | 自然增长率咖 |
|---|---|---|---|
| 铁力市 | 1.91 | 8.85 | −6.94 |
| 铁力镇 | 3.39 | 9.64 | −6.24 |
| 双丰镇 | 1.2 | 8.69 | −7.5 |
| 桃山镇 | 1.01 | 8.73 | −7.72 |
| 神树镇 | 0.21 | 7.43 | −7.21 |
| 日月峡镇 | 0.38 | 8.31 | −7.93 |
| 年丰乡 | 0.31 | 8.51 | −8.2 |
| 工农乡 | 0.59 | 6.22 | −5.63 |
| 王杨乡 | 0.66 | 7.43 | −6.77 |

## 表 51 2022 年铁力市全市财政一般公共预算收入情况统计表

单位：万元

| 财政收入 | 决算数 | 财政收入 | 决算数 |
|---|---|---|---|
| 一、本年收入 | 38604 | 15、行政事业性收费收入 | 2617 |
| 1、增值税 | 2651 | 16、罚没收入 | 3227 |
| 2、企业所得税 | 1241 | 17、专项收入 | 1624 |
| 3、个人所得税 | 579 | 18、国有资源（资产）有偿使用收入 | 13211 |
| 4、资源税 | 272 | 19、其他收入 | 18 |
| 5、城市维护建设税 | 766 | 二、上级补助收入 | 337383 |
| 6、房产税 | 1723 | 返还性收入 | 5206 |

续表 51

| 财政收入 | 决算数 | 财政收入 | 决算数 |
|---|---|---|---|
| 7、印花税 | 354 | 一般性转移支付收入 | 309238 |
| 8、城镇土地使用税 | 1770 | 专项转移支付收入 | 22939 |
| 9、土地增值税 | 765 | 三、债务转贷收入 | 55694 |
| 10、车船税 | 803 | 四、调入资金 | 14529 |
| 11、耕地占用税 | 1780 | 五、调入预算稳定调节基金 | 3173 |
| 12、契税 | 1255 | 六、上年结余 | 28589 |
| 13、环境保护税 | 3905 | | |
| 14、其他税收收入 | 43 | 收入总计 | 477972 |

## 表 52　2022 年铁力市全市财政一般公共预算支出情况统计表

单位：万元

| 财政收入 | 决算数 | 财政收入 | 决算数 |
|---|---|---|---|
| 一、本年支出 | 395998 | 14、商业服务业等 | 2082 |
| 1、一般公共服务 | 22274 | 15、自然资源海洋气象等 | 2555 |
| 2、国防 | 26 | 16、住房保障 | 13423 |
| 3、公共安全 | 13359 | 17、粮油物资储备 | 633 |
| 4、教育 | 33098 | 18、灾害防治及应急管理 | 1842 |
| 5、科学技术 | 521 | 19、债务付息 | 6932 |
| 6、文化旅游体育与传媒 | 2320 | 其中：地方政府一般债券付息 | 45 |
| 7、社会保障和就业 | 128447 | 二、上解支出 | 5293 |
| 8、卫生健康 | 22885 | 三、调出资金 | 1007 |
| 9、节能环保 | 12536 | 四、债务还本支出 | 17010 |
| 10、城乡社区 | 24471 | 五、安排预算稳定调节基金 | 5166 |
| 11、农林水 | 94146 | 六、结转下年支出 | 53498 |
| 12、交通运输 | 14050 | | |
| 13、资源勘探信息等 | 353 | 支出总计 | 477972 |

# 索 引

# Indexes

## 说 明

一、本索引采用条目分析法编制，按主题词首字的汉语拼音字母顺序，音调相同按笔画顺序排列。
二、特载、专文、大事记、统计资料、附录未编入索引。
三、索引词后的数字表示内容所在页码，数字后的字母 a、b、c 分别表示左栏、中栏、右栏。

## 主题索引

### 字母与数字



### A



### B



### C

## J

## K



## L

## M



## N

## P



## Q



## R



## S

## T

## Y



## Z

## 表格索引